JASSIR ARAFAT

Janet Wallach / John Wallach

JASSIR ARAFAT

Der lange Weg zur Versöhnung

Die Biographie

WILHELM HEYNE VERLAG
MÜNCHEN

Titel der englischen Originalausgabe:
ARAFAT. In the Eyes of the Beholder
Ins Deutsche übertragen von Tina Bienert und Dirk Muelder
Redaktion: Stefan Braun

Die Originalausgabe erschien 1992 bei
Prima Publishing, Rocklin, Kalifornien

Umschlaggestaltung: ART & DESIGN, Härtl, München
Umschlagfoto: dpa, Frankfurt
Satz: Kort Satz GmbH, München
Druck und Bindung: Wiener Verlag, Himberg
Printed in Austria

ISBN 3-453-07496-3

In den Augen seiner Mutter ist ein Affe eine Gazelle.

Arabisches Sprichwort
– von einem PLO-Anhänger zitiert,
als Metapher dafür,
wie unterschiedlich die westliche Welt
und die Palästinenser Arafat sehen.

Inhalt

V. DIE VEREINIGTEN STAATEN: GEHEIME KANÄLE

Prolog

Der Handschlag von Washington

Es war ungewöhnlich warm für Mitte September, den Beginn des Altweibersommers, einer Zeit zwischen den Jahreszeiten, in der die Saat des Frühlings für die Ernte reift. Mit einem Fanfarentusch erschien ein geläuterter Jassir Arafat, trat aus derselben Tür, durch die amerikanische Präsidenten von jeher Staatsoberhäupter, Könige und Königinnen geführt haben, die ihnen einen Besuch abstatteten. Mit Präsident Bill Clinton in der Mitte und dem israelischen Ministerpräsidenten Yitzhak Rabin zur Rechten schritten die drei auf die hölzerne Plattform zu, die auf dem Rasen südlich des Weißen Hauses aufgebaut war. Vor sich sahen sie ein Panorama bekannter Gesichter von Botschaftern aus allen Ländern der Welt, Verhandlungsführern, Diplomaten und Politikern. Viele von ihnen hatten fieberhaft daran gearbeitet, einen Frieden im Nahen Osten zu schmieden. Die anwesenden ehemaligen Präsidenten Jimmy Carter und George Bush sowie die früheren Außenminister Henry Kissinger, Edmund Muskie, George Shultz und James Baker zeugten auf bedrückende Weise davon, daß zu viele Jahre vergangen und zu viele Menschenleben geopfert worden waren, um diesen tragischen Konflikt zu lösen. »Wir sagen Ihnen heute mit lauter und deutlicher Stimme: Es ist genug Blut, es sind genug Tränen geflossen. Genug!« erklärte Yitzhak Rabin der versammelten Menge. Wenig später antwortete der PLO-Vorsitzende, diese historische Gelegenheit bedeute »den Anfang vom Ende eines Kapitels der Schmerzen und Leiden, die sich über dieses ganze Jahrhundert hingezogen haben«.

Als wir von unseren Sitzplätzen in der ersten Reihe aus zusahen, war das Schauspiel von Jassir Arafat, der Yitzhak Rabin herzlich die Hand drückte, fast unglaublich. Nachdem Arafat mit seinen Anmerkungen fortgefahren war und Rabin mit einem zweiten Händeschütteln überrascht hatte, erinnerten wir uns an das, was uns der PLO-Führer in Tunis gesagt hatte: »Ich suche einen neuen de Gaulle. Ich warte auf einen israelischen de Gaulle, der kommt und den Frieden mutiger Männer schließt.« Jetzt nahm diese Prophezeiung vor unseren Augen Gestalt an. Wir wollten Arafat an seine damaligen Worte erinnern. Als er – Präsident Clinton, Yitzhak Rabin und Schimon Peres einen Schritt voraus – auf uns zukam, sah er uns. Unsere Augen trafen sich, er drückte Johns Hand und hielt sie einen Augenblick lang zum Zeichen des Wiedererkennens hoch. »Ist Yitzhak Rabin der israelische de Gaulle?« fragten wir ihn eilig. »Aaah, Sie erinnern sich«, erwiderte Arafat mit einem Augenzwinkern. Unsere Frage aber beantwortete er nicht. So ausweichend wie immer, sagten wir uns. Vielleicht war es noch zu früh, um endgültig zu sagen, ob Rabin, der den israelischen Truppen einmal befohlen hatte, den palästinensischen Intifadakämpfern die Knochen zu brechen, und dafür den Beinamen »Eiserne Faust« erhalten hatte, jetzt den Mut haben würde, seinem Militär den Rückzug aus der West Bank und Gaza zu befehlen – wie es der legendäre französische General in Algerien getan hatte.

Arafat hat zweifellos seinen Stolz. Konnte ihm irgend jemand seine Überzeugung vorwerfen, er habe die Palästinenser auf einen Kurs gebracht, der sie zur Unabhängigkeit und Staatlichkeit führen würde, ähnlich wie es im Beispiel Algerien geschehen war? Als wir einander die Hände schüttelten, grinste er von einem Ohr zum anderen, fast wie ein Kind. Hier stand er, beinahe ein halbes Jahrhundert nach dem Beginn des Befreiungskampfes, auf dem Höhepunkt des israelisch-palästinensischen Dramas, im Mittelpunkt des Geschehens. Diese Rolle zu spielen hatte er immer ersehnt: der Soldat, der zum Staatsmann wird und dem der Präsident der einzigen verbliebenen Supermacht, USA, die 29 Jahre lang seine Bedeutung und Rolle bestritten hat, applaudiert. »Es war ein historischer Augenblick nicht für mich selbst«, sagte er uns mit untypischer Bescheidenheit, »sondern für mein Volk und für das israelische.« Endlich hatte er die Anerkennung des Rechts der Palästinenser auf ein Heimatland in Palästina errungen, so klein es auch war. »Hier, im Gaza-Streifen und in Jericho wird für uns das Gebiet sein, um unsere nationale Autorität zu errichten.« Er erinnerte uns daran, daß der Palästinensische Nationalkongreß (PNC) bereits 1974 den Beschluß gefaßt hatte, ein künftiger palästinensischer Staat würde »in jedem Land, aus dem die Israelis sich zurückziehen«, errichtet. »Nun, nach neunzehn Jahren, haben wir eine Vereinbarung darüber getroffen. Endlich haben wir es geschafft«, seufzte er.

Es war eine Mischung aus Erleichterung und Qual, als er an die Szene von vor zwölf Stunden zurückdachte: Den dreitausend Menschen, die draußen warteten, stockte der Atem, als sie sich fragten, ob der grimmig dreinblickende israelische Ministerpräsident Yitzhak Rabin tatsächlich vortreten und die ausgestreckte Hand seines uralten Feindes nehmen würde. Schließlich mußte Präsident Clinton mit sanftem Druck auf die Rücken der beiden einwirken. Die Rufe der Zuschauer klangen noch immer in Arafats Ohren, und er sah die Tränen in den Augen der Zeugen dieser denkwürdigen Begegnung. »Wir haben es geschafft«, wiederholte er, »trotz aller Schwierigkeiten, trotz aller Leiden und Opfer, die wir gebracht haben – unsere Verluste, unsere Märtyrer, unsere Freiheitskämpfer. Es war nicht leicht, den Vertrag in Kraft zu setzen vor dem Hintergrund unserer Träume in der Vergangenheit.«

In der Tat: Um die Anerkennung Israels zu erhalten, mußte die PLO auf ihre Forderung nach einer Garantie der Eigenstaatlichkeit verzichten. Wenn die Palästinenser von einer Rückkehr nach Palästina träumten, würden sich diese Träume zumindest vorläufig auf zwei begrenzte Gebiete, Gaza und Jericho, beschränken. Für den Augenblick ebenfalls beiseite gelegt waren ehrgeizigere Pläne. In den vier Dokumenten, die auf dem Rasen des Weißen Hauses unterzeichnet wurden, war nirgendwo von Jerusalem, dem »Recht auf Rückkehr« der palästinensischen Flüchtlinge oder von der Anwesenheit der mehr als 100 000 Siedler im von den Palästinensern beanspruchten Gebiet die Rede. Diese Punkte blieben späteren Verhandlungen vorbehalten. Ein älterer, reiferer Jassir Arafat verstand, daß Verhandlungen und nicht die Fortsetzung eines Guerillakrieges die besten Chancen für die PLO boten, ihre Ziele zu erreichen. »Es gibt keine Alternative, weil die andere Option ein völliges Durcheinander in der Region und eine Balkanisierung bedeuten würde. Das ist die Realität«, sagt er nüchtern. Die Unterzeichnungszeremonie am Weißen Haus muß dem vierundsechzigjährigen Freiheitskämpfer wie ein Traum erschienen sein.

Keine achtzehn Monate zuvor, im April 1992, hielt man ihn für tot, nachdem seine in der Sowjetunion gebaute Turbopropmaschine in der libyschen Wüste nahe al-Khufra abstürzte. Als das Flugzeug am Boden aufschlug, blitzten Bilder seiner ermordeten Kollegen Abu Dschihad und Abu Ijad vor seinen Augen auf. »Ich komme. Ich komme«, hörten ihn die Menschen sagen, die mit ihm im Flugzeug waren. Sein eigener Tod schien nahe. Noch kein Erbe war aus seiner kürzlich geschlossenen Ehe mit der blondhaarigen neunundzwanzigjährigen Suha Tawil hervorgegangen, einer französisch erzogenen Christin, die ihm seit 1987 als Wirtschaftsberaterin diente. Er überlebte, aber der Absturz schien eine passende Metapher für das Schicksal der PLO nach dem Golfkrieg von 1991 zu sein. Arafat bestreitet noch immer, daß er sich auf die irakische Seite gestellt hat, aber Saudi-Arabien, Syrien, der Libanon, Kuwait und die anderen Golfstaaten haben ihm den früheren Willkommensgruß entzogen. Die Koalitionspartner Amerikas suchten ihn für seine Unterstützung der irakischen Invasion zu bestrafen. Sie unterwarfen ihn einem finanziellen Boykott, der rasch das einstmals fette Bankkonto der PLO leerte. Viele erinnerte Arafats Fortexistenz nach dem Absturz an den mythischen ägyptischen Vogel Phönix, mit dem er sich selbst gern vergleicht. Für andere jedoch wirkte der alternde Guerillero plötzlich sterblich.

Obwohl er überlebt hat, fanden manche arabische Führer die Möglichkeit verlockend, daß eine neue palästinensische Führung den ergrauten Arafat ablösen könnte. Die anderen Palästinenser, der PLO nahestehende Aktivisten in den besetzten Gebieten wie Haidar Abdel Schafi aus Gaza sowie Faisal Husseini und Hanan Aschrawi von der West Bank wurden öffentlich von den Arabern unterstützt. Sie ernteten bei der von den Vereinigten Staaten organisierten Madrider Friedenskonferenz im Oktober 1991 das Lob der Welt dafür, daß sie sich – nicht ohne die eindeutige Rückendeckung durch Arafat – bereit fanden, mit den Hardlinern der israelischen Regierung zu verhandeln. Inzwischen litt die PLO an ihrer finanziellen Ächtung. Familien von Märtyrern in den Flüchtlingslagern erhielten keine monatliche Unterstützung mehr. Sogar die Leibwächter der hochrangigen PLO-Beamten beklagten sich, daß ihr Gehalt ausblieb. Und während die PLO-Konten sich leerten, bekamen es Fatah-Loyalisten wie Radwan Abu Aijasch mit einer noch bedrohlicheren Realität zu tun: Hamas und andere islamische Extremisten schnappten der PLO in den Flüchtlingslagern immer mehr Anhänger weg. Hamas bot etwas, das die PLO vernachlässigt zu haben schien: ein vermeintlich nicht korrumpierbares System sozialer Fürsorge, um die Bedürfnisse der Flüchtlinge zu erfüllen.

So stellte die Aussicht, durch eine gegenseitige Anerkennung mit Israel in der West Bank und Gaza wieder Fuß zu fassen, etwas viel Wichtigeres dar als die Vereinbarung selbst. Für Jassir Arafat war es der einzige Weg, um sich zu rehabilitieren, die einzige Möglichkeit, sein beschädigtes Ansehen zu reparieren und sich wieder an die Spitze der anderen PLO-Fraktionen setzen zu können. Nach jahrelangen Versuchen, Zugeständnisse Israels über die Vereinigten Staaten »liefern« zu lassen, kam Arafat zu dem Ergebnis, daß Israel selbst ihm jenen Triumph ermöglichen mußte, den er brauchte: die Akzeptanz, daß der einzige Weg zum Frieden nur über ihn und seine Organisation führen kann. Er wußte auch, daß er selbst – und nicht die seit Madrid mit Israel verhandelnde Delegation der Palästinenser aus den besetzten Gebieten – den Vertrag unterzeichnen mußte. Er war gezwungen, endlich die Kompromisse zu schließen, die ihn als Verhandlungs- und Vertragspartner für Israel akzeptabel machen würden.

Als er die strategische Entscheidung getroffen hatte, einen Durchbruch mit Israel zu benötigen, um für sich Glaubwürdigkeit zu gewinnen, ging es allein darum, die richtige Taktik auszuarbeiten. Arafat spürte, daß Rabin fast ebenso dringend wie er selbst einen Durchbruch brauchte. Trotz zweiundzwanzigmonatiger Verhandlungen in Washington hatte man nichts erreicht. Die palästinensische Delegation verfügte zu Hause einfach nicht über die nötige Unterstützung, um einen für die verschiedenen politischen Lager Israels leichter hinnehmbaren Prozeß nach dem Vorbild des Abkommens von Camp David 1979 akzeptieren zu können. Sie verlangte hartnäckig Garantien dafür, daß die Palästinenser am Ende der Drei-Jahres-Periode das Recht haben würden, ihren eigenen Staat zu errichten oder eine Konföderation mit Jordanien in der West Bank und im Gazastreifen einzugehen. Das war etwas, das ihnen weder die bis Juni 1992 amtierende Likud-Regierung noch die neue Administration unter der israelischen Arbeitspartei mit ihrer hauchdünnen Mehrheit zugestehen konnte.

Arafat wußte auch, daß der neugewählten Rabin-Regierung von ihrer Fehlkalkulation im Dezember 1992 noch immer der Kopf brummte, als sie 415 Hamas-Mitglieder und Sympathisanten vom Gaza-Streifen in den Libanon deportiert hatte. Statt daß man die Männer vergaß, wurden sie zu einem Mittelpunkt der öffentlichen Aufmerksamkeit. Das führte dazu, daß die einen Friedensprozeß grundsätzlich ablehnende Hamas auf Kosten der gemäßigteren Fatah-Loyalisten an Boden gewann. Rabin brauchte ebenso wie Arafat einen Durchbruch, um sein Wahlversprechen, er werde rasch mit den Palästinensern einig werden, zu erfüllen. Während die Gewalttaten zunahmen, Israelis mitten in Tel Aviv erstochen wurden und die Hamas immer mehr Zulauf erhielt, blieb Rabin kaum eine andere Möglichkeit. Die Frage war nun nicht mehr, ob er Geheimgespräche beginnen, sondern wo und wann sie stattfinden und, vor allem, wie sie geheimgehalten werden sollten.

Die »Oslo-Connection« war aus verschiedenen Gründen eine vernünftige Lösung. Norwegen war weit vom Schauplatz im Nahen Osten entfernt. Wenn beide Seiten das Geheimnis wahrten, würden keine Medien zuschauen. Außerdem kannten sowohl Rabin als auch Arafat die norwegischen Diplomaten und vertrauten ihnen. »Ich habe seit Ende der siebziger Jahre ein gutes Verhältnis zu Johan Jorgen Holst [dem norwegischen Außenminister]«, erzählt uns Arafat. »Er kam oft nach Beirut, weil norwegische Truppen am Kommando der Vereinten Nationen [UNIFIL] beteiligt waren. Während dieser Zeit hatte ich enge Kontakte mit ihm, so daß ich glaubte, ihm vertrauen zu können, als er für uns zu vermitteln begann.« Damit der Plan, der sogenannte »Leopard Spot Plan« (Leopardenflecken-Plan), funktionieren konnte, mußte man ihn allerdings vor fast allen Führern der arabischen Welt, dem israelischen Kabinett, der palästinensischen Führung in den besetzten Gebieten sowie den Delegationen bei den Nahost-Friedensgesprächen einschließlich des palästinensischen Verhandlungsteams geheimhalten.

Nur eine Handvoll Leute wußte die ganze Zeit über, was geschah. Obwohl Israel und Norwegen die Vereinigten Staaten darüber informiert hielten, daß geheime Kontakte stattfanden, wurde Außenminister Warren Christopher erst im Juli bewußt, daß die Verhandlungen tatsächlich zu einem Ergebnis führen könnten. Das war zwei Monate, nachdem Uri Savir, ein vierzigjähriger Generaldirektor des israelischen Außenministeriums, seine geheimen Reisen nach Oslo anzutreten begonnen hatte. Nach Aussage eines führenden amerikanischen Beamten war Warren Christopher von der »Prinzipienerklärung« überrascht, als Schimon Peres sie ihm Ende August in Kalifornien vorlegte.

Arafat seinerseits behielt das Geheimnis ebenfalls für sich. Er sagte uns, er hätte es nur einem Mann anvertraut: König Fahd von Saudi-Arabien, dem mächtigen Monarchen, dessen Zorn über Arafats Unterstützung für Saddam Hussein während des Golfkriegs die schwerste Finanzkrise in der neunundzwanzigjährigen Geschichte der PLO ausgelöst hatte. Arafat hat immer bestritten, daß er seitdem von den Saudis gemieden worden war, und zitiert seine fünf separaten Begegnungen mit dem saudiarabischen Botschafter in den USA, Prinz Bandar Ibn Sultan, vor, während und nach der historischen Unterzeichnungszeremonie in Washington. »Er ist ein alter Freund von mir«, behauptet Arafat. »Ich habe sehr enge Beziehungen zu allen saudischen Beamten gehabt, vornehmlich zu Seiner Majestät König Fahd. Ich habe ihn von Anbeginn über den Verlauf dieser Geheimgespräche informiert, in der Tat, über all unsere Bemühungen, Frieden zu schließen.«

Arafat war immerhin schon einmal Meister der Geheimdiplomatie gewesen. 1978 hatte er führenden Mitgliedern der Arbeitspartei über John Edwin Mroz, einen amerikanischen Vermittler, private Botschaften zukommen lassen. Selten wurden sie erwidert. Immerhin jedoch fanden die israelischen Politiker die jeweils neuesten Wendungen seiner Position stets faszinierend. Als wir den größten Teil der Recherchen für diese Biographie, einschließlich einer drei Monate langen Periode, während der wir den PLO-Führer fast täglich sahen, abgeschlossen hatten, bat uns Yitzhak Rabin, ihn bei unserem nächsten Israelbesuch über unsere Ergebnisse zu informieren. Arafat hatte uns berichtet, daß er mehrere andere Geheimkontakte gesucht hatte, bis er in Oslo fündig geworden war. »Es gab nicht einen Zweig, sondern viele Zweige. Als unsere Delegierten am Verhandlungstisch an einen toten Punkt gelangten, fingen wir an, nach einem anderen Weg zu suchen. Es gab sogar hier in Washington eine Verbindung, aber die israelischen Medien haben sie aufgedeckt. Ein weiterer Kontakt war das Treffen zwischen Schulamit Aloni [einer Ministerin im Kabinett von Yitzhak Rabin], Hanan Aschrawi und Mahmoud Darwisch. Doch auch dieses Gespräch wurde entdeckt. Des weiteren gab es die Begegnung zwischen Faisal Husseini und Schimon Peres in den besetzten Gebieten. Als sie bemerkt wurde, entstanden auch darüber große Geschichten. In Holland versuchten wir erneut einen Kontakt, aber er führte zu nichts, also gaben wir ihn wieder auf. Schließlich kamen die geheimen Gespräche in Oslo.«

Um diese vor seinen Mitarbeitern geheimzuhalten – und damit auch vor den achtzehn Mitgliedern des PLO-Exekutivkomitees, die in anderen arabischen Hauptstädten leben und dennoch plaudern könnten –, bildete Arafat eine kleine, spezielle Zelle, zu der nur vier vertraute Berater gehörten. Diese waren der auch als »Abu Mazzen« bekannte Mahmud Abbas, Chef der politischen Abteilung der PLO, sowie Ahmed Suleiman Khury oder »Abu Alaa«, der Chef der Wirtschaftsabteilung. Die anderen beiden Vertrauten waren Hassan Asfur, ein Stellvertreter von Abu Alaa, und Jassir Abed Rabbo, Führer einer von der Demokratischen Front für die Befreiung Palästinas (DFLP) abgespaltenen Gruppe. Er ist einer der engsten Freunde und Berater Arafats. Zusammen mit Abu Mazzen entwickelte Abed Rabbo den »Leopardenflecken-Plan«. Diesen Spitznamen erhielt er, weil er von Israel den Abzug der Truppen aus allen großen Bevölkerungszentren wie Bethlehem, Nablus, Ramallah und Jericho verlangte – mit dem Resultat, daß die Landkarte einem Leopardenfell sehr ähneln würde. Der Kern des Plans sah vor, daß die Palästinenser zum erstenmal beinahe jedes Territorium akzeptieren würden, das zu räumen die Israelis sich bereit fanden. Gaza allein würde nicht genug sein, aber zusammen mit Jericho, einer traditionell arabischen Stadt mit nur 15 000 Einwohnern an der Grenze zu Jordanien, ließe sich eine Vereinbarung erreichen.

Arafat hatte diesen konzeptionellen Sprung in der Tat schon Jahre zuvor gewagt. 1989 hatte er die Idee einer allmählichen, phasenweisen Lösung des palästinensisch-israelischen Konflikts vorgeschlagen. Jimmy Carter sagte Arafat damals, er würde dieses Prinzip des Camp-David-Abkommens gutheißen. Uns erklärte der PLO-Vorsitzende, daß er das Prinzip der palästinensischen Selbstverwaltung und beschränkten Autonomie in der West Bank und Gaza akzeptieren würde, sobald man ihm einen Zeitplan mit klar definierten Abschnitten vorlege. »Geben Sie mir einen vollständigen Vorschlag von A bis Z mit Wahlen als I oder P oder B oder S oder C oder E«, erklärte er. Als wir ihn fragten, ob Z, das eigentliche Ziel, ein palästinensischer Staat sein müsse, mit anderen Worten, ob die palästinensische Selbstverwaltung nur beginnen könne, wenn ein Staat am Ende des Autonomieprozesses garantiert sein würde, erwiderte er brüsk: »Nein. Kein Staat. Ein Plan. Von A bis Z.« »Was ist Z?« fragten wir ihn wieder. »Abzug. Israelischer Truppenabzug. Ende der Besatzung. Entsprechend der Resolution 242 des UN-Sicherheitsrates.« Darauf haben sich Israel und die PLO im Grundsatz am 13. September 1993 geeinigt, auch wenn sich die in Washington unterzeichneten Vereinbarungen längst – noch – nicht auf alle 1967 eroberten Teile der West Bank beziehen.

Für eine erfolgreiche Umsetzung der Vorstellungen Arafats benötigte er jedoch einen kompromißbereiten Verhandlungspartner. Als die israelische Bevölkerung im Juni 1992 die zu territorialen Zugeständnissen bereite Arbeitspartei in die Regierung wählte, war dieser notwendige Partner da. Yitzhak Rabin, der neue Ministerpräsident, kündigte dramatische Veränderungen der politischen und wirtschaftlichen Prioritäten Israels an, als er ein sofortiges Ende der Errichtung neuer israelischer Siedlungen in den besetzten Gebieten befahl. Das war eine Botschaft, die die PLO verstand. Anders als ihre vom Likud geführte Vorgängerin strebte die neue Regierung nicht danach, die West Bank endgültig in Besitz zu nehmen. Sie träumte nicht von einem »Groß-Israel«. Und wichtiger noch: Der Siedlungsstopp war ein Signal, daß Yitzhak Rabin grundsätzlich bereit war, einen Kompromiß auf der Basis des Prinzips »Land für Frieden« zu schließen.

Die Saat der »Oslo-Connection« wurde im April 1992 ausgestreut, als Jossi Beilin, ein agiler und intelligenter Berater von Schimon Peres, die Bekanntschaft des norwegischen Wissenschaftlers Terje Rod Larsen machte. Larsen arbeitete für ein Institut, das die wirtschaftlichen Verhältnisse in der West Bank und im Gazastreifen untersuchte. Beilin saß als Abgeordneter der Arbeitspartei im israelischen Parlament. Larsen stand mit mehreren führenden Beratern von Arafat in gutem Kontakt und hatte direkten Zugang zur norwegischen Regierung: Marianne Heiberg, die Frau des Außenministers Johan Jorgen Holst, arbeitete mit ihm zusammen im FAFO, dem norwegischen Institut für angewandte Gesellschaftswissenschaften. Zunächst lehnte Beilin Larsens Angebot ab, ihn mit PLO-Vertretern in Kontakt zu bringen. In Israel war es immer noch verboten, direkten Kontakt zur PLO zu unterhalten. Da der israelische Parlamentarier eine so faszinierende Gelegenheit aber nicht vorübergehen lassen wollte, brachte er Larsen mit seinem guten Freund Jair Hirschfeld in Kontakt, der nahöstliche Geschichte an der Universität von Haifa lehrt. Larsen wußte vom Interesse der PLO an einem Beginn geheimer Verhandlungen. Er konnte allerdings nicht weiterkommen, wenn er nicht den richtigen israelischen Gesprächspartner fand. Zwei Monate, nachdem die Arbeitspartei ihr Amt angetreten hatte, kehrte Larsen im September 1992 nach Israel zurück – unter dem Vorwand, die FAFO-Studie zu beenden. Diesmal brachte er den Sprecher des norwegischen Außenministeriums und zweiten Mann nach Minister Holst, Staatssekretär Jan Egeland, mit. Beim Essen mit Beilin und Hirschfeld im Hilton Hotel in Tel Aviv wiederholte Egeland sein Angebot: Norwegen war bereit, als sicherer Hort für eine Reihe von geheimen Treffen mit einem führenden Mitarbeiter Arafats zu dienen, der eine ähnliche Vorstellung wie Schimon Peres hatte: den Nahen Osten in einen blühenden Wirtschaftsraum zu verwandeln. Nach einem Nicken Beilins sagte Egeland, er könne sie Abu Alaa vorstellen. Dieser hatte ein Dokument verfaßt, das man in den Hauptstädten der EG verteilt hatte und das seine Vision einer neuen ökonomischen Partnerschaft mit Israel beschrieb.

Beilin war sehr interessiert, bestand aber darauf, daß sein Name nicht genannt werde. Er schlug vor, Hirschfeld solle den möglichen Gesprächskanal erkunden. Zwei Monate lang geschah nichts. Im Dezember 1992 aber wurde Hirschfeld von Larsen zu einem Treffen in das St. James Hotel in London eingeladen. An einem kühlen Wintermorgen setzte sich der neunundvierzigjährige Professor seinem norwegischen Gesprächspartner gegenüber an den Frühstückstisch. Wenige Minuten später entschuldigte sich Larsen und verließ die Gallery Lounge. Ein anderer Mann, Anfang Sechzig, kam herein und nahm an Hirschfelds Tisch Platz. Er war Ahmed Suleiman Khury, besser bekannt als Abu Alaa, der Chef der Wirtschaftsabteilung der PLO. Hirschfeld zufolge beschlossen die beiden Männer nachzuforschen, ob eine Übereinkunft möglich sein würde. Mitte Dezember, nachdem es eine Reihe von Toten in Gaza gegeben hatte, ließ Rabin 415 Hamas-Aktivisten in den Südlibanon deportieren. Der israelische Professor und der palästinensische Geschäftsmann waren einer

Meinung: Die Zeit war gegen sie, und Hamas wurde jeden Tag stärker. Dennoch sagte Alaa zu Hirschfeld, die Leute »draußen« in Tunis hätten sich schon entschieden: Sie mußten jetzt handeln, oder jede Hoffnung auf eine Vereinbarung zwischen den Israelis und der PLO wäre verloren. Die »da draußen«, von denen Abu Alaa gesprochen hatte, waren Männer wie er selbst, Pragmatiker, die im Ausland gelebt hatten und eine weit weniger ideologische Gruppe um Arafat herum bildeten. Diese »Technokraten« hatten Hardliner wie Faruk Kaddumi, den pro-syrischen PLO-»Außenminister«, George Habasch mit seiner PFLP und Najif Hawatmeh mit seiner DFLP als die zentralen Entscheidungsträger innerhalb der PLO ersetzt. Die »Ablehnungsfront« hatte beträchtlich an Macht sowie finanzieller und militärischer Unterstützung verloren, als ihr Hauptwohltäter, die ehemalige Sowjetunion, ihre Unterstützung zusammenstrich.

Anfang Januar 1993 autorisierte Arafat persönlich seinen alten Freund Johan Jorgen Holst, den geheimen Dialog mit den Israelis zu suchen. Das aber hätte nirgendwohin geführt, wenn nicht ein anderer Teil des Puzzles rasch an seinen Platz gesteckt worden wäre. Am 19. Januar stimmte das israelische Parlament dafür, das Verbot offizieller Kontakte zur PLO aufzuheben. Damit war die Bühne frei für das erste von über einem Dutzend geheimer Treffen, die in Oslo und Umgebung, in großen Landhäusern und stickigen Gewerkschaftshäusern, in privaten Villen und kleinen Hotels sowie schließlich auf dem Bauernhof des Außenministers Holst im entlegenen Dorf Borregard stattfanden.

Dort legte Hirschfeld einen Plan vor, nach dem sich Israel aus Gaza, einer von Armut und Hoffnungslosigkeit geprägten Brutstätte der Gewalt, zurückziehen wollte, das finanziell und militärisch zur Belastung geworden war. Der Plan wurde »Gaza zuerst« genannt. Wenn sich die Palästinenser in Gaza »gut benehmen« sollten, würde die Regierung später vielleicht einen ähnlichen Rückzug aus Teilen der West Bank in Betracht ziehen.

Abu Alaa erklärte, der Vorschlag gehe nicht weit genug. Ein Minimum sei, daß die Palästinenser ein Territorium in der West Bank erhielten – gewissermaßen als Basis, von der aus sie anfangen könnten, ihren ersehnten Staat zu errichten. Er schlug den »Leopardenflecken-Plan« vor, der den Palästinensern die Herrschaft über mehrere dichtbesiedelte Gebiete wie Nablus, Ramallah, Jericho und Bethlehem geben würde. Israel war nur bereit, über einen einzigen solchen Ort mit sich reden zu lassen: über das verschlafene Städtchen Jericho, das an einer Straße lag, die den Jordan überquerte. Darüber hinaus existierten weitere Hindernisse: Die PLO verlangte einen Kompromiß in bezug auf Jerusalem und bestand auf einer Kontrolle der Allenby- sowie anderer Brücken nach Jordanien. Außerdem forderte sie die Schaffung eines Korridors zwischen Gaza und Jericho.

Für die Israelis war Jerusalem nicht verhandelbar. Um seine Sicherheit zu wahren, bestand der jüdische Staat auch darauf, die Kontrolle über die Brücken nach Jordanien zu behalten. Indiskutabel war zudem der Gaza-Jericho-Korridor. Doch obwohl man in vielen Details noch in einer Sackgasse steckte, war der Durchbruch im Konzeptionellen gelungen: Zu Anfang des Frühjahrs war ein Papier formuliert, auf dem stand, worüber man sich geeinigt hatte und – in Klammern – was noch zu verhandeln war.

Daraufhin kam Jossi Beilin im März zu dem Schluß, daß er seinen Chef Schimon Peres informieren müsse. Das Klima in Israel war gespannt. Es kam zu immer mehr terroristischen Überfällen auf Zivilisten. Als Reaktion darauf wurden die besetzten Gebiete abgeriegelt, und die über hunderttausend palästinensischen Tagelöhner wurden mit der Situation konfrontiert, daß sie nicht mehr zu ihren Jobs in Israel gelangen konnten. Die düstere Stimmung breitete sich bis nach Norwegen aus, wo die Gespräche immer noch stockten. In diesem Augenblick kam den beiden Parteien zum erstenmal die Clinton-Regierung zu Hilfe und ermunterte sie zu weiteren Verhandlungen. In dieser Zeit – zwischen März und April – wurde Peres zu einer Schlüsselfigur. Er brachte den Vertragsentwurf seinem alten politischen Rivalen Yitzhak Rabin, der die Bemühungen überraschenderweise unterstützte, obwohl er skeptisch blieb. Wichtiger noch, Rabin autorisierte Peres, die Gespräche in Norwegen auf einer höheren Stufe anzusiedeln. Uri Savir, ein junggebliebener früherer Generalkonsul in New York, und Joel Singer, ein israelischer Reserveoffizier und Anwalt, der in Washington arbeitete, wurden gebeten, Kontakt mit der »Oslo-Connection« aufzunehmen. Die Palästinenser teilten ihrer Delegation den juristischen Berater Tahir Schasch zu.

Zwischen Ende April und Mitte August fanden elf weitere Gespräche in Norwegen statt, um den wesentlichen Kompromiß zu formulieren: Wenn Israel einverstanden war, seine Truppen innerhalb von sechs Monaten nach Unterzeichnung der Vereinbarung aus Gaza und Jericho abzuziehen, würden die Palästinenser ihre Ansprüche auf Jerusalem fallenlassen, vorausgesetzt, seinen arabischen Bewohnern wurde das aktive und passive Wahlrecht für die nach dem Autonomieplan vorgesehenen Wahlen der Selbstverwaltungsräte eingeräumt. Die palästinensischen Wahlen würden neun Monate nach Unterzeichnung der Verträge stattfinden. Im Tausch gegen den Verzicht der PLO auf die Kontrolle des

Brückenverkehrs nach Jordanien war Israel bereit, die Repatriierung aller seit 1967 deportierten palästinensischen Flüchtlinge in Betracht zu ziehen. Israel erklärte sich auch einverstanden, die West Bank und Gaza als eine geographische Einheit zu betrachten. Schließlich kamen beide Seiten überein, die Verhandlungen über schwierige Fragen – die israelischen Siedler und das »Recht auf Rückkehr« aller palästinensischen Flüchtlinge – bis zum Beginn der Verhandlungen über den endgültigen Status der Gebiete aufzuschieben. Das einzige Territorium, auf das die Palästinenser nach diesem Vertrag Anspruch erheben konnten, waren Gaza und Jericho. Israel konnte also behaupten, es hätte den Palästinensern weder ausdrücklich noch stillschweigend irgendwelche Garantien für einen palästinensischen Staat gegeben.

Während die beiden Seiten einer Übereinkunft näherkamen, suchte jede Seite fortwährend Zusicherungen von der anderen. Garantiert sein mußte, daß das, was man in Norwegen vereinbarte, den Segen und die volle Unterstützung der Führung zu Hause hatte. Hunderte von Telefongesprächen fanden statt, in denen eine Seite die andere fragte: »Hat der Vater mit dem Paten darüber geredet?« Die »Väter« waren Peres und Holst. Die »Paten« waren Rabin und Arafat. Leute wie Savir, Beilin und Abu Alaa waren die »Söhne«. Die Antwort kam zurück. »Ja, sie haben geredet. Er hat dem ›Sohn‹ gesagt, daß er gern noch ein weiteres Treffen hätte.« Hirschfeld erinnerte sich später: »Am schwierigsten fiel es uns, den Mund zu halten.« Im Mai sandte Arafat den Israelis ein Signal. Er flog nach Wien und gab israelischen Journalisten eine exklusive Pressekonferenz. Dabei erzählte er ihnen von der Notwendigkeit eines Truppenabzugs aus den besetzten Gebieten und äußerte sich lobend über den ägyptischen Präsidenten Anwar el-Sadat sowie dessen Geschick, 1975 einen Vertrag über einen begrenzten Abzug der israelischen Truppen vom Sinai zustande gebracht zu haben. Nach diesem Vertrag zog Israel seine Truppen teilweise vom Sinai ab und gab Ägypten einige Gebiete zurück. Für Arafat, der Sadats Frieden mit Israel vehement bekämpft hatte, war diese Erklärung Zeichen eines Sinneswandels. Keiner der Reporter ging darauf ein. Für Peres waren seine Worte allerdings ein deutliches Signal, daß Arafat den Osloer Plan unterstützte.

Im Juni reiste Nimrod Novick, ein enger Vertrauter von Peres, nach Kairo, wo er vom PLO-Berater des ägyptischen Präsidenten Hosni Mubarak, Osama el-Bas, erfuhr, daß Arafat persönlich den Gaza-Jericho-Vertrag gebilligt hatte. Ende Juli fand in Kairo ein ähnliches Treffen zwischen dem führenden PLO-Vertreter in Ägypten, Nabil Scha'ath, und dem israelischen Umweltminister Jossi Sarid statt. Im selben Monat traf sich Dr. Ahmed Tibi, ein israelischer Araber, der oft als Überbringer geheimer Nachrichten an Arafat fungiert hatte, in Jerusalem mit Israels Gesundheitsminister Haim Ramon, um ihm eine schriftliche Billigung des Plans vom PLO-Führer zu überreichen. Im August schließlich informierte Uri Savir Peres, daß der Handel unterschriftsreif sei und einen separaten Vertrag über die gegenseitige Anerkennung zwischen der PLO und Israel enthalten könnte.

Am 19. August stieg Peres in ein Flugzeug nach Oslo, angeblich zu einer diplomatischen Routinereise in mehrere skandinavische Länder. Er war Gast bei seinem norwegischen Amtskollegen, und nachdem alle Abendbrotgäste gegangen waren, wurde der israelische Gast in den ersten Stock hinaufgebeten. Dort wartete einige Minuten nach Mitternacht der PLO-Vertreter Abu Alaa auf ihn. Die beiden Männer, die einander noch nie begegnet waren, schüttelten sich die Hand und sprachen über den historischen Charakter ihrer Begegnung. Dann bat Peres Savir, zuerst seine Unterschrift unter den Vertrag zu setzen, weil er, wie er erklärte, nicht ohne förmliche Billigung des Kabinetts unterzeichnen könne. Kurz vor eins hob Peres den Telefonhörer ab und rief den israelischen Ministerpräsidenten an. Rabin schlief fest. »Wir haben unterschrieben«, sagte ihm Peres. »Masel tov«, erwiderte der Ministerpräsident, »gute Arbeit.«

Im Boeing-Jumbo, den er von Marokkos König Hassan II. geliehen hatte, zog Jassir Arafat seine dunkelgrüne Guerillauniform aus und schlüpfte in die glattere aus Khaki. Er wußte, daß er die Grenze vom Krieger zum Staatsmann überschritten hatte. Die Jahre des Kampfes, zuerst um ganz Palästina, dann um alle von Israel im Krieg von 1967 eroberten Gebiete, sollten mit einem Federstrich beendet werden. Die Absichtserklärung, die er in Tunis unterzeichnet und die Yitzhak Rabin in Jerusalem signiert hatte, versprach dem palästinensischen Volk nur die winzige Stadt Jericho und den verarmten Gazastreifen als Vorgeschmack auf mehr Unabhängigkeit. In seinem Rücken, das wußte Arafat, gab es wütende Drohungen erbitterter Radikaler; Rufe nach seiner Ermordung wurden laut, sie kamen von extremistischen palästinensischen Fraktionen, die sich betrogen fühlten. Und doch, als Arafat seine Pistole beiseite legte und sich zum erstenmal in seinem Leben auf einen Gang über Washingtoner Boden vorbereitete, wußte er auch, daß er einige seiner höchsten Ziele erreicht hatte: die Anerkennung des palästinensischen Volkes durch Israel und die Vereinigten Staaten und die Anerkennung der PLO als nationale Vertretung des palästinensischen Volkes. Innerhalb von Stunden würde er auf dem Rasen des Weißen Hauses stehen, ein legitimer Führer, ein Gast des Präsidenten der Vereinigten Staaten, um vier separate Verträge mit seinem bittersten Feind, dem Ministerpräsidenten Israels, zu unterzeichnen.

Der denkwürdigste Augenblick war für ihn, als Präsident Clinton ihn in sein Haus einlud, in die behagliche holzgetäfelte Bibliothek, von der aus Franklin Delano Roosevelt seine »Kaminfeuergespräche« an das amerikanische Volk gerichtet hatte. »Seine Exzellenz, der Präsident, gab mir Gelegenheit zu einer kurzen, aber fruchtbaren, positiven und herzlichen Begegnung mit ihm«, äußerte er sich später. Arafat erzählte uns, daß ihn dieses private Treffen mit dem Präsidenten beruhigte. Er hatte das Gefühl, sogar noch mehr gewonnen zu haben, als in der Zeremonie im Garten des Weißen Hauses sichtbar geworden war. Als er von seinem neuen Freund Bill Clinton sprach, erklärte Arafat stolz: »Er wird diesen neuen Prozeß, den Friedensprozeß, unterstützen, einschließlich des neuen Babys, des palästinensischen Gebildes, das«, verkündete er kühn und mit seiner typischen Theatralik, »zum unabhängigen Staat und zu einer palästinensisch-jordanischen Konföderation führen wird.«

Als er am nächsten Tag die Rampe zu seinem Flugzeug hinaufging, um nach Marokko und dann zu seinem vorübergehenden Zuhause in Tunis zurückzufliegen, konnte man es ihm kaum verdenken, wenn er für sich selbst dachte: »Der 13. September war der erste Tag in der Geschichte eines eigenen, unabhängigen palästinensischen Staates.«

Jassir Arafats unzweifelhafter Erfolg von Washington ist die vorläufig letzte Etappe im politischen Leben eines Menschen, der seit seiner Geburt vom Konflikt zwischen den Zionisten und späteren Israelis einerseits und den Palästinensern andererseits geprägt worden ist. Viele Mißerfolge, Niederlagen und persönliche Schicksalsschläge mußte der heute 64jährige PLO-Vorsitzende einstecken, bevor es zum Handschlag mit dem israelischen Ministerpräsidenten kommen konnte. In der folgenden Biographie werden all jene großen und kleinen Erfolge und Mißerfolge nachgezeichnet, die das Leben des Mannes bestimmten, der seit seiner Kindheit mal mit, mal ohne Gewalt für einen unabhängigen Staat des palästinensischen Volkes gekämpft hat.

Danksagung

Die beiden Jahre, die wir zumeist fern von Washington D.C. in der West Bank und Gaza, in Tunis, Damaskus, Kairo, Amman und Jerusalem verbrachten, haben uns Gelegenheit gegeben, den arabisch-israelischen Konflikt von allen Seiten zu betrachten. Wir hatten die Ehre, von Staatsoberhäuptern und Außenministern empfangen zu werden, die uns rückhaltlos ihre Ansichten und Gedanken mitteilten. Zahlreiche Gelehrte, Schriftsteller und Politiker waren so freundlich, uns ihre unterschiedlichen Positionen zu erläutern.

Wir danken Jassir Arafat für die Zeit, die er sich für uns genommen hat, und für seine Bereitschaft, im Verlauf zahlreicher Interviews unsere bohrenden Fragen über sich ergehen zu lassen. Er saß stundenlang mit uns zusammen und sprach von seiner Kindheit und Studentenzeit – von Themen mithin, die anzusprechen er sich bislang geweigert hatte. Er verabredete für uns Begegnungen mit Angehörigen, darunter seinem Bruder Fathi in Kairo, seinen Vettern Scheich Musa Abu Saud und Hischam Abu Saud sowie mit Muheidin al-Husseini, dem Schwiegersohn von Hadsch Amin al-Husseini.

Das alles wäre ohne die Hilfe von Muni al-Masri nicht möglich gewesen. Al-Masri ist ein palästinensischer Geschäftsmann, der einen großen Teil seines Lebens damit verbracht hat, Mißverständnisse zwischen Israelis und Palästinensern auszuräumen. Er ist nicht nur liebenswürdig und gastfreundlich, sondern versucht, in diesem Konflikt auch die andere Seite zu verstehen, und vermag die Situation seines Volkes auf sympathische und intelligente Weise zu erläutern.

Bassam Abu Scharif, dem zu verdanken ist, daß die Palästinensische Befreiungsorganisation ihre Haltung gemäßigt hat, bereitete den Weg für dieses Buch. Er widmete uns seine Zeit und Energie und bot uns Trost, Beistand und Einsichten während der bangen Wartezeiten zwischen den Interviews. Er war da, wenn wir ihn brauchten, selbst dann, wenn wir nicht mehr mit einem Termin rechneten und er uns mitten in der Nacht aufforderte, »in fünf Minuten« für ein weiteres Interview bereit zu sein.

Auch Jassir Abed Rabbo hat nicht mit seiner Zeit gegeizt. Seine Beobachtungen gehörten zu den analytisch genauesten, die wir kennengelernt haben. Großer Dank gehört außerdem Rita Hauser, die so beherzt war, mutige Schritte auf einem gefährlichen Weg zu gehen. Wir sind sicher, daß man sie eines Tages als wichtige Pionierin der amerikanisch-jüdischen Gemeinde anerkennen wird. Sie hat uns unschätzbare Informationen und Erkenntnisse mitgeteilt.

Der schwedische Außenminister Sten Andersson hat sich große Mühe gegeben, während der Sitzungen der UN-Vollversammlung mit uns zu sprechen. Vom ersten Tag unserer Bekanntschaft hatten wir das Gefühl, uns in der Gesellschaft eines außergewöhnlichen Diplomaten zu befinden, dem es auch persönlich sehr am Herzen lag, Frieden zwischen den Arabern und den Israelis zu erreichen. Es war seine Idee, die amerikanisch-jüdische Gemeinde an den Friedensbemühungen zu beteiligen; seine Hingabe an diese Sache ist ein Beitrag unorthodoxer Diplomatie, die ihn zu einem konsequenten Nachfolger des verstorbenen Ministerpräsidenten Olof Palme und des schwedischen UN-Gesandten Gunnar Jarring gemacht hat.

Ohne Danny Rubinstein hätten wir dieses Buch nicht schreiben können; er hat die erste Fassung unseres Manuskripts lektoriert, ebenso wie schon unser erstes Buch *Still Small Voices*. Er stand uns stets mit seinem umfassenden Wissen bei und hat uns geholfen, komplizierte Themen und deren Bedeutung zu erfassen. Wenige israelische Journalisten kennen sich so wie Danny in der Wesensnatur von Israelis und Palästinensern aus, die ein Grund für diese Krise ist; wenige sind für die täglichen Schmerzen und Leiden der Palästinenser so empfänglich wie er. Wenn alle Israelis so stolz auf ihr Erbe und sich zugleich der Rechte anderer so bewußt wären wie Danny, hätte dieser Konflikt schon lange beigelegt werden können.

Von dem Augenblick an, als wir erstmals über die Möglichkeit sprachen, ein Buch über ein so kontroverses Thema zu schreiben, hat Chuck Lewis, ehemals Bürochef der Nachrichtenagentur Associated Press, unser Vorhaben unterstützt. Er gab uns Mut fortzufahren, wenn die Schwierigkeiten sich türmten, und erinnerte uns daran, daß durch die »kreative Spannung« in unserer Ehe letztendlich ein besseres Buch herauskommen würde. Wir sind ihm dankbar für seine Freundlichkeit und seinen klugen Rat – Eigenschaften, die ihn als Bürochef der Hearst Newspapers und als guten Freund auszeichnen.

Unter den Palästinensern, die wir in Tunis kennenlernten, sind viele, deren gemäßigte Stimmen in den Vereinigten Staaten und Israel Gehör verdienen. Es sind unter anderem Hassan Khadar, Akram Hanieh, Ahmed Abdul Rahman, Mahschub Omar, Nissar Amar, Dschamil Hilel, Hani al-Hassan und sein Bruder, Sonderbotschafter Khaled al-Hassan. Außerdem haben wir in Tunis mit Hakim Belawi, Abu Ijad, Abu Dschihad, George Habasch, Mohammed Milhem, Faisal Oweida und Mohammed Bilal gesprochen.

Dankbar sind wir für die Hilfe, die wir in Tunis vom amerikanischen Botschafter Robert Pelletreau erhielten, dessen höfliche Art und Gastfreundschaft der PLO ein liebenswürdiges Bild von den Vereinigten Staaten vermitteln konnte. Er hat mit Anstand, Humor und Intelligenz eine der schwierigsten diplomatischen Aufgaben – den Dialog zwischen den USA und der PLO – bewältigt. Darüber hinaus gibt es viele andere, denen wir in Tunis Dank schulden: Hamid Sausch half uns, daß wir uns in seinem Land wie zu Hause fühlten. Der ägyptische Botschafter Ali Maher unterstützte uns mit seinen Erfahrungen in der arabischen Welt.

In Kairo möchten wir insbesondere dem früheren Außenminister Ismet Abdul Megid danken, der in Genf unermüdlich daran gearbeitet hat, der PLO im Herbst 1988 bei der Durchsetzung ihres historischen Kompromisses behilflich zu sein. Unser Dank gilt zudem drei weiteren ägyptischen Persönlichkeiten: dem ehemaligen Staatsminister für auswärtige Angelegenheiten und heutigen UNO-Generalsekretär Bhutros Bhutros-Gali, dessen kritische Beobachtungen einen geeigneten Hintergrund für unsere Reportage bildeten; Nabil Scha'ath, dessen Einsichten die intellektuelle Grundlage für den neuen PLO-Kurs geliefert haben, sowie Mohammed Heikal, dem früheren engen Berater Gamal Abdel Nassers, der uns wertvolle Informationen über die Zeit des früheren ägyptischen Präsidenten lieferte.

Der amerikanische Botschafter Frank Wisner nahm sich trotz vollen Terminkalenders Zeit, uns mit Rat, Büchern und einem Mahl zu versorgen. Wisner ist ein zurückhaltender Diplomat, dessen nachdenkliche Art ihm die Anerkennung der ägyptischen Regierung eingebracht hat.

Wenige Leute kennen sich so gut in der langen Geschichte der Juden in Ägypten aus wie der frühere israelische Botschafter in Kairo, Schimon Schamir. Dieser gelehrte Diplomat und zuvorkommende Mann hat uns an vielen Ergebnissen seiner Arbeit teilnehmen lassen und uns ermuntert, sorgfältig zu recherchieren.

Die ägyptische Regierung kann von Glück sagen, daß sie Mohammed Agami hat, der sich um die Wünsche ausländischer Journalisten kümmert; er war immer mit einem Lächeln da, wenn wir ihn brauchten, und mit einer Umarmung gar, wenn uns das Nichtzustandekommen eines erhofften Interviews deprimierte. Er gab uns das Gefühl, als wäre ihm der Erfolg unserer Aufgabe ebenso wichtig wie uns selbst, und schon aus diesem Grund werden wir ihn nicht vergessen. Unser Dank gilt darüber hinaus dem Informationsminister Safwat al-Scharif, dem Direktor des Staatlichen Informationsdienstes, Ahmed al-Ebraschy, Mohammed Wahby vom ägyptischen Pressebüro in Washington und vielen anderen in Kairo. Zu ihnen zählen Klassenkameraden und Studienkollegen Jassir Arafats, die uns ihre Erinnerungen an den PLO-Vorsitzenden als Studentenführer mitteilten – unter ihnen Khaled Mohiedin, Sakaria Nil, Kamal Nagib, Sami Suleiman, Said Kamel und Said Jassin.

Seiner Majestät König Hussein sind wir außerordentlich dankbar, der großzügig mit seiner Zeit war und uns sein Wissen und seine Erfahrungen offen mitteilte; ihre Majestät Königin Nur war nicht nur gastfreundlich, sondern auch hilfreich und geduldig. Zu den früheren und gegenwärtigen jordanischen Führern, die uns ihre Positionen erläuterten, gehörten Adnan Abu Odeh, Berater des Königs in palästinensischen Angelegenheiten; Ministerpräsident Tahir al-Masri; der ehemalige Ministerpräsident Seid Rifai; der ehemalige Außenminister Marwan Kassem; der Presseberater Seiner Majestät, Fuad Ajub; Ahmed Katanani, der als Beamter der jordanischen Regierung ebenfalls für palästinensische Angelegenheiten zuständig ist; Abdul Madschid Schoman, der ehemalige Schatzmeister des Palästinensischen Nationalfonds, und Akram Suaiter, der uns einen spannenden Bericht über seine Rolle in den arabischen Unruhen von 1936 in Jerusalem gab.

In Amman schulden wir auch Professor Abu Dschaber, einem bekannten Historiker, Dank; außerdem Ruhi al-Khatib, dem Bürgermeister Jerusalems von 1950 bis 1967, sowie Omar al-Khatib, der im Libanon Stellvertreter Abu Dschihads war. Unser besonderer Dank gilt Hamid Abu Sitta, der mit Arafat im Ruderboot den Suezkanal überquerte, ferner dem Anwalt Ali Subi für seine Erinnerungen an Jerusalem in den dreißiger Jahren und Abdul Dschawad Saleh, dem früheren Bürgermeister von El Bireh, der das »Jerusalem Center for Development Studies« in der jordanischen Hauptstadt leitet und für den Bau von Krankenhäusern und Bunkern im Libanon verantwortlich war. Bedanken möchten wir uns auch beim amerikanischen Botschafter Roscoe Suddarth III und seinem hervorragenden Kollegen und Vorgänger Richard Viets, der unermüdlich einen Dialog zwischen Arabern und Israelis anzuregen versucht hat.

Zu den vielen Leuten, die uns in Syrien geholfen haben, gehören: Professor Hussan al-Khatib von der Universität Damaskus; Mohammed Naschaschibi; Khaled al-Fahum, der ehemalige Sprecher des Palästinensischen Nationalrats; Najaf Hawatmeh; Abu Laila von der Demokratischen Front für die Befreiung Palästinas (DFLP) und viele weitere Anführer von PLO-Splittergruppen, die sich die Zeit nahmen, geduldig die Gründe für ihr Zerwürfnis mit Fatah zu erklären. Zu ihnen gehörten Omar Scha'abi, Chef der Abteilung für Auslandsbeziehungen der Volksfront für die Befreiung Palästinas-Generalkommando (PFLP-GC); Sami Kandil, ein Beamter der pro-syrischen Gruppierung Saika sowie Abdul Dschawad und Abdul Hadi al-Maschasch vom »Fatah Aufstand«.

Glücklich sind wir, die Freundschaft des Botschafters Edward Djerejian und seiner Gattin zu genießen, die während unserer Zeit in Damaskus zahlreiche Stunden damit verbrachten, uns in die komplizierte syrische Politik einzuweihen und uns zu Kontakten mit sonst schwer zugänglichen Beamten verhalfen, darunter Verteidigungsminister Mustafa Tlass, Informationsminister Salman und anderen. Dank sagen möchten wir auch dem sowjetischen Botschafter Alexander Sotow, der uns während unseres Aufenthaltes eine Darstellung der sowjetischen Perspektive vermittelte, sowie dem schwedischen Botschafter Rolff Gauffin, dessen Wissen über den Libanon ebenso eindrucksvoll ist wie die Vielfalt seiner Kontakte zu den Palästinensern.

In Jerusalem danken wir Ministerpräsident Yitzhak Rabin und seinem Vorgänger Yitzhak Schamir, die sich beide Zeit nahmen, uns zu empfangen. Gleiches gilt für Schamirs damaligen Sprecher Avi Pazner, dessen Freundschaft für uns wertvoll ist und der uns trotz weltanschaulicher Differenzen immer geholfen hat. David Cassuto, Israel Harel und Miriam Levinger halfen uns, den Glauben vieler jüdischer Siedler zu verstehen. Obwohl wir ihre Ziele nicht teilen, denken wir, daß man ihre Ansichten hören sollte.

Unter den vielen klugen und mutigen Palästinensern auf der West Bank, die uns viel über Ausdauer und Engagement für den Frieden gelehrt haben, möchten wir insbesondere folgenden Interviewpartnern danken: Radwan Abu Ajasch, dessen Führungseigenschaften ein großes Plus für sein Volk werden könnten; Professor Sari Nusseibeh für seine Informationen; Faisal Husseini, dessen gemäßigte Stimme ihn zu einem natürlichen Erben seiner unter Palästinensern sehr angesehenen Familie macht; sowie Siad Abu Sajjad, der sich stets bemüht hat, den Graben zwischen Palästinensern und Israelis zu überbrücken.

Auch in Washington waren es viele Freunde, die uns geholfen haben. Insbesondere aber möchten wir all jenen danken, die sich die Zeit nahmen, unser ganzes oder einen Teil unseres Manuskripts zu lesen und uns ihre Kritik und Ratschläge zu geben. Dazu zählen die Veteranen unter den Journalisten, James Dorsey und Steve Hagey, sowie die ehemaligen Beamten im Außenministerium, Nicholas Veliotes, Charles Hill und Peter Rodman. Weitere nützliche Helfer waren Hassan Abdul Rahman als Vertreter der PLO, Clovis Maksud als Sprecher der Arabischen Liga sowie vor allem William Quandt und Helena Cobban, die sich beide im gesamten Themenbereich des arabisch-palästinensisch-israelischen Konflikts sehr gut auskennen.

Der schwedische Botschafter Anders Thunborg, der die Vereinten Nationen während des Traumas der PLO-Evakuierung aus Beirut vertrat, stand uns mit seinem Rat zur Seite. Der Libanese Roger Edde, der viele Gefahren auf sich genommen hat, um bei der Beendigung des Alptraums seiner Nation mitzuhelfen, hat uns unermüdlich über sein vom Krieg zerrissenes Land aufgeklärt. Wir danken außerdem allen offiziellen und inoffiziellen Emissären, die uns ihre Geschichte erzählt haben: Botschafter Philip Habib; Botschafter John Gunter Dean; John Mroz, dem Präsidenten des »Center for East-West Studies«; Merle Thorpe, dem Präsidenten der »Foundation for Middle East Peace«; Gail Pressberg, der Präsidentin der Organisation »Americans for Peace Now«; sowie Judith Kipper und Wat Cluverius, die beide bei den Friedensbemühungen mit Jordanien eine Schlüsselrolle gespielt haben.

Bevor wir in den Nahen Osten abreisten, hatten wir die Gelegenheit, mit dem damaligen Außenminister James Baker, seinem engsten Berater, Dennis Ross, sowie mit dem ehemaligen Sicherheitsberater Zbigniew Brzezinski und dem Professor an der Columbia-Universität, Gary Sick, über den Nahen Osten und die Rolle Jassir Arafats zu diskutieren. Ebenfalls geholfen haben uns Martin Indyk, damals Direktor des Washington Institute for Near East Policy und heute Berater im Nationalen Sicherheitsrat der USA, sowie Geoffrey Kemp, Jerry Bremer, Tony Wayne, Steve Strain, Jerald Post und Richard Haass, damals Nahostberater im Nationalen Sicherheitsrat unter George Bush. Aaron Miller, hoher Beamter im politischen Planungsstab des Außenministeriums, zögerte nicht, unsere Arbeit zu kritisieren, und ermunterte uns, immer wieder unsere Entwürfe zu überarbeiten. Sein Rat war unbezahlbar. Wir danken ihnen allen, daß sie sich die Zeit genommen haben, um uns auf unseren Aufenthalt im Nahen Osten vorzubereiten.

Beim Abschreiben von Hunderten von Interviews, die wir im Lauf der beiden Jahre aufgenommen haben, hatten wir Glück, uns auf die Hilfe von Catherine Torrance, Richard Eisendorff und John Wilner in Washington verlassen zu können. Wir danken Ron Goldfarb, der uns bei diesem Vorhaben Mut machte, und Carole Stuart, die von Anfang an daran geglaubt hat. Unser Lektor Bruce Shostak hatte in schwierigen Zeiten mit uns Geduld und half uns.

Schließlich hätten wir diese Aufgabe nicht ohne das Verständnis und die Unterstützung unserer Kinder, Michael und David, bewältigt, die oft lange auf ihr Essen warten und unter unseren lauten Streitereien leiden mußten. Ihre Liebe hat uns darüber hinweggeholfen.

J. W. & J. W., Washington D.C.

Vorwort

Wenn man im Westen den Namen Arafat erwähnt, fordern viele Gesprächspartner, der PLO-Vorsitzende solle sich – will er als Vertreter der Palästinenser akzeptiert werden – erst einmal seinen wilden Bart abrasieren und einen ordentlichen Anzug anziehen. In ihren Augen ist er ein Dämon, dessen Selbstgefälligkeit und dessen Guerillauniform genau in das Klischeebild eines Terroristen passen. Als er im Verlauf der Kuwaitkrise für Saddam Hussein Partei ergriff, verstärkte er diesen ihm entgegengebrachten Widerwillen noch. Für viele Palästinenser jedoch ist er ein Heiliger, und sein »scheußlicher« Bart ist ein Zeichen dafür, daß er sich nicht dem Vorbild der traditionellen, meist perfekt sich selbst inszenierenden Herrscher im Nahen Osten anpassen mag. Das Palästinensertuch – die Kafija – sowie die Pistole am Gürtel sind für sie Sinnbilder ihres trotzigen Kampfes für einen eigenen Staat.

Um Arafat zu verstehen, mußten wir zunächst herausfinden, wie er sich selbst sieht, mußten mit ihm, mit seinen Familienangehörigen und Freunden sowie mit seinen Feinden sprechen. Um zu begreifen, wie seine Betrachter ihn sehen, mußten wir wissen, mit welchen Augen sie sich selbst betrachten – wie seine palästinensischen Widersacher, wie die Jordanier, Syrer und Israelis ihre eigenen Interessen, Ambitionen sowie ihre Rolle im arabisch-israelischen Konflikt sehen und wie die Geschichte der letzten fünfzig Jahre diese Rolle geformt hat.

Wenn man sich mit Arabern und Israelis beschäftigt, drehen sich alle Gefühle und Gedanken um die Geschichte. Sie hat alle Beteiligten geprägt. Sie ist der Kristall, in dem die Betroffenen gefangen sind. Manche sind verzweifelt darum bemüht, aus diesem Kristall herauszukommen, aber sie schaffen es nicht. Für einen Mann wie Arafat ist es besonders schwer, denn er hat lange in einer Welt der Halbwahrheiten gelebt, in der Unklarheit und Doppeldeutigkeit überlebenswichtig sind. Wir haben die Umgebung, in der er zu Hause ist, zu beschreiben versucht, nicht um sein Verhalten zu rechtfertigen oder zu entschuldigen, sondern um es zu erklären.

Wir haben die politischen Führer in der Region, die mit Arafat zu tun gehabt haben, gebeten, uns ihre Erfahrungen mit ihm zu schildern. Ob Israelis, ob Syrer oder Jordanier, sie alle sind ebenso fest wie Arafat davon überzeugt, daß sie das Recht auf ihrer Seite haben. Ihre Anschauungen haben sich auf dem Boden ihrer eigenen, reichen Kulturen und Traditionen gebildet. Gleichzeitig werden sie natürlich auch von ihren speziellen Interessen bestimmt, die oft denen der Palästinenser widersprechen. Deshalb haben wir in großen Zügen den historischen Hintergrund wiederzugeben versucht, der die Art und Weise färbt, wie sie die charismatische und zugleich bedrohliche Gestalt des Palästinenserführers beurteilen.

Für die Israelis ist Arafat eine ständige Erinnerung daran, daß die Gefahr eines weiteren Holocausts nach der Vernichtung von sechs Millionen Juden durch die Nazis keineswegs gebannt ist. Manche Israelis stimmen hier wohl mit dem ehemaligen israelischen Regierungssprecher Avi Pazner überein, der sagt, das wahre Ziel der PLO sei es, einen Staat »im Herzen unseres Landes zu gründen, einen palästinensischen Staat, der als Basis für Angriffe auf Israel dienen soll, bis Israel so geschwächt ist, daß man ihm einen letzten, vernichtenden Schlag versetzen kann«. Die Meinungen über Arafats eigentliche Absichten haben sich zwar gewandelt, aber so mancher Israeli denkt noch immer, die PLO müsse vernichtet werden, bevor sie Israel vernichtet.

In den Augen vieler Syrer stellt Arafat eine ähnlich große Bedrohung dar. Sie halten ihn für einen Emporkömmling und Hochstapler, der – ohne Herkunft und Wurzeln – uralte Machtansprüche in der arabischen Welt in Frage stellt. Bis vor kurzem war Palästina nur ein Winkel des einstigen Groß-Syriens. Arafats Bemühungen, die arabische Welt hinter der palästinensischen Sache zu einen, gefährdet die Träume der syrischen Führung, Damaskus wieder zur Hauptstadt der ganzen Region zu machen. Überdies hat sich aufgrund eines starken persönlichen Mißtrauens der Konflikt zwischen dem syrischen Präsidenten Hafis al-Assad und Jassir Arafat verschärft.

Auch aus dem Blickwinkel vieler Jordanier stellt Arafat eine Gefahr dar – er ist ein Symbol für die unsichere Loyalität der palästinensischen Bevölkerungsmehrheit ihrem haschemitischen König Hussein gegenüber. Bei manchen Palästinensern in Jordanien ist Arafat beliebter als Hussein, und wenn sie Arafats Beliebtheit westlich des Jordans, in der besetzten West Bank und im Gaza-Streifen, betrachten, haben sie das

Gefühl, daß das historische haschemitische Königreich allen Bemühungen König Husseins zum Trotz nicht überleben wird. Solange Arafat lebt, sind Hussein die Hände gebunden. Ohne Arafats Unterstützung aber kann Hussein andererseits nichts von dem im Sechstagekrieg 1967 verlorenen Land westlich des Jordans zurückgewinnen. Außerdem wird die Beziehung zwischen beiden durch die bitteren Erinnerungen an den »Schwarzen September« von 1970/71 getrübt, als sich die militante Rhetorik radikaler PLO-Gruppierungen zu einer gewaltsamen Kampagne gegen König Hussein entwickelte und über zweitausend Todesopfer forderte.

In den Augen der radikalen Palästinenser und der moslemischen Fundamentalisten schließlich ist Arafat ein korrupter Verräter – ein einstmals stolzer Revolutionär, der nun aber vom bewaffneten Kampf Abschied genommen hat und sich statt dessen auf Verhandlungen mit doppelzüngigen Diplomaten einläßt; der dem Westen gegenüber nachgibt und den Fortbestand eines kolonialen Gebildes wie Israel mitten im moslemisch-arabischen Raum hinnehmen will. In ihren Augen ist die Existenz Israels ein täglicher Ansporn, weiterzukämpfen. Im Gegensatz zu Arafat haben sie die Befreiung des ganzen ehemaligen britischen Mandatsgebiets Palästina nicht aufgegeben.

Wie hat sich Arafat seinen Kurs zwischen der lange dominierenden arabischen und israelischen Intransigenz gesucht? Wie ist es ihm gelungen, in einer Weltgegend zu überleben, in der ein gewaltsamer Tod beinahe so gewöhnlich ist wie Geburt und Glaube? »Ich habe immer gedacht, er sei weitgehend ein leeres Gefäß, das sich den Wünschen oder Bedürfnissen des Empfängers entsprechend ausformt«, sagt der Washingtoner Psychologe Jerrold Post. »Es ist ganz sonderbar – als ob es da zwanzig verschiedene Arafats gäbe.«

Um dem Geheimnis auf den Grund zu kommen, welcher von ihnen der »echte« Arafat ist und weshalb er in einer ihm feindlichen Umgebung nicht nur überlebt, sondern an politischem Gewicht hinzugewonnen hat, sprachen wir mit denen, die ihn am besten kennen: mit seinen Familienangehörigen, nahen Verwandten und Kindheitsfreunden; mit den politischen Führern, die ihn als Verbündeten oder als Gegner kennengelernt haben; mit Palästinensern, die ihn verehren, und mit anderen, die ihn als Verräter betrachten. Außerdem sprachen wir natürlich mit Arafat selbst.

Mit den Augen all dieser Beobachter hofften wir jene Eigenschaften besser zu verstehen, mit denen es diesem anscheinend ungepflegten, unverfrorenen, bärtigen Revolutionär gelungen ist, die Palästinenser aus jener »Wüste der Obskurität ins Land der Abendnachrichten«, so der New-York-Times-Korrespondent Thomas Friedman, zurückzubringen. Wir wollten herausbekommen, ob Arafat jetzt fähig ist, sein Volk, wie Friedman es ausdrückte, »von den Abendnachrichten nach Palästina« zu führen.

Im Laufe unserer Nachforschungen, mit denen wir 1988 begannen, reisten wir von Tunis nach Kairo, von Amman über Damaskus nach Jerusalem und wieder zurück. Dabei nahmen wir unzählige Gespräche mit mehr als hundert Interviewpartnern auf Band auf und suchten immer nach einer Antwort auf unsere zentrale Frage: Ist Jassir Arafat ein politischer Führer, dessen chamäleonhafte Fähigkeit, sich seiner Umgebung sowie den Leuten um ihn her anzupassen, ihn befähigt, Frieden in dieser unruhigen Weltgegend zu schließen? Dieses Buch ist keineswegs von Jassir Arafat autorisiert, aber er und seine Berater haben uns vom Februar 1988 bis zum Herbst 1990 bereitwillig einen Teil ihrer Zeit geopfert. Alle wörtlichen Zitate Arafats wie der übrigen Befragten stammen, wenn nicht anders vermerkt, aus den aufgezeichneten Gesprächen. Es war schwer, von Arafat etwas über seine Kindheit und Jugend zu erfahren. Soweit möglich haben wir uns dennoch darum bemüht, über diese Periode in seinem Leben neue Fakten ans Licht zu bringen.

Seine Herkunft ist ein Sinnbild für die Vieldeutigkeit der Gestalt Arafat. Leidenschaftlich besteht er darauf, daß er in Jerusalem geboren und deshalb Palästinenser sei; andere Leute behaupten mit derselben Überzeugungskraft, er sei in Kairo oder in Gaza zur Welt gekommen. Es existiert eine ägyptische Geburtsurkunde, und sie scheint auf seine ägyptische Herkunft hinzuweisen. In seiner Familie aber haben wir niemanden gefunden, der daran glaubte, daß er in Ägypten geboren ist. Des Rätsels Lösung könnte unserer Ansicht nach die folgende sein: Er ist, wie er behauptet, in Jerusalem geboren, aber die Umstände waren und sind ihm immer noch peinlich – er hat niemals offen darüber reden wollen, weil es mit dem Eheproblem seiner Eltern zu tun hatte. Ein enger Verwandter von ihm deutete sogar an, bei der Geburtsurkunde handele es sich um eine Fälschung, denn nur mit ihr hätte Arafat unentgeltlich die Universität besuchen können, wozu alle Ägypter automatisch berechtigt sind.

Derartigen Widersprüchen haben wir uns auf journalistische Art genähert. Wir haben die Fakten recherchiert, die Wahrheit zu ergründen versucht und sind aufgrund empirischer Beweise, die wir selbst zusammengetragen haben, zu unserer Schlußfolgerung gelangt. Dort, wo es uns nicht gelungen ist, die Wahrheit eindeutig zu ermitteln, legen wir dem Leser alle Tatsachen vor und überlassen es ihm, selbst ein Urteil zu fällen.

Vor allem hatten wir es darauf abgesehen, dem Menschen Arafat näherzukommen, näher als das bisher möglich gewesen ist. Bis heute ist er in den Augen vieler Leute ein Terrorist. Wir haben seine Vergangenheit nicht beschönigt, wir haben nichts unter den Teppich gekehrt. Aber wir wollten auch, daß man Arafat so sieht, wie er ist – nicht als Reflexion der Phantasie irgendwelcher Leute oder als Schießbudenfigur oder Karikatur. Der israelische Autor Uri Avneri hat vor vielen Jahren festgestellt: »Wenn ein Journalist sich dazu hergibt, einem ganzen Volk menschliche Züge abzusprechen, dann kann das Blut dieser Leute ungestraft vergossen werden. Wir Juden wissen das besser als irgend jemand sonst. Sobald man einen Juden als Untermenschen darstellt, ist er vogelfrei. Sobald ein palästinensischer Führer als ›Terrorist‹ definiert ist, darf man ihn bombardieren, mit Granaten beschießen, ausweisen und ihm die Menschenrechte und die Würde absprechen.«

Wir hoffen, daß dieses Buch dazu beitragen wird, das Blutvergießen zu verringern und mehr Verständnis zu wecken.

I

Der wahre Jassir Arafat

1

Geheimnisvoll und rätselhaft – wer ist Arafat?

Der alte arabische Händler saß hinter einem Tischchen im Suk von Hebron, während die Hühner, die er zum Verkauf feilbot, den Reporter der Jerusalem Post angackerten. In fließendem Hebräisch erklärte der Mann, auch er habe Rechte und die Araber seien seit Hunderten von Jahren in Palästina ansässig. »Die Juden sagen, dies sei zuerst ihr Land gewesen. Es stimmt, daß die Juden hier vor zweitausend, vor dreitausend Jahren waren. Wer hat sie vernichtet? Das war Nebukadnezar. Und das waren die Römer. Nicht die Moslems. Damals gab es keine Moslems. Als die Moslems dieses Land eroberten, nahmen sie es den Römern weg, nicht den Juden. Wessen Land ist es also?«

Die Frage ist so alt wie die Bibel selbst.

Vor annähernd viertausend Jahren erwarb Abraham, der Stammvater der Araber und Juden, für seine Ehefrau Sara und sich selbst eine Begräbnisstätte. Im Buch »Genesis« ist dieser erste historisch aufgezeichnete Landkauf beschrieben: Das war in Hebron, in den Bergen von Judäa, fast tausend Meter über dem Meeresspiegel und gut dreißig Kilometer südlich von Jerusalem. Dort, in der Höhle von Machpela, so sagt die Bibel, sind Abraham, Sara, ihr Sohn Isaak und dessen Ehefrau Rebekka sowie deren Sohn Jakob und dessen Frau Lea begraben.

Die Juden stammen, wie sie sagen, von Abrahams Sohn Isaak ab. Die Araber hingegen bezeichnen Abrahams anderen Sohn, Ismael, als ihren Vorfahren – jenen Sohn, den Hagar, Saras Magd, Abraham schenkte. Heute versichern die Palästinenser, sie seien ein Volk, das sich von den übrigen Arabern unterscheide – ein Volk, dessen Wurzeln sogar älter als die der alten Hebräer seien. Sie halten sich für die Erben der Kanaaniter, die Mesopotamien bewohnten und die

die Städte Megiddo, Hatsor und Jerusalem im dritten Jahrtausend vor Christus bauten.

Im Bronzezeitalter (1500–1200 v. Chr.) war Kanaan ein Schlachtfeld zwischen zwei Reichen, dem ägyptischen und dem hethitischen in Kleinasien. Damals führte Moses die Hebräer aus Ägypten, und während des Übergangs vom späten Bronzezeitalter zum frühen Eisenzeitalter (ca. 1250 v. Chr.) siedelten sich die Israeliten in Kanaan an.

Hundert Jahre später kamen die Philister von Kreta und anderen Mittelmeerinseln herüber, und es gelang ihnen, sich an Kanaans Südküste festzusetzen, wo sie ein Fünf-Städte-Bündnis – Gaza, Askalon, Aschdod, Ekron und Gerar – schufen. Von diesem Volk leitet sich der Name Palästina ab.

Um das Jahr 1000 v. Chr. besiegten die Israeliten unter ihrem Anführer David die Kanaaniter und Philister, vereinigten Judäa im Süden mit Samaria und Galiläa im Norden und gründeten das Königreich Israel. David wurde in Hebron gekrönt und begab sich später nach Jerusalem, wo sein Sohn Salomon einen großen Tempel bauen ließ, der den Juden als nationaler und religiöser Mittelpunkt dienen sollte.

In den folgenden 1600 Jahren wurden die Juden meistens von anderen Herren regiert: von den Assyrern, den Babyloniern, den Persern, den Griechen, den Ägyptern und schließlich den Römern. Schon während ihres babylonischen Exils träumten sie von einer »Rückkehr nach Zion«. Dieses Ziel wurde aber erst nach der Zerstörung des Zweiten Tempels durch die Römer 70 n. Chr. zu einem beherrschenden Thema in ihren Schriften. Die Römer vertrieben die Juden aus Jerusalem. In den folgenden fast zweitausend Jahren lebten sie im ganzen Nahen Osten und der übrigen Welt verstreut. Anno 132 wandelte der römische Kaiser Hadrian Judea (die griechische Form von Juda) in Palaestina um.

In den folgenden 1384 Jahren, während der byzantinischen Herrschaft und nach Mohammeds Erscheinen im 7. Jahrhundert, wurde Palästina wiederholt von fremden Herrschern erobert: 614 von den Persern, dann von den in Bagdad ansässigen Abbasiden, von den ägyptischen Fatimiden, von den Seldschuken, den Kreuzfahrern, den Mamluken und 1516 schließlich von den Osmanen. In dieser ganzen Zeit waren die Juden zu einer kleinen Minderheit unter den Moslems geworden. Viele Forscher behaupten zwar, gegen Mitte des 19. Jahrhunderts sei die Mehrheit der Bewohner Jerusalems jüdischen Glaubens gewesen. Als die Briten das Gebiet jedoch während des I. Weltkriegs besetzten, stellten die Araber mehr als neunzig Prozent der Bevölkerung.

Im Koran, dem heiligen Buch der Moslems, wird der Name Jerusalem nicht erwähnt. Dort aber, wo von Mohammed berichtet wird, heißt es, eines Nachts habe ihn der Erzengel Gabriel geweckt und auf einem geflügelten Pferd zum »Masdschad al-Aksa« – dem »fernsten Ort« – getragen. Von dort sei Moham-

med zum Himmel aufgestiegen und Gott begegnet. In derselben Nacht sei er mit jenen Geboten zurückgekehrt, die er für das Volk des Islam erhalten habe. Jerusalem wurde mit dem »fernsten Ort« identifiziert und dort, wo Salomons Tempel gestanden hatte, wurde die Al-Aksa-Moschee errichtet. Heute ist Jerusalem für die über 700 Millionen Moslems der Welt eine Stadt, die in ihrem Rang unmittelbar hinter den heiligen Städten Mekka (Mohammeds Geburtsort) und Medina (seinem Zufluchtsort nach seiner Flucht – der Hidschra – aus Mekka 622 n. Chr.) rangiert.

Der Islam, die neue Religion, breitete sich so rasch aus, daß sie sich zehn Jahre nach Mohammeds Flucht aus Mekka in ganz Arabien durchgesetzt hatte. Weniger als ein Jahrhundert nach Mohammeds Tod (632) hatten die arabischen Heere ein Reich erobert, das sich von Spanien bis Indien erstreckte. Dennoch blieben die heiligen Städte Mekka, Medina und Jerusalem das Herz des moslemischen Reiches.

Die Juden sagen, Gott hätte dieses gleiche Land seinem auserwählten Volk, den Israeliten, versprochen. In der Bibel heißt es: Gott sagte zu Josua: »Deshalb stehe auf, gehe über diesen Jordan (Fluß), du und dein ganzes Volk, in das Land, das ich ihm gebe, ebenfalls den Kindern Israels. Jeden Ort, den die Sohle eures Fußes berühren wird, habe ich euch gegeben, wie ich es Moses versprochen habe. Von der Wildnis und diesem Libanon, ja sogar bis zum großen Meer (dem Mittelmeer), bis Sonnenuntergang soll eure Grenze sein.«

Also, wessen Land ist es – 4000 Jahre später? Gehört es den Nachkommen Abrahams und Isaaks, den Juden, die Salomons Tempel gebaut haben? Oder gehört es den Kindern Ismaels, den Moslems, die der Lehre des Propheten Mohammed folgen?

Wie ein moderner Beduine, der durch die Wüste treckt, wandert Jassir Arafat um den Globus. Sein Zuhause sind – abgesehen vom PLO-Hauptquartier in Tunis – jene Privatjets, die er sich abwechselnd vom Irak, von Algerien, Tunesien, Marokko und, zumindest bis zur Golfkrise, auch von Kuwait und Saudi-Arabien ausleihen kann. Diese Jets haben nicht mehr als elf Sitzplätze, und der jeweilige Pilot fliegt auf Arafats Befehl nach Peking, Bagdad oder Addis Abeba. »Glauben Sie mir«, klagt Arafat, »ich bringe mehr Zeit in diesen Flugzeugen als auf der Erde zu.«[1])

Der PLO-Vorsitzende ist gerade von einem anstrengenden Trip ins Hauptquartier nach Tunis zurückgekehrt. »Zweiundfünfzig Flugstunden innerhalb von fünf Tagen.« Er war in Nordkorea, Laos, Peking, Hanoi und Bangladesch. Unterwegs, so fügt Arafat hinzu, hat er Afghanistan besucht und bei dieser Gelegenheit einem amerikanischen Photographen zur Freiheit verholfen, den ein Rebellenkommando gefangen hatte.

Als Guerillero auf Reisen spielt er die Rolle eines Friedensstifters, schlichtet hier einen Streit, hilft dort, ein paar Geiseln zu befreien. Aber soviel Erfolg er als Schlichter in anderen Konflikten haben mag, seinem eigenen Volk hat er den Frieden – zumindest bis zum historischen Handschlag mit Yitzhak Rabin – nicht bringen können. »Der Friede braucht mutige Männer«, sagt er. Allzuoft aber ist ihm die Chance für einen Frieden zwischen den Fingern zerronnen.

So notwendig seine vielen Reisen sind, am wichtigsten ist es Jassir Arafat, durch seine Auftritte in der Öffentlichkeit im Mittelpunkt der Medien zu bleiben. Aus Sicherheitsgründen hat er in seinem Stab einen Ersatzpiloten und hält sein Reiseziel auch vor jenen, die mit ihm fliegen, geheim, bis sich das Flugzeug in der Luft befindet. Er meidet öffentliche Orte wie Kinos und Restaurants und kann sich nicht erinnern, wann er zum letztenmal in einem gespeist hat. »Nach dem Rückzug aus Beirut war ich ein einziges Mal essen, aber ich weiß nicht mehr, wo.«

Egal, wo sich der inzwischen vierundsechzigjährige Arafat aufhält – was er verzehrt, hat ein Mann seines Vertrauens zubereitet und geprüft. Diese Vorsichtsmaßnahme hat Versuche, ihn zu vergiften, dennoch nicht verhindert. Am bekanntesten ist das Beispiel, als ihm in den siebziger Jahren im Libanon ein Mitarbeiter eine tödliche Substanz in den Reis zu schütten versuchte. »Das waren die Israelis, der Mossad«, erklärte uns »Abu Ijad«, Arafats langjähriger und später ermordeter Stellvertreter.[2])

Viel Gepäck mitzunehmen ist nicht Arafats Sache. Zu seiner Garderobe gehören eine »Sicherheitsdecke«, ein alter blauer und ein neuerer gelbgrüner Jogginganzug, ein paar Schuhe, eine Uhr, ein abgetragener britischer Militärmantel, langes wollenes Unterzeug und fünf Arbeitsuniformen. Die Hosen haben saubere Bügelfalten, die Hemden lange Ärmel, Brusttaschen und Schulterstücke – drei dunkelolivgrüne Uniformen sind für den Sommer und zwei khakifarbene für den Winter. Für besondere Anlässe besitzt Arafat außerdem eine fast zwanzig Jahre alte Ausgehuniform, deren förmlicheres Jackett ihm für zeremonielle Anlässe notwendig erscheint. Seine Uniform ist und bleibt die eines Guerilleros – ein wichtiges Symbol gegenüber seinen palästinensischen Anhängern, ein passendes Kleidungsstück für sein asketisches Nomadenleben.

Er erinnert sich, zum letztenmal 1968 einen zivilen Anzug getragen zu haben. Damals befand er sich auf dem Weg nach Algier und übernachtete in Paris. »Ich konnte so nicht ausgehen«, sagt er und sieht auf seine pseudomilitärische Aufmachung hinunter. Seit jener Zeit trägt der nur einen Meter sechzig große, aber um die Taille herum eher breite Vorsitzende der PLO grundsätzlich seine Uniform – ob er militärisch herausgeputzte Staatschefs, in fließende Dschellabas gehüllte arabische Scheichs oder westliche, in Maßanzüge gekleidete Politiker begrüßt.

Andere mögen auf ihren Köpfen Hüte oder Kronen tragen, Arafat trägt immer seine Kafija, das schachbrettartig gemusterte Palästinensertuch, das er zu einer Spitze über seinem Kopf faltet, damit es die gezackte Landkarte von Palästina symbolisiert. »Ich trage es auf meine Art. Arafat-style, yes?« fragt er und lächelt, während er das schwarzweiß gemusterte Tuch berührt. »Die anderen tragen es nicht auf diese Art. Ich habe meine eigene Art.«

Der PLO-Vorsitzende wehrt ab, wenn man ihn nach seinem Bart fragt. Gerüchte besagen, er sei dazu da, eine Hautkrankheit zu verbergen. »Ich mag ihn«, sagt er grinsend. »Alle drei Monate lasse ich ihn scheren, aber nicht ganz.«

In Tunis, wo die Palästinensische Befreiungsorganisation ihren Hauptsitz unterhält, künden keine Insignien von seiner Anwesenheit. Sein Konterfei klebt auf keiner Hauswand oder Mauer, im Wind flattern keine PLO-Fahnen. Tunis ist eine ruhige Stadt, ein stiller Hafen am Mittelmeer, wo weißgetünchte Häuser mit blau gestrichenen Türen ein azurblaues Meer säumen. Anders als ihre algerischen Nachbarn, die die Unabhängigkeit in einem langen, blutigen Krieg gegen die Franzosen errungen haben, kamen die Tunesier auf friedlichem Wege in den Genuß ihrer Freiheit und scheinen kaum Kenntnis davon zu nehmen, daß in ihrer Mitte palästinensische Revolutionäre leben. Tunis ist, seit sie im Sommer 1982 aus dem Libanon fliehen mußten, für Arafat und seine Gefolgsleute zu einem politischen Kampfplatz geworden. Daß sie hier nicht ungefährdet leben, zeigen die rotweiß gestreiften Wachhäuschen vor ihren Villen, die von der tunesischen Regierung zur Verfügung gestellten Soldaten und die in Khaki gehüllten palästinensischen Wächter, die sich im Hintergrund aufhalten. Die bürgerlichen Villen, in denen die PLO-Führung lebt – manche auf großen, gepflegten Grundstücken mit hübschen Gärten gelegen – sind im Innern mit Orientteppichen, schönen Badezimmern und Bars ausgestattet, in denen man schottischen Whisky finden kann.

Wenn man einen PLO-Führer fragt, wo er wohnt, wird er vielleicht eine dieser Adressen in Tunis nennen. Nicht aber Jassir Arafat. Er ist überall und nirgendwo zu Hause, wechselt ständig von einem Ort zum anderen, manchmal mitten in der Nacht. Arafat lebt nicht ohne Grund in ständiger Angst vor einigen der geschicktesten Geheimdienste der Welt.

Mehr als einmal hat man ihm nach dem Leben getrachtet. Er versucht, möglichen Attentätern zu entkommen, indem er seine Aktionen und Aufenthaltsorte geheimhält und permanent in Tunis und in der ganzen Welt unterwegs ist.

Arafat hält bis lange nach Mitternacht Hof in einem sicheren Haus in Belvedere, einem eleganten Viertel von Tunis, in dem vor allem weißgekalkte Villen versteckt hinter hohen Mauern und dicken Palmen stehen. Normalerweise schlafen seine Nachbarn, ausländische Diplomaten und reiche Geschäftsleute, schon früh. In den Nächten aber, in denen Jassir Arafat – oder »Abu Amar«, wie seine Leute ihn nennen – hier ist, verwandelt sich die Gegend in eine Kriegszone.

Die Straße liegt im Dunkeln. Die Straßenlampen sind ausgeschaltet, und die Häuser sind ohne Licht. In der Einfahrt stehen alte Mercedes- und BMW-Pkws, an die sich ein Dutzend oder mehr kräftige Leibwächter lehnen. Sie sind Mitglieder von Arafats Sicherheitstruppe »Force 17«. Von ihren Schultern hängen sowjetische Kalaschnikows, aus ihren Hüfttaschen ragen tschechoslowakische Pistolen der Marke Skorpion. Ihre Aufgabe ist es, den PLO-Vorsitzenden vor feindlichen Angriffen zu schützen, unabhängig davon, ob Israelis, Syrer oder Extremisten aus den eigenen Reihen Arafat nach dem Leben trachten. In der Vergangenheit haben »Force 17«-Kommandos an terroristischen Angriffen mitgewirkt; jetzt stellen sie die Schutztruppe Arafats und überwachen den Strom der vielen Besucher, die Abu Amar sprechen wollen. Darüber hinaus werden sie den Kern der neuen palästinensischen Polizei bilden, die nach dem »Gaza-Jericho-Zuerst«-Abkommen in der West Bank und im Gaza-Streifen für Sicherheit sorgen soll.

Die Luft in dem großen, aber kärglich möblierten Haus ist abgestanden, kleine Teller auf den Tischen sind mit Zigarettenasche gefüllt, und ausgedrückte Zigarettenstummel liegen auf dem Fußboden. Leibwächter wandern durch die leeren Räume, lassen gelangweilt ihre Pistole um den Zeigefinger kreisen. Durstig vom übermäßigen Zigarettengenuß schütten sie Mineralwasser in sich hinein.

Aus einem der hinteren Räume kann man Bassam Abu Scharif – früher aktives Mitglied der von George Habasch geführten radikalen PFLP (Popular Front for the Liberation of Palestine), heute enger Berater Arafats – auf arabisch und auf englisch ins Telefon brüllen hören. Abu Scharifs Lautstärke erklärt sich zumindest teilweise aus der Explosion einer Briefbombe 1972 in Beirut, die ihm nach seiner Auffassung die Israelis geschickt haben. Bei dem Attentat verlor er ein Auge, ein Ohr ist seither taub, und seine linke Gesichtshälfte wurde bei der Explosion schwer verletzt. Die Israelis übten Vergeltung an ihm für die Rolle, die die PFLP 1970 bei internationalen Flugzeugentführungen gespielt hatte.

In Tunis wird Arafat von endlosen Treffen angestrengt und von Bittstellern belagert, die ihn interviewen möchten. Müde stehen Menschen stundenlang wartend in dem trüben Korridor oder vertreiben sich die Zeit halb schlafend in einem der trostlos möblierten Räume, die dem achtzehn Mitglieder umfassenden Exekutivkomitee normalerweise als Versammlungsort dienen.

Eine Gruppe von Palästinensern – Übersetzer, Berater, Geschäftsleute und im Exil lebende ehemalige Bewohner der West Bank – wandert von einem Raum zum anderen. Sie sind Teil der stets anwesenden Schar von Helfern, die bereit sein müssen, falls der unermüdliche Vorsitzende sie braucht. Arafat arbeitet sechzehn Stunden am Tag, und seine produktivste Zeit liegt zwischen neun Uhr abends und Mitternacht. Er schläft zumeist am frühen Morgen oder am späten Nachmittag; gewöhnlich holt er sich seine acht Stunden Schlaf auf diese Weise. Er achtet sehr auf seine Gesundheit, nimmt eine Menge Vitamine und ein Sortiment Pillen zu sich, die ein Zittern seiner Hände bewirken. Alle drei Monate wird er auf Herz und Nieren untersucht, und regelmäßig am Nachmittag verschafft er sich mit einem schnellen Spaziergang körperliche Bewegung. Sein Bruder Fathi, der als Arzt in Kairo lebt, hält den PLO-Vorsitzenden für einen Mann, der trotz seines ruhelosen Lebens erstaunlich gesund ist. »Wenn ich einen Patienten habe, der mir erklärt, daß er seit zehn Jahren Tag für Tag neun oder zehn Stunden lang umherreist, dann frage ich ihn: ›Warum kommst du zu mir?‹«[3]) Weiße Flecken auf Arafats Armen und Händen allerdings könnten Anzeichen eines durch zuwenig Sonnenlicht hervorgerufenen Pigmentverlusts sein. Zeitweise versuchte er, sich mit einer Infrarotbehandlung zu kurieren. Die einzige Folge aber war, daß er sich die Hände verbrannte.

Arafat achtet sorgfältig auf seine Diät. Mittags ißt er Fisch und Joghurt und zum Schluß wenn möglich frisches Obst. Spät in der Nacht überkommt ihn oft Heißhunger auf seinen geliebten Honig oder auf Halwa. Ab und zu nascht er tunesische Datteln und Kenefas, die aus Zucker, geschroteten Weizenkörnern und Käse bestehen. Er trinkt weder Alkohol noch Kaffee und raucht nicht. Aber so enthaltsam er selbst lebt, den Genußfreuden mancher Gefolgsleute und Mitarbeiter gegenüber drückt er meist beide Augen zu.

Eine Gruppe von PLO-Botschaftern, die als ehemalige Guerilleros heute die Palästinensische Befreiungsorganisation in den Hauptstädten der Welt repräsentieren, geht in den Hallen auf und ab. Ihre Flugtickets und Hotelzimmer erster Klasse kosten bei jedem Kurztrip nach Tunis ein kleines Vermögen, und wahrscheinlich werden sie Arafat nur für ein, zwei Minuten sehen. Aus verschiedenen Gründen aber hat der Vorsitzende sie aus London oder Den Haag herbeordert. Ein junger Gesandter mußte aus Kopenhagen kommen, weil in den Nachrichten berichtet wurde, die Ehefrau eines PLO-Beamten in Dänemark sei beim Spionieren in Israel erwischt worden. Der Botschafter muß nun persönlich erscheinen, weil die Gefahr zu groß ist, daß ein Mossad-Agent der Israelis Gespräche am Telefon würde abhören können. Trotzdem läge der PLO-Vertreter jetzt wohl lieber im Bett, wie sein Gähnen andeutet.

Während andere Besucher weiter murrend warten, flattert ein halbes Dutzend von Wachsbildnern aus Madame Tussauds Kabinett in den Räumen umher und arbeitet an einer Arafatfigur, die in London ausgestellt werden soll. Eine Abordnung palästinensischer Frauen von der West Bank mit glänzenden Augen und Rouge auf den Wangen wartet trotz der nächtlichen Stunde auf ein Händeschütteln oder eine Umarmung von Abu Amar. Eine Gruppe italienischer Kommunisten in zerknitterten Anzügen drückt sich scheu herum und hofft auf einen Augenblick der Inspiration durch ein Gespräch mit dem PLO-Vorsitzenden.

Drei oder vier europäische Journalisten, die in Tunis akkreditiert sind und über den Vorsitzenden berichten sollen, sind verärgert. Wie üblich hat man sie mit der Aussicht auf ein Interview aus dem Schlaf geholt. Doch ob sie eines bekommen, bleibt abzuwarten. Ein Interview mit Arafat wird in diesen Tagen hoch gehandelt und ist nicht leicht zu bekommen. Derzeit läuft nicht er hinter der Presse her; statt dessen spielt er den zögernden Liebhaber. Diese Unnahbarkeit gerade ist besonders verlockend.

Arafat ist trickreich und hüllt sich in Mythen: Er ist ein Ausgestoßener, einer, den man verraten und betrogen hat. Das genau ist es, was ihn treibt: Er sieht sich als Opfer, er erleidet die Qualen des Märtyrers, er ist Ismael, Sohn einer Magd, von seinem Vater Abraham im Stich gelassen, hinaus in die Wildnis geschickt mit nichts als dem Versprechen Gottes, daß er eine Nation formen wird. Gleichzeitig stellt er sich als Eroberer, als unbesiegbar und als moralischer Meister dar. Er nennt sich selbst einen Phönix und vergleicht sich auf diese Weise mit dem ägyptischen Wundervogel, der sich im Feuer verzehrt und anschließend aus seiner Asche aufsteigt.

Die gewöhnlichen Fakten seines Lebens – Arafats Geburtsort, seine Eltern, Kindheit, Jugend – liegen im Boden seiner fernen Heimat begraben. Im Gegensatz zu den anderen PLO-Führern, verheirateten Männern mit Familie und Privatleben, hat er, Arafat, sein persönliches Leben für Palästina hingegeben, seine Zeit, sein Geld und seine Kraft ausschließlich dieser Sache geopfert. Es gibt keine Einzelheiten, an denen er sich als normales bürgerliches Lebewesen festmachen ließe, er hat weder Kinder noch ein eigenes Haus und hat erst vor zwei Jahren eine ehemalige Beraterin geheiratet.

Auch sein Liebesleben ist von den Schleiern des Geheimnisses verhüllt. Zögernd spricht er von einer Zeit 1973 in Beirut, als er und eine verheiratete Frau sehr ineinander verliebt gewesen seien. Mit traurigem Gesicht flüstert er etwas über ihren Tod. Manche seiner Freunde deuten an, daß Arafat unter Schüchternheit leide und daß mehrere Frauen ihm auf Heiratsanträge hin einen Korb gegeben hätten. »Die palästinensischen Frauen akzeptieren mich nicht«, sagt er. Sein bekannter Satz »Ich bin mit allen Frauen Palästinas verheiratet« ist vielleicht ebensosehr ein Trostpflaster für seine unerwiderte Liebe wie eine Schutzhülle, in der er sich versteckt.

Früher hat es eine Zeit gegeben, in der er Geld und Häuser, schnelle Autos und schicke Anzüge besaß, aber sie dauerte nur kurz. Er hat den Eid der Uneigennützigkeit, der Selbstlosigkeit abgelegt und nennt seither jene einzigartige Leidenschaft sein eigen, von der er sich antreiben läßt – für die Palästinenser ein unabhängiges Heimatland zu erringen.

Im Augenblick spielt sich alles hinter geschlossenen Flügeltüren im Saal mit der hohen Decke ab, wo die Scheinwerfer eines Fernsehteams die blassen Gesichter von zwölf müden Männern beleuchten. Arafats Berater drängen sich in dem von Rauch erfüllten Raum zusammen und beobachten gespannt das Team der BBC aus London. Vom anderen Ende des Zimmers blickt Arafat herüber, seine Gestalt fast verschluckt von einem großen Schreibtisch, das Gesicht wie immer mit dem Dreitagebart und die strahlenden Augen hervorgetreten. Er wirkt überraschend klein, sauber, ordentlicher, als man ihn sich vorstellt, und bleibt trotzdem ein sonderbar aussehender Mann, den man sofort an der auffälligen olivgrünen Uniform und seinem Markenzeichen, dem gemusterten Palästinensertuch auf dem Kopf, erkennt. Als er spricht, mustern seine Augen alle Personen im Raum, sein Knie zittert wie das eines nervösen Teenagers, und seine kleinen Finger trommeln auf den Schreibtisch.

Die BBC-Journalistin Marie Colvin fragt ihn über seinen Friedensplan vom Herbst 1988 aus. Arafat lächelt, erfreut über das Image, das zu projizieren sie ihm behilflich ist. Ihre nächste Frage aber ist unklar, und der Vorsitzende feixt höhnisch und böse, weiß nicht, was dahintersteckt. »Sie waren der Führer der PLO. Waren Sie unfähig, diese extremistischen

Gruppen unter Kontrolle zu halten?« fragt sie und bezieht sich auf terroristische Angriffe, die von radikalen PLO-Gruppierungen ausgegangen sind. Arafats Antwort ist umständlich, ausweichend, er versucht sich der Kamera von seiner vorteilhaftesten Seite zu zeigen. »Die Supermacht, die Vereinigten Staaten von Amerika, ist nicht fähig, den Mordanschlag auf Reagan und die Ermordung von John F. Kennedy zu verhindern.« Die nächste Frage der Reporterin fällt härter aus, berührt einen empfindlichen Nerv Arafats. Ist er persönlich für den Terrorismus verantwortlich? Arafat ist wütend, seine Augen werden noch größer, sein Körper springt auf und ab, sein Zeigefinger klagt an. »Ist das ein Verhör?« fragt er. » Sie sprechen mit dem Vorsitzenden der PLO. Dem Präsidenten des Staates von Palästina. Seien Sie vorsichtig mit Ihren Fragen!«[4])

Er schlägt mit den Händen auf den Schreibtisch und erhebt sich zornig. Aus seinem Pistolenhalfter ragt eine Smith & Wesson, am Gürtel sind sechs blanke Patronen erkennbar. Mit einer dramatischen Handbewegung entläßt er die Gruppe, geht rasch auf den Korridor hinaus, schiebt die Reporterin und ihr Team beiseite. Arafat ist von einem Augenblick zum anderen wie verwandelt: eben noch so freundlich, jetzt voller Zorn. Sein Charme ist wie weggeblasen. Er marschiert an den wartenden Leibwächtern vorbei in den schmalen Gang hinunter – wir sehen jetzt den wütenden Guerillaführer, der er ist, den Rücken gekrümmt, die Augen starr geradeaus gerichtet.

Arafat ist auch ein Meister der Theatralik, ein vielseitiger Schauspieler, der sich hinter seinem Kostüm versteckt, sich blitzschnell vom Politiker in den Guerillero verwandelt, wenn er seine Kafija abreißt und seine Armeemütze aufsetzt. Er ist ein genialer Manipulator seiner eigenen Gefühle, eben noch umarmt und küßt er die Leute, dann versprüht er wütende Tiraden, und im nächsten Augenblick vergießt er Tränen. Gerade noch um Frauen bemüht, die Freundlichkeit selbst, zeigt er sich im nächsten Moment schon bärbeißig und verdrossen und stürmt erbost fort wie ein verwöhntes Kind. Einerseits verachtet er seine Feinde: »Ich bin nicht Begin«, sagt er. »Ich rede nicht mit Gott.« Und doch möchte er andrerseits gern als ihnen ebenbürtig akzeptiert werden: »Ich bin wie Dayan. Ich habe studiert.« Seine Mitstreiter stellt er als Märtyrer dar: »Wir sind die Opfer.« Und sich selbst porträtiert er als tapferen Streiter: »Ich bin ein Mann, der Geschichte macht.«

Jassir Arafat ist klein und rauflustig, schlau, voller Witz und immerhin so raffiniert, daß er seine Feinde ausmanövriert und seine Freunde – zumindest bislang – überlebt hat. Er ist nicht das, was man einen Intellektuellen nennt. Trotzdem genießt er rhetorische Kabinettstückchen, drückt sich gern vieldeutig aus und fühlt sich immer dann am wohlsten, wenn es etwas zu streiten gibt. Freunde sagen, wenn Arafat allein ist, streitet er mit seinem Spiegelbild. Sein Leben ist melodramatisch, sein Hin und Her geheimnisvoll, seine Existenz voller Fragezeichen. Wie ist er wirklich? Warum hat er einen Bart? Warum trägt er diese Kafija? Hat er etwas für Frauen übrig? Wer ist dieser Mann, der behauptet, er sei der Führer von wenigstens fünf Millionen Menschen? Ist er wirklich ihr Anführer? Hat er sie hinter sich? Ist er legitimiert? Kann man mit ihm verhandeln?

Seine Sekretärin Kawla, eine gutangezogene, attraktive Frau um die Dreißig mit blonden Streifen im braunen Haar bringt ihm ein Glas und Wasser, damit er seinen Durst löschen kann. Einer seiner Berater nutzt die Gelegenheit und flüstert ihm ins Ohr, daß die Wachsbildner von Madame Toussaud ihn noch einmal brauchen. Er muß für sie Modell stehen. Andere kündigen an, daß eine amerikanische Journalistin ihn nun wirklich bald sprechen muß. Arafat wischt ihre Petitionen beiseite und marschiert in den Konferenzraum. Jetzt kann man ein breites Lächeln auf seinem Gesicht erkennen. Er begrüßt die italienischen Kommunisten und umarmt ihren Führer, drückt ihm feuchte Küsse auf beide Wangen und wartet, während sie voller Ehrfurcht dastehen und ihn verschämt in schlechtem Englisch anzureden versuchen. Lange Minuten vergehen, bis sie ihm endlich ihr Geschenk überreichen – ein Originalposter der Intifada mit dem Titel »Kaffiiya«. Arafat grinst voller Stolz, bemängelt dann die Orthographie des Worts und die weiße Farbe des Kopftuches. Er kann sich die Gelegenheit nicht verkneifen, seine Zuhörer zu belehren: »Weiß ist für die Zivilisten, für die Leute, die in den Städten wohnen. Das Rot und Weiß ist für die Wüste, vor allem für die Beduinen im Süden unseres Landes, in Jordanien und in Saudi-Arabien. Das Schwarz und Weiß ist für die Bauern.« Als das Treffen vorbei ist, umarmt er noch einmal jeden einzelnen der Männer, die nebeneinander aufgereiht stehen, während sein persönlicher Photograph die Szene festhält. Die Umarmten sind sichtlich gerührt, man merkt, daß sie ihn verehren.

Dann ist er fort, zurück in dem Saal, wo sich seine Besucher sammeln und auf eines dieser endlosen Interviews vorbereiten. Er geht zu seinem Schreibtisch zurück, wühlt sich durch einen Stapel Papiere – bei manchen handelt es sich um gefaxte Neuigkeiten von der Intifada, bei anderen um Briefe, in denen um finanzielle Unterstützung gebeten wird. Arafat hat ein photographisches Gedächtnis. »Er erinnert sich an jedes einzelne Papier, das er vor fünfzehn oder zwanzig Jahren signiert hat«,[5]) erzählt uns Bassam Abu Sharif. Bei einer anderen Gelegenheit berichtet der Berater des PLO-Vorsitzenden: »Er weiß noch, daß er vor zwölf Jahren eine grüne Mappe in die Bibliothek von Mr. X in Damaskus gelegt hat, in der sich drei Papiere befanden. ›Das mittlere ist wichtig, und es steht der folgende Satz da ...‹ Er hat ein elektronisches Gedächtnis für Informationen, Gesichter und Namen.«[6])

Arafats scheinbar endlose Nächte, die er längst zu seinen Tagen gemacht hat, sind von Schreibarbeiten, einem ständigen Strom von Telefonanrufen und einer unablässigen Folge von Meetings erfüllt. Darum bemüht, stets Meister seines Universums zu sein, hält er den Kontakt mit seiner Klientel, über fünf Millionen Palästinensern in aller Welt, aufrecht, die unterschiedliche Auffassungen und politische Überzeugungen vertreten, verschiedenen Glaubensrichtungen angehören und anderen Regierungen Loyalität schulden. Fast die Hälfte von ihnen lebt unter israelischer Kontrolle. Etwa 1,6 Millionen Palästinenser wohnen auf der West Bank und im Gaza-Streifen, 710 000 als israelische Staatsbürger in den vor 1967 gültigen Grenzen Israels. 1,3 Millionen Palästinenser leben mit jordanischen Pässen im haschemitischen Königreich östlich des Jordans und 750 000 als Flüchtlinge in Syrien und im Libanon. Bis zur Kuwait-Krise und dem II. Golfkrieg wohnten und arbeiteten außerdem 700 000 Palästinenser in den arabischen Golfstaaten, in Kuwait, Saudi-Arabien, Katar und den Vereinigten Arabischen Emiraten. Nach der Parteinahme Arafats und der PLO für Saddam Hussein wurden sie indes ausgewiesen und fanden augenblicklich vor allem in Jordanien Zuflucht. Mehrere hunderttausend Palästinenser schließlich leben heute in Ägypten, Europa, den USA und in Südamerika.

Das elektronische Netzwerk der PLO erlaubt es Arafat, »überall, jederzeit und mit allen Mitteln wie Fax, Telefon, Radio oder Telex meine Vertretungen im Ausland zu kontaktieren«. Außerdem besitzt die PLO einen Anteil am Arabsat, dem mehrere Milliarden Dollar teuren privaten Nachrichtensatelliten der arabischen Staaten. »Ich bediene mich der amerikanischen Technologie: Satelliten. Ich habe mein eigenes Star-Wars-Programm«, meint Arafat vollmundig. Eines Tages, witzelt Bassam Abu Scharif, wird die PLO ihren eigenen Satelliten in den Weltraum schießen. Vorläufig nennt der Arafat-Berater den Faxapparat ein lebenswichtiges Instrument und erklärt: »Wir haben allein im Flüchtlingslager Ain Hilwa achtundvierzig Faxgeräte, in den besetzten Gebieten hunderte. Wenn es in einem kleinen Dorf auf der West Bank oder in Gaza zu einem Zwischenfall kommt, hat der PLO-Vorsitzende fünfzehn Minuten später einen Bericht darüber.« Die Nachrichten werden von Ost-Jerusalem nach Europa telefoniert und dann ans Hauptquartier weitergegeben. Fast bei jedem Anruf im PLO-Büro hört man das bekannte durchdringende Quietschen eines Faxgerätes.

Über den Schutz dieses Systems vor fremden Augen und Ohren erklärt Abu Scharif: »Natürlich sind viele Faxgeräte codiert und haben Scramblers (Zerhacker). Die Mitarbeiter am anderen Ende brauchen das gleiche Gerät. Es nimmt nur auf, wenn die Nachricht codiert ist. Abfangen kann man sie nicht. Wenn Sie es versuchen, bekommen Sie nur zerhackte Mitteilungen.« Dieses moderne Kommunikationssystem wurde Schritt für Schritt angeschafft, nachdem die PLO 1970 in Jordanien zwar über Tausende von Kriegern, aber über keine Telefonverbindungen verfügte, um sich miteinander zu verständigen. Die Ausrüstung, die hauptsächlich von der japanischen Firma Sharp stammt, ist so kompliziert, daß ein Computer, so hofft Abu Scharif, Jahre brauchen würde, um die geheimen Nachrichten der PLO zu entschlüsseln.

Trotz dieser modernen Technik ist Arafats Aufgabe, die Palästinenser zusammenzuhalten, außerordentlich schwierig. Bis zur erfolgreichen Umsetzung des im September 1993 unterzeichneten »Gaza-Jericho-Zuerst«-Abkommens hat er kein Land, kein Territorium, nicht mal einen Morgen Erde, den er sein eigen nennen könnte. Entsprechend verfügt er über keine Steuereinnahmen, die er offiziell eintreiben, und über kein autorisiertes Dienstleistungssystem mit Schulen und Krankenhäusern, das er seinen »Staatsangehörigen« anbieten könnte. Er verfügt weder über eine Polizei noch eine Feuerwehr, keinen Postdienst und keine Sozialversicherungsanstalt – und damit nichts, mit dem er seinen Führungsanspruch demonstrieren oder für das er die Loyalität seines Volkes einfordern könnte. Genau dieses zentrale Manko der bisherigen Bemühungen Arafats soll durch das noch junge Abkommen mit der kompromißbereiten israelischen Regierung aufgehoben werden.

Bislang herrscht Arafat von seiner PLO-Basis in Tunis aus als Präsident einer komplizierten Exilregierung über einen Staat, der sich im Wartezustand befindet und von 130 Ländern anerkannt worden ist. Obwohl ihm seine Kritiker auch innerhalb der PLO vorwerfen, er weigere sich, Verantwortung zu delegieren, brüstet sich Arafat mit der Behauptung, die PLO sei eine Organisation, die durch Konsens regiert werde. Die Struktur der PLO-Bürokratie mit ihren mehr als 5000 Angestellten ist äußerst komplex. Die wichtigsten Institutionen sind:

– ein Exekutivkomitee mit achtzehn Mitgliedern, in dem nahezu alle Fraktionen bzw. Parteien der Palästinenser vertreten sind. Unter ihnen ist die Fatah die größte Gruppierung. Dazu gehören außerdem die DFLP (Democratic Front for the Liberation of Palestine), die militante PFLP

(Popular Front for the Liberation of Palestine), die vom Irak gestützte ALF (Arab Liberation Front), die radikale Randgruppe PLF (Palestine Liberation Front) und die PCP (Palestinian Communist Party). Darüber hinaus verfügen einige unabhängige Persönlichkeiten über einen Platz im Exekutivkomitee, das einmal im Monat in Tunis, Kairo, Algier oder Bagdad zusammentritt, um die Arbeit der PLO zu überwachen. Zu den derzeitigen Mitgliedern gehören unter anderem Jassir Arafat (»Abu Amar«), Faruk Kaddumi (»Abu Lutuf«), Mahmud Abbas (»Abu Mazzen«), Jassir Abed Rabbo (»Abu Baschir«), Mustafa al-Sabari (»Abu Ali Mustafa«), Ahmed Abdul Rahim und Suleiman al-Nadschab;

– ein Finanzausschuß, der bis zum Golfkrieg und dem Ende der Finanzhilfen aus Kuwait und den übrigen Golf-Anrainern ein jährliches Budget von über 300 Millionen US-Dollar verwaltete, die für den Unterhalt der Organisation innerhalb der West Bank und des Gaza-Streifens vorgesehen waren. Nach der Parteinahme für den Irak sind Hilfszahlungen und Budget dramatisch gesunken. Genaue Informationen darüber gibt die PLO jedoch nicht;

– ein Gesundheitsministerium, dessen Vorsitzender Jassir Arafats Bruder Fathi Arafat ist. Zum Ministerium gehört ein Ärztestab, der fünfzehn große Krankenhäuser – neun im Libanon, vier in Syrien, eins in Ägypten, und eins im Jemen – betreut. Außerdem unterhält es zwei größere medizinische Komplexe in Syrien und 44 Kliniken und Krankenhäuser in Libyen, Syrien, im Sudan, in Ägypten, Tunesien und Katar. Das Ministerium finanziert Pflegekräfte für daheim lebende Kranke und zahlt den verwundeten Opfern der Intifada in den von Israel besetzten Gebieten die Krankenversicherung;

– eine Erziehungsabteilung, die Schulen für palästinensische Waisenkinder betreibt, Stipendien für höhere Schulen vergibt und voller Stolz behauptet, die Palästinenser hätten den höchsten Bildungsstand in der arabischen Welt;

– eine Politische Abteilung unter der Leitung des designierten PLO-Außenministers Faruk Kaddumi, mit einem diplomatischen Corps, das weltweit 85 Botschaften unterhält (ob Kaddumi allerdings seine herausragende Position behalten wird, ist fraglich geworden, seitdem er heftige Kritik am Abkommen mit Israel geübt hat); und schließlich

– die Palästinensische Befreiungsarmee (PLA), eine militärische Organisation mit Brigaden im Irak, in Ägypten, im Jemen, im Sudan und in Algerien, die unter dem Oberbefehl der jeweiligen Regierungen stehen.

Gefragt, ob seine Armee nur aus Guerillakämpfern bestehe, schimpft

Arafat: »Zu Ihrer Information: Wir sind keine Fedajin (Freischärler). Wir haben eine sehr gute Armee. Eine der besten Armeen unter den Arabern. Und wir haben ein paar hohe Offiziere, einige sind in den USA ausgebildet, andere in Frankreich.« Der PLO-Vorsitzende ist darauf bedacht, seine arabischen Konkurrenten zu übertreffen und seinen Feind Israel einzuholen. »Wir waren drei Monate nach den Israelis die erste arabische Armee in der Region, die als Leitsystem für die Artillerie einen Computer eingesetzt hat. Das war 1981.«

Mehrere tausend kampfbereite Palästinenser befinden sich in Tunesien, aber die tunesische Regierung verbietet und unterbindet jeden Ansatz palästinensischer Unabhängigkeit in ihrem Land. Die Tunesier erinnern sich genau an das, was 1970 in Jordanien geschah, als die Palästinenser die Bevölkerung terrorisierten und einen Staat im Staate errichteten. Ebenso denken sie daran, was sich im Libanon ereignete, als die Palästinenser kamen und sich zu einem wesentlichen Faktor im Bürgerkrieg des Zedernstaates entwickelten. Entsprechend sind sie darauf bedacht, daß sich die Welt der Tunesier und die der Palästinenser nur selten vermischen. Und wenn PLO-Führer am Strand des luxuriösen Abu-Nawas-Hotels ein Sonnenbad nehmen, verstecken die Leibwächter ihre Pistolen in braunen Einkaufstüten oder in Designer-Tragetaschen, um die sensible Beziehung zur Regierung ihres Gastlandes nicht zu gefährden.

Den Tunesiern ist bewußt, wie zerbrechlich ihre Sicherheit ist. Immer wieder ist Arafats Zentrale in der tunesischen Hauptstadt Ziel israelischer Attacken geworden. Im Oktober 1985 flogen die Israelis einen Angriff auf einen Vorort von Tunis und bombardierten das drei Hektar umfassende Hauptquartier der PLO-»Force 17« in Hammam al-Schatt, wo Arafat fast jeden Morgen zu frühstücken pflegte. Vierundzwanzig Palästinenser, darunter Arafats Sekretärin, wurden getötet, vierzehn tunesische Arbeitskräfte kamen ums Leben, und viele weitere wurden verwundet. Arafat entkam dem Angriff allein wegen seiner täglichen Bewegungstherapie: »Weil ich während des Luftangriffs joggen war, hat es mich nicht erwischt«, behauptet er. Manche indes berichten, er hätte damals einer in der Nähe lebenden Witwe einen Beileidsbesuch gemacht – und wieder andere deuten an, er sei gewarnt worden.

Das Bombardement war eine Vergeltungsaktion für die Ermordung von drei israelischen Touristen im September 1985, die – höchstwahrscheinlich von Mitgliedern der »Force 17« – auf ihrer Jacht in Larnaca auf Zypern getötet wurden. Die PLO behauptet heute, bei einer der drei Israelis habe es sich um die angebliche Mossad-Agentin Sylvia Raphael gehandelt, die bei den Plänen zur Ermordung des früheren Sicherheitschefs der PLO, Ali Hassan Salameh, mitgeholfen hätte. Salameh war der Leiter des »Schwarzen September«, einer geheimen Terrorgruppe innerhalb der Fatah. Außerdem war er persönlich für die Geiselnahme bei den Olympischen Sommerspielen in München 1972 verantwortlich, in deren Verlauf elf israelische Sportler getötet wurden.

Natürlich wurde der Kreislauf der Gewalt mit der Bombardierung von Tunis nicht beendet. Schon eine knappe Woche später reagierten Mitglieder der PLF unter Abul Abbas. Sie planten, das italienische Kreuzfahrtschiff *Achille Lauro* unter ihre Kontrolle zu bringen, sobald es den israelischen Hafen Aschdod erreichen würde. Ihr Ziel war außerdem, ein israelisches Munitionsdepot in die Luft zu sprengen. Die Guerilleros gerieten jedoch in Panik, als sie merkten, daß an Bord befindliche israelische Agenten von ihrer Anwesenheit erfahren hatten. Aus diesem Grund bemächtigten sie sich des Schiffes schon kurz nachdem es den Hafen von Alexandria verlassen hatte. Mit ihren Waffen hielten sie die achtzig Passagiere in Schach, schossen dem behinderten amerikanischen Juden Leon Klinghoffer in den Kopf und warfen seinen Leichnam ebenso wie seinen Rollstuhl über Bord.

Zwei Jahre lang folgten Gewalttaten, Demonstrationen und Streiks in den von Israel besetzten Gebieten in der West Bank und im Gaza-Streifen – Vorboten des Aufstandes, der im Dezember 1987 ausbrach. Anfang 1988 folgte die israelische Vergeltungsaktion. Mossad-Agenten drangen direkt in das PLO-Quartier in Tunis ein und ermordeten Abu Dschihad, den stellvertretenden PLO-Chef, der von Amts wegen für die Aktivitäten in der West Bank und in Gaza verantwortlich gewesen war. Die Israelis kamen mitten in der Nacht und töteten Abu Dschihad mit 75 Kugeln. Seine Frau und der zweijährige Sohn, die sich mit ihm zusammen im Schlafzimmer befunden hatten, blieben verschont.

Dutzende von PLO-Führern fielen den Feinden der Organisation zum Opfer. Arafats Geschick jedoch, dem Tod zu entkommen, ist unter den Palästinensern legendär. Seine Berater schwören, er könne die Gefahr spüren, wenn sie sich ihm nähere. Man weiß, daß er bisweilen mitten in einer Besprechung aufgestanden ist und gesagt hat: »Alles raus!« In zahllosen Geschichten wird vom fluchtartigen Verlassen von Autos und Häusern berichtet, in denen einen Augenblick später Bomben explodierten. In Syrien hat die Regierung Arafat zweimal in einen Hinterhalt gelockt, aber es gelang ihr nur, seine Leibwächter zu töten. 1982 in Beirut wurde Arafat vom damaligen israelischen Verteidigungsminister Ariel Scharon gejagt, der versessen darauf war, ihn zu liquidieren. Scharon sandte

Kampfflugzeuge aus, die ständig über der Stadt kreisten, um Arafat aufzuspüren und zu töten. Arafat veränderte daraufhin so oft wie möglich seine Position und kam trotzdem häufig mit seinen Kollegen in irgendeinem Beiruter Haus zusammen. Einmal, Ende August 1982, befand sich Arafat in seinem Büro in einem vierzehnstöckigen Gebäude, als man ihm mitteilte, der italienische Botschafter wolle ihn sehen. Arafat spürte, daß Gefahr im Verzug war, und wechselte sofort seinen Aufenthaltsort. Mit seinen Leuten zog er in ein Gebäude auf der anderen Seite der Straße. Kurz nach zwei Uhr nachts sahen die Fatah-Führer aus dem Fenster und waren Zeugen einer Explosion, die das Gebäude völlig zerstörte, in dem sie sich noch wenige Stunden zuvor befunden hatten. »Es war wie eine Atombombe«, erinnert sich PLO-Sprecher Ahmed Abdul Rahman, der dabeigewesen ist. »Eine Minute lang war nichts, und man wunderte sich, was geschehen war, denn es war kein Flugzeug zu hören gewesen. Alles, was man vernahm, war die Explosion.«[7]) Zweihundert Menschen kamen damals ums Leben. Arafat entkam mit seinen Leuten unverletzt.

In der West Bank, wo Arafat 1967 verkleidet umherreiste – »bin ich nur haarscharf entwischt«, so erinnert er sich. »Es war in einem ganz kleinen Dorf, nur ein paar Häuser. Dort befand sich mein Hauptquartier. Um elf Uhr stand ich auf. Ich weiß nicht, warum. Wir waren nur zu zweit in dem Haus, und ich sagte: ›Wir sollten hier weg.‹« Als sein Kollege ihn fragte, wieso, erklärte Arafat ihm: »Ich spüre, daß wir in Gefahr sind.« Der Freund erhob Einwände und ging hinaus, um nachzusehen. Er behauptete, es gäbe keine Gefahr. Arafat wurde wütend und sagte: »Wir müssen weg. Wenn du nicht mitkommst, gehe ich allein.« Die beiden Männer gingen los und wanderten zu Fuß zu dem Dorf Deir Salam, wo sie im Morgengrauen eintrafen. »Wir warfen einen Blick zurück, dorthin, von wo wir gekommen waren«, erzählt Arafat. »Und da sahen wir die Armeefahrzeuge. Als wir uns wieder umdrehten, fing mein Freund vor Freude zu weinen an.«

Diese Intuition – Arafat nennt sie den »Spürsinn eines Hundes« – ist ein Grund dafür, daß es dem Vorsitzenden der PLO so lange gelungen ist, in der tückischen arabischen Welt zu überleben. Ein anderer Grund allerdings ist seine machiavellistische Fähigkeit, sich im richtigen Augenblick mit der richtigen Regierung anzufreunden, unabhängig davon ob es sich dabei um die Führung in Ägypten, dem Irak, Syrien, Jordanien, den Vereinigten Staaten oder der Sowjetunion handeln mochte. Er versteht es, die Beziehungen zu seinen Gegnern nicht ganz abreißen zu lassen und, wann immer das nötig ist, die Seite zu wechseln. In seiner eigenen Dachorganisation – der PLO, in der er mit seiner Fatah Mitglied ist – gelang es ihm, einen Konsens aufrechtzuerhalten. Er hat die Balance zwischen den Extremisten zumindest bislang zu wahren gewußt und sie gleichzeitig als Hebel gegen Verhandlungspartner wie -gegner benutzt. Ihm ist bewußt, daß die Palästinenser – ohne ein eigenes Land und ohne die Autorität eines eigenen Staates – im Weltgeschehen nur sehr wenig erreichen können. Entsprechend schwierig wie wichtig ist es, die Palästinenser zu einen und mit einer gemeinsamen Stimme nach außen aufzutreten. Dies ist ihm durch den Aufbau und die Institutionalisierung der PLO wenn nicht vollständig, so doch weitgehend gelungen. Gleichzeitig hat es seine eigene Position innerhalb der Organisation gestärkt, da seine Bedeutung als Sprecher und Vorsitzender im Lauf der vergangenen 25 Jahre kontinuierlich zugenommen hat – nicht immer nach außen, aber unter den Palästinensern.

Arafat ist der Vordenker des palästinensischen Volkes geblieben, ein Pragmatiker, der für einen realistischen politischen Prozeß sorgen möchte. Ihm ist bewußt, daß sich eine Gruppe darüber beklagt, er bewege sich zu langsam auf einen Frieden mit Israel zu, während die andere ihn des Verrats bezichtigt und einen »zionistischen Agenten« nennt. Arafat verdankt sein Stehvermögen als Vorsitzender der PLO seiner Entschlossenheit, die Unabhängigkeit gegenüber allen arabischen Regierungen zu wahren und ein Heimatland für das palästinensische Volk zu erkämpfen. Für die über die ganze Welt verstreuten palästinensischen Flüchtlinge, die mit ganz wenigen Ausnahmen nirgendwo Staatsbürgerrechte genießen, ist die PLO die Heimat, und deren Identitätsstifter ist Jassir Arafat.

Der Vorsitzende kriecht um vier oder fünf Uhr morgens in seinem Pyjama oder im Jogginganzug ins Bett, wacht gegen zehn wieder auf und beginnt den Tag, indem er sich auf seinem Fahrradheimtrainer abstrampelt oder zwanzig Minuten joggt. Er ist ein praktizierender Moslem. Oft faßt er die fünf täglichen Gebete zu einem zusammen und trägt stets einen Anhänger mit einem Koranvers um den Hals.

Vergnügen bereitet ihm die Tatsache, daß er bei seiner Morgenwäsche Zeit spart, weil er sich nicht rasiert: »Es wäre sehr schwierig für mich, fünfzehn Minuten pro Tag fürs Rasieren zu verschwenden, das wären 450 Minuten, siebeneinhalb Stunden im Monat. Zuviel, denn ich habe schon so nicht genug Zeit«, sagt er. Außerdem, so fügt er hinzu, »ist es in unserer Weltgegend nichts Schlechtes, einen Bart zu haben.«[8]) Er hat kein Haar, das er kämmen müßte – schon in seinen Zwanzigern fing er an, sie zu verlieren. Seinen kahlen Kopf hüllt er in die schwarzweiß gemusterte Kafija, die er seit dem Sommer 1967 trägt. »Es war unmittelbar nach dem

Sechstagekrieg«, erinnert er sich. »Ich bin in die arabischen Gebiete (in Israel) gegangen und habe dort über vier Monate verbracht. Dabei habe ich die Kafija so benutzt, wie unsere Bauern es tun. Dann später auf meine eigene Art.« Er grinst, berührt die gefaltete Spitze seiner Kopfbedeckung und wiederholt: »Ich habe meinen eigenen Stil.«

Sein tägliches Frühstück besteht aus Cornflakes mit Honig und Tee. Er nimmt es zu sich, während er sich mit einigen seiner Berater oder Leuten aus seinem militärischen Stab trifft. Daran schließt sich eine Besprechung mit jenen Mitarbeitern aus seinem Stab an, die den Kontakt mit den besetzten Gebieten aufrechterhalten. Es folgen Treffen mit den Botschaftern der Arabischen Liga und ein Arbeitsessen mit seinen Finanzberatern.

Die finanziellen Operationen der PLO werden vom Palästinensischen Nationalfonds kontrolliert, der einstmals über ein Vermögen von über einer Milliarde US-Dollar verfügt hat, das aber infolge der Ölschwemme und der Kosten der Intifada auf nur noch 600–800 Millionen US-Dollar beziffert wird. Verwaltet wird das Vermögen von SAMED, das zu dem von Ahmed Kurea (»Abu Ala«) geleiteten Wirtschaftsbüro gehört. Zu SAMEDs Besitztümern in aller Welt gehören Farmen und Fabriken im Jemen, im Sudan, in Somalia, Guinea, Mali und Polen. »Wir haben überall Investments, Farmen und Häuser«, sagt der ehemalige Sprecher des Palästinensischen Nationalfonds, Khalid al-Fahum, der heute ein erbitterter Gegner Arafats ist. »Vor allem in Afrika, weil das Land dort billig ist und weil wir gute Beziehungen haben möchten. Mit den afrikanischen Herrschern kann man sich leicht anfreunden, weil sie nicht allzuviel Geld verlangen.«[9]) In Polen besitzt der Palästinensische Nationalfonds eine Nagelschmiede, in Ungarn eine Schuhfabrik, in Nicaragua gehört ihm ein Teil der nationalen Fluggesellschaft Aeronica. In Algier, Jemen und Bagdad gibt es PLO-eigene Rundfunksender. Außerdem verfügt der PNF über Anteile am einflußreichen Radio Monte Carlo, und mindestens ein Dutzend Zeitungen und Zeitschriften befinden sich im Besitz der Dachorganisation.[10])

Vom jährlichen Etat der PLO, der zumindest bis zum II. Golfkrieg zwischen 300 und 400 Millionen US-Dollar betragen hat, erhält die Fatah als größte Gruppierung 60 Prozent. Der Rest wird auf die PFLP, die DFLP und andere Fraktionen der PLO verteilt. Die PLA erhält 90 bis 100 Millionen US-Dollar pro Jahr, und der Rote Halbmond als arabisch-muslimisches Äquivalent zum Roten Kreuz wird ebenfalls finanziell unterstützt. Der Nationalfonds (PNF) erhält seine Mittel aus privaten Stiftungen, persönlichen Darlehen und jährlichen Beiträgen. Bis zur palästinensischen Parteinahme für den Irak überwiesen Saudi-Arabien 85 Millionen US-

Dollar und die übrigen arabischen Staaten 235 Millionen US-Dollar jährlich an die PLO. Diese Zahlungen sind nach dem Krieg um Kuwait erheblich reduziert oder ganz eingestellt worden.

Alle arabischen Staaten hatten sich zumindest bis dahin einverstanden erklärt, den Palästinensischen Nationalfonds zu unterstützen. Infolge der Ölschwemme sahen sie sich jedoch gezwungen, ihre Zuwendungen zu kürzen, und der Fonds arbeitet seither mit einem Defizit. Durch private Zuschüsse und Beiträge von Arafat selbst, der bisweilen Gelder der reichen Fatah an die Dachorganisation abzweigt, ist man mindestens bis zu den Zahlungseinstellungen im Gefolge des Kuwaitkrieges mit dem Defizit fertig geworden. Der Vorstand und namentlich sein Finanzexperte Dschawid al-Ghussein, der Vorstandsvorsitzender der Cordoba Development Company ist, ringen dennoch verzweifelt die Hände. Zu den »Kompradoren«, wie Arafat seine milliardenschweren Förderer nennt, gehören Abdul Madschid Schoman, der Vorstandsvorsitzende der Arab Bank; Hassib Sabagh, der in Athen ansässige Chef der CCC, der größten Baufirma im Nahen Osten; sowie Munih al-Masri, der in London wohnhafte Vorstandsvorsitzende der EDGO Engineering Company.

Seit August 1988, als König Hussein seinen Anspruch auf die West Bank aufgab und seine finanzielle Unterstützung einstellte, trägt die PLO den größten Teil der Kosten für die Schulen, Kindergärten, Krankenhäuser und Kliniken in den besetzten Gebieten. Die Familien der Märtyrer haben bislang eine einmalige Zahlung in Höhe von 2000 jordanischen Dinar (3000 US-Dollar) und die Familien der Verwundeten 500 Dinar (750 US-Dollar) erhalten. Zusätzlich hat die PLO, so heißt es, monatlich bis zu 40 Millionen US-Dollar in die West Bank und nach Gaza geschickt. Eines der größten Probleme der PLO ist dabei, das Geld in die besetzten Gebiete hineinzubringen. An der Grenze werden alle Araber von den israelischen Beamten genauestens durchsucht und oft stundenlang festgehalten. Meist müssen sie sich splitternackt ausziehen, und man untersucht ihren Körper, um zu verhindern, daß sie Waffen oder Geld für die Intifada in die West Bank oder den Gaza-Streifen schmuggeln.

Die Palästinenser tricksen die Israelis auf verschiedene Weise aus. »Man kennt verschiedene Möglichkeiten, Geld in ein Land zu bringen«, erklärt Ahmed Katanani, Chef der Abteilung für palästinensische Angelegenheiten in der jordanischen Hauptstadt Amman. »Da Leute verschiedener Nationalität aus den besetzten Gebieten ausreisen oder hin und her pendeln, Leute, die sich gern etwas dazuverdienen, können es sogar Israelis sein, die Geld hereinschaffen. So funktioniert das.«[11])

Eine der einfachsten Methoden, Geld hineinzubringen, bieten die Banken in Amman an. »Die PLO bedient sich verschiedener Kanäle. Sie überweist zum Beispiel Geld auf Konten verschiedener Menschen oder Institutionen in Amman, und von dort wird es anschließend weitergeleitet. Wenn die Israelis einen solchen Weg kennen und wenn sie keinen Grund zu der Annahme haben, daß es ausschließlich der Intifada zugute kommt, erlauben sie es, das Geld einzuführen«, berichtet Katanani. Geld, das in die Cairo-Amman-Bank eingezahlt wird, die Zweigstellen in Jordanien und in der West Bank unterhält, kann in Nablus oder Ramallah abgehoben werden. »Wenn Sie das Radio einschalten«, erklärt Katanani, »dann hören Sie: »Wir haben euch 400 Dinar über die Cairo-Amman-Bank geschickt. Es kommt aus Kuwait und ist für jemanden in Nablus. Über das Radio sagen sie den Menschen, sie sollen zur Cairo-Amman-Bank gehen und das Geld abholen, das wir geschickt haben. Das ist ein Programm, das zweimal täglich eine halbe Stunde lang gesendet wird.«

Von den arabischen Banken abgesehen, bedienen sich die Palästinenser auch israelischer Einrichtungen. Die cleverste Methode ist in diesem Zusammenhang die Benutzung von Sparkonten und Schatzanweisungen. »Das meiste Geld der Palästinenser ist in Deutschland, England und der Schweiz angelegt«, erzählt Khaled al-Fahum. Nach Schätzungen befinden sich etwa zwanzig Prozent des Fonds in Abdul Madschid Schomans Arabischer Bank, deren Zentralen in Amman und in Kairo sind. Weitere dreißig Prozent sollen in Schweizer Finanzhäusern, dreißig Prozent in amerikanischen Banken in New York – in der Clearinginstitution der Chase Manhattan Bank und der Republic National Bank – und der Rest in Banken auf der ganzen Welt plaziert sein. Ein Arafat nahestehender Berater erklärt, eine Ironie liege darin, daß sich einige der in New York deponierten Mittel in Banken befänden, die Israelis gehörten. Diese Gelder ließen sich leicht auf Konten von Arabern israelischer Staatsangehörigkeit oder auch Juden transferieren, die das Geld für die Palästinenser in Tel Aviv, Haifa oder Jerusalem abheben können. »Es gibt israelische Kanäle, um das Geld hineinzubekommen«, bestätigt Katanani. PLO-Mittel sind sogar in Schatzanweisungen der israelischen Regierung angelegt worden. Sie lassen sich auch vor dem Fälligkeitstermin bei jeder israelischen Bank wieder einlösen – mit einem gewissen Verlust natürlich.

Die für die Israelis vielleicht ärgerlichste Methode ist die Möglichkeit, sich von ultraorthodoxen Juden gegen hohe Zinsen Geld zu borgen. Manche chassidischen Juden, die den Staat Israel ablehnen, gehen so weit, sich Palästinenser zu nennen, und meinen, bis zum Erscheinen des Messias habe Israel kein Recht, als jüdischer Staat zu existieren. Um dem verhaßten Zionismus entgegenzuwirken, sind sie bereit, der PLO bei der Schaffung eines palästinensischen Staatswesens behilflich zu sein, vor allem wenn sie dabei auch noch Geld verdienen.

Während die Leiter des Palästinensischen Nationalfonds sich Methoden ausdenken, wie sie Gelder in die besetzten Gebiete transferieren können, kontrolliert Arafat die Finanzen seiner Organisation, der Fatah. Sie verfügt über eigene Einkommensquellen. Dazu gehörte bis zur Kuwaitkrise, daß fünf Prozent des Lohns aller palästinensischen Arbeitskräfte in Saudi-Arabien unter Aufsicht der dortigen Regierung eingezogen und an die Fatah überwiesen worden sind. Eine ähnliche Summe wurde – weniger strikt – aus Kuwait und den Golfstaaten abgeführt. Diese Quelle ist nach dem Krieg am Golf jedoch weitgehend vertrocknet. Fatahs geheime finanzielle Mittel sind nur drei oder vier Leuten bekannt, und Arafats Signatur muß auf allen Schecks der Fatah erscheinen.

Arafat kontrolliert mehr als nur die Fonds der Fatah. »Wer die Finanzen nicht kontrolliert, der hat keine Macht«, erzählt Arafat seinen Freunden. Er hat so fest den Daumen drauf, daß seine Mitstreiter behaupten, wenn er getötet würde, wisse niemand, wo all das Geld aufbewahrt wird.

Arafat hat mindestens ein Dutzend Bankkonten, bei denen seine Unterschrift verlangt wird, und diese sind über die ganze Welt verteilt. Vor kurzem fragte ihn ein PFLP-Mitglied: »Wo stecken die Mittel der Intifada?« »Hier bin ich«, antwortete Arafat.

Von Zeit zu Zeit bekommen Leute, die Arafats Signatur brauchen, erhebliche Probleme. Herb Denton hat in der *Washington Post* von einem solchen Vorkommnis berichtet: Ein Reservist in der PLA, der seinen Wohnsitz in Kairo verließ, um 1982 im Libanon gegen die Israelis zu kämpfen, hatte 200 US-Dollar mitgebracht, die ihm aus dem Hotelzimmer gestohlen wurden. In seiner Verzweiflung ging er zu Arafat und bat, er möge ihm helfen.

Arafat tat es sofort und schrieb eine großzügige Anweisung, die der Reservist aus Ägypten im Finanzbüro vorlegen sollte.

Als der Colonel das Papier im Büro abgab, sagte man ihm jedoch, einen so hohen Betrag müsse das Exekutivkomitee der PLO genehmigen. Das Problem war nur, daß das Exekutivkomitee erst in einem Monat tagen würde. Verzweifelt und verwirrt zeigte der Colonel das Papier einem Freund, der ihm erklärte, dies sei Arafats »dritte Signatur«. Der Colonel solle sich noch einmal an Arafat wenden und ihn um die »erste Signatur« bitten.

Erschöpft kehrte der Oberst zu Arafat zurück und bat ihn um seine

»erste Signatur«. Arafat brach in Gelächter aus und sagte: »Du Hundesohn, woher wußtest du das?« Anschließend signierte er eine andere Anweisung. Rasch kehrte der Colonel mit diesem neuen Papier zum Finanzbüro zurück, und ebenso rasch händigte ihm der Angestellte die Summe aus.[12])

Arafat genießt zweifelsohne das Privileg, darüber bestimmen zu können, wohin das Geld der PLO geht. Verglichen mit allen anderen palästinensischen Führern, befindet er sich damit in einer ausgesprochen günstigen Situation. Für die Palästinenser in den Flüchtlingslagern – ob im Irak, in Jordanien, im Libanon oder in der West Bank und im Gaza-Streifen – ist er es, der für Lebensmittel und Kleider aufkommt, die Gesundheitsversorgung finanziert oder den Familien der im Kampf gefallenen Märtyrer weiterhilft. Außerdem gibt er ihnen nicht nur Brot und Verbände für ihre Wunden, er gibt ihnen auch, was am allerwichtigsten ist, einen Traum, an den sie sich klammern können: die Hoffnung auf ein Heimatland.

Jetzt sitzt er mitten in der Nacht in seinem vorübergehenden Hauptquartier in Tunis und liest die gefaxten Berichte über Gespräche, die zwischen Palästinensern der West Bank und dem zu diesem Zeitpunkt, im Herbst 1989, amtierenden israelischen Ministerpräsidenten Yitzhak Schamir sowie dessen damaligem Verteidigungsminister Yitzhak Rabin stattgefunden haben. Während er liest, wirft er uns einen Blick zu und nickt fast unmerklich – wir sollen mit dem Interview beginnen. Als wir ihn fragen, wer bei den Gesprächen mit den Israelis über Wahlen in der West Bank und Gaza auf seiten der Palästinenser verhandeln solle, schnaubt Arafat wütend: »Eine solche Frage darf man nicht stellen, weil es nur einen Mann im Nahen Osten gibt, den man damit beauftragen kann. Ihn zu beauftragen ist nicht Sache der Amerikaner oder der Israelis oder Scharons oder Moda'is oder Levis Aufgabe«, ruft er und reiht Namen von Politikern der zu diesem Zeitpunkt regierenden Likud-Partei aneinander. »Sie wissen alle, daß es nur einen Mann gibt, der darüber bestimmt.«

Wir wechseln das Thema und fragen den Vorsitzenden nach seiner Kindheit. Arafat krümmt den Rücken zur Antwort. Der rätselhafte PLO-Vorsitzende hat es sich zur Regel gemacht, seine Jugendjahre in ein geheimnisvolles Dunkel zu hüllen. Seine Herkunft ist eine Metapher für alle Palästinenser. Er ist der vaterlose Vater, der mutterlose Sohn, der heimatlose Führer einer heimatlosen Nation, das selbstlose Symbol eines Volkes ohne Land.

Geboren ist er nach eigener Auskunft als Kind der Gewalt und der schicksalhaften Bestimmung in einem moslemischen Wakf, einem Komplex aus 13 Steinhäusern, die an die Klagemauer in Jerusalem angrenzten. Die Klagemauer (oder Westmauer des alten Tempels) ist das älteste, von den Juden am meisten verehrte Symbol des antiken jüdischen Königreiches, das vor 3000 Jahren den Traum einer jüdischen Nation für gerade mal 70 Jahre Wirklichkeit werden ließ.

Viele Beobachter hingegen behaupten, Arafat sei in Wirklichkeit in Kairo geboren. Eine Geburtsurkunde bestätigt diese These. Aber bei diesem Dokument könnte es sich um eine Fälschung handeln. Wie alles andere an ihm ist selbst seine Geburt von Geheimnissen umgeben, ganz so als ob die nackten Tatsachen seinen Mythos untergraben könnten.

Arafats Familienangehörige und enge Freunde berichten, seine Eltern hätten sich unaufhörlich gestritten. Seine Mutter hatte daraufhin etwas getan, das in den Augen der arabischen Gesellschaft unakzeptabel war: Sie hatte die Wohnung ihres Ehemannes in Sakakini verlassen. Sakakini ist ein Stadtteil von Kairo, in dem Angehörige der Mittelschicht – darunter viele Juden – leben. Seine Mutter war schwanger nach Jerusalem gefahren, um ihr Baby in dem Haus ihrer Eltern zu gebären – in unmittelbarer Nähe der Klagemauer und der angrenzenden Al-Aksa-Moschee, von der aus Mohammed zum Himmel emporgefahren sein soll. So wurde dort im August 1929 ein arabischer Knabe ohne Vater zur Welt gebracht, einem Gemäuer nahe, das zwei uralten Kulturen heilig ist, an dem sich zwei Religionen begegnen, in der heiligsten Stadt der Welt.

Am selben Tag, an dem Arafat geboren wurde, kam es nur einen Steinwurf von seiner Geburtsstätte entfernt zu Unruhen. Damals hatten sich die Juden schon seit einigen Wochen das Recht herausgenommen, auf Bänken zu sitzen, während sie an der alten Tempelmauer beteten. Das Leben des Menschen Jassir Arafat, das damals begann, sollte von dem Haß, den blutigen Fehden und dem Kampf der miteinander streitenden moslemischen und jüdischen Gemeinden bestimmt werden, der schon damals begann und seinen Höhepunkt nach der Gründung des Staates Israel in dem folgenden gewaltsamen Kampf der Palästinenser um ein eigenes Heimatland finden sollte. Seit jenem Tage vor über sechzig Jahren hat Jassir Arafat nur einmal – als Guerillaführer – Jerusalem besucht. Für seine Rückkehr kämpft er noch immer.

Arafats offizielle Geburtsurkunde besagt, daß er am 24. August 1929 in Ägypten geboren wurde. Seine Mutter, das bestätigt er, starb nur vier Jahre später in Kairo. Sein ägyptischer Akzent erklärt sich aus der Tatsache, daß Arafat in der ägyptischen Hauptstadt aufgewachsen und zur Schule gegangen ist. Dennoch bleibt Arafat auch an diesem Abend und in zahllosen späteren Interviews hartnäckig bei seiner Version: Er sei – und zwar schon am 4. August 1929 – an einem anderen Ort geboren, nicht in Ägypten, sondern in Palästina. »Ich bin in Jerusalem geboren«, wiederholt er unablässig. »Ich habe bis 1942 dort gelebt.«

»Geboren ist er im Haus seines Onkels Selim«, bestätigt sein Vetter, Scheich Musa Abu Saud, der ein altes, abgegriffenes Foto von Arafats Geburtshaus zeigt. Ein steinernes Gebäude, das einst an der Klagemauer stand und das die Israelis nach dem Krieg von 1967 abgerissen haben.[12]) Wie alle arabischen Söhne trug der Junge seinen eigenen Namen und dazu die Namen seines Vaters, der Familie seines Vaters sowie des Clans seines Vaters: Mohammed Abder Rauf Arafat al-Kudawa al-Hussein. Bald allerdings sollte man ihn nur noch kurz Jassir (den »gemächlichen«) Arafat nennen. Viel später wiederum nahm er den Namen eines Jüngers des Propheten, des Kämpfers Amar ibn Jassir, an, und legte sich seinen nom de guerre »Abu Amar« zu.

Die romantischen Umstände seiner Geburt in einem Haus, das an der alten Tempelmauer stand, und seine Beziehungen zu dieser uralten Geschichte, in der sich das Jüdische und das Arabische leidvoll miteinander mischen, gefallen ihm durchaus. Einziges Problem: Das ägyptische Dokument widerspricht dieser Version.

Warum dieses Versteckspiel? Vielleicht fürchtet er, daß eine Geburt in Ägypten seinen Anspruch auf die palästinensische Führungsrolle beeinträchtigen könnte. Vielleicht ist er tatsächlich in Jerusalem geboren, und sein Vater, der in Gaza zu Hause war, ließ ihn in Kairo registrieren, damit er als Ägypter das Schulgeld sparen konnte. Höchstwahrscheinlich hat ihn seine Mutter, Sawa Abu Saud, die von einem prominenten Jerusalemer Familienclan abstammte, in ihrem Elternhaus zur Welt gebracht und die Geburt ihres Kindes, als sie ein paar Wochen darauf nach Kairo zurückkehrte, dort registrieren lassen. Vielleicht weiß er, Arafat, es selbst nicht so genau. Was auch immer die Antwort darauf sein mag, »Abu Amar« gefällt das Geheimnis, das seine Geburt umgibt.

Arafat war das sechste von insgesamt sieben Kindern. Er hatte drei ältere Schwestern, Inam, Khadiga und Jusra, zwei ältere Brüder, Gamal und Mustafa, und einen jüngeren Bruder, Fathi. Sein Vater, Abder Rauf Arafat, der aus einer Landbesitzerfamilie in Gaza – einem entfernten Zweig des berühmten Husseini-Clans – stammte, lebte zuerst einige Zeit in Jerusalem und zog 1927 nach Kairo. Jassir Arafat verbrachte die ersten Jahre mit seinen Eltern und Geschwistern in der ägyptischen Hauptstadt. Als die Mutter plötzlich an einem Nierenleiden starb, schickte der Vater den vierjährigen Jassir mit seinem jüngeren Bruder Fathi zur Familie der

Mutter nach Jerusalem. »Ich habe dann bei meinem Onkel gewohnt, weil meine Mutter starb, als ich noch sehr klein war«, bestätigt Arafat. Die beiden Knaben wurden wie unerwünschte Waisenkinder aus der Etagenwohnung in Kairo zuerst in das Haus ihres Vaters in Gaza, dann weiter in das Abu Saud'sche Haus in Jerusalem geschickt.

Jassirs Vater, Abder Rauf Arafat, verdiente sein Geld als Händler. Er verkaufte Käse, Weizen, Reis, Zucker und die beliebte Nabulsi-Seife. »Ich habe ihn einmal gefragt, warum er aus Jerusalem weggegangen ist«, erzählt Arafat, »und er erklärte, wir hätten eine große Handelsgesellschaft. Seine Partner, einer von der Alami-Familie, der andere von den Dadschanis, baten ihn, nach Ägypten zu gehen, während sie in Jerusalem blieben.«

Es gab wenig Kontakt zwischen Arafat und seinem Vater, und die Zeiten, in denen sie zusammenlebten, waren gelinde ausgedrückt unglücklich. Abder Rauf war sehr religiös. Er heiratete nach dem Tode seiner ersten Frau noch zweimal und holte die beiden Jungen nach Kairo zurück. Zwischen den Stiefmüttern und den Kindern kam es zu bitteren Streitigkeiten, aber wenn Jassir sich über jede neue Stiefmutter geärgert haben sollte, möchte er das heute zumindest nicht mehr zugeben. »Sie war es, die Angst haben mußte«, sagt er und lacht. »Wir waren zu siebt, und sie war allein. Sie mußte Angst vor mir haben.«

Als er gefragt wird, was die angenehmste Erinnerung an seinen Vater ist, überlegt er lange und erwidert dann: »Er hat uns nie als seine Söhne behandelt, immer als seine Freunde.« Arafat schweigt einen Augenblick, denkt weiter nach und erzählt: »Ich habe eine Menge von meinem Vater gelernt. Mein Vater war fromm. Er war ein guter Mensch. Er hat sehr darauf geachtet, daß ich aufrichtig und ehrlich war. Ich durfte ihn niemals anlügen oder ihm etwas verbergen.« Trotzdem vertraute er sich selten dem Vater an, behielt sogar seinen Wunsch für sich, in den USA zu studieren. »So richtig von Herz zu Herz sich aussprechen, das war schwierig mit meinem Vater«, gibt er zu. Abder Rauf hat das Geld und das Land der Familie in einem großen Prozeß vergeudet und verloren. 1954 starb er in Gaza. Jassir Arafat war nicht bei seinem Begräbnis.

Der Mann, der ihn wie einen Sohn behandelte, war Salim Abu Saud. Salim, ein eindrucksvoller Herr mit einem großen Schnauzbart, hatte selbst keine Kinder und nahm die beiden Jungen, Jassir und Fathi, unter seine Fittiche. In seinem Haus in dem Familiensitz an der Klagemauer bekamen sie einen Platz zugewiesen. Auch der prominente Mufti Scheich Hassan Abu Saud, dem die islamischen Gerichte unterstanden, interessierte sich für Jassir. Der Scheich arbeitete eng mit dem Großmufti von Jerusalem, Hadsch Amin al-Husseini, zusammen, der zur Zeit der britischen Besatzung der bedeutendste Moslemführer in Palästina war. Hassan behielt den jungen Jassir im Auge, machte ihn mit dem Konzept des arabischen Nationalismus und den antikolonialistischen Ideen bekannt, die Arafats Denken prägen sollten. Diese beiden, Scheich Hassan Abu Saud und Hadsch Amin al-Husseini, gaben Jassir Arafats Leben die Richtung.

Plötzlich aber möchte der Vorsitzende nicht mehr über seine Kindheit reden. Er hat schon genug über seine persönlichen Verhältnisse gesprochen. Nun wendet er sich der Politik zu, erwähnt seinen ersten größeren Sieg, die Schlacht von Karameh, die 1968 auf jordanischem Boden stattfand, als die Palästinenser von dort aus gegen die Israelis kämpften.

Nach der verheerenden Niederlage der arabischen Staaten im Sechstagekrieg 1967, als die Israelis die West Bank, Gaza, Jerusalem und die Golanhöhen eroberten, zogen die geschlagenen und verwirrten Araber nach Hause, ihre Armeen waren vernichtet, ihr Stolz gebrochen. Die Palästinenser, angewidert von ihren unfähigen Vettern in Ägypten, Jordanien und Syrien, setzten den Kleinkrieg (Guerilla) auf ihre Weise fort. Sie schlichen sich von Jordanien über die Grenze und griffen Kibbuzim am anderen Flußufer an. Die Israelis schlugen zurück und richteten das Feuer ihrer Geschütze auf jordanische Farmen im Jordantal. Die Palästinenser verfolgten weiter ihre Politik der »Nadelstiche«: erneute Angriffe auf Gebäude in mehreren landwirtschaftlichen Kollektiven. Die Israelis sollten provoziert werden, einen großen Angriff zu starten.

Die palästinensischen Fedajin, mehr ein zusammengewürfelter Haufen von Guerilleros als ein reguläres Armeebataillon, wußten, daß sie nicht auf die Unterstützung durch die anderen Araber rechnen konnten. Viele von ihnen wollten nicht allein gegen die Israelis kämpfen. Jassir Arafat aber feuerte seine Fatah-Freischärler an: Sie sollten sich den feindlichen Truppen entgegenstellen, die sich am anderen Flußufer versammelten. Die kleine palästinensische Abteilung, unterstützt durch Teile der jordanischen Armee, hielt dem Angriff der Israelis stand. Sie kämpfte gegen die Soldaten und zerstörte eine Anzahl der israelischen Panzer und Schützenpanzer. Nach einer zwölfstündigen Schlacht zog sich der Feind mit neunzig verwundeten und neunundzwanzig toten Israelis zurück.

Von den Palästinensern waren siebenundneunzig Kämpfer gefallen, aber Arafat, der Fatah-Sprecher, konnte einen überwältigenden Sieg für sich und seine Fedajin in Anspruch nehmen. Für ihn war es der erste Triumph der Araber über Israel. Arafat wußte sehr wohl, daß Karameh nicht so sehr ein strategischer Sieg als vielmehr ein Sieg der Moral, der Kampfbereitschaft über die Feigheit war. Die arabische Psyche konnte sich nach der Demütigung im Juni-Krieg etwas erholen und verdankte ihre Würde den Palästinensern im allgemeinen und dem standfesten Arafat im besonderen. Arafat zeigte sich gleichzeitig von einer weiteren Seite, die ihm in Zukunft von Nutzen sein sollte: Wie der Aufseher einer manipulierten Wahl, der die »richtige« Partei gewinnen läßt, erwähnte er mit keinem Wort, daß die Palästinenser ihren Sieg im Grunde dem Eingreifen der jordanischen Panzer verdankten.

Als Fatah-Sprecher war Arafat erstklassig. Seine dramatische Ader, seine clevere Wortwahl, seine kühnen Übertreibungen und seine Fähigkeit, verschiedenen Interessengruppen jeweils das zu erzählen, was sie hören wollten, machten ihn zu einem hervorragenden Werber für die eigene Sache. Die Nachricht von der Schlacht von Karameh sandte er in alle Welt hinaus, mit der Folge, daß die Fatah einen gewaltigen Zulauf an Freiwilligen erhielt. Aus einer kleinen Gruppe von Kämpfern entwickelte sich ein Heer aus Tausenden von Männern, bald zu groß, um von den wenigen Offizieren der Fatah noch ausreichend kontrolliert werden zu können.

Es dauerte keine zwei Jahre, und die Macht stieg den palästinensischen Fedajin in Jordanien zu Kopf. Sie errichteten Straßensperren im ganzen haschemitischen Königreich, verlangten Wegezölle und terrorisierten die jordanischen Bürger. Ihr Ziel war, die Macht im Staat zu übernehmen und den König zu entfernen. Es kam zu einer Reihe brutaler Auseinandersetzungen zwischen den königstreuen Truppen und den palästinensischen Kämpfern.

Im Verlauf der blutigen Schlachten zwischen Husseins Soldaten und den Fedajin kamen Tausende von Palästinensern – Zivilisten wie Kämpfer – ums Leben. Entsprechend ist dieser palästinensisch-jordanische Bürgerkrieg im Spätsommer und Herbst 1970 als »Schwarzer September« in die Geschichte der Palästinenser eingegangen. Erst im Juni 1971 war König Hussein wieder Herr der Lage.

Die noch lebenden palästinensischen Kämpfer mußten Jordanien verlassen und zogen in den nahegelegenen Libanon, wo sie nach nur vier Jahren erneut in einen blutigen Bürgerkrieg verstrickt wurden. Wieder ging es um die Herrschaft im Land. Von der PLO ermutigt, schlossen sich Fraktionen der libanesischen Moslems – Sunniten, Schiiten und Drusen – zum Kampf gegen die zahlreichen Christenmilizen zusammen. Die Auseinandersetzungen nahmen an Grausamkeit zu, als Moslems und PLO gegen die Christen und deren neue Verbündete, die Syrer, kämpften.

Nachdem das Land von den kämpfenden Gruppen in Einflußzonen zerstückelt worden war, brachen hier und da bisherige Bündnisse zusammen, und verschiedene Gruppen wechselten die Seite. Die Schlächterei setzte sich fort, als Christen gegen Christen und Moslems gegen Moslems wüteten.

Im Sommer 1982, als die Israelis in das Land einmarschierten und als Beirut achtundachtzig Tage lang belagert wurde, befanden sich Arafat und seine Kämpfer in einer hoffnungslosen Situation. Kein arabisches Land war ihnen in ihrem Kampf gegen die Israelis zu Hilfe gekommen. Schlimmer noch: Die Syrer hatten die palästinensischen Kämpfer in der libanesischen Hauptstadt auf so engem Raum zusammengedrängt, daß sie keine Luft mehr bekamen. Arafat mußte den Abzug befehlen. Die Welt sah zu, wie ein offensichtlich gedemütigter Arafat und seine Brigaden kampfmüder Männer den Libanon verließen. Es schien eine entscheidende Niederlage der PLO und das Ende von Jassir Arafat zu sein.

Wir fragen ihn, weshalb er damals den Rückzug antrat. Arafat beugt sich vor, um zu antworten. Er kneift die Augen zusammen, fuchtelt mit dem Zeigefinger und sagt: »Glauben Sie mir: Meine Verbündeten, die Libanesen, haben mich gezwungen, Beirut zu verlassen. Erst als sie zu mir sagten: ›Bitte, Arafat, das ist genug . . . Worauf wartest du, Abu Amar? Sieh doch, von überallher kommt der Tod auf uns zu, Granaten, Bomben von See, vom Land, aus der Luft.‹ Ich begann die Verantwortung zu fühlen, daß ich am Tod ihrer Kinder schuldig wurde. Indem ich darauf bestand weiterzukämpfen, tötete ich ihre Kinder. Ich habe mich schuldig gefühlt.«

Die libanesischen Führer wußten, daß die anderen arabischen Staaten die Palästinenser im Stich gelassen hatten. Wenn der PLO-Führer den Rückzug antrat, so dachten die Libanesen, würde der Krieg aufhören. »Worauf wartest du?« flehten sie ihn an. »Bekommst du irgendwelche Unterstützung oder Hilfe von den Arabern?« Er schüttelt angeekelt den Kopf. Die Araber hatten ihn verraten, wie schon so oft zuvor. Er spricht nun ganz leise, er flüstert bitter: »Keine Hilfe.«

Typischerweise kehrte Arafat dennoch nach Tripoli in den Norden des Libanon zurück, um den Syrern zu trotzen und zu beweisen, daß seine Persönlichkeit stärker als die Macht der arabischen Armeen war. Als seine Truppen auch dort vollkommen eingeschlossen waren, begab er sich nach Ägypten und umarmte seinen früheren Gegner Hosni Mubarak, den Präsidenten des einzigen arabischen Landes, das einen Friedensvertrag mit Israel geschlossen hatte.

Andere hätten sich von einer solchen militärischen wie psychologischen Niederlage vielleicht deprimieren lassen. Arafat aber nahm sie als Herausforderung. »Sie haben es oft versucht, mich auszuschalten und zu liquidieren. Aber«, so raunzt er, »der Vogel Phönix lebt noch immer!« Plötzlich wendet er sich zur Seite. »Ich will Ihnen dieses Bild schenken«, sagt er, wühlt in seinen Papieren und sucht eine Zeichnung mit dem mythischen ägyptischen Vogel. Ein Berater findet sie, und Arafat wirft sie uns zu. »Sehen Sie, wie schön dieser Vogel Phönix ist! Der Vogel brennt! Er steigt aus der Asche auf!«

Die alten Ägypter haben diesen Phönix als Sinnbild der Unzerstörbarkeit erschaffen. Jassir Arafat sieht sich als die moderne Verkörperung des unzerstörbaren Traums der Palästinenser. Er ist ihr Phönix, ihre Hoffnung: Sie geben ihren Anspruch nicht auf. Vom Libanon aus hätte er nach Ägypten oder in den Irak gehen können. Statt dessen aber ging er zuerst nach Griechenland. Von dort aus sandte er eine Botschaft an seine arabischen Vettern: Er wies alle falschen Freundschaftsangebote zurück, die ihn dazu bewegen sollten, den Anspruch der Palästinenser auf Unabhängigkeit aufzugeben. »Es ist eine Botschaft für alle kommenden Generationen«, sagt er. »Ich habe von den Arabern keine Hilfe erhalten – deshalb bin ich nach Griechenland gegangen. Das ist eine Botschaft für die Zukunft, für neue Generationen.«

Mit Hilfe der Amerikaner wurde ein Übereinkommen erzielt. Man verlangte von ihm, sich in einer »gewissen« Entfernung vom Konfliktherd Palästina niederzulassen. Die Regierung in Tunis schließlich bot die beste Lösung für dieses Exil vom libanesischen Exil. Für Arafat aber, der von Palästina nach Kairo hatte gehen müssen, den man aus Ägypten ausgewiesen, aus Syrien verbannt, aus Jordanien hinausgeworfen und aus dem Libanon entfernt hatte, gab es nun nur noch einen Ort, an den er sich begeben konnte. Voller Hoffnung und mit der Entschlossenheit, die ihn zum Führer der Palästinenser gemacht hat, sprach er es aus, nicht nur seinem Volk, sondern auch den Arabern und der westlichen Welt gegenüber. »Die nächste Station ist Palästina«, erklärte er.

2

Die heilige Mauer

»Wieso haben Sie so lange gebraucht?« schnauzt Arafat uns an. Wir sind erstaunt, den Vorsitzenden mit entblößtem kahlem Kopf und aufgerollten Hemdsärmeln zu erblicken. Er befindet sich im ersten Stock des Hauses, in dem er sich am liebsten aufhält, und sitzt in einem kleinen, einfachen Büro an seinem Schreibtisch. Nur ein Fernseher in der einen und ein Trainingsfahrrad in der anderen Ecke bieten ihm Abwechslung bei seiner Tätigkeit. Er lacht, als wir ihn fragen, ob er in dieser Aufmachung im amerikanischen Fernsehen erscheinen würde. »Sicher. Wieso nicht?« erklärt er und grinst. Aber seine PLO-Kollegen klagen, Arafat weigere sich noch immer, ohne seine Kafija in der Öffentlichkeit aufzutreten.

Er wendet sich seiner Arbeit zu. Verstimmt darüber, daß er auf seine Besucher hat warten müssen, hebt er beim Reden kaum den Kopf, seine Papiere auf dem Schreibtisch sind ihm offenbar wichtiger. Nach und nach arbeitet er sich durch den vor ihm liegenden Stapel, zeichnet jedes Blatt mit einem Filzschreiber ab – mit Rot, wenn er Handlungsbedarf entdeckt –, genehmigt Anträge mit der Bitte um finanzielle Unterstützung, die von verschiedenen Palästinensern an ihn gerichtet werden. »Diese hier betreffen ein paar ältere Leute im Libanon«, erklärt er. »Einige von ihnen sind Zivilisten, andere sind Freiwillige in unserer militärischen Organisation. Sie bitten darum, daß der Rote Halbmond sich ihrer annimmt. Sie möchten in einem unserer Bruderländer operiert werden. Ich muß die Anweisung erteilen.«

Die PLO besitzt zwar einen ansehnlichen Stab, aber trotzdem erteilt grundsätzlich Arafat die Anweisungen, unterzeichnet die Schecks und leitet die Organisation in seiner chaotischen und höchstpersönlichen Art. »Er trifft die Entscheidungen«, sagt ein Mitarbeiter von ihm. »Er hält sich nicht an den Geist der gemeinsamen Entscheidungsfindung. Er will keine Autorität abgeben und möchte alle Drähte selber ziehen, vom kleinsten finanziellen Detail über die Verwaltung bis zum Militär.«

Wenn Arafat die Flüchtlingslager besucht, wird er wie der Rattenfänger von Hameln gefeiert. Arafat fliegt los, um den französischen Präsidenten François Mitterrand, den ägyptischen Präsidenten Hosni Mubarak oder Dutzende von anderen Staatsoberhäuptern zu besuchen. Arafat hat die Finger am Geldbeutel, repräsentiert die Organisation nach außen und dominiert auf diese Weise die Arbeit der PLO.

»Ich bin der Befehlshaber«, erklärt er, und wenige Leute würden ihm widersprechen. Er hat sich seine Generalsstreifen verdient, indem er sich israelischen Kugeln aussetzte und den feindseligen arabischen Staaten die Stirn bot. Arafat sieht sich als Soldat und Staatsmann in einer Person. Von den amerikanischen Präsidenten bewundert er vor allem den ehemaligen General Dwight D. Eisenhower, und die wenigen Dekorationen in seinem Büro bezeugen, wieviel er für Militärs übrig hat. Ein in grünweißes Tuch gehülltes Schwert stammt von Panamas früherem Herrscher, General Manuel Antonio Noriega, und ist an einer Wand nahe bei seinem Schreibtisch angebracht. An einer anderen Wand hängt in einem Rahmen ein von General Charles de Gaulle signierter Brief, der an die französischen Truppen gerichtet ist. »Ich suche einen neuen de Gaulle«, sagt Arafat gern und spielt dabei auf den 1962 an die französischen Truppen in Algerien gerichteten Rückzugsbefehl an. Ein Foto von der Intifada beweist, wie beliebt der Vorsitzende bei seinem palästinensischen Volk ist: Eine Gruppe von Knaben, die Köpfe in Kafijas gehüllt, marschiert in dem von Israel besetzten Gebiet eine Straße hinunter und trägt eine palästinensische Fahne, die mit Arafats Konterfei geschmückt ist. Ganz anders sein Abbild auf einem Foto, das Arafat in Saudi-Arabien zeigt. Dort ähnelt er eher Gandhi als einem Guerillero. Er kniet barhäuptig, sein Körper ist in ein einfaches weißes Tuch gekleidet – ein gläubiger Moslem, der nach Mekka pilgert.

»Ich bin ein guter Moslem«, sagt er gern, »und ein guter Jude.« Der Islam umfaßt drei Religionen, erklärt Arafat. »Um ein guter Moslem zu sein, müssen Sie ein guter Jude und ein guter Christ sein.« Er lehnt sich in seinem Drehstuhl zurück und erläutert seinen jüdischen Zuhörern: »Der Judaismus ist Teil meiner Religion.« Die Hinweise, die er anführt, wenn er sich auf seine Vettern, die Juden, auf die Diaspora, auf das Kapitel in der Bibel über den Exodus, auf das Recht zur Rückkehr und auf David und Goliath bezieht, sollen ein Schuldgefühl gegenüber den vertriebenen Palästinensern wecken. Die Juden reagieren unterschiedlich darauf. Von sanfter Zustimmung auf der einen Seite bis zu wutschnaubendem Zorn auf der anderen ist alles vertreten. Manche stimmen ihm zu; viele finden, er streue Salz in offene Wunden. Wieder andere behaupten, er

mache sich über ihre Leiden lustig, vergleiche in gemeinster Weise die Juden, die von den Nazis brutal verfolgt und ermordet wurden, mit den Palästinensern, die sich ihr Schicksal selbst zuschreiben müßen – sie hätten sich doch nur 1947 mit dem geteilten Staat einverstanden zu erklären brauchen.

Arafats Rhetorik ist mit biblischen Anspielungen gespickt, und der Gedanke, daß die Palästinenser verraten worden sind, zieht sich wie ein roter Faden durch seine Analysen. Er stellt eine Beziehung zwischen der Not seines Volkes und der historischen Verwundbarkeit der Juden her. Wir sind Vettern, so erinnert er seine Zuhörer, Kinder von Isaak und Ismael, semitische Nachkömmlinge, die von demselben Stammbaum, demselben Vater Abraham abstammen. »Die Juden sind sehr intelligent. Sie sind die Elite . . ., und wir sind die Elite. Wir sind wie unsere Vettern, die Juden. Wir sind beide Opfer der Geschichte geworden, von der Welt verraten.«

Einst mußte David, der Jude, mit bloßen Händen und nur mit Steinen bewaffnet kämpfen, um den Feind, das Ungeheuer Goliath, zu erschlagen. Jetzt, so sagt der PLO-Vorsitzende, müssen die Palästinenser den gleichen Kampf führen. »Zum erstenmal in der Geschichte sind die Juden zu Eroberern geworden«, flüstert er. »Sie und ich wissen, was der Judaismus in Wirklichkeit bedeutet. Und dafür waren David und Goliath das Sinnbild.« Er kneift die Augen zusammen und wackelt drohend mit dem Zeigefinger: »Nur – jetzt sind die Palästinenser die Davids, und Israel ist der Goliath. Die Steine der Intifada werden das gleiche bewirken wie die, die David gegen Goliath geschleudert hat.«

Arafats Stellvertreter Bassam Abu Scharif hat die Idee gehabt, ein Schiff wie die in der jüdisch-zionistischen Geschichte berühmt gewordene Exodus *auszurüsten. Mit ihm sollten Palästinenser in ihr Heimatland zurückgebracht werden – in Anlehnung an die historische Fahrt von 1947, als die mit 4500 Überlebenden des Holocaust völlig überladene* Exodus *von Hamburg nach Palästina fuhr. Die britischen Beamten aber wollten die Flüchtlinge nicht an Land lassen, nicht einmal die vierhundert schwangeren Frauen, die sich an Bord befanden. Statt dessen zwangen sie den Kapitän, nach Deutschland zurückzukehren.*

Abu Scharifs Idee gefiel den anderen PLO-Verantwortlichen, und im Februar 1988 erklärten Vertreter der Befreiungsorganisation, sie würden ein griechisches Schiff chartern, ihm den Namen al-Awda (die Rückkehr) geben und es mit 130 zuvor aus Israel ausgewiesenen palästinensischen Flüchtlingen beladen. Als – so die PLO – ein israelischer Kapitän sich einverstanden erklärte, das Schiff von Athen nach Haifa zu steuern, hoffte man innerhalb der PLO, die Idee würde sich zu einem hervorragenden Public-Relations-Schachzug entwickeln und gelingen. Zweihundert Journalisten und zweihundert Beobachter, unter ihnen der frühere amerikanische Kongreßabgeordnete Paul Findley, der britische Politiker Lord Mayhew und der italienische Senator Ranier Lavalle, hatten sich bereit gefunden, die Reisenden auf ihrer Fahrt übers Meer zu begleiten. Arafat behauptet, er habe sogar einen Brief vom Kapitän der Exodus *erhalten, der ihm schrieb, er würde gern an der Fahrt teilnehmen, weil »Sie das Recht haben, in Ihr Heimatland zurückzukehren«.*

Der damalige israelische Ministerpräsident Yitzhak Schamir verurteilte den Plan und erklärte, wenn die PLO von ihrem »Heimatland« spräche, dann wolle sie immer noch ganz Palästina. »Die Rückkehr der Araber ist ein Slogan, eine Kriegserklärung gegen die ganze israelische Nation und den Staat Israel«, sagte er. Sein damaliger Außenminister Schimon Peres gab im Fernsehen bekannt, man werde das Schiff nicht in die israelischen Hoheitsgewässer lassen. Wenige Tage später brachten Mossad-Agenten an dem unbemannten Schiff, das in einem Hafen auf Zypern vor Anker lag, Sprengsätze an und jagten es in die Luft.

Diese Episode wurde in Israel heftig diskutiert. »Die Israelis reagierten, weil sie wissen, was es ideologisch und historisch bedeutet«, sagt Abu Scharif. »Manchmal, wenn ich die Reaktionen der israelischen Beamten höre oder lese, muß ich lachen, weil sie genauso sind wie wir selbst, ihre Reaktionen, die Art, wie sie sich an etwas festklammern, das ist alles genauso wie bei uns. ›Rückkehr‹ ist ein Schlüsselbegriff in der jüdischen Geschichte. Wir haben den Juden gesagt, daß nicht nur sie ein Recht auf Rückkehr haben, sondern auch wir. Jedes menschliche Wesen sollte in seine Heimat zurückkehren können.«[1])

Alle PLO-Führer sind dieses nun schon über vierzig Jahre währenden Kampfes gegen die Israelis überdrüssig, und das gilt besonders für den graubärtigen Arafat. Er vergleicht sich mit dem geplagten Moses in der Geschichte vom Goldenen Kalb, die im Buch Exodus erzählt wird. Als Moses nach seiner Vierzigtagereise zum Berg Sinai aus der Wüste zurückkam, mußte er feststellen, daß sein auserwähltes Volk vom Glauben abgefallen war und ein goldenes Kalb anbetete. Ein zorniger Gott befahl Moses, die Sünder zu strafen. »Ich ›weiß noch‹, wie die Leute im Sinai mit Gott über die Farbe der Kuh gestritten haben«, sagt Arafat. »Sogar Moses war völlig erschöpft.« Zufrieden mit seiner Pointe, obwohl er die Geschichte vom Goldenen Kalb ein bißchen durcheinandergebracht hat, grinst er und wiederholt: »Ich bin ein guter Jude.«

Wenn Arafats Anspielungen auf den Judaismus die Juden in Zorneswallungen versetzen, bringen ihre Äußerungen über den Zionismus bei ihm die Galle hoch. Der Kampf der Palästinenser »ist ein Widerstand gegen die israelische Besatzung«, sagt er. »Vergessen Sie nicht«, rügt er seine Zuhörer, die, so fürchtet er, über dem modernen palästinensisch-israelischen Konflikt die alten moslemisch-jüdischen Beziehungen vergessen haben könnten, »wir waren zusammen in Europa, in Spanien, und bekamen es mit denselben Gerichten der Inquisition zu tun. Wir waren zusammen. Nicht die Moslems haben die Juden verfolgt. Das waren die Europäer. Nicht wir.«

Während er spricht, trifft ein Mitarbeiter mit einem Karton in Goldfolie gewickelter Baci-Schokoladentäfelchen, einem Glas Honig und einem Löffel ein. Arafats Gesicht wird sanfter, er lächelt, nickt uns zu. »Versuchen Sie etwas von diesem Honig«, drängt er uns. »Der ist ganz besonders gut, sehr berühmt.« Der dicke, gelbe Nektar aus Südjemen schmeckt rauchig und weniger süß als die üblichen Sorten. Arafat taucht den Löffel hinein, nimmt einen Klacks in den Mund und genießt.

Dieser Genuß indes lenkt ihn nur kurz von seinem Thema ab. Rasch kommt er auf das zurück, was er sagen wollte: »Der Zionismus ist sehr modern. Heißt das, daß alle Juden vor dem Zionismus keine richtigen Juden waren? Der Zionismus ist eine politische Bewegung.«

Wir wenden ein, der Zionismus sei die nationale Bewegung eines Volkes, das ein Heimatland haben will. »Genau wie Fatah«, fügt Arafats Sekretärin hinzu. Arafat bleibt eisern. Seine Stimme hebt sich, er knallt seine Brille mit dem schwarzen Rahmen auf den Tisch und sagt, Israel vertrete einen Exklusivanspruch – anders als der säkulare, demokratische palästinensische Staat, von dem er träume: »Fatah sagt, die Juden können mit den Moslems zusammenleben; die Zionisten sagen, nur Juden.« Wir antworten, daß ein jüdischer Staat für die Zionisten nach der Ermordung von sechs Millionen Juden im Holocaust nötig war. Arafat erwidert: »Als ich in Polen war, bin ich zu diesen Konzentrationslagern gefahren, um die Tragödie der Juden zu sehen. Auschwitz. Ich war dagegen. Ich bin immer noch gegen das, was passiert ist.« Gleichzeitig aber protestiert er und weist das Argument zurück: »Das ist nicht von mir ausgegangen.« Obwohl die Schuld bei den Europäern liegt, so der PLO-Vorsitzende, haben die Araber gelitten.

Die Debatte wird unterbrochen, der Vorsitzende bekommt ein Zeichen, erhebt sich, und seine Sekretärin lädt uns ein, ihm beim Essen Gesellschaft zu leisten. Es ist drei Uhr nachts, und wir wissen nicht, ob es ein Frühstück, ein Mittagessen oder das Abendbrot sein wird. Der Eßtisch ist mit vielen Speisen beladen – mit Platten, die von Lebna, weißen Käsekugeln, Dschibneh-Vierteln, gebratenem Ziegenkäse, hartgekochten Eiern, Rührei, grünen Oliven, Tomaten, Gurken, grünen Paprikaschoten, Bohnenbrei in Olivenöl, Fenchel, Wassermelonen, Joghurt, Pitabrot, Honig und Halwa überquellen. Arafat nimmt die Diskussion über den Zionismus wieder auf und verschlingt dabei mehrere Melonenscheiben.

Die zionistische Bewegung war es, die die Palästinenser 1948 verjagt hat und sie in heimatlose Flüchtlinge verwandelte. Das waren nicht die Juden, sondern ausschließlich die Zionisten. Arafat sieht sich nicht als Gegner des Judaismus, sondern nur als Widersacher derjenigen, die ihn zu einer politischen Bewegung gemacht haben. Der Begriff des arabischen Nationalismus, so behauptet er, ist ein kulturelles Phänomen, eine Einheit aus Sprache, Literatur und Geschichte. Der arabische Nationalismus, darauf besteht er, schließt Moslems, Christen und

Juden ein, die in der arabischen Welt lebten. Araber sein heiße nicht, Christ oder Moslem zu sein, sondern die arabische Sprache zu sprechen, dieselbe Musik miteinander zu teilen, dieselbe Art von Kleidung zu tragen und in derselben Art von Großfamilie zu leben. Die Juden, die aus der islamischen Welt gekommen sind, benehmen sich wie Araber. Der Judaismus ist keine Nationalität, sagt er; die arabischen Juden sind Araber, weil sie dieselbe Herkunft miteinander teilen.

Die Religion sei eine Sache, ermahnt uns Arafat;[2]*) der Nationalismus etwas anderes. Wenn wir jedoch über die jüdische Nationalität sprechen wollten, ginge es um eine religiöse Nationalität. Das sei etwas völlig anderes und hieße, daß alle Juden an einem Ort zusammen sein müßten, ebenso wie alle Moslems und alle Christen getrennt voneinander jeweils für sich leben müßten.*

»Nach der Entscheidung über den Teilungsplan von 1947 haben wir angefangen zu verstehen, daß es eine Verschwörung gegen unsere Existenz als Palästinenser gibt. Damit ist es für uns nicht nur eine Frage der Teilung, sondern auch der Vernichtung des palästinensischen Volkes. Ich denke, wir haben recht behalten.«

Er ist fertig, steht auf und eilt nun brüsk, ohne sich um die anderen zu kümmern, zu seinem Büro, um wieder an die Arbeit zu gehen. Das Gespräch ist beendet, aber sein Zorn treibt ihn an, noch etwas hinzuzufügen: Das Haus, in dem er aufwuchs, wurde bald nach der Besetzung Ost-Jerusalems durch die Israelis 1967 abgerissen. Was ihn noch real an Palästina hätte erinnern können, hat der Zionismus vernichtet. Die Wurzeln seines Zorns allerdings reichen noch weiter zurück, hundert Jahre weit, bis in das zerfallende osmanische Reich.

Gegen Ende des 19. Jahrhunderts gelangten die Ideen des in Europa entstandenen Nationalismus auch in die Köpfe der Menschen und Stammesfürsten im Nahen Osten. Kleinere Aufstände, die mehr Selbständigkeit und Autonomie einbringen sollten, konnten die Osmanen noch niederschlagen. Doch das einst so mächtige osmanische Reich, das vierhundert Jahre lang über die Araber geherrscht und ein Gebiet von Syrien im Norden bis zum Jemen im Süden unter seiner Gewalt gehabt hatte, sollte bald der Dominanz der Briten und Franzosen weichen.

Die europäischen Sieger des I. Weltkriegs wollten ihre Präsenz mit dem Versprechen rechtfertigen, sie würden die Region in die Unabhängigkeit entlassen. Jassir Arafats Vorfahren glaubten, die Entstehung eines eigenen arabischen Staates sei nur noch eine Frage von Monaten oder wenigen Jahren.

Die Briten hatten sich bereits 1875 im Nahen Osten festgesetzt, als sie die Kontrolle über den Suezkanal übernahmen. Diese lebenswichtige Wasserstraße, die Europa mit dem Fernen Osten verbindet, entwickelte sich für die Briten zu einem guten Geschäft und brachte ihnen Einfluß in der Region. (Schon der ägyptische König Sesostris II. hatte um 1850 v. Chr. mit dem Bau eines solchen Kanals begonnen; später, 609 v. Chr. hatten der Pharao Necho und 520 v. Chr. der persische Herrscher Darius diesen Kanal erneuert.) Nun konnten die vorwiegend britischen Frachter Gewürze, Parfüm, Baumwolle und Seide aus China und Indien nach London und Edinburgh bringen, ohne das *Kap der Guten Hoffnung* umfahren zu müssen. Wichtiger noch war, daß der Kanal den Öltransport erleichterte, was schon zu Beginn des 20. Jahrhunderts von Bedeutung war und in der Folgezeit immer wichtiger werden sollte.

Als die Briten den Suezkanal kontrollierten und gleichzeitig zur Schutzmacht Ägyptens gegen die Osmanen wurden, entwickelte sich das Land am Nil zu einer wichtigen Militärbasis Großbritanniens. Von dort aus führte General Allenby seine Armee gegen die Türken in Palästina und Syrien. Am 9. Dezember 1917 standen die Bewohner Jerusalems Spalier und sahen von ihren Balkonen aus zu, wie Allenby mit seinen Männern siegreich in die heilige Stadt einritt.

Weiter südöstlich, im Hedschas, organisierte der britische Offizier T. E. Lawrence einen arabischen Aufstand gegen die Türken. Der sonderbare, poetische Lawrence von Arabien ermutigte die Araber zur Rebellion, indem er ihnen noch einmal versicherte, es sei die Absicht der Briten, den Arabern nach dem Krieg ein Königreich zu gewähren. Dieses künftige Reich, so versprach er, werde von Hussein, dem Scherif von Mekka, regiert werden, dem Oberhaupt der prominenten Haschemiten-Familie, die sich rühmte, direkt vom Propheten Mohammed abzustammen. Der Sohn des Scherifen, Prinz Faisal, führte die arabischen Kämpfer nach Norden durch die Wüste, kämpfte gegen türkische Brigaden und näherte sich Syrien. Zu seinen Offizieren gehörte Amin al-Husseini, der zwanzig Jahre alte Sproß einer mächtigen Familie aus Palästina.[3]) Genau wie Prinz Faisal träumte auch Amin al-Husseini von einem arabischen Königreich. Dieser Husseini, ein ferner Verwandter von Jassir Arafat, sollte seinen Traum später an den Vorsitzenden der PLO weitergeben.

T. E. Lawrence wußte nicht, daß die britischen und französischen Diplomaten insgeheim eine Vereinbarung getroffen hatten, aufgrund deren die Länder, die Lawrence den Arabern versprochen hatte, zwischen Großbritannien und Frankreich aufgeteilt werden sollten. In diesem geheimen Dokument, das als Sykes-Picot-Abkommen bekannt und von dem Briten Sir Mark Sykes und dem Franzosen Charles Picot bereits 1916 unterzeichnet worden war, teilten die beiden Siegermächte das Gebiet in zwei Einflußsphären auf: Syrien und der Libanon sollten unter französische Oberhoheit, der Irak, Transjordanien und die Golfregion unter britische Herrschaft kommen. Palästina sollte britisch und Jerusalem international verwaltet werden.

Prinz Faisal erreichte im Oktober 1918 Damaskus. Er quartierte sich dort mit seinem Bataillon ein und baute mit Hilfe der Briten und Franzosen, die vorübergehend beide die Oberhoheit ausübten, eine arabische Verwaltung auf. 1920 ernannte er sich selbst zum Emir von Syrien. Sein Königreich sollte das unter dem Namen Großsyrien bekannte Gebiet umfassen: Syrien, Libanon, Jordanien und Palästina.

In Palästina feierte Faisals ehemaliger Soldat Amin al-Husseini auf den Straßen den arabischen Sieg, proklamierte Faisals Königreich und bestätigte die Verbindung zwischen Palästina und Syrien. Faisals Herrschaft jedoch dauerte nur zehn Wochen, und Amin al-Husseinis Karriere nahm einen gänzlich anderen Verlauf.

Die europäischen Verbündeten, die sich im Völkerbund trafen, erteilten Frankreich offiziell das Mandat, Syrien zu verwalten. Rasch und mühelos entfernten die Franzosen Faisal von seinem Thron. Die Briten mußten für ihn einen neuen Thron finden und setzten ihn fast unmittelbar darauf als irakischen König in Bagdad ein. Um weitere Gutmachung zu leisten, wurde Faisals Bruder, Prinz Abdullah, zum Emir von Transjordanien ernannt. Transjordanien war eine Wüstengegend, die sich vom Irak bis zum östlichen Ufer des Jordan erstreckte.

Die Briten erhielten das Mandat, Palästina zu verwalten – jenen schmalen Landstrich zwischen Mittelmeer und Jordan. Die 600 000 Bewohner Palästinas, hauptsächlich Moslems mit einer kleinen christlichen Minderheit sowie 75 000 Juden, hatten unter der Herrschaft der osmanischen Türken zusammengelebt, und obwohl sich die Gemüter von Zeit zu Zeit im Streit um die Rechte an den heiligen Stätten erhitzten, kamen die beiden Gruppen weitgehend gut miteinander aus. Die gemeinsamen Wurzeln ihrer Religionen und der Respekt für die Kultur der jeweils anderen schwächte die Bedeutung der gelegentlichen Handgreiflichkeiten ab.

Nach der Ankunft der Briten aber vertieften und verbreiterten sich die nationalistischen Abgrenzungsbestrebungen.

Die Mehrheit der Juden, die im britischen Mandatsgebiet von Palästina lebten, waren nach 1900 auf der Suche nach einem eigenen Staat aus Europa ins Land gekommen. Diese neue nationale Bewegung des Zionismus hatte der in Wien lebende jüdische Schriftsteller Theodor Herzl konzipiert. Herzl war ursprünglich ein Verfechter der Assimilation gewesen und hatte die den Juden in Europa aufgezwungene Absonderung bekämpft. Unter dem Eindruck der Dreyfuss-Affäre in Frankreich und der in Rußland und Osteuropa wütenden Pogrome war der wohlhabende, elegante Herzl aber zu einer völlig anderen Überzeugung gelangt. Er wandte sich an einflußreiche Mitstreiter und forderte, die Juden sollten einen Staat erhalten, den sie als ihren eigenen betrachten könnten. In seinem knappen Traktat *Der Judenstaat* argumentierte Herzl: »Wir sind ein Volk, *ein* Volk. Wir haben überall versucht, uns ehrlich in die nationalen Gemeinschaften zu integrieren und gleichzeitig unseren Glauben zu behalten. Man erlaubt es uns nicht.«[4])

1897 organisierte Herzl in Basel einen Kongreß mit Delegierten aus sechzehn Ländern. Herzl wollte der Vorstellung, die Juden seien arme Menschen aus den Gettos, entgegentreten. Aus diesem Grund bestand er darauf, daß die Teilnehmer sich für die Eröffnungssitzung einen schwarzen Anzug und eine weiße Krawatte anziehen sollten.[5]) Der unabhängige Judenstaat, von dem Herzl träumte, sollte ein Land sein, das von wohlhabenden und einflußreichen Leuten geleitet würde. Herzls zionistisches Konzept fand den Beifall einer wachsenden Zahl europäischer Juden und lockte zunächst vor allem bürgerliche Menschen nach Palästina, die wirtschaftliche und soziale Stabilität suchten. Sie richteten über das ganze Land verstreut kleine landwirtschaftliche Kolonien ein.

Nach 1905 jedoch änderte sich die soziale Zusammensetzung der ins Land kommenden Zionisten. Die neuen Pioniere waren junge Idealisten, die das Konzept der Kommune in Palästina verwirklichen wollten, nachdem sie gesehen hatten, wie sich ihr Traum einer sozialen Revolution in Rußland in einen Alptraum verwandelt hatte. Der zionistische Geist wuchs mit einer solchen Geschwindigkeit, daß zwischen 1904 und 1914 über 25 000 Juden nach Palästina einwanderten.

Die Zionistische Weltorganisation richtete nach dem Krieg ein Büro im Mandatsgebiet ein. Sie hatte sich eigene Institutionen geschaffen, darunter auch den Jüdischen Nationalfonds, hatte eine eigene Fahne entworfen, in der sie das Blau und Weiß des Gebetsschals verwandte, und sie besaß mit der Hatikva bereits ihre eigene Nationalhymne.

Die Briten, die während des I. Weltkriegs von den Juden unterstützt worden waren, reagierten positiv auf Herzls Bewegung. Im November 1917 erklärte der britische Außenminister Lord Balfour in einem Brief an Lord Rothschild und die Zionistische Organisation, daß Großbritannien »die Errichtung einer nationalen Heimstätte (national home) für das jüdische Volk mit Wohlwollen betrachten« werde. Balfour fuhr jedoch einschränkend fort: »Es darf nichts geschehen, was die zivilen und religiösen Rechte bestehender nichtjüdischer Gemeinden in Palästina mindert.«[6])

Auf der Pariser Friedenskonferenz von 1919 unterstrich der Präsident der Zionistischen Weltorganisation, Chaim Weizmann, die Bedeutung der Balfour-Deklaration und verkündete, sobald die Juden eine Mehrheit in Palästina seien, was man durch massive Einwanderung anstrebe, würden sie eine unabhängige Regierung bilden. Das Ziel des Zionismus sei, so Weizmann gegenüber den Versammelten, daß »Palästina so jüdisch wird, wie England englisch ist«. Emir Faisal, der die arabische Delegation bei dieser Konferenz anführte, konnte sich mit der jüdischen Sehnsucht nach einem Heimatland identifizieren. »Die Araber«, sagte er, »vor allem die Gebildeten unter uns, betrachten die zionistische Bewegung mit der größten Sympathie.«[7])

Wenige Araber aber sahen in der Balfour-Deklaration das, was der Emir zu sehen glaubte. In den Augen der meisten stellte die Bewegung für ein jüdisches Heimatland eine unmittelbare Bedrohung ihrer eigenen nationalen Bestrebungen dar. Die Balfour-Deklaration rief ihren Zorn hervor; sie mißachtete nicht nur die Versprechen, die man ihnen in bezug auf einen eigenen Staat gegeben hatte, sondern setzte sich auch über das Sykes-Picot-Abkommen hinweg.

Hadsch Amin al-Husseini machte sich daran, die Balfour-Deklaration zu konterkarieren. Im Jahre 1919 tat er sich mit einer Gruppe junger Araber in Damaskus zusammen und gründete die Palästinensische Gesellschaft. Außerdem half er bei der Bildung der Palästinensischen Jugendgesellschaft, die gegen Briten und Juden militärische Anschläge ausführte. Trotz solcher Widerstandsaktionen wurde die Balfour-Deklaration in die Richtlinien des Völkerbundes aufgenommen, als dieser 1920 und 1922 das britische Mandat für Palästina bestätigte.

Als die Briten das Land übernahmen, nannten sie es Palestina Ei – eine Kombination aus dem arabischen Namen Palästina und dem jüdischen Erez Israel – und schickten einen englischen Juden, Sir Herbert Samuel, als ihren ersten Hochkommissar nach Jerusalem. Die Araber sahen sich eindeutig betrogen: Entgegen früheren Zusagen würde Palästina mit Jerusalem als Hauptstadt ein jüdisches »homeland« werden. Was als zwei schmale nationalistische Rinnsale begonnen hatte, mündete nun bald in einen Ozean des Hasses.

Hohe Mauern, die im 16. Jahrhundert der türkische Sultan Suleiman der Prächtige bauen ließ, umgeben die kleinen Häuser der Jerusalemer

Altstadt. Hinter diesen Festungsmauern liegen die kopfsteingepflasterten Straßen, die die Stadt in vier große ethnisch und religiös voneinander getrennte Viertel aufteilen: Im Westen liegen das christliche und das Armenierviertel. Dort gehen die Pilger die Via Dolorosa hinauf und folgen den Stationen des Kreuzes, die Christus nach Golgatha gegangen war. Im Osten, um den Tempelberg herum, der Haram al-Scharif genannt wird, befindet sich das moslemische Viertel; dort stehen die Moscheen, wo der Muezzin die Gläubigen zum Gebet ruft. Im Süden liegt das jüdische Viertel. Von dort aus sieht man auf die zweitausend Jahre alten Ruinen, die vom alten Tempel geblieben sind.

Für beide, für die Araber wie für die Juden, ist Jerusalem schon immer eine heilige Stadt, ein Heiligtum ihrer Religion gewesen. Hier, auf dem Berg in dem Land Moriah, hatte Abraham, der Stammvater des Judentums wie des Islams, seinen Sohn Isaak als Opfer angeboten, um Gott seine Ergebenheit zu beweisen. Und hier hatte um das Jahr 960 v. Chr. der jüdische König Salomon den Ersten Tempel gebaut, der später von den Babyloniern zerstört wurde. Ebenfalls hier, am gleichen Ort, wurde unter der Schirmherrschaft des Perserkönigs Kyros im 6. vorchristlichen Jahrhundert der Bau des Zweiten Tempels in Angriff genommen, der im ersten vorchristlichen Jahrhundert von Herodes fertiggestellt wurde. Hier war schließlich auch, so glauben es die Moslems, Mohammed auf seinem geflügelten Pferd al-Burak aus Mekka angekommen, hier hatte er angehalten und das Zauberroß an die Mauer gebunden, bevor er zum Himmel aufstieg. Die Religionen sind geschichtlich wie räumlich so ineinander verschachtelt, daß ein Überbleibsel der Mauer des Zweiten Tempels, das als Klagemauer bekannt ist, zugleich einen Teil der Mauer des Haram al-Scharif der Moslems bildet, jenes Gebiets, auf dem ihr Felsendom und die Al-Aksa-Moschee stehen. Und hier, so sagt Jassir Arafat, ist er geboren.

Jerusalem war zur Zeit der türkischen Herrschaft ein wichtiges religiöses Zentrum gewesen. Für die osmanische Verwaltung aber besaß die Gegend keine große Bedeutung. Als die Briten ihre Administration aufbauten, wurde Jerusalem das, was es in uralter Zeit gewesen war – die Hauptstadt Palästinas. Die Stadt blühte auf, als Geld hereinströmte und Häuser errichtet wurden. Die Briten bauten Straßen und verbesserten die Wasserversorgung sowie die sanitären Anlagen. Allmählich dehnte sich die Stadt aus, neue Viertel entstanden außerhalb der alten Stadtmauern. Auf den Hügeln, die die Altstadt umgaben, siedelten sich Araber und Juden an.

Mit der Errichtung der britischen Verwaltung stellte sich bei den Arabern ein gewisser Wohlstand ein. Gleichzeitig aber wurde ihr Mißtrauen geweckt. Weizmanns Worte hatten sich in ihren Köpfen festgesetzt. Mit Bangen sahen sie, wie immer mehr Juden nach Palästina kamen. Manche von ihnen kauften Land, um zu siedeln; andere etablierten ihre Geschäfte, die den Wettbewerb mit den arabischen Kaufleuten, Handwerkern und Fabrikanten aufnahmen. Die Moslems in Jerusalem, vor allem die der großen aristokratischen Clans, deren Häuser nahe bei den Moscheen auf dem Tempelberg standen, fühlten sich von der wachsenden Anzahl der Juden bedroht, die auf ihrem Weg zur Klagemauer durch das arabische Viertel zogen. Wenn religiöse Juden das Widderhorn bliesen – ein traditionelles Ritual am Rosch-Haschana-Tag (Neujahrstag) – oder für die älteren Männer nahe der Klagemauer Bänke aufstellten, protestierten die Araber. Diese Handlungen, sagten sie, seien Vorboten der schleichenden Inbesitznahme durch die Zionisten. Für sie befand sich die nationalistische jüdische Bewegung in direkter Gegnerschaft zum aufkeimenden arabischen Nationalismus.

Von diesen Sorgen abgesehen brachten die zwanziger Jahre einen spürbaren wirtschaftlichen Aufschwung. Politisch herrschte im großen und ganzen Ruhe, auch wenn einige Protestaktionen organisiert wurden und kleinere Tumulte das städtische Leben störten. Bei ihren Demonstrationen 1920 und 1922 verlangten die arabischen Bewohner, die die Briten für die starke jüdische Einwanderung verantwortlich machten, daß das Mandat Großbritanniens beendet und die Balfour-Deklaration annulliert werden sollte.

Einer der Organisatoren dieser Demonstrationen war Hadsch Amin al-Husseini. Er gehörte zum reichen Husseini-Clan, der seinen Stammbaum in Palästina mindestens bis ins 16. Jahrhundert zurückverfolgen konnte. Hadsch Amin übernahm eine führende Rolle in der politischen Bewegung der Palästinenser. Neben dem Husseini-Clan konnte nur die Familie der Naschaschibis einen Anspruch auf die Führungsrolle unter den arabischen Bewohnern Jerusalems erheben. Der Clan der Naschaschibis hatte sich im 15. Jahrhundert in Jerusalem niedergelassen und war ebenso mächtig und einflußreich wie die Familie der al-Husseinis.

Das Clansystem war das Rückgrat der palästinensischen Gesellschaft. Die Loyalität dem eigenen Clan gegenüber kam weit vor der Loyalität zu Politikern oder Geistlichen. Die Zugehörigkeit zu einem Clan verlieh dem einzelnen einen Status, auf den er besonders stolz sein konnte. Mitglieder der Familien heirateten innerhalb des Clans und trugen ihren Familiennamen wie ein Banner. Typisch ist, daß Jassir Arafats Vater als

Mitglied eines kleinen Zweigs der al-Husseinis eine Frau aus der Abu-Said-Familie heiratete, die einem anderen Zweig des gleichen Clans angehörte.

In der osmanischen Verwaltung waren die al-Husseinis Bürgermeister, Muftis und andere Beamte gewesen. Auch Hadsch Amin hatte, bevor er in Faisals Armee eintrat, eine Ausbildung absolviert, die ihn zu einer politischen Karriere befähigen sollte. Seine Familie hatte ihn zum Studium an die osmanische Verwaltungsakademie in Istanbul, an das Islamische Kolleg in Kairo und in die jüdische Alliance Française in Jerusalem geschickt. In Kairo war er am Zentrum für islamische und arabische Studien mit dem Gedankengut der islamischen Reform und des arabischen Nationalismus in Berührung gekommen. Dort wurde er nicht nur zu einem palästinensischen Führer, sondern auch zu einem moslemisch-arabischen Nationalisten.

Im März 1920, am selben Tag, an dem sich sein ehemaliger Kommandeur Faisal zum König von Syrien ausrief, organisierte Hadsch Amin al-Husseini Demonstrationen in Palästina, um dem neuen König in Syrien seine Loyalität zu beweisen. Einen Monat darauf, während der Woche, in der Moslems Nabi Mussa, Christen Ostern und Juden Pessach feiern, arrangierte Hadsch Amin weitere Kundgebungen, in deren Verlauf fünf Juden und vier Araber getötet und viele andere verwundet wurden. Verärgert über seine Aktivitäten, versuchten die Briten, ihn zu verhaften. Hadsch Amin entkam jedoch und floh mit einem Mitarbeiter nach Transjordanien, wo er sich bei einem Beduinenstamm verstecken konnte. Das britische Militärgericht verurteilte ihn in Abwesenheit zu zehn Jahren Gefängnis.

Mehrere Wochen später amnestierte der britische Hochkommissar Sir Herbert Samuel den entflohenen Hadsch Amin al-Husseini, um die arabischen Befürchtungen britischer Parteinahme für die Zionisten zu entkräften. Der Brite erkannte die Fähigkeit des jungen Arabers, seine Gefolgsleute zu mobilisieren, und hoffte, ihn für die britische Administration gewinnen zu können. Ein paar Monate darauf ernannte er Hadsch Amin al-Husseini zum Großmufti von Jerusalem, womit er ihm die höchste islamische Position in Palästina einräumte. Dem Mufti, der ein schwarzes Gewand und einen hohen weißen Turban trug, unterstanden die moslemischen religiösen Gerichte, Schulen, Waisenhäuser sowie die reichen Wohltätigkeitsorganisationen, die Wakf.

Der Hochkommissar versuchte, ein Machtgleichgewicht zwischen den beiden rivalisierenden Clans, den al-Husseinis und den Naschaschibis, herzustellen. Der Kopf der Naschaschibi-Sippe, Ragib Naschaschibi, war zum Bürgermeister von Jerusalem ernannt worden, und nun mußte Samuel die zunehmende Feindschaft zwischen den beiden großen Familien entschärfen, indem er den al-Husseinis das einflußreiche Amt des Großmuftis gab. Als die Eintracht zwischen den Clans 1921 wiederhergestellt war, nahm die Zahl der Zwischenfälle ab. Kurz darauf wurde Hadsch Amin zum Präsidenten des Obersten Moslemrates ernannt und eroberte damit eine Position von noch größerer Macht und größerem Einfluß, als ihm die des Großmuftis bereits bot.

Ein paar Jahre lang blieb es in Jerusalem ziemlich ruhig. 1924 aber versuchte eine große Anzahl polnischer Juden, die unter dem Antisemitismus der neuen polnischen Regierung litten, nach Westeuropa und in die USA zu emigrieren. Im selben Jahr jedoch hatte der amerikanische Kongreß das Johnson-Reed-Einwanderungsgesetz beschlossen, das ihnen den Weg nach Amerika versperrte. Aufgrund dessen entschieden sie sich, nach Palästina zu gehen.

Die Araber registrierten diese neue jüdische Einwanderungswelle mit wachsender Sorge. In Jaffa brachen im gleichen Jahr Unruhen aus, als die Juden der Stadt das Purim-Fest feierten – als Erinnerung an die Errettung ihres Volkes durch Esther, die ein von Haman geplantes Massaker und damit den ersten aufgezeichneten, eindeutig judenfeindlichen Akt verhindern konnte. Einige Juden kostümierten sich, wie es üblich war, als persische Schurken und zogen sich zu diesem Zweck arabische Kleidung an. Die Moslems in der Stadt empfanden das als Verhöhnung und wurden wütend. Gewalttätige Streitereien brachen aus, und zahlreiche Menschen wurden getötet oder verwundet.

Argwöhnisch beobachtete die beunruhigte arabische Führung den wachsenden Zionismus. Als die jüdische Bevölkerung an Zahl zunahm, entwickelte sie eine eigene wirtschaftliche und gesellschaftliche Infrastruktur. In Jerusalem, Haifa und Tel Aviv entstanden ansehnliche, moderne jüdische Viertel, und überall auf dem Land in Palästina, vor allem entlang der Mittelmeerküste und in den Tälern von Galiläa, wurden Kibbuzim errichtet. Jüdische Gewerkschaften und Berufsakademien wurden gegründet und Schulen gebaut. 1925 legte Lord Balfour auf dem Gipfel des »Mount Scopus« in Jerusalem den Grundstein der Hebräischen Universität. Die Araber behaupteten, das Grundstück sei ihnen enteignet worden, und riefen zum Streik auf.

Um die Atmosphäre zu entspannen, versuchten die Briten, in Palästina eine beschränkte kommunale Selbstverwaltung einzuführen. Trotz der Konkurrenz der Naschaschibis hatte sich Hadsch Amin al-Husseini 1929 zum einflußreichsten arabischen Politiker in Palästina entwickelt, und Jerusalem war zu dieser Zeit religiös und politisch zur wichtigsten Stadt Palästinas geworden.

Hadsch Amins Absicht war, einen unabhängigen arabischen Staat in Palästina zu errichten. Sein enger Freund und Bundesbruder, der Mufti Scheich Hassan Abu Saud, war das Oberhaupt einer prominenten religiösen Familie Jerusalems. Zu dieser Familie gehörte Jassir Arafats Mutter, und eben dieser Mann, Scheich Hassan Abu Saud, sollte eine entscheidende Rolle in der Erziehung des jungen Arafat spielen. Die beiden Aktivisten, Scheich Hassan und Hadsch Amin, arbeiteten zusammen: Der Scheich als Mufti von al-Schafaria predigte in der Al-Aksa-Moschee in Jerusalem den arabischen Nationalismus; der Großmufti Hadsch Amin organisierte außerhalb von Palästina Kampagnen, um Unterstützung für die Anerkennung Jerusalems als heilige Stadt und Zentrum des Islams zu gewinnen. Boten wurden in die gesamte islamische Welt geschickt, nicht nur um Geld für die Restaurierung der Moscheen auf dem Tempelberg zu sammeln und die Kuppel zu vergolden, sondern auch, um die Moslems auf die jüdische Bedrohung aufmerksam zu machen.[8]) Die Juden hatten erfolglos versucht, arabisches Land rund um den Tempelberg zu kaufen. Wenn sie sich die Gegend nicht aneignen konnten, wollten sie wenigstens über den heiligen Ort bestimmen. Hadsch Amin wußte, was für Probleme drohten, wenn die Briten den Forderungen der jüdischen Einwanderer nachgeben sollten.

Das Interesse der Araber und der Juden konzentrierte sich vor allem auf die ungefähr dreißig Meter lange Mauer innerhalb der Altstadt, die ein Teil der uralten Umfassungsmauer war, die den Tempelberg umgab. Diese Klagemauer oder Westmauer, wie sie genannt wird, war ein heiliger Ort für die Juden. Sie war im biblischen Zeitalter von König Salomon erbaut worden und stand am Rande des Maghrebinerviertels, wo die armen Moslems aus Nordafrika wohnten. Die Juden mußten eine arabische Gasse durchqueren, bevor sie an deren Ende die Klagemauer erreichten. Dort berührten sie die heiligen Quader und schrieben ihre Wünsche auf winzige Zettelchen, die sie in die Ritzen zwischen den Steinen steckten.

Wie den Juden war auch den Moslems dieser Ort heilig. Moslems pilgerten aus aller Welt hierher, um Mohammeds nächtliche Himmelfahrt an der Westwand zu feiern. In ihren Augen war nicht nur diese Mauer, sondern die ganze Gegend heilig, denn jenseits der Mauer lag der Tempelberg, der geheiligte Ort der Moschee des Haram al-Scharif. Manche der religiösen Moslemführer, Mitglieder des Obersten Moslemrats, bauten ihre Häuser direkt an diese Mauer und zwar so, daß ein Teil des Hauses sich außerhalb der Mauer befand, während der andere Teil innerhalb lag und eine Aussicht auf den Tempelberg gewährte.

Diese Westmauer hatte den Moslems gehört, seit der Kalif Abdel Malik im Jahr 691 die Omar-Moschee (den Felsendom) gebaut hatte. Später, zur Zeit der Kreuzritter, verwandelten die Christen die Moschee in eine Kirche, die den Tempelrittern gehörte.[9]) Im Jahr 1187 nahmen die Moslems die Gegend wieder in Besitz, und bald wurde sie der moslemischen Wakf, der islamischen Stiftung, anvertraut. Seit Hunderten von Jahren war es den Juden gestattet, an der Mauer zu beten, und mit der Zeit kam es zu festen Regeln zwischen den beiden Religionsgemeinschaften, wie jede sich zu verhalten hatte. In der Neuzeit nun, als immer mehr Juden kamen, um den heiligen Ort zu besuchen, hielten die Moslems strikt an ihren Rechten fest. Sie waren der festen Überzeugung, daß die Juden – sollten sie weitere moslemische Zugeständnisse erhalten – ihnen den Ort schließlich ganz wegnehmen würden.

In den zwanziger Jahren, als immer mehr Juden in Palästina eintrafen und manche von ihnen gegen die an der Mauer herrschenden Gepflogenheiten verstießen, versuchten die Moslems, sie daran zu hindern. Streitereien brachen aus. Mitglieder des Obersten Moslemrats beklagten sich darüber, daß die Juden gegen die Sitten verstießen: Sie stellten dort, wo das verboten war, Bänke auf. Sie legten Gegenstände auf den Boden, die die Moslems von dort verbannt hatten. Sie bliesen das Schofar (Widderhorn) an ihren hohen Festtagen und störten damit die Menschen, die an der Klagemauer lebten. In all diesen Taten sahen die Moslems jüdische Versuche, sich im heiligen Bezirk der Stadt fest zu etablieren und ihn in Besitz zu nehmen.

Die Juden wiederum klagten, die Moslems übertrieben die Bedeutung dessen, was sie täten. Sie führten lediglich die Rituale ihrer Religion aus. Außerdem behaupteten sie, die Moslems verunreinigten die Gegend absichtlich, trieben ihre Kühe und Schafe bewußt durch die Gassen und verursachten zielstrebig Lärm, um die betenden Juden zu stören.

Im Jahre 1928 wanderten weitere 10 000 Juden aus Europa nach Palästina ein. Im August des gleichen Jahres stellten die Juden vor der Mauer eine Trennwand auf, um die Männer und Frauen voneinander zu trennen. Daraufhin brach ein Kampf zwischen Juden und Moslems aus. Blutige Unruhen folgten, die einen Vorgeschmack auf jene gewalttätigen Aufstände bieten sollten, die das Land später erschüttern würden.

Am Versöhnungstag im August des Jahres 1929 wurden die Juden beschuldigt, ihr Gebiet widerrechtlich auszudehnen. Unter Hadsch Amins aufmerksamen Blicken schritt Scheich Hassan Abu Saud, in sein offizielles schwarzes Gewand gehüllt und auf dem Kopf den hohen weißen Turban, in die Menge der jüdischen Gläubigen, um zu protestieren. Der Sohn des Scheichs erinnert sich: »Sie wollten das Gebiet an der Klagemauer ausdehnen ... Wenn die Moslems das akzeptieren sollten, würden sie den nächsten Schritt tun. Deshalb ist mein Vater ganz allein durch sie hindurchgegangen, und der Großmufti von Palästina stand an seinem Fenster, sah ihm zu und hatte Angst, daß jemand ihn töten oder auf ihn schießen könnte.« Der Scheich »schloß das Buch, löschte das Licht und kam zurück«, sagt sein Sohn. »Von da an hatten die Moslems das Gefühl, daß die Juden Schritt für Schritt vorgehen würden, um sich Rechte herauszunehmen, die ihnen nicht zustanden. Daraus entwickelte sich eine Revolution.«[10])

Nach diesem Zwischenfall an der Mauer kam es zu Protestmärschen von Tausenden von Moslems, und weitere Unruhen brachen in anderen Teilen Palästinas aus. In der Stadt Hebron wurden 67 Juden massakriert. Auch in Safad, Haifa und anderen Städten wurden Juden getötet. Insgesamt fielen 135 Juden den Unruhen zum Opfer, 340 wurden verwundet. Gleichzeitig wurden 116 Araber getötet und 240 verletzt. Diese Unruhen trafen die Juden in Palästina wie ein Schlag und rüttelten die Moslems nicht nur in Palästina, sondern in der ganzen arabischen Welt auf. Sie stellten einen Wendepunkt in den arabisch-jüdischen Beziehungen dar. Von nun an wurde der Konflikt, in dem es um die Zukunft des Landes ging, immer gewaltsamer ausgetragen.

Juden und Araber konnten nicht länger so tun, als lebten sie wie Brüder unter der alles dominierenden britischen Herrschaft zusammen. In den Augen der Araber waren die Juden die Lieblingskinder der Briten geworden, so wie Isaak für seinen Vater Abraham. Die nationalistische jüdische Bewegung, der Zionismus, wurde stärker und bedrohte die Araber in Palästina sogar in ihrer Existenz. Die Moslems aber würden um ihr Erbe kämpfen, bevor sie in Ismaels Fußstapfen treten und aus ihrer Heimat vertrieben werden sollten.

Jassir Arafat wuchs im politischen und geographischen Zentrum des palästinensisch-zionistischen Konflikts auf. Die Häuser, in denen der spätere Palästinenserführer lebte, die Familie, die ihn umgab, die Plätze, an denen er spielte – sein ganzes Leben als Kind und Heranwachsender fand an den zentralen Orten der Dispute um die Ansprüche auf die Heilige Stadt und das Heimatland statt.

Die Häuser, in denen Arafat den größten Teil seiner Kindheit und Jugend verbrachte, gehörten zu Abu Saud Sawia, einem religiösen Komplex von etwa dreizehn Häusern. Die zwei- und dreistöckigen Gebäude waren zu Stein gewordene Zeugen der langen, reichen Geschichte Jerusalems. Die Grundmauern stammten aus der Zeit des Herodes, die Häuser hatte man an die Westmauer des Tempelberges angebaut.

Von den großen Häusern aus, die sich an der Tempelmauer aneinanderreihten, konnten die Kinder zum Tempelberg hinaussehen und die Moslems in ihren langen Gewändern beobachten, die zum Freitagsgebet kamen; nur eine kleine Weile später, kurz vor Sonnenuntergang, erblickten sie die Juden mit ihren schwarzen Filzhüten auf den Köpfen, den Schläfenlocken und den langen schwarzen Mänteln über den gleichfarbigen Hosen, die sich zum Beten an der Klagemauer einfanden. Dann und wann konnten die Kinder Streitereien zwischen den Moslems und den Juden beobachten.

Das Haus von Scheich Hassan Abu Saud stand immer jenen frommen Moslems offen, die zum Beten in die Moschee kamen. Oft aßen die Familien, die in der Sawia lebten, gemeinsam. Scheich Musa, der Sohn, erinnert sich: »Meine Mutter ging hierhin und dorthin, um zu sehen, ob irgendwo Hilfe gebraucht wurde. Manchmal«, sagt er, »schickte sie uns zu den anderen Häusern, damit wir den Nachbarn ausrichteten, sie sollten heute nicht kochen. Sie bereitete eine Menge zu essen für alle, brachte das Mahl in die Mitte zwischen unsere Häuser, und wir kamen zum Essen zusammen. Das Leben unserer Familie war sehr gut. Jassir sah das, und es gefiel ihm. Als Kind war er lieber bei uns als irgendwo sonst.«[11])

Beim Essen sprach man oft über den arabischen Nationalismus, über den britischen Betrug und die gefährliche Ausbreitung des Zionismus. Während sie über den Tellern mit gefüllten Weinlaubblättern und Bohnenbrei saßen, wurden immer wieder die Geschichten von Hadsch Amins Arbeit für die Organisation der Araber und Scheich Hassans Anstrengungen diskutiert, die Juden an der Mauer in die Schranken zu weisen.

In den Jahren nach 1929 nahmen die Tumulte an der Mauer und im übrigen Palästina zu. 1930 wurden drei Araber gehängt, siebzehn zu lebenslänglicher Haft verurteilt und achthundert weitere wegen ihrer Teilnahme an den Unruhen eingesperrt. Gleichzeitig bestrafte man aber nur wenige Juden für ihre Rolle bei den Tumulten. Die Araber sahen ohnmächtig zu, wie sich die Briten nach ihrer Auffassung immer ungerechter verhielten. 1930 bekamen die Juden wertvolle langfristige Rechte zur Ausbeutung der Mineralien am Toten Meer zuerkannt. Die Zionisten durften Land kaufen und die arabischen Arbeitskräfte entlassen. Einer großen Anzahl von Juden wurde die Einwanderung gestattet, und noch viel mehr kamen illegal auf der Flucht vor Pogromen und dem wachsenden Antisemitismus in Europa nach Palästina, und die Briten drückten beide Augen zu.[12]) 1931 demonstrierten die Araber im ganzen Land, und im August des gleichen Jahres rief das Arabische Exekutivkomitee zum Generalstreik auf.

Die Welle der nach Palästina einwandernden Juden nahm stetig zu. In Deutschland waren die Nazis an die Macht gekommen, aber die europäischen Länder und die USA sperrten sich gegen die Aufnahme der verfolgten Juden. 1932 kamen 9500 Juden nach Palästina. 1933, als Hitler am Ruder war, wurden es mehr als 30 000, die ins britische Mandatsgebiet drängten. Die Gesamtzahl jüdischer Bewohner erreichte 230 000. Während die Araber demonstrierten und zum Streik aufriefen, blieben den verfolgten Juden wenige Zufluchtsländer. 1934 kamen 42 000 Juden nach Palästina, 1935 waren es mehr als 61 000, die aus Europa in das Gebiet zwischen Mittelmeer und Jordan flohen. 1936 lebten in Palästina ungefähr 400 000 Juden und eine Million Araber. 1919, bei der Ankunft der Briten in Palästina, hatten die Juden noch weniger als zwanzig Prozent der Bewohner ausgemacht. 1936 stellten sie bereits fast ein Drittel der dort lebenden Bevölkerung.[13])

Im gleichen Jahr streikten die Araber in Syrien gegen die dort herrschende französische Regierung. Nach zum Teil heftigen Auseinandersetzungen konnten die Syrer ihre Unabhängigkeit durchsetzen. Die Araber in Palästina wollten sich das zum Vorbild nehmen. Wieder brachen Unruhen aus. Nachdem bei Kämpfen in der Nähe von Nablus und Tel Aviv mehrere Menschen ums Leben gekommen waren, bildeten die Palästinenser in Nablus das Arabische Nationalkomitee und riefen zum Streik auf. Ein Anführer der Gruppe, Akram Suaiter, erinnert sich an das Motto des Komitees: »Die Briten sind der Ursprung der Krankheit, das Mandat ist für alle Katastrophen verantwortlich.«

Suaiter, heute über Achtzig, denkt gern an seinen Kampf gegen die Briten zurück: »Wir richteten unseren Kampf gegen das britische Mandat, gegen die Regierung, und nicht so sehr gegen die Juden«, erzählt er, »denn die Juden waren nicht so sehr verantwortlich wie die Mandatsregierung.« Während einer Demonstration in Nablus rief Suaiter die Menge zum Widerstand auf. »Ich sprach von der Verantwortung der Mandatsmacht«, erinnert er sich. »Ich fragte sie: ›Wenn ihr eine Kugel habt und sie gebrauchen wollt, und ihr habt einen jüdischen Soldaten und einen englischen Soldaten, wen werdet ihr angreifen?‹ Sie riefen alle: ›Den Briten.‹«[14])

Im Gegensatz zu Suaiter, der die Leute gegen die Briten aufstachelte, richtete Hadsch Amin, dessen Amt des Großmuftis zur britischen Verwaltung gehörte, seine Attacken direkt gegen die Juden. Doch ein paar Tage, nachdem das Komitee in Nablus gebildet worden war, beriefen angesehene Palästinenser im ganzen Land das Arabische Höhere Komitee ein und ernannten Hadsch Amin al-Husseini zum Vorsitzenden. Hadsch Amin war sich der populären antibritischen Gefühle wohl bewußt und akzeptierte den Willen des Komitees. Er rief zum zivilen Ungehorsam auf und ordnete einen Generalstreik an.

Das Ziel des Streiks, der sich eindeutig gegen die Briten richtete, war ein Ende der jüdischen Einwanderung. Landverkäufe an die Juden sollten unterbunden, eine nationale Regierung mit einer parlamentarischen Vertretung sollte errichtet werden. »Der Streik war hauptsächlich gegen die Briten gerichtet«, erinnert sich Akram Suaiter. »Es galt als selbstverständlich, daß man gegen die Briten kämpfte, weil sie die nationale Heimstätte für die Zionisten unterstützten. Gleichzeitig verstand es sich von selbst, daß wir die Revolution gegen beide ausriefen, speziell aber gegen die Briten.«

Unter dem Mufti vereint, begrüßten die Araber in ganz Palästina den Streik. Auch Jassir Arafat und seinen Vettern in der Abu Saud Sawia bot der Streik eine Gelegenheit, etwas zu tun. Muheidin al-Husseini, ein weiteres Familienmitglied, erzählt uns: »Jeder Palästinenser wußte, daß es eine Revolution war. Jedes kleine Kind hatte diesen Gedanken: Wir kämpfen gegen die Zionisten und gegen die Briten, und wir müssen ihnen weh tun, wie und wo immer wir können!«[15]) Wie die anderen Kinder streute Jassir auf den Straßen Nägel aus, zerschlitzte die Reifen der britischen Autos und warf Steine – alles Aktionen, die sich fünfzig Jahre später in der Intifada wiederholen sollten.

Der Streik dauerte sechs Monate. Zur Vergeltung brachen die Briten in die Häuser der arabischen Aktivisten ein, schlugen die Männer und verhafteten sie. Jassir Arafat erinnert sich an die Nacht, in der sein Onkel aus dem Bett geholt und ins Gefängnis geschafft wurde. »Sie stürmten das Haus, und ich sah lauter Soldaten um uns herum. Sie schlugen mich und meinen Bruder Fathi. Er war ein kleines Kind, und ich war ungefähr sieben Jahre alt. Sie ließen mich zurück, nachdem sie mich geschlagen hatten, aber sie nahmen meinen Onkel fest und brachten ihn weg.«

Die Araber in Palästina waren zum Kampf entschlossen. Aber im Oktober 1936 forderten auf Bitten der Engländer die Führer Saudi-Arabiens und anderer arabischer Länder, daß Hadsch Amin und seine Leute die Rebellion beenden sollten. Im Sommer 1937 brachte ein britischer Untersuchungsausschuß unter Lord Peel – die Peel-Kommission – die Empfehlung heraus, Palästina solle in drei Gebiete aufgeteilt werden: in einen jüdischen Staat, in einen arabischen Staat, der mit Transjordanien vereint werden sollte, und in eine separate britische Zone, zu der auch Jerusalem gehören würde.

Die Juden nahmen den Plan im Prinzip an. Die Araber aber wiesen das Konzept einer Teilung des Landes zurück. Sie reagierten mit mehr Gewalt und Brutalität. Die arabische Revolte hatte begonnen. Kurz darauf lösten die Briten die arabischen Räte auf. Sie verhafteten Streikführer und versuchten, sie ins Gefängnis zu werfen. Ali Subu, ein Anhänger des Husseini-Clans, der heute in Amman lebt, erinnert sich. Während der ersten Septemberwoche 1937 »aßen ein Freund von mir und ich am Toten Meer zu Abend. Auf dem Rückweg, gegen ein Uhr früh, gerieten wir sechs- oder siebenmal in britische Kontrollen. Wir erfuhren später, daß der Mufti in eben dieser Nacht, in der man uns durchsuchte, verschwunden war. Die Briten hatten ihn verhaften wollen.«[16]) Hadsch Amin war ihnen entwischt und ins Exil gegangen. Scheich Hassan Abu Saud aber hatten sie festgenommen. Sein Sohn berichtet: »Die frommen Männer der Familie versammelten sich im Haus. Sie wollten versuchen, die Einkerkerung zu verhindern. Auf ihre Bitten hin ordnete der Hochkommissar die Freilassung von Scheich Hassan an, und er floh mit den anderen nationalistischen Aktivisten ins Ausland.« Die Oberhäupter der Familie waren nicht mehr da, und auch Jassir Arafat reiste zusammen mit seinem Bruder Fathi ab. Mit der Bahn fuhren sie nach Kairo, kehrten bald darauf jedoch wieder zurück.

Die Streikführer wurden entweder deportiert oder saßen im Gefängnis. Trotzdem wurde die nationalistische Bewegung immer stärker. Araber griffen jüdische Siedlungen an, kappten Telefonleitungen, jagten Brücken in die Luft, ließen Züge entgleisen und überfielen Polizeiwachen. Ein Boykott jüdischer Produkte verursachte bei den jüdischen Geschäftsleuten empfindliche Einkommensverluste. Aus den Polizeiwachen wurden Waffen entwendet, und nationalistische Freischärler führten gegen städtische Einrichtungen und Regierungsgebäude weitere Angriffe durch. Die Revolte breitete sich aus und wurde bald sehr geschickt organisiert. Außerdem kam finanzielle und moralische Unterstützung aus Syrien, dem Libanon, Transjordanien, Saudi-Arabien, Ägypten, dem Irak und Jemen. Um den Führern der Revolution, die die traditionelle arabische Kopfbedeckung trugen, ihre Solidarität zu demonstrieren, schmückten sich alle palästinensischen Araber mit der Kafija, die Jassir Arafats Wahrzeichen geworden ist.

Der Aufstand setzte sich bis 1939 fort, ein militärischer Sieg aber schien unerreichbar. Spannungen innerhalb der arabischen Leitung führten zu brutalen Handlungen unter den Palästinensern, Araber töteten Araber. Um den Kämpfen ein Ende zu setzen, annullierten die Briten den Peelschen Teilungsplan. In London kamen sie mit jüdischen Führern, im Exil lebenden palästinensischen Arabern und Vertretern anderer arabischer Staaten zusammen. Das Ergebnis war das sogenannte Weißbuch. Die Briten erklärten sich unter den drei aufgeführten Bedingungen bereit, sich für einen künftig unabhängigen, von den Arabern kontrollierten palästinensischen Staat einzusetzen. Die jüdische Einwanderung sollte verlangsamt, dann gestoppt werden. Den Juden sollte es nur dort erlaubt werden, Land zu erwerben, wo sie bereits die Mehrheit der Bevölkerung stellten. Das Weißbuch wurde jedoch niemals tatsächlich gebilligt. Trotzdem riefen die erschöpften palästinensischen Araber zur Beendigung der Kämpfe auf. Als der II. Weltkrieg begann, endete die Revolte. »Sie endete, als ob es einen Schalter gegeben hätte, der ausgeknipst wurde«, sagt Ali Subi.

Der Geist des arabischen Nationalismus lebte jedoch fort. Für Jassir Arafat und die anderen Moslemkinder, die zusammen in den Gassen der heiligen Stadt gespielt hatten, gab es keine größeren Helden als seine Verwandten Hadsch Amin al-Husseini und Scheich Hassan Abu Saud. Der Aufstand, den sie erlebten, hatte viele Charakteristiken der Intifada, zu der es fünfzig Jahre später, 1987, kommen sollte: Volkskomitees wurden gebildet, Generalstreiks ausgerufen, Steine geworfen und Reifen in Brand gesteckt, Verräter im eigenen Volk brutal bestraft, die Juden wirtschaftlich boykottiert, das palästinensische Selbstbewußtsein durch eine Betonung der Kleidung, der Folklore und anderer lokaler Sitten gestärkt – all diese Mittel hatten sie in der früheren arabischen Revolte kennengelernt. Die Rebellion sollte eine brennende Spur im kollektiven Gedächtnis der Palästinenser hinterlassen.

3

Jugend in Kairo

In den frühen Morgenstunden, wenn die nordafrikanische Nacht dem sanften Rosa der sich ankündigenden Sonne weicht, trifft sich Jassir Arafat mit seinem inneren Zirkel – einer Handvoll Männer, die von Anfang an bei ihm gewesen sind und ihm als Antennen dienen, um die Signale aus aller Welt zu empfangen. Einige seiner engsten Mitarbeiter sind allerdings nicht mehr am Leben. Männer wie der intelligente und geachtete Khalid Wasir, Codename »Abu Dschihad«, den die Israelis 1988 mitten in der Nacht in seinem Schlafzimmer erschossen, oder Hassan Salameh, Sicherheitschef und Anführer der berühmten »Force 17« der Fatah, den die Israelis 1978 in Beirut getötet haben. Während des Golfkriegs, 1991, wurde der untersetzte, gerissene Salah Khalaf, Codename »Abu Ijad«, als führender Koordinator der Geiselnahme von 1972 in München ermordet. Auf sein Konto geht der Tod der israelischen Olympiasportler, und er war bis zu seinem Tode der zweitmächtigste Mann in der PLO. Abu Ijad hatte Jassir Arafat schon unterstützt, als beide die Studentenbewegung an der Kairoer Universität organisierten. In den letzten Jahren vor seiner Ermordung hatte er sich zu rehabilitieren versucht und wollte das Image des Terroristen loswerden. Er ermutigte Arafat, den Weg der Diplomatie einzuschlagen und den Guerillakampf aufzugeben. Noch wenige Wochen vor seiner Ermordung hatte Abu Ijad heftig mit Saddam Hussein gestritten und den irakischen Führer zur Rückgabe des besetzten Kuwait zu bewegen versucht. Ihm war bewußt, daß diese Invasion und Saddams Versuch, sie mit der Sache der Palästinenser zu verknüpfen, in Wirklichkeit den palästinensischen Zielen schadete.

Andere aber haben interne wie von außen initiierte Angriffe bislang überlebt. Der barsche, muskulöse Faruk Kaddumi, Codename »Abu Lutuf«, war ebenfalls früh ein Mitglied in der Fatah. Seine harte, revolutionäre Haltung hat ihn zum

Sprecher des linken, kompromißlosen PLO-Flügels werden lassen. Hani al-Hassan und Khaled al-Hassan, zwei Aktivisten und Brüder, die Arafat in den sechziger Jahren in Kuwait kennenlernten, waren beide an den Kampf- und Friedensbemühungen in aller Welt beteiligt. Der stämmige und impulsivere Hani war Anführer der »verrückten« Fraktion innerhalb der Fatah, die sich fast von Anfang an für militärische Aktionen gegen die Israelis eingesetzt hat. Der schwarzhaarige Khaled, körperlich ein Riese, glaubt sich seinem Bruder intellektuell überlegen und bezeichnet sich als Haus- und Hofphilosoph der Fatah.

Der einstige PFLP-Freischärler und heutige Diplomat Bassam Abu Scharif – in den späten sechziger und frühen siebziger Jahren für seine Rolle bei Flugzeugentführungen bekannt – wird inzwischen aufgrund seiner gemäßigten Sprache gegenüber dem Westen und seiner Flexibilität bei Verhandlungen mit den USA und Europa geschätzt. Mahmud Abbas, Codename »Abu Mazzen«, ein loyaler Gefolgsmann Arafats und Mitglied des PLO-Exekutivkomitees, ist Abu Dschihads Nachfolger geworden. Er hält sich bei den internen Auseinandersetzungen weitgehend zurück, kümmert sich um die israelische Politik und plädiert für eine Koexistenz mit Israel. Der gutaussehende und sympathische Jassir Abed Rabbo ist ein anspruchsvoller Analytiker, der lange Mitglied der radikalen DFLP gewesen ist. Er liest Bücher wie »Getting to Yes«, den amerikanischen Bestseller über Verhandlungsstrategien, und war Leiter des PLO-Teams bei den im Dezember 1988 gestarteten und im Juni 1990 suspendierten Gesprächen mit den USA. Hail Abdul Hamid, Codename »Abu al-Hul«, ist verantwortlich für die West Bank und Gaza. Er ist Mitglied der Fatah, Nachfolger von Ali Hassan Salameh und war Chef von Arafats persönlicher Sicherheitsmannschaft.

»Der Alte«, wie seine Kollegen Arafat manchmal liebevoll nennen, hat sie zu einer Arbeitssitzung gerufen – zu einer Tageszeit, in der die meisten Menschen fest schlafen. Die PLO-Führer halten sich für normale Leute im Gegensatz zu ihrem Chef, der nach Mitternacht oft besser funktioniert als die meisten Menschen tagsüber. Die Stimmung im Raum ist entspannt und formlos – sie tauschen Witze aus, necken Freunde und erzählen sich den neuesten Tratsch. Sie wünschen denen, die gerade mit dem Vorsitzenden von einer Reise zurückgekehrt sind, rasche Erholung und machen sich über sie lustig, weil es ihnen nicht gelungen ist, sich vor den alptraumhaften Flügen zu drücken, die für Arafats Leben so charakteristisch geworden sind.

Die engsten Mitarbeiter des Vorsitzenden haben gelernt, Entschuldigungen zu finden, um den gefürchteten Flügen zu entgehen. Abu Scharif erwähnt Arafats letzten Trip – von Tunis nach Peking, Pjöngjang, Laos, Hanoi, Bangladesch und Kabul. Er schüttelt den Kopf und sagt: »Davor bin ich weggelaufen.« Gleichzeitig fügt er hinzu: »Vor diesem Trip war ich in Japan. Davor in Peking. Wiederum davor war ich mit ihm auf der afrikanischen Gipfelkonferenz, und wir haben fünf Länder in vier Tagen besucht. Das sind Trips, die sonst eigentlich niemand fertigbringt.«[1])

Mit Abu Amar zu reisen bedeutet, durchschnittlich zehn Trips im Monat zu absolvieren. Dabei handelt es sich um meist endlose, oft turbulente Flüge in einer kleinen, mit Leuten, Papier und kistenweise Munition vollgestopften Maschine. Gearbeitet wird rund um die Uhr, und zum Schlafen ist kaum Zeit eingeplant. Der Vorsitzende blüht bei diesen Reisen auf. Wenn das Flugzeug besonders stark zu wackeln anfängt, sucht er Trost im Koran, hält dann und wann ein Nickerchen in seinem Jogginganzug, die Augen mit einer schwarzen Schlafmaske verdunkelt, und sein Nacken ruht auf dem kleinen Spezialkissen. Seine Mitarbeiter allerdings kehren bleich, hohläugig und erschöpft vom nervenaufreibenden Reiseprogramm nach Hause zurück.

Sie lachen, wenn jemand mit dem Standardangebot herauskommt: eine Frau für Arafat zu finden. Nur dann, so heißt es, würde er in seinem eigenen Bett schlafen und ihnen erlauben, in ihrem auszuruhen. Der Alte lacht, aber sie ahnen, daß es für ihn zum Heiraten zu spät sein könnte.

Erst vor zwei Jahren hat der PLO-Vorsitzende all diesen Diskussionen und Vermutungen ein Ende gesetzt und eine langjährige Beraterin und Freundin geheiratet. Bis zu dieser Hochzeit jedoch blieb Arafats Privatleben ein Bereich fröhlicher wie diffamierender Spekulationen.

Seine Haltung zu Frauen war Thema vieler Diskussionen für Freunde und Feinde. Seine Feinde meinten, er sei homosexuell oder die Frauen fänden ihn unattraktiv. Der syrische Verteidigungsminister Mustafa Tlass, ein bekannter Schürzenjäger, behauptete: »Die Frauen mögen Arafats Tasche, weil Arafat als einer der reichsten Männer der Welt gilt.« Der schöne General rümpfte die Nase über seinen Feind. »Jemand mit häßlichen Zügen hat keine Hoffnung, Frauen zu bekommen. Er badet nicht. Man würde Angst haben, ihm die Hand zu schütteln.«[2])

Dschamil Hilel, ein langjähriger Mitarbeiter Arafats, erklärte uns vor Arafats Hochzeit: »Er ist ein religiöser und ziemlich ethischer Mann. Außerdem glaube ich nicht, daß er irgendwelche homosexuellen Neigungen hat. Daß er nicht verheiratet ist, hat praktische Gründe: Er hat keine Zeit. Er ist sehr liebevoll zu Frauen, in der Art, wie er mit ihnen spricht und wie er mit ihnen umgeht. Frauen mögen ihn, weil er ein Anführer ist. Er ist nicht hübsch, aber er ist eine internationale Figur geworden.«[3])

Manche von Arafats Kollegen behaupteten, er sei einfach nicht an Frauen interessiert, während andere darauf schwörten, er habe genügend Liebschaften und Frauen gehabt. »Ich glaube, es gibt eine Beziehung zwischen Sex und Macht«, sagt einer seiner Berater, der ihn 1967 kennengelernt hat. »Ich glaube, er hat mehr als irgendein anderer seiner Kollegen dieses sexuelle Verlangen gehabt. Er war immer überrascht, wie Abu Ijad seine Frau für sechs Monate verlassen konnte und dann völlig auf seine Arbeit konzentriert war. Heute glaube ich, daß Arafat mittlerweile ein Stadium erreicht hat, in dem er so mächtig ist, daß es sein sexuelles Begehren ersetzt. Manchmal besteht die Selbstsucht des Machterwerbs darin, daß man mit niemandem mehr irgend etwas teilen mag.«

Freunde und Familie haben oft bestritten, daß Arafat je irgendeine Liebesbeziehung hatte. Sie behaupteten, er sei zu religiös oder zu besessen von seiner Arbeit, als daß er in seinem Leben noch Platz für Frauen haben könnte.

Hamid Abu Sitta, der ihn seit seiner Jugend kennt, erklärte uns: »Abu Amar hat nie Zeit für Frauen gehabt. Er hat ein besonderes Leben geführt.«[4]) Khalid Mohiedin, der ihn an der Universität von Kairo zum Reserveoffizier ausgebildet hatte, berichtete: »Er war strikt. Er war ein guter Moslem, und ich weiß, er hat keine Frau angerührt. Dessen bin ich sicher.«[5])

Sein jüngerer Bruder Fathi fügte hinzu: »Als Bruder, der für diese Dinge eine Schwäche hat, wünschte ich, er hätte eine Familie. Aber da er in der Revolution Verantwortung trägt, möchte ich nicht, daß er eine Familie hat. Ich finde, er muß für alle da sein. Ich möchte, daß er für die palästinensische Bewegung frei ist.«[6])

Arafat ist stolz auf seine gute Beziehung zu Jugendlichen. »Alle Kinder sind meine Kinder«, sagt er gern, und sie wiederum zeigen, daß sie ihn sehr verehren. Sie halten ihn für einen Übervater. Die Jugendlichen in den besetzten Gebieten, die ihn aus dem Fernsehen, aus Zeitungen und Zeitschriften kennen, sehen in ihm einen Helden, der auch die unmöglichsten Aufgaben erfüllen könnte und nie aufgibt. Eine kleine Episode steht für viele: Als der sechs Jahre alt Siad Abu Saijad, ein PLO-Anhänger in der West Bank, an einem israelischen Gefängnis mit inhaftierten Palästinensern vorbeifuhr, erklärte er trotzig: »Ich will zu Jassir Arafat gehen und ihn mit seinen Leuten herbringen. Wir bringen Kanonen mit und schießen diese Mauern kaputt. Dann holen wir die Gefangenen heraus.«[7])

Der Vorsitzende liebt die Söhne und Töchter des Widerstands abgöttisch. Besonders am Herzen liegen ihm »al-Schuhada«, die Kinder jener Palästinenser, die getötet wurden. Er achtet darauf, daß diese Waisenkinder seinen Codenamen »Amar« bekommen und schickt ihnen Extrastipendien für ihre Ausbildung. »Sie sind meine Schwäche und meine Stärke«, sagt er, und Dschamil Hilel fügt hinzu: »Ich glaube, er wäre gern Vater geworden. Er kompensiert es, indem er seine freie Zeit mit Kindern verbringt.« Als Beispiel für die Hilfe erzählt uns Hilel: »Wir haben eine Schule für die Kinder der Märtyrer. Eine Art, ihnen zu helfen, besteht darin, daß wir ihnen helfen, Ehepartner zu finden, damit sie – soweit das überhaupt möglich ist – ein normales Familienleben führen können.«

Arafats Verhältnis zu Kindern führt uns noch mal zurück zu seinem Privat-

leben. Es hat da ein paar Frauen gegeben, bekennt er nach langem Fragen – wo und wann, das bleibt ungesagt.

Von allen Beziehungen Arafats hat sicherlich die mit Nada Jaschruti den dauerhaftesten Eindruck in ihm hinterlassen. Doch selbst diese Liebe war so mit der Politik verflochten, daß sie scheitern mußte. Nada Jaschruti war hochintelligent. Sie war die Beste ihrer Klasse an der Amerikanischen Universität in Beirut und wurde später eine PLO-Aktivistin, die Arafat, wie er sagt, »lange« kannte. Sie hatte mit ihrem Mann, einem Fatah-Führer, im Libanon gelebt und sich mit einflußreichen Libanesen, darunter auch dem christlichen Politiker Suleiman Frandschieh, angefreundet. Arafat lernte Nada kennen, nachdem er 1971 aus Jordanien vertrieben und mit seinen Gefolgsleuten nach Beirut gekommen war. Die zierliche, energische Person mit dunkelbraunem Haar und einer blassen weißen Haut war Mitte Dreißig, als Arafat ihr seine Liebe gestand. Nadas Ehemann Khaled war Bauingenieur und sollte einen großen Appartementkomplex in Beirut errichten. Er starb, als ihm auf dem Bauplatz ein Sack Zement auf den Kopf fiel. Es wurde niemals gegen jemanden Anklage erhoben, aber Skeptiker haben sich gefragt, ob dieser »Unfall« nicht geplant gewesen sein könnte.

Im Libanon, einem arabischen Land, das sich Christen und Moslems »teilen«, verbündeten sich die Palästinenser mit den Moslems und gewannen allmählich die militärische Kontrolle über den Süden des Landes. Dort errichteten sie einen Staat im Staate mit zahlreichen Militärstützpunkten, von denen aus sie Angriffe über die Grenze hinweg in den Norden Israels ausführen konnten. Die Israelis schlugen gegen die Libanesen zurück. Sie rächten sich an der von Christen geführten Regierung, da diese die PLO-Angriffe duldete beziehungsweise nicht verhindern konnte. Die Spannungen in dem Land nahmen zu, als die Christen die Palästinenser in ihren Flüchtlingslagern im Süden angriffen. Zwei Jahre später, 1973, beschränkten sich diese Kämpfe zwischen Christen und Palästinensern nicht mehr nur auf Scharmützel an den Grenzen der palästinensischen Lager. Zwei Tage lang konnte man selbst in Beirut die Kontrahenten aufeinander schießen hören – Vorspiel und Vorgeschmack auf den Bürgerkrieg, der 1975 ausbrach.

Wegen ihrer freundschaftlichen Beziehung zum libanesischen Präsidenten Frandschieh war Nada Jaschruti die perfekte Kontaktperson zwischen der PLO und der christlichen Regierung. Von der PLO wurde sie gebeten, mit Frandschieh, dem Befehlshaber der christlich-libanesischen Armee, zu sprechen und ihn dazu zu bewegen, die Belagerung palästinensischer Stützpunkte und Flüchtlingslager aufzuheben. Die Frau suchte Frandschieh im Präsidentenpalast in Beirut auf. Nach einem langen Treffen kehrte sie spät nachts heim und fand jemanden an ihrer Tür, der auf sie wartete. Einen Augenblick später war sie tot.

Manche Palästinenser sagen heute, man hätte sie mit einem anderen Auftrag zu Frandschieh geschickt – um seine Gespräche zu belauschen. Ein Anhänger Frandschiehs hätte sie entdeckt und für eine Spionin der PLO gehalten. Khalid al-Fahum erzählt uns seine Version der Geschichte: »Sie ist zu verschiedenen Treffen im Palast gewesen. Eines Tages, als sie den Palast verlassen wollte, hörte sie in einem der Räume Leute reden. Sie blieb stehen und lauschte. Zufällig handelte es sich um ein Gespräch vertraulichen Charakters. Sie wurde vom libanesischen Geheimdienst, dem Deuxième Bureau, entdeckt. Mitarbeiter dieses Geheimdienstes fuhren zu ihrem Zimmer, warteten nachts und erschossen Nada Jaschruti, als sie die Tür öffnete.«[8])

Manche Palästinenserführer, wie Jassir Abed Rabbo, der zur Zeit ihrer Ermordung mit Arafat zusammen war, glauben rückblickend, daß ihr Tod politisch motiviert gewesen ist. »Die Tat war gegen Arafat gerichtet, denke ich. Damals«, so erklärt er, »gab es Leute, die daran interessiert waren, daß das Problem mit der libanesischen Armee nicht gelöst wurde. Sie waren auf eine Konfrontation aus . . . Nada versuchte die Situation zu lösen, und sie stand Arafat nahe.«[9]) PLO-Sprecher Dschamil Hilel glaubt, daß der Mörder ein christlicher Libanese war: »Die Falangisten bereiteten die Szenerie für den Ausbruch eines Bürgerkrieges vor. Vielleicht haben sie Nada nur deshalb umgebracht, weil sie auf diese Weise die Atmosphäre des Hasses verstärken konnten. Sie wußten, daß Arafat sie liebte, und indem sie Nada umbrachten, bestraften sie Arafat.«

Die Nachricht von Nada Jaschrutis Tod erreichte den PLO-Vorsitzenden, als er sich bei einem Treffen mit dem Stabschef der libanesischen Armee befand. Arafat wurde blaß, und man sah, wie nahe es ihm ging. »Er weinte wie ein Baby«, erinnert sich Said Kamal, der mit Bestürzung sah, wie der PLO-Führer mit dem Kopf gegen die Wand schlug.[10])

»Es stimmt«, sagt Arafat leise, als er gefragt wird, ob er Nada Jaschruti geliebt hat. »Sie war sehr schön«, erinnert er sich. »Ich wollte sie heiraten. Sie hatte ›ja‹ gesagt, und dann wurde sie umgebracht.«

Den ersten großen Schmerz erlebte Arafat, als seine Mutter, Sawa Abu Saud, starb. Er war damals vier Jahre alt. Sein Vater schickte ihn anschließend nach Jerusalem. Arafat lebte als Ausgestoßener in der Familie von Abu Saud. Als er ankam, haben ihn seine Verwandten in Jerusalem wohl großzügig und freundlich aufgenommen, aber trotzdem war er ein Fremder, kein wirkliches Mitglied des elitären Clans. Es war die Familie seiner Mutter, und in der patriarchalischen arabischen Gesellschaft, in der Männer den Mittelpunkt bilden, war er ein Paria, ein Kind, das der eigene Vater nicht bei sich haben wollte. Daß Arafat zur Familie der Mutter geschickt wurde, kam fast einer völligen Ablehnung gleich. In dieser von Männern und männlichen Nachfahren dominierten Welt war Arafat ein Außenseiter. Wenn er im Sommer gelegentlich mit seinem Vater zusammen nach Gaza oder Ägypten reiste, war er noch immer mehr ein Fremdling als ein richtiges Mitglied der Familie.

Erst ab 1942, als er nach Kairo zurückgekehrt und mittlerweile dreizehn Jahre alt war, konnte sich Arafat allmählich »zu Hause« fühlen. Über Europa und Nordafrika hinweg raste der II. Weltkrieg, und selbst in Ägypten schlugen sich die Alliierten mit den Achsenmächten.

Abder Rauf Arafat, Jassirs Vater, wollte seine Familie wieder zusammenholen. Er lebte noch immer in Ägypten und heiratete gerade zum drittenmal. »Ich verließ Jerusalem 1942«, erinnert sich Jassir Arafat. »Es war während des Krieges. Damals war es gefährlich, in Kairo zu leben, weil die Schlachten nahe bei Alexandria stattfanden.«

In Ägypten litt Jassir unter seiner älteren Schwester Inam, die nun in der Familie das Kommando führte. Sie war streng, eigensinnig und hart. Jassir, der Gerissene, wurde permanent von ihr zur Rede gestellt. Durch die verschiedenen Heiraten des Vaters wurden die Kinder nicht glücklicher. Sie sorgten im Gegenteil für zusätzliche Spannungen im Haus. Abu Ijad, ein Freund Jassirs von der Oberschule, erzählte uns, Abder Raufs Ehen seien »bitter und schmerzhaft für Arafat« gewesen. »Das ist einer der Gründe, warum er nicht heiraten wollte. Alle Brüder haben erst spät geheiratet.« Wenn sein Vater zu Hause war, fiel Jassir das sprunghafte Verhalten des alten Mannes auf. Er war voll nervöser Energie – genau wie Jassir selbst.

Abder Rauf Arafat war ein Händler, der mit zwei anderen palästinensischen Arabern zusammenarbeitete. Er saß in Kairo und sorgte dort für die Geschäfte. Er war ein guter Moslem und entstammte dem Kudwa-Clan in Gaza, einem kleinen, entfernten Zweig der berühmten Husseini-Sippe in Jerusalem. Arafat berichtet, der Familie gehöre noch immer ein ziemlich großer Besitz. »Wissen Sie, was wir in Palästina haben?« fragt er stolz. »Von meiner Mutter haben wir eine Menge Land. Und was das Land meines Vater angeht, da können Sie mal fragen, was al-Radwan Wakf bedeutet. Meine Familie hat den größten Landbesitz in Gaza.« Ein israelischer Kenner deutet an, daß die al-Radwan eine der ungefähr hundert aristokratischen arabischen Familien ist, die an der Wakf (Wohltätigkeitsstiftung) beteiligt sind. Ein von den Familien ernannter Verwalter beaufsichtigt den Besitz und führt das Einkommen an Einrichtungen ab, die wohltätigen Zwecken dienen. Die Einkünfte unterliegen nicht der Besteuerung. Aber selbst die Nachfahren der Stifter können nicht in den Genuß dieses angesammelten Reichtums gelangen.

Abder Rauf Arafat war ein frommer Mann und im Islamischen Rat aktiv. Den größten Teil seiner Zeit aber hat ihn wahrscheinlich der Gerichtsprozeß gekostet, den er gegen die ägyptische Regierung angestrengt hatte. Er glaubte, ihm gehöre von Rechts wegen ein großer Teil von Abassija, einem wichtigen Stadtteil von Kairo. Der Händler mit dem Starrsinn war zu dem Ergebnis gekommen, daß er zu der prominenten ägyptischen Familie namens Demerdasch zählte, in deren Besitz sich der wertvolle Grund und Boden einstmals befunden hatte. Hadsch Amin al-Husseinis Schwiegersohn Muheidin Husseini sagt: »Sein Vater hat eine Zeitlang behauptet, ihm gehöre der wichtigste Grund und Boden in Kairo, und er fing wie ein Wahnsinniger an zu prozessieren ... Mit Jassirs Vater stimmte etwas nicht ..., er war einfach nicht ganz normal.«[11]) Das Land, so scheint es, hatte früher der Familie Demerdasch gehört. Aber die ägyptische Regierung hatte es längst an sich gerissen.

Der Fall wirbelte so viel Staub auf, daß die Presse darüber berichtete. Ein Freund der Familie, Hamid Abu Sitta, war überrascht, als er davon erfuhr. »Ich weiß noch, ich las in der Zeitung *Mussawar* davon, daß ein Mann behauptete, ihm gehöre der Grund und Boden von Abassija.« Als er seinen Freund Jassir fragte, »lachte Abu Amar darüber. Er sagte: ›Mein Vater sucht nach seinen alten Besitztümern.‹« Für die Familie aber gab es kaum etwas zu lachen. Freunde und Verwandte erklärten, Abder Rauf hätte einen großen Teil des Familienbesitzes in Gaza verschwendet. Er hätte Land verkauft, um die Kosten seines endlosen Prozesses zu bezahlen.

Nach jahrelangem Rechtsstreit erklärte das religiöse islamische Gericht, Abder Rauf sei der rechtmäßige Eigentümer. Aber die ägyptische Regierung unter König Faruk weigerte sich, das Gerichtsurteil anzuerkennen. 1948 wurde Abder Rauf ins Exil geschickt und verbrachte den Rest seines Lebens in Gaza.

Wie fast alle Clans in Gaza fühlten sich auch die Arafats mehr mit Ägypten verbunden als die meisten übrigen Palästinenser. Abder Raufs Kudwa-Zweig der Familie stammte aus Khan Junis und Gaza, und die Gegend ist geographisch wie historisch ein Teil Ägyptens. Aufgrund der engen Verbindungen Gazas mit Ägypten ist dort die Moslembruderschaft, eine ursprünglich primär ägyptische islamische Gruppierung mit einer fundamentalistischen Ideologie, vertreten. Die Leute in Gaza gingen zum Studium von jeher nach Ägypten, ihre kulturellen Interessen waren ähnlich, und sie sprachen sogar mit demselben Akzent wie die Ägypter.

Nisar Amar, ein PLO-Mitarbeiter, erzählt von seiner ersten Begegnung mit Arafat 1967: »Ich fand einen jungen, kleinen Mann vor. Er sprach sehr leise, sehr sanft. Ich war von Arafats ägyptischem Akzent überrascht. Er redete, als wäre er ein Ägypter.«[12]) Die meisten Palästinenser sprechen einen Dialekt, wie er auch in Damaskus üblich ist. Arafat aber überrascht die Leute, die ihn kennenlernen, mit seinem lyrischen ägyptischen Stil. Er spricht das »g« hart aus wie in Gamal, statt Dschamal, benutzt Redewendungen wie »Sajak?« statt »Kiefak?« (»Wie geht es Ihnen?«), sagt »Saii?« (beim Kennenlernen) oder »Janni aih?« (»Wie bitte?«) und »alus aaul« (»ich meine, ich will sagen«).

In Kairo jedoch klingt er wie jeder andere. Sogar heute paßt er bequem in die Kairoer Umgebung, ein Mann mit Schwestern und Brüdern und einem Haus, an das er sich noch immer von seiner Schulzeit her erinnert. Nur in der ägyptischen Hauptstadt fühlt sich Arafat so sicher, daß er die meisten Leibwächter wegschicken und tief und fest schlafen kann. Hier, wo seine Familie seit über fünfzig Jahren lebt, besucht er manchmal seine redselige Schwester Khadiga, die noch immer im Haus der Familie in der Damaskusstraße Nr. 5 im Stadtteil Heliopolis wohnt. Oder er schlüpft bei seiner Schwester Inam – die schon seit langem den Spitznamen »Mutter der Gläubigen« trägt – in der Daronstraße (einer Hauptdurchgangsstraße) unter. Sogar sein jüngerer Bruder Fathi, Chef der weltweit tätigen palästinensischen Gesellschaft Roter Halbmond, dessen Aussehen einen eineiigen Zwilling Jassirs vermuten lassen könnte, lebt mit Frau und Kindern in Kairo.

Seit seiner Knabenzeit ist Ägypten für Arafat *der* Zufluchtsort – ein riesiges »safe house« (Geheimdienstausdruck: Agententreffpunkt, sicherer Unterschlupf), in das er sich absetzen kann, wenn er verschwinden muß. Kairos Trubel paßt zu seinem nervösen Fortbewegungsstil. Die Menschenmassen in den Straßen entsprechen dem Charakter des Politikers Arafat. Ägyptens Rolle als führender arabischer Staat spiegelt Arafats persönlichen Ehrgeiz wider. Ägyptens Lage im Zentrum der arabischen Welt reflektiert Arafats egoistische Bedürfnisse. Ägyptens uralte Kultur im arabischen Raum stärkt ihm den Rücken, und Ägyptens islamisches Erbe nährt seinen religiösen Glauben. Ägyptens militärische Führer schließlich sind Beispiele für seine erhoffte Karriere als Offizier und Staatsmann.

Sein Leben in Jerusalem hat Blessuren in seinem Gedächtnis zurückgelassen. Dort hat er als Fremdling in den Häusern anderer Leute gelebt, und nachts mußte er Angst haben, daß die Briten in das Haus eindrangen. Auf den Straßen sah er wüste Szenen und Gewaltakte – Zeichen der Auflehnung gegen die Kolonialmacht. In Kairo aber hat er in einer richtigen Familie gelebt. Er mußte sich mit seinen Schwestern und Brüdern auseinandersetzen, und seine Halsstarrigkeit stieß mit dem Dickkopf seines Vaters zusammen. Dadurch aber hat er an Charakterfestigkeit gewonnen. Wenn er sich mit der letzten Frau seines Vaters herumzanken mußte oder mit seiner älteren Schwester und Ersatzmutter Inam aneinandergeriet, dann geschah das alles doch immer im Kontext seiner eigenen Familie. Vom dreizehnten Lebensjahr an wurde Ägypten zu Arafats wirklicher Heimat, und Kairo wurde die Stadt, in der er sich am wohlsten fühlte.

Wenn er als Kind mit der Eisenbahn zwischen Jerusalem und Kairo hin und her fuhr, konnte er den Unterschied zwischen den beiden Städten spüren. Jerusalem mag unter den Briten gewachsen sein, aber Kairo mit seinen Menschenmassen war eine Weltstadt, ein Schmelztiegel von Arabern, Afrikanern und Europäern, Moslems, Christen und Juden. Es war eine Stadt der Superlative: die größte Stadt in Afrika in dem arabischen Land mit der größten Bevölkerungszahl. Kairo war das spirituelle Zentrum der islamischen Gelehrsamkeit, hier lag al-Ashar, die älteste kontinuierlich aktive Universität der Welt. Die ägyptische Hauptstadt war eine Stadt der Kontraste: ein heidnisches Land, dessen Bewohner vergleichsweise früh zum Christentum bekehrt wurden und das jetzt die Heimat von Millionen christlicher Kopten war, die von den alten Ägyptern abstammten. Mit seinen Pyramiden erinnerte Kairo an das biblische Land, in dem die Juden einst als Sklaven gedient hatten. Nun aber war es aufgrund seiner strategischen Position und als Zentrum des Handels zur Heimat reicher jüdischer Kaufleute aus Europa und dem Osten geworden.

Die Stadt dehnte sich in die Umgebung aus. Vorstädte und Slums der Unterschicht entstanden – vollgestopft mit schnell wachsenden Familien, die aus überfüllten Mietskasernen auf die Straßen drängten.

Im Zentrum Kairos liegt noch heute Abassija, eine weiträumige Gegend, zu der die Mittelschichtviertel von Dahir und Sakakini gehören. Kreisförmig umrahmt von Grünanlagen mit Palmen und umrandet von Büschen und Mauern steht dort der eindrucksvolle Palast aus grauen Quadern des Paschas Sakakinin. Er dominiert die Gegend und ist noch immer ein Monument des Kolonialismus und der Macht. Wie Speichen eines Rades streben von diesem Zentrum die schmalen Straßen in alle Richtungen fort, alle sind sie voll von Häusern und Läden. Händler und

Geschäftsleute unterschiedlichster Herkunft – Griechen, Armenier, Italiener, Araber aus Palästina und aus dem Libanon, sephardische Juden aus Spanien und Marokko – haben sich mit ihren Familien in den weiträumigen Etagenwohnungen von Sakakini niedergelassen.

Abder Rauf mietete eine Siebenzimmerwohnung in einem alten Haus in der Kubessi-Straße. Die große Wohnung bot den Kindern zum Leben und Spielen ausreichend Platz; der Eßtisch diente auch als Pingpongplatte, und auf dem großen Balkon konnten die Jungen sich im Rollschuhlauf üben. Freitags verwandelte sich das Eßzimmer in ein Diskussionszentrum. Abder Rauf, der im Islamischen Rat mitarbeitete und sich gern als gläubiger Moslem präsentierte, lud junge Palästinenser, die in Kairo studierten, in die Familie zum Mittag- oder Abendessen ein. Das Gespräch drehte sich um religiöse und politische Fragen und um die neuesten Nachrichten vom Krieg.

Die Palästinenser, die in Ägypten unter britischer Herrschaft lebten, nahmen die Briten auch hier als bedrückende Kolonialmacht wahr und sahen in der korrupten, pro-britischen Monarchie König Faruks ein Puppenregime, mit dem man die Araber zum Narren hielt. Wie die arabischen Nationalisten überall im Nahen Osten sympathisierten sie während des II. Weltkriegs mit den Feinden der Briten, den Nazis. Der aus Jerusalem exilierte nationalistische Palästinenserführer Hadsch Amin al-Husseini war in den Irak geflüchtet, wo er die arabische Revolte gegen die Briten unterstützte. Erneut zur Flucht gezwungen, ging er nach Italien und freundete sich mit dem Faschisten Benito Mussolini an.

Die Nazis verachteten die dunkelhäutigen Araber und bezeichneten sie sogar als minderwertige Menschen. Adolf Hitler war so weit gegangen, die Araber als »Halbaffen« zu bezeichnen.[13]) Dennoch gelang es dem blonden Hadsch Amin al-Husseini, Mussolini und Hitler zu überzeugen, daß die Araber den Achsenmächten in ihrem Kampf gegen die Briten von Nutzen sein könnten. Der Mufti versprach den Nazis, er könne ihnen Kämpfer beschaffen. Seine Rekruten, zumeist in Jugoslawien lebende Moslems, würden nicht nur in der Schlacht kämpfen, sondern sie könnten darüber hinaus wichtige Sabotageaufgaben übernehmen, die rückwärtigen britischen Verbindungen unterbrechen und die Engländer vom Ölnachschub abschneiden. Im Tausch gegen diese Hilfeleistungen während des Krieges sollten die Achsenmächte Hadsch Amin nach dem Krieg im Kampf gegen die Juden in Palästina beistehen. Mussolini umarmte den Mufti, und 1941 ging er auf seine Bitten ein, indem er erklärte: »Wenn die Juden [einen Staat] wollen, dann sollen sie Tel Aviv in Amerika aufbauen.«[14])

Im April 1942 hatte der Mufti Hitler und Mussolini überzeugt, ihn zu unterstützen. Er schlug ihnen eine geheime Abmachung vor, und sie erklärten sich einverstanden. In einem an Hadsch Amin gerichteten, vom deutschen Außenminister Joachim von Ribbentrop und seinem italienischen Kollegen Conte Galeazzo Ciano unterzeichneten Brief versprachen die Achsenmächte, den arabischen Ländern mit »jeder möglichen Hilfe in ihrem Freiheitskampf beizustehen . . ., auch bei der Beseitigung der jüdischen nationalen Heimstätte in Palästina.«[15]) Zum Ausdruck ihrer Bewunderung gaben al-Husseini und seine Gefolgsleute ihrem grausamen Komplizen Hitler gar den Beinamen »Abu Ali«: »der gute Kämpfer.«[16])

Im Mai 1942, ein paar Wochen, nachdem er das vertrauliche Dokument erhalten hatte, ließ sich der Mufti mit seinen Vertrauten in Deutschland nieder und fing an, für die Nazis zu arbeiten. In einem von Berlin in die arabische Welt ausgestrahlten Rundfunkprogramm rief Hadsch Amin die Moslembrüder zur Hilfe auf: »Oh, Araber, rächt eure Märtyrer. Rächt eure Ehre. Kämpft für eure Unabhängigkeit. Ich, der Mufti von Palästina, erkläre diesen heiligen Krieg gegen das britische Joch der Ungerechtigkeit, Unanständigkeit und Tyrannei.«[17])

Hadsch Amin war entschlossen, die Einwanderung deutscher Juden nach Palästina zu unterbinden. Die Deutschen, die um die Sicherheit der in Palästina lebenden deutschen Staatsbürger besorgt waren, hatten sich entschlossen, deutsche und osteuropäische Juden gegen ihre in Palästina lebenden Landsleute auszutauschen. In einem Brief an den deutschen Außenminister jedoch bat der religiöse Moslemführer die Deutschen, keine 4000 jüdischen Kinder und 500 jüdischen Erwachsenen nach Palästina zu schicken. Briefe wurden nach Rumänien und Ungarn gesandt, von wo insgesamt 2700 jüdische Kinder und 300 Erwachsene nach Palästina geschickt werden sollten. Der Mufti empfahl statt dessen, diese Juden alle in Konzentrationslager nach Polen zu schicken.[18])

1945, als der Krieg mit der Niederlage der Nazis endete, hatten Hadsch Amins Bemühungen grausamen Schaden angerichtet, aber für die eigene Sache wenig gefruchtet. Es gelang ihm allerdings, sowohl den Sowjets und den Jugoslawen, die ihn vor Gericht stellen wollten, als auch jüdischen Gruppen, für die er als Kriegsverbrecher nach Nürnberg gehörte, zu entkommen. Er floh verkleidet nach Ägypten, wo er König Faruk für sich und seine Mitarbeiter um Asyl bat. Zurückgekehrt in die Region, ging er wieder ans Werk, um einen unabhängigen arabischen Staat zu errichten. Bei ihm in Ägypten waren zwölf enge Vertraute, unter ihnen auch Arafats Verwandter, Scheich Hassan Abu Saud, und ein anderes Familienmitglied, der militärische Führer Abdel Kadar al-Husseini.

Der junge Arafat saß in Kairo freitags am Eßtisch und lauschte den Reden der Studenten über die verhaßten Kolonialisten, über die »mutigen« Versuche seines Verwandten Hadsch Amin al-Husseini und über das Bündnis der Araber mit den Nazis. Fathi Arafat erinnert sich: »Ich weiß noch, wie mein Vater sagte: ›Worum es geht, ist der Kolonialismus. Nicht um die Juden. Es ist ein Spiel um hohe Einsätze.‹« Im ganzen Nahen Osten waren die Araber aktiv im Kampf gegen die Briten. In Ägypten bildeten junge Offiziere wie Anwar el-Sadat und andere Geheimzellen gegen die Briten und sahen in den Achsenmächten ihre Verbündeten. Im Irak hatte man einen Aufstand gegen die Engländer versucht. In der ganzen Region arbeiteten Araber als Agenten für die Deutschen im Kampf gegen den britischen Feind.

Wie die meisten Jungen hörte auch Jassir Arafat gern die Geschichten vom Krieg. Er aber hatte nicht nur das zusätzliche Vergnügen, den Mufti zu kennen, sondern er war sogar mit ihm verwandt. Obwohl von kleiner Statur, traten Jassirs Führungsqualitäten schon früh zu Tage. Er lebte seine Militärphantasien mit seinen Freunden zusammen aus und stellte Bataillone aus Araberjungen in der Nachbarschaft zusammen. »Er legte gern Feldlager im Garten unseres Hauses an«, erinnert sich seine Schwester Inam. »Er bildete Gruppen von Jungen und ließ sie marschieren und exerzieren.«[19]) Arafat, der Befehlshaber, nahm seine Aufgabe ernst. Er schlug die Jungen und brüllte sie an, damit sie parierten. Sein Bruder Fathi erzählt, Arafat hätte Blechteller als Helme verteilt, sei mit den Nachbarkindern die Straße hinauf und hinunter marschiert und hätte sie mit einem Stock geschlagen, wenn sie nicht gehorchten.[20])

An anderen Tagen ging der hyperaktive Jassir vermutlich durch die Straßen von Sakakini, vorbei an den sechsstöckigen Mietshausreihen und Läden mit Lebensmitteln, Backwaren und Textilien sowie an der Moschee, der Kirche und der Synagoge. 15 000 Juden lebten in Sakakini, und anders als ihre Glaubensbrüder in Jerusalem, die ständig mit den Arabern aneinandergerieten, gehörten die ägyptischen Juden zu einer erfolgreichen Gruppe der Gesellschaft, die von ihrer arabischen Umgebung akzeptiert wurde. Arafat erzählt gern von den ägyptischen Juden, stellt heraus, wie einflußreich sie gewesen seien, und übertreibt, wenn er von ihrer Bedeutung und von ihrem Reichtum spricht. »Sakakinin war ein Jude, der im Palast des Königs arbeitete. Und das ganze Viertel von Abbassija wurde nach ihm, dem Juden, benannt«, sagt er, obwohl der

Pascha Sakakinin in Wirklichkeit ein reicher Moslem war, der wie viele Ägypter eine reiche Jüdin geheiratet hatte.

Gewiß, den Juden ging es gut, sie lebten bequem in Kairo, und Arafat muß ihre Präsenz in der Gegend erlebt haben. Auffällig anders als die Moslems, deren Ruhetag der Freitag war, schlossen die Juden zum Sabbat, am Samstag, ihre Läden. An den anderen Tagen, wenn sie geöffnet hatten, konnte man sie überall Jiddisch oder Ladino reden hören. Am Freitagabend und am Samstagmorgen, an Feiertagen wie Rosch Haschana und Jom Kippur, Sukkoth, Purim oder Pessach und zu ihren Hochzeiten und Bar-Mizwas strömten die Juden in die drei großen Synagogen des Viertels, und ihre hebräischen Gesänge waren zu hören, wenn man auf der Straße vorbeiging. Für die Erziehung sorgten jüdische Schulen, jüdische Zentren boten sportliche Ertüchtigung an; in dem bekanntesten dieser Klubs, den Makkabäern, spielte Jassir Arafat oft Basketball oder lief im Hof Rollschuh. »Damals«, so sagt er heute, »haben wir nicht zwischen Juden, Christen, Moslems oder Kopten unterschieden. Alle gingen in dieselben Schulen, wohnten in den gleichen Straßen und in derselben Gegend.«

Arafat mag gute Erinnerungen an seine Beziehungen zu den Juden haben, aber als er sich mit den Makkabäern anfreundete, hatte er egoistische, sportliche Absichten. Als junger Mann nahm er an den Spielen seiner jüdischen Freunde teil, aber er verspottete sie auch, ging nach dem Morgengebet auf die Straße und weckte die schlafenden Juden mit seinen Rufen »Allah Akbar!« (»Gott ist groß!«) Seine Schwester Inam erinnert sich: »Er war erst kurze Zeit wieder in Kairo, als er an die Orte und in die Klubs zu gehen anfing, wo sich die Juden versammelten ... Er erzählte uns, er wolle ihre Mentalität studieren.«[21])

Arafat erklärt, in seiner Zeit als Oberschüler und Student habe er vom jüdischen Denken und von jüdischen Autoren erfahren. »Vergessen Sie nicht«, sagt er jetzt in seinem Büro in Tunis, »vor der Konfrontation in Palästina waren die jüdischen Schriftsteller, Künstler und Dichter ein Teil unseres Lebens.«

Vom 8. bis zum 15. Jahrhundert wurde ein großer Teil der jüdischen Literatur ausschließlich in Arabisch geschrieben. Große jüdische Denker wie Maimonides, Autor des Buches *Ein Führer für die Verwirrten,* und zahlreiche jüdische Dichter wie Ibn Esra, Ibn Gabirol und Al-Harisi schrieben ihre Werke in Arabisch. Während des siebenhundert Jahre währenden »Goldenen Zeitalters in Spanien« war das arabische und das jüdische Leben miteinander verwoben. »Wenn in der arabischen Geschichte von Großzügigkeit die Rede ist, werden Sie die Araber von

Samuel sprechen hören«, sagt Arafat. Der biblische Richter »ist Teil unserer Geschichte«.

Hungrig auf jede Information, die ihm einen Einblick in die zionistische Bewegung geben konnte, las der politisch aktive Student unter anderem die Schriften von Theodor Herzl und Vladimir Jabotinski. »Sogar heute lese ich sie«, sagt er. »Ich muß meinen Gegner verstehen.« Gleichzeitig deutet er auf ein Buch auf seinem Schreibtisch und sagt: »Das ist von einem berühmten jüdischen Autor. Er spricht vom Verhältnis zwischen den Arabern und den Juden.« Arafat wird gefragt, ob er etwas Hebräisch spricht. »Ani ohev otah«, antwortet er. »Ich liebe dich.«

Arafats leidenschaftliches Interesse für die Politik übertraf bei weitem seine schulischen Anstrengungen. Seine Schwester Inam klagt, morgens hätte sie ihren Bruder persönlich zur Schule bringen müssen. Aber wenn sie ihn nachmittags abholen kam, sei er oft nicht dagewesen. Abends, wenn er den Anschein erweckte, seine Schulaufgaben zu erledigen, war sein Eifer der Deckmantel für etwas anderes. Oft lud er Freunde ein und erzählte seiner Schwester, sie träfen sich zu den Schularbeiten. Aber wenn sie den Jungen Tee oder etwas zu essen brachte, hörte sie Jassir sagen: »Hier kommt der General!« Die Jungen taten dann plötzlich so, als wären sie sehr beschäftigt. Erst später kam sie dahinter, daß sie über Politik diskutierten.[22])

Arafats Vetter Musa Abu Saud, ein Sohn des Scheichs Hassan Abu Saud, erinnert sich, daß er und Jassir von einer speziellen Gruppe jüdischer Mädchen in der Nachbarschaft erfuhren, die heimlich einen Sender betrieben. »Es waren Zionisten mit einer geheimen Radiostation. Die Zionisten machten heimliche Sachen«, erklärt er, »sie schickten viele Leute von draußen nach Ägypten.«[23]) Die jüdische Zionistische Jugendbewegung hatte junge Leute aus Palästina nach Ägypten gebracht und versuchte, die ägyptischen Juden zu ermuntern, sich ihrer Bewegung anzuschließen. Als die Jungen merkten, was sich da abspielte, berichteten sie es der ägyptischen Polizei. Die Behörden aber hätten sie fast verhaftet. »Die Polizei war damals nicht gut unterrichtet«, sagt der Vetter. »Sie wollten uns festnehmen und nicht die Leute, die den Sender betrieben.« Letztlich fühlten sich die arabischen Jungen doch noch bestätigt, als eine junge Frau namens Jolanda Harmar, eine Spionin der Haganah und Leiterin der Gruppe, aus Ägypten flüchten mußte.

An den Tagen, an denen der rebellische Jassir weglief, besuchte er oft alte Freunde und Bekannte aus Jerusalem. »Er nahm immer an ägyptischen Demonstrationen teil. Oft lief ich hinter ihm her, um ihn wieder nach Haus zu bringen ... Ich wollte nicht, daß ihm etwas passiert«, erzählt seine Schwester.[24]) Sie nahm die Rolle der Ersatzmutter ernst und verlangte strikten Gehorsam. Folgte er nicht, dann bekam er kein Taschengeld von ihr. Trotzdem verschwand der unartige Jassir immer wieder, eine Gewohnheit, die er noch heute hat. »In der Oberschule«, berichtet uns Arafat, »war ich an allen nationalen ägyptischen Demonstrationen beteiligt. Und während jener Zeit brodelte es gegen die britische Besatzung.«

1946 hatten sich die prominenten palästinensischen Nationalisten wie Hadsch Amin al-Husseini, Scheich Hassan Abu Saud und der Offizier Abdel Kader al-Husseini in Kairo etabliert, wo sie das Arabische Hochkomitee errichteten. Wie die meisten palästinensischen Studenten verkehrte auch der siebzehnjährige Arafat in den Häusern von Scheich Hassan oder dem Mufti in Heliopolis. Dort diskutierten sie über den arabischen Nationalismus, über islamische Bewegungen und geheime militärische Pläne, über all das, was noch heute sein Leben beherrscht. Arafats leidenschaftliches Interesse fiel dem Mufti auf, der ihn ermutigte, sich auf eine Führungsrolle vorzubereiten.

Von ihrer Basis in Ägypten aus versuchten die Mitglieder des Hochkomitees erneut, die Briten aus dem Mandatsgebiet zu vertreiben und ihren eigenen – arabischen – Staat zu schaffen. Ihr unmittelbares Ziel war es, eine militärische Organisation aufzubauen, die es mit den jüdischen Untergrundgruppen aufnehmen konnte. Diesen war es gelungen, sich Waffen zu besorgen. Die Zionisten unter David Ben Gurion hatten in der Haganah eine eigene kleine Armee geschaffen. Unter diesem Namen existierte sie einerseits als offizielle jüdische Brigade innerhalb der britischen Armee in Palästina; andererseits gab es auch einen illegalen Flügel der Haganah, der die zionistischen Ziele militärisch schützen und unterstützen sollte. Die weit radikalere Untergrundorganisation Irgun wurde von Revisionisten wie Menachem Begin gebildet. Yitzhak Schamir schließlich leitete eine aggressive Splittergruppe der Irgun, die nach Abraham Stern benannte Stern-Gang oder Lehi.

In den Jahren gleich nach dem Krieg, als Zehntausende von jüdischen Emigranten legal und illegal nach Palästina gekommen waren, appellierten der Mufti und seine Kollegen an alle Moslems, die Zionisten wieder hinauszuwerfen. Sie rekrutierten nicht nur in Kairo lebende Palästinenser, sondern wandten sich auch an die ägyptischen religiösen Fundamentalisten, die zu der im Untergrund tätigen Moslembruderschaft zählten. Da die Briten noch immer in Ägypten herrschten, mußten die jungen Kämpfer heimlich ausgebildet werden. Abdel Kader verbrachte den größten Teil seiner Zeit in Palästina, wo er seine Kampftruppen bei militärischen Operationen gegen die Zionisten anführte. Zwischendurch aber kam er nach Kairo, um junge Freiwillige auszubilden. »Er war mein Ausbilder. Ich war siebzehn und einer der jüngsten Offiziere«, erinnert sich Arafat. Faisal Husseini, der Sohn von Abdel Kader, damals noch ein kleiner Junge, entsinnt sich, daß Arafat sie manchmal zu Hause besuchen kam. Dort, in Abdel Kaders Küche, lernten die jungen Palästinenser, wie man Bomben baut und entschärft. Mehrmals erhielten Arafat und andere Studenten auch geheime Unterrichtsstunden von einem deutschen Offizier, der mit Hadsch Amin nach Ägypten gekommen war. Der Zweck war die Ausbildung für militärische Kommandounternehmen.

Die Guerilla brauchte ebenso dringend Waffen, wie sie Freiwillige benötigte. Die Alliierten und die Truppen der Achsenmächte hatten riesige Mengen an militärischer Ausrüstung zurückgelassen. In deren Besitz zu gelangen war allerdings noch schwieriger als die Ausbildung der jungen Männer. Man schickte Jassir Arafat mit geheimen Aufträgen los. Seine Aufgabe war, mit viel Geld ausgestattete Agenten, die aus Palästina kamen, zu den geheimen Waffenhändlern in Kairo und Alexandria zu lotsen. Dort konnten sie die Waffen kaufen, die nach dem II. Weltkrieg übriggeblieben waren. Das Kaufen von Waffen war allerdings illegal, und entsprechend schwindelerregend hohe Preise wurden verlangt. Arafat mit seinem ägyptischen Akzent konnte als Kairoer niedrigere Preise aushandeln als die Fremden aus Palästina, die einen anderen Dialekt sprachen. Faisal Husseini, heute Delegationsleiter der Palästinenser bei den Washingtoner Friedensverhandlungen, erinnert sich, wie er und seine Brüder mit den alten britischen Gewehren spielten, die sein Vater mit nach Hause brachte. Ihr Lieblingsspiel bestand darin, die alten Gewehre sorgfältig zu reinigen und dann so zu tun, als ob sie damit schießen würden. Von Kairo aus, so erinnert sich Muheidin Husseini, wurden die Waffen mit Flugzeugen, die dem Imam von Jemen gehörten, zu einem alten britischen Flugplatz in Jericho geflogen.

Als die Waffenlager in den Städten sich leerten, führte Arafat die Schmuggler zu gefährlichen Exkursionen in die Wüste hinaus. Dort in der Wildnis lauerten rücksichtslose Banditen. Wenn sie ihren Messern und Gewehren entkamen, konnten sie den Beduinen geheime Waffenlager abkaufen. Aber ihre Feinde, die Zionisten, waren ebenfalls in der Wüste unterwegs und suchten sich mit Munition einzudecken. Arafat erinnert sich an eine dieser riskanten Missionen: »Ich hatte gehört, daß die Zionisten ein paar ihrer Männer losgeschickt hatten, um Waffen zu kaufen, die in der Wüste im Westen von Kairo, im Gebiet von Al Alamein, zurückgeblieben waren. Ich beschloß hinzufahren. Ich fand einige von ihnen, die Waffen aufkauften und zu einem Schiff transportierten, das vor der Küste lag.« Arafat benachrichtigte die Arabische Liga, die sich an die ägyptische Regierung wandte und sie über die illegalen Verkäufe an die Juden informierte. »Es gelang mir, den Handel zu stoppen«, sagt er und lächelt.

Um den Kampf für einen eigenen Staat zu gewinnen, brauchten die Palästinenser die moralische und finanzielle Hilfe der anderen arabischen Länder, und sie brauchten bessere Waffen für ihre Soldaten. In Kairo mußten sie die Ägypter und die Arabische Liga auf ihre Seite bekommen. Die Arabische Liga war 1945 von einer Gruppe unabhängiger arabischer Staaten gegründet worden und sollte die arabische Einheit fördern. Der junge Arafat dachte sich einen Plan aus, wie er die Ägypter dazu bringen konnte, den Waffenverkauf zu legalisieren. Bei einem seiner Ausflüge in die Wüste hatte er einen alten deutschen Tiger-Panzer gefunden, den die Briten einem Schrotthändler verkauft hatten. Er nahm dem Schrotthändler den alten Panzer, wie er sagt, »für 25 ägyptische Pfund« ab. Mit Hilfe von einem Dutzend Freunden brachte er den Panzer zum Außenministerium, wo er ihn mit Fahnen schmückte und eine Demonstration veranstaltete. Am Ende erwiesen sich ihre Bemühungen als fruchtlos, aber Arafat war es gelungen, die Behörden auf sich aufmerksam zu machen.

Ende 1947 hatten sich die kriegerischen Auseinandersetzungen zwischen den Arabern und den Juden in Palästina so verschärft und ausgebreitet, daß die Briten zu der Einsicht gelangten, daß sie Palästina aufgeben mußten. Im November 1947 erklärten die Briten, sie zögen ihre Verwaltung aus dem Mandatsgebiet ab. Sie verlangten, daß an ihrer Stelle die Vereinten Nationen zwei Staaten ausrufen sollten: einen arabischen und einen jüdischen. Mit Hilfe des schwedischen Juristen Emil Sandstrum formulierte die UNO einen Teilungsplan, den die Vollversammlung am 29. November 1947 mit der notwendigen Zweidrittelmehrheit verabschiedete. Palästina sollte geteilt werden. Nach einer erhitzten Debatte nahmen die Zionisten den Plan an. Die Araber jedoch, wütend darüber, daß sie etwas von ihrem Land aufgeben sollten, lehnten ihn rundweg ab. Beide Seiten bereiteten sich anschließend auf den Krieg vor.

Unter Anleitung von Abdel Kader in Jerusalem und Hassan Salama in Ramle befestigten die Araber ihre Stellungen und verstärkten ihre Bataillone. Zusätzlich zu den Waffen, die sie in Ägypten gekauft hatten, erwarben sie Waffen in Transjordanien, im Irak, in Syrien und in anderen Ländern des Nahen Ostens. Als die Kämpfe heftiger wurden, gelangen ihnen strategisch wichtige Geländegewinne. Trotzdem aber siegten die Juden bei einer Reihe wichtiger Gefechte. So eroberten sie Tiberias, Haifa, Safad und einen Teil der arabischen Viertel von Jerusalem.

Anfang April 1948 kontrollierten Abdel Kader und seine Männer die wichtige Verkehrsader, die Tel Aviv mit Jerusalem verbindet. Wenn es ihnen gelang, die Hauptstadt zu erobern, konnten sie diesen Krieg gewinnen. Die Araber nahmen Kastel ein, ein nur wenige Kilometer von der Heiligen Stadt versteckt in den Hügeln gelegenes winziges Dorf. An einem Tag Anfang April drangen die jüdischen Kämpfer der Haganah in das Dörfchen ein und nahmen diese strategische Position nach stundenlangen Kämpfen wieder in Besitz. In jener Nacht feuerten die jüdischen Soldaten Schüsse auf ein paar arabische Soldaten ab, die durch das Dorf schlenderten. Erst am nächsten Tag erfuhren die Zionisten, daß sie den arabischen Anführer, Abdel Kader al-Husseini, getötet hatten. Tausende von Arabern strömten nach Jerusalem, um dem Begräbnis ihres Märtyrers beizuwohnen. Die Soldaten, die mit ihm in Kastel gekämpft hatten, kamen, um ihm die letzte Ehre zu erweisen. So konnten die Juden das von Arabern entblößte Gebiet besetzen, und bald gelang es ihnen auch, Jerusalem zu erobern.

Während der gleichen Zeit drangen Mitglieder der extremistischen jüdischen Irgun in das arabische Dorf Deir Jassin ein und griffen die Bewohner an. 254 Männer, Frauen und Kinder wurden getötet. Das Massaker wurde ein Symbol für Brutalität. Die Angst, daß sich so etwas wiederholen könnte, trieb 250 000 Araber in die Flucht. Sie wurden die ersten palästinensischen Flüchtlinge.

Die Nachrichten von Deir Jassin und von Abdel Kaders Tod verbreiteten sich wie ein Lauffeuer in der arabischen Welt. In Ägypten wie überall waren die palästinensischen Studenten tief erschüttert. An der Kairoer Universität wurden Demonstrationen und Versammlungen abgehalten, um weitere Rekruten für den Krieg zu gewinnen. Einer von denen, die die Studenten anwarben, war Hamid Abu Sitta, ein Ingenieurstudent im dritten Studienjahr und Mitglied der Moslembruderschaft. Abu Sitta hatte ein Jahr militärische Ausbildung in Syrien unter Abdel Kader hinter sich. Abu Sitta hatte bereits in Palästina gekämpft und war an die Universität zurückgekehrt. Er versammelte etwa fünfzig Studenten vor dem Sitz der Moslembruderschaft und hielt eine aufrüttelnde Rede. »Was ist der Sinn eurer Ausbildung«, rief er, »wenn ihr eure Heimat verliert?« Er forderte die jungen Männer auf, ihren Zorn zu zeigen und ihre Bücher zu verbrennen. »Dies ist keine Zeit zum Studieren«, rief er, als die Studenten ihre Lehrbücher und Aufzeichnungen ins Feuer warfen. »Unser Land braucht uns jetzt. Die Juden bringen unsere Frauen und Kinder um. Wir müssen hingehen, um unser Volk zu verteidigen. Laßt uns losziehen!«

Abu Sitta forderte diejenigen Studenten, die eine militärische Ausbildung bekommen hatten, auf, sofort nach Palästina aufzubrechen. Diejenigen, die noch nicht wußten, wie man kämpft, sollten in Kairo bleiben und das militärische Training nachholen. Jassir Arafat, dessen Vater mit Abbu Sittas Vater seit längerem befreundet war, kam sofort auf Abu Sitta zu. »Er sprach mich an und sagte: ›Ich möchte mit dir gehen.‹« Aber Abu Sitta erwiderte: » Du bist nicht ausgebildet. Du bist sehr klein.« Arafat gab nicht nach: »Ich möchte kämpfen, richtig kämpfen. Ich bin ausgebildet, und du kannst dich auf mich verlassen.« Ende April 1948 brachen Arafat, Abu Sitta und eine Gruppe von fast fünfzig Studenten nach Palästina auf.

Arafat und Abu Sitta fuhren in Begleitung eines Majors der ägyptischen Armee, Mahmud Labib, mit der Eisenbahn von Kairo nach Kantara, einer Stadt am Suezkanal. Doch die jungen Männer hatten keine Pässe und keine offiziellen Papiere, deshalb warteten sie ungeduldig bis zum Einbruch der Nacht, um illegal überzusetzen. In der Dunkelheit stiegen sie in ein kleines Boot und ruderten über den Kanal. In zehn Minuten waren sie drüben. Sie meinten, daß ihre einzige Bewaffnung ihre Begeisterung sei, und Arafat sagte: »Hier wären wir, drei Männer, die gegen die Juden kämpfen werden. Drei Mann mit einer einzigen Waffe. Wir müssen verrückt sein.« [25]) Er wußte nicht, daß der ägyptische Major unten im Boot Waffen versteckt hatte. Alles war vorbereitet. Mehrere Autos erwarteten die Ankömmlinge. Als sie das Ufer erreichten, legten die drei die Gewehre und Pistolen in die Wagen und fuhren nach Gaza.

In Gaza trennten sich ihre Wege. Arafat erzählt: »Hamid Abu Sitta blieb in Gaza. Ich nahm an keinen militärischen Aktivitäten in Gaza teil. Ich fuhr weiter nach Jerusalem.« Arafat schloß sich einer Gruppe von Soldaten an, die unter Abdel Kader gekämpft hatten, aber er fand die Situation in Jerusalem deprimierend. »Es war nicht leicht«, sagt er voller Abscheu. »Wir hatten nur eine sehr schlechte Ausrüstung. Die Zionisten«, so bemerkt er, »hatten alles. Sie haben unentwegt versucht, unsere Stellungen zu erobern.« Arafat war in der Altstadt, in der Gegend des Jaffa-Tores – Bab al-Halil –, und in Scheich Dscharrah sowie im Dorf Silwan eingesetzt. Einmal, so sagt er und deutet auf eine leicht geschwollene, schwarze Narbe nahe seinem Fußknöchel, traf ihn ein Querschläger. Die Kugel drang in sein Bein ein. Er zuckt die Schultern, als man ihn fragt, wer sie abgeschossen hat. Manche Leute meinen, er habe sich aus Versehen selbst in den Fuß geschossen.

Die Palästinenser in Jerusalem konnten kaum etwas gegen die Juden ausrichten. Als er gefragt wird, ob er an Gefechten teilgenommen habe, zieht Arafat diese Frage ins Lächerliche. »Sie haben überhaupt keine Ahnung, es tut mir leid, daß ich das sagen muß. Sie wissen nichts. Die britische Armee war immer noch da mit ihrer ganzen militärischen Macht. Die britische Hauptstreitmacht war in Jerusalem.«

Am 15. Mai 1948, als die Briten sich zurückzogen und die Juden ihren Staat Israel ausriefen, griffen die arabischen Streitkräfte von Ägypten, vom Irak, von Syrien, vom Libanon und von Jordanien aus an. Aber es fanden auch geheime Gespräche zwischen König Abdullah von Transjordanien (der vom Naschaschibi-Clan unterstützt wurde) und Golda Meir, einer Ministerin der neuen israelischen Regierung, statt. Golda Meir versprach dem Haschemitenkönig einen Teil Palästinas einschließlich Ost-Jerusalem, wenn er für einen Waffenstillstand innerhalb des israelischen Territoriums sorgen würde. Abdullah erklärte sich einverstanden. Er würde die Bildung eines jüdischen Staates unterstützen, wenn die Juden ihm bei seinen Bemühungen halfen, weiteres arabisches Territorium hinzuzugewinnen. Eine formelle Übereinkunft wurde nie erzielt, aber die Gespräche spielten bei der Entspannung zwischen dem Haschemiten und Israel eine wichtige Rolle. Diese Entspannung fand allerdings auf Kosten der nationalistischen Araber in Palästina statt, die von den Ägyptern unterstützt wurden. Drei Jahre später ermordete eine Palästinensergruppe, die unter Anleitung von Hadsch Amin handelte, den jordanischen König Abdullah, als er die Moschee in Jerusalem besuchen wollte.

Als die arabischen Hilfstruppen endlich in Palästina eintrafen, atmeten die palästinensischen Araber auf. Die offiziellen, regulären arabischen Armeen allerdings machten sich wegen der palästinensischen Freischärler Sorgen, die sie nicht in den Griff bekommen konnten. Die auswärtigen arabischen Armeechefs weigerten sich, die Palästinenser mitkämpfen zu lassen, und entwaffneten sie sofort. Arafat sagt: »Ich weiß noch, wie es war, als die Araber das beschlossen und den Palästinensern die Beteiligung am Kampf verwehrten. Die ägyptische Armee übernahm meine Stellungen. Sie bewachten uns und nahmen uns die Waffen ab.« Als Arafat und seine Kommilitonen dagegen protestierten, erwiderten die Ägypter: »Diese Waffen bewahren wir euch für eine andere Runde auf.«

Arafat sagt: »Ich war wütend. Sie nahmen uns unsere Waffen weg, und wir bekamen allmählich das Gefühl, daß etwas faul war. Es roch nach Verrat.« Er rümpft die Nase über die arabischen Führer: »Sie haben keinen richtigen Krieg geführt. Sie haben nur so getan als ob.« Heute erkennt er, daß das »einer der Fehler der Araber war. Sie sagten ›nein‹ zur Teilung«, aber sie taten nichts dagegen.

Arafat ist sicher, daß die Araber die Teilung hätten akzeptieren sollen. Wenn sie nicht zu kämpfen bereit waren, hätten sie den Vorschlag der UNO annehmen sollen. »Wieso haben sie die Teilung nicht akzeptiert? Warum hatten sie nicht den Wunsch und den Willen, den Krieg fortzusetzen?« fragt er voller Verachtung. »Das war der Grund für alle militärischen Coups überall in der arabischen Welt . . . Nasser . . . Syrien und die Revolution im Irak. Nach diesem Verrat wurde die ganze arabische Welt auf den Kopf gestellt.«

Nach der Invasion der arabischen Truppen flohen 700 000 Palästinenser. Manche nach Norden in den Libanon und nach Syrien, andere nach Süden in den Gazastreifen, wieder andere über den Jordan nach Transjordanien. Die Flucht hatte endgültig begonnen. Wie so viele verließ auch Jassir Arafat Jerusalem. Doch er hatte Glück, denn er konnte zu seiner Familie nach Kairo zurück. Für Tausende andere palästinensische Araber wurde die Flucht zu einer lebenslangen Kette bitterer Erfahrungen. Manchen gelang es, in Länder zu kommen, in denen sie Arbeit finden und bald seßhaft werden konnten. Viele andere waren hingegen gezwungen, in Flüchtlingslagern oder in Gegenden zu leben, in denen man ihnen die vollen Bürgerrechte verweigerte.

Knapp ein Jahr später, im Februar 1949, schloß die UNO einen Waffenstillstandsvertrag zwischen Israel und den vier angrenzenden arabischen Staaten – Ägypten, Libanon, Jordanien und Syrien. Die Palästinenser hatten sich schon in die ganze nähere und weitere Umgebung verstreut. Sie konnten sich noch an ihre Dörfer, an ihre Häuser, selbst an die Obstbäume hinter ihren Häusern erinnern. Trotzdem hatten sie in den Augen der Welt ihre Identität verloren. Sie besaßen keine Pässe und manchmal nicht mal eine Arbeitserlaubnis in den Ländern, in denen sie lebten. Sie waren ein heimatloses, staatenloses Volk, das nur eines wollte – nach Palästina zurückkehren. Sie ließen es nicht zu, daß ihre arabischen Brüder vergaßen, in welcher mißlichen Lage sie sich befanden – und ihren Feind Israel ließen sie nicht in Frieden leben.

4

Verpflichtung zum Kampf

DUNKELHEIT HÜLLT den gepanzerten grauen Mercedes ein, der in der Auffahrt vor dem Haus wartet. In der gleichen Schwärze der Nacht kommt Jassir Arafat aus der Villa und schlüpft in den Wagen. Der Fahrer legt den Gang ein, der Motor brummt, und das schwere Fahrzeug saust über die Straßen von Tunis – direkt zur Startbahn des Flugplatzes.

Wieder zieht Arafat hinaus in die Welt, diesmal nach Kairo zu einer Begegnung mit Hosni Mubarak, dem ägyptischen Präsidenten. Wenige Ereignisse erfreuen Arafat so sehr wie die Gelegenheit, mit Staatsoberhäuptern zusammenzutreffen. Die Chance, wie ein Ebenbürtiger mit anerkannten Regierungschefs zu verhandeln, treibt ihn um den Globus, von Kabul nach Teheran und von Kambodscha nach Moskau. Er spielt den Friedensvermittler, sammelt Punkte, die er – so seine Hoffnung – gegen Freundschaft wird einwechseln können. Als die afghanische Regierung 1989 einen amerikanischen Photographen verhaftete, den sie bei den Mudschaheddin entdeckt hatte, war es Jassir Arafat, der in Kabul auftauchte und die Behörden davon überzeugte, ihn freizulassen. Und nachdem iranische Studenten im November 1979 mehr als sechzig amerikanische Diplomaten in Geiselhaft nahmen, riet Jassir Arafat Ayatollah Khomeini, die Gefangenschaft zu beenden. Als radikale libanesische Schiiten 1985 in Beirut zwei sowjetische Bürger entführten, war es wiederum der PLO-Vorsitzende, der ihre Freilassung in die Wege leitete.

Bei seinem Treffen mit Mubarak wird er Vorschläge diskutieren, wie die widerstreitenden Positionen der Israelis und der Palästinenser überbrückt werden können. Zahlreiche Sitzungen werden mit dem ägyptischen Staatsmann stattfinden, und Dutzende weiterer Flüge zwischen Tunis und Kairo, Tunis und Amman, Tunis und Bagdad werden sich anschließen. Arafat befindet sich in ständi-

ger Bewegung, um das zu erreichen, was er als beste politische Lösung für sein Volk ansieht.

Wenn er nach Tunis zurückkommt, werden weitere Treffen nötig sein, nicht nur mit den Mitgliedern seiner eigenen Organisation oder mit Vertretern arabischer Staaten, sondern auch mit Amerikanern, die als geheime Vermittler agieren. Selbsternannte vertrauliche Boten, die meist in stillem Einvernehmen mit dem Außenministerium in Washington handeln, suchen das Gespräch mit Arafat. Zu ihnen gehören Abgesandte der Quäker, Spezialisten für internationales Recht, amerikanische Juden, Journalisten und frühere Diplomaten, die alle ein Ende der Feindseligkeiten herbeisehnen. Über seine Berater drängt er sie zu kommen, hört sich ihre Bitten an und diskutiert stundenlang mit ihnen. Dabei spricht er mit jeder Interessengruppe in der Sprache, die sie hören möchte, und spielt abwechselnd mit ihrer Sympathie und ihrer Angst.

Wenn Amerikaner über israelische Führer sprechen, erzählt er ihnen, daß er Mosche Dayan gekannt habe. »Haben Sie jemals mit ihm gesprochen?« wird er gefragt. »Nein, nein, nein. Einer meiner Vettern war während der britischen Besatzung als Offizier mit ihm zusammen«, sagt er. »In demselben Regiment, in dem Dayan gedient hat.« Seltsamerweise waren sowohl Araber als auch Juden damals in einer britischen Brigade, die gegen die Vichy-Franzosen in Syrien kämpfte. Bei einem dieser Gefechte verlor Mosche Dayan ein Auge.

Zu den Juden sagt Arafat, aufgrund seiner Religion sei er auch einer von ihnen. Mit persönlichem Interesse spricht er über den Streit zwischen den beiden großen Parteien in Israel. »Ich kann nicht akzeptieren, was sich zwischen den Sephardim und den Aschkenasim abspielt«, erklärt er. »Das ist gegen meine Religion.« Was die Regierung des zu diesem Zeitpunkt amtierenden Ministerpräsidenten Yitzhak Schamir betrifft, erklärt er: »Sie verdirbt nicht nur das Leben der Palästinenser, sie verdirbt das Judentum.«

Zu den Quäkern spricht Arafat mit sanfter Stimme, betont seinen Schmerz über die 1982 von den libanesischen Falangisten in den Palästinenserlagern von Sabra und Schatila begangenen Massaker, weint über die Verhältnisse in den Flüchtlingslagern und verurteilt die israelischen Verstöße gegen die Rechte der Palästinenser. Mit Juristen diskutiert er wütend über die UNO-Resolutionen und das legitime Recht des palästinensischen Volkes auf ein Heimatland. Unterhält er sich mit Journalisten, dann bricht er bei ihren Fragen über den Fortgang der Friedensgespräche in Tiraden aus und entschuldigt die Unbeweglichkeit der PLO mit der Begründung, die Befreiungsorganisation sei die egalitärste Institution in der arabischen Welt. »Wir sind eine der bedeutendsten demokratischen Oasen in der Region«, behauptet der Vorsitzende. »Vielleicht ist das eine unserer Tragödien.«

Doch ganz gleich, welche Rhetorik er für die jeweiligen Gesprächspartner ein-

setzt, in der Rolle des Underdog gefällt er sich. Clever bedient er sich des Images eines Betrogenen und benutzt die Beziehungen zu den Supermächten dazu, sich als ein Revolutionär darzustellen, der mit den Führern der Welt auf du und du ist. Was für Worte er auch benutzt, seine Botschaft ist immer die gleiche: Seine Geschichte handelt von gebrochenen Versprechen und zerstörten Träumen. »Mir ist bitter zumute«, sagt er. »Ich habe einen sehr hohen Preis bezahlt.«

Die Liste derer, die ihn betrogen haben, ist lang. In Palästina fing es mit den Briten an. Der britische Betrug an den Arabern war nach seiner Auffassung nur der Anfang eines langen, fortgesetzten Verrats. Sein arabischer »Vetter«, der 1948 eigentlich kam, um zu kämpfen, und ihm, dem Palästinenser, die Waffen abnahm, war ein früher Beweis dafür, daß die Palästinenser letzten Endes keine Freunde hatten, auf die sie zählen konnten. Das geheime Versprechen König Abdullahs, die Israelis zu unterstützen, wenn sie ihm dabei helfen würden, selbst mehr Land zu bekommen, zeigte, wie unzuverlässig und schändlich Arafats vermeintliche Brüder sein konnten. Später erwiesen sich die Syrer als üble Feinde. Nicht nur, daß Arafat, der Kämpfer, auf sich allein gestellt war; nein, sie verhafteten ihn auch noch, sperrten ihn ein und versuchten ihn zweimal zu ermorden. Während des Krieges im Libanon drückten sie ihm und seinen Mitstreitern zudem so lange die Luft ab, bis der PLO-Vorsitzende seine Stellung in Beirut aufgeben mußte.

Und dann waren da die Libanesen selbst. Er glaubte, für ihre Freiheit zu kämpfen, und sie baten ihn, das Land zu verlassen. In Beirut wiederum wäre er nicht gewesen, hätten ihn die Jordanier nicht 1971 hinausgeworfen. Schließlich war da Anwar el-Sadat. »Er war mein Freund«, sagt Arafat. »Ich kannte ihn vor der ägyptischen Revolution. Ich kannte ihn, bevor er Jehan geheiratet hat.« Nachdem Sadat aber seine Reise nach Jerusalem angekündigt hatte, sprach Arafat nie wieder mit ihm.

Auf der Liste der »Betrüger« finden sich zum Schluß auch die Amerikaner. Sie hatten ihn gedrängt, den Libanon zu räumen, und versprachen ihm Schutz für die Familien der Kämpfer, die zurückbleiben würden. Nur wenige Tage später geschah der Horror von Sabra und Schatila. Darüber hinaus hatten sie ihm einen »politischen Bonus« zugesagt, sollte er mit seinen Kämpfern den Libanon verlassen, wobei es sich nach seiner Meinung bei diesem Versprechen um die Selbstbestimmung für das palästinensische Volk handelte. »Ich habe vielerlei Gründe, den Amerikanern zu mißtrauen«, sagt Arafat. »Meine Akte ist voller Versprechen. Nicht nur mündlicher, sondern auch schriftlicher Zusagen, schriftlicher Dokumente.« Es wird eines großen Ausmaßes an Vertrauen bedürfen, so deutet er in einem unserer Gespräche 1990 an, um den Weg eines Friedens mit Israel zu beschreiten. »Wir haben es satt, belogen und betrogen zu werden. Wir haben es satt.«

In Jerusalem hatte er sich betrogen gefühlt, zuerst von den Briten und dann, 1948, von seinen arabischen Brüdern, die ihm die Waffen abnahmen und ihn zwangen, den Kampf gegen die Zionisten aufzugeben. Wieder verließ er die Heilige Stadt, in die Welt hinausgestoßen wie der unerwünschte Ismael. Niedergeschlagen und verzweifelt kehrte er nach Kairo zurück. Wenn er irgend etwas bei dieser Erfahrung gelernt hatte, dann war es dies: Die Palästinenser konnten von niemandem Hilfe erwarten. Wenn es ihnen also gelingen sollte, ihr Land zurückzuerobern, dann mußten sie von allen anderen arabischen Regierungen unabhängig bleiben. Die arabischen Herrscher waren schließlich alle von den Kolonialmächten eingesetzt worden. Die korrupten Regimes betrogen das arabische Volk. Es war eine Lektion, die er sein Leben lang nicht vergessen sollte.

Für den Augenblick sah Arafat wenig Hoffnung für sein Volk, in die Heimat zurückzukehren. Schlimmer noch, er sah das Vorurteil, mit dem man ihnen, den Flüchtlingen, begegnete, die Verachtung der übrigen arabischen Welt, die ihnen in der Seele brannte. Sie waren ein Volk ohne Haus, ohne Land, und plötzlich strömten sie in die Nachbarstaaten auf der Suche nach Arbeit, Nahrung und einem Dach über dem Kopf. Die Palästinenser kamen und waren eine Gefahr für die einheimische Bevölkerung, die selbst Mühe hatte, sich am Leben zu erhalten. In Gaza, wo Arafats Vater immer noch viel Land besaß, wurden 250 000 Flüchtlinge nach dem Krieg von 1948/49 aus dem israelischen Teil Palästinas in Lager ohne elektrischen Strom, ohne fließendes Wasser und ohne Kanalisation gepfercht. Wer Glück hatte, erhielt ein Segeltuchzelt sowie Mehl und Reis zum Essen. Milch und Wasser bekamen sie nur durch die Unterstützung der von den Vereinten Nationen speziell für die palästinensischen Flüchtlinge eingerichteten Hilfsorganisation UNRWA (United Nations Relief and Works Agency). In der gesamten arabischen Welt wurden die palästinensischen Flüchtlinge als Bürger zweiter Klasse behandelt, falls man ihnen überhaupt irgendwelche Bürgerrechte gewährte.

Man hielt die Palästinenser von der einheimischen Bevölkerung getrennt; assimilieren sollten und durften sie sich nicht, selbst wenn sie es wollten. Reisebeschränkungen waren strikt, Pässe wurden nur selten ausgegeben, und die Dokumente, die die meisten Staaten ihnen ausstellten, waren zeitlich begrenzt. Selbst heutzutage müssen beispielsweise die Palästinenser in Tunis grundsätzlich den Antrag auf einen Passagierschein stellen, um ausreisen zu können. In Syrien, Libyen und im Irak werden Palästinensern keine Pässe ausgehändigt.

In Ägypten brauchten Flüchtlinge Ende der vierziger Jahre ein ägyptisches Dokument, um auszureisen, und ein Visum, wenn sie zurückkehren wollten. In Kairo, wo die Ägypter ihnen großzügig ihre Lehranstalten öffneten, durften die Palästinenser dennoch nicht voll am Universitätsleben teilnehmen. Aus den ägyptischen Studentenorganisationen waren sie ausgeschlossen, und in die ägyptische Armee eintreten durften sie nicht.

Für Arafat wie für viele Palästinenser hing die Zukunft vom Examen an der Universität ab. Wie die Juden suchten auch die palästinensischen Araber durch eine Ausbildung ihren Status in der Welt zu verbessern. Ohne ein Land, dessen Reichtum sie sich zunutze machen konnten, eigneten sie sich auf diesem Wege die nicht an einen Ort gebundenen und zugleich für die Zukunft notwendigen Qualifikationen an. Die Palästinenser wurden die Intellektuellen und Professoren der arabischen Welt, die Ärzte, Anwälte und Ingenieure, die in den meist schlecht ausgebildeten, aber vom Ölreichtum verwöhnten Gesellschaften der Golfstaaten die anspruchsvollen Arbeiten übernahmen.

Abder Rauf bestand darauf, daß seine Söhne ihre Ausbildung abschlossen. »Mein Vater war sehr darauf aus, Ärzte aus seinen Söhnen zu machen. Er hat es beim Vorsitzenden versucht, aber der sagte nein«, erinnert sich Fathi, Jassirs jüngerer Bruder, der heute Arzt und Leiter der PLO-Gesundheitsabteilung ist.[1]) Schon als Kind fiel Jassir mit seinen geschickten Entwürfen auf, wenn er für seinen jüngeren Bruder Papierkameras und primitive Radios baute. Als cleverer Mathematiker und Schachspieler hatte Jassir beschlossen, Ingenieurwissenschaften zu studieren. Nach seinen bitteren Erfahrungen in Palästina aber wollte er in eine andere Umgebung. Verwandte in Gaza schlugen ihm vor, mit ihnen zusammen an der Fakultät für Ölingenieurwesen an der Universität von Texas zu studieren.

Jassir traute sich nicht, seinem Vater zu gestehen, daß er Ägypten verlassen wollte, und bewarb sich deshalb heimlich um die Aufnahme in Texas. »Ich wollte in die USA«, erinnert er sich. »Und als mein Vater später herausbekam, daß ich weg wollte, fragte er mich: ›Warum hältst du das denn geheim? Wenn du in den USA studieren willst, werden wir uns dafür einsetzen. Wenn du da hin willst, können wir es arrangieren.‹« Aber nachdem er ein paar Monate lang keine Antwort erhalten hatte, änderte er seinen Entschluß. Die Aufnahmebestätigung kam zu spät. Mohammed Abder Rauf Arafat, bei seinen Freunden als Jassir Arafat bekannt, schrieb sich noch einmal in der modernen, westlich orientierten Universität von König Fuad I. ein, die später in Kairo-Universität umbenannt wurde.

Die Familie war von Sakakini in den wohlhabenderen Stadtteil Heliopolis umgezogen, und wieder unterstand Inam der Haushalt. Im gleichen Jahr, 1948, war Abder Rauf gezwungen, das Land zu verlassen. Sein Prozeß gegen die ägyptische Regierung war beendet, sein Anspruch auf das große Areal in Abassija abgeschmettert. Er selbst mußte ins Exil und verbrachte den Rest seines Lebens in Gaza.

In der Wohnung teilte sich Jassir ein Zimmer mit seinem Bruder Fathi. Fathi erinnert sich, daß Jassir ein »sehr empfindlicher Mensch« war. Fathi, der Medizin studierte, brachte Skelette oder Schädel mit, um sie zu Hause zu studieren. »Wir waren im selben Raum«, sagt Fathi und lächelt. »Er hielt es nicht eine Stunde lang in dem Raum aus, bevor er anfing: ›Was ist denn das?‹ Ich sagte ihm, *das* müsse ich studieren.« Aber der künftige Guerillaführer konnte den Anblick nicht ertragen. »Ich halt's nicht aus«, schrie er und ging hinaus. »Er konnte nicht im selben Raum mit dem Schädel bleiben«, sagt Fathi.

Jeden Morgen sprang Jassir übers Gartentor vor dem Haus und ging die Straße hinunter, wo er seine ägyptischen Klassenkameraden Sami Suleiman und Kamal Nagib traf. Zusammen fuhren sie im Auto oder 45 Minuten per Bus zum Institut. Sie gingen am Haupteingang des Campus der Universität von Kairo vorbei und lenkten ihre Schritte zur Ingenieursfakultät, einer der bekanntesten Lehranstalten der riesigen Universität. Große Gebäude aus Steinquadern füllten den Campus, und Tausende von arabischen Studenten aus dem ganzen Nahen Osten eilten über das Gelände. An den Eingängen der Gebäude wurden die Studenten von alten Männern mit langen weißen Kaftanen begrüßt, die sich vor den Professoren verneigten, wenn diese die ehrwürdigen Hallen betraten.

Arafats Entschluß, in Kairo zu bleiben, bedeutete nicht nur, daß er in Ägypten studieren, sondern daß er auch weiterhin am Konflikt gegen die Briten teilhaben würde. Hadsch Amin al-Husseini hielt sich mit seinem Gefolge noch immer in Kairo auf, aber die ägyptische Regierung wünschte keine weiteren militärischen Unternehmungen gegen die Israelis. Arafat spürte allerdings, daß Ägypten das Ziel eines unabhängigen palästinensischen Staates unterstützen würde, wenn es sich vom britischen Joch befreien konnte.

Als Palästinenser war Arafat nicht befugt, an den Aktivitäten der ägyptischen Studenten teilzunehmen, aber als arabischem Nationalisten fiel es ihm schwer, sich zu enthalten, ging es doch um die politische und militärische Befreiung vom britischen Imperialismus. Seine Tage waren entsprechend von militärischen Übungen, Treffen der Studenten und, wenn er Zeit dafür fand, den Vorlesungen an der Ingenieursakademie ausgefüllt.

Gewöhnlich luden ihn die Freunde am Wochenende zur Erholung in das Landhaus seines Kommilitonen Kamal Nagib ein. Wenn Jassir mitkam, spielte er jedoch nur selten Schach oder Karten wie die anderen. Sein Interesse galt den Kolonialisten. Wichtig waren ihm nicht die Regeln des Bridgespiels, sondern wie man eine Brücke in die Luft jagen konnte. Während seine Freunde ins Kino gingen, sich für Fußball begeisterten und mit jungen Mädchen flirteten, war Arafat von seiner Leidenschaft für Politik und Kriegskunst besessen. Kamal Nagib, der noch immer in Kairo lebt, erinnert sich: »Er war mit seinen politischen Ideen beschäftigt, und man konnte mit ihm über nichts anderes reden. Er aß und trank und schlief – ständig mit diesen Gedanken im Kopf.«[2]) Sein einziges anderes Interesse schien der Religion zu gelten. »Arafat ist stets ein frommer Moslem gewesen«, sagt Nagib. »Er hat keine Zigarette, nicht mal ein Glas Bier angerührt und regelmäßig gebetet.« Was Flirts mit dem anderen Geschlecht anging, stellt sein ehemaliger Kommilitone fest: »Er hat nie eine Freundin gehabt und, soweit wir wissen, auch nie für ein Mädchen geschwärmt.«

Khalid Mohiedin, der Schwager von Arafats Freund Sami Suleiman, gab an der Universität militärischen Unterricht. Mohiedin, heute Führungsmitglied der linken ägyptischen Partei »National-progressiv-unionistische Sammlung«, erinnert sich, wie er Arafat 1949 bei Sami Suleiman kennenlernte. »Damals sprachen wir über Politik, und er erklärte mir, diese Idee sei eine der Marxisten und jene eine der Mosembrüder. Ich war erstaunt, daß ein junger Student wie er die Literatur aller politischen Richtungen kannte.«[3]) Für Mohiedin überraschend war, daß Arafats Interesse an der Politik über die palästinensischen Angelegenheiten hinausging. »Er sprach mit großer Leidenschaft über die ägyptischen Probleme. Er sprach über das kämpfende ägyptische Volk, obwohl er Palästinenser war. Er interessierte sich so sehr für den ägyptischen Unabhängigkeitskampf, daß es mich seltsam berührt hat.«

Mohiedin, etliche Jahre älter als die anderen, war für die militärische Ausbildung der Ingenieursstudenten zu Reserveoffizieren verantwortlich. An sechs Tagen in der Woche von sieben bis neun Uhr früh brachte er den ägyptischen Studenten bei, wie man mit einem Gewehr umgeht, ein MG bedient, Minen legt. Arafat fehlte kein einziges Mal. »Er wollte ein guter Soldat, ein guter Offizier werden«, erinnert sich Mohiedin. Nach neunzig morgendlichen Übungen plus zwei Monaten Training im

Militärcamp während des Sommers wurde den Studenten die Reserveoffiziersurkunde ausgehändigt.

Viele junge Leute absolvierten diese Ausbildung, weil sie so um den aktiven Dienst beim Militär herumkamen. Arafat war eine Ausnahme. Sein ehemaliger Ausbilder erzählt uns: »Manche kamen nur, um die Urkunde zu bekommen. Er kam, weil er die Ausbildung wollte, und er wollte die Ausbildung, weil er kämpfen wollte.« Normalerweise durften Studenten, die außerhalb Ägyptens geboren worden waren, zwar an den Übungen teilnehmen, erhielten aber kein Diplom. Arafat, der eine ägyptische Geburtsurkunde besaß, hatte damit keine Probleme. Ein paar Jahre später half ihm eben dieses Diplom bei seinen Kontakten mit der ägyptischen Regierung.

Während Arafat den Drang verspürte, an den militärischen Übungen teilzunehmen, war sein Eifer bei der Ingenieursausbildung anders. Das typische Studienprogramm der ersten Jahre umfaßte drei Kurse am Tag in Mathematik, Chemie und Physik. Arafat schwänzte oft und bestand sein Examen erst viel später als seine Klassenkameraden. »Er war kein guter Student, weil er sich nicht auf das Studium konzentriert hat«, sagt Sami Suleiman, der sich erinnert, daß Arafat vom Ingenieurswesen zum Bauingenieurswesen umgesattelt hatte. »Es war leichter«, erklärt er uns.[4]) Ein Kursus, der Arafat interessierte, nannte sich »nationale Studien und Moral«. Kamal Nagib erinnert sich: »Wir lernten, daß eine Nation ein Land und ein Volk haben muß. Das Volk muß patriotisch sein, damit es zusammenhält – und so sah Jassir das damals auch.«

Arafat fehlte häufig in den Kursen der Universität. Oft zog er als geheimer Freiwilliger mit den Moslembrüdern los, die die Briten in der Nähe des Suezkanals bekämpften. »Er pflegte einfach zu verschwinden«, berichtet Freund Sami.

Nach jahrelanger Präsenz direkt am Suezkanal fingen die Briten schließlich an, ihre Truppen schrittweise zu ihren Stützpunkten im Dreieck Port Said, Abu Kabib und Suez City zurückzuziehen. Die antiimperialistischen Ägypter und vor allem extremistische Gruppen wie die Moslembrüder wollten jedoch, daß sie das Land am Nil ganz verließen. Die Fundamentalisten strebten nach einem unabhängigen Staat, in dem die Scharia, das islamische Recht, zur Richtschnur der Gesetze werden sollte. Um ihr Ziel zu erreichen, schreckten sie vor Gewalt und brutalen Anschlägen nicht zurück. Die Bruderschaft bemühte sich um die Genehmigung König Faruks und seines Premierministers Mustafa Nahas, einen Guerillaangriff gegen die Briten starten zu dürfen.

1950 gestattete die ägyptische Regierung den islamischen Aktivisten stillschweigend, Sabotageakte auszuführen. Jassir Arafat, dessen nationalistische und religiöse Sympathien den islamischen Fundamentalisten gehörten, verließ die Ingenieursakademie, um den Moslembrüdern in Abu Kabib zu helfen, die Überfälle auf die britischen Truppen durchführten. Die Freischärler griffen Kasernen an, stahlen Waffen und flohen. »Ich war einer der Führer des Widerstandes gegen die britische Besatzung«, rühmt sich Arafat.

Bei diesen Überfällen lernte Arafat einige Mitglieder der ägyptischen Militärführung kennen, die die Bewegung der »Freien Offiziere« bildeten. »Wir fingen an, Kontakt mit den ägyptischen Offizieren aufzunehmen, und sie gaben uns Waffen und Munition«, erzählt Arafat. Diese Bewegung, eine Untergrundgruppe, die sich aufgrund der Enttäuschung und des Zorns über Ägyptens peinliche Niederlage in Palästina gebildet hatte, führte das damalige Debakel auf die Korruption der Monarchie zurück. Die »Freien Offiziere«, zu denen Arafats früherer militärischer Ausbilder Khalid Mohiedin ebenso wie die späteren Präsidenten General Gamal Abdel Nasser und Anwar el-Sadat gehörten, planten den Sturz des verschwenderischen und lasterhaften Monarchen und wollten ihn durch ihren eigenen »Revolutionären Kommandorat« ersetzen.

Wie fast alle anderen wußte auch Arafat, daß die ägyptische Armee während des Krieges in Palästina 1948 vernichtet worden war, und er kalkulierte richtig, daß die Regierung Rekruten für den Krieg gegen die Briten benötigte. Das Problem bestand darin, daß es in Ägypten an Möglichkeiten fehlte, die Freiwilligen auszubilden. Arafat sah, daß eine solche Ausbildung auch jungen Palästinensern zugute kommen würde, die sich danach sehnten, den Kampf um ihr Heimatland wieder aufzunehmen.

Bei den Scharmützeln am Suez-Kanal sammelte Arafat praktische Erfahrungen als Soldat und bekam Kontakt zu jenen Militärs, die für ihn wichtig werden konnten. Als er nach Kairo zurückkehrte, bat er die ägyptische Regierung um die Genehmigung, ein Trainingscamp für Ingenieursstudenten einrichten zu dürfen. Er bekam das Recht, an der Universität ein Ausbildungszentrum für alle Studenten zu eröffnen, die bereit waren, an Aktivitäten gegen die Briten teilzunehmen. Dieses Programm war ein so großer Erfolg, daß Arafat bald die Erlaubnis erhielt, es auf andere Lehranstalten auszudehnen. »Eine Zeitlang war ich für das Training an all diesen Universitäten verantwortlich – eine war die Ibrahim-Pascha-Universität, eine andere die Fuad-al-Awal-Universität in Alexandria«, erzählt uns Arafat.

Als Leiter der militärischen Ausbildung für die Studenten und als

Hauptmann der Reserve in der ägyptischen Armee war Arafat auf dem Campus bald sehr bekannt. »Wir hatten diese offenen und allseits akzeptierten Trainingseinrichtungen. Deshalb wurde ich berühmt.« Natürlich war der politisch und militärisch aktive Arafat Mitglied in der Palästinensischen Studentenvereinigung, doch im Gegensatz zu seinen palästinensischen Mitstreitern durfte er auch in den ägyptischen Studentenverband, der eigentlich Ägyptern vorbehalten war.

Von Hadsch Amin al-Husseini ermuntert, bemühte er sich um das Amt des Vorsitzenden des Palästinensischen Studentenverbandes. Der Verband sollte sich politischer Tätigkeiten enthalten, aber unter dem Deckmantel kultureller Arbeit konnte man die Palästinenser in dieser Organisation einigen. »Weil die Infrastruktur der Palästinenser zerstört war, hatten wir nichts. So war die Organisation im Grunde kein Studentenverband – sie war eine der Einrichtungen, die für Einheit, Identität und Unterstützung sorgen sollten. Weil wir in allem auf uns selbst angewiesen waren, mußten wir uns sehr anstrengen, um es zu schaffen und Hilfe zu bekommen.«

Während dieser Zeit, im Jahre 1951, lernte Arafat Salah Khalaf aus Gaza kennen, der an der berühmten Al-Ashar-Universität, dem bedeutenden Zentrum für islamische Studien, Literatur studierte. Salah Khalaf war Mitglied der Moslembruderschaft, die vom Mufti unterstützt wurde. Er hatte von Arafat und dessen Absicht gehört, sich an die Spitze der Palästinensischen Studentenvereinigung zu setzen. Die Moslembrüder waren einflußreich und nicht zimperlich. Sie konnten dafür sorgen, daß ein Kandidat gewählt wurde oder nicht. Salah Khalaf begegnete dem jungen Arafat mit Mißtrauen. Arafat hatte sich hartnäckig geweigert, der fundamentalistischen Gruppe beizutreten. Khalafs Zweifel wurden noch stärker, als er Arafat reden hörte: »Vom rein palästinensischen Standpunkt gefiel mir sein ägyptischer Akzent nicht. Er gefiel mir überhaupt nicht.«[5]) Trotzdem beeindruckte ihn Arafats Selbstsicherheit. »Seine offensichtlichen Führungsqualitäten nahmen mich für ihn ein. Ich sah ihm zu, wie er die Studenten ausbildete. Er war sehr dynamisch. Sehr energisch. Sehr leidenschaftlich. Und mir gefiel, wie er mit den Studenten redete. Ich erinnere mich, daß er sagte: ›Wenn du so gehst und das machst, dann wird der Boden unter deinen Füßen erzittern, und du wirst eine Explosion auslösen wie ein Vulkan.‹«[6])

Salah Khalaf erklärte sich bereit, Arafat jene Unterstützung zu geben, die er brauchte. Arafat nahm die Hilfe der Moslembrüder dankbar an und setzte dafür Khalafs Name auf die Liste der Leute, die sein »Kabinett« bilden sollten. Trotzdem bestand Arafat darauf, seine Unabhängigkeit zu wahren. Er begann eine persönliche Kampagne und zog los, um alle Palästinenser kennenzulernen, die er erreichen konnte. Dabei klopfte er buchstäblich an jede Tür, begrüßte alle neu Eintreffenden und bot den Studenten jede Art von Hilfe an, die er ihnen geben konnte. Abu Adib, einer der jungen Männer, die gerade um diese Zeit aus Gaza nach Kairo kamen, erinnert sich an seine erste Begegnung mit Arafat: »Ich war einer der etwa fünfzig Studenten, die von Gaza nach Kairo gingen, um dort zu studieren. Jeweils fünf oder sechs Studenten taten sich zusammen und mieteten eine Wohnung, in der sie gemeinsam lebten. Ich weiß noch, wie überrascht wir waren, als Arafat uns besuchte. Er stellte sich vor, und dann sagte er: ›Ich bin hier, um euch zu dienen. Was kann ich tun, um euch zu helfen?‹« Und der frühere Studienkollege fügt noch hinzu: »Das gleiche hat er bei jeder Gruppe getan, die nach Kairo kam.«[7])

Arafat verstand es vor allen Dingen, sich jedem möglichen Wähler vorteilhaft zu präsentieren. Er wußte, wie er es allen recht machen konnte. Omar Khatib, ein Mitglied des damaligen Palästinensischen Studentenverbandes, erinnert sich, wie Arafat verschiedene Wählergruppen ansprach. »Wir waren eine Gruppe in dem Verband, die sich als unabhängig betrachtete. Arafat präsentierte sich uns als Unabhängiger. Es gab ein paar Kommunisten im Verband. Ihnen präsentierte er sich als Kommunist. Der Moslembruderschaft präsentierte er sich als Moslembruder.«[8]) Diese Kunst, die Studenten in Gruppen einzuteilen und jede einzelne dieser Gruppen von seiner Loyalität zu ihr zu überzeugen, hat ihm bei seinen Verhandlungen mit den untereinander rivalisierenden Führern der arabischen Welt unschätzbare Vorteile eingebracht. Sami Kandil bemerkt: »Heute überlebt er, weil er die Widersprüche der arabischen Regimes untereinander für seine Ziele auszugleichen versteht.«[9])

Seine Fähigkeit, gleichzeitig mit so vielen Zungen zu reden, hat ihm ein Überleben ermöglicht. Sogar heute noch prägt sie den Stil des Vorsitzenden, und wenn er nicht alles selbst tun kann, dann bedient er sich seines »inneren Kabinetts«, um die verschiedenen Wählergruppen anzusprechen. Während Bassam Abu Scharif einnehmende Darstellungen für die *New York Times* oder die *Washington Post* abfaßt, beruhigt Faruk Kaddumi die Irakis, daß die PLO ihre harte Linie beibehalten wird. Abu al-Hul (»die Sphinx«) ermuntert derweil die Aktivisten der Intifada. Jeder weiß, was seine Rolle ist, jeder spielt sie zu einer bestimmten Zeit seinem Publikum vor. Und wenn jemand das unerträglich finden sollte, kann Arafat immer sagen, bei seiner Organisation handele es sich nun einmal um ein demokratisches Gebilde mit vielen unterschiedlichen Standpunkten.

Dennoch wird er niemals der Forderung eines möglichen anderen Landes nachgeben, das ihn repräsentieren oder kontrollieren will. Sein hartnäckiges Bestehen auf Unabhängigkeit gegenüber den anderen arabischen Staaten hat ihn die Unterstützung Syriens gekostet und seine Freundschaft mit Saudi-Arabien, Jordanien und Ägypten auf eine harte Probe gestellt. »Sobald ich, als Präsident des Staates Palästina und Vorsitzender der PLO, jemand anderen für mich entscheiden lasse, heißt das, daß sie sich das nächstemal an die wenden, an die ich die Autorität übertragen habe.«

Arafats Führungsstil des persönlichen Kontaktes, den er schon als Student entwickelt hat, ist ein eindeutiges Kennzeichen seiner Arbeitsweise. Während manche Politiker sich von ihrer Wählerschaft distanzieren, ist Arafat glücklich, wenn er ein Bad in der Menge nehmen oder einzelne Personen herzlich begrüßen kann. Auf den meisten seiner Reisen achtet er sorgfältig darauf, möglichst ungesehen zu bleiben und sich nicht zur Zielscheibe möglicher Angriffe zu machen. Er weiß, daß der israelische Mossad es ständig auf ihn abgesehen hat, daß der syrische Geheimdienst und selbst extremistische Kreise in der PLO ihn bedrohen. Doch trotz all der Gefahren: Arafat ist ein Politiker, und von Zeit zu Zeit erliegt er der Verlockung, sich beim Kontakt mit anderen anhimmeln zu lassen.

Als er seinerzeit den totalitären rumänischen Präsidenten Nicolaie Ceauşescu in Bukarest aufsuchte, zeigten die Sicherheitsbeamten ihm stolz ihre Untergrundbahn und ließen den Zug in einer Station halten, die sie zuvor von allem lästigen Volk gesäubert hatten. Arafat aber war keineswegs glücklich darüber. Er fand es traurig, daß niemand da war, der ihn begrüßte. Der Vorsitzende bestand darauf, daß sie zur nächsten Station weiterfuhren, deren Bahnsteige in der Rush-hour von den üblichen Menschenmassen verstopft waren. In diese Menschenmenge stürzte Arafat sich gern und strahlte vor Stolz, als alle Rumänen ihn erkannten – und natürlich wußte er, daß ihm in Ceauşescus Polizeistaat niemand ein Haar krümmen würde.

Bei den Palästinensern, die in den Flüchtlingslagern im Libanon, in Jordanien und im Irak leben, ist er vor allem deshalb beliebt, weil er persönlich ihre Schulen und Hospitäler besichtigt. Die Witwen und Familien der Märtyrer sucht er zu Hause auf und achtet darauf, daß sie merken, wie er sich persönlich für ihr Leben interessiert. Er behält ihre Namen, die Namen der Gefallenen und die Namen ihrer Kinder im Kopf. Er fragt sie nach ihrer Gesundheit, ihren Studien und anderen persönlichen Angelegenheiten, und so genießt er ihre Zuneigung. Kein anderer palästinensischer Führer gibt sich solche Mühe, kein anderer wird so verehrt.

Ab und zu sind seine Antrengungen, Mitgefühl zum Ausdruck zu bringen, ein kleines bißchen peinlich ausgefallen. 1967 bei einem Besuch in Kairo erfuhr Arafat, als er am Flughafen ankam, daß das Oberhaupt der koptischen Kirche soeben verstorben war. Arafat eilte schnurstracks zum Haus seines Freundes Clovis Maksud, eines Beamten bei der Arabischen Liga, und erzählte ihm, daß der Pope tot war. Überrascht fragte Maksud: »Welcher Pope?« »Der koptische Pope«, erwiderte Arafat. »Sie müssen mit mir kommen.« Maksud erklärte sich einverstanden, und die beiden fuhren zusammen los, um den Kopten ihren Respekt zu bezeugen. Als sie am Ort der Trauer eintrafen, fanden sie dort eine Gruppe von religiösen Führern vor, die in der Dunkelheit in einem Kreis saßen. Arafat ging im Raum umher und küßte nacheinander alle Bischöfe und Erzbischöfe. Als er gerade den nächsten Mann küssen wollte, zuckte er plötzlich zurück. »Clovis«, flüsterte er. »Wer ist das?« Maksud konnte ein Lächeln nicht unterdrücken. Er sah die sehr starre Gestalt an und sagte: »Das ist der Leichnam.«[10])

Bei einer anderen Gelegenheit stattete Arafat dem Bruder des früheren libanesischen Präsidenten Fuad Tschehab einen Kondolenzbesuch ab. Der Leichnam des Verstorbenen lag in seine Generalsuniform gekleidet, die Orden an die Brust geheftet, feierlich aufgebahrt in einem privaten Zimmer des Palastes. Obwohl Arafat unter Tschehab einmal im Gefängnis gesessen hatte, hielt er es für seine Pflicht, dem Toten seinen Respekt zu bezeugen. Er traf mit einer Gruppe von Leuten im Haus ein, zu denen wiederum Clovis Maksud gehörte. Etwas zögernd ging er in den Raum und beugte seinen mit der Kafija bedeckten Kopf über den Leichnam, als ob er ihn küssen wollte. Doch als er sich wieder aufrichten wollte, hing er fest. Seine Kafija hatte sich an den Medaillen verfangen. Nervös versuchte er, sich mit auf und ab tanzendem Kopf von dem Toten zu befreien. Der trauernde Bruder des Verstorbenen aber nahm an, daß Arafat den Präsidenten sehr gern gehabt hatte, ging im Raum umher und sagte: »Seht nur, wie sehr er ihn liebt.«

Allerdings genügen Beileidsbezeugungen und Haus-zu-Haus-Besuche weder heute, um Arafats Position aufrechtzuerhalten, noch genügten sie, als er Student war, um Wahlen zu gewinnen. Arafat benötigte Zeit, um seine Wähler zu organisieren, aber das Datum der jährlichen Wahl kam rasch näher. Verschieben ließ es sich nur mit Zustimmung des ägyptischen Büros der Zentralen Dienste. Er wußte, daß er vom Geheimdienst keine Genehmigung für einen Aufschub bekommen konnte, doch der clevere Kandidat konnte wenigstens *so tun*, als ob er die Zustimmung hätte.

Sami Kandil, ein anderer Führer der palästinensischen Studentenbewegung, erinnert sich an Arafats damaligen Wahlkampf: »Er behauptete, die ägyptische Führung wolle die Wahlen aus Sicherheitsgründen verschieben. Die Studenten glaubten ihm nicht. Also brachte er ein Papier, auf dem der Name eines Sicherheitsbeamten stand. Auf das Papier hatte er geschrieben: ›Alle Wahlversammlungen sind abgesagt. Die Wahlen sind bis auf weiteres verschoben.‹« Ein Freund des PLO-Vorsitzenden kann sich erinnern, wie Arafat ein anderes Blatt Papier nahm und etwas schrieb, das wie eine offizielle Erlaubnis aussah, die Wahlen zu verschieben. »Dann nahm er eine Zehn-Piaster-Münze, tauchte sie in Tinte und stempelte damit den Kopf des Papiers. Dabei kam etwas heraus, das wie ein amtliches Siegel aussah. Die Methode funktionierte. Als Arafat das Blatt hochhielt und den Leuten zeigte, die etwas entfernt von ihm standen, glaubten sie ihm. Es gelang ihm, die Verschiebung der Wahl zu erreichen.« Kandil fügt hinzu: »Manche Studenten glaubten, daß die ägyptischen Behörden Arafat unterstützten, und hatten Angst vor ihm.«

Nachdem Arafat den Aufschub erreicht hatte, dachten sich er und Salah Khalaf andere Mittel und Wege aus, um den Sieg sicherzustellen. Am Wahltag kamen die mehreren hundert palästinensischen Studenten aus ganz Kairo, um ihre Stimmen abzugeben. Salah Khalaf sprach mit einer Gruppe unabhängiger Studenten – blinden Palästinensern aus der islamischen Universität al-Ashar – und überzeugte sie, daß Arafat als unabhängiger Kandidat ihrer Stimmen würdig sei. Diese Studenten aber hatten keine Transportmittel, um zum Wahllokal zu gelangen. Daraufhin mietete Salah Khalaf eine Taxiflotte, um alle blinden Studenten zum Wahlgebäude zu bringen. Der damalige Studienkollege Omar Khatib erzählt über die Strategie der beiden: »Welch ein Anblick: so viele Taxis! Um sicherzustellen, daß die Studenten richtig wählten, hatten Arafat und Khalaf ein Helferkomitee gebildet. Einer vom Komitee stand neben dem Blinden und gab für ihn die Stimme ab.«

Wenn manchen Studenten dieses trickreiche Manöver auch mißfiel, andere fanden Arafats Gerissenheit beeindruckend. Khatib fügt voll Bewunderung hinzu: »Es gelang ihm, all diese Leute so zu manipulieren, daß er das Amt bekam. Genauso macht es ein richtiger Politiker!« Arafat gewann 1952 die Wahl und verwandelte den Palästinensischen Studentenverband in eine mächtige Organisation mit mehreren tausend Studenten.

Im Sommer 1952 hatte die Bewegung der Freien Offiziere genug Rückhalt, daß sie ihren Coup durchführen konnte. Am 23. Juli gelang es ihr, König Faruk zu stürzen. Der Revolutionsrat der Offiziere installierte General Nagib als Marionette, aber bald wurde deutlich, daß Gamal Abdel Nasser die Zügel der Macht in der Hand hielt. Arafat nutzte sofort seine Freundschaft mit den Freien Offizieren, um seiner eigenen Organisation zu helfen. Mit anderen Studenten zusammen schrieb er einen Brief an die neue ägyptische Regierung und bat, die palästinensischen Flüchtlinge nicht zu vergessen. Anschließend stachen sie sich mit einer großen, dramatischen Geste in den Finger und signierten die Petition mit ihrem Blut.

Arafat versuchte, eine Begegnung mit General Nagib zu erzwingen, um ihm die Petition zu übergeben. »Es war Nasser, der für mich den Termin mit Mohammed Nagib arrangierte«, erinnert er sich. »Ich weiß noch, daß ich mich an ihn wandte, und er gab dem Sekretär von Mohammed Nagib den Befehl, uns das Tor zu öffnen.« Die Begegnung wurde fotografiert und erschien auf Seite drei der ägyptischen Zeitung al-Ahram, die die Revolution der Freien Offiziere unterstützte. Arafats Botschaft lautete: »Vergeßt Palästina nicht!« Arafat suchte eine Veränderung des Status des Palästinensischen Studentenverbandes. Er sollte nicht mehr nur ein kultureller Klub, sondern eine politische Gruppe sein, die »Allgemeine Union der Palästinensischen Studenten« heißen sollte. Er verlangte außerdem die Genehmigung einer eigenen palästinensischen Studentenzeitschrift. Dabei erinnert er sich an seine Freundschaft mit den Freien Offizieren: »Ich hatte sehr starke Beziehungen zu ihnen aus der Suez-Zeit. Also gaben sie mir die Lizenz, sobald sie an die Macht gekommen waren. Es war die erste Lizenz für die GUPS (General Union of Palestinian Students). Von dem Augenblick an wurde die GUPS eine der wichtigsten Strukturen für die Palästinenser.«

Die Studenten verteilten ihre Zeitschrift in der ganzen arabischen Welt. Ihre Botschaft von der Einheit der palästinensischen Untergrundgruppen im Nahen Osten verschaffte Arafat und seiner Organisation einen enormen Einfluß. Der Studentenführer Arafat benutzte den Flüchtlingsstatus der Palästinenser, um an andere arabische Staaten zu appellieren, sie finanziell zu unterstützen. Während die Ägypter den Palästinensern grundsätzlich einen gebührenfreien Unterricht gewährten, waren ihnen doch, bis Arafat den Studentenbund übernahm, zwei ägyptische Pfund pro Monat für Sport und Gesundheitsfürsorge in Rechnung gestellt worden. »Das habe ich erreicht«, sagt er stolz. »Diese zwei Pfund wurden von nun an von der Arabischen Liga bezahlt.« In manchen Fällen zahlte die Arabische Liga sogar noch mehr: »Es kam auf die Fakultät an. Ein Teil des Geldes war für die Krankenversicherung, ein anderer für Sport und Unterhaltung. Es gelang mir, bei der Arabischen Liga durchzusetzen, daß sie bei Härtefällen sechs Pfund pro Monat an die Studenten zahlte.«

Indem er eine finanzielle Unterstützung für die Studenten erreichte, schuf sich Arafat eine starke Position an der Universität; und weil die Studenten ihn unterstützten, bekam er Einfluß bei der Regierung.

»Ich stand auf so gutem Fuß mit Nasser und seinen Leuten, daß ich bei ihm alles erreichte, was ich wollte«, erklärt Arafat. »Sie wissen nicht, was ich bekommen habe. Nach der ägyptischen Revolution bekam ich zum Beispiel als erstes ein Büro in der ägyptischen Militärakademie für die Palästinenser. Ich habe es selbst eröffnet.« Außerdem mußte jeder neue Student, der auf finanzielle Unterstützung angewiesen war, das Geld bei Arafats Organisation beantragen. »Sogar die Pilger, die aus Gaza kamen, mußten sich an die GUPS wenden, denn sie wußten, daß wir etwas zu bieten hatten.« Diese Unterstützung, so betont er, »bekamen nicht nur Studenten. Es war eine Antwort auf die Not des palästinensischen Volkes.«

Obwohl mehrere tausend Palästinenser in Ägypten studierten, war die GUPS die einzige palästinensische Organisation, und Arafat gelang es, finanzielle Unterstützung von der ägyptischen Regierung, der Arabischen Liga und aus privaten Quellen – wie die im palästinensischen Besitz befindliche Arabische Bank (Arab Bank) – zu erhalten. Abdul Madschid Schoman, heute Vorstandsvorsitzender dieser von seinem Vater gegründeten, weltweit tätigen Bank und zudem Vorstandsmitglied im Palästinensischen Nationalfonds, erinnert sich an Jassirs Besuche in der Kairoer Zentrale. »Ich kannte ihn als Jassir«, sagt er. »Er kam zur Bank und bat um eine Spende. Er war stets höflich und freundlich. Mein Vater gab ihm kleine Beträge, nicht mehr als hundert Dollar.«[11])

Nabil Scha'ath, dessen Vater Manager der Zweigstelle der Arabischen Bank in Alexandria war, erinnert sich ebenfalls, daß Arafat kam und um Stipendien für Studenten bat. Scha'ath war von Arafats Selbstvertrauen beeindruckt, das ihn von den meisten Palästinensern unterschied. »Er fürchtete sich nicht vor dem Geheimdienst. Er redete zum Beispiel ganz selbstbewußt mit einem ägyptischen Polizisten und so weiter. Er war nie ein ›Onkel Tom‹. Sie müssen sich in die Palästinenser hineinversetzen – sie wurden in den arabischen Ländern von den verschiedenen Geheimdiensten und Polizeidienststellen nicht gerade freundlich behandelt, aber er hatte keine Angst vor ihnen, wenn er mit ihnen redete, er tat fast, als ob er gleichberechtigt wäre. Er brauchte nicht diese Schlüsselworte der Unterwürfigkeit zu sagen. In Ägypten insbesondere besaßen die Polizeibeamten, die die palästinensischen Studenten überwachten, eine

Jassir Arafat (Mitte), 13 Jahre alt, in Kairo.
(Munib al-Masri)

Arafat vor dem Haus der Familie seiner Mutter in Jerusalem, ca. 1941. Nach ihrem Tod schickte man den Vierjährigen zu den Abu Saud, der Familie seiner Mutter, nach Jerusalem, bis er auf Wunsch seines Vaters 1942 zu ihm nach Kairo zurückkehrte (Munib al-Masri)

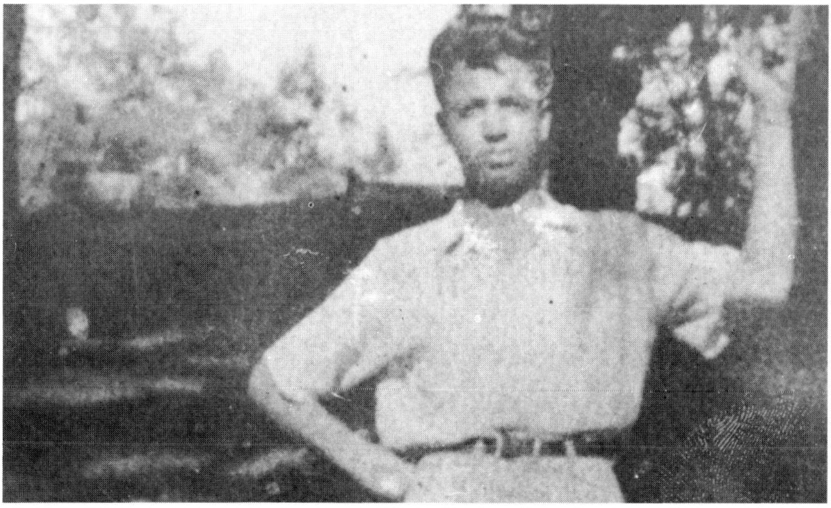

Der sechzehnjährige Arafat. In diesem Alter begann er, für Hadsch Amin al-Husseinis Geheimorganisation zu arbeiten. Zwei Jahre lang half er mit beim Kauf von Waffen, die im Kampf gegen die Juden in Palästina eingesetzt wurden. (Munib al-Masri)

Scheich Hassan Abu Saud, der Vetter von Arafats Mutter. Er kümmerte sich um Arafats Erziehung und stellte ihn seinem Mentor, Hadsch Amin al-Husseini, dem geistigen Vater der palästinensischen Nationalbewegung, vor. (Ruhab Khatib)

Arafat 1949 als Ingenieurstudent an der Universität von Kairo. Arafat verbrachte während seines Studiums viel Zeit in Untergrundbewegungen gegen die Briten und Juden. (Munib al-Masri)

Nach dem Sechstagekrieg 1967 rissen die Israelis die arabischen Gebäude vor der Klagemauer ab. Die hier abgebildeten Häuser, die der Abu-Saud-Familie gehörten, wurden 1968 dem Erdboden gleichgemacht. (Ruhab Khatib)

Als Leiter der GUPS (General Union of Palestinian Students) in Ägypten wurde Arafat 1955 zum sozialistischen internationalen Studententreffen nach Prag eingeladen. Um dort hinzugelangen, reisten Arafat (ganz links) und seine Begleiter als blinde Passagiere auf einem Frachtschiff nach Griechenland. (Munib al-Masri)

Arafat und seine Mitstreiter schlugen Hani al-Hassan (ganz links) vor, sich mit seiner großen europäischen Anhängerschar der GUPS der Fatah anzuschließen, was al-Hassan dann 1963 wirklich tat. Die Kampfkraft der Fatah wurde dadurch erheblich vergrößert. (Munib al-Masri)

Begegnung mit dem ägyptischen Präsidenten Gamal Abdel Nasser im November 1969. Nasser war ein bedeutendes Vorbild für Arafat. (UPI/Bettmann Newsphotos)

Ein Treffen von Kampfgenossen Anfang der 70er Jahre. Faruk Kaddumi (zweiter von links) hat in der Fatah stets eine harte Linie verfochten und wurde oft als Botschafter in die Sowjetunion geschickt. (Mimmo Frassineti – A.G.F./Il Venerdì di Repubblica)

Am 13. November 1974 hielt Arafat eine Ansprache vor der UNO-Vollversammlung. Er trug einen Olivenzweig, aber auch ein Pistolenhalfter (ohne Pistole), um die Welt daran zu erinnern, daß er den bewaffneten Kampf für eine legitime Form von Widerstand hielt. In seiner Rede drängte Arafat auf die Schaffung eines einzigen Staates, der Israel ersetzen solle und in dem Moslems, Juden und Christen gemeinsam in Frieden leben könnten. (UPI/Bettmann Newsphotos)

Arafat mit dem sowjetischen Außenminister Andreij Gromyko nach Arafats Auftritt vor der UNO-Vollversammlung in New York. Erst wenige Wochen vorher hatten die arabischen Staaten die PLO zum einzig legitimen Vertreter des palästinensischen Volkes erklärt. (Bassam Abu Scharif)

Zwei revolutionäre Führer: Jassir Arafat bei einer Begegnung mit Kubas Fidel Castro. (Mimmo Frassineti – A.G.F./Il Venerdì di Repubblica)

Arafat bei einem diplomatischen Besuch in Afrika. (Mimmo Frassineti – A.G.F./Il Venerdì di Repubblica)

Mit geschorenem Kopf und in den Ihram gehüllt unternimmt Arafat die Pilgerreise nach Mekka. »Ich bin ein guter Moslem«, hat er in Interviews gesagt. (Mimmo Frassineti – A.G.F./Il Venerdì di Repubblica)

ziemliche Macht und konnten sie deportieren oder ins Gefängnis stecken.«[12])

Wie alle jungen Palästinenser damals gehörte auch Scha'ath dem Studentenverband seiner Lehranstalt an, wobei es sich um die Universität von Alexandria handelte. Am Freitagnachmittag kamen sie in einem der riesigen ägyptischen Parks zu einem Picknick zusammen. Die Studenten brachten ihre Lunchpakete mit, der Verband charterte Busse, und sie fuhren, palästinensische Lieder singend, zu den Versammlungen. Bei den Nachmittagstreffen handelte es sich um gesellschaftliche Veranstaltungen, aber »das Picknick am Freitag entwickelte sich stets zu einem politischen Meeting«.

Scha'ath, ein beredter Mitstreiter und Berater Arafats, der nach wie vor in Ägypten lebt, erinnert sich: »Mit seinem Auftreten, wie er über die Zukunft sprach, mit seiner Autorität wirkte Arafat, als ob er sich wie ein Präsident der Palästinenser und nicht nur wie der Vorsitzende eines Studentenverbandes fühlte. Er besaß eindeutig die Autorität eines Führers. Er war Politiker auch in dem Sinne, daß er als einer der wenigen sowohl die Stimmen der Moslembrüder als auch der Kommunisten auf sich vereinigen konnte. Er war immer der Mittelpunkt der Versammlung. Arafat stand den Moslembrüdern, den Kommunisten und den Baathisten nahe. Darum wurde er stets zum Anführer gewählt.«

Arafats Klassenkameraden schlossen ihr Studium 1953 ab, aber er selbst verbrachte noch zwei weitere Jahre an der Universität und mußte den Stoff nachholen, den er bei seinen Einsätzen in Suez und seinen Kampagnen auf dem Campus in Kairo versäumt hatte. Als Vorsitzender der GUPS sprach Arafat zum ersten Mal öffentlich von den unabhängigen Palästinensern, die für ihr Heimatland kämpften. »Es war bei einer der Wahlveranstaltungen für den Studentenausschuß«, erinnert sich der Vorsitzende. »Wenn ich mich richtig entsinne, 1954 im Gebäude der Amerikanischen Universität in Kairo. Es waren etwa zweitausend Studenten versammelt, und ich sagte: ›Wir müssen unseren Marsch von hier aus fortsetzen, um Jerusalem zu befreien.‹« Die palästinensischen Studenten hörten seine Idee von Fatah und jubelten ihm zu. »Es war die erste Hoffnung für sie als Gruppe.«

Das gleiche Jahr brachte aber auch bittere Enttäuschungen. Der Revolutionsrat setzte Mohammed Nagib ab, der der Moslembruderschaft nahestand, und General Gamal Abdel Nasser wurde zum Präsidenten ernannt. Nasser war darauf aus, die ägyptischen Beziehungen zu Großbritannien zu verbessern, um sie zu einem völligen militärischen Rückzug vom Suezkanal zu bewegen. Aus diesem Grund ordnete er einen

Stopp der Guerillaangriffe auf die britischen Truppen in Gaza an. Arafats Ausbildungszentren für die militärischen Kommandounternehmen wurden geschlossen.

Die Moslembrüder, die Nagib unterstützt hatten, waren mit Nasser unzufrieden und planten den Sturz des neuen Führers. Ihr Attentatsversuch schlug fehl, aber Jassir Arafat, der den Moslembrüdern nahestand, wurde verhaftet. »Ihnen war klar, daß ich wußte, wo die Waffen waren«, erinnert sich der Vorsitzende. »Als sie kamen und mich fragten, sagte ich: ›Fragen Sie Nasser, fragen Sie Khalid Muheidin. Sie sind meine Partner. Fragen Sie nicht mich.‹« Zwei Monate lang mußte Arafat im Gefängnis bleiben, aber seine Freunde Kamal Hussein und Khalid Muheidin kamen, um seine Freilassung zu erwirken. »Endlich.«

Das folgende Jahr, 1955, brachte bessere Neuigkeiten. Der Allgemeine Palästinensische Studentenverband wurde zum erstenmal zu einer internationalen Konferenz kommunistischer Jugendorganisationen eingeladen. Arafat wußte, was diese Einladung bedeutete: Die Welt hatte die Palästinenser als eigene nationale Einheit anerkannt. Arm, aber begeistert von dem Gedanken brachen er, Salah Khalaf und drei weitere Studenten nach Warschau auf, wo die Konferenz stattfinden sollte. »Wir fünf hatten zusammen nur zwei Dollar.«

Sie stahlen sich auf ein Fährschiff und fanden einen unverschlossenen Wagen, in dem sie sich versteckten. Alles ging gut, bis Arafat aus Versehen gegen das Lenkrad stieß und die Hupe betätigte. Khalaf erzählt: »Die Kontrolleure erwachten, nahmen Abu Amar und den anderen Kerl fest und sperrten sie ein.« Arafat hatte sich offenbar den Wagen einer »wichtigen« Persönlichkeit auf dem Schiff ausgesucht und blieb in Haft, bis sie den Hafen erreichten.[13])

Khalaf erinnert sich, daß sie bis Genua kamen, wo sie ein paar hübsche Mädchen kennenlernten, die mit ihrer Mutter reisten. Arafat und ein anderer Student wollten mit den Mädchen ausgehen, doch die Mutter wurde zum Problem. Sie dachten, sie könnten sich auf Khalaf verlassen und baten ihn, er solle sich eine Weile der älteren Dame annehmen. Khalaf aber wollte auch nicht bei ihr bleiben, verschwand und ließ die Frau allein. Als Arafat und die Mädchen spät nachts zurückkamen und ihn nach ihrer Mutter fragten, zuckte er nur die Achseln und sagte: »Sie ist nicht bei mir.« Die Mädchen verschwanden unverzüglich, und Arafat sah sie nie wieder.

Von Genua fuhren sie nach Venedig, aber nun, da sie kein Geld mehr hatten, ging es ihnen schlecht. »Wir führten eine Woche lang ein Hundeleben«, sagt Arafat. Statt Venedig zu genießen, sich die Kirchen anzusehen, die Kanäle langzufahren oder in den Cafés einen Cappuccino zu trinken, schnorrten sie zwei Tage lang, aßen nur Äpfel und schliefen in öffentlichen Parks. Doch Arafat blieb unerschrocken. Er lächelt noch heute breit, wenn er sich erinnert, wedelt mit dem Zeigefinger herum und sagt triumphierend: »Wir fuhren als erste Vertreter der Palästinenser zu diesen Veranstaltungen.«

Während Arafat auf diplomatischer Ebene durch Europa reiste, riefen seine palästinensischen Kollegen in Gaza, meist unter der Führung Khalid Wasirs (»Abu Dschihad«), zum Guerillakampf gegen die Israelis auf. Sie hofften, daß die Israelis zurückschlagen und eine für Nasser so peinliche Situation herbeiführen würden, daß er sich gezwungen sähe, einen Krieg gegen Israel zu beginnen.

Abu Dschihad führte die Palästinenser bei Protesten und Demonstrationen an. Sie marschierten und schwenkten Tücher, die sie in das Blut der toten Soldaten getaucht hatten, um den ägyptischen Präsidenten öffentlich zu demütigen. Außerdem organisierte Abu Dschihad Abordnungen, die andere arabische Länder besuchten und in Presseerklärungen den israelischen Angriff und die ägyptische Niederlage schilderten. Die Zeitungen im Nahen Osten und anderswo veröffentlichten die peinliche Geschichte mit allerlei farbigen Einzelheiten. Ägypten, dessen Armee 1948 in Palästina buchstäblich vernichtet worden war, sah sich erneut gezwungen, einen Krieg gegen Israel vorzubereiten. Eine Ironie der Geschichte war, daß Nasser Waffen und Munition in der Tschechoslowakei einkaufte – in eben jenem Land, das 1948 bei der Bewaffnung der Zionisten geholfen hatte.

Die USA und England reagierten auf die ägyptische Aufrüstung, indem sie die versprochene finanzielle Unterstützung für das große ägyptische Bauprogramm des Assuandamms zurückhielten. Am 26. Juli 1956 holte Nasser zum Gegenschlag gegen den Westen aus und verstaatlichte den Suezkanal. Die Briten, die zur günstigen Deckung ihres Ölbedarfs die Kontrolle über den Transportweg nicht freiwillig aufgeben wollten, wehrten sich. In Absprache mit Frankreich und Israel griffen Großbritannien und Frankreich am 19. Oktober 1956 ägyptische Flugplätze und militärische Einrichtungen an, während die Israelis Gaza und die Kanalzone besetzten.

Die ägyptische Armee wurde mobilisiert. Jassir Arafat, der inzwischen sein Examen an der Ingenieursakademie bestanden hatte, meldete sich sofort zum Freiwilligendienst mit der Waffe, und man machte ihn zum Leiter des Bombenräumkommandos in Port Said. Seine Laufbahn endete jedoch bald, weil der Krieg ein paar Tage darauf abrupt aufhörte. Die

USA weigerten sich, ihre Verbündeten zu unterstützen, und verlangten von Großbritannien, Frankreich und Israel den Rückzug ihrer Truppen. Der amerikanische Präsident Dwight D. Eisenhower wurde rasch Jassir Arafats Held. »Wir müssen uns an Eisenhower erinnern«, sagt er. »Er hat seine Truppen nicht mobilisiert. Er sagte: ›Ihr müßt euch zurückziehen‹, und er ging nicht einmal ans Telefon. Er ließ sich nicht sprechen. Er weigerte sich. Und was geschah? Sie zogen sich zurück.« Wütend springt Arafat in die Gegenwart des Jahres 1989 und vergleicht die Halsstarrigkeit des in Israel regierenden Likud-Blocks, der sich dem Druck der amerikanischen Regierung widersetzt, die PLO als Partner für Friedensgespräche zu akzeptieren, mit der Reaktion der Briten und Franzosen während der Suezkrise. Sprachlos in Anbetracht dieses Verhaltens, das er als Unverschämtheit der Israelis ansieht, schüttelt er den Kopf und sagt: »Niemand in Europa wagt es, den Amerikanern nein zu sagen.« Arafat bleibt bei seiner Auffassung, die USA könnten Israel zu einem Kurswechsel zwingen, so wie Eisenhower England, Frankreich und Israel gezwungen hat, Ägypten den Kanal zurückzugeben.

Das israelische Militär blieb mehrere Monate lang in Gaza, während die Alliierten ihre Angriffe sofort einstellten. Die israelische Besatzung löste eine Welle von Protesten und Aufständen der dort lebenden Palästinenser aus. Nicht nur die Palästinenser in Gaza litten, ihre in Ägypten studierenden Söhne bekamen zudem von der Arabischen Liga keine finanzielle Unterstützung mehr. Unter Führung von Jassir Arafat, der noch immer in der GUPS aktiv war, marschierten die Studenten vor dem Sitz der Arabischen Liga auf und verlangten ihr Geld. Die ägyptische Polizei weigerte sich, sie ins Gebäude zu lassen. Einer der Protestierenden war Omar Khatib: »Arafat ging die Treppen hinauf und redete mit dem Offizier, der an der Tür stand. Der erklärte sich einverstanden, eine kleine Gruppe von ihnen durchzulassen, damit sie mit den Vertretern der Liga sprechen konnten. Als wir hineingingen, fragte ich Arafat: ›Was hast du dem Offizier gesagt?‹ Arafat erwiderte: ›Ich sagte ihm nur, daß ich ein Offizier der ägyptischen Armee bin und daß ich hinein möchte.‹« Arafat, damals Reserveoffizier, hatte seinen Militärausweis vorgezeigt und gesagt, er sei Offizier. Gleichzeitig war Arafat so schlau, »mit dem Finger den Teil zu verdecken, auf dem zu erkennen war, daß er lediglich der Reserve angehörte«. Als Folge des Gesprächs, das Arafat anschließend führte, bekamen die Palästinenser ihre finanzielle Unterstützung wieder zugestanden.

Trotzdem waren die Palästinenser nicht zufrieden. Die israelische Besetzung Gazas war unerträglich, und die Studenten protestierten bei

Präsident Nasser. Wieder marschierten sie los, diesmal zum Präsidentenpalast, und noch einmal hoben sie das Ereignis hervor, indem sie eine Petition unterzeichneten, die ihr Anliegen unterstreichen sollte. Mit Arafat an der Spitze drangen sie bis zum Palasteingang vor und überredeten die Wachen nach langem Hin und Her, eine Gruppe von vierzig palästinensischen Studenten mit dem Präsidenten sprechen zu lassen. Arafat überreichte Nasser die Petition und sagte, die Palästinenser seien bereit, Gaza zu befreien, wenn die ägyptische Regierung sie unterstützen würde. Nasser versprach, Gaza nicht fallenzulassen. »Aber geben Sie mir etwas Zeit«, bat er die Studenten.

Im März 1957 erzielten Ägypten und Israel eine Übereinkunft: Israel mußte sich aus Gaza zurückziehen, Ägypten durfte sich nicht an palästinensischen Überfällen nach Israel beteiligen. Nasser konnte sein Versprechen einlösen, aber er durfte Angriffe der Fedajin über die Grenze hinweg nach Israel nicht mehr zulassen und mußte jede Art von nationalistischer politischer Bewegung der Palästinenser in Ägypten unterbinden.

Arafat und seine Kollegen Abu Dschihad und Salah Khalaf ließen sich von dem Aufruhr der Gazabewohner gegen Israel inspirieren und faßten einen weitreichenden palästinensischen Aufstand ins Auge. Die Gruppe traf sich heimlich in Kairo und entwickelte das Konzept einer revolutionären Palästinenserorganisation, die unabhängig von anderen politischen Parteien und den arabischen Staaten agieren sollte.

Nassers Pakt brachte es mit sich, daß Arafat in Ägypten nicht länger willkommen war. Die Palästinenser mußten sich um Arbeit als Ingenieure in anderen Ländern bemühen. Während er auf dem Flugplatz auf seine Maschine nach Saudi-Arabien wartete, traf Arafat seinen alten Freund Hamid Abu Sitta. »Was tust du hier?« fragte Abu Sitta. Arafat erklärte ihm, daß er auf dem Weg nach Saudi-Arabien sei. Abu Sitta bot an, ihm ein Empfehlungsschreiben an einen Bekannten in Kuwait mitzugeben. Es dauerte nicht lange, und Jassir gehörte zu den Tausenden von palästinensischen Flüchtlingen, die ihr Glück am Golf machten.

Wenn Arafat durch Nassers Politik verbittert wurde, so profitierte er enorm von den Anschauungen und dem Führungsstil des Ägypters. »Ich glaube, während der Jahre in Kairo und in der Tat ... bis heute ist Arafat am meisten durch die ägyptische Revolution beeinflußt worden, die Gamal Abdel Nasser verkörperte«, erklärt Professor und PLO-Kenner Edward Said von der Columbia University in New York. »Nasser war eine Art ›maximo lider‹ – ein Mann, der die Prinzipien einer politischen

Philosophie und einer bestimmten Lebensart verkörperte: eine gewisse Uneigennützigkeit, eine ungeheure Verpflichtung und Einsatzbereitschaft für die Sache – das war es, was er den Leuten vermittelte. Vor allem ein persönlicher Stil, der es unmöglich machte, irgendwie an ihm vorbei zur Revolution zu kommen. Ich denke, daß Arafat im Zusammenhang damit auch die Methoden gelernt hat, wie man, milde ausgedrückt, die Leute manipuliert.«[14])

5

Die Gründung der Fatah

Das hohe eiserne Tor vor dem Grundstück der Residenz des PLO-Botschafters in Tunis, Hakim Belawi, ist fest verschlossen. Ein Bataillon von Sicherheitsbeamten, Palästinensern und Tunesiern gleichermaßen, steht mit schußbereiten automatischen Gewehren Wache. Als um zwei Uhr früh ein Wagen erscheint, huschen drei Bewaffnete auf den Fahrer zu, richten ihre Gewehrläufe auf ihn und fragen ihn nach seiner Identifikation. Wir fummeln im Dunkeln, suchen nach unseren Pässen und händigen sie den Männern schnell aus. Am Tor wird telefoniert, aber der Wagen bekommt keine Genehmigung zur Einfahrt auf das Grundstück. Es entsteht Bewegung. Gewehre klicken. Noch mehr Wächter rennen auf den Wagen zu. Weitere Fragen werden gestellt. Wir erklären, daß Jassir Arafat uns herbeordert hat. Wir sollen zu einem Interview erscheinen. Weitere Telefonate, und schließlich öffnet sich das Tor gerade weit genug, damit der Wagen hindurchkommt.

In der Auffahrt des weiträumigen steinernen Herrenhauses stehen noch mehr Bewaffnete und Fahrer neben ihren geparkten Wagen. Sie warten auf die PLO-Beamten, die im Inneren konferieren. Mehrere Wachen am Eingang nicken stumm und lassen die Hände über ihre Maschinenpistolen gleiten, als sie die Amerikaner sehen. Ein Diener kommt in die große vordere Halle und läßt die Gäste ein.

Die prächtige Villa glitzert. Kristallene Lüster und nachgemachtes Rokoko. In dem geräumigen Salon finden Fatah-Versammlungen und PLO-Konferenzen statt. Im Kreis stehen Sofas mit gelben Brokatbezügen und Troddeln und geschnörkelten Lehnen, dazu die passenden Sessel, Sitzplätze für sechzig bis achtzig Personen. Weitere zehn Besucher können im angrenzenden Salon Gespräche führen, und ein paar Meter weiter finden zwanzig Personen an einem langen, modernen Eßtisch Platz. Unten im kühlen Souterrain hält Arafat manchmal ein Nickerchen oder trifft sich mit dem Exekutivkomitee. Im Augenblick rekelt sich ein halbes Dutzend Palästinenser aus verschiedenen nahöstlichen Ländern im eleganten Salon – zumeist Kettenraucher, die ihren Scotch nippen und auf Arabisch den neuesten Klatsch durchgehen.

Etwas abseits sitzt der Vorsitzende. Er trägt seine übliche Khakiuniform und die Kafija und starrt interessiert den Fernseher an, in dem amerikanische Zeichentrickfilme laufen. An wenigen Zerstreuungen findet Arafat ein solches Gefallen wie daran, Bugs Bunny, Road Runner oder Tom und Jerry über die Mattscheibe flitzen und Mickey Mouse die böse Katze austricksen zu sehen. Der Vorsitzende grinst entzückt.

Sein anderes großes Vergnügen sind Kinder. »Ich habe viele Kinder«, darauf besteht er. »Alle Kinder sind meine Kinder.« Dazu zählt Arafat nicht nur die palästinensischen Waisenkinder in den Flüchtlingslagern, sondern auch die Kinder seines Bruders Fathi, seines verstorbenen Bruders Gamal und der Personen in diesem Raum. Als wenige Augenblicke später der junge Sohn und die Tochter von Bassam Abu Scharif erschöpft nach ihrer langen Reise vom Libanon ankommen, springt Arafat auf, um sie zu begrüßen, und sein Leibfotograf schnellt hoch, um die Umarmung abzulichten. »Sie sind meine Kinder«, sagt er und lächelt, als er die schläfrigen Kinder ans Herz drückt. »Das gibt mir volle Befriedigung. Alle Kinder sind meine Kinder.«

Diese beiden waren während der achtundachtzigtägigen Belagerung von Beirut 1982 mit ihrem Vater in der libanesischen Hauptstadt. Der Donner der in der Luft detonierenden Bomben lockte Abu Scharifs Sohn auf den Balkon ihrer Wohnung hinaus, wo der kleine Junge die israelischen Jets vorbeizischen sehen konnte. Der ohrenbetäubende Krach der Explosionen überwältigte das Kind. Hilflos urinierte es auf dem Balkon. Als Abu Scharif sah, daß sein Sohn sich vor Angst nicht mehr beherrschen konnte, ging er ins Schlafzimmer, holte seine Kalaschnikow und brachte sie dem Jungen. »Du kannst die Flugzeuge selbst stoppen«, sagte er und zeigte ihm, wie man mit dem automatischen Gewehr schießt. Die Finger des kleinen Jungen waren zu kurz, um die Waffe zu halten, und so brauchte er die Hilfe seines Vaters, der sie für ihn hielt. Als sie mit dem Gewehr in die Luft zielten und zusammen auf den Abzug drückten, drehten die Flugzeuge ab und verschwanden vom Himmel. »Er hat nie wieder so gepinkelt«, sagt Abu Scharif und fügt hinzu, genau wie die PLO hätte sein Sohn seither das Gefühl, Herr der Lage und nicht mehr Spielball der Ereignisse zu sein.[1])

Um drei Uhr früh in Tunis aber kann sich Abu Scharifs Sohn nicht mehr auf den Beinen halten und nickt immer wieder ein. Während die Sitzung andauert, schlafen die Kinder fortwährend ein, bis sie schließlich ins Bett dürfen. Noch ein paar Küsse von Abu Amar, und dann werden sie in ihre Schlafzimmer gebracht.

Später an diesem Morgen schläft möglicherweise auch Arafat – vielleicht, vielleicht nicht. Seine Berater klagen, zum Frühstück sei oft ein Treffen mit dem Vorsitzenden anberaumt, dann aber könnten sie ihn nicht finden. »Ich muß ihn jeden Morgen suchen«, erzählt uns Akram Hanieh, Anfang Dreißig, der den Kontakt mit den besetzten Gebieten aufrechterhält.[2]) Immer wieder kommt es vor, daß Arafat im Morgengrauen seinen Schlupfwinkel im Haus des Botschafters verläßt und in ein anderes Haus wechselt, um möglichen Attentaten auszuweichen. Einer der nächtlichen Fluchtpunkte des PLO-Vorsitzenden ist über lange Jahre das Haus Salah Khalafs gewesen, der bis zu seiner Ermordung 1991 als zweitmächtigster Mann in der PLO gegolten hat. Zur Zeit unserer Recherchen fungiert Salah Khalaf (»Abu Ijad«) als Sicherheitschef der PLO und tritt auf wie ein General. Überall in seiner versteckt liegenden Villa stehen seine Soldaten mit ihren geschulterten Kalaschnikows Wache. Sie patrouillieren am Wächterhaus, sie liegen im Gras, sie stehen an der Haustür, sie sitzen im Eingang – die Palästinenser sind auf der Hut. Und wenn sich »Abu Ijad«, der Mann mit dem strengen Gesichtsausdruck, in seinem gepanzerten Mercedes in der Stadt umherbewegt, ist er von Leibwächtern umgeben wie eine Kükenmutter von ihren Kleinen. Der robuste und strengblickende Abu Ijad residiert in einer Villa mit breit geschwungener Treppe, falschem Zebrafellteppich im Foyer und einer Schlafzimmertür aus Eisen – Spezialanfertigung. Das Grundstück, auf dem die Villa errichtet worden ist, war in früheren Zeiten Sitz des libyschen Botschafters in der tunesischen Hauptstadt.

Fühlt sich der Vorsitzende jedoch auch in Abu Ijads Villa nicht sicher, so stehen ihm weitere Häuser zur Verfügung, in die er sich begeben kann. Unabhängig davon, wohin er geht, zuallererst macht er einen Rundgang durch das Haus und untersucht – seinem Instinkt vertrauend –, ob das Haus sicher ist oder nicht. Bis in den Frühling des Jahres 1988 hinein hat Arafat gelegentlich auch bei Abu Dschihad geschlafen, aber die von Geschoßeinschlägen gezeichneten Wände des Schlafzimmers seines verstorbenen Freundes sind eine zu grausige Mahnung, welche Gefahren ständig auf ihn lauern.

Heute ist die Villa von Abu Dschihad mehr ein Museum als ein Haus, in dem Menschen wohnen: Auf Kaffeetischen stehen die gerahmten Fotos eines lächelnden Abu Dschihad; die Schals, die seine Frau trägt, sind mit Bildern von ihm bedruckt. Als Erinnerung an seine Arbeit hängt an der Wand ein in Bronze gegossener, unvollendeter Brief an die Führer der Intifada, den er schrieb, als die Attentäter in sein Haus eindrangen. Seine Witwe, Um Dschihad, wirkt ausgelaugt und erschöpft von dem, was sie erlebt hat. Sie empfängt die ausländischen Gäste und führt sie in der gut eingerichteten Villa herum. In allen Einzelheiten schildert sie ihnen den blutigen Mord an ihrem Gatten, den sie den »Vater der Intifada« nennt. Zögernd und mit Tränen in den Augen erzählt sie die Geschichte von den vierundzwanzig Killern, die mitten in der Nacht zu ihnen gekommen waren.

»Als wir das Geräusch hörten, habe ich gerade geschlafen, und Abu Dschihad saß am Schreibtisch, um einen Brief zu schreiben. Ich hörte das Geräusch, wachte auf und sah ihn zu seiner Pistole laufen. Er nahm sie und verließ das Schlafzimmer. Ich fragte ihn, was los sei, aber er antwortete nicht. Es geschah sehr rasch.

Als Abu Dschihad das Schlafzimmer verließ, stand er in der Ecke an der Tür. Ich stand hinter ihm, nahe bei ihm. Ich sah die vier Männer an der anderen Tür, und er schoß schnell eine Kugel ab. Er schob mich in eine andere Ecke, und der erste kam und schoß Abu Dschihad in den Kopf. Ich versuchte ihn aufzuheben, zu berühren. Der erste hinderte mich daran und richtete seine Maschinenpistole auf mich. Ich schloß die Augen und betete.

Ich habe alles gesehen. Der Killer war jung, nicht älter als zweiundzwanzig, braunes Haar, blaue Augen, sportliche Figur. Er trug eine Maske. Er sagte gar nichts. Er erschoß Abu Dschihad einfach und verhinderte, daß ich mich bewegte. Ich sah einen anderen Mann kommen und auf Abu Dschihad schießen, der am Boden lag.« Sie macht eine Pause, ihre Augen brennen, die Erinnerung quält sie. »Der zweite kam und schoß wieder auf Abu Dschihad, der dritte schoß auf Abu Dschihad, noch einmal. Der vierte schoß auch auf ihn. Sie hatten zuvor die beiden Leibwächter und den Gärtner, einen tunesischen Jungen, getötet. Danach kamen sie in unser Schlafzimmer und schossen hinein. Ich war immer noch draußen. Ich dachte, sie hätten meinen Jungen erschossen. Ich hörte ihn weinen. Er war zweieinhalb Jahre alt. Sie schossen immer noch. Sie schossen nahe seinem Bett.

Wenn ich weine, weine ich leise. Aber als der Mann kam und zum fünftenmal auf Abu Dschihad schoß, heulte ich und schrie: ›Aufhören!‹ Meine Tochter Hanan, die sechzehn Jahre alt war, hörte mich schreien und kam schnell. Sie fragte: ›Was ist?‹ Einer von ihnen sagte auf arabisch: ›Geh in dein Zimmer!‹ Als sie abzogen, öffnete ich die Balkontür und sah viele Leute rennen. Ich sah nicht weniger als vierundzwanzig Personen rennen und schrie: ›Hilfe!‹ Doch niemand kam. Die Polizei erreichte das Haus erst nach einer halben Stunde . . . Sie fanden 75 Kugeln in seinem Körper . . . Schon die erste hatte ihn getötet.«[3])

Nur ein paar Augenblicke darauf erzählt Um Dschihad die grausige Geschichte unter Schmerzen einer Delegation jugoslawischer Kommunisten und sichert durch die ständige Wiederholung das unsterbliche Andenken an den Toten. Sie ist selbst eine palästinensische Aktivistin und gibt zu, daß sie sich immer der mit der Rolle und Bedeutung Abu Dschihads verbundenen Gefahr bewußt war. »Jeden Tag habe ich daran gedacht, daß er sterben könnte«, sagt sie. Dann schüttelt sie den Kopf und fügt ungläubig hinzu: »Ich habe nicht geahnt, daß ich ihn in meinem Haus sterben sehen würde.«

Trotz der gespenstischen Atmosphäre wirkt das Haus, durch das sie die Besucher führt, noch immer luxuriös mit den großen weißen Räumen, den weißen Fliesenfußböden, den beiden luftigen Salons, von denen einer mit runden weißen Sofas eingerichtet ist, während den anderen Möbel mit Blumenmustern schmücken. Die eleganten Bäder und großen Schlafzimmer im ersten Stock zeugen von einem üppigen Leben, das sich auffällig von Arafats Nüchternheit und Strenge unterscheidet. Diese Asymmetrie ist es, die den Vorsitzenden über seine Kollegen erhaben macht. Gleichzeitig aber bewilligt er selbst ihnen die finanziellen Mittel für die herrlichen Villen und PLO-Botschaften in ganz Afrika und Europa. Er teilt das Geld für die Limousinen, das Essen, den Alkohol und den fürstlichen Lebensstil der meisten PLO-Beamten zu. Ihre schönen Häuser und ihr Schwelgen in Hülle und Fülle stellen einen krassen Widerspruch zu Arafats Askese dar und sind Beweise für die Absolutheit seiner Hingabe.

Ein paar Jahre lang hat sich allerdings auch Arafat gewisser materieller Genüsse erfreut. 1957 traf er als Ingenieur mit einem guten Job in Kuwait ein. In den Augen mancher Beobachter war das Emirat am Golf ein unwirtlicher, sandiger Landstrich, in dem die Behörden palästinensische Flüchtlinge anheuerten, damit diese für sie die Arbeit machten. Außerdem herrschte das Bild vor, korrupte Beduinenchefs würden die Bürokratie mit Schmiergeldern versehen, um Verträgen über die gesetzlichen Hürden zu helfen. Für die Palästinenser selbst aber, die fast fünfzig Prozent der Zivilbediensteten und achtzig Prozent der Lehrer stellten, war das britische Protektorat eine fruchtbare Oase, die ihnen Jobs, Geld und Zukunftschancen bot. Hier konnten sie ihre Universitätsdiplome in lukrative Positionen ummünzen. Zehntausende von Palästinensern strömten in das ölreiche Emirat, suchten ihr Glück bei den Perlen auf dem Grunde des Meeres und dem Petroleum, das aus der Erde quoll. 1990 schließlich lebten rund zwanzig palästinensische Milliardäre in Kuwait.

Wenn Kuwait den Palästinensern auch wenig für ihre Gehälter zu kaufen bot, so kamen sie dort wenigstens zu einem Haus und einem Auto und konnten ihren Angehörigen daheim das Geld schicken, das übrigblieb. Diejenigen, die noch immer in der West Bank, in Gaza, im Libanon oder in Jordanien in Flüchtlingslagern hausten, konnten sich so wenigstens finanziell der Illusion hingeben, sie lebten nur vorübergehend in diesen elenden Gettos und würden demnächst in ihre früheren Häuser zurückkehren. Sie schrieben die Namen ihrer Heimatdörfer an die numerierten Barackenblocks, arrangierten die Hochzeiten ihrer Kinder mit anderen Angehörigen ihrer Clans und brachten einen Teil des Geldes, das sie vom Golf bekamen, zur Bank, damit sie ihre Rückkehr – *al-Awda* – planen konnten.

Die Hoffnung auf eine Rückkehr nach Palästina hatten auch diejenigen, die Anfang der fünfziger Jahre nach Kuwait kamen. Der unterentwickelte Golfstaat war eine schier unerträglich heiße, öde Wüste, in der kein Grashalm wuchs und nur dicker, zäher, brauner Schlamm durch die Straßen floß, in denen sich zudem die Ratten tummelten. Die Holzhäuser, die die Regierung den Arbeitskräften zuwies, besaßen kein fließendes Wasser, geschweige denn einen Kühlschrank oder eine Klimaanlage. Das kümmerliche Angebot an Obst und Gemüse auf dem Markt, der unter freiem Himmel abgehalten wurde, kostete ein Vermögen und verdarb in der Sonnenhitze rasch. Was Vergnügungsmöglichkeiten anbetraf, so untersagten die frommen Moslems den Genuß von Alkohol in der Öffentlichkeit. Bars und Nachtklubs existierten nicht, und fast alle Arten von Geselligkeit fanden zu Hause statt. Die einzige Abwechslung in dieser Langeweile bot ein Bad im von Haien wimmelnden, phosphoreszierenden Wasser des Golfs oder die Falkenjagd.

Jassir Arafat traf in dem britischen Protektorat mit einem Arbeitsvertrag des Amtes für Öffentliche Arbeiten ein und bezog in Solaybiahat, einer für unverheiratete Ingenieure vorgesehenen Gegend, einen Bungalow. Als er nach Kuwait kam, gab es dort bereits elektrischen Strom. Arafats Ziegelsteinhaus, in dem früher britisches Personal gewohnt hatte, war komfortabel und besaß einen eigenen Garten. Aber die strikten gesellschaftlichen Regeln sahen nicht nur eine Trennung der Junggesellen von den unverheirateten Frauen, sondern sogar eine der Ingenieure von den Ärzten (zu denen später sein Bruder Fathi gehören sollte), der Ärzte und Ingenieure von den Lehrern (zu denen bald Abu Dschihad zählte) und all dieser Junggesellen von den Verheirateten vor.

An den meisten Tagen betreute Arafat, fein gekleidet in einen weißen Sportmantel und seine schwarzen, wie Haifischhaut schimmernden Hosen, jene Bauvorhaben, die ihm anvertraut waren. Außer seinem Gehalt von circa 30 000 US-Dollar pro Jahr, das er für die Beaufsichtigung des Baus von Straßen, Autobahnen und Brücken erhielt, verdiente er zusätzliches Geld durch private Aufträge der ortsansässigen Scheichs, für die er Häuser und Villen errichten ließ. Es dauerte nicht lange, bis der auf Unabhängigkeit bedachte Arafat mit mehreren anderen Ingenieuren zusammen seine eigene Firma gründete und mit der Verwirklichung großer Projekte noch mehr verdiente. »Ich hatte drei Firmen!« erzählt er stolz.[4])

Mit seiner einträglichen Arbeit sammelte er bald ein erhebliches Vermögen an. »Wissen Sie, ich war fast Millionär«, brüstet er sich, »Ja, ich hatte sehr viel Geld.«

Die einzigen Luxusgüter allerdings, die er erwerben konnte, waren Autos. Jetzt, viele Jahre später, erinnert er sich an seine extravagante Jugend und stellt die rhetorische Frage: »Haben Sie eine Ahnung, wie viele Autos ich hatte?« Er zählt sie an seinen Fingern ab: »Zwischen sechs und sieben: einen Thunderbird im Libanon, einen Volkswagen in Damaskus, einen Chevrolet und drei oder vier andere Wagen in Kuwait. Ich pflegte meine Autos häufig zu wechseln.« Er hält ein, genießt die Erinnerung. »Aber mein Lieblingsauto war der Thunderbird.«

Wenn Arafat Spaß am Autofahren hatte, so war denen, die neben ihm saßen, oft ganz anders zumute. Sakaria Nil, ein Ägypter, der mit ihm zusammen in Kuwait gearbeitet hat, schildert seine Erfahrungen mit dem Chauffeur Arafat: »Der einzige Nachteil seines Fahrstils ist, daß er die ganze Zeit redet und mit den Händen herumgestikuliert, während er fährt.« Eines Nachmittags nahm Arafat Nil in seinem Wagen mit den breiten Heckflossen mit. Auf dem Weg zur Firmenkantine fing Arafat eine Diskussion über palästinensische Politik an. Je mehr er sprach, um so erregter wurde er, und bald vergaß er, das Lenkrad zu bedienen. Als der Wagen die Straße entlangschlingerte, wandte Nil sich ihm entsetzt zu und schrie: »Das ist jetzt das letzte Mal, daß ich mich zu dir ins Auto setze!«[5])

Die Angst derer, die er mitnahm, machte Arafat nichts aus. Oft lenkte er seinen zweifarbigen Thunderbird mit dem aufklappbaren Verdeck, beladen mit seinen Freunden, in den benachbarten Irak, nach Syrien und selbst in den Libanon, wo die mit europäischer Kleidung gefüllten eleganten Boutiquen ihn zu Einkaufstouren lockten. Der Libanon, damals die Schweiz des Nahen Ostens, bot willkommene Erholung von der Enthaltsamkeit und Dürre des Ölscheichtums. Scharenweise tummelten sich die Palästinenser in den Casinos, speisten in den guten Restaurants oder flogen vom Internationalen Flughafen für einen Kurztrip nach Europa.

»Ich habe Frankreich, Wien und Griechenland besucht«, erinnert er sich, aber seine Augen rollen aufwärts, als er sich seines schönsten Erlebnisses, einer Ferienreise nach Italien, entsinnt. »Als ich reich geworden war, mußte ich einfach noch einmal nach Venedig. Und diesmal habe ich wie ein Lord gelebt.« Seine Augen funkeln, er genießt diesen Rückblick auf seine »Revanche«. Nun konnte er die beiden scheußlichen Tage in Venedig, als er sich wie ein Bettelstudent hatte durchschlagen, draußen schlafen und Äpfel, Äpfel, Äpfel essen müssen, mehr als wiedergutmachen. Auf seiner zweiten Reise nach Italien flog der erfolgreiche Ingenieur erster Klasse und mietete sich in einem der luxuriösesten Hotels von Venedig ein. »In dem auf der großen Insel«, entsinnt er sich. Aller Geldsorgen ledig, konnte er die Fahrt in der Gondel genießen, die durch den Canale Grande glitt, konnte auf den Caféterrassen am Markusplatz sitzen und die Frauen vorübergehen sehen. Omar al-Khatib, einer seiner Freunde aus Kairo, erinnert sich: »Er war ein typischer junger Mann. Wenn er eine hübsche junge Frau vorbeigehen sah, pfiff er los.«[6])

Kuwait, die Quelle von Arafats materiellem Reichtum, sollte bald zum Ursprung seiner revolutionären Bewegung werden. Tagsüber widmete er sich als Bauingenieur dem Gelderwerb, abends jedoch der Politik. Schon ein paar Monate, nachdem Arafat eingetroffen war, folgte Abu Dschihad – begierig darauf, eine kleine Gruppe von Freiheitskämpfern zu organisieren. Im Herbst 1957 kamen die Freunde zum erstenmal wieder zusammen.

Wie die anderen von dem Gedanken an ihr Heimatland beherrschten Palästinenser waren Arafat und Abu Dschihad von dem Wunsche beseelt, den bewaffneten Kampf zu beginnen. Untergrundgruppen wie ihre bildeten sich im gesamten Nahen Osten – beispielsweise in Syrien, Saudi-Arabien, Katar, im Irak und in Gaza. Sie verbargen ihre Absichten aber sorgfältig vor der jeweiligen Landesregierung, die in den Palästinensern eine gefährliche Bedrohung sah. Abu Ijad, der sich ihnen 1959 anschloß, erklärt das so: »Die arabischen Regierungen wollten alles wissen, und es sollte sich mit ihrer Förderung und unter ihrer Aufsicht abspielen.« Selbst der ehemalige Großmufti von Jerusalem, Hadsch Amin al-Husseini, erschien Nasser so gefährlich, daß er ihn 1959 zwang, Ägypten zu verlassen und in den Libanon zu flüchten.

Aber im Gegensatz zu den anderen Palästinensergruppen – Panarabisten, islamische Fundamentalisten oder auf einzelne arabische Staaten ausgerichtete Gruppierungen – waren Arafat und Abu Dschihad der festen Überzeugung, daß sie sich ihre Unabhängigkeit von anderen Ideologien oder Staaten bewahren mußten. Auch in ihrer Organisationsstruktur hoben sie sich von den übrigen palästinensischen Gruppen ab: Statt ein selbstherrliches Oberhaupt einzusetzen, entschieden sie sich für eine kollektive Führung. Jedes Mitglied sollte den anderen gegenüber verantwortlich sein. Mit diesem Gedanken im Kopf begannen sie am 10. Oktober 1959, die Infrastruktur der neuen Militärorganisation aufzubauen.

Die Gruppe hatte noch keinen Namen. Nach einigem Hin und Her verfielen sie auf die großartige Formulierung »Palestinian National Liberation Movement« (Palästinensische Nationale Befreiungsbewegung), doch die Abkürzung davon lautete auf arabisch HATAF – ein allzu böses Omen für eine Befreiungsbewegung, denn HATAF bedeutete TOD. Clever drehten sie die Buchstabenfolge um und bildeten das Wort FATAH. Heute brüstet sich Arafat: »Dieser Name wurde 1958 gewählt. Ich habe ihn gefunden. Ich selbst bin darauf gekommen.« Die Bedeutung von Fatah erklärt er so: »Es ist etwas aus dem Koran. Fatah heißt, das Tor des Ruhmes öffnen. Fatah heißt öffnen. Sie können sagen: ›Ich habe Fatah in meinen Studien, in meinem Geschäft, in meinen militärischen Aktionen, in meiner Ehe erreicht.‹ Fatah bedeutet etwas Glorreiches für einen Menschen, für eine Gruppe, für ein Land, für eine Nation, für alles.«

Das erste Projekt, die Herausgabe einer Untergrundzeitschrift, sollte von dem an Bargeld reichen Arafat und von Hadsch Amin finanziert werden. Der Schwiegersohn des früheren Großmuftis, Muheidin al-Husseini, erzählt uns: »Hadsch Amin selbst war sehr reich. Er war reich geboren. Ich bin sicher, daß er Arafat später, als er die Fatah gründete, finanziell geholfen hat. Als sie ins Leben gerufen wurde, kam der größte Teil des Geldes von Hadsch Amin.«[7]) Jahre später, 1967 und 1968, so der Schwiegersohn, pflegten sie sich in seinem Haus in Amman zu treffen. »Hadsch Amin hatte den Eindruck, daß Arafat der richtige Führer für die palästinensische Nation war.«

Die Zeitschrift der Fatah sollte genau wie jene, die Arafat in Kairo herausgebracht hatte, das Bewußtsein der Palästinenser stärken und den in der Welt verstreut Lebenden die Idee der Revolution näherbringen. Aber einen Herausgeber zu finden, dem sie einerseits ihr Geheimnis anvertrauen konnten und der andererseits so mutig war, diese gefährliche Aufgabe zu übernehmen, erwies sich als besonders schwierig. Erst nach monatelanger Suche entdeckten sie schließlich einen kleinen Verlag in Tripoli im Libanon, der bereit war, sich auf das Wagnis einzulassen.

Die erste Ausgabe, eine 1959 gedruckte, primitiv gemachte Hetzschrift mit dem passenden Titel »Unser Palästina« *(Filistinuna)*, war sofort ein Erfolg. Ihr wütender Aufruf zum bewaffneten Kampf und die entschlossene Forderung nach einem Heimatland entzündeten in den Herzen der Palästinenser, die dringend einen Sammlungspunkt suchten, ein patriotisches Feuer. In Syrien und Ägypten war sie verboten, aber die Gruppe schmuggelte Exemplare hinein, die die Flüchtlingslager erreichten. Fast augenblicklich meldeten sich Kandidaten, die mitkämpfen wollten. Das Postfach der Zeitschrift brachte eine vielversprechende Anzahl von Abonnements und, wichtiger noch, die Namen von Dutzenden potentieller Mitglieder ein.

Wenn die Gründer der Fatah noch irgendeinen Zweifel am Erfolg ihres

Unternehmens gehegt hatten, so wurden sie nach dem Erscheinen ihrer Zeitschrift von derartigen Ängsten befreit. Arafat war für die Organisation der militärischen Aktivitäten zuständig, Abu Dschihad für die Mitgliederorganisation, und diese geheime Gruppe wuchs sich zu einem Netzwerk von Untergrundzellen aus, das sich schließlich über den ganzen Nahen Osten und bis nach Europa ausbreitete. Innerhalb weniger Jahre schlossen sich ihnen in Kuwait Salah Khalaf, ihr Freund von der Moslembruderschaft, Faruk Kaddumi, ein glühender Revolutionär, der im Gesundheitsministerium gearbeitet hatte, und Khaled al-Hassan an, der in Kuwait als Generalsekretär der städtischen Planungsbehörde prominent und wohlhabend geworden war. Salah Khalaf beschreibt die Struktur der Untergrundgruppe: »Mitglieder wurden vertikal ausgewählt, das heißt, sie wußten nichts voneinander. Nur dem Organisator war ihre Mitgliedschaft bekannt. Die Zellen bestanden aus jeweils zehn bis fünfzehn Mitgliedern, und die Organisation war von 1959 bis 1965 geheim.« Jedes Mitglied entrichtete einen Teil seines Gehalts an die Organisation, und Waffen wurden »überall auf dem schwarzen Markt« gekauft. Khaled al-Fahum erinnert sich, daß Arafat einen großzügigen Beitrag zur Kriegskasse leistete. »1965, als wir uns zum erstenmal trafen, hatte er 60 000 Dinar, etwa 200 000 US-Dollar, und die schenkte er der Fatah.«[8])

Im Dezember 1962 erlebte die Gruppe den Erfolg ihrer arabischen Brüder, der Algerier, in ihrer Revolution gegen die Franzosen. Angespornt von diesem Sieg über den Kolonialismus, machte Arafat die Politik zu seiner Hauptaufgabe. Er verschwand des öfteren von seinem Ingenieursjob in Kuwait und reiste – inkognito und mit gefälschten Pässen – zu geheimen Treffen mit revolutionären Gruppierungen in Ägypten, Syrien, Algerien und Jordanien.

Der PLO-Botschafter in Ägypten, Said Kamal, erinnert sich, wie er 1963 in Kairo Arafat vorgestellt wurde. Kamal gehörte zur Arabischen Nationalbewegung, einer von George Habasch geleiteten, im Untergrund agierenden panarabischen Organisation. Habasch war ein christlicher Palästinenser, der an der Amerikanischen Universität in Beirut Medizin studiert hatte. Obwohl Kamal George Habaschs radikaler marxistischer Organisation gegenüber treu war, fühlte er sich als Aktivist auch von der in Kuwait sitzenden Gruppe angesprochen. »Sie erregte Aufmerksamkeit und wurde von einem Mann namens Arafat al-Husseini geleitet.« Der große, energische Kamal wiederum war den Fatah-Aktivisten bekannt, die meinten, seine Sympathien gehörten Palästina.

Fatahs damaliger geheimer Repräsentant in Kairo, Abdul Hamid, wollte, daß Arafat Said Kamal kennenlernte. Er lud Kamal spätabends zum Essen zu sich nach Haus ein. »Komm um Mitternacht«, sagte er. »Ein Mann vom Zentralkomitee, Herr Ahmed, ein Algerier, würde dich gern kennenlernen. Er ist Spezialist für die Palästinaabteilung.« Kamal kam in der Wohnung an und begann ein Gespräch mit Herrn Ahmed, merkte jedoch bald, daß etwas mit dessen Akzent und Gehabe nicht stimmte. Kamal gab seinem Gastgeber ein Zeichen, nahm ihn beiseite und flüsterte: »Sieh her, ich bin nicht so blöde. Das ist kein Algerier.« Der »Algerier« kam zu den beiden herüber. »Ich bin Abu Amar«, sagte er zur Entschuldigung. »Ich bin Palästinenser, aber mit einem algerischen Paß hergekommen.«[9]) Nachdem sie sich über ihre Identität ausgetauscht hatten, wandten sie sich den ernsten Dingen zu. Arafat lud Kamal ein, der Fatah beizutreten, und bat ihn, die anderen in der Arabischen Nationalbewegung zum gleichen Schritt aufzufordern.

Im Februar 1963 bildete die Fatah ihr erstes Zentralkomitee, das kollektiv von Arafat, Abu Dschihad, Khaled al-Hassan und dem heute nicht mehr aktiven Abdel Karim geleitet wurde. Das ZK umfaßte insgesamt fünfzehn Mitglieder und war speziell dazu entworfen, den Kern der Fatah zu bilden. Es ist noch immer die mächtigste Gruppe innerhalb der Fatah, obwohl ihre Theorie von der kollektiven Führung mehr rhetorischer als tatsächlicher Natur ist. Entsprechend kam es schon früh zu einem Streit über Führungsansprüche zwischen Khaled al-Hassan, der die kollektive Führung propagierte, und Jassir Arafat, der der Meinung war, daß das Kommando im Rahmen der Struktur der Fatah – um tatsächlich effektiv zu sein – nur in der Hand eines einzigen Mannes liegen sollte.

Zum größten Teil aber arbeitete die Gruppe gut zusammen, und als im gleichen Jahr Omar Khatib, ein ehemaliger Klassenkamerad Arafats, der nach Ost-Jerusalem gegangen war, die Gruppe in Kuwait besuchte, fand er die Arbeit des Komitees höchst eindrucksvoll. »Es war das erste Mal, daß das Konzept der Fatah ernsthaft angeboten wurde. Sie machten mich mit der Struktur der Organisation und der internen Verfassung von Fatah bekannt. Ich nahm das Papier mit, fuhr nach Jerusalem zurück und begann, im Namen von Fatah um Unterstützung und Mitglieder zu werben.« Den vielen geheimen Gruppen, die in den Städten der West Bank, in Ramallah, Nablus und Hebron miteinander um Mitglieder wetteiferten, gelang es nur, jeweils zwanzig bis dreißig junge Aktivisten anzuwerben. Khatib fing an, mit diesen Gruppen im Namen von Fatah zu sprechen, und 1965 hatte er mit Arafats und Abu Ijads Hilfe die militanten Organisationen, die inzwischen mehrere hundert Mitglieder zählten, unter dem Dach von Fatah vereinigt.

Ebenfalls 1963 kam Fatah auf Khaled al-Hassans Bruder Hani zu. Hani al-Hassan hatte in Deutschland gearbeitet, die Universität besucht und die palästinensischen Studenten organisiert. Als die Fatah ihn ansprach, war er Vorsitzender der internationalen GUPS, zu der in Europa 32 Gruppen zählten, und hatte seine kleine Gruppe in Deutschland zu einer eindrucksvollen Organisation von 3000 palästinensischen Studenten und 5000 palästinensischen Arbeitern ausgebaut.

Die Fatah-Führer, denen diese Tatsache nicht verborgen blieb, luden Hani al-Hassan zu einer Begegnung nach Kuwait ein. Als er ankam, lernte er zunächst Arafat kennen und war von dessen Ausstrahlung beeindruckt. »Er ist von seiner Ideologie verzehrt. Sie ist seine Schwäche und seine Stärke.« Seine Stärke, erklärt er, bestehe darin, daß »er sich mit dieser Eigenschaft allen Strömungen anschließen könnte«. Die Schwäche aber liege darin, daß »man manchmal keine langfristige Strategie besitzt«.[10]) Die Männer debattierten zornig über Jordaniens Rolle. Arafat fand, es solle eine separate Einheit bleiben. Hassan war der Meinung, die haschemitische Monarchie müsse beseitigt und Jordanien eine Basis für die palästinensischen Aktivitäten werden. Er war 1955 auf dem Weg in die West Bank in Jordanien gewesen. »Ich bekam ein schlimmes Gefühl«, sagt er. »Ich sah, was sie in der West Bank taten. Sie benahmen sich miserabel . . . Die Jordanier waren damals wie die meisten Araber. Man durfte nicht sagen, daß man Palästinenser war. Sie unterdrückten einen mental, psychologisch. Sie gaben den Palästinensern außerdem keinerlei Rechte.«

Bei dem Treffen in Kuwait drängte Abu Dschihad Hani al-Hassan, seine Gruppe mit Fatah zu vereinigen. Er sagte ihm, Fatah hätte Hunderte von Zellen überall. »Durch seine Taktik überzeugte er mich, daß sie militärisch stark waren. Er sagte, sie besäßen Hubschrauber, Raketen etc.« In Wirklichkeit, sagt Hassan, dessen eigene riesige Gruppe über keine militärischen Kräfte verfügte, »bestand Fatah nur aus zehn bis zwanzig Zellen und hatte nicht mehr als achtzig Mann.«

Aber Hassan war trotzdem gewonnen und versprach, seine Organisation mit der von Kuwait aus operierenden Gruppe zusammenzuschließen. Er kehrte nach Deutschland zurück und wies seine Leute an, an einem Sonntag in jedem Monat zu arbeiten, um den Tageslohn von 20 US-Dollar zur Revolution beizutragen. Er erinnert sich: »Abu Dschihad kam alle vier oder acht Wochen, um das Geld zu kassieren.«

Später wurde Hassan eine zentrale Figur im Machtkampf innerhalb der Fatah. Die Organisation spaltete sich: Arafat war eifrig darauf bedacht, den bewaffneten Kampf zu beginnen, und führte ein Kontingent an, das den Beinamen »verrückte Gruppe« erhielt. Hanis Bruder, Khaled al-Hassan, der meinte, es sei besser zu warten, bis sie ein paar tausend Kämpfer hätten, führte ein größeres Kontingent an, das die »weise Gruppe« hieß. Hani al-Hassan erklärt das heute so: »Wir wollten alle die militärische Option, aber in der Frage, wann und wo wir anfangen sollten, waren wir uns nicht einig. Die ›weise Strömung‹ sagte, wir bräuchten mindestens dreitausend Kämpfer, Waffen überall und genug Geld, um für die zu zahlen, die ihre Familienangehörigen als Märtyrer verlieren würden. Die ›verrückte Strömung‹ hingegen war der Auffassung, die Revolution sei wie ein menschliches Wesen, sie lasse sich nicht erschaffen. Man muß als Baby geboren werden, dann ein Junge werden und schließlich ein richtiger Mann.«

Der Unterschied in der Taktik zerstörte beinahe die Gruppe. Um zu verhindern, daß die »verrückte Strömung« stürmisch handelte, blockierte Khaled al-Hassan den Geldzufluß. Sein Bruder Hani aber, der Zugang zu jenen enormen Beiträgen hatte, die von seinen europäischen Mitgliedern kamen, wurde bald neuer Finanzchef der Fatah.

Wenn die Fatah-Führung in ihrer Ansicht über die Nützlichkeit militärischer Aktionen geteilter Meinung war, so war sie sich doch einig in bezug auf eine neue, in Ägypten gebildete Gruppe. Der ägyptische Präsident Gamal Abdel Nasser sorgte sich aufgrund der ungezügelten palästinensischen Kommandos, die seinen Waffenstillstand mit Israel von 1957 in Gefahr bringen und einen neuen Krieg provozieren konnten. Zugleich wollte er seinen palästinensischen Brüdern aber auch zeigen, daß er sie unterstützte; es bestand immerhin die Möglichkeit, daß sie zu seinem Sturz beitragen würden, wenn er sie sich zu Feinden machen sollte. Aus diesem Grund entschied er sich, eine palästinensische Organisation zu gründen, die seiner Kontrolle unterworfen sein würde. Hani al-Hassan erinnert sich allerdings, daß die Idee eigentlich vom amerikanischen Regierungsbeamten George Ball stammte. »Ahmed Schukeiri, der erste Vorsitzende der von Nasser angestrebten Organisation, erzählte mir, George Ball hätte ihm gesagt, es sollte eine Stimme der Palästinenser geben, die sie vertrete. Er sagte mir, Nasser und die Araber hätten diese Organisation zusammen mit George Ball ins Leben gerufen.«

Im Januar 1964 lud der ägyptische Präsident dreizehn arabische Führer zum ersten Arabischen Gipfel nach Kairo ein. Mit dem Argument, Israel leite Wasser vom See von Galiläa in die Negev-Wüste ab und könne sich deshalb eine beträchtliche Vergrößerung seiner Bevölkerung leisten, erklärte Nasser, es sollte eine offizielle palästinensische Gruppe geben, die die Israelis bekämpfe. Ihr politischer Arm sollte den Namen »Palästinensische Befreiungsorganisation« (Palestinian Liberation Organization – PLO) erhalten. Die dreizehn arabischen Herrscher stimmten der Idee zu und wählten auf Nassers Vorschlag Ahmed Schukeiri, einen bombastischen Redner und Beamten der Arabischen Liga, zum Leiter der neuen Organisation. Im Mai des gleichen Jahres hielt die PLO ihre Gründungsversammlung in dem von Jordanien verwalteten Ost-Jerusalem ab. Unter Schukeiris Führung nahmen die 422 palästinensischen Delegierten, die aus dem ganzen Nahen Osten zusammengekommen waren, sowohl die Verfassung der PLO als auch die palästinensische Nationalcharta an. Die Charta und das Bündnis riefen zum bewaffneten Kampf gegen die Zionisten sowie zur Zerstörung des jüdischen Staates auf. Ihre giftige Sprache verkündete:

»Der bewaffnete Kampf ist die einzige Möglichkeit, Palästina zu befreien. Also ist es die allumfassende Strategie, nicht nur eine taktische Phase. Das palästinensische Volk besteht auf seiner absoluten Entschlossenheit und auf seinem festen Willen, seinen bewaffneten Kampf fortzusetzen und für eine bewaffnete Volksrevolution zu wirken, die die Befreiung ihres Landes und die Rückkehr dorthin zum Ziel hat.

Kommandoaktionen bilden den Kern des palästinensischen Volksbefreiungskampfes. Dies erfordert eine Eskalation, Zusammenfassung und Mobilisierung aller palästinensischen volkstümlichen und erzieherischen Anstrengungen und deren Organisation und Beteiligung an der bewaffneten palästinensischen Revolution.

Die Befreiung Palästinas ist, vom arabischen Standpunkt aus betrachtet, eine nationale Pflicht und zielt auf ein Zurückschlagen der zionistischen und imperialistischen Aggression gegen das arabische Heimatland sowie auf die Beseitigung des Zionismus in Palästina ab. . . . Die Teilung Palästinas 1947 und die Errichtung des Staates Israel sind gesetzeswidrig, unabhängig davon, wieviel Zeit seither verstrichen ist, weil sie dem Willen des palästinensischen Volkes und seinem natürlichen Recht auf ein Heimatland widersprechen, und sie widersprechen den in der Charta der Vereinten Nationen verkörperten Prinzipien, insbesondere dem Recht auf Selbstbestimmung.

Die Balfour-Deklaration, das Palästina-Mandat und alles, was seither darauf begründet worden ist, werden für null und nichtig erklärt. Ansprüche auf historische oder religiöse Bindungen von Juden an Palästina sind unvereinbar mit den historischen Tatsachen und dem wahren Begriff von dem, was Eigenstaatlichkeit und Souveränität darstellt. Der Judaismus ist, da er eine Religion ist, keine unabhängige Nationalität.

Auch stellen die Juden keine einheitliche Nation mit einer eigenen Identität dar. Sie sind Bürger der Staaten, zu denen sie gehören.«

Die PLO wurde von palästinensischen Gruppen überall auf der Welt begrüßt. Gleichzeitig aber hielt man sie mehr für einen Arm der ägyptischen Regierung als für eine selbständige Einheit. Wenn die Fatah für irgend etwas stand, dann für die Unabhängigkeit von den arabischen Staaten. Es konnte daher gar nicht lange dauern, bis die beiden Organisationen aufeinanderprallen würden – nur ein paar Jahre, bis Fatah die PLO übernehmen sollte.

Die Bildung der PLO diente Fatah als Katalysator. Arafats Verachtung gegenüber der von Ägypten abhängigen Organisation trieb ihn zum Kampf an, und so plante er Fatahs erste militärische Aktion gegen Israel. Dieser Angriff auf eine israelische Wasserversorgungsanlage 1965 stellte den Übergang Fatahs von einer intellektuellen Übungstruppe zu einer einschüchternden militärischen Kommandoorganisation dar.

Fatahs Stärke sollte die Bedrohung werden, die sie militärisch darzustellen begann. Zentraler Punkt war ihre Fähigkeit, nicht nur in Israel, sondern auch in der arabischen Welt verheerendes Unheil anzurichten. In ihrer geballten Faust lag das Geheimnis ihrer Macht. Hinzu kam ihre Entschlossenheit und Halsstarrigkeit und ihr hartnäckiger Glaube, die arabische Welt brauche sie mehr als sie die arabische Welt. Diesen Einsatz wagte sie immer wieder, in Syrien, in Jordanien und im Libanon. Sie quälte und zermürbte die arabischen Behörden, bis diese die Führer der Fatah des Landes verwiesen. In den Schlachten gegen die arabischen Staaten sollten denn auch weitaus mehr palästinensische Kämpfer fallen als in Gefechten gegen Israel. Dennoch zwang Arafat, der meisterhafte und gerissene Taktiker, die arabischen Herrscher immer wieder auf seine Seite. Sie konnten das Feuer auf ihn richten, aber sie konnten ihn nicht daran hindern, sich immer wieder aus der Asche eben dieses Feuers zu erheben.

II

Israel: In Angst

6

Erste Angriffe der Fatah

Der Handschlag zwischen Israels Premierminister Yitzhak Rabin und Jassir Arafat hat das politische Koordinatensystem der meisten Israelis auf den Kopf gestellt. Das in Washington unterzeichnete Abkommen stellt nicht nur den mutigen wie schwierigen Versuch dar, einen vermeintlich unlösbaren Konflikt doch noch zu lösen; der Vertrag zwischen Israel und der PLO bricht mit zentralen Tabus bisheriger israelischer Politik – allen voran dem Tabu Jassir Arafat! Bis zu diesem für viele überraschenden Abkommen ist Jassir Arafat für Israelis der Feind schlechthin. Er verkörpert für sie Haß, in ihren Augen ist er ein Terrorist, der nichts als Schmerzen und Leiden über die Juden bringt. Man erwähne seinen Namen, und die Israelis sprechen von Ma'alot und Kiryat Schmonah, den Synonymen für den Tod unschuldiger Kinder und Erwachsener. Die mit diesen beiden Städten verbundenen Anschläge waren Akte gesichtsloser Mörder der PLO. Seit Jahren beobachten die Israelis Arafats Anstrengungen, gleichzeitig den Friedensbringer und den Krieger zu spielen. Seine Pose mit dem Olivenzweig in der einen und der Waffe in der anderen Hand hat sie in Wut versetzt. Arafat wird als ein Mann betrachtet, der emotional und seiner Konstitution nach unfähig ist, sich für den Frieden zu entscheiden; und selbst wenn er das täte, sagen die Israelis, könnte er ihn nicht »liefern«.

Die Zweifel der Israelis gehen noch auf die Zeit vor der Schaffung des Staates Israel zurück. Schon während der zwanziger und dreißiger Jahre hat der arabische Terrorismus den Juden zu schaffen gemacht. 1947 und 1948, als die Araber in Palästina Gelegenheit erhielten, Seite an Seite mit den Juden zu leben, lehnten die Araber die Koexistenz ab und erklärten dem neugeborenen Staat Israel den Krieg. Die folgenden sechzehn Jahre lang lebten die Palä-

stinenser als unglückliche Flüchtlinge; als ob sie nicht vorhanden wären, vegetierten sie in Jordanien und im gesamten Nahen Osten dahin, besaßen keine nationale Identität, keine Organisation und keine Armee. Trotzdem starteten sie Angriffe von Gaza aus und bedrohten Israel an seiner Grenze mit Ägypten.

Die Gründung der Fatah und die Schaffung der PLO 1964 spiegelten zwei sehr unterschiedliche Ziele wider: einerseits das wachsende Bedürfnis der Palästinenser, sich zu organisieren, andererseits die Zielsetzung der arabischen Staaten, eben dieses Bedürfnis der Palästinenser möglichst zu kontrollieren. Fatah führte ihren ersten Angriff 1965 aus. Sie plazierte eine Bombe in einer israelischen Wasserversorgungsanlage. Das primitive Gerät zündete nicht, sondern wurde von israelischen Soldaten gesprengt. Später lachten die Israelis über ein Vorkommnis, das wie eine Parodie des palästinensischen Kampfes anmutet, als der Kommandant einer Guerillaeinheit, Ahmed Musa, getötet wurde: Erschossen wurde er nicht etwa von verteidigenden Israelis; erschossen wurde er von einem jordanischen Soldaten, der das Feuer auf den Fliehenden eröffnete, als dieser seine Waffe nicht abgeben wollte.

Dieser Vorfall geschah mehrere Jahre, bevor die Israelis anfingen, die Angriffe der palästinensischen Freischärler ernst zu nehmen. Zahlreiche an öffentlichen Orten in Israel deponierte Bomben schufen eine Atmosphäre der Angst. Die Menschen in Tel Aviv, Haifa und Jerusalem, entsetzt von zahlreichen Anschlägen auf belebten Märkten und Bushaltestellen, bewegten sich mißtrauisch umher und hielten ängstlich Ausschau nach herrenlosen Paketen. Irgendwie lernten sie es, mit der ständigen Bedrohung durch Guerillaattacken zu leben, gewöhnten sich daran, Blicke über die Schulter zu werfen, während sie sich vorwärtsbewegten – und ihr Land weiter aufbauten. Die Jassir Arafat und seine Organisation ablehnenden Positionen der Israelis entstanden unter dem Eindruck dieses PLO-Terrorismus zwischen 1969 und 1974.

Zwei Ereignisse haben sich dabei ins Bewußtsein der Israelis besonders eingegraben. Am frühen Morgen des 11. April 1974 schlichen sich drei palästinensische Terroristen in eine Schule in der nordisraelischen Stadt Kiryat Schmonah. Zum Glück war das Gebäude leer. Die Kinder, die sich normalerweise dort befinden sollten, unternahmen gerade einen Ausflug. Die Terroristen aber, allesamt Mitglieder von George Habaschs PFLP, rannten daraufhin zu einem nahegelegenen Apartmenthaus. Die Guerilleros gingen von einer Wohnung zur anderen, eröffneten das Feuer auf überraschte Zivilisten, warfen Handgranaten und schossen mit ihren automatischen Waffen, die sie auf die Schulkinder hatten richten wollen. Innerhalb weniger Minuten hatten sie sechzehn unschuldige Menschen, darunter acht Kinder, ermordet. Als israelische Soldaten das Haus umzingelten, hatten die Terroristen sich in dem Gebäude verbarrikadiert. Im

Laufe der anschließenden Schießerei wurden die Palästinenser getötet oder von ihren eigenen Sprengsätzen in die Luft gejagt.

Die israelische Öffentlichkeit war von den Nachrichten aus Kiryat Schmonah erschüttert. Einen Monat darauf, am 15. Mai 1974, war sie jedoch wie von Sinnen. Diesmal trafen drei DFLP-Terroristen um Mitternacht in Ma'alot, einer Stadt im Norden, ein, wo vor allem Juden aus arabischen Ländern ein neues Leben beginnen wollten. Zunächst griffen die Freischärler am Stadtrand einen Lastwagen voll arabischer Frauen an. Sie feuerten mit ihren Kalaschnikows, töteten eine Frau und verletzten zehn andere. Anschließend zogen die Terroristen weiter nach Ma'alot. Dort brachen sie in ein privates Haus ein und ermordeten die Familie. Ihr eigentliches Ziel aber war schließlich das Schulhaus – und diesmal fand die Tragödie statt. In der Schule waren hundert Kinder und vier Lehrer, die – müde nach einem Ausflug von ihrem Wohnort Safed nach Galiläa – schliefen.

Die Guerilleros besetzten das Gebäude und nahmen die Kinder als Geiseln. Über Lautsprecher kündigten sie an, sie würden die Kinder im Austausch gegen zwanzig palästinensische Gefangene, die als Terroristen verurteilt worden waren, freilassen. Das israelische Kabinett debattierte und beschloß, der Forderung der Geiselnehmer nachzugeben. Die Minister weigerten sich aber, darauf einzugehen, daß die Kinder in der Geiselhaft verbleiben sollten, bis die befreiten Gefangenen in Damaskus eintreffen würden. Israelische Fallschirmjäger wurden ausgesandt, um das Schulhaus einzukreisen. Als um sechs Uhr abends die von den Guerilleros genannte Frist um war, nach deren Ablauf sie entweder den Austausch durchführen oder das Gebäude mit allen Geiseln in die Luft sprengen würden, befahl die israelische Regierung ihren Soldaten den Angriff. Der damalige Verteidigungsminister Mosche Dayan schrieb in seinen Erinnerungen: »Die Szene war entsetzlich, der Fußboden von Blut bedeckt, und Dutzende verwundeter Kinder krümmten sich vor Schmerzen. Unsere Soldaten hatten die drei Terroristen getötet, aber bevor sie erschossen wurden, war es den Mördern gelungen, sechzehn Schulkinder zu töten und achtundsechzig zu verwunden.«[1])

Israel trauerte. Unter dem Eindruck dieses doppelten Horrors von Kiryat Schmonah und Ma'alot konnte es in den Palästinensern nur noch auf Mord versessene Terroristen sehen. Den meisten Israelis fiel es schwer, sich eine politische Dimension der palästinensischen Sache vorzustellen. Bestenfalls handelte es sich um ein Sicherheitsproblem, mit dem man entsprechend verfahren mußte.

Später ergaben sich zwar Möglichkeiten zu einer Annäherung im Rahmen verschiedener Friedensbemühungen, insbesondere durch das Abkommen von Camp David und vorsichtige Versuche der jordanischen Führung. Die Israelis aber hatten das Gefühl, gegenüber Ägypten bereits nachgegeben zu haben und nun von den unbeweglichen Palästinensern zurückgewiesen zu werden, die ent-

weder ihr ganzes Land oder gar nichts wollten. Alle friedfertigen, wenn auch zweideutigen Töne, die von den gemäßigten Palästinensern zu hören waren, wurden nach israelischer Wahrnehmung prompt von den palästinensischen Extremisten übertönt, die nur die Sprache der Waffen und des Terrors gelten ließen.

Als sich die in den achtziger Jahren zunehmenden Proteste im Dezember 1987 zu einem Aufstand steigerten, deuteten viele Israelis diese Angriffe als Beweise für die Gefahr, die jede Art von Friedensbereitschaft gegenüber den Palästinensern mit sich bringen würde. Gleichzeitig jedoch entwickelte eine größer werdende Zahl von Israelis ein Mitgefühl für die steinewerfenden Demonstranten. Die Intifada zeigte das Leiden der Palästinenser, während sie gleichzeitig unter Beweis zu stellen versuchte, daß die Palästinenser bereit waren, die Verantwortung für ihr Leben selbst zu übernehmen. Der Aufstand zeigte außerdem, daß die israelische Besatzung nicht zum Nulltarif zu haben war und daß die Kosten sich nur durch eine politische Lösung reduzieren ließen. Mehr und mehr Israelis sprachen sich nun für eine Lösung aus, die auf der Grundlage der Formel »Land für Frieden« einen Kompromiß zwischen Israelis und Palästinensern vorsehen würde. Manche waren sogar für Gespräche mit der PLO-Führung. Als die PLO im Dezember 1988 eine gemäßigtere Haltung einnahm und Israel akzeptierte, begrüßten viele Israelis diese neue Bereitschaft der PLO zu verhandeln und sprachen von einem ernsthaften Angebot. Andere konnten die vierzig Jahre des palästinensischen Widerstands, den Anspruch auf die Rückgewinnung ganz Palästinas sowie die terroristischen Methoden, dieses Ziel zu erreichen, nicht vergessen. Sogar Israelis, die Arafat als einen legitimen politischen Führer anzuerkennen wagten, mußten seine Fähigkeit, die PLO zu beherrschen, in Zweifel ziehen. Neue terroristische Angriffe nach dem Abschwören vom Terror im Dezember 1988 waren für viele Israelis – selbst wenn sie nicht von Arafat gutgeheißen wurden – Beweis genug, daß der PLO-Vorsitzende nicht vertrauenswürdig oder durchsetzungsfähig ist. Ein palästinensisches Staatsgebilde an ihrer Grenze wäre für viele ein fruchtbarer Boden für wachsenden Extremismus. Die irakische Invasion Kuwaits diente den Israelis als zusätzliche Erinnerung an das Ausmaß des arabischen Hasses: Für viele von ihnen galt als sicher, daß zahlreiche Araber den jüdischen Staat grundsätzlich vernichten würden wollen, ganz gleich, ob die Frage der Palästinenser morgen gelöst wäre oder nicht.

Jetzt, im Sommer 1991, hängen die Fetzen aus grünem und schwarzem Tuch als Reste der zerrissenen PLO-Fahne von den Telefondrähten in entlegenen West-Bank-Dörfern wie Artas. Verkohlte Reste verbrannter Reifen blockieren die Straße zur Universitätsstadt Bir Zeit. Hohe, mit Draht bespannte Mauern und mit riesigen Ölfässern verbarrikadierte Eingänge schließen die Bewohner des Flüchtlingslagers von Dahaschia ein. Die Rolläden der arabischen Geschäfte von Ramallah sind heruntergelassen. Von palästinensischen Kindern zusam-

mengetragene Berge von Steinen warten an der Straße nach Bethlehem darauf, gegen israelische Autos geschleudert zu werden. In Beit Furik werden die Leichen zweier arabischer »Kollaborateure« außerhalb ihrer Wohnungen gefunden – Szenen der Intifada. In den Monaten zuvor hatte die Aggression Saddam Husseins die Intifada überschattet. Der irakische Führer hatte die Loyalität der verbitterten Palästinenser geweckt, und seine Angriffe gegen Israel diente ihnen als Fanal. Wieder ging die Angst in Israel um. In den Augen vieler Israelis hatte Arafat seine Hände durch die – wenn auch zögerliche – Unterstützung für Saddam Hussein erneut mit Blut befleckt.

Für jene, die seit 1948 in Israel leben, war der Krieg ein Teil ihres Lebens. Die Kämpfe im damaligen Palästina vor der israelischen Staatsgründung, die Schlachten im Unabhängigkeitskrieg und dann wieder die Gefechte am Suezkanal 1956 haben sie zahlreiche Opfer gekostet. Kein Israeli blieb davon unberührt. Alle haben enge Familienangehörige und Freunde verloren – und Araber haben sie getötet. Seit dem Suezkrieg 1956 war das Leben in Israel indes einigermaßen ruhig verlaufen. Die ägyptische Armee hatte einen ungeordneten Rückzug angetreten, und der 1957 unterzeichnete Waffenstillstandsvertrag erlaubte es dem jüdischen Staat, Luft zu holen und sich wieder dem Aufbau des eigenen Landes zuzuwenden.

Ende der fünfziger und während des größten Teils der sechziger Jahre blühte die Wirtschaft auf, und die Bevölkerung nahm zu. Israels Fortschritte in der Landwirtschaft und im technologischen Know-how, seine staatliche Gesundheitspolitik und regionalen Planungskonzepte wirkten sich nicht nur daheim positiv aus, auch für den Aufbau von Beziehungen zur Dritten Welt erwiesen sie sich als äußerst nützlich. Im Nahen Osten isoliert, suchte sich Israel Freunde auf dem Kontinent im Süden. Trotz moslemischen Drucks auf die afrikanischen Länder gelang es Israel, mit einer ganzen Anzahl von ihnen Kontakt aufzunehmen. Man hoffte in Israel, ein Bündnis mit diesem wichtigen neuen Block schmieden zu können, dessen Stimmen in der UNO zählten. Mosche Dayan, damals Landwirtschaftsminister, reiste in die unabhängig gewordenen afrikanischen Staaten. Außenministerin Golda Meir lernte afrikanische Tänze und versuchte, den Eingeborenen beizubringen, wie man Hora tanzt. In Liberia ließ sie sich in einem geheimen Ritual zur Stammesführerin ernennen. In Kamerun half diese Frau, die so wenig auf ihre eigene Erscheinung achtete, bei der Wahl einer Schönheitskönigin. Und an der Elfenbeinküste wurde sie von einer afrikanischen Band begrüßt, die ihr mit einer eigenen Version von »Die Jiddische Mamme« ein seltsames Ständchen brachte.

Während die israelischen Beamten Beziehungen in Afrika knüpften, die nach dem Sechstagekrieg 1967 wieder von diesen Ländern abgebrochen wurden, waren ihre Erfahrungen in Asien sehr viel enttäuschender. Die Haltung der japanischen Regierung beispielsweise war im besten Falle vorsichtig abwartend. In China litten die Israelis unter dem Einfluß von Jassir Arafat, Khalil Wasir und anderen palästinensischen Revolutionären. Die Chinesen schlugen den Juden die Tür vor der Nase zu, während maoistische Ideologen den arabischen Guerilleros kostenlos Waffen und militärische Ausbildung boten.

Daheim löste Israel sein dringendstes internes Problem durch die Verwirklichung seines größten Bewässerungsprojekts. In einer Region, die unter extremer Trockenheit und brütender Hitze leidet, war Bewässerung das A und O für die Entwicklung der Landwirtschaft. Indem sie Wasser aus dem 25 Kilometer langen See Genezareth, der vom Jordan gespeist wird, abpumpten und es durch 350 Kilometer lange Kanäle und Rohre in den Süden schickten, konnten sie Teile der Negev-Wüste fruchtbar machen.

Ursprünglich hatten die USA dieses Projekt vorgeschlagen. Die Araber waren dagegen gewesen, denn sie wollten das Wasser des Jordans schon an seinen Quellen in Syrien und im Libanon ableiten. Aber die Israelis konnten sich durchsetzen, und es schien, als hätten die Araber ihre Lektion gelernt: Israel würde einen feindseligen Ein- oder Angriff eben nicht hinnehmen.

Die israelischen Staatsbeamten wußten, daß die arabischen Führer nicht – oder besser: noch nicht – an einem Krieg interessiert waren. Um ihr Zögern zu bemänteln und ihre kleinen Scharmützel auszutragen, hatten die Araber die PLO und dazu die Palästinensische Befreiungsarmee (PLA) gegründet. Beide sollten unter Anleitung der arabischen Regierungen handeln. Der ursprüngliche Vorwand für diese Gründungen war das israelische Vorhaben gewesen, dem See von Galiläa Wasser zu entnehmen. Daran sollten die Israelis gehindert werden, denn sonst, so befürchteten die arabischen Regierungen, könnte Israel sich nicht nur ausreichend selbst versorgen, sondern auch noch eine wachsende Zahl von Einwanderern aufnehmen.

Der israelische Geheimdienst wußte, daß sich im Libanon, in Kuwait und in Syrien Grüppchen gebildet hatten, die von Leuten wie Jassir

Arafat, George Habasch und Ahmed Dschibril geführt wurden. Diese palästinensischen Freischärler rümpften die Nase über die neu gebildete PLO und die PLA und nahmen kein Blatt vor den Mund: Dabei handele es sich nicht um eisenharte Kämpfer, als die sie die arabischen Staaten verkaufen wollten, sondern um Marionetten, die an den Drähten ihrer arabischen Herren zappelten. Und das, erklärten die Palästinenser, sei nicht der Weg, ihr Land zurückzubekommen.

Die Israelis sahen zu und warteten ab. Sie wußten, daß diese Gruppen die Auffassung vertraten, sie könnten ihr Land im Zuge eines großen arabischen Krieges gegen Israel zurückerobern und anschließend ihren eigenen Staat errichten. Nach Ansicht dieser palästinensischen Freischärler ließen sich die arabischen Staaten nur dann in einen solchen Krieg hineinziehen, wenn sie, die Palästinenser, den Israelis mit kleinen Kommandoattacken das Leben schwermachten und den jüdischen Staat zu Vergeltungsschlägen provozierten. Sie wußten, daß das israelische Militär gegen jede arabische Regierung Repressalien anwenden würde, die es zuließ, daß von ihrem Territorium aus Überfälle auf Israel vorgenommen würden. Und nach einer genügend großen Anzahl von Vergeltungsschlägen würden die arabischen Staaten, so die palästinensische Kalkulation, schließlich doch einen Krieg gegen Israel beginnen.

Die Angriffe waren zuerst wie winzige Splitter arabischen Holzes, die sich den Israelis in die Haut bohren sollten – Irritationen, deren man sich leicht erwehren und die man rasch vergessen konnte. Zur ersten Irritation kam es kurz nach Neujahr 1965. Es war ein »Geschenk« von Jassir Arafat aus Damaskus. Am Morgen des 3. Januar 1965 befand sich ein israelischer Ingenieur namens Aryeh Sishik, der für die Wasserbehörde Mekorot arbeitete, auf einer Routineinspektion am Beit-Netofa-Kanal in Galiläa.

Der Kanal war ein Teil des Systems, mit dem man das Wasser nach Süden in die Negev-Wüste leitete. Als er in den ziemlich flachen Kanal hinabsah, erblickte er unten, nahe dem Boden, einen Gegenstand, der im Wasser trieb. Sishik informierte die Grenzpolizei, die ihm befahl, den Kanal zu schließen und das Wasser abzulassen. Als die Beamten eintrafen, fanden sie einen gefüllten Plastiksack, der mit Lederriemen zusammengebunden war. Darin steckten zehn Stangen Gelignit-Sprengstoff, Batterien und ein alter Wecker. Diese Bombe war zu primitiv konstruiert, als daß sie hätte funktionieren können.

Die israelische Grenzpolizei handelte sofort, um die Saboteure zu finden. Beduinenscouts folgten den Fußspuren der Guerilleros ostwärts, das Jordantal hinunter; dann mußten sie aufgeben. Die Spuren endeten südlich des Sees von Galiläa. Die Gruppe hatte den Fluß in Richtung Jordanien überquert. Die Soldaten waren machtlos.

Am gleichen Tag erfuhren jene Israelis, die arabische Nachrichten hörten, von einem »Militärkommuniqué Nr. 1«. Darin hieß es: »Asifa-Kräfte haben sich in die besetzten Gebiete aufgemacht, um die Schlacht gegen den Feind zu eröffnen.« Diese Nachricht wurde in Tel Aviv und Jerusalem mit einem Achselzucken abgetan. Der Name Asifa sagte den Israelis nichts. Wahrscheinlich war das wieder eine dieser arabischen Gruppierungen, die sich ein bißchen berühmt machen wollte. In Wirklichkeit war Asifa, wie sich bald herausstellte, ein Deckname für die Fatah. Die von Jassir Arafat und Khalil Wasir geführte Untergrundgruppe beabsichtigte, von ihrer Basis im Flüchtlingslager von Ain al-Helwe im südlichen Libanon aus Schläge gegen Israel auszuführen. Sollten die Guerilleros gefaßt werden, dann konnten sie den Namen Asifa angeben und die übrigen Zellen vor der Entdeckung schützen.

Die Freischärler setzten ihre Angriffe fort. Im Januar, Februar und März 1965 führten sie zehn Sabotageakte aus, sieben von der unter jordanischer Verwaltung stehenden West Bank oder von Jordanien selbst aus, und drei vom Gaza-Streifen her, der von Ägypten verwaltet wurde. Zweimal entdeckten und entschärften die Israelis Sprengkörper, die die Fedajin von Gaza gelegt hatten. Zum Leidwesen der Israelis explodierte die dritte Bombe jedoch und tötete sieben Israelis, die sich in der Gegend auf Streife befanden. Die israelische Regierung antwortete darauf mit Warnungen, die sie an die Waffenstillstandskommission der Vereinten Nationen richtete. Die Wirkung darauf war allerdings gering.

Bis Ende 1965 hatten die palästinensischen Araber 35 Guerillaakte ausgeführt, achtundzwanzig von der West Bank und Jordanien, vier von Gaza und drei vom Libanon aus. Diese Freischärlerangriffe richteten sich vor allem gegen zivile Ziele. Die Wasserleitungen, Eisenbahnlinien und Straßen in entlegenen, bergigen Gegenden oder grenznahen Siedlungen gehörten zum »zivilen Gebiet«. Die Israelis spotteten, als sie in arabischen Rundfunksendern von mutigen Schlägen hörten. Dort wurden die Aktionen und deren Ergebnisse maßlos übertrieben. Gleich mehrere Gruppen von palästinensischen Kämpfern, die sich »Helden der Rückkehr« oder »Palästinensische Befreiungsfront« nannten, rühmten sich dieser Taten. Die rührigste von ihnen schien die Fatah zu sein. In Israel spuckte man das Wort Fatah voller Verachtung aus.

Die geringen Verluste waren den Israelis kein Anlaß zu großer Sorge. Sie konnten weiter die Schultern zucken und über die ungeheuerlichen Behauptungen lächeln, von denen sie in den arabischen Sendern hörten.

Die Angriffe auf nichtmilitärische Ziele und das Vermeiden einer direkten Konfrontation mit der israelischen Armee konnte nur Verachtung auslösen. Solche feigen Handlungen, die die Freischärler wie Diebe mitten in der Nacht vollbrachten, fanden die meisten Israelis ehrlos. Das war das Werk von Banditen, Gangs und Söldnern. Ahmed Hidschasi, der Freischärler, der gefangen und vor Gericht gestellt wurde, erwies sich als ein gemeiner Krimineller mit einem langen Vorstrafenregister – er hatte israelische Bürger beraubt und bestohlen.

Die israelischen Behörden wußten, daß die Führer der drei angrenzenden Staaten – König Hussein von Jordanien, Präsident Gamal Abdel Nasser von Ägypten und die von Christen geführte Regierung im Libanon – vieles unternahmen, um die Freischärlergruppen zu stoppen. Trotzdem – ihr Bestes war nicht genug. Die Angreifer überquerten noch immer die Grenzen, und man mußte endlich Vergeltung üben. Die israelischen Verteidigungskräfte schlugen zurück. Sie griffen zwei Städte auf der West Bank an und führten einen Angriff über den Fluß nach Jordanien durch. Im September 1965 sprengte eine Spezialeinheit der israelischen Infanterie elf Bewässerungspumpen in der Stadt Kalkiya auf der West Bank nahe der israelischen Grenze, und der israelische Ministerpräsident Levi Eschkol erklärte vor seinem Kabinett, Jordanien hätte die jüngsten Angriffe über die Grenze nach Israel verhindern müssen. Am Montag, dem 6. September, brachte die *Jerusalem Post* auf der ersten Seite die folgende Schlagzeile: »Angriff auf Kalkiya ist Warnung an Jordanien, sagt Eschkol«, und in dem Bericht hieß es: »Seit Mai haben Fatah-Angreifer zumeist von jordanischem Gebiet aus acht Sabotageakte in Israel durchgeführt. Die meisten waren gegen Bewässerungsanlagen gerichtet.« Der Bericht aus dem Kibbuz Eyal fuhr fort: »Die Vergeltungsaktion soll den jordanischen Behörden zeigen, daß Israel nicht länger bereit ist, deren halbherzige Maßnahmen, was die Verhinderung von Fatah-Angriffen auf israelisches Gebiet angeht, hinzunehmen. Sie ist die Antwort auf den neuesten Vorfall in der Nacht des 1. September, als die Wasserpumpe dieses Kibbuz gesprengt wurde.« Die Angriffe der Fatah hatten sich nun doch zu einer Plage entwickelt.

Die israelischen Behörden beobachteten mit Sorge, daß die palästinensischen Kommandogruppen in der arabischen Welt zu Ansehen kamen. Dies geschah ironischerweise zumindest zum Teil aufgrund der arabischsprachigen Sendungen von *Kol Israel*. Dieser Militärsender verurteilte die Versuche der Freischärler aufs schärfste, aber je schärfer er sie verurteilte, um so wirkungsvoller schienen die Schläge der Guerilla zu sein. Je zorniger die Berichte klangen, um so heldenhafter erschienen die

Palästinenser den anderen Arabern. Die Israelis stellten allerdings fest, daß der ägyptische Präsident Nasser beim Arabischen Gipfel in Casablanca im Dezember 1965 zu einem Stopp der Guerillaaktionen aufrief, daß Nassers Resolution angenommen wurde und daß nur Syrien sich der Stimme enthielt. Die arabischen Regierungen wußten, daß die israelischen Vergeltungsschläge sich gegen sie und nicht gegen die Fatah-Kommandos richten würden, die sich flink über die Grenzen hinwegbewegten. Die arabischen Staaten hatten keinerlei Interesse, unter den Folgen der Handlungen der Palästinenser zu leiden.

Die Israelis spotteten über die Methoden, aber die Zahl der Angriffe nahm zu. Im Sommer 1966 fanden fünfzehn Angriffe von Freischärlern in Israel statt. Die meisten gingen von der unter jordanischer Verwaltung stehenden West Bank aus. Als im Herbst 1966 die Zeit der jüdischen Feiertage kam, war den Israelis schließlich das Lachen vollständig vergangen. Am 7. Oktober schlichen sich palästinensische Kommandos in Jerusalem über die Demarkationslinie. Sie kamen aus dem von Jordanien verwalteten Ost-Jerusalem in den zu Israel gehörenden Westteil der Stadt. Im Romema-Viertel in der Nähe des zentralen Busbahnhofs brachten sie unter drei Häusern Dynamitstangen an. Bei der Explosion wurde eine ältere Frau verletzt, zwei Häuser wurden zerstört. Unter dem dritten fand die Polizei ein Bündel mit sechs Stangen Dynamit. Darauf stand »hochexplosiv, gefährlich, Hercules Powder Co.«. Diesmal eilte der Premierminister zum Ort des Geschehens und sprach mit den ängstlichen Zivilisten. Das Bombenattentat hatte in der Zeit von Rosch Haschanah (Neujahr) und Jom Kippur (Versöhnungstag) stattgefunden, zu einer Zeit also, in der die Bibel von Eintragungen spricht, die in das Buch des Lebens vorgenommen werden, wenn die guten und die schlechten Taten aufgezeichnet werden. Eschkol bezog sich auf die Bibel und warnte die Jordanier: »Unser Notizbuch ist offen, und wir schreiben es hinein.«

Einen Monat später explodierte eine Mine im südlichen Teil des Landes nahe der jordanischen Grenze bei der Siedlung Nehoscha. Drei israelische Soldaten wurden getötet und sechs weitere verwundet. Die israelische Regierung kam zu dem Ergebnis, daß man ihr zuviel zugemutet hatte. In der folgenden Woche startete Israel seine größte Vergeltungsaktion seit dem Suezkrieg. Schwerbewaffnete israelische Einheiten überquerten die gebirgige Grenze nahe Hebron, schossen innerhalb eines Tages ein Flugzeug der jordanischen Luftwaffe ab, zerstörten mehrere Armeeposten und eine Polizeistation sowie mindestens zehn Häuser im arabischen Dorf Samua, wo die Guerilla stationiert war.

Wütend gingen die Araber der West Bank auf die Straße. Sie protestierten, daß König Hussein sie nicht beschützt hatte. Männer, Frauen und Kinder marschierten durch die Städte; Läden und Schulen wurden geschlossen, Steine flogen, und Reifen brannten, um die jordanischen Fahrzeuge an der Durchfahrt zu hindern. Die Demonstranten waren von Hebron bis Nablus so zahlreich, daß der König in der West Bank den Kriegszustand verhängte, Panzer in die Stadt Nablus schickte, Ausgangssperren verkündete und Zeitungen verbot.

Doch weder die israelischen Vergeltungsaktionen noch König Husseins Repressalien konnten die Guerilla aufhalten. Anfang 1967 drangen Kommandos bis zu der fünfzehn Kilometer von der Grenze entfernten israelischen Stadt Arad vor, wo sie Sprengsätze legten.

Was den Israelis zu schaffen machte, war nicht nur das Dynamit, sondern auch die Kaltblütigkeit der Terroristen, die es wagten, eine insgesamt dreißig Kilometer weite Strecke durch Israel zurückzulegen. Offenbar waren die Freischärler gut ausgerüstet und organisiert, um eine solche Aktion ausführen zu können. Aus den kleinen Irritationen war eine Infektion geworden.

1967 setzten sich die Attacken fort und erreichten fast das doppelte Ausmaß des Vorjahres. Die israelischen Gegenschläge und die darauf folgenden West-Bank-Proteste erhöhten die ohnehin zunehmenden Spannungen zwischen Israel und den arabischen Staaten weiter. Nicht nur an der jordanischen Front verschlechterten sich die Beziehungen. Syrische Versuche, die Wasserzufuhr am Oberlauf des Jordans (in Syrien) abzuleiten, und Scharmützel mit syrischen Schäfern wegen der israelischen Kultivierung des Landes im nördlichen Grenzgebiet führten zu einer Situation, in der es fast täglich zu bewaffneten Zusammenstößen kam. Im Frühjahr 1967 wurden in drei Dutzend Fällen israelische Kibbuzim angegriffen und israelische Grenzsiedlungen durch syrische Artillerie unter Beschuß genommen.

Am Morgen des 7. April 1967 eröffneten syrische Truppen das Feuer auf einen unbewaffneten Traktorfahrer, der in der Nähe einer nordisraelischen Siedlung Felder pflügte. Das israelische Militär handelte sofort. Schon am frühen Nachmittag des gleichen Tages setzte es seine Luftwaffe ein, und während syrische Bürger zusahen, schossen israelische Mirage-Jäger sechs sowjetische MIG-Kampfflugzeuge, zwei davon in der Nähe von Damaskus, ab. Um fünf Uhr nachmittags war kein syrisches Flugzeug mehr am Himmel zu sehen, und fünf israelische Traktoren pflügten die Grenzfelder. Premier Eschkol bemerkte, sein Notizbuch könne geschlossen und ein neues mit »Seiten des Friedens« geöffnet werden.

Einen Monat später, als Syrien und Jordanien Ägypten um Hilfe baten, begann der ägyptische Präsident Gamal Abdel Nasser 80 000 Soldaten seiner Truppen auf die Sinai-Halbinsel zu beordern. Der Sinai war seit dem Suezkrieg von Friedenstruppen der Vereinten Nationen kontrolliert worden. Nun jedoch forderte Nasser die UNO-Kontrolleure auf, ihre Verbände vom Sinai und aus Gaza zurückzuziehen. UNO-Generalsekretär U Thant schockte die Israelis, indem er sofort dem Rückzug der UNO-Truppen zustimmte. Als der letzte UNO-Soldat die Halbinsel verlassen hatte, rückte Ahmed Schukeiris PLA in die geräumten Stellungen ein. Ironischerweise hatte der erste Stabschef der PLA, Wadschih al-Mandani, während des II. Weltkriegs in der britischen Armee Seite an Seite mit Mosche Dayan gegen die Vichy-Truppen in Syrien gekämpft. Aber 1967 befanden sich die PLA und ihre Männer auf dem Kriegspfad gegen Israel. Während sie die Sinai-Halbinsel besetzten, verhängte Nasser eine Blockade des Golfes von Akaba an der Meerenge von Tiran. Damit war den Israelis die Zufahrt zu ihrem Hafen Eilat abgeschnitten. Auf diesen Schachzug folgte am 30. Mai ein Besuch König Husseins in Kairo, wo er mit Nasser ein Bündnis schloß, das die gemeinsame Verteidigung beider Länder zum Inhalt hatte. Hussein kehrte – von PLA-Chef Ahmed Schukeiri begleitet – in seine Hauptstadt Amman zurück. Die jordanische Armee stand nun unter ägyptischem Oberbefehl. Einen Tag darauf schloß der Irak mit Ägypten einen Vertrag. Die Israelis fühlten, daß sie eingekreist wurden, und bereiteten sich auf den Krieg vor.

Am Montag, dem 5. Juni 1967, griff die israelische Luftwaffe frühmorgens die ägyptischen Flugplätze von Suez bis Kairo an. Innerhalb von Stunden hatten sie die ägyptische Luftwaffe vernichtet. Die Verbündeten Ägyptens, Syrien und der Irak, antworteten rasch und warfen mehrere Bomben auf Israel ab. Sie richteten jedoch wenig Schaden an. Trotz israelischer Botschaften an König Hussein, in denen sie ihm versprachen, ihn nicht anzugreifen, wenn er sich zurückhielt, schloß sich Jordanien seinen arabischen Verbündeten an. Die israelischen Kampfflugzeuge erwiderten das Feuer der jordanischen Bordschützen, und innerhalb von Stunden hatten sie die gesamte jordanische sowie die halbe syrische Luftwaffe vernichtet. Die Kämpfe am Boden dauerten nur wenig länger: Das Gefecht gegen die Jordanier begann mit Artilleriefeuer auf den israelischen Mount Scopus in Jerusalem und endete mit Gewehrschüssen in den engen Straßen der zu Jordanien gehörenden arabischen Altstadt. Am 7. Juni hatte Israel den östlichen, palästinensischen Teil von Jerusalem »befreit«. Am 8. Juni unterzeichneten die Ägypter nach erbitterten Kämpfen in Suez und Gaza ihre bedingungslose Kapitulation. Am

10. Juni schließlich winkten auch die Syrer auf den Golanhöhen mit der weißen Fahne.

Jassir Arafat, der in seinem Volkswagen an die syrische Front gefahren war, kam nicht einmal zum Kämpfen. Innerhalb von sechs Tagen hatten die Israelis ihren Feind buchstäblich vernichtet. Sie hatten mit der Eroberung der West Bank und Gazas, der ganzen Sinai-Halbinsel und der Golan-Höhen die Zahl der Araber unter ihrer Besatzung um 1,1 Millionen erhöht. Sie glaubten, die Guerilla-Infektion überwunden zu haben. Golda Meir notierte später: »Wir hofften damals sehr, einen so vollständigen Sieg errungen zu haben, daß wir nie wieder würden kämpfen müssen ... Der Sieg *war* total, und die arabischen Verluste *waren* verheerend ...«[3]) Und doch hatten die Palästinenser gerade erst angefangen, die Israelis mit ihrem Terror zu plagen.

7

Die ständige Bedrohung

Jerusalem zur Zeit der rechten Likud-Regierung. Der zu diesem Zeitpunkt fünfundsiebzigjährige Premierminister Yitzhak Schamir empfängt Besucher in seinem modernen Büro in einem Gebäude nahe der Knesseth. Die Möblierung ist zeitgemäß in dem großen, quadratischen Raum, der auf den ersten Blick zu groß wirkt im Verhältnis zu dem kleinen, untersetzten, grauhaarigen Regierungschef. Er trägt einen marineblauen Anzug und einen Schnurrbart, sitzt in einem niedrigen ledernen Schwingsessel – seine Füße berühren kaum den Boden – und ist von einem Team von Beratern umgeben, die sorgfältig auf jedes Wort achten, das er sagt. Schamir kam an die Macht mit dem Titel »der kleine Terrorist«. Den Namen haben ihm israelische Journalisten gegeben. Er war der Operationschef der unter dem Namen »Stern Gang« bekannten Untergrundorganisation Lehi. Schamir war einer von drei Führern dieser Geheimorganisation, die während des Kampfes der Zionisten für einen eigenen, jüdischen Staat britische Soldaten ermordete. Die schändlichste Tat der Lehi aber war ihre Operation vom 9. April 1948 in dem arabischen Dorf Deir Jassin. Als Vergeltung für den Tod der jüdischen Bewohner von Gusch Etzion drangen an jenem Tag 120 jüdische Freischärler, Mitglieder der damals von Menachem Begin geleiteten Untergrundorganisation Irgun sowie der von ihr abgespaltenen »Stern Gang«, in das Dörfchen nahe Jerusalem ein und eröffneten das Feuer auf die Araber. Rund 250 Menschen wurden massakriert. Ihre Leichen blieben als Botschaft an die Palästinenser in den Nachbardörfern in den Straßen liegen. Die offizielle jüdische Armee, die Haganah, sowie andere jüdische Gruppen verurteilten dieses Blutbad zwar augenblicklich, aber für viele Israelis bleibt es als grausamer Racheakt und brutaler Versuch der Vertreibung arabischer Bewohner Palästinas ein Schandfleck in ihrer Geschichte.

Der hartgesottene Schamir wirkt wie eine unerschütterliche Krabbe. Seine Gegner unterschätzen ihn ständig, da er ein geschickter Politiker ist, der sich gut durchmanövriert und seine Wähler kennt. Seine Ansicht über die PLO und die Intifada stimmt mit der vieler Israelis überein, die die PLO nach wie vor verachten. Er unterstützt – zumindest indirekt – die politischen Ziele einer beträchtlichen Minderheit im jüdischen Staat, die aus religiös-ideologischen Motiven ein »Groß-Israel« einschließlich der West Bank anstrebt.

Wenn er redet, überrascht er die Besucher mit seinem langsamen, nachdenklichen Sprachstil. »Die Intifada«, sagt er, »ist eine sehr gefährliche Waffe, zunächst einmal für die Palästinenser selbst. Sie haben viele Verluste hinnehmen müssen und viel gelitten, ohne diesem Teil der Welt den Frieden näherzubringen. Die Intifada muß gestoppt werden . . . Es liegt im Interesse der Palästinenser, sie zu stoppen . . . weil sie in niemandes Interesse ist, auch nicht in ihrem eigenen. So oder so wird sie zu einem Ende kommen.«[1])

Nach Ansicht von Hardlinern wie Schamir kann Israel mit den arabischen Staaten Frieden schließen und mit den Palästinensern koexistieren, ohne auch nur einen einzigen Quadratzentimeter der 1967 eroberten Golan-Höhen und der West Bank zurückzugeben. Sind aus ihrer Sicht die ehemals syrischen Golan-Höhen aus strategischen Gründen unersetzlich, so spielt bei der Frage nach einer Rückgabe der West Bank – jenes biblischen Heimatlandes Judäa und Samaria – der religiös-ideologisch motivierte Besitzanspruch dieser Hardliner eine mitentscheidende Rolle. Zudem bleibt für sie die PLO-Charta aus dem Jahre 1964, die ein Gelöbnis enthält, Palästina mit allen Mitteln – also auch militärischen – zu befreien, gültig. In ihren Augen stellt die neuerliche Kompromißbereitschaft der gemäßigten PLO-Führung unter Arafat nur eine neue Taktik im gleichen alten Krieg dar. In ihren Augen ist Jassir Arafat allein ein tödlicher Feind.

In der ausgesprochen lebhaften Demokratie der Israelis, wo auch im kleinsten Café politische Debatten zu vernehmen sind, werden Meinungen so leichthin geäußert, wie man Kaffee einschenkt – und manchmal bleiben sie dem Zuhörer denn auch wie ein ranziges Stück Kuchen im Hals stecken. Eine große Anzahl von Israelis, die Politiker wie Schamir sowie andere Schüler des früheren Ministerpräsidenten Menachem Begin wählen, zitieren gern Begins Worte: »Jassir Arafat ist der Chef einer militaristischen Naziorganisation.«[2])

Für eine große Gruppe von Intellektuellen sowie manche Sicherheitsbeamte und Militärs wie den früheren Direktor des militärischen Geheimdienstes, Yehoschafat Harkabi, ist die PLO eine politische Realität, an der man bei der Lösung des Konflikts nicht vorbeikommen wird. Zwar bringen Verhandlungen mit den palästinensischen Nationalisten Risiken mit sich. Andere Gefahren aber sind nach ihrer Auffassung viel größer: Krieg, Verlust des demokratischen

Charakters von Israel und moralische Korruption des Staates. Harkabi, der Mann, der die PLO-Charta erstmals ins Englische übersetzt hat, erklärt dazu: »Ich dachte, es wäre wichtig, die Härte der PLO-Position herauszubringen.« Aber nachdem er die Haltung der PLO studiert hat, kommt er zu dem Ergebnis, daß Israel weder den politischen Akteur PLO noch mögliche Annäherungspunkte mit der Palästinensischen Befreiungsorganisation als irrelevant betrachten sollte: »Jordanien und die PLO haben das Prinzip ›Land für Frieden‹ akzeptiert. Ich finde, daß wir das berücksichtigen müssen.« Und Harkabi, der sich selbst eine »machiavellistische Taube« nennt, fügt hinzu: »Eine solche Akzeptanz der Realität ist wichtig.«[3])

Generalmajor Matti Peled, ehemals Mitglied des Generalstabs der israelischen Armee, der am Erfolg im Sechstagekrieg beteiligt gewesen ist, kommt ebenfalls zu dem Ergebnis, daß sich die PLO auf dramatische Weise geändert hat: »Die PLO hat 1974 und 1977 von sich aus ihr politisches Ziel neu formuliert. Sie gab damals das Ziel, Israel zu vernichten, auf und setzte sich ein neues: Errichtung eines eigenen Staates neben dem Israels. Alle arabischen Führer einschließlich Jassir Arafat haben eine Erklärung unterzeichnet, in der festgestellt wird, daß das gemeinsame Ziel der arabischen Nationen ein Friede mit Israel ist, unter der Voraussetzung, daß den Palästinensern das Recht auf Selbstbestimmung gewährt wird.«[4])

In der politischen Mitte Israels ist Yitzhak Rabin anzusiedeln, ehemals Verteidigungsminister und heute Chef der von der Arbeitspartei geführten Regierung. Als Verteidigungsminister war er von 1987 bis 1990 am direktesten von allen Regierungsmitgliedern mit der Bekämpfung der Intifada befaßt. Rabin entschied als Chef des Militärs in allen Einzelheiten darüber, wie Israel auf Steine und Brandsätze reagieren, ob die Armee Plastikgeschosse, Gummigeschosse oder echte Munition verwenden und ob sie den Aufstand mit Tränengas oder Ausgangssperren ersticken sollte. Rabin war es denn auch, der als der für den Aufstand verantwortliche Minister in der »Koalition der nationalen Einheit« mit dem rechtskonservativen Likud-Block unter Yitzhak Schamir Anfang 1989 den Vorschlag formulierte, in den besetzten Gebieten Wahlen für eine Selbstverwaltung der Palästinenser abzuhalten.

Seit damals hat sich seine Position in bezug auf einen unabhängigen palästinensischen Staat nicht grundsätzlich geändert. Eigentlich lehnt er die Schaffung eines solchen Staates ab, erklärt aber: »Ich verweigere ihnen nicht das Recht, einen solchen Vorschlag zu machen. Ich denke, wir sollten zwei Möglichkeiten anbieten, eine palästinensische und eine jordanische. Ich glaube auch, es sollte ein palästinensisches Gebilde geben, und volle Autonomie sowie eine eigene Verwaltung sind die Anfänge für die Schaffung eines solchen palästinensischen Gebildes.«[5])

In über drei Dutzend Tageszeitungen kommt die schwindelerregende Vielfalt der politischen Meinungen der viereinhalb Millionen Israelis zum Ausdruck. Politische Parteien scheinen überall dort zu entstehen, wo mehr als zwei Menschen zusammenkommen. Zur Zeit unserer Recherchen im Sommer und Herbst 1990 sind fünfzehn Parteien in der Knesseth vertreten. Demonstranten marschieren unentwegt. Die Rechten verlangen in Sprechchören die Verhaftung des Chefs der Arab Studies Society, Faisal Husseini, der die PLO unterstützt. Liberale Peace-now-Protestler fordern Gespräche mit der PLO. Und der »Council for Peace and Security«, eine Gruppe pensionierter Offiziere, erklärt, eine Fortdauer der Besatzung des »Territoriums« beeinträchtige die Aussichten auf einen Frieden. Einige Hardliner bestehen darauf, daß das haschemitische Königreich mit seiner palästinensischen Bevölkerungsmehrheit der *palästinensische Staat werden sollte. Die Führer der Arbeitspartei, Yitzhak Rabin und Schimon Peres, vertreten hingegen die Auffassung, der König übe einen mäßigenden Einfluß in der Region aus und könne ein wichtiger Verbündeter Israels werden. Arafat spricht beiden, sowohl dem Likud als auch der Arbeitspartei, einen wirklichen Friedenswillen ab: »Schamir sagt klar und unumwunden, daß er die Palästinenser nicht will. Peres sagt: ›Ich möchte einfach, daß die Jordanier die Dreckarbeit übernehmen. Ich will die Palästinenser auch nicht.‹« In der Tat ist Peres der Meinung, daß die PLO für König Hussein weitaus gefährlicher ist als für Israel. »Wenn der König, Arafat und ich im gleichen Raum wären«, so erklärt Peres, »und der einzige mit einer Pistole in der Hand wäre Arafat, und er hätte nur eine einzige Kugel in seiner Pistole, dann würde ich mir keine Sorgen machen. Als erstes würde er versuchen, den König zu erschießen.«*

Umfragen in Israel, die vor dem irakischen Einmarsch in Kuwait durchgeführt worden sind, zeigen, daß zu diesem Zeitpunkt fünfzig Prozent der israelischen Wähler Gespräche mit der PLO unterstützen würden, wenn die palästinensische Führung einmal überzeugend unter Beweis stellen könnte, daß sie meint, was sie sagt. Der zu diesem Zeitpunkt regierende Yitzhak Schamir jedoch ist vollkommen gegen einen solchen Dialog. Als der damalige Minister Ezer Weizman, seit Mai 1993 Israels Staatspräsident, im Januar 1990 Gespräche mit PLO-Vertretern führte, setzte Schamir ihn ab, und als sich der israelische Peace-now-Aktivist Abie Nathan mit Jassir Arafat traf, ließ der Regierungschef ihn verhaften.

Schamir besteht damals wie heute darauf, daß die PLO über keinerlei Legitimation verfüge. Sie sei nach wie vor eine Terrororganisation. In der Tat führen radikale Gruppierungen innerhalb der PLO weiterhin Angriffe gegen Israel aus – mit dem Ziel, die Friedensgespräche zu blockieren. Was den PLO-Vorsitzenden angeht, erklärt Schamir: »Arafat repräsentiert überhaupt kein Land. Was wir tun müssen, ist, über den Frieden mit den arabischen Staaten verhandeln – nicht mit irgendwelchen Organisationen.«[6])

Schamir erinnert seine Gäste daran, daß Juden und Araber jahrhundertelang zusammengelebt haben, und er sagt voraus, daß es in der Zukunft wieder eine solche Koexistenz geben wird. Aber: »Arafat ist kein Partner für den Frieden.« Der PLO-Vorsitzende »ist ein Hindernis. Wir trauen ihm nicht, weil wir wissen, was er in Wirklichkeit tut, wenn er der Welt Süßholz vorraspelt. Und während er in einem Augenblick über den Frieden redet, gibt er den Befehl zu Terrorakten, sobald man ihm den Rücken zukehrt.«

Obwohl sich ihre Standpunkte sehr unterscheiden, sind die Politiker der einzelnen Parteien Israels nicht zuletzt durch Jassir Arafat zu ihren heutigen Ansichten gelangt. In der Tat wurde fast jeder in Israel auf die eine oder andere Weise von der Guerillataktik der PLO betroffen. Manche haben sich an den Orten befunden, an denen Bomben explodiert sind; andere kannten jemanden, der bei einem Terrorangriff ums Leben kam. In den Augen der Linken, die die Opfer auf beiden Seiten sehen, ist der Tod unschuldiger Zivilisten ein Grund mehr dafür, daß man die Ansprüche der Palästinenser anerkennen sollte: Auch sie sind, genau wie die Juden, ein Volk mit dem Recht auf eine eigene Nation. Die Rechten hingegen sehen im palästinensischen Terrorismus Grund genug, mit der PLO keinen Frieden zu schließen.

Der rasche, umfassende Sieg der Israelis im Sechstagekrieg war für die Araber auf der West Bank und in Gaza ein herber Schock. Jahrelang hatten sie den Radiosendungen aus Amman und Kairo gelauscht, in denen die arabischen Brüder ihnen versicherten, daß sie den Staat Israel zerstören und ihr Land befreien würden. So unerwartet kam die Niederlage, daß manche – fern der Realität – auf der Straße tanzten und die arabischen Soldaten, die sie befreien sollten, willkommen heißen wollten. Sie hatten noch nie die blauweiße Fahne Israels gesehen. Erst als sie begriffen, daß es sich dabei nicht um das Banner irgendeiner weit entfernten moslemischen Brudernation, sondern um das Symbol ihres feindlichen Nachbarn handelte, begriffen sie, daß die so herzlich Begrüßten in Wirklichkeit Israelis waren.

Die Israelis nannten den Sechstagekrieg ein Wunder. »Alle dachten, daß wir innerhalb unserer so engen Grenzen einen Krieg nicht überstehen könnten«, sagt Israel Harel, der Vorsitzende des Council of Jewish Settlements in Judäa, Samaria und Gaza. »Es war ein Wunder, daß wir überlebten. Es war ein Wunder, daß wir die Araber in sechs Tagen besiegten.«[7])

Von allen Gruppen innerhalb der israelischen Gesellschaft hat vielleicht keine diesen Sieg so sehr als ein Symbol verstanden wie die orthodoxe Anhängerschaft von Rabbi Zvi Jehuda Kook. Er ist der Sohn von Rabbi Avraham Kook, dem ersten von den Briten eingesetzten Oberrabbiner der Aschkenasim und damit aller aus »dem Osten«, mehrheitlich aus Europa, stammenden Juden im damaligen britischen Mandatsgebiet Palästina. Rabbi Zvi Jehuda Kook hatte nur drei Wochen vor dem Sechstagekrieg 1967 prophetische Worte gesprochen. Bei einer Feier zum israelischen Unabhängigkeitstag rief der charismatische Führer seinen begeisterten Anhängern zu: »Wo ist unser Hebron – haben wir es vergessen? Wo ist unser Schechem (Nablus) – haben wir es vergessen? Werden wir sie vergessen? Und ganz Transjordanien – es gehört uns.« Nur Tage später kam das Wunder des Krieges, und das Land war ihres.[8])

Die Schüler von Rabbi Kook – eine kleine Gruppe von Rabbis, ihren Familien und Anhängern – glaubten, daß es ihre Aufgabe war, das Land von ganz Eretz Israel in ihrem Herzen zu tragen. Die nach der Einlösung des uralten Versprechens und der Wiederherstellung des alten Heimatlandes dürstenden Schüler hatte Rabbi Kook gelehrt, es bedürfe dazu drei großer Schritte: Erstens müßten die Juden aus der Verbannung (Diaspora) nach Israel zurückkehren. In gewisser Weise würden die Gefahren der Diaspora sie dazu antreiben. Zweitens müsse das jüdische Volk im biblischen Land von Eretz Israel vereinigt werden und das ganze Land wieder in Besitz nehmen. Zuletzt schließlich müßten die Juden zu Gott zurückkehren und seinen Geboten gehorchen.

Die erste dieser Bedingungen begann bereits, sich zu erfüllen. Stetig kehrten Juden aus aller Welt nach Israel zurück, täglich trafen sie aus so weit voneinander entfernten Ländern wie England und Äthiopien, Südafrika und der Sowjetunion ein. Miriam Levinger, die Frau von Mosche Levinger, einem der Rabbis der Bewegung, glaubt, daß die Juden in der Diaspora anderen auf Gedeih und Verderb ausgeliefert sind. Der Beweis, sagt sie, waren die Massaker und Pogrome in Osteuropa, der Holocaust der Nazis, auch die Angriffe der Antisemiten in den Vereinigten Staaten. Sie selbst ist als orthodoxe Jüdin in New York geboren. »Ich glaube, wo auch immer du bist außerhalb Israels, als Jude bist du Gast in einem fremden Land. Ich sehe Juden nach Eretz Israel kommen, weil sie, glaube ich, keinen wahren Ort außerhalb von Eretz Israel haben. Hier in Eretz Israel habe ich eine Regierung, ich habe meine Soldaten, und ich bin nicht vom guten Willen anderer abhängig.«[9])

In den Monaten nach dem Krieg von 1967 entwarf diese Schar orthodoxer und militanter Extremisten ihre Strategie, wie sie das eroberte

Land – die West Bank – besiedeln wollten. Während sie sich damit beschäftigten, strömten Tausende von Juden in die alten Gebiete von Judäa im Süden und Samaria im Norden, um die Geburtsstätten der jüdischen Nation endlich selbst in Augenschein zu nehmen. In Hebron besuchten sie die Höhle von Machpela, die den Juden seit dem Beginn des Osmanischen Reiches vor 451 Jahren nicht mehr zugänglich gewesen war. Hier, am Begräbnisort der Patriarchen, wurden die Israelis spirituell mit Abraham, dem Vater des Judentums, mit seinem Sohn Isaak und Enkel Jakob sowie mit den Matriarchinnen Sara, Rebekka und Lea wiedervereint. Wie bedeutungsvoll es doch war, daß Hebron Davids Geburtsort gewesen war, der sieben Jahre dort regierte, bis er nach Jerusalem zog und das Königreich einte. Auch anderswo in Judäa hielten sie an: in Bethlehem, wo Jesus geboren wurde und wo die Wiege des Christentums stand. Anschließend kehrten sie über die alten Grenzen ins bisherige Israel zurück und besuchten Massada, jene Bergfestung, in der sich die jüdischen Zeloten lieber das Leben nahmen, als sich den römischen Eroberern zu ergeben. Weiter ging es wieder in die West Bank, zum uralten Jericho, wo Joshua gegen die Kanaaniter gekämpft und seine Trompete geblasen hatte, bis die Mauern der Stadt eingestürzt waren. In Samaria suchten sie Samuels Grab auf, in Nablus fanden sie die alte jüdische Sekte der Samariter. Den Abschluß bildete eine Fahrt nach Norden zu dem Ort, wo während der Zeit des Zweiten Tempels die Stadt Gamla gestanden hatte. Ihr altes Land Eretz Israel war wahrhaftig wieder vereint.

Von allen biblischen Orten aber war keiner bedeutsamer oder heiliger als die West- oder Klagemauer. Innerhalb von Minuten, nachdem am Morgen des 7. Juni 1967 die Altstadt erobert war, eilte – mit der Tora in der Hand – der Oberrabbiner der israelischen Armee, Rabbi Schlomo Goren, zu der Mauer, um den alten Segensspruch Schehetschejanu zu sagen und anschließend fröhlich dem Widderhorn einen lauten Ton zu entlocken. Dem Rabbi, der einige Stunden an der Mauer blieb, schlossen sich sogleich Verteidigungsminister Mosche Dayan, Stabschef Yitzhak Rabin und Ministerpräsident Levi Eschkol an. Uniformierte Soldaten strömten am heiligen Ort vorbei, einige beteten, einige weinten, manche starrten ehrfürchtig die Mauer an, manche schoben ihre auf kleine Zettel geschriebenen Wünsche zwischen die uralten Steine. Innerhalb von Stunden nach dem Waffenstillstand schwärmten Tausende von Israelis, religiöse und weltliche gleichermaßen, zur Altstadt, um an den Überresten des alten Tempels zu beten. Der Psalm, den viele Juden oft so verzweifelt auf der ganzen Welt wiederholt hatten – »Jerusalem, heilige

Stadt, mögest du in unseren Tagen geschwind wieder erbaut und wieder errichtet werden« –, wurde plötzlich zum Jubelruf der Nation.

Am 10. Juni erklärte Dayan, daß Ost-Jerusalem annektiert und die Stadt wiedervereinigt würde. Teddy Kollek, bis dahin Bürgermeister vom Westteil und nun Bürgermeister der ganzen Stadt, fuhr umher, um das eroberte Gebiet zu besichtigen. Als ein israelischer Soldat den Bürgermeister sah, hielt er ihn an und sagte stolz: »Wir haben unsere Stadt größer gemacht.« Kollek erwiderte prophetisch: »Sie meinen, wir haben uns größere Kopfschmerzen eingehandelt.«[10]) Bei einem Besuch der Altstadt führte Kollek seinen alten Freund David Ben-Gurion stolz durch das Moslemviertel. Als sie durch den nach seinen nordafrikanischen Bewohnern Maghrebi-Sektion genannten Teil kamen und die von widerwärtigen Gerüchen erfüllte Gasse zur Klagemauer hinuntergingen, war der frühere Premierminister entsetzt. Der überwältigende Schmutz in den Straßen, die stinkenden öffentlichen Aborte nahe der Mauer, der schmale Zugang, der den Zehntausenden von Menschen, die die Mauer würden sehen wollen, niemals genug Platz bieten konnte, das alles schien für Ben-Gurion nicht nur ein Skandal an diesem heiligen Ort des Judentums, sondern auch Quelle künftiger Spannungen zwischen Arabern und Juden zu sein. An jenem Abend wurde angekündigt, daß das Maghrebi-Viertel abgerissen würde.[11])

Immer noch erschüttert vom überwältigenden israelischen Sieg, erregten sich die Palästinenser darüber, daß eine der ersten Handlungen der Abriß eines ihrer Stadtviertel sein sollte. Ruhi al-Khatib, von 1950 bis 1967 Bürgermeister Ost-Jerusalems, war zu Hause, als die Ankündigung kam. Am frühen Morgen des 11. Juni wurde al-Khatib von einer Schar Menschen geweckt, die an seine Tür klopften. Sie waren zu ihm geeilt, um zu berichten, wie empört die Nordafrikaner waren, die im Maghrebi-Viertel wohnten. »Ich ging hin, um zu sehen, warum«, erinnert sich al-Khatib. »Ich durfte das Viertel nicht betreten, aber die Menschen flohen. Sie sagten, sie wären um drei Uhr früh angegriffen und gewarnt worden, innerhalb von zwei oder drei Stunden müßten sie ihre Häuser verlassen. Dann kamen Bulldozer und walzten 136 Häuser platt.«[12]) Einige Monate darauf, im Jahr 1968, wurden auch die Häuser der Abu-Saud-Sawia abgerissen, wo Jassir Arafat einen großen Teil seiner Kindheit verbracht hatte. Ruhi al-Khatib, der als erster Araber von den Israelis deportiert wurde, erinnert sich: »Die Frau von Scheich Hassan warf man hinaus, ohne daß sie Gelegenheit erhielt, ihren Hausrat und ihre Kleidung zusammenzupacken. Sie mußte ein neues Unterkommen außerhalb der Stadtmauern finden, bis sie starb.«

Als die Israelis die Häuser rund um die Westmauer abräumten, legten sie einen breiten Platz vor dem Heiligtum frei. Er war, wie sie entdeckten, knapp hundert Jahre v. Chr. angelegt worden. Nur drei Tage, nachdem die Bulldozer die Gegend verwüstet hatten, strömten 200 000 Israelis auf den Platz, um den Feiertag Schavuot zu begehen. Während die Araber sich ängstlich in ihren Häusern verbargen oder neugierig durchs Fenster spähten, schob sich eine Menschenmenge aus weltlichen und orthodoxen Juden, Kibbuzniks und Soldaten unter der Fahne mit dem Davidstern zur Mauer. In den folgenden Wochen und Monaten gruben Archäologen wie besessen und deckten Schicht um Schicht die Fragmente früheren jüdischen Lebens auf. Münzen mit uralten Inschriften, Töpfe, Gerätschaften, Grabkammern vom alten Tempel und sogar ein vollständiges neunzehnhundert Jahre altes Gebäude wurden freigelegt. Ein Artefakt, der Handgriff eines Topfes aus dem 7. Jahrhundert v. Chr., der seit dem Ende der Zeit des Ersten Tempels in der Erde gelegen hatte, trug die hebräische Bezeichnung *La-Melech,* was »Für den König« hieß. Das Fragment eines anderen Topfes war mit zwei Vögeln geschmückt und trug die Inschrift *korban,* was hebräisch »Opfer« bedeutete.[13]) Für die Israelis waren diese Fragmente die Bestätigung dafür, daß der Platz, die Stadt und Eretz Israel die Heimat der jüdischen Nation war. Sie sollten den Arabern gegenüber als Beweis dienen, daß dies das Land war, in das die Juden gehörten.

Unmittelbar nach dem Sechstagekrieg kündigte Dayan an, die Integrität des arabischen Territoriums bliebe gewahrt: Die Araber der West Bank und Gazas könnten sich frei hin und her über den Fluß bewegen, nach Jordanien gehen und so die übrige arabische Welt erreichen. Auch in Israel dürften sie uneingeschränkt reisen. Die »Territorien« würden von einem Militärgouverneur verwaltet, der die Ordnung – sowohl nach jordanischem Zivilrecht als auch israelischem Militärrecht – aufrechterhalten würde. Die West Bank und Gaza würden nicht annektiert.

Manche Palästinenser fanden sich mit dem Leben unter diesem neuen Besatzer relativ schnell ab und kehrten zu ihrer Arbeit als Bauern, Händler, Ärzte, Anwälte und Bürokraten zurück. Gelegentlich unternahmen sie Ausflüge nach Israel, um die Dörfer und Städte zu besuchen, die sie seit 1948 nicht mehr gesehen hatten. Manche läuteten an den Türen ihrer alten Häuser in Haifa und Jaffa, und die Juden, die nun dort lebten, luden sie zum Kaffee ein. Andere wiesen die ungebetenen Gäste schroff ab und schickten sie weg. Tausende Bewohner der West Bank kamen ins jüdische West-Jerusalem, schlenderten die Jaffa Road entlang an den Läden vorbei oder sahen sich in einem der modernen Kinos in der Nähe des Zionsplatzes die neuesten Filme an.

Eine Handvoll lokaler Politiker ermunterte die arabischen Bürger zu einer wenn auch gemäßigten Opposition. Schon vor dem Krieg, so erinnert sich Abdul Dschawad Saleh, ehemals Bürgermeister von Al-Bireh, »hatte ich eine Bewegung für Freiwillige Arbeit gegründet, um alles Negative im arabischen Denken und Verhalten loszuwerden«.[14]) Von ihm gesponsert, organisierte eine Frauengruppe Projekte für Näh- und Nadelarbeiten. Von der örtlichen Aktivistin Samiha Khalil geführt, entwickelte sie sich später zu einem wichtigen Zentrum für den PLO-Aktivismus. Andere Gruppen, vor allem in Städten wie Nablus mit etablierten intellektuellen Kreisen und einer tief verwurzelten politischen Initiative, bildeten sich rasch starke Widerstandsnester.

Die größte Gefahr aber sollte für die Israelis die Fatah werden, die bei einem Treffen in Damaskus unmittelbar nach dem Krieg von 1967 ihr militärisches Hauptquartier in die besetzten Gebiete zu verlegen beschloß. Während die Israelis ihren Sieg feierten, schlüpfte Jassir Arafat über den schmalen Jordan-Fluß in die West Bank hinein. »Direkt nach dem Sechstagekrieg ging ich in die arabischen Gebiete und blieb mehr als vier Monate dort«, erzählt uns Arafat. »Viermal bin ich dort hingegangen. Dreimal durch den Fluß und einmal über die Abdullah-Brücke.« Meistens trug er seine Kafija, aber manchmal verkleidete er sich als Arzt und zog sich einen Anzug und eine Krawatte an. Es sollte nicht lange dauern, bis seine Anwesenheit sich bemerkbar machte.

»Gleich nach der Besetzung«, sagt ein Verwandter von ihm, Scheich Musa Abu Saud, »kam er verkleidet zu meiner Mutter, und sie war erstaunt. ›Wie bist du nur hergekommen?‹ fragte sie.« Sie brachte ihn zum Haus seines Onkels Salim und sagte: »Hier, hier bist du geboren«, erinnert sich der Scheich. Arafat lud sie zu einer Fahrt in seinem Wagen ein. »Da er nicht verheiratet war, und man in unserer Region keine Frau im Wagen haben darf, sagte er, die einzige Frau, die er in seinen Wagen eingeladen hätte, wäre meine Mutter gewesen.« Später »verschwand er und war einfach wieder weg«.[15])

Omar al-Khatib, ein Fatah-Repräsentant in Amman, erinnert sich, daß er im Juli 1967 am Rande von Jerusalem lebte. »Es kam jemand zu mir nach Beit Hanina und sagte mir, Arafat sei in Jerusalem.« Khatib, der Arafat und Abu Dschihad Jahre zuvor in Kuwait besucht hatte, war für die Organisation geheimer Fatah-Zellen in der West Bank verantwortlich. Es überraschte ihn, Arafat in Jerusalem zu sehen. »Er trug eine weiße Kafija und normale Hosen, ein normales Hemd. Einen Bart hatte er nicht«, erinnert sich Khatib, der Arafat für ein paar Tage aufnahm. »Wir redeten, und er kam zu dem Entschluß, daß militärische Arbeit gemacht werden sollte.«[16])

Von Jerusalem aus begleitete Khatib Arafat zum nahegelegenen El-Bireh, wo er die notwendigen Papiere erhielt. »Abu Amar bekam zwei Ausweise von mir, als ich Bürgermeister von El-Bireh war«, sagt Abdul Dschawad Saleh. »Nach der Besatzung hatten wir Probleme wegen der Ausweise. Man kam nur mit einem Ausweis von einer Stadt zur anderen durch die militärischen Sperren. Wir waren die erste Stadt, die Ausweise ausgab. Er blieb in El-Bireh, und ich gab ihm zwei Karten, die ihn als Bewohner von El-Bireh auswiesen.« Die politischen Schüler des Bürgermeisters begleiteten Arafat.

Er bewegte sich per Auto oder Motorrad umher und traf sich heimlich an verschiedenen Orten mit dort ansässigen Arabern. Für manche war er »der Doktor« oder »Dr. Fawsi Arafat«; andere, Omar al-Khatib etwa, nannten ihn »Abu Mohammed«. In Nablus »blieb er ein paar Tage bei der al-Masri-Familie«, sagte Khatib. »Anschließend hielt er sich ein paar Tage bei einer anderen Familie auf. Danach schließlich fuhr er in die Dörfer oben im Norden.« Aber wohin er auch kam, so erinnert sich Khatib, der starrsinnige »Abu Mohammed weigerte sich grundsätzlich, an den israelischen Straßenkontrollen seine Kafija abzunehmen«.

Mehrere Monate lang reiste Arafat in der West Bank herum, manchmal als Schäfer verkleidet, dann wieder als Arzt. Auf diese Weise kam er von Jerusalem nach Ramallah, von El-Bireh nach Nablus und – weil Araber frei reisen durften – auch in israelische Städte. »Ich fuhr nach Tel Aviv und verbrachte einen Tag dort«, berichtet uns Arafat. »Ich fuhr nach Haifa, nach Jaffa, nach Akko.« Hat er geweint, als er sah, was aus den arabischen Städten geworden war? »Warum geweint?« schnauzt er zurück. »Ich kann meine Gefühle beherrschen.«

Arafats Job, sagt Omar al-Khatib, war es, »die Infrastruktur der Fatah zu organisieren. Außerdem plante er die militärischen Einsätze. Allerdings ließen wir es wohlweislich nicht zu, daß er selbst an militärischen Aktionen teilnahm.« Aber, so sagt der PLO-Beamte, »er hat die grundlegende Einsatzplanung übernommen. Er bewegte sich von Haus zu Haus, er traf die Leute und sagte ihnen, was sie tun sollten.«

Diejenigen, die sich der revolutionären Bewegung anschlossen, mußten lernen, wie man einen Guerillakrieg führt. Manche wurden von Omar al-Khatib in der West Bank ausgebildet, aber das erwies sich als schwierig. »Wegen der Besatzer konnte man kein praktisches Training absolvieren. Man konnte jemandem beibringen, wie man mit einer Waffe umgeht, aber wirklich schießen konnte man nicht, sonst wäre man entdeckt worden. Andere Freiwillige«, sagt er, »wurden unter Arafats Befehl in das Ausbildungslager von el-Hama in Syrien gebracht. Sie wurden zwei Wochen bei einem intensiven Training ausgebildet und kamen dann zurück.«

Arafat traf Faisal Husseini in Ramallah, während er dort Aktivisten anwarb. Faisal, Sohn von Arafats Mentor Abdul Kader al-Husseini, arbeitete im militärischen Büro der PLO und bat Arafat, eine politische Strategie gegen die israelische Besatzung ins Auge zu fassen. Arafat wurde mißtrauisch. War der Sohn des legendären palästinensischen Freiheitshelden zum Kämpfen zu feige? Vorsichtig unterzog er Husseini einem Kreuzverhör, bis Husseini schließlich den Test bestand. Man kam überein: Husseini würde Fatah-Kommandos ausbilden. Arafat brachte Husseini in das Haus in Ramallah, in dem er untergekommen war. »Er gab mir zwei Maschinenpistolen, eine russische Kalaschnikow und eine tschechoslowakische Samosar«, erinnert sich Husseini.[17])

Einer der Fatah-Kommandeure in Jerusalem war Kamal Nammeri, ein junger Mann, der aus Jordanien und zuvor aus Kuwait gekommen war. Nammeri kam zum erstenmal kurz vor dem Sechstagekrieg in die West Bank zu Besuch und zwar zu seinem Onkel in Jerusalem, der dort Manager einer großen Baufirma war. Nammeris Vettern begrüßten ihn, und eine junge Cousine fuhr ihn umher. Als sie die Fernstraße von Tel Aviv nach Jerusalem entlangfuhren, hielt Nammeri nach einem geeigneten Ort für einen Sabotageakt Ausschau. Er sah eine Straßenbaustelle und legte ein paar Stangen Dynamit unter die Bulldozer. Nammeris Versuch blieb nicht unbemerkt. In der Nähe stand ein Wachtposten. Der Mann versuchte ihn zu stoppen, wurde aber bei diesem Versuch getötet.

Nicht lange, nachdem Nammeri gefaßt worden war, wurde diese Geschichte sehr bekannt. Was die israelischen Bürger so sehr entsetzte, war weniger die Tat selbst als die Tatsache, daß Nammeris Mutter Jüdin war. Sie hieß Jetta Kleiner, war aus Deutschland nach Jerusalem gekommen und hatte einen Araber geheiratet. Nach dem Unabhängigkeitskrieg gingen die Eheleute nach Jordanien und Kuwait, wo sie ihre Kinder aufzogen. Dort hörte ihr Sohn, Kamal Nammeri, zum erstenmal von Jassir Arafat und der Fatah. Arafat selbst ernannte Nammeri zum Kommandeur der Fatah-Aktionen in der West Bank. Der Onkel, den Nammeri besucht hatte, war Jude, und die Cousine, die ihn ahnungslos begleitet hatte, war Jüdin. Die israelische Öffentlichkeit war über die Möglichkeit solcher Verwicklungen sehr bestürzt.

Viele der Fatah-Kämpfer, die 1967 in die West Bank kamen, wurden mit Hilfe von Arafats Mitstreiter Hani al-Hassan eingeschleust. Nahezu fünfhundert palästinensische Studenten, die in Algier ausgebildet worden waren, wurden über das flache Flußbett des Jordans in die besetzten Gebiete geschmuggelt. »Meine persönliche Aufgabe war es, die Gruppen, die über den Jordan kamen, in Empfang zu nehmen«, sagt Omar al-Khatib. Ende August 1967 hatte Arafat in den wichtigsten Zentren Kommandeure und Kampfgruppen eingesetzt und genug Waffen eingeschmuggelt, um mit den Aktionen zu beginnen.

»Nach der Niederlage von 1967 erwartete niemand, daß die Palästinenser irgend etwas anfangen würden«, erinnert sich Khatib. »Bis zum September gab es überhaupt keine Kontrollen, welcher Art auch immer. Also war es sehr leicht, Waffen über den Jordan hereinzubekommen. Auch von den Golan-Höhen holten wir Waffen, die die Syrer zurückgelassen hatten. Sie wurden für den Transport flußabwärts vorbereitet und kamen dann in die West Bank. Dort, wo die Jordanier Waffen gelagert und zum Teil zurückgelassen hatten, wurden wir ebenfalls fündig. Die Iraker waren in Jordanien präsent und halfen uns, die Waffen in die Gegend des Toten Meeres zu transportieren.« Die Waffen, die verwendet wurden, waren zumeist Gelignit, sagt Khatib. »Es ist eine Art Gelatine und sieht wie Dynamit aus. Man tut fünf oder sechs zusammen, steckt einen Zeitzünder in die Mitte, und es explodiert.« Khatib erzählt uns, er hätte den Fluß »etwa zehnmal« durchquert, um die Waffen hinüberzuschmuggeln. »Arafat ist ein- oder zweimal hinübergegangen.«

Mitte September wurde die israelische Öffentlichkeit von einigen Guerillaanschlägen überrascht. Zuerst wurde im Kibbuz Jad Hannah eine Bewässerungsanlage gesprengt. Als nächstes wurden in Nablus Autoreifen in Brand gesteckt und ein Generalstreik ausgerufen. Die arabischen Kaufleute ließen die eisernen Rolläden ihrer Geschäfte herunter, Lastwagenfahrer weigerten sich, Waren zu den Märkten zu schaffen. Spannungen entwickelten sich zwischen Streikenden und solchen Leuten, die zur Arbeit wollten. In verschiedenen Städten kam es zu Demonstrationen, und manche Palästinenser, die nach Israel zur Arbeit »pendelten«, wurden von Streikenden beschossen.

In einer Stadt im Norden brachen Auseinandersetzungen zwischen israelischen Soldaten und palästinensischen Demonstranten aus, doch die Israelis unterdrückten den Aufruhr rasch. Arafat, der zu diesem Zeitpunkt in Ramallah war, erinnert sich: »Bei einer militärischen Konfrontation auf dem zentralen Platz in Dschenin zwischen einer kleinen Gruppe von unseren Leuten und der israelischen Armee wurden sechs Palästinenser getötet.« Als ein französischer Journalist Mosche Dayan damals fragte, wie das denn sei mit dem wachsenden Widerstand, erwiderte der israelische Verteidigungsminister: »Widerstand? Was für ein Widerstand? Das nennen Sie Widerstand? Der Widerstand ist wie ein Ei in meiner Hand. Ich kann ihn jederzeit zerquetschen.«

Am 19. September desselben Jahres explodierte eine Bombe im wiedervereinigten Jerusalem. Der Sprengsatz ging in einem kleinen, fast schäbigen Hotel in der Nähe des Jaffa-Tors in der Altstadt hoch und verwundete sieben Menschen. Im ganzen Monat September trafen die Israelis neun terroristische Angriffe. Khatib erklärt, jede dieser Aktionen sei beobachtet und hinterher analysiert worden. »Jede Gruppe, die losging, um eine Operation durchzuführen, hatte einen oder zwei Beobachter dabei. Sie berichteten im Anschluß an die jeweilige Aktion, ob die Bomben zur rechten Zeit losgegangen waren, wie viele Opfer es gegeben hatte und ob unsere Leute verhaftet worden waren.« Khatib bestätigt, Arafat habe diese Strategie entwickelt. »Es war Abu Amars Idee. Er war der militärische Koordinator.«

Keine drei Wochen darauf, am 8. Oktober 1967, betraten Fatma Benawi, eine Araberin, und zwei Männer das beliebte Zion-Kino im Zentrum Jerusalems. Die drei setzten sich zunächst hin, um einen Film zu sehen, standen ein paar Minuten später aber wieder auf und gingen hinaus. Als jemand von den Kinogästen ein Paket unter ihrem Sitz liegen sah, wurden die Platzanweiserinnen mißtrauisch und riefen die Polizei. Das Paket wurde zu einem unbebauten Grundstück neben dem Polizeihauptquartier gebracht. Als die Beamten es auf den Boden warfen, explodierte es. Wieder einmal war die israelische Öffentlichkeit wie gelähmt. Jeder Araber, jede Araberin waren verdächtig. Manche wurden von wütenden Israelis angegriffen, die auch ihr Eigentum demolierten.

Zwei Tage später versammelten sich Tausende von Israelis zu einer friedlichen Demonstration vor dem Zion-Filmtheater. Israelische Künstler erklärten sich bereit, eine spezielle Ausstellung zu organisieren. Damit sollte die Tatsache betont werden, daß die Israelis dem Terrorismus nicht nachgeben würden. Fatma Benawi und ihre beiden Partner wurden rasch verhaftet. Omar al-Khatib, der geholfen hatte, die Aktion zu organisieren, erzählt rückblickend: »Sie war die erste Frau, die gefangengenommen wurde. Sie kam beim Gefangenenaustausch von 1985 frei, ist jetzt verheiratet und lebt in Tunis.« Nachdem Fatma Benawi gefaßt war, so sagt Khatib, »änderte ich meinen Namen und trug einen anderen Ausweis. Mein Vetter war Ruhi al-Khatib, der arabische Bürgermeister von Ost-Jerusalem vor 1967. Ich bekam einen Ausweis von ihm mit dem Namen Nasia Mohammed.«

Die Guerilla führte zehn Terroranschläge im Oktober, achtzehn im November und zwanzig im Dezember aus. Die Israelis entwickelten eine Strategie, um sich dagegen zu schützen. Jeder öffentliche Ort wurde von Nationalgardisten oder Freiwilligen überwacht. Vor den Supermärkten und Banken standen Posten, und die Besucher wurden gebeten, ihre Einkaufsbeutel zu öffnen, damit die Wachen untersuchen konnte, ob sich Bomben darin befanden. Sämtliche Postpakete und -päckchen wurden von den Postämtern geprüft. Die Israelis achteten auf offenbar herrenlos herumstehende Taschen und Koffer und benachrichtigten die Polizei. Kindern schärfte man ein, nicht in die Nähe von Päckchen zu gehen, die auf der Straße lagen, und sie sofort den Behörden zu melden. Immer wenn Pakete oder Päckchen, die scheinbar niemandem gehörten, entdeckt wurden, sperrte man die betreffende Straße ab, und spezielle Bombenentschärfungskommandos eilten herbei. Die israelische Polizei arbeitete unermüdlich, und es gelang ihr fast pausenlos, Angehörige der Guerilla zu verhaften. Die Folge: Arafat mußte auf der Hut sein.

»Ich brachte ihn nach seinen Einsätzen in einem Wagen der UNRWA (United Nations Relief and Works Agency) nach Ramallah und Nablus!« berichtet Omar al-Khatib. »Ich hatte einen Freund, der bei der UNRWA arbeitete. Deren Wagen wurden nie untersucht. Das war eine gute Methode.« Ein andermal befand sich Arafat in Ramallah, und Omar al-Khatib wollte ihn sprechen. »Ich sah, daß das Haus, in dem er wohnte, von der israelischen Polizei umzingelt war. Also ging ich zu einem Freund und fragte: ›Ist Abu Mohammed verhaftet?‹ Der Freund sagte mir, Arafat hätte das Haus fünf Minuten vor dem Eintreffen der israelischen Militärs verlassen.« Arafat hielt sich, während die Polizei das Haus durchsuchte, in seinem Volkswagen verborgen.

Einmal brachte Khatib ihn nach Nablus, und von dort ging Arafat zu einem kleinen Dorf im Norden. »Das israelische Militär umzingelte al-Maharia, wo Arafat damals im September war. Ein paar junge Männer brachten ihn in die Berge zu den Höhlen, und dort blieben sie dann ein paar Tage lang. Anschließend wechselte er wieder seinen Aufenthaltsort.«

Wie Arafat waren die meisten palästinensischen Terroristen aus Kuwait, Jordanien oder den Flüchtlingslagern im Libanon gekommen. In den Augen der ansässigen Bevölkerung waren sie Außenseiter. Die Araber auf der West Bank, von denen nun viele in Israel arbeiteten und Geld verdienten, boten den Guerilleros wenig Unterstützung an – und wenn, dann nur zögernd. Die israelische Politik der kollektiven Bestrafung zeigte Wirkung. Genau wie bei ihren Attacken gegen die arabischen Staaten führten die Israelis auch gegen die Dorfbewohner Vergeltungsmaßnahmen durch. Dörfer, die die Fedajin aufnahmen, wurden angegriffen und besetzt, Häuser wurden gesprengt, und über das Dorf wurde eine Ausgangssperre verhängt. Infolgedessen wollten viele Leute auf der West Bank keine Guerilleros in ihre Häuser lassen und verwehrten ihnen die Möglichkeit, ihre Dörfer als Stützpunkte zu benutzen.

Ende 1967 hatten die Israelis eintausend Aktivisten verhaftet. Zu ihrer Verwunderung stellten sie fest, daß viele dieser Guerilleros keine Banditen und Verbrecher waren, wie sie vermutet hatten, sondern gebildete Studenten. Ihrer palästinensischen Führung gegenüber treu, waren sie bereit, eine Politik des Terrors zu betreiben, um auf ihre Notlage aufmerksam zu machen. Manche erklärten sich der von George Habasch geführten Arabischen Nationalbewegung zugehörig, manche schworen auf die von Syrien unterstützten Gruppen oder die Kommunisten, aber von allen Gruppen hatte Fatah die meisten Anhänger. Fatah war mittlerweile in ganz Israel ein Begriff für schändlichen Terrorismus. Arafats Name war der israelischen Öffentlichkeit noch nicht geläufig, aber seine Aktionen hatte man sich gemerkt.

Im Dezember 1967 war das Leben für die Freischärler zu gefährlich geworden. Arafat und seine dreihundert Fatah-Kämpfer mußten aus der West Bank fliehen. Die arabischen »Frontstaaten« zeigten kein Verlangen, die Fedajin aufzunehmen. Im Gegensatz zu den Palästinensern hatten die an Israel grenzenden Länder beschlossen, einen politischen Kurs zu steuern, der auf eine Lösung des arabisch-israelischen Konflikts hinauslaufen sollte. Am 22. November 1967 verabschiedete der Sicherheitsrat der Vereinten Nationen die Resolution 242. Darin wurde Israel aufgerufen, die im Juni besetzten Gebiete zu räumen. Allen Staaten in der Region wurde die territoriale Integrität und das Recht zugesichert, im Frieden innerhalb gesicherter und anerkannter Grenzen zu leben. Die Freiheit der Schiffahrt durch die internationalen Wasserstraßen wurde garantiert. Eine gerechte Lösung des Flüchtlingsproblems sollte erreicht werden. Außerdem sollten entmilitarisierte Zonen geschaffen werden.

Die arabischen Staaten hatten genug Opfer zu beklagen und Verluste an Material erlitten. Weder Syrien noch Ägypten wollte es den Freischärlern mehr erlauben, von ihrem Gebiet aus zu operieren. Die Libanesen hatten keine Armee, mit der sie die Palästinenser oder sich selbst hätten schützen können. Nur Jordanien, in dessen Militär eine große Anzahl von Palästinensern diente und das einen hohen palästinensischen Bevölkerungsanteil besaß, konnte ihnen nicht die Zuflucht verweigern. Aber obwohl König Hussein es Arafat und seinen Männern erlaubte, sich ins

Jordantal zurückzuziehen, blieb er ihnen gegenüber doch mißtrauisch. Er warnte sie, daß er keine Kommandounternehmen von seinem Land aus dulden würde. Nur unter dieser Bedingung ließ er sie ins Land und erlaubte ihnen, ihre Zelte im Flüchtlingslager von Karameh aufzuschlagen.

Trotz der Warnungen König Husseins setzten sie den Israelis im Frühling des Jahres 1968 mit einer Vielzahl von terroristischen Attacken zu. An der gesamten Grenze belegten sie israelische Kibbuzim mit Granatfeuer. Dabei wurde zwar niemand verletzt, aber ein Angriff auf den Schlafsaal der Kinder im Kibbuz Kfar Ruppin, in dem sich zu diesem Zeitpunkt niemand befand, jagte den Israelis kalte Schauer ein. Als Antwort darauf verstärkte die Regierung ihre Truppen entlang der jordanischen Grenze. Flugzeuge und Artillerie bekamen den Befehl, die gefährdeten Landsleute zu schützen. Am 18. März 1968 jedoch konnte niemand einen Bus voller Kinder schützen, die einen Ausflug zum Badeort Herzlija bei Tel Aviv unternommen hatten. Als sich die jungen Leute auf dem Rückweg in Richtung Eilat befanden, fuhr ihr Bus auf eine Mine und explodierte. Zwei Kinder wurden getötet und siebenundzwanzig verletzt. Die israelische Antwort war ein massiver Angriff auf Jordanien.

Panzer und Infanterie der israelischen Armee sammelten sich in der Nähe der Jordan-Brücken, um den Fluß nach Jordanien zu überqueren. Verteidigungsminister Moshe Dayans Plan war, die Fatah-Basis in Karameh zu zerstören und sich dann über den Fluß hinweg nach Westen zurückzuziehen. Am 1. März 1968 aber, dem Tag des Angriffs, befand sich Dayan in einem Krankenhaus, und der Kampf erwies sich als weit härter, als man erwartet hatte. Die Palästinenser, die die israelische Armee am Westufer beobachtet hatten, lagen auf der Lauer. Sie erwarteten die Israelis mit Panzerfäusten auf den Schultern. Die Schlacht war blutig, und als die israelische Armee in die Berge des Jordantals und damit über die Fatah-Basis von Karameh hinaus vorstieß, traf sie auf die jordanische Luftwaffe. Und als israelische Flugzeuge und Panzer die Guerilla nun bombardieren und beschießen wollten, gab die jordanische Armee den Palästinensern mit Artilleriefeuer Flankenschutz, während sich die Palästinenser geschickt im Gelände bewegten. Die Schlacht dauerte zehn Stunden und endete erst, als die Abenddämmerung hereinbrach. Zum erstenmal in ihrer Geschichte zog sich die israelische Armee geschlagen zurück: Sie hatte vier Panzer und vier Panzerwagen verloren. Neunundzwanzig Israelis fielen, weitere neunzig wurden verwundet. Auf der anderen Seite waren siebenundneunzig tote Palästinenser und einhundertachtundzwanzig tote Jordanier zu beklagen.

Für die Israelis war die Schlacht um Karameh eine peinliche Schlappe, für die Fatah war es ein Triumph. Ihr Sprecher Jassir Arafat verglich den unbedeutenden militärischen Erfolg der Fatah mit Israels Sieg im Sechstagekrieg. Arafat sorgte dafür, daß die Siegesnachricht aus allen arabischen Radios dröhnte und Schlagzeilen in allen Zeitungen des Nahen Ostens machte. Arafats Bild erschien auf der Titelseite des *Time*-Magazins. Dort stellte man ihn als neuesten Freiheitskämpfer der Welt vor. So wie Arafat es sah, hatten die Palästinenser einen ersten arabischen Durchbruch gegen Israel erzwungen. Sie hatten die Kampfmoral wiederhergestellt und waren durch ihren geglückten Schlag gegen den Feind mächtig geworden. Die arabische Welt sah endlich wieder einen Grund, stolz auf sich selbst zu sein, und Tausende von palästinensischen Kämpfern strömten ins Lager der Fatah. Die Israelis hatten die Guerillainfektion mit einem Schlag beseitigen wollen. Statt dessen aber hatten sie genau das Gegenteil erreicht und dazu beigetragen, daß sich die Entzündung verschlimmerte.

8

Der Terrorismus eskaliert

Die dunkeläugige Smadar wuchs im Kibbuz Rarnot Ninasche auf. Sie war die Tochter eines Juden, der aus Deutschland geflohen war, und einer polnischen Überlebenden des Holocaust. Immer wieder hatte die Mutter ihr von den grauenvollen Dingen erzählt, die sie in Polen erlebt hatte. Sie hatte von der Schande und Angst gesprochen, eine Jüdin zu sein, und erzählte immer wieder, wie sie sich einmal, als sie die Nazisoldaten heranmarschieren hörte, in einem Erdloch verkrochen hatte.

In Israel erzählten sie sich Tausende solcher schrecklichen Geschichten. Unter den Neuankömmlingen und den Israelis aber herrschte auch Freude, endlich in ihrem eigenen Land zu Hause zu sein. Hier waren sie nicht länger den Launen der Regierungen ihrer Gastländer ausgesetzt, brauchten sich nicht mehr als Bürger zweiter Klasse zu fühlen. Zum erstenmal konnten Juden wieder freie Juden sein, stolz auf ihre demokratische Gesellschaft, ihr aufblühendes Land, ihr Recht, zu tun und zu lassen, was ihnen beliebte.

Mit einundzwanzig Jahren heiratete Smadar Danny Haran, den Sohn von Einwanderern aus Schanghai – beides Juden, die während der Revolution in Rußland dorthin geflohen waren. Das Ehepaar bezog eine Wohnung in Naharija, einem Kur- und Urlaubsort am Mittelmeer, in dem schon während des Römischen Reiches die jungen Paare gern ihre Flitterwochen verlebt hatten. Danny war Manager einer Textilfabrik und Smadar bildende Künstlerin. Sie malte während des Tages und gab abends Zeichenunterricht. Zwei Jahre nach der Hochzeit, 1975, brachte Smadar ihr erstes Kind – die Tochter Einat – zur Welt. Ihre zweite Tochter, Jael, wurde 1977 geboren. Wiederum zwei Jahre später, im März 1979, feierten die Israelis die Unterzeichnung des Friedensvertrages mit Ägypten. Smadar und Danny kam es so vor, als ob eine Ära zu Ende ginge. Doch auch wenn sie glücklich war, spürte Smadar im Grunde stets, daß eine ungeheure Gefahr auf sie lauerte.

Anfang April 1979, ein paar Tage, nachdem der Vertrag von Camp David in Washington unterzeichnet worden war, berichtete die israelische Regierung, daß sechs Fatah-Terroristen mit Bazookas, automatischen Kalaschnikowgewehren, Maschinenpistolen und Pistolen zu einem Anschlag nach Israel entsandt worden waren. Unter dem Befehl von Abu Amar hatten sie ein Frachtschiff genommen, das der Fatah gehörte, und waren von Zypern in Richtung Israel aufgebrochen. Die israelische Marine entdeckte das Schiff und fing es ab.

Smadar und David brauchten keine Angst zu haben, sie wußten, daß das Militär immer auf der Hut war. Drei Wochen später, an einem Samstag nachmittag, saßen sie mit Freunden zusammen in der Nähe des Strandes entspannt beim Picknick, plauderten und genossen den friedlichen Sabbat. In der Vergangenheit jedoch hatte es in dieser Gegend die Gefahr eines Terroranschlages gegeben, als einmal ein paar Fedajin aus dem nahen Libanon herübergekommen waren.

Smadar achtete an diesem Abend besonders auf ihre fünfjährige Tochter. In der Nacht zuvor war Einat schreiend und zitternd von einem Alptraum erwacht und hatte gesagt, sie habe geträumt, Terroristen hätten die Stadt angegriffen und versucht, sie zu töten.

Als die Familie Haran an diesem Abend in ihrer Wohnung in Naharija zu Bett ging, hoffte Smadar, ihre Tochter würde ruhig schlafen. Gegen drei Uhr früh jedoch wurden sie vom Feuerstoß einer Maschinenpistole geweckt. Vier in Khakiuniformen gekleidete und mit Tornistern voll Waffen und Dynamit beladene Terroristen hatten sich in einem Gummiboot vom 25 Kilometer entfernten südlibanesischen Hafen Tyrus aufgemacht und waren am Strand von Naharija gelandet. Eine im Dienst befindliche israelische Soldatin hatte ihren Außenbordmotor auf dem Radarschirm bemerkt. Aber die See war stürmisch, und sie hatte gedacht, das kleine Echo auf ihrem Schirm wäre wohl nichts von Bedeutung.

Die Terroristen machten sich auf den Weg zu einem nahegelegenen Haus und versuchten einzudringen, aber das Gebäude war gut gesichert. Als Amnon Sela das Geräusch in seinem Haus hörte, ging er seine Waffe holen, während seine Frau die Polizei anrief. Die Terroristen, allesamt Mitglieder der radikalen PLF-Gruppe in der PLO, rannten die Straße hinunter zu dem vierstöckigen Apartmenthaus in der Jabotinsky-Straße 61, wo Smadar, Danny, Einat und Jael im ersten Stock fest schliefen. Die Terroristen rannten zu verschiedenen Apartments, warfen Granaten und sprengten die Wohnungstüren auf. Vom Krach der Explosionen geweckt, versuchte Danny seiner Frau und den Kindern zur Flucht zu verhelfen, aber es blieben ihnen nur ein paar Sekunden Zeit. Die Terroristen stürmten herein, schnitten Danny und seiner Tochter Einat den Fluchtweg ab und suchten nach seiner Frau. Während Danny die Freischärler anflehte, nicht seine Tochter zu nehmen, verbarg sich seine Frau, im Arm die zweijährige Jael, im engen, schrägen Winkel unter dem Dach und drückte die Kleine in ihrer Angst so fest sie konnte an sich. Während Smadar sich ängstlich duckte, hörte sie, daß die Terroristen ihren schreienden Mann und die Tochter fortbrachten. Vor Angst, daß Jael losschreien könnte, hielt sie ein Stück Stoff über den Mund des kleinen Mädchens und drückte es fest darauf. Danny und Einat wurden auf den Strand hinausgebracht. Als israelische Soldaten die Freischärler umzingelten und das Feuer eröffneten, brachten die Terroristen Danny und Einat um. Erst viel später, nachdem Smadar aus ihrem Versteck hervorgekommen war, merkte sie, daß sie ihr Baby erstickt hatte.

Smadar Haran ist nicht zusammengebrochen. Sie hat die Terroristen nicht fühlen lassen, daß sie einen psychologischen Sieg über sie errungen haben. Nicht lange nach dem Tod ihres Mannes und ihrer beiden Kinder schrieb sie ein Gedicht in ihr Tagebuch:

Manchmal existiere ich eigentlich nicht mehr
Weil eine Mutter für lebende Kinder existiert
Und ich die Mutter von toten Kindern bin.
Also vergebt mir, meine Töchter, wenn ich mich hier auf
Dem Papier eine Mutter nenne
Weil das Muttersein ja wohl aufgehört hat
Aber nicht die Mutterliebe, die so stark sein konnte.
Nicht meine.[1])

Während die israelische Armee in Karameh eine Niederlage einsteckte, feierten zweiunddreißig israelische Familien in Hebron einen Sieg. Am Eingang zu dieser arabischen Stadt in der West Bank stand das kleine Park-Hotel, und der lange Tisch in seinem Speisesaal sah nicht viel anders aus als Pessach-Tische überall in Israel im April 1968. Die angezündeten Kerzen leuchteten, und das Porzellan, die Bestecke und die Kelche mit dem roten Wein glänzten. Die Tafel war von Speisen und traditionellen Symbolen bedeckt. Auf dem Sederteller lagen drei Matzen, die an das ungesäuerte Brot erinnerten, das die Juden nach ihrer Flucht aus Ägypten in der Wüste gebacken hatten. Der Unterschenkel eines Lammes war Symbol des Pessachopfers im Tempel. Ein gebratenes Ei diente der Erinnerung an die Opfer, die die Juden freiwillig im Tempel gebracht hatten. Charoses, die Mischung aus Äpfeln, Nüssen, Zimt und rotem Wein, stellte den Mörtel dar, mit dem die jüdischen Sklaven in Ägypten gearbeitet hatten. In der Mitte des Tisches stand ein leerer Becher für den Propheten Elijah, Symbol der Hoffnung, daß das Königreich auf Erden naht.

Wenn ihr Tisch ein typischer Pessachtisch war, so waren die daran Feiernden doch gewiß keine x-beliebigen Israelis. Diese Juden, die ihren Seder im Park-Hotel feierten, waren nach Hebron gekommen, um Gottes Königreich von Menschenhand zu schaffen. Diese sechzig Leute, unter ihnen Rabbi Mosche Levinger und seine Frau Miriam, Rabbi Haim Druckman, Rabbi Eliezer Waldman sowie der Journalist Israel Harel, hatten sich in die arabische Stadt, den Ort der Höhle von Machpela, gewagt, um den zweiten der Schritte in Rabbi Zvi Jehuda Kooks Plan auszuführen: das Land der Juden wieder zu besiedeln. Gott hatte, so glaubten sie, sein Werk im Wunder des Sechstagekriegs vollbracht. Nun war die Reihe an ihnen, ihm zu helfen. In direkter Opposition zur israelischen – von der Arbeitspartei geführten – Regierung und ihrer Politik der Nichteinmischung gegenüber den Arabern kündigten diese orthodoxen Juden an, daß sie ihr Pessachfest mitten in Hebron, einer von siebzigtausend extrem religiösen Arabern bewohnten Stadt, feiern würden – in einer Stadt, deren Name von dem Massaker an ihrer kleinen jüdischen Gemeinde während der arabischen Unruhen von 1929 bereits einen düsteren Klang hatte.

Levinger und einer seiner Gefolgsleute hatten die dramatische Bitte der israelischen Beamten, sie sollten Hebron um Gottes willen fernbleiben, in den Wind geschlagen und waren in diesem Hotel in Hebron eingetroffen. Levinger hatte sich an den arabischen Manager gewandt und das ganze Haus gemietet. Er hatte vier israelische Pfund für jedes Bett bezahlt. Man war übereingekommen, daß die Juden mindestens zehn Tage und vielleicht länger bleiben würden. Tatsächlich hatten sie all ihre Möbel und all ihre Habe mitgebracht. Vom Lastwagen, der vor dem Hotel vorfuhr, hatte man Buchregale, Kühlschränke und Waschmaschinen abgeladen. So oder so, Hebron würde ihr neues Zuhause werden.[2])

Die orthodoxen Aktivisten stellten eine ständige Belästigung für die Regierung dar. Sie hatten sich noch nicht an ihren Pessachtisch gesetzt, da verlangten sie bereits Waffen vom Militärgouverneur von Hebron. Bewaffnet mit den beiden Uzis und vier Gewehren, die man ihnen gab, unternahmen sie Vorstöße ins Zentrum der arabischen Stadt. Mitten zwischen heiligen islamischen Orten eröffneten sie ihre Läden. Mit dem Bürgermeister hatten sie unentwegt Streit. Sie verlangten von der Regierung Behausungen und militärischen Schutz. Ihr Fall wurde in der Knesseth diskutiert und provozierte hitzige Debatten. Dennoch schien es, als führten die Siedler einen von der Arbeitspartei entworfenen Plan aus. Der stellvertretende Ministerpräsident Yigal Allon, der sich sogar ins Park-Hotel begab, um den Siedlern alles Gute zu wünschen,[3]) schlug vor, die stark bevölkerten arabischen Gegenden der West Bank wie Nablus und Ramallah sollten König Hussein zurückgegeben werden. Korridore durch Jericho und andere Orte sollten geschaffen werden, um diese Städte an Jordanien anzuschließen. Die Israelis wiederum würden sich dadurch sichern, daß sie an den strategischen Orten entlang des Jordans landwirtschaftliche und militärische Siedlungen anlegten. Die Anhänger von Rabbi Kook paßten dann in den nach Yigal Allon benannten Plan, wenn sie sich in den Bergen oberhalb von Hebron ansiedelten, während man die Stadt Hebron unangetastet lassen würde. In der Tat stimmte die Regierung 1970 der Forderung der Siedler zu und erklärte sich einverstanden, eine Ortschaft namens Kirjat Arba in den Bergen zu bauen. Doch während die Anhänger von Rabbi Zvi Jehuda Kook und Rabbi Levinger kämpften, um sich im Land der Väter niederzulassen, kämpften die Fatah-Anhänger darum, es zurückzubekommen.

Der Sieg von Karameh und die Publicity, die er in der arabischen Welt einbrachte, setzte einen Strom von Freiwilligen in Gang, die sich der Fatah anschlossen. Die Zahl ihrer Kämpfer wurde immer größer. Aus einer Gruppe von ein paar hundert Studenten wurde innerhalb weniger Monate ein Heer von mehreren tausend Mann. Der König konnte ihre Präsenz in Jordanien nicht länger mit einem Achselzucken abtun. Allmählich wurde sie sogar für ihn und seinen Thron zu einer Gefahr. Je mehr die Fatah wuchs, um so mehr nahmen auch ihre Angriffe auf die Israelis zu.

Im Frühling 1968 legten Fatah-Kommandos Bomben in den Hintereingang einer Kibbuz-Fabrik bei Natanja in der Nähe von Tel Aviv. Die Bomben explodierten mitten in der Nacht und erregten den Zorn der israelischen Öffentlichkeit. Weitere Bomben explodierten an anderen Produktionsstätten wie zum Beispiel in der Dodge-Automobilfabrik in Nazareth.

Aber jene Explosionen, die die israelische Öffentlichkeit 1968 wirklich erschütterten, fanden am frühen Abend auf den Hauptdurchgangsstraßen im Zentrum von Jerusalem statt. Während Hunderte von Menschen, die sich auf dem Weg nach Hause oder in die zahlreichen Restaurants und Kinos befanden, die Ha-Navim-Straße, »die Straße der Propheten«, entlanggingen, explodierte in einem Abfallkorb eine Handgranate. Polizeiautos und Ambulanzen waren sofort zur Stelle und halfen den Verwundeten. Nur wenige Minuten darauf und gerade 150 Meter davon entfernt explodierte in der King-George-Straße eine weitere Handgranate. Als Polizei und Notarztwagen vom ersten Attentatsort zum zweiten eilten, explodierte eine dritte Handgranate dreihundert Meter entfernt. Noch zweimal explodierten Granaten in Abfallkörben, und Jerusalem war in Panik. Polizei und Freiwillige durchsuchten alle Straßen und alle Abfallkörbe. In einer Stadt mit Tausenden von Menschen auf den Straßen und Hunderten von überall verteilten Abfallkörben wußte niemand mehr, wohin er gehen sollte. Normale israelische Bürger hielten unschuldige Araber an, verwünschten, bespuckten und schlugen sie sogar, während die Verbrecher entkamen.

Bevor die Israelis Gelegenheit hatten, sich zu erholen, traf sie der nächste Schlag. Diesmal schlugen die Guerilleros auf dem zentralen Busbahnhof von Tel Aviv – dem Ort, an dem in Israel das größte Gedränge herrscht – zu. Mittags, während Zehntausende von Menschen zu den Bussen eilten, explodierten mit Zeitzündern versehene Handgranaten an verschiedenen Stellen auf dem Bahnhof. Panik brach aus, als die Reisenden in alle Richtungen wegrannten. Dennoch erwischte die Polizei drei Jugendliche, als diese ein Taxi nach Jerusalem heranwinken wollten. Die jungen Kriminellen, alle aus Hebron, gestanden, die Bomben in Tel Aviv und in Jerusalem gelegt zu haben. Ihr Anführer, so teilten sie der Polizei mit, sei Abdel Rahim Dschabir, ein früherer Feldwebel der jordanischen Armee, der sich George Habaschs PFLP angeschlossen hatte. Dschabir hatte die Teenager angeworben, ihnen den Umgang mit Sprengstoff beigebracht, die Handgranaten geliefert und sie mit den notwendigen Anweisungen losgeschickt. Die Suche nach Dschabir begann, aber es dauerte etliche Wochen, bis man ihn fand. Die israelische Polizei entdeckte den Mann, als er verletzt in einem Minenfeld lag. Er hatte versucht, in der Nähe des Toten Meeres durch die Wüste zu entkommen. Dschabir wurde festgenommen und zu lebenslänglicher Haft verurteilt.

PFLP-Gruppen führten eine Reihe von Attentaten auf die Israelis aus. Die von einem jungen Anwalt, Baschir al-Hairi, in Ramallah geführte Zelle warb ortsansässige Schüler und Studenten an. Bei einer Aktion betrat ein junges Paar den im amerikanischen Stil eingerichteten Supermarkt in der Agron-Straße in Jerusalem. Sie gingen den Gang hinunter, in dem der Kaffee stand, und stellten ein paar mitgebrachte Dosen zwischen das vorhandene Angebot. Nachdem die beiden den Laden verlassen hatten, explodierten die Dosen, töteten einen der Kunden und verletzten zahlreiche andere.

Zwei andere junge Leute von der gleichen PFLP-Zelle in Ramallah schlenderten in die Cafeteria der Hebräischen Universität in Jerusalem und setzten sich an einen Tisch. Am Boden ließen sie eine Büchertasche liegen. Nachdem sie den Saal verlassen hatten, explodierte die Tasche. Mehrere junge Leute fanden den Tod, und viele andere wurden schwer verletzt.

Die PFLP war aktiv, aber auch die Fatah gab keine Ruhe. Zu ihren ausgeklügelten wie grausamen Operationen gehörte jene, bei der zwei Träger vor einem Gebäude auf einer Hauptstraße im Zentrum Jerusalems einen ausrangierten Kühlschrank abstellten. Der Kühlschrank explodierte, und dreizehn Menschen, unter ihnen einige Araber, kamen ums Leben. Fatah-Guerilleros schmuggelten außerdem eine Bombe in einen Berg Wassermelonen in Haifa und versteckten Dynamit an einem Fahrrad, das sie an den Eingang eines Kaffeehauses in der geschäftigen Ben-Jehuda-Straße in Jerusalem stellten. Überall im Land legten sie Bomben in Busbahnhöfe und in Busse, legten Dynamit in Filmtheater und versteckten Sprengstoff im Sand der zahlreichen Badestrände.

Das schändlichste von allen Attentaten war vielleicht jenes am Freitag morgen, dem 22. November 1968. In der geschäftigsten Zeit der Woche, als sich die Israelis für den Sabbat vorbereiteten, fuhr Ahmad Hassan Somorrod ein altes Auto zum beliebten Mahane-Jehuda-Markt in Jerusalem. Scharen von Käufern drängten sich vor den Ständen mit Obst, Gemüse, Geflügel, Gewürzen, Falafel und anderen nahöstlichen Lebensmitteln. Somorrod versuchte, seinen Wagen durch die engen Straßen zu steuern. Somorrods blaue Nummernschilder, die ihn als Bewohner der West Bank auswiesen, lenkten die Aufmerksamkeit eines israelischen Polizisten auf den Fahrer. Er hielt ihn an und sagte ihm, er könne nicht durch den Markt fahren. Der Araber gehorchte, parkte den Wagen und ging fort. Minuten später explodierte das Auto. Fünfzehn Menschen wurden getötet und Dutzende verletzt. Dieses Ereignis erfüllte die Israelis so sehr mit Wut, daß Gruppen von Juden aufbrachen, in die arabischen Viertel gingen und »Rache! Rache!« schrien. Sprüche, die an die Gebäude überall in der Stadt geschmiert wurden, drückten den Zorn der Israelis aus: »Tod den Arabern« und »Tod den Terroristen.«

Im Laufe der Verhaftungen der meisten dieser Verbrecher kam die israelische Polizei dem Fatah-Kommandeur in Jerusalem, Kamal Nammeri, auf die Schliche – jenem jungen Mann, dessen jüdische Mutter einen Araber geheiratet hatte. Genau wie er wurden alle Terroristen zu lebenslänglichen Gefängnisstrafen verurteilt und in Zellen gesteckt, in denen sie nach Organisationen getrennt waren. Auf diese Weise wurden die israelischen Gefängnisse zu Lehranstalten für die Palästinenser, zu

Orten, an denen die Kämpfer ihr nationalistisches Bewußtsein erweitern und zugleich ihren Bildungsstand verbessern konnten. Jede Zelle wählte ihren eigenen Kommandeur, stellte ihre eigenen Programme auf, bot Unterrichtsstunden an und überwachte sogar die Abhaltung von Prüfungen für Oberschulen und Colleges.

Doch während die Gefangenen sich in Kämpfergruppen organisierten und sich als Mitglieder der PFLP, der Fatah oder irgendeiner weiteren Gruppierung zu erkennen gaben, hatten die Israelis andere Sorgen. Durch Radiosendungen und Nachrichtenmeldungen waren sie mit einem Namen bekannt gemacht worden: Abu Amar. Der Mann, der sich als Sieger von Karameh bezeichnete, wurde in ihren Augen ein Symbol für das Böse schlechthin. Der Versuch der Guerilla, Palästina zurückzugewinnen, indem sie die Israelis in Angst und Schrecken versetzten, stärkte in der jüdischen Öffentlichkeit die Entschlossenheit, das Land zu behalten. Mit Ägypten über den Sinai, mit Syrien über den Golan, mit Jordanien über die West Bank zu verhandeln, dazu waren die Israelis vielleicht bereit, aber niemals würden sie ihr Land jenen Leuten geben, die mit den Mitteln des Terrors ganz Israel erobern wollten.

Die Guerillaaktivität innerhalb des Landes verlangsamte sich, als die Polizei immer mehr Aktivisten in der West Bank verhaftete. Aber als die Kämpfer zurück über den Fluß nach Jordanien gingen, nahmen die Kommandounternehmen der Fatah an Zahl und Gefährlichkeit zu. Und immer zogen sie Vergeltungsschläge der Israelis nach sich. Israels Bitten an König Hussein, den Überfällen von Jordanien aus ein Ende zu setzen, blieben ohne Erfolg. Der hohe Anteil von Palästinensern in der jordanischen Armee behinderte den Aktionsradius des Königs. Außerdem sympathisierte die jordanische Bevölkerung mit den Palästinensern, die die Israelis bei Karameh besiegt hatten.

Im Februar 1969 gewannen der wagemutige Abu Amar, den man jetzt schon unter seinem richtigen Namen Jassir Arafat kannte, und seine populäre Fatah, die längst zur größten der Guerillagruppen geworden war, auf einem Treffen des Palästinensischen Nationalrates der PLO die Kontrolle über die Palästinensische Befreiungsorganisation und ersetzten Ahmed Schukeiri sowie seinen nur kurz amtierenden Nachfolger Yiyuha Hamuda. Mit Arafat an der Spitze erneuerte die PLO ihren Feuereifer und verschärfte ihre Charta. Die Existenz Israels wurde nun völlig negiert. Israel wurde das Existenzrecht abgesprochen. In jenem Jahr 1969 führte Arafats PLO, erpicht darauf, den jüdischen Staat auszulöschen, 2432 Angriffe gegen Israel aus, dreimal so viele wie 1968 und mehr als zwanzigmal so viele wie 1967.

Die palästinensischen Revolutionäre, insbesondere die Volksfront zur Befreiung Palästinas (PFLP) unter George Habasch, die von Najaf Hawatmeh geleitete Demokratische Front zur Befreiung Palästinas (DFLP) sowie Abu Nidals Gruppe PFLP-Generalkommando, die allesamt zu Arafats Dachorganisation gehörten, waren entschlossen, überall in der Welt gegen die Israelis zuzuschlagen. Von ihrer Basis in Jordanien aus, das Golda Meir »Fatahland« nannte, begingen sie eine Reihe von infamen Terrorakten, die in einer spektakulären Entführung gipfelten.

Nicht nur Israel, sondern die ganze Welt sah entsetzt zu, wie die Bombenattentate immer barbarischer und die Flugzeugentführungen und Geiselnahmen immer unverfrorener wurden. Am 6. September 1970 kaperten PFLP-Terrorkommandos vier Flugzeuge, als diese sich über Europa befanden. Während der Versuch mißlang, eine El-Al-Maschine zu kapern, weil Passagiere und Besatzung die Terroristen überwältigten, waren die anderen drei Entführungsversuche erfolgreich. Ein Pan-Am-Jumbo-Jet geriet gleich nach seinem Abflug von Amsterdam nach New York in die Gewalt eines Terrorkommandos. Das Flugzeug wurde in Beirut zur Landung gezwungen. Die 152 Passagiere durften die Maschine verlassen, aber sie selbst wurde später in die Luft gesprengt. Eine Swissair-Maschine wurde gleich nach ihrem Start in Zürich, eine von TWA sofort nach ihrem Abflug in Frankfurt gekapert. Die PFLP befahl den Piloten dieser Maschinen, Kurs auf Amman zu nehmen, und zwang sie zur Landung auf dem Dawson Air Field. Drei Tage später kaperten PFLP-Terroristen einen anderen dickbäuchigen Jet, diesmal einen der BOAC, und zwangen die Crew, ebenfalls in Jordanien zu landen. In allen drei Flugzeugen befanden sich zusammen sechshundert Geiseln. Am nächsten Tag ließen die Geiselnehmer zwar die meisten von ihnen frei, sechzehn jüdische Passagiere aber mußten an Bord bleiben und verbrachten einen Monat in der Gefangenschaft des Terrorkommandos.

Die Kaperung internationaler Flugzeuge war der letzte Test in bezug auf König Husseins Fähigkeit, sein Land zu kontrollieren. Die palästinensische Guerilla und darunter vor allem einige radikale Gruppierungen der PLO hatten es geschafft, sich im Frühjahr und Sommer 1970 in Jordanien einen eigenen Gangsterstaat im Staate mit Mord, Erpressung, Korruption und Attentatsversuchen zu errichten. Als König Hussein daraufhin der jordanischen Armee befahl, die Terroristen unschädlich zu machen, drohte Syrien mit einem Einmarsch. Die Führung in Damaskus würde den Palästinensern zu Hilfe kommen. Dies wiederum ließ die israelische Regierung nicht tatenlos geschehen. Israelische Flugzeuge starteten Richtung Damaskus, um die Syrer zu warnen: Sollten sie der palästinensischen

Guerilla helfen, würden die Israelis Syrien angreifen. Auch wenn auf diese Weise eine Ausdehnung des jordanisch-palästinensischen Konflikts und Bürgerkriegs verhindert werden konnte, dauerten die blutigen Schlachten zwischen König Husseins Truppen und den Palästinensern monatelang an und kosteten dreitausend Kämpfer das Leben. Erst im darauffolgenden Jahr gelang es den Soldaten des Königs, die restlichen palästinensischen Kommandos aus Jordanien zu vertreiben.

Israel führte zur gleichen Zeit am Suez-Kanal einen »Abnützungskrieg« gegen Ägypten, den der ägyptische Präsident Gamal Abdel Nasser initiiert hatte, nachdem sich seine Armee durch die Unterstützung der Sowjetunion von den Folgen des Sechstagekriegs zumindest teilweise erholt hatte. Zunächst aber hatten die Israelis in den sechs Tagen des Junikrieges 1967 die gesamte ägyptische Infrastruktur und Industrie entlang des Suezkanals zerstört. Die israelischen Angriffe hatten die dichtbewohnten ägyptischen Städte Ismailia und Suez am härtesten getroffen, und die Ägypter hatten daraufhin den Kanal gesperrt. Im Zuge des Krieges wurde nicht nur Ägyptens Luftwaffe vernichtet und die Bevölkerung demoralisiert; als Folge des Ausfalls der Kanalgebühren entstand Nasser auch ein finanzieller Schaden von vielen hundert Millionen US-Dollar. Fast unmittelbar im Anschluß an den Krieg erhielt Ägypten Waffen, Beratung und Geld von der sowjetischen Regierung. Die Hilfe der Sowjets in Höhe von knapp 3,5 Milliarden US-Dollar reichte aus, um das ägyptische Militär innerhalb von achtzehn Monaten wieder aufzubauen. Doch so lange dauerte es gar nicht, bis die Ägypter wieder zu schießen anfingen. Im Oktober 1967 feuerten sie Raketen ab, mit denen sie ein israelisches Schiff, die *Eilat*, versenkten und 47 Menschen töteten. Die Israelis schlugen zurück und zerstörten zwei ägyptische Ölraffinerien sowie Öltanks. Ein paar Monate lang herrschte weitgehend Ruhe, bis die Ägypter sich neu eingerichtet hatten. Im April 1968 starteten sie neue Kommandounternehmen, und ihr Artilleriebeschuß gegen israelische Ziele setzte wieder ein. Von Zeit zu Zeit flackerte der Konflikt stärker auf, vor allem, als sich sowjetische Piloten in ägyptischen Flugzeugen Kämpfe mit der israelischen Luftwaffe lieferten. Die Kosten des Krieges sowie die Verluste an Menschenleben und materiellen Werten waren hoch.

Dieser »Zermürbungskrieg« dauerte bis August 1970; dann kamen Ägypten und Israel überein, das Feuer einzustellen. Einen Monat später starb Nasser, und Vizepräsident Anwar el-Sadat übernahm seinen Posten. Der Waffenstillstand wurde weiter eingehalten, wobei ein vom amerikanischen Außenminister William Rogers angebotener und auf der

UNO-Resolution 242 beruhender Friedensplan als Grundlage diente. In dieser Resolution vom November 1967 hatten die Mitglieder des Sicherheitsrates gefordert, daß der Nahost-Konflikt auf der Basis der Formel »Land für Frieden« und die Frage der palästinensischen Flüchtlinge »gerecht« gelöst werden müßten. Mehr als einen vorläufigen Waffenstillstand konnte Außenminister Rogers mit seinem Plan jedoch nicht erwirken. Die israelische Ministerpräsidentin Golda Meir nannte Rogers denn auch einen »sehr netten Mann«, aber, so schrieb sie, »den Hintergrund der arabischen Kriege gegen Israel hat er nie richtig begriffen«.[4])

Im Grunde ging es im Konflikt zwischen Israelis und Arabern nicht zentral um einen Grenzstreit zwischen Israel und den arabischen Staaten, in dem Rogers zu vermitteln versuchte, sondern um das Land, das der jüdische Staat sein eigen nannte und das die Palästinenser für sich haben wollten. Kein Separatfriede zwischen Ägypten und Israel, Jordanien und Israel, Syrien und Israel oder dem Libanon und Israel würde jenen Arabern, die vor 1948 in Palästina gelebt hatten, ihr Land zurückgeben. Darauf mußte Arafat die Aufmerksamkeit der Welt lenken. Die einzige Strategie, mit der sich das bewerkstelligen ließ, war offenbar eine, die auch die Amerikaner und Europäer treffen würde. Nach Ansicht mancher Mitglieder der PLO wie George Habasch und Najef Hawatmeh hieß das: Man mußte die Welt so lange in Schrecken versetzen, bis sie etwas tat. Die Israelis machten in diesem Zusammenhang keinen Unterschied, ob Habaschs PFLP, Hawatmehs DFLP oder Arafats Fatah die Anschläge ausführte. Sie alle waren Teil der von Arafat geführten Dachorganisation PLO. Ob Arafat selbst für Anschläge verantwortlich war oder seine Extremisten nicht zu zügeln vermochte, spielte für sie keine Rolle. Tatsache blieb, daß er als Vorsitzender der PLO auch für alle Handlungen jedwelcher Splittergruppen dieser Befreiungsorganisation verantwortlich gemacht werden mußte.

1971 begannen einzelne PLO-Gruppierungen mit Operationen von noch größerem internationalem Ausmaß. Im März sprengten fünf Fatah-Mitglieder Öltanks in Rotterdam und richteten einen Schaden von einer Million US-Dollar an. Im Februar 1972 sprengten sie zwei Gasanlagen in Holland und eine Fabrik für Elektronik sowie eine Ölpipeline in Hamburg. Wenige Monate später sprengten sie Ölanlagen in Triest. Im Sommer 1971 schlug die Fatah gegen Israelis im Ausland zu, zündete Sprengsätze im Büro des Jüdischen Nationalfonds in Rio de Janeiro und versuchte, eine El-Al-Maschine während ihres Fluges von London nach Tel Aviv mittels einer in einem Koffer versteckten Sprengladung zu zerstören. Den Koffer hatten sie einer ahnungslosen Peruanerin gegeben.

Im folgenden Jahr, am 5. September 1972, erschreckten Fatah-Kämpfer der Gruppe »Schwarzer September« die Welt, als sie, die Gesichter in Kafijas gehüllt, die Schlafsäle der israelischen Sportler besetzten, die an den Olympischen Spielen in München teilnahmen. Im blutigen letzten Akt der niederträchtigen Geiselnahme mußten elf israelische Sportler ihr Leben lassen.

Die israelische Führung konnte es sich in dieser Situation nicht vorstellen, mit derart brutalen Terroristen über einen möglichen Friedenskompromiß auch nur zu verhandeln. Aber sie konnte versuchen, mit völkerrechtlich anerkannten Staaten wie Ägypten über jeweilige Grenzprobleme Gespräche zu beginnen. Mit Hilfe von Außenminister Rogers bemühten sich die Israelis und die Ägypter, zu einer Einigung zu gelangen. Die Gespräche zogen sich über drei Jahre hin, aber einen Fortschritt erzielte man dennoch nicht.

Anwar el-Sadats Ungeduld wegen des noch immer blockierten Suezkanals nahm zu, bis er im Sommer 1973 nur noch eine Lösung sah: sich auf einen Krieg vorzubereiten. Im Herbst des Jahres waren seine Streitkräfte einsatzbereit. Am 6. Oktober 1973, während die Israelis in der Synagoge waren und Jom Kippur, den Versöhnungs- und damit heiligsten Feiertag im ganzen Jahr, begingen, griffen ägyptische und syrische Streitkräfte den jüdischen Staat an. Das Bombardement traf die israelische Regierung völlig überraschend. Das Militär erholte sich zwar rasch von dem Schock, aber die Truppen der beiden arabischen Staaten, die auf die Sinai-Halbinsel und die Golan-Höhen vorrückten, erwiesen sich als starke Gegner. Die israelische Armee schlug sie letzten Endes zwar zurück, aber als am 25. Oktober die beiden Supermächte UdSSR und USA einen Waffenstillstand durchgesetzt hatten, war das Selbstvertrauen der arabischen Staaten zurückgekehrt. Sie kamen sich im Angesicht des israelischen Militärs nicht mehr hilflos und ohnmächtig vor. Und sie fühlten sich nicht länger gezwungen, aufgrund der niederschmetternden Demütigungen des Sechstagekrieges Verhandlungen mit Israel abzulehnen. In den Augen der Welt waren sie nun keine Schwächlinge mehr. Der Jom-Kippur-Krieg, der die israelische Regierung und das israelische Volk erschütterte, gab dem Denken der arabischen Staaten eine neue Richtung. Außerdem erkannten die Araber die ökonomischen Möglichkeiten, die sich ihnen aufgrund ihrer Ölvorräte boten. Durch die starke Verknappung des Ölexports Mitte der siebziger Jahre trieben sie den Preis in die Höhe und kündigten an, den Export an proisraelische Länder einzustellen. Auf einmal ließen die Araber ökonomisch und militärisch ihre Muskeln spielen.

9

Frieden mit Ägypten und Krieg im Libanon

Es ist Anfang 1989. Erneut regiert in Jerusalem – nach den Wahlen im Herbst – eine große Koalition. Waren bei der Premiere dieser Regierung der nationalen Einheit von 1984 bis 1988 die politischen Gewichte zwischen Likud-Block und Arbeitspartei ungefähr gleich verteilt, so dominierten diesmal die rechtskonservativen des Likud unter Regierungschef Yitzhak Schamir das Bündnis der beiden großen Parteien in Israel. Bei einem Treffen in Tunis fragen wir Jassir Arafat, ob er in die Fußstapfen seines früheren Freundes Anwar el-Sadat treten und nach Jerusalem gehen würde, um sich mit den israelischen Führern zu treffen. »Mit Schamir?« Er grinst. »Sehr schwierig. Vergessen Sie nicht, was Scharon getan hat. Was die Likudpartei getan hat. Sabra und Schatila!« ruft er. »Sie sind meine Feinde!« Trotzdem fügt er fast automatisch hinzu: »Und ich werde mit meinen Feinden Frieden schließen.«

Wenn ein anderer Politiker, möglicherweise Yitzhak Rabin, Arafat nach Jerusalem einlade, würde er dann gehen? »Es ist meine Hauptstadt«, erwidert der PLO-Vorsitzende. »Vergessen Sie nicht: Es ist mein Heimatland. Ich brauche seine Einladung nicht. Ich würde die Einladung nach Jerusalem ablehnen. Jerusalem ist meine Hauptstadt. Das ist der Punkt.« Und dann erinnert er schnell an seine Taten von 1967: »Ich brauche keine Einladung. Ich kann auch ohne Einladung hinkommen. Ich habe es viermal ohne Einladung geschafft.«

Arafat braucht sich keine Sorgen zu machen: Yitzhak Schamir wird ihn kaum einladen wollen. Im Gegenteil, der Israeli hat erklärt, er werde Arafat verhaften lassen, sollte er in Jerusalem auftauchen.

In ihren offenbar unversöhnlichen Positionen gleichen sich Arafat und Scha-

mir beinahe spiegelbildlich. Der PLO-Führer kriecht langsam auf den Friedensprozeß zu, wobei er ständig Blicke zurück über die Schulter wirft, um die Hardliner in den eigenen Reihen nicht aus den Augen zu verlieren. Premierminister Schamir kriecht genauso. Auch er wirft einen Blick über die Schulter, den rechten Widersachern in der eigenen Partei zu, während er sich langsam vorwärts bewegt. Schamir und Arafat fürchten beide die Extremisten in ihren Reihen. Zugleich aber sind sie gute Geschäftsleute; zähes Feilschen liegt ihnen, ihr Basar ist schließlich der Nahe Osten.

Der israelische Architekt David Cassuto vergleicht Schamirs Haltung mit der eines Teppichkäufers im Suk. »Wenn Sie in den Laden hinein- und gleich wieder hinausgehen«, erklärt Cassuto, »rennt der Händler hinter Ihnen her. ›Haben Sie nichts gefunden?‹ fragt er. Sie antworten: ›Nein, nein, nein. Ich will nichts kaufen.‹

Also sagt der Teppichhändler: ›Gut. Aber warum kommen Sie nicht herein und trinken eine Tasse Kaffee?‹ Und sofort breitet er zehn Teppiche vor Ihnen aus. Nach vier Tassen Kaffee und einer Stunde Gespräche über alles – nur nicht über Teppiche – verabschiedet er sich traurig: ›Sie beleidigen mich. Sie finden nicht einmal einen, der gut genug für Sie ist.‹

Anschließend gehen Sie und kommen ein andermal wieder. Sie deuten zunächst auf einen Teppich, den Sie nicht wollen. Erst langsam, langsam, kommen Sie zu dem Teppich, den Sie wollen, und zahlen dem Mann schließlich ein Zehntel des Preises, den er verlangt hat. Er ist sehr zufrieden, und Sie sind es auch. Aber«, so belehrt uns Cassuto, »wenn Sie gleich am Anfang gesagt hätten: ›Ich will diesen Teppich‹, dann hätte er Ihnen gesagt: ›Nein. Tut mir leid. Das ist der Teppich meiner Mutter. Den möchte ich Ihnen nicht geben.‹«

Für den in Italien geborenen Cassuto ist es wichtig, die Psyche der Kontrahenten zu verstehen: »Das ist die Mentalität. Wir sind in Israel und nicht im Westen. Wir müssen so denken, wie die Leute hier denken. Weil wir hier leben. Also müssen wir stückweise kaufen. Wenn wir sagen: ›Wir möchten gern diesen Frieden‹, dann bekommen wir ihn nie. Wir müssen sagen, daß wir gar nichts wollen: Wir wollen allein für uns leben. Und dann fangen sie langsam an, die Friedensidee anzubieten. Und wir müssen sie kaufen.«[1])

Die PLO hat ihre Friedensidee im November 1988 in Algier präsentiert. Dort hat sie erklärt, sie verzichte auf die Anwendung von Terror »in jeder Form«. Einen Monat darauf hat Arafat in Genf ein weiteres Stück Frieden angeboten und die Resolutionen 242 und 338 des UN-Sicherheitsrates akzeptiert, in denen es heißt, daß alle Staaten in der Region »sichere und anerkannte Grenzen« haben sollen. Außerdem hat er Israels Existenzrecht ausdrücklich anerkannt. Dann, im Mai 1989, bei einem Treffen mit dem französischen Präsidenten François Mitterrand, ist Arafat noch weiter gegangen und hat erklärt, die PLO-Charta, in der alle – also auch militärische – Mittel zur Befreiung Palästinas akzeptiert werden, sei durch die neue Entwicklung überholt.

Schamir aber weigert sich, Arafats Ware zu akzeptieren. »Das ist nicht ernst gemeint«, sagt er uns. »Seine Erklärungen vom Dezember '88 sind nichtig. Sie meinen es nicht ernst, ich kenne sie. Ich weiß, was sie unter sich reden und was Arafat und Abu Ijad sagen. Abu Ijad sagt jetzt, er hätte sich nie verpflichtet, den bewaffneten Kampf aufzugeben. Was ist bewaffneter Kampf, was ist Terrorismus?« fragt Schamir. »Gibt es einen Unterschied zwischen beiden? Sie haben niemals militärische Ziele angegriffen. Für sie ist ein Fahrgast in einem Bus ein militärisches Ziel.«[2])

Die rechtskonservativen Politiker und der sie unterstützende Teil der israelischen Bevölkerung waren sehr enttäuscht, als die Vereinigten Staaten sofort einen offiziellen Dialog mit der PLO in Tunis einleiteten, nachdem die PLO Israel anerkannt und die UNO-Beschlüsse akzeptiert hatte. Schamir besteht auf seiner Meinung: Der Dialog ist schädlich für den Friedensprozeß. Durch Gespräche, darauf beharrt er, wird die Position der in den besetzten Gebieten lebenden Palästinenser geschwächt.

Schamir zeigt der Dialog, daß für die Amerikaner die Vertreter der PLO die wahren Repräsentanten der Palästinenser sind. Das ist für ihn unakzeptabel. Die Risiken, sich auf irgendeine Art von Friedensprozeß einzulassen, sind für die Israelis viel größer als für die Palästinenser in den besetzten Gebieten, glaubt Schamir. »Wir gehen Risiken ein. Sie gehen überhaupt kein Risiko ein, weil sie ihre Situation verbessern werden. Sie werden eine eigene Regierung haben. Die haben sie jetzt nicht. Sie werden mit uns an einem Tisch sitzen und verhandeln. Das tun sie jetzt auch nicht. Sie werden ihr Los verbessern. Wir werden unseres aufs Spiel setzen. Sie haben eine Chance, ihre Lage zu verbessern. Wir nicht. Wir kämpfen für den Frieden.«

Sowohl Ägypten als auch Israel bezahlten nach dem Oktoberkrieg von 1973 teuer für den Frieden. Die Israelis mußten Demütigung und Schande über sich ergehen lassen. In den Straßen von Tel Aviv, Jerusalem und Haifa, die zwar von Denkmälern markiert werden, die an den Sechstagekrieg von 1967 erinnern, gibt es überhaupt nichts, was an die vielen Gefallenen des Jom-Kippur-Krieges von 1973 gemahnt. Nach dem überraschenden Angriff im Oktoberkrieg war die israelische Regierung diskreditiert: Von ihrer Niederlage erschüttert, traten Ministerpräsidentin Golda Meir und Verteidigungsminister Mosche Dayan ein knappes halbes Jahr später zurück. Die israelische Öffentlichkeit war traumatisiert, mutlos, verzweifelt. »Nach dem Krieg war ich so deprimiert, daß ich nicht mehr zur Arbeit gehen konnte«, erzählt der israelische Journalist Danny Rubinstein. »Überall in Israel fanden Demonstrationen statt, und ich bin zu jeder gegangen. Das ganze Land war in Angst.«[3])

Während die Israelis mit gesenkten Köpfen durch die Straßen gingen, konnten und wollten die Ägypter ihren Stolz nicht verbergen. Präsident Sadat benannte erst einmal rasch zahlreiche Gebäude und Boulevards um und gab ihnen den neuen Ehrentitel: 6. Oktober! In ganz Ägypten wird heute noch in höchsten, lobenden Tönen von diesem Krieg gesprochen. Das größte Land in der arabischen Welt konnte endlich sagen, es habe Israel eine Niederlage bereitet. Ägypten hatte den Moslems im Nahen Osten die Ehre und selbst den ärmsten Arabern einen Grund zur Hoffnung wiedergegeben. Die Verluste an Menschen und Material aber waren bestürzend: Über 10 000 ägyptische Soldaten waren tot und 8000 gefangengenommen worden. Über 650 Panzer, 180 Flugzeuge und 6 Raketenboote waren zerstört.[4]) Sadat hatte eine Schlacht gewonnen, aber sein Volk hatte dafür einen hohen Preis bezahlt. Nun war er nicht länger bereit, sein Land für die Palästinenser zu opfern. Ägypten war müde; von nun an sollte die PLO selbst die Verantwortung übernehmen.

Nachdem ein Waffenstillstand ausgehandelt worden war, wurden beide Seiten nach Washington eingeladen. Gespräche über einen Truppenrückzug begannen. Ägyptische Streitkräfte waren auf das Ostufer des Suezkanals übergesetzt. Dort waren nun 20 000 Soldaten der III. Armee von den Israelis eingeschlossen, während israelische Truppen, die den ägyptischen gegenüberstanden, das Territorium von Ismailia bis Suez-Stadt unter ihre Kontrolle gebracht hatten. Der ägyptische Außenminister Ismail Fahmy flog im November 1973 nach Washington, wo er sich mit dem amerikanischen Außenminister Henry Kissinger traf. Zwei Tage später kam auch die israelische Ministerpräsidentin in der Hauptstadt am Potomac an.

Während die Amerikaner eine Vereinbarung vermittelten, waren die Spannungen nach wie vor stark. Die Ägypter weigerten sich, direkt mit den Israelis zu verhandeln, verlangten aber, daß die Israelis sich zu den am 22. Oktober festgelegten Waffenstillstandslinien zurückziehen sollten. Die Israelis forderten direkte Gespräche mit den Ägyptern und eine Freilassung der israelischen Kriegsgefangenen, bevor sie ihre Truppen zurückzögen. In einer privaten Sitzung mit der israelischen Ministerpräsidentin versuchte Präsident Nixon, die eisige Atmosphäre aufzutauen.

Er witzelte mit Frau Meir, sie beide hätten etwas gemeinsam: Sowohl Israel als auch die USA hätten einen jüdischen Außenminister. Er habe Kissinger und sie Abba Eban. »Ja«, sagte Frau Meir trocken, »aber meiner spricht Englisch ohne Akzent.«[5])

Die ägyptischen und israelischen Beamten begrüßten die Bemühungen Kissingers, der eine aufreibende Reisediplomatie zwischen den beiden Staaten, die aufgrund der vielen Flüge als »Shuttle-Diplomatie« in die Geschichtsschreibung eingegangen ist, begann. Anfang 1974 war Kissingers Hartnäckigkeit endlich von Erfolg gekrönt: Der Rückzug der Truppen begann. Israel räumte die halbe Sinai-Halbinsel und später nach Verhandlungen mit Syrien die syrische Stadt Kuneitra.

Während Israel Schritte in Richtung auf einen Frieden mit den Nachbarstaaten unternahm, setzten Jassir Arafat und die PLO ihren Krieg fort. Die PLO saß nun in den Flüchtlingslagern Libanons, und ihre Führer planten eine neue Strategie für Kommandounternehmen über die Grenze nach Israel. Am 11. April 1974 überfiel eine von George Habaschs PFLP rekrutierte Selbstmordschwadron das israelische Dorf Kirjat Schmonah und griff eine Oberschule an. Die PFLP-Guerilleros wollten die Schüler als Geiseln nehmen. Aber sie fanden ein leeres Schulhaus vor. Aus Enttäuschung warfen sie Handgranaten in ein nahegelegenes Mietshaus, eröffneten das Feuer auf die israelischen Bewohner und töteten acht Kinder sowie acht Erwachsene.

Einen Monat später schlug die PLO wieder zu, diesmal in der Stadt Ma'alot, in der neuangekommene Einwanderer wohnten. Mit Kalaschnikows und sechs Beuteln voll Dynamit versehen, nahmen drei PFLP-Terroristen einhundert israelische Kinder als Geiseln und kündigten an, sie würden die jungen Menschen töten, wenn die israelischen Behörden nicht zwanzig palästinensische Gefangene freiließen. Nach einer quälenden Debatte über die Geiselnahme erklärte sich die israelische Regierung zum Austausch bereit, wollte aber nicht auf die Forderung der Guerilla eingehen, die palästinensischen Gefangenen erst nach Damaskus zu lassen, bevor die Kinder freigelassen würden. In einem anschließenden Versuch, die Schüler zu retten, stürmten israelische Sicherheitskräfte das Gebäude. Im blutigen Kampf, der darauf folgte, wurden 16 Kinder von der palästinensischen Guerilla massakriert und weitere 68 verwundet.

Während die Israelis die Toten von Kirjat Schmonah und Ma'alot betrauerten, setzte die Regierung ihre Friedensbemühungen fort. Als nächstes, so schien es, war eine Vereinbarung mit König Hussein zu treffen, in der Israels Sicherheit garantiert und Jordanien die West Bank zurückgegeben würde. Jassir Arafat aber unternahm rasch etwas, um einer solchen Lösung zuvorzukommen.

Bei einem Treffen des Palästinensischen Nationalrats (PNC) im Sommer 1974 durchkreuzte Arafat König Husseins Absichten, Teile der West Bank zurückzubekommen. Auf dramatische Weise veränderte er seine Position: Die PLO ziele nun nicht länger darauf ab, das ganze Israel zu erobern – jedenfalls nicht mehr in einem Schritt. Jetzt würde sein Volk jeden »befreiten« Teil von Palästina akzeptieren, um einen eigenen Staat aufzubauen. Damit meinte Arafat die West Bank und Gaza. Welche Bedeutung dieser Schritt hatte, zeigten die Reaktionen der internen Gegner des PLO-Vorsitzenden. In den Augen der von Syrien unterstützten Hardliner wie George Habasch und Ahmed Dschibril stellte Arafats Kehrtwendung einen Verrat dar. Sie reagierten darauf, indem sie die PLO verließen und eine Ablehnungsfront gründeten.

Nur ein paar Monate später, beim Arabischen Gipfel in Rabat im Oktober 1974, überzeugten die arabischen Herrscher, erschöpft von den Kriegen, die sie gegen die Israelis geführt hatten, König Hussein, er tue gut daran, die Zügel Palästinas Arafat zu übergeben. Der Mann, den der König im »Schwarzen September« 1970 geschlagen hatte, war plötzlich wieder obenauf. Man gab bekannt, die PLO mit Arafat als Vorsitzendem stelle von nun an die einzige und rechtmäßige Vertreterin des palästinensischen Volkes dar.

Durch ihren neugewonnenen Status war die PLO in der internationalen Arena legitimiert. Arafats Bereitschaft, sich mit einem Teil Palästinas zu begnügen und damit eine Zweistaatenlösung anzuerkennen, galt vielen als ein Schritt in Richtung auf eine gemäßigte Politik. Die Israelis aber wollten weitere Zusicherungen: Sie verlangten von Arafat die ausrückliche Anerkennung des Existenzrechts Israels und seines Rechts auf Sicherheitsgarantien. Israels Forderung stieß auf taube Ohren.

Zum Entsetzen Israels lud man Arafat wenige Tage nach dem Gipfel von Rabat zu einer Sondersitzung der Vereinten Nationen nach New York ein, damit er dort eine Rede halten konnte. Während den Zuschauern des israelischen Fernsehens noch die Tränen wegen des Anschlags in Ma'alot in den Augen standen, sahen sie voll Grauen Arafats Gestalt auf dem Bildschirm. Sie fanden ihn lächerlich herauskostümiert in seiner pseudomilitärischen Uniform, fast komisch mit seiner Kafija und unverfroren mit seiner Pistolentasche an der einen Hüfte und einem Olivenzweig an der anderen. In ihren Ohren klangen seine Forderungen nach Rückgabe des »gestohlenen Palästina« ungeheuerlich, seine Versicherungen, ein palästinensischer Staat werde säkular und demokratisch sein, albern und seine Zustimmung von Rabat, er sei auch mit »befreiten« Teilgebieten Palästinas zufrieden, pure Heuchelei. Dieser Mann, den man für so viele Qualen in Israel verantwortlich machte, konnte in ihren Augen schwerlich für sich beanspruchen, ein legitimer Friedenspartner zu sein.

Arafat war in Israel nicht glaubhaft, aber es gab andere mögliche Friedenspartner. Der jüdische Staat bemühte sich, seine Grenzen wieder in Übereinstimmung mit den internationalen Forderungen zu bringen, um mit seinen legitimen arabischen Partnern zu koexistieren. Aber je näher er einem Austausch von »Land gegen Frieden« kam, um so höher trieben die israelischen Hardliner ihre Forderungen: Israel dürfe keinen Quadratzentimeter Boden aufgeben. Die wachsende Zahl der israelischen Siedler auf der West Bank, die von Menachem Begin und dem Likudblock unterstützt wurden, empfanden die Kompromißvorschläge der Arbeitspartei als Verrat. Ja, schon allein das Gerücht, daß ein Teil der eroberten Gebiete zurückgegeben werden könnte, wurde zu einem Katalysator für die religiös-ideologisch motivierte Siedlerbewegung Gusch Emunim, deren rechtsradikale Aktivisten immer gerade dort neue Siedlungen gründeten, wo sie den Verdacht hegten, daß die israelische Souveränität verlorengehen könnte. Siedlungen wie Maleh Adumin wurden entlang dem Korridor von Jericho nach Ramallah angelegt, um den Anspruch Israels auf dieses Territorium zu demonstrieren. Rabbi David Schisgal in Hebron erklärt das so: »Unsere Präsenz macht es jüdisch. Je mehr jüdische Präsenz da ist, um so jüdischer wird es.«[6])

Israel Harel und seine Frau waren typisch für jene Israelis, die im arabischen Boden Wurzeln schlugen. Der Journalist und die Lehrerin gaben ihre Jobs in der Stadt auf und zogen mit ihren vier Kindern aus ihrer bequemen Wohnung in der Nähe von Tel Aviv in einen engen Wohnwagen in der West-Bank-Siedlung Ofra. »Unser ganzes Leben hat sich verändert«, sagt Harel, der in Israel selten ohne seine gestrickte Kippa auf dem Kopf und ohne Maschinengewehr auf der Schulter reist. »Ich muß zugeben, der Lebensstandard ist vielleicht niedriger, aber die Begeisterung viel größer ... Wir haben das Gefühl, den Weg der ersten Pioniere, der Gründerväter fortzusetzen ... Wir sind die Pioniere von heute.«[7])

Harel, lange Zeit Führer der 1989 ungefähr siebzigtausend Israelis, die sich der Siedlungsbewegung angeschlossen haben, glaubt, daß dieser Entschluß wesentlich war. »Aus strategischen, religiösen und nationalen Gründen fanden wir, daß etwas getan werden müsse, um Judäa und Samaria zu halten.« Harels Dorf Ofra, so erzählt er, wurde an einer Stelle errichtet, an der sich früher ein jordanisches Militärlager befunden hatte. Die ordentlichen Reihen der weißen und braunen Häuser stehen auf einem Berg zwischen dem Jordan und dem Mittelmeer. Es ist ein wichtiger Stützpunkt nahe Hebron im Rücken der israelischen Armee. Wie bei allen grenznahen Siedlungen haben auch hier die Selbstverteidigungskräfte die Aufgabe, bei einem etwaigen arabischen Angriff hinhaltenden Widerstand zu leisten, und die hier lebenden Soldaten der Reserve sind gut ausgebildete Kämpfer. »Das hier ist der wichtigste strategische Puffer, der die gesamte Küstenregion und vor allem die Gegend um Tel Aviv schützt. Es sind keine fünfzig Kilometer bis dorthin«, sagt Harel. »Aber zwischen hier und dort wird über Israels Schicksal entschieden.« Während die Siedler die West Bank schützten, konnten sie auf die fortdauernden PLO-Angriffe von der libanesischen Seite aus verweisen, die ihnen als Beweis dienten, daß ein eigener palästinensischer Staat Israels Untergang sein würde.

Bei den israelischen Parlamentswahlen im Frühjahr 1977 errangen die Rechten in Israel genügend Stimmen, um Menachem Begin zum Ministerpräsidenten wählen zu können. Der Mann, den David Ben-Gurion einen »fanatischen, faschistischen, gefährlichen Demagogen« genannt hatte, sollte nun der Führer des Landes werden. Um die in Fragen territorialer Zugeständnisse kompromißlose Ideologie des Likud zu unterstreichen, gewährte die Koalition den Siedlern umgehend Geldmittel, errichtete ihnen Häuser und gab ihnen militärischen Schutz. Im Laufe der folgenden sieben Jahre bekamen die Siedler auf der West Bank und in Gaza von der Regierung eine Milliarde Dollar.

Für die Siedler waren die Araber in der Gegend nur »inhabitants«, Einwohner, einzelne Bauern und Arbeiter, die in ihren Dörfern bleiben konnten, solange sie die israelische Souveränität akzeptierten. Die palästinensischen Araber waren, darauf legten die Siedler wert, keine eigene Nation wie die Juden. »Sie sind Teil der größeren arabischen Nation«, behauptet Harel. »Sie sprechen dieselbe Sprache, gehören zur selben Rasse und derselben Kultur, praktizieren dieselbe Religion. Es gibt keinen Unterschied zwischen dem Araber, der hier in der Nähe von mir in Ramallah lebt, dem Araber, der in Kairo lebt oder dem, der in Bagdad, Damaskus oder Beirut lebt.« Wie Golda Meir gesagt hatte: So etwas wie Palästinenser gab es gar nicht. Es gab nur palästinensische Araber, genauso wie es palästinensische Juden gab.

Die Palästinenser, die zunehmend unter die Kontrolle der Siedler gerieten, verloren immer mehr Land und Wasser an die Juden. Trotzdem verdienten sie als Arbeiter nicht schlecht. Ironischerweise verdienten sie als Bauarbeiter beim Bau der Häuser, Schulen und Läden in den neuen jüdischen Siedlungen mit. Am Anfang, sagt Harel, »hatten wir viele Kontakte, aber dann kam die PLO. Sie bedrohte diejenigen, die mit uns sprachen und uns besuchten. Die Araber hatten Angst. Sie mußten die Beziehungen abbrechen.« Harel erinnert sich, daß manche Araber der West Bank und ein kleiner Junge im besonderen heimlich abends zu freundschaftlichen Besuchen nach Ofra kamen. »Er kam oft zu uns, aber wir konnten nicht zu ihnen gehen, weil wir sie in Gefahr gebracht hätten.« Zwei Araber in einem nahegelegenen Dorf, sagt er, wurden ermordet, weil die PLO sie verdächtigte, etwas unbebautes Land an die Juden verkauft zu haben.

Gemäßigte Israelis schauderte es, wenn sie Menachem Begin reden hörten. Doch dann wurden sie wie der israelische Ministerpräsident von Anwar el-Sadat überrascht. In einer Kursänderung, die viele Beobachter erstaunte, erklärte sich der Mann, dessen Land dreißig Jahre lang gegen Israel gekämpft hatte, bereit, nach Israel zu gehen, um sich mit den israelischen Führern zu treffen. Im November 1977 stand Anwar el-Sadat vor den Mitgliedern der Knesseth. Seine dunkle Haut und seine hohen Backenknochen schimmerten im Licht der Kameras, und er machte in seinem gutgeschnittenen Anzug eine glänzende Figur im Land der Pioniere. Er sprach freundlich von seinen früheren Feinden Golda Meir und Mosche Dayan und wandte sich beredt an die gesamte israelische Öffentlichkeit. Hier stand ein arabischer Führer, der zur Koexistenz bereit war.

Die Israelis waren begeistert, freudetrunken von der Möglichkeit, mit dem mächtigsten Land der arabischen Welt Frieden zu schließen. In ihren Augen wurden Israel und Ägypten durch die Verträge von Camp David, die auf Sadats Initiative folgten, zu gleichberechtigten Partnern. Das Schicksal der Palästinenser würde von Israel und Ägypten zusammen mit König Hussein von Jordanien entschieden werden. Hussein, so fanden die Israelis, war der einzig legitime Führer der palästinensischen Bewegung.

Da die Grenzstreitigkeiten gelöst werden konnten, wurde klar, daß sich die Feindschaft zwischen Israel und seinen Nachbarn abmildern ließ. Israel und Ägypten hatten einen Friedensvertrag unterzeichnet. Der Kampf zwischen dem jüdischen Staat und Ägypten war im wesentlichen beendet. Der einzige wirkliche Feind waren Arafat und die PLO. Der Brennpunkt des Konflikts hatte sich nach Meinung vieler Beobachter von den zwischenstaatlichen Auseinandersetzungen zum Kampf zwischen zwei Gemeinschaften verschoben, die in demselben Landstrich lebten. Meron Benvenisti, ein israelischer Experte in palästinensischen Angelegenheiten, drückte es folgendermaßen aus: »Der Konflikt war kein Krieg mehr zwischen Jerusalem und Kairo oder Jerusalem und Damaskus, es war ein Krieg zwischen Jerusalem und Jerusalem geworden«, wobei er – gewollt oder ungewollt – die Tatsache unter den Tisch kehrte, daß weder mit Syrien noch mit Jordanien irgend etwas unterzeichnet worden war.

Die israelische Regierung war bereit, den arabischen Bewohnern der besetzten Gebiete eine begrenzte Autonomie zu gewähren und gewisse Rechte der palästinensischen Araber, die in dem Landstrich lebten, zu akzeptieren. Aber sie weigerte sich, die Vorstellung anzuerkennen, daß diese Bewohner eine palästinensische Nation bildeten. Arafat und seine Leute verlangten etwas Unmögliches: einen eigenen Staat in genau dem Landstrich, der Eretz Israel war.

Die meisten Israelis freuten sich über Camp David – nur zwei Gruppen von Menschen taten das nicht. In einem Protest gegen die Friedensbemühungen plante eine kleine Gruppe fanatischer Siedler, Anhänger von Rabbi Mosche Levinger, das heiligste Bauwerk der Moslems, den Felsendom zu zerstören. Gleichzeitig organisierten arabische West-Bank-Aktivisten einen Nationalen Führungsausschuß (National Guidance Committee, NGC) mit dem Ziel, die Abkommen von Camp David zu untergraben. Die vom NGC geführten Proteste und Demonstrationen führten zu Gewaltakten, in deren Verlauf unter anderem sechs jüdische Studenten in Hebron ermordet wurden. Mitglieder von Gusch Emunim antworteten, indem sie Sprengladungen an den Wagen von drei arabischen Politikern anbrachten. Der Bürgermeister von Nablus, Bassam Schaka'a, verlor bei dem Anschlag beide Beine, und Karim Khalaf, Bürgermeister von Ramallah, wurde zum Krüppel. Der dritte Bürgermeister entging dem Anschlag unverletzt. Viele Israelis empfanden die Gusch-Emunim-Aktionen als brutal. Andere aber, so Landwirtschaftsminister Ariel Scharon, sahen in den Attentätern die Helden Israels. Unter Scharons Leitung schienen die Siedlungen denn auch über Nacht aus dem Boden zu wachsen. 1984 gab es bereits 113 Siedlungen auf der West Bank.

Kleine Gruppen von Israelis und Arabern bekämpften einander in den besetzten Gebieten, und die palästinensischen Guerilleros setzten ihre Kommandounternehmen über die libanesische Grenze hinweg in den Norden Israels fort. Die unablässigen, erbarmungslosen PLO-Attacken auf kleine israelische Dörfer und Kibbuzim dienten der Likud-Regierung als Beweis dafür, daß Arafat schlicht inakzeptabel war. Eine von dem amerikanischen Abgesandten Philip Habib vermittelte Feuerpause hielt nur ein knappes Jahr.

Im Sommer 1982 setzte Ariel Scharon, inzwischen israelischer Verteidigungsminister, seinen Plan in die Tat um, die PLO aus dem Libanon zu vertreiben und damit, wie er hoffte, überhaupt zu eliminieren. Am 6. Juni

1982 begann Israel eine großangelegte Invasion des Libanon. Die Israelis kamen von drei Seiten zugleich: von See her an der Küste entlang, über die Berge in der Landesmitte und mit einem dritten Stoßkeil hart an der syrischen Grenze vorbei. »Frieden für Galiläa« hieß das militärische Unternehmen. Es erwies sich als weit schwieriger, als Scharon gedacht hatte, vor allem, nachdem auch im Libanon stationierte syrische Flugzeuge und Bodentruppen an den Auseinandersetzungen beteiligt worden waren. Die Kämpfe wurden immer härter, je näher die israelischen Truppen an Beirut herankamen. Scharons Kräfte bombardierten die libanesische Hauptstadt fast zwei Monate lang bis Mitte August 1982, als sich Arafat unter dem Druck der Vereinigten Staaten, Israels, Syriens und Libanons bereit erklärte, seine Männer aus Beirut abzuziehen. Planmäßig verließen vierzehntausend PLO-Kämpfer, jeder mit seiner Waffe in der Hand, den Libanon. Aber in dem von Syrien besetzten Teil Libanons erlaubten die Besatzer über zehntausend palästinensischen Freischärlern, in ihren Stützpunkten zu bleiben. Es dauerte nur ein paar Monate, da kehrte Arafat in den Libanon zurück, um seine palästinensischen Gegner in Tripoli zu bekämpfen. Gegen diese von Syrien unterstützten Freischärler vermochte die Fatah allerdings nichts auszurichten, und, noch einmal geschlagen, mußte Arafat den Libanon endgültig verlassen.

Die Schlacht, die die Israelis auf libanesischem Boden und am Himmel über Libanon gewonnen hatten, fand nicht den Beifall der Welt. Die Massaker, die unter den Augen israelischer Truppen von den christlichen Falangisten in den palästinensischen Flüchtlingslagern von Sabra und Schatila begangen wurden, lösten einen Aufschrei sowohl im Ausland als auch in Israel selbst aus. Die Israelis hatten auf dem Boden eines anderen Landes einen blutigen Kampf gegen die Palästinenser begonnen, aber im Grunde ging es auch dort um das Land Israel. Scharons Verfolgungsjagd auf Arafat und die PLO war ungewollt eine Anerkennung der PLO und letztlich ein klares Indiz dafür, daß Israel bei der Suche nach einem Gesprächspartner an der Befreiungsorganisation nicht würde vorbeikommen können.

Trotzdem weigerte sich die Likud-Führung, das palästinensische Thema oder die Frage der Souveränität der besetzten Gebiete zu behandeln. Arafats Versuche von 1985, sich als Teil eines Verhandlungsteams mit Jordanien anzubieten, führten in eine Sackgasse, als die israelische Regierung darauf bestand, selbst darüber zu bestimmen, welchen Palästinensern sie erlauben würde, sich mit an den Verhandlungstisch zu setzen. Die israelischen Führer konnten selbstgefällig lächeln, als König Hussein, wütend über Arafats Weigerung, sich am Verhandlungstisch vertreten zu lassen, die PLO-Büros schloß und ihre Vertreter des Landes verwies. Aber auch mit König Hussein zu verhandeln, lehnten die Likud-Führer ab: Bei einem Treffen im April 1987 in London erzielte der damalige israelische Außenminister Schimon Peres von der Arbeitspartei mit dem König eine Übereinkunft. Doch die Likud-Minister im Kabinett lehnten ab, und das so entstandene Patt zwischen den Koalitionspartnern verhinderte jede Umsetzung des Londoner Abkommens.

Die Suche nach einer Friedensregelung war festgefahren, und Arafat konnte keine Bewegung in Richtung auf eine Zweistaatenlösung in Gang bringen. Daraufhin nahmen die Araber in der West Bank und in Gaza die Sache selbst in die Hand. Die enttäuschten und verbitterten Palästinenser, die in den Flüchtlingslagern von Balata und Dschabalija hausten, warfen mit Steinen nach den israelischen Soldaten und verbrannten auf den Straßen Autoreifen, um den Militärfahrzeugen die Durchfahrt zu verwehren. 1987 war diese Taktik zu einem wütenden Aufruhr geworden, und am 9. Dezember 1987 nahm der palästinensische Aufstand, die Intifada, ihren Anfang.

Ob sie begonnen wurde, um die Aufmerksamkeit der Welt auf das Schicksal der Palästinenser zu lenken oder nicht – genau dies ist ihr jedenfalls gelungen. Abend für Abend haben die Fernsehzuschauer von Atlanta bis Zürich die immer neuen Fernsehaufnahmen vom Kampf zwischen den Israelis und Palästinensern verfolgt.

Mit herkömmlichen militärischen Mitteln konnte Israel seinen Feind nun nicht mehr bekämpfen. Beim Zurückschlagen waren ihm jetzt die Hände gebunden. Rasche militärische Schläge, um den Aufruhr zu stoppen, waren ausgeschlossen. Gegen Kinder und Jugendliche, die auf den Straßen standen, Reifen verbrannten, mit Steinen nach den Soldaten warfen oder ihre Steine, hinter Barrikaden versteckt, gegen die Autos der Siedler schleuderten, konnte man nicht mit Raketen und Handgranaten vorgehen. Selbst Gummigeschosse wurden nicht mehr erlaubt. Wenn die Intifada das Ziel hatte, die Aufmerksamkeit der israelischen Führung zu erzwingen, dann hat sie dies zweifellos erreicht.

10

Umgehung der PLO: West-Bank-Dialog

Am 14. Mai 1989 stellen die Israelis in Jerusalem unter enormem Druck der USA eine neue Friedensinitiative vor. Sie fordern »die Fortsetzung des Friedensprozesses, die Beendigung des Kriegszustandes mit den arabischen Staaten, Frieden mit Jordanien und eine Lösung des Problems der Bewohner der Flüchtlingslager von Judäa, Samaria und dem Gaza-Distrikt«. In diesem »auf den Abkommen von Camp David 1978 fußenden« Dokument heißt es: »Israel schlägt freie und demokratische Wahlen unter den arabischen Bewohnern« der besetzten Gebiete vor.

»Bewohnern?« entrüstet sich Jassir Arafat in Tunis. »Wir sind Bewohner?« fragt er ärgerlich und nennt einige prominente Palästinenser, die in der West Bank leben. »Faisal Husseini ist ein Bewohner? Radwan Abu Ajasch ist ein Bewohner? Sie sind Palästinenser! Schamir sagt, er will Frieden mit Jordanien schließen. Und mit den Palästinensern? Er sagt, mit den Einwohnern von Judäa und Samaria. Die Palästinenser erwähnt er nicht. Ich bin kein Idiot.«

Schamir sitzt in seinem Büro in Jerusalem. Er antwortet auf unsere Frage: »Wir werden nicht alle Probleme des sogenannten ›palästinensischen Volkes‹ lösen. Zweck der Verhandlungen ist die Lösung des Konflikts wegen dieser Territorien.«[1])

Arafats Augen sprühen Funken, seine Lippen sind zu einem wütenden Grinsen verzogen, sein Rücken ist gerade wie ein Ladestock. »Wozu dann Verhandlungen? Wozu? Wahlen? Zu welchem Zweck?« fragt er. Dann wird seine Stimme ruhiger, er sagt uns, er wird Wahlen akzeptieren, aber nur »als einen Schritt in dem Friedensprozeß, der zum Ende der Besatzung führen wird. Wenn dafür eine Verpflichtung und Garantie gegeben wird, sind alle Dinge verhandelbar.«

»Wir werden das nie akzeptieren«, erwidert Schamir, als wir die Worte seines Feindes vor ihm wiederholen, »weil es für uns keine Besatzung ist. Wir sind bereit, darüber zu verhandeln, wie wir zusammen existieren und leben können.«

Arafat antwortet ärgerlich: »Zu verhandeln? Worüber? Geben Sie mir einen Vorschlag von A bis Z. Und die Wahlen sind I oder P oder B oder S oder C oder E.«

Wir fragen ihn, ob er nur an Verhandlungen teilnehmen will, wenn ein Staat garantiert wird: »Nein. Nicht ein Staat. Von A bis Z.« »Aber was ist Z?« fragen wir. »Rückzug«, antwortet er. »Israelischer Rückzug. Ende der Besatzung. Wie US-Präsident Bush gesagt hat: Ende der israelischen Besatzung. Gemäß 242.«

»Ich habe eine andere Interpretation«, sagt Schamir schulterzuckend. »In 242 heißt es, Israel müsse sich von besetzten Gebieten – nicht von den besetzten Gebieten – zurückziehen. Ich sage, indem wir uns vom Sinai zurückzogen, haben wir diese Bedingung erfüllt.«

Arafat erwidert: »In Camp David ging es um den Rückzug vom Sinai. Ich rede vom Rückzug, wie er von der gesamten internationalen Gemeinschaft akzeptiert worden ist.«

In Camp David, widerspricht Schamir, »ist nie von einem Rückzug außer vom Sinai die Rede gewesen. Nicht von Judäa, Samaria und Gaza. Davon ist nie gesprochen worden. Was heißt das, ein ›israelischer Rückzug‹? Das heißt ja wohl, ein palästinensischer Staat, ein arabischer Staat.« In Camp David, darauf besteht er, »hieß es, die in den Gebieten lebenden Palästinenser würden an der Bestimmung ihrer Zukunft teilnehmen. Was heißt ›teilnehmen‹? Es heißt, zusammen mit uns. Es heißt, wir und sie werden eine dauerhafte Lösung akzeptieren. Es gibt viele Differenzen zwischen uns, aber wir müssen verhandeln, bis wir eine gemeinsame Grundlage finden.«

Arafat erklärt uns: »Ich würde gern Schamir fragen, auf welcher Basis er Wahlen abhalten will.«

»Sie fragen nach einem Detail«, erwidert Schamir. »Ich schlage keine Tür zu. Was wir jetzt möchten, ist über die Grundsätze unseres Plans reden. Wir haben unsere Vorschläge. Wir haben einen Plan lanciert. Lassen Sie uns über diesen Plan reden.«

Doch Arafat bleibt dabei: Es muß einen Truppenabzug geben. Und dann, fügt er hinzu, wird die Lösung kommen »abhängig davon, was die Verhandlungen bringen – ein Königreich, eine Republik, eine Konföderation mit Jordanien. Können Sie eine Konföderation mit Israel akzeptieren? Ich hätte das gern. Einen Staat. Eine Regierung.«

Am Ende unseres Gesprächs siegt – wieder einmal – die Hoffnung in ihm: »Wir werden trotz der Stupidität einiger israelischer Führer Frieden bekommen.«

Ende 1973, zwei Monate, nachdem Ägypten Israel mit dem Jom-Kippur-Krieg einen betäubenden Schlag versetzt hatte, ordnete Ministerpräsidentin Golda Meir eine streng geheime Studie über Israels Optionen in der West Bank und im Gaza-Streifen an. Die UNO, die im Dezember 1973 nach Genf einlud, hatte Israel daran erinnert, daß das Prinzip »Land für Frieden« des Sicherheitsratsbeschlusses 242 nach wie vor Grundlage für eine umfassende Regelung des arabisch-israelischen Konflikts sei. Die unermüdliche Golda Meir, erschöpft von den internen Spannungen nach dem Oktoberkrieg, wußte, daß es nicht mehr lange dauern würde, bis Henry Kissinger seine Shuttle-Bemühungen um einen Austausch der Kriegsgefangenen zwischen Syrien und Israel zu einem Abschluß bringen und seine Aufmerksamkeit der West Bank und Gaza zuwenden würde.

Ende 1973 wie im Mai 1989 suchte Israel eine Strategie, um dem zunehmenden Druck, sich an einer internationalen Konferenz zu beteiligen, auszuweichen. Bei einer solchen Konferenz würden, so die Sorge der israelischen Führung, die arabischen Staaten zusammen mit der Sowjetunion als Verbündetem keinen Versuch ungenutzt lassen, den Israelis eine Regelung aufzuzwingen. Die israelischen Wahlen im Dezember 1973 kündigten erste große Veränderungen zwischen den dominierenden Parteien an. Zwar blieb die von der Arbeitspartei geführte Ma'arach-Koalition führende politische Kraft, aber die Opposition war plötzlich mächtig geworden, weil alle rechten Parteien sich zu einem einzigen Block zusammengeschlossen hatten.

Im Frühjahr darauf bildete sich eine neue, von der Arbeitspartei geführte Koalition unter Yitzhak Rabin. Golda Meir wollte im Juni mit dem beruhigenden Gefühl aus dem Amt scheiden, daß hinsichtlich der von den Palästinensern bewohnten Landstriche westlich des Jordans unter allen großen Parteien Israels eine politische Übereinstimmung herrsche. Israel war gemäß der UNO-Resolution 242 verpflichtet, den Großteil des Landes im Tausch gegen einen Friedensvertrag an Jordanien zurückzugeben, aber die Israelis selbst waren geteilter Meinung, wie ein solcher Vertrag sowie der Weg, der zu seiner Unterzeichnung führen könnte, aussehen sollte. Zum Ausgleich der unterschiedlichen Positionen wurde ein Ausschuß gebildet, in dem führende Militärs, Verwaltungsfachleute und Geheimdienstler saßen. Die Teilnehmer deckten dabei das gesamte politische Spektrum Israels ab. Zu ihnen gehörten neben dem Vorsitzenden der Arbeitspartei, Yitzhak Rabin, der inzwischen verstorbene Mosche Dayan, Yigal Allon und Herut-Führer Menachem Begin. Außerdem waren Vertreter vom Mossad, dem Auslandsgeheimdienst, und von

Schin Bet, dem Inlandsgeheimdienst, anwesend. Schließlich gehörten dem Ausschuß eine spezielle Untersuchungs- und Geheimdienstabteilung des Außenministeriums und hohe Militärs an.

Jeder von ihnen wurde gebeten, das Mindestmaß von Sicherheitserfordernissen für folgende drei Fälle zu beschreiben: 1. Völlige Annexion der Gebiete durch Israel. 2. Rückgabe aller oder der meisten Gebiete an Jordanien. 3. Errichtung eines separaten palästinensischen Staates in der West Bank und im Gaza-Streifen.

Trotz ihrer tiefreichenden ideologischen Differenzen stimmten Arbeitspartei und Likud in den grundlegenden Erfordernissen für die Aufrechterhaltung ihrer nationalen Sicherheit überein. Ein hochrangiger israelischer Regierungsbeamter, der an der Studie mitgearbeitet hatte, erzählt: »Das faszinierendste Element, das bei dieser Empfehlung herauskam, war, daß die Beteiligten in einem übereinstimmten: Israel müßte Zugang zu den Territorien haben. Unsere Sicherheitsbeamten müßten in die Gebiete können, um jeden, der verdächtig wäre, terroristische Aktivitäten gegen Israel zu inszenieren, verhaften und verhören zu können. Sie müßten ihn auch hinausbringen und an einem Ort festhalten können, der nicht der Verwaltung untersteht, die in dem Gebiet herrscht. Dies war es, was sie für das absolute Minimum hielten, um unsere Sicherheit aufrechtzuerhalten. Dies gelte vor allem dann, wenn eine Situation eintreten würde, in der, trotz des Friedens zwischen uns und jenem Verwaltungsgebiet, Gefahren entstünden, die schädlich für unsere Sicherheit sein würden. Die Palästinenser werden begreifen müssen, daß sie von keiner Regierung in Israel eine Rückkehr zu den Grenzen von vor 1967 erwarten können und daß sie sich, wenn neue Feindschaft entstünde, wieder solche Aktivitäten leisten könnten wie in der Vergangenheit.«[2])

Eine zweite Vorbedingung für eine Übereinkunft war, »daß es keine Rückkehr zu den Barrieren, zu den Grenzen geben würde, die uns physisch von den palästinensischen Arabern getrennt haben, und daß wir, was den Frieden anging, viel mehr brauchen würden als einen ›kalten Frieden‹ ohne Handel, Tourismus und kulturellen Austausch. Es müßte offene Grenzen geben zwischen Israel und der palästinensischen ›Verwaltungseinheit‹.« Schließlich nennt der Beamte eine dritte Bedingung, bezüglich derer sich alle Israelis einig gewesen seien: Aus Gründen der Sicherheit und Koexistenz müßte der jüdische Staat »ein Potential für eine fortgesetzte israelische Präsenz« in den Siedlungen der West Bank behalten.

Vorausgesetzt, diese Bedingungen wären erfüllt, so scheinen zumindest einige israelische Politiker 1989 willens zu sein, auch einen Plan für eine Dreierföderation in Betracht zu ziehen, in der Israel und Jordanien mit einer neuen palästinensischen »Selbstverwaltungseinheit« verbunden wären. Die Wurzeln der israelischen Vorstellungen gehen mehr als eine Dekade auf noch nicht veröffentlichte private Gespräche zwischen dem ehemaligen Ministerpräsidenten Begin und dem ägyptischen Präsidenten Sadat zurück. »Sie waren kurz vor der Unterzeichnung des Friedensvertrags und sahen sich einem Dilemma gegenüber: Was sollte mit dem palästinensischen Problem, mit der Frage der Ansprüche auf nationale Souveränität dieses Landes geschehen?« erinnert sich Yitzhak Schamir.

Weil das Problem unlösbar war, kamen Begin und Sadat überein, die Kontroverse in bezug auf die konkurrierenden Ansprüche beider Seiten zu vertagen. Die Verhandlungspartner von Camp David schlugen einen Plan mit fünfjähriger palästinensischer Autonomie vor. Während dieser Zeit würde Israel die Kontrolle über die besetzten Gebiete behalten. Am Ende des dritten Jahres sollten Gespräche mit einer jordanischen Regierungsdelegation sowie gewählten Palästinenservertretern beginnen, um den »endgültigen Status« des 2200 Quadratmeilen großen Territoriums festzulegen.

Geheim blieb, daß die privaten Gespräche zwischen Begin und Sadat in Wirklichkeit noch weitergegangen waren. Die beiden Führer hatten längere Zeit über die mögliche Form einer endgültigen Regelung diskutiert, »ohne etwas zu Papier zu bringen«, erzählt Schamir heute.

Auf der Suche nach einer neuen Formel, die noch ein wenig über Camp David hinausginge, ohne den Embryo eines neuen, separaten Staates zu schaffen, durchforschten die israelischen Politiker die Vergangenheit. Dabei stießen sie auf die geheimen Gespräche, deren grundsätzliche Überlegungen die Politiker unter Schamir auch auf die Gegenwart des Jahres 1989 anzuwenden hätten bereit sein können. »Wir müssen etwas entwerfen, das ein Maximum an Selbstgestaltung bietet, ohne daß die Palästinenser erklären können, sie seien unabhängig oder könnten etwas tun, das unseren Interessen vielleicht schadet«, sagt Schamirs enger Berater Yossi Ben-Aharon. »Es muß ein komplettes System von ›checks and balances‹ geben.«

Der Plan würde erst dann in Kraft treten, wenn der Aufstand zur Ruhe gekommen wäre. Die israelischen Streitkräfte würden aus den arabischen Dörfern und Städten zurückgezogen und in sieben Randstellungen verlegt. Wahlen würden abgehalten, in denen einheimische palästinensische Führer gewählt werden könnten. Israel sei auch bereit, Verhandlungen über den »endgültigen Status« der Territorien zu beginnen, sobald die palästinensische Selbstverwaltung installiert wäre. Den Palästinensern würde es nicht verwehrt werden, die Souveränität ihres Staates zu fordern, und Israel wäre es freigestellt, die Annexion von Judäa und Samaria zu beanspruchen. Letztlich könnte die Übergangsperiode bis zu den Verhandlungen über eine endgültige Regelung von fünf auf drei oder sogar noch weniger Jahre verkürzt werden, deutet Ben-Aharon an, der unter Yitzhak Schamir das Büro des Ministerpräsidenten geleitet hat.

Diesem »dreistufigen« Entwurf einer Konföderation entsprechend würden die Palästinenser ihre eigenen Bürgermeister und anderen Beamten in sieben Stadtverordnetenversammlungen und sechs kleineren örtlichen Verwaltungen wählen, die unter anderem das Recht hätten, öffentliches Land zu verkaufen und Urkunden auszustellen.

Auf der zweiten Stufe würden die Palästinenser in den besetzten Gebieten Abgeordnete in das jordanische Parlament in Amman wählen und auf diese Weise eine Föderation zwischen dem palästinensischen Gebiet und Jordanien schaffen. Die Israelis würden anerkennen, daß der größte Teil der in den Gebieten eingenommenen Steuern angesichts der neuen föderalen Struktur nach Amman fließen müßte.

Am wichtigsten schließlich: Die Palästinenser würden Vertreter wählen, die sie auf einer dritten Ebene repräsentierten: in einer neu zu schaffenden Körperschaft, in der neben Jordaniern und Palästinensern auch Israelis vertreten wären. »Die Palästinenser würden das gesamte Gebiet der West Bank und Gazas repräsentieren«, erklärt Yossi Ben-Aharon. Der Sitz der neuen Administration könnte – wie der der israelischen Regierung – Jerusalem sein.

Diese Dreierkonföderation, wenn sie bei einem letzten Kompromiß als Ergebnis herauskäme, würde ihre verfassungsmäßige Autorität nicht von Israel oder Jordanien oder den Palästinensern, sondern von der Übereinkunft aller drei Partner herleiten. Damit wäre der neu geformte »Körper« die souveräne »Vertreterin« der Gebiete. »Das wäre die Dachorganisation«, so Ben-Aharon, und zugleich wäre es der »komplizierteste und riskanteste Teil.« Israel würde einen Teil seiner Souveränität abgeben müssen, um die Konföderation zu schaffen. Jeder der drei Partner hätte bei wichtigen Entscheidungen, einschließlich der Fragen über die Zuteilung wertvoller Wasservorräte und die Errichtung neuer Siedlungen in der West Bank, ein Vetorecht.

Die Konföderation würde allen Seiten wirtschaftlich nutzen. Ihre Währung würde sowohl an das israelische als auch das jordanische Finanzsystem gekoppelt werden und die Handelsbeziehungen ähnlich denen des Gemeinsamen Europäischen Marktes oder der Beneluxländer gestaltet sein. Die Israelis erhielten Zugang zu den riesigen Märkten der arabischen Welt, während die Araber die freie Benutzung der israelischen Mittelmeerhäfen zugestanden bekämen.

Der kritische Aspekt der nationalen Identität ließe sich so lösen, daß alle, die in der Konföderation leben, deren Staatsbürgerschaft besitzen. Obwohl die Israelis ein allgemeines Recht der Rückkehr im Ausland lebender Palästinenser ablehnen, könnten sie die Idee akzeptieren, daß jeder Palästinenser einen nationalen Paß erhalten könnte. Während Juden, die innerhalb der Konföderation leben, immer noch Bürger Israels sein könnten, könnten Araber, die innerhalb der Konföderation leben, Bürger Palästinas sein, und beide würden sich als Bewohner ihres Heimatlandes betrachten können.

Im Kern dieses Plans steckt die Überzeugung, daß König Hussein letzten Endes wieder eine zentrale Rolle spielen müßte. Für eine Interimsperiode wäre Jordanien primär für die Verteidigung und Außenpolitik der neuen »Einheit« verantwortlich. »Ich kann nicht von Hussein erwarten, daß er arabisches Land weggibt«, sagt Schamirs zweite Hand, Yossi Ben-Aharon. »Deshalb muß ich etwas entwerfen, mit dem wir leben können und über das er zu seinen arabischen Brüdern sagen kann: ›Ich habe nicht das Vertrauen, das ihr in mich gesetzt habt, mißbraucht.‹«

Der zur Zeit unserer Gespräche mit Yossi Ben-Aharon 1989 und 1990 amtierende Vorsitzende der Arbeitspartei, Schimon Peres, der sich wahrscheinlich öfter als jeder andere israelische Politiker mit Hussein getroffen hat, ist ebenfalls überzeugt davon, daß es eine Art palästinensisch-jordanische Verknüpfung geben sollte: »Um das palästinensische Problem zu lösen, müßten wir uns fragen: ›Wo sind die Palästinenser?‹ Die Hälfte von ihnen lebt in Jordanien, die andere in Israel. Ich würde gern *eine* Lösung für dieses Problem haben. Denn wenn wir zwei Lösungen bekommen – eine jordanische und eine palästinensische –, dann haben wir Konkurrenz. Zwei Staaten – zwei Armeen. Zwei Armeen, dann bekommen wir wieder einen Krieg. Wir wollen *eine* Lösung, eine ernsthafte, dauerhafte. Wir als Israelis und, soll ich sagen, wir als Juden wollen nicht eine dominierende Nation werden. Es widerspricht unseren moralischen Grundsätzen, und ich bin immer noch überzeugt, daß wir mit Hussein und den Palästinensern in der West Bank sprechen und eine Lösung finden können.«[3])

Bevor dieser Plan Realität werden könnte, müßte die Ende der achtziger Jahre amtierende Schamir-Regierung jedoch erst einmal einen Verhandlungspartner unter den Palästinensern finden, den sie selbst als Gegenüber akzeptieren würde. Deshalb appelliert sie in dieser Zeit an palästinensische Aktivisten in der West Bank und in Gaza. Nach den Vorstellungen von Schamir und seinen Beratern sollen sie eine herausragende politische Rolle spielen. »Der Test für den Beginn eines politischen Prozesses ist, einen Partner unter den Bewohnern der Territorien zu finden«, sagt der 1989 und 1990 amtierende Verteidigungsminister Yitzhak Rabin.[4])

Diesem Bestreben liegt das Ziel zugrunde, Jassir Arafat und der PLO-Führung als Repräsentanten der Palästinenser auszuweichen. Noch immer sind Gespräche mit Arafat selbst absolutes »Tabu«.

»Ich habe einige Leute aus der palästinensischen Führung hier getroffen«, gibt Schamir zu. »Ich glaube, sie sind intelligenter als die Leute in Tunis. Sie verstehen und fühlen die Situation hier besser als die Leute in Tunis. Sie spüren besser, wie weit sie in ihren Forderungen gehen können, wenn sie realistisch sein wollen, weil sie hier unter dem Druck der Ereignisse stehen.«

Die Palästinenser sehen das anders. »Ohne Arafat sind wir nichts«, sagt Radwan Abu Ajasch, der Vorsitzende der Arabischen Journalistenvereinigung.[5]) Er ist einer der führenden West-Bank-Aktivisten. »Arafat ist für die Menschen in den besetzten Gebieten identisch mit der palästinensischen Revolution. Er ist der Führer der palästinensischen Revolution. Wir können die palästinensische Revolution auf seine Persönlichkeit verkürzen. Ich meine nicht, daß die Opfer, die Helden, die Patrioten nichts sind. Nein. Ich meine, daß Arafat als solcher alles repräsentiert.« Die jungen Aktivisten der West Bank, sagt Abu Ajasch, hätten nicht diesen langen Aufstand gemacht, wenn Arafat und die PLO nicht die Grundsteine dafür gelegt hätten.

Während die Likudführer sich weigern, Arafat als Gesprächspartner zu akzeptieren, und die Menschen der West Bank hervorheben, daß er dabeisein muß, fahren beide Seiten mit dem Dialog fort, um mögliche neue Wege zu beschreiten. Die Israelis sehen über die offensichtlichen Bindungen der Vertreter der West Bank zur PLO hinweg, und die führenden Politiker in den besetzten Gebieten brüsten sich mit ihrer Glaubwürdigkeit, ihrem Ansehen.

Nach Meinung der Likud-Ideologen kann die PLO niemals eine Rolle bei der Lösung des palästinensischen Dilemmas spielen. Schamirs Verachtung der PLO-Führer in Tunis bestärkt ihn nur in seiner Überzeugung, daß die Araber in der West Bank und Gaza für die Bestimmung ihres eigenen Schicksals selbst verantwortlich sein sollten. Die PLO-Führer, sagt er, haben kein Gefühl für das Leben unter der Besatzung. »Wenn ihnen gesagt wird, heute wurden zehn Palästinenser getötet, berührt sie das nicht.« Er vergleicht die PLO-Führer mit dem syrischen Präsidenten

Hafis al-Assad. »Assad konnte es sich erlauben, 1982 zwanzigtausend Demonstranten in Hama zu töten. Es ist für ihn unwichtig. Ihnen bedeutet das auch nichts. Ihnen bedeutet menschliches Leben, einschließlich arabischen Lebens, gar nichts.«

Die Diskussion weckt in dem ehemaligen Guerillakämpfer eine Erinnerung. »Ich kenne das aus persönlicher Erfahrung. Als ich in Palästina im britischen Gefängnis saß, waren die meisten Polizisten Araber. Ich teilte meine Zelle manchmal mit arabischen Gefangenen, und ich sah es. Sie respektierten mich mehr als ihre Brüder. Für einen palästinensischen Polizisten war es ein Vergnügen, einen arabischen Gefangenen zu schlagen, ein sadistisches Vergnügen! Mir haben sie das nie anzutun gewagt, obwohl ich ein Gefangener war, und er war ein Polizist. So ist das. Sie können den Charakter eines Volkes nicht ändern.«

Die Israelis, sagt er, seien ganz anders. Seine Darstellung der Juden unterstreicht den enormen Abgrund, der noch zu überbrücken ist, bevor Juden und Araber einander verstehen können. In den Augen vieler Israelis haben die Juden einen exklusiven Anspruch auf menschliches Leiden. Das macht sie gegenüber den Leiden der Palästinenser blind. »Wenn wir in Jerusalem über das sprechen, was unsere Leute in Hebron oder in anderen Teilen des Landes oder auch an weit entfernten Orten in der Welt empfinden, dann spüren wir das, was sie selbst spüren«, sagt Schamir. »Für uns ist es ein starker Eindruck. Das bewegt uns. Wir können in unserem täglichen Leben nicht fortfahren. Normalerweise betrifft es uns sehr. Bei den Arabern ist das nicht so. Sie sind ganz anders. Sie empfinden das Leid, den Hunger, den Kummer der Leute hier nicht mit. Sie kümmern sich nicht drum. Für die PLO ist das Leben der Palästinenser hier nicht wichtig.«

Radwan Abu Ajash will nicht, daß die Israelis einen Keil zwischen die Palästinenser in den besetzten Gebieten, die ihr Leben opfern, und der PLO-Führung in Tunis treiben. Er sieht die Intifada als »eine Fortsetzung des Widerstandes. Es gäbe keine Intifada, wenn die Möglichkeiten nicht geschaffen worden wären.« Es war Abu Dschihad, sagt er, der »seine Arbeit den besetzten Gebieten gewidmet hat«. Abu Ajasch gibt zu, daß die PLO überrascht wurde, als der Aufstand begann. »Als die Intifada startete, war sie die ersten drei oder vier Tage allein von innen initiiert. Aber wenn die PLO die Leute nicht mobilisiert hätte, wäre es ein Phänomen von ein paar Tagen gewesen, und dann hätte es aufgehört.« Der massive, spontane Widerstand, so fügt er hinzu, »mußte erst aufgebaut werden und einen Paten für die Zukunft bekommen«. Und Abu Ajasch sagt: »Arafat ist der geistige Pate der palästinensischen Revolution.«

Israelis und andere mögen Arafat körperlich zu unansehnlich finden, als daß er ein Pate oder Führer sein könnte. »Er ist nicht schön«, sagt Abu Ajasch und lacht. »Vielleicht sehen Europäer und Amerikaner ihn nicht als Hollywoodstar, aber für die Palästinenser ist er ein Symbol. Fragen Sie eine Gruppe Frauen: ›Würden Sie gern Arafat heiraten?‹ Und sie werden sagen: ›Ja.‹ Es liegt auch in unserer Kultur, daß die Schönheit von Männern nicht so ein bedeutender Faktor ist.«

Arafats Antlitz, so abstoßend es auf viele Israelis und Amerikaner wirken mag, findet man in den besetzten Gebieten überall auf Plakaten, an den Mauern der Universitäten und in privaten Wohnungen. Diese Plakate gelten zusammen mit den PLO-Fahnen bei der israelischen Regierung als illegale Literatur und sind Gründe zur Festnahme. Trotzdem gibt es kaum ein Haus in der West Bank und Gaza, in dem nicht wenigstens ein Kissen mit der aufgedruckten grünweiß-schwarzroten palästinensischen Fahne oder einem Foto von Arafat zu sehen ist.

Ein häufig in der West Bank gehörter Witz sagt vielleicht etwas über die Stimmung im Volke aus: George Habasch ist gestorben und zur Hölle gefahren. Kaum kommt Habasch an, als ihn drei Engel in Empfang nehmen, die ihn in drei verschiedene Räume führen, wo er Zeuge einer Bestrafung werden kann. Dann darf er sich aussuchen, was er sehen will. Die Engel führen Habasch den Gang hinunter in den ersten Raum, wo er Michail Gorbatschow sieht. Der sowjetische Führer sitzt in kochendem Wasser. Habasch schüttelt den Kopf, und die Engel bringen ihn in einen zweiten Raum, wo er Ronald Reagan in Flammen brennen sieht. Habasch schüttelt den Kopf und fragt: »Wo ist Jassir Arafat?« Die Engel führen ihn in einen dritten Raum. Sie öffnen die Tür, und da sieht er Arafat »making love to Marilyn Monroe«. »Aha«, sagt Habasch, »eine solche Strafe wäre mir recht. Genauso wie Arafat.« »Nein«, sagt einer der Engel und schüttelt den Kopf. »Das ist nicht die Bestrafung von Arafat. Das ist die Bestrafung von Marilyn Monroe.«

Die Palästinenser lachen vielleicht über Arafats Aussehen, aber sie respektieren seinen einzigartigen, unerschütterlichen Ehrgeiz. »Was Arafat von anderen Führern auf der Welt, speziell der arabischen Welt, unterscheidet? Er ist ein Mann mit einem Ziel. Er hat sein Leben diesem Ziel geweiht«, sagt Abu Ajasch.

Bei der älteren Generation, bemerkt Abu Ajasch, »hält Arafat Eingang in die Folklore, in die Literatur, die Lieder«. Palästinensische Hochzeitslieder, einst romantische Liebesgedichte, sind nationalistische Gesänge geworden: Arafat ist unser Führer, heißt es darin, wir stehen hinter Arafat, plane, Arafat, und wir bringen Opfer. »Die Frauen singen diese

Lieder bei den Hochzeitsfesten und bei gesellschaftlichen Veranstaltungen«, erzählt uns der Palästinenser.

Sosehr die Israelis sich auch bemühen, seinen Einfluß zu begrenzen, indem sie jedes Zeichen der PLO und ihres Vorsitzenden mit einem Bann belegen, Arafats Bedeutung können sie doch nicht verhindern. »Für ein Kind ist er der Staatschef«, sagt Abu Ajasch. »Die ersten beiden Dinge, die die Kinder lernen, sind: ›Wie heißt der Name deines Landes?‹ und ›Wer ist dein Führer?‹ Sie lernen das voneinander, von ihren Eltern, aus dem Rundfunk, dem Fernsehen, den Nachrichten. Sie lernen von ihm, wie man die Kafija trägt. Er ist eine Schule für sie, eine Schule der Erziehung für die Palästinenser.«

Für viele Aktivisten der Intifada ist Arafat das Symbol ihrer Bewegung. Aber unter ihnen gibt es eine Anzahl Kritiker, die ihn tadeln, die sich beklagen, Arafat hätte nicht schnell genug mit Verhandlungen begonnen. Die Intifada, die er gesät und genährt hat, hat jetzt die geeignete Stimmung für einen Frieden geschaffen. Wie Sadat fühlen sich diese Palästinenser in der West Bank und Gaza nun siegreich in der Schlacht und stark genug, Frieden zu schließen. Aber, klagen sie, Arafat hat soviel Angst vor den Hardlinern und ist so besorgt um seine eigene Macht in der PLO, daß er nicht von der Stelle kommt. Und vielleicht wird er, so fühlen sie, noch einmal die Chance verpassen. Sie geben zu, daß die Palästinenser sich mit Sadat zusammen an den Verhandlungstisch hätten setzen sollen. Sie erinnern sich auch an frühere Chancen. Obwohl sie seinen Namen nicht erwähnen, beziehen sie sich auf Arafats Mentor Hadsch Amin al-Husseini, den ersten und bedeutendsten Führer am Anfang des Kampfes für den palästinensischen Nationalismus, der 1947 die Teilung abgelehnt hatte. Hätte er sich für eine Annahme dieser Teilung eingesetzt, hätten die Palästinenser damals ihren Staat bekommen, und der Staat wäre größer und reicher gewesen als alles, was ihnen jetzt angeboten werden könnte.

Es gibt natürlich auch andere Kritiker, die meinen, Arafat wäre zu schnell vorgegangen, er hätte so große Angst gehabt, ein Geschäft zu verpassen, daß er den ganzen Laden verschenkt hätte. Die Moslemfundamentalisten erklären, Arafat habe kein Recht, eine Koexistenz mit Israel anzubieten. Sie verlangen die Rückgabe ganz Palästinas und seine Umwandlung in einen religiösen islamischen Staat. Und selbst gemäßigte Palästinenser, Moslems und Christen gleichermaßen, sind der Auffassung, Arafat hätte zu schnell zuviel hergegeben.

Trotz der Kritik an Arafats Politik ist er die Symbolfigur für die palästinensische Bewegung. Während viele Israelis meinen, die Araber in den besetzten Gebieten sollten lieber für sich selbst sprechen, besteht Abu Ajasch darauf, daß sie sich nicht nur mit Arafat identifizieren, sondern auch Teil seiner persönlichen Organisation sein möchten. »Er ist das Symbol des palästinensischen Kampfes, und er ist der Chef von Fatah«, sagt der Journalist. »So sagen viele Teenager: ›Ich bin bei Abu Amar. Abu Amar heißt Fatah, also bin ich bei Fatah.‹«

Obwohl die israelischen Behörden immer wieder Einrichtungen geschlossen haben, die Beziehungen zur PLO pflegten, besteht Abu Ajasch darauf, daß die israelische Politik versagt hat. »Fatah hat die Regierung. Sie hat alle Institutionen. Sie hat das Budget, sie hat die Macht, sie hat alle Möglichkeiten, die Politik der PLO zu intensivieren. Sie hat die Wohlfahrtsorganisationen, die Gesundheitsorganisationen und die gesellschaftlichen Organisationen. Das ganze Leben der palästinensischen Gesellschaft wird von Fatah kontrolliert.«

Befragt, ob er die Rolle der Fatah zugegeben hätte, bevor die Intifada begann, lächelt Abu Ajasch und schüttelt den Kopf: »Nein. Heute erlaubt mir die Friedensstrategie der Fatah und der PLO, es zu sagen.«

Sogar Schamir gibt zu, daß die PLO-Strategie eine neue Realität geschaffen hat, in der Israel die Legitimität einiger Ansprüche der Palästinenser anerkennen müsse: »Wir sind bereit, über die Art zu diskutieren, wie wir zusammen existieren und zusammen leben können. Es gibt Differenzen zwischen uns, aber wir müssen verhandeln, bis wir eine gemeinsame Grundlage finden. Das ist alles.«

III

Syrien: Sponsor der Ablehnungsfront

11

Intrige und Tod in Damaskus

Damaskus wirkt wie ein vom Staub uralter Dynastien bedecktes Relikt: Omajjaden, Aijubiden, Mameluken, Seldschuken, Osmanen und Franzosen haben hier geherrscht. Die große Omajjadenmoschee, erbaut im 8. Jahrhundert, steht wie eine stolze Dame im Zentrum der Stadt. In ihrer Nähe drängen sich arabische Menschenmengen auf dem drückend heißen Hamidijeh-Suk, feilschen wütend an den Goldschmiedeständen und verweilen bei den Gemüsen und Stoffen. In einer Ecke des engen Basars versteckt, führt ein kühler Hof zur ehemaligen Residenz des türkischen Paschas. Die maurische Architektur zeugt von Lebensfreude und Reichtum. Ein prächtiger Balkon schmückt das Bauwerk. Dahinter liegen die Gemächer der Konkubinen, und unten im Hof wartet noch immer die Kutsche des Paschas darauf, ihn zu einer Fahrt durch die Straßen mitzunehmen.

Fern von diesem Suk, am anderen Ende der Stadt, wo Palmen die Straßen säumen und Blumenstände in großer Zahl zu finden sind, beherbergen von den früheren französischen Besatzern erbaute elegante Stadtpalais die ausländischen Botschaften. Mit Balkonen versehene Appartementhäuser erinnern an Mittelmeerhäfen wie Marseille oder Antibes.

Im Wohnviertel Rawdah liegt der Sitz des syrischen Präsidenten Hafis al-Assad. Die Fenster der bescheidenen Villa sind geschlossen, die Rolläden heruntergelassen, und die Bewachung durch Sicherheitskräfte ist streng. Diejenigen, die hinein dürfen, werden höflich gebeten, ihre Kameras und Taschen unten auf dem Treppenabsatz zu lassen. Es geht zwei Treppen hinauf, dann betritt der Besucher einen großen, rechteckigen Raum, dessen Wände mit Stofftapeten bespannt sind. Die schweren Samtvorhänge sind heruntergelassen. Der große Lüster leuchtet nur schwach. Am anderen Ende liegen hinter Schiebetüren Assads Privatbüros.

Im Empfangsraum stehen rundherum an den Wänden komfortable Polster-

sessel, jeweils zwei einander gegenüber. Dazwischen ein Tischchen, wo den Gästen Kaffee, Tee und Limonade angeboten werden. Assads Lieblingsplatz, eine kleine braune Couch, ist dem einzigen Gegenstand zugewandt, der die Wand schmückt, einem Gemälde, das den Titel »Die Hörner von Hittin« trägt.

Auf der riesigen, über zwei Meter breiten Leinwand sind sich aufbäumende Pferde und blitzende Säbel zu sehen, Szenen aus einer Schlacht im 12. Jahrhundert, als der kurdische General Saladin mit seinem Heer die Kreuzfahrer vernichtend geschlagen hat. Die Schlacht beendete eine christliche Herrschaft in Jerusalem, die fast ein Jahrhundert gedauert hatte, und war der Beginn des moslemischen Aijubidenreiches. Auf Saladins Dynastie (1171–1250) folgten die moslemischen Mamelukenherrscher. Sie regierten über dreihundert Jahre lang ein Reich, das sich über einen großen Teil des Nahen Ostens erstreckte.

Hafis al-Assad wuchs in Kardaha, einem kleinen Dorf in den alawitischen Bergen im Norden Syriens auf, einer Gegend, die reich an zertrümmerten Kreuzfahrerburgen ist, die Saladins Armeen so zugerichtet haben. Der Held seiner Kindheit hat bei Assad Eindruck hinterlassen. Der moderne Führer sorgte dafür, daß Saladins Todestag zum öffentlichen Feiertag wurde und das Profil des Herrschers aus dem 12. Jahrhundert die syrischen Banknoten schmückt. Außerdem war es seine Entscheidung, daß eine alte Festung in der Nähe seines Heimatorts, die ursprünglich Zionsburg hieß, den Namen Saladinsburg erhielt.

Viele, die ihm begegnet sind, glauben, daß Assad sich als Lenker einer ähnlichen Schlacht gegen die verhaßten Überreste moderner europäischer Besatzer sieht, deren Anschläge in der Balfour-Deklaration und im Sykes-Picot-Abkommen zum Ausdruck kamen. Erstere bereitete Millionen Juden den Weg nach Palästina, die sich dort niederließen. Sykes und Picot zerschnitten die Gebiete des osmanischen Reichs in britische und französische Protektorate. Das Hittin-Gemälde erinnert Assads Gäste daran, daß Israel dasselbe Schicksal wie die Kreuzfahrer ereilen könnte.

Assad erzählt seinen Besuchern gern, daß ein großer Teil des Nahen Ostens – vom Beginn der moslemischen Omajjadendynastie im 7. Jahrhundert, während der Zeit der Mameluken, die 1260–1516 regierten, ja selbst unter den Osmanen, die 400 Jahre herrschten – »Bilad al-Scham«, »Land von Damaskus«, hieß. Diese Region, die man, sagt Assad, das »natürliche« oder »größere Syrien« nannte, habe sich vom Taurusgebirge in der Türkei bis zum Irak im Osten, bis Alexandria im Westen und bis tief in die arabische Wüste im Süden erstreckt.

Als politische Einheit habe es zwar nur kurz bestanden, aber die Bewohner dieses Gebiets hätten sich einer gemeinsamen Kultur sowie ökonomischer und anderer Bindungen erfreut und sich oft selbst allesamt als Syrer bezeichnet. Während des osmanischen Reiches war der ganze Landstrich in »Staaten« oder »Silajat« aufgeteilt, und jede dieser Provinzen hatte ihren »Wadi« oder regiona-

len Gouverneur. Wadis gab es unter anderem in Bagdad und in Tripoli, die wichtigsten von ihnen aber saßen, so erzählt Assad, in Damaskus, Beirut und Aleppo. Die Region von Galiläa wurde von dem Wadi in Beirut regiert und der Rest dessen, was Palästina werden sollte, nämlich Tiberias, Nablus und Jerusalem, von dem in Damaskus.

Erst nach dem Sieg der Briten über die Türken 1918 hätte es eine Art eigene Regierung in Palästina gegeben. Noch 1978 nannten Syriens offizielle Medien die Region von Palästina »Süd-Syrien« und bestritten damit den Anspruch der Palästinenser auf einen eigenen Staat. Als wir uns Assads Belehrungen anhören, wird uns klar, daß die zweiundsiebzig Jahre seit dem Ende des I. Weltkriegs für ihn nur ein Augenblick in der langen Geschichte des Nahen Ostens sind. 1991 wird er, wie er einem Besucher erklärt, der am längsten amtierende Herrscher in der gesamten syrischen Geschichte sein und damit sogar die Regierungszeit des ersten Omajjaden an Länge übertreffen.

Für Assad bleiben das Omajjadenerbe und die folgenden Jahrhunderte eines lockeren Zusammenschlusses – als Familien selbst im fernen Jerusalem in Damaskus das Zentrum der Regierung sahen – ein Vorbild für die Zukunft. In den syrischen Schulbüchern hat Assad seinen historisch begründeten Anspruch auf Bilad al-Scham unmißverständlich angemeldet. Er findet, daß Syrien, Palästina, Libanon und Jordanien zum »natürlichen Syrien« gehören, und darin sieht er eine Brücke zum Konzept der Baath-Partei, dem Konzept einer einheitlichen panarabischen Nation. Assad hat den von Frankreich Anfang der zwanziger Jahre geschaffenen modernen Staat Libanon niemals anerkannt, als das junge Land Syrien seiner Städte Tripoli, Beirut, Sidon und Tyrus beraubte und sie mit dem christlichen Berg Libanon zusammenschloß. Syrien hat noch keinen offiziellen Botschafter in dieses »Gebilde« entsandt, und die Namen Libanon oder Israel erscheinen als separate Einheiten auf keiner syrischen Landkarte. Am 8. März 1989 hat Assad noch betont, daß Libanon und Syrien »ein Volk, ein Körper, Blut und Knochen sind. Wir werden den Libanon nicht aufgeben, weil wir eine Volksnation sind.«[1])

Auch wenn er auf Arafat schaut, ist Assads Blickwinkel von seinem Glauben geprägt, daß Syrien die überragende Kraft im arabischen Nationalismus ist und daß Syrien deshalb darüber zu bestimmen habe, ob, wann und wo in der Region, insbesondere mit Israel, Friedensgespräche stattfinden sollten. Als arabischer Nationalist muß Assad die Rolle des Vorkämpfers einer legitimen palästinensischen Bewegung spielen. Die nationalen syrischen Interessen verlangen, daß er die palästinensische Nationalbewegung beherrscht. Sein Zusammenstoß mit Arafat ist ein Kampf um die Kontrolle dieser Bewegung. Assad meint, Syrien, das Israel militärisch standgehalten habe, sei die einzige arabische Nation unter den »Frontstaaten«, die über ein genügend großes Territorium, ausreichende militärische Ressourcen und die ideologische Entschlossenheit verfügt, um von einer Position der Stärke aus mit den Israelis zum Wohl der Palästinenser zu verhandeln.

Daß Jassir Arafat Anspruch auf eine besondere palästinensische Identität erhebt, hat Assad geärgert und ihn oft in eine direkte Konfrontation mit Arafat getrieben, wenn es um die Frage ging, wer die Palästinenser in der Diaspora vertrat. Bei einer Begegnung mit dem PLO-Führer hat Assad einmal ausgerufen: »Sie repräsentieren Palästina nicht mehr, als wir es tun. Es gibt weder ein palästinensisches Volk noch ein palästinensisches staatliches Gebilde. Es gibt nur Syrien. Sie sind ein untrennbarer Teil des syrischen Volkes, und Palästina ist ein untrennbarer Teil von Syrien.«[2])

Inzwischen scheint Assad seine Rhetorik mildern zu wollen. Er wirkt schmaler und grauer, als hätten Herzprobleme und eine Blutkrankheit, über die nichts Genaueres bekannt ist, dem nun schon weit über sechzigjährigen Staatsmann ihren Tribut abverlangt. Vor kurzem erklärte er einer Delegation amerikanischer Senatoren – dem Republikaner Robert Dole aus Texas, Alan Simpson, einem Republikaner aus Ohio, und dem Demokraten Howard Metzenbaum aus Ohio –: »Ich bin bereit, mit Israel zu verhandeln. Aber es muß eine umfassende und gerechte Regelung werden, und sie muß auf dem Prinzip ›Land für Frieden‹ beruhen.« Die Wahl eines Assad genehmen maronitisch-christlichen Präsidenten im Libanon und die Übereinkunft von Taif – die vorsieht, daß die Verfassung reformiert werden soll, um das politische Gleichgewicht zwischen den verschiedenen Gruppen wiederherzustellen – haben die Gefahr eines politischen Vakuums im Libanon verringert, das Syriens Feinde ausnützen könnten.

Und so zeigt sich Assad in den Monaten unserer Recherche 1989 und 1990 flexibler. Als Führer eines Minderheitenregimes in Damaskus befürwortet er keinen starken, von Christen geführten Libanon. Doch der Ende der achtziger Jahre amtierende US-Botschafter Edward Djerejian meint, Assad habe »die ideologische Brücke überschritten, was den Libanon angeht«, und sei nicht mehr der Ansicht, daß eine militärische Vernichtung der Christen im Libanon den syrischen Interessen entspricht.[3]) Djerejian fragte Assad kürzlich: »Stimmt es, daß Sie, der Sie Syrien und Libanon als eine Nation ansehen, es trotzdem akzeptieren, daß sie zwei separate und unabhängige Staaten sind?« Assad erwiderte: »Ja, das stimmt« und gab zu, daß er der erste syrische Staatschef sei, der das akzeptiere.

Seine Haltung Arafat gegenüber hat sich ebenfalls entspannt. Zwar verziehen sich immer noch seine Lippen etwas verächtlich, wenn er über seinen langjährigen Rivalen spricht, aber ein schiefes, amüsiertes Lächeln huscht trotzdem über sein Gesicht. Die Richtigkeit von Arafats Positionen und das allgemeine Ziel seiner Politik erscheinen ihm nach wie vor fragwürdig, aber der persönliche Haß der früheren Jahre ist offensichtlich von ihm gewichen. Da es Assad nicht gelungen ist, Arafat unter seine Kontrolle zu bringen, hat er nun eine Art modus vivendi mit dem PLO-Führer entwickelt.

Am 5. Mai 1966 fand man in einem Privathaus in der Masraah-Straße im Asakar-Bezirk in Damaskus die Leichen zweier prosyrischer Palästinenser. Sie waren aus nächster Nähe mit sowjetischen Kalaschnikows erschossen worden. Der syrische Geheimdienst ordnete eine sofortige Untersuchung an. Innerhalb weniger Tage verhaftete man zwölf Palästinenser, unter ihnen Persönlichkeiten, die später sehr bekannt werden sollten: Jassir Arafat, Khalil Wasir (Abu Dschihad) und Ahmed Dschibril. Einer der verhafteten Palästinenser, Abdul Madschib Sahmud, sitzt bis heute im Messeh-Gefängnis. Seine Mutter kommt seit einem Vierteljahrhundert geduldig alle drei Monate zu der in der Nähe des Flughafens von Damaskus gelegenen Haftanstalt und bittet um seine Begnadigung. Während seines gesamten Gefängnisaufenthaltes und trotz wiederholter Versuche, ihm ein Geständnis zu entlocken, hat Sahmud stets bestritten, für diese Morde verantwortlich zu sein. Ein vierter Mann, der nur unter dem Namen »Adnan« bekannt war, entkam und wurde nie gefaßt. »Der Fall ist immer noch offen«, sagt Verteidigungsminister Mustafa Tlass, der damals Chef des obersten Militärtribunals war.[4])

Diese Morde fanden 1966 weder in syrischen noch in palästinensischen Kreisen viel Beachtung. Die betreffenden Palästinenser, sowohl die ermordeten als auch die in Verbindung mit dem Mord beschuldigten, waren unbekannte junge Aktivisten, und niemand machte sich ihre Sache zu eigen. Es gab ihretwegen weder Proteste noch Demonstrationen, um die öffentliche Meinung zu mobilisieren. Von heute aus betrachtet scheint dieser Vorfall aber ein frühes Zeichen dafür zu sein, daß sich Gewitterwolken zusammenbrauten. Der ungelöste Mordfall steht als lebendige Erinnerung an die Spannungen da, die an jenem Frühlingstag ihren Anfang nahmen und die die Atmosphäre zwischen dem Baath-Regime in Syrien und Jassir Arafat seither vergiftet haben.

Hinter den Morden an Hauptmann Jusef Arabi und Mohammed Hikmet, den beiden in Palästina geborenen syrischen Militärangehörigen, lag das Gewebe eines zunehmenden Konkurrenzkampfes zweier Gruppen verborgen, die alle eine neue Art der Konfrontation gegen Israel suchten. Achtzehn Jahre waren seit der Katastrophe von 1948 vergangen, in der eine Dreiviertelmillion Palästinenser ihr Heimatland verlassen hatten und zu Flüchtlingen geworden waren. 1966 war ihre Zahl auf über eine Million angewachsen. Sie lebten überall verstreut in der arabischen Welt, die meisten von ihnen in Flüchtlingslagern und in den die arabischen Großstädte Beirut, Damaskus, Amman, Nablus und Gaza umgebenden Slums. Für diese entwurzelten Palästinenser, die von den anderen arabischen Gesellschaften nicht aufgenommen oder integriert wurden, geschah seitens der internationalen Gemeinschaft so gut wie nichts. Niemand war da, der ihnen half, ihre Rechte zurückzugewinnen.

Alle an dem Attentat beteiligten Palästinenser, die angeblichen Mörder ebenso wie die Opfer, meinten, daß sie die ideologische und praktische Antwort auf das palästinensische Problem gefunden hätten. Von dem revolutionären Klima inspiriert, das Mitte der sechziger Jahre in der dritten Welt herrschte, und durch die Rhetorik von Ernesto »Che« Guevara und Mao Tse-tung ermutigt, entschlossen sie sich, ebenfalls aktiv zu werden. In Vietnam kämpften die prokommunistischen Kräfte Ho Tschiminhs in einem nationalen Befreiungskrieg gegen die mächtigeren Armeen der imperialistischen Amerikaner. In Kuba konsolidierte Fidel Castro seinen Sieg über das Marionettenregime von Fulgencio Batista. Im Südjemen war die Guerilla der marxistischen Nationalen Befreiungsfront (NLF) drauf und dran, die royalistischen Kräfte aus der britischen Kolonie Aden zu vertreiben. Algerien schließlich, wo die FLN gesiegt und General Charles de Gaulle gezwungen hatte, der früheren französischen Kolonie die Unabhängigkeit zuzugestehen, stellte das attraktivste Vorbild für die neue Generation der palästinensischen Jugend dar.

In der arabischen Welt gab es keinen mit diesen Beispielen vergleichbaren revolutionären Kampf für die palästinensische Sache. Im Gegenteil, dort wurde mit herkömmlichen diplomatischen und politischen Mitteln für die Rechte der Palästinenser gestritten. In Ägypten, der größten und mächtigsten Nation der arabischen Welt, träumte Gamal Abdel Nasser davon, die Araber unter seinem Banner eines panarabischen Sozialismus zu vereinen. Zusammen mit Nehru von Indien, Sukarno von Indonesien und Tito von Jugoslawien schuf Nasser eine Dritte-Welt-Bewegung blockfreier Nationen. Von der Sowjetunion später unterstützt, wollte Ägypten den vom Westen »ausgehaltenen« jüdischen Staat Israel bekämpfen.

Nasser berief mit großem Tamtam im Januar 1964 den »Ersten Arabischen Gipfel« ein: Dreizehn arabische Führer kamen nach Kairo, um die Strategie zu koordinieren. Ganz oben auf der Liste der Tagungspunkte stand Israels Plan, mittels einer großen Pipeline das reichlich vorhandene Wasser des Jordans nach Süden in die Negevwüste zu leiten. Die arabischen Führer gelobten, Israel diese neue Frischwasserquelle nicht zuzugestehen. Sie ermunterten Syrien, das Wasser des Jordan-Oberlaufs, dort wo es sich südlich vom See Genezareth mit dem des Jarmuk vereinigte, abzuleiten. Die Araber schufen zudem einen neuen Verteidigungspakt mit einem vereinigten arabischen Oberkommando. Es sollte über die Truppenbewegungen aller dreizehn Nationen entscheiden. Außerdem errichteten sie ein Büro, das die Erkenntnisse ihrer militärischen Geheimdienste zusammenfassen sollte.

Schließlich kamen sie überein, eine neue Organisation zu gründen, um die lästigen Forderungen der ungeduldigen Palästinenser zu beschwichtigen. Diese Organisation nannten sie Palästinensische Befreiungsorganisation (PLO) und kündigten an, sie würden ihr erlauben, »ihre Rolle bei der Befreiung ihres Landes und der Erreichung ihrer Selbstbestimmung zu spielen«. Die wahre Hoffnung aber war, daß die PLO es den hilflosen Flüchtlingen ermöglichen würde, ihre Ansprüche in einer ordentlichen, beherrschten Weise vorzubringen, damit sie für die etablierten arabischen Regimes nicht zu einer Bedrohung wurden.

Nassers Kandidat für diese Arbeit war Ahmed Schukeiri, ein ursprünglich aus Akko stammender palästinensischer Anwalt und Sohn eines arabischen Aristokraten und religiösen Würdenträgers. Ahmed Schukeiri war zunächst für kurze Zeit Mitglied des Arab High Committee, danach bekleidete er Posten in der Arabischen Liga und vertrat viele Jahre hindurch sowohl Syrien als auch Saudi-Arabien diplomatisch bei den Vereinten Nationen. Seine Reden waren voll giftiger Attacken gegen Israel, aber seine bombastischen Drohungen, den jüdischen Staat zu zerstören, halfen dem palästinensischen Volk wenig. »Das Problem mit Schukeiri war«, so Mohammed Heikal, ein enger Vertrauter Nassers, »daß er zu der Generation arabischer Anwälte gehörte, die einen sogenannten ›nationalen Kampf‹ führten. Er war ein intelligenter Mann, kein Hanswurst, aber wie diese Anwälte ging er ganz in seiner Rhetorik und seinen schriftlichen Memoranden auf.«[5])

Für viele Flüchtlinge blieb Schukeiri allerdings der Bittsteller, der hinter verschlossenen Türen manövrierte und sich vor den arabischen Herrschern duckte, um ihren Segen und ihr Geld zu bekommen, mit dem er die palästinensische Sache voranbringen konnte. Nach über fünfzehn Jahren hatten Führer wie Ahmed Schukeiri praktisch nichts erreicht. Khaled al-Fahum, ein Mitglied des damaligen ersten PLO-Exekutivkomitees, der eng mit Schukeiri zusammenarbeitete, erinnerte sich an die Bitte, die dieser im Herbst 1964 an den saudischen König Faisal richtete. Der König von Saudi-Arabien war wütend auf Schukeiri, seinen früheren

UN-Botschafter, weil dieser der Anordnung des Königs nicht Folge geleistet hatte, eine Sondersitzung des UNO-Sicherheitsrats einzuberufen. Faisal wollte gegen Nassers Entsendung eines Expeditionsheeres von 40 000 Mann nach Südjemen protestieren, wo die mit Nasser sympathisierenden marxistischen Guerilleros gegen die von Saudi-Arabien unterstützten Kräfte der Südarabischen Liga kämpften.

Als Schukeiri und die dreizehn anderen Mitglieder des damaligen PLO-Exekutivkomitees Faisal in dessen geräumiger Suite im Palästina-Hotel in Alexandria besuchten, war der König nicht dazu aufgelegt, Almosen zu spenden. »Majestät«, begann Schukeiri, »es ist bekannt, daß Sie die Palästinenser unterstützt haben. Ihr Vater, König Abdul Asis, hat die Palästinenser unterstützt. Ihr Bruder, König Saud, hat die Palästinenser unterstützt. Wir hoffen, Sie werden es auch tun.« Da ihm die Spannungen zwischen den beiden bewußt waren, sagte Fahum zu Faisal: »Majestät, die PLO ist nicht Schukeiris Organisation. Sie ist für alle Palästinenser da. Wir bitten Sie untertänig darum, großzügig zu sein und uns zu unterstützen.«[6])

Ohne zu zögern begann Faisal mit einer Tirade von Schmähungen gegen Schukeiri. Fast zwei Stunden später, als Faisal geendet hatte, sagte Schukeiri unterwürfig: »Danke, Majestät.« Dann fügte er hinzu: »Bitte geben Sie mir Ihre Antwort nicht hier. Geben Sie sie mir in Riad.« Diese höfliche, wenn auch nicht ganz würdevolle Erwiderung war ein Meisterstück. Als Schukeiri mehrere Wochen später von seiner Audienz bei König Faisal zurückkehrte, hatte er zwei Schecks der Saudischen Nationalbank in der Tasche: Einer war für die PLO und lautete auf einen Betrag von drei Millionen US-Dollar. Der andere war für die Palästinensische Befreiungsarmee (PLA) und belief sich auf eine Million US-Dollar. »Wir gründeten die PLO und eröffneten unser erstes Büro mit dem saudischen Geld«, erzählt uns Fahum.[7])

Das Betteln um arabische Unterstützung aber, das sich in anderen Hauptstädten wiederholte, war demütigend für die zweite Flüchtlingsgeneration, die gegen das palästinensische Establishment rebellierte. »Die Leute hatten die langen Reden und UNO-Entschließungen satt«, sagt Hussan al-Khatib, ein Professor an der Universität von Damaskus. Man war romantisch, glaubte an die Energie der arabischen Massen, hatte aber keinen Plan, wie sie zu mobilisieren seien. »Wir wollten Taten und Aktionen«, sagt Khatib.[8]) Dutzende von legalen und illegalen Zellen wurden überall in der arabischen Welt gebildet, in Syrien, im Libanon, im Irak, in Jordanien und in Ägypten. Manche vertraten eine der vielen unterschiedlichen panarabischen Einheitsformeln. Manche verschrieben sich dem Marxismus oder Kommunismus. Andere Gruppen bestanden aus Moslemfundamentalisten, nach deren Ansicht der Kampf gegen Israel von Gott befohlen war und nur ein Heiliger Krieg sein konnte.

»Damals war alles vermischt«, sagt Abu Laila, ein radikaler Palästinenser. »Die verschiedenen arabischen Staaten hatten so viele Finger in den palästinensischen Bewegungen, daß es schwierig war, die verschiedenen Gruppen auseinanderzuhalten.«[9]) Allein im Libanon gab es über ein Dutzend Fraktionen, die um die Loyalität der dreieinhalb Millionen Flüchtlinge konkurrierten. Zu ihnen gehörten Kommunisten, Nasseristen, panarabische Sozialisten, islamische Gläubige, unabhängige Marxisten und christliche Ideologen.

Unter diesen Fraktionen waren mindestens zwei miteinander rivalisierende Gruppen, die viel mehr militärische Schritte forderten, als die PLA ihrer Meinung nach zu unternehmen bereit war. Die PLA bestand aus palästinensischen Einheiten innerhalb der verschiedenen arabischen Armeen. Ihre Befehle bekamen sie von den arabischen Kommandeuren, und sie waren völlig in die arabischen Regimes integriert. Die militanten palästinensischen Gruppen wollten ihre Befreiungsbewegung nach dem Vorbild des algerischen Unabhängigkeitskampfes ausrichten, wollten Guerillaangriffe und Sabotageakte innerhalb der Grenzen Israels ausführen, um einen Volkskrieg zu zünden. Eine der militanten Gruppen, die von Ahmed Dschibril und Jusef Arabi geführte Palästinensische Befreiungsfront (PLF), wurde von der Baath-Regierung in Syrien unterstützt. Dschibril, ein palästinensischer Flüchtling, der die syrische Militärakademie mit einem Ingenieursdiplom absolviert hatte, war Offizier in der syrischen Armee geworden. Arabi, auch Palästinenser, war ein Kommando-Kämpfer, der es in der syrischen Armee zum Hauptmann gebracht hatte. Beide Männer glaubten, die vom syrischen Baath-Regime gepredigte sozialistische Revolution werde den arabischen Ruhm wiederaufrichten, die arabische Welt einen und dann Palästina befreien.

Die andere Gruppe von Militanten, die in Kuwait ihre Basis hatte, war Fatah. Die von Jassir Arafat, Khalil Wasir, Faruk Kaddumi und Salah Khalaf geführte Gruppe glaubte das Gegenteil: Sie würden die arabische Welt dadurch einen, daß sie Palästina befreiten. Gegen Mitte der sechziger Jahre schufen sie eine Militäreinheit, die sie »Asifa«, »Sturm«, nannten. Doch die Fatah litt an verschiedenen Handicaps: Sie war vier Jahre, nachdem Dschibril Freiwillige für seine PLF zu sammeln begonnen hatte, gegründet worden. Sie konnte mit der PLA nicht konkurrieren, die ihren jungen Kämpfern einen festen monatlichen Sold bot. Und sie hatte ihre Basis am Golf, weit von der israelischen Grenze entfernt.

Syriens gemeinsame Grenze mit Israel lockte Arafat und seine Kohorten an. Aber noch verlockender war für die glühenden Revolutionäre die Sympathie der syrischen Regierung für eine Guerillaoffensive. Anders als die sonstigen Frontstaaten – Jordanien, Ägypten und Libanon – hatte Syrien bereits etliche kleinere Gruppen gesponsert. Als Arafat 1965 in Damaskus eintraf, arbeitete er mit der von Syrien unterstützten PLF zusammen, die unter Dschibrils Kommando stand. Zusammenstöße zwischen den beiden Gruppen wurden jedoch unvermeidlich. »Fatah hatte die politischen Leute, die Organisatoren und die Intellektuellen aufgesogen, aber sie hatten fast niemanden mit militärischer Erfahrung«, sagt Omar Scha'abi, ein PLF-Guerillaführer. »Die PLF war das genaue Gegenteil. Wir hatten die militärische Erfahrung, und wir waren in Syrien stärker als die Fatah.«[10])

Die PLF war äußerst neidisch auf die ungebundenen Fatahführer, die niemandem Rechenschaft schuldeten. Arafat, sagt Scha'abi, kam mit 60 000 Dinar (etwa $ 200 000) an, dem Geld, das er in Kuwait gesammelt hatte, und er benutzte es, um die von Syrien unterstützten Kader zu bestechen. Arafat versuchte die PLF-Kämpfer zum Eintritt in die Fatah zu bewegen und bot ihnen einen Sold von 500 syrischen Pfund – das entsprach 1500 US-Dollar – im Monat sowie einen Bonus von 5000 syrischen Pfund – etwa 15 000 US-Dollar – an. Zur Größenordnung erklärt Scha'abi: »Für 5000 Pfund konnten Sie sich ein Haus kaufen.«

Arafat bot ihnen darüber hinaus noch etwas anderes an, das die Flüchtlinge mehr als Geld begehrten. »Der schönste Traum für einen Palästinenser in Syrien war es, einen algerischen Paß zu besitzen«, erinnert sich Scha'abi. »Arafat gelang es sehr schnell, algerische Pässe zu besorgen.« Tatsächlich kam Arafat bereits mit algerischer Unterstützung an. Palästinensische Kommandogruppen wurden nach Algerien geschickt, um an Kursen im Guerillakampf teilzunehmen. In Algerien wohnende Palästinenser bekamen dort eine Arbeitserlaubnis, wenn sie einen Teil ihres Einkommens an die Fatah abgaben. Der algerische Präsident Ahmed Ben Bella erlaubte der Fatah sogar, in Algier, Rue Victor Hugo, ein eigenes Büro zu eröffnen.

Nachdem Arafat 1964 Peking besucht hatte, stand Syrien denn auch nicht mehr im Wege, wenn die algerische Regierung chinesische Waffen an die Fatah in Syrien liefern wollte. Der Beamte, der die Luftbrücke von Algier organisieren half und insgeheim die Waffen für die Fatah in syrischen Armeearsenalen lagerte, war Syriens Luftwaffenchef Hafis al-Assad, ein schlanker, hartnäckiger Kommandeur. Es war nichts Altruistisches an Assads Motiven. Der ehrgeizige Assad war Angehöriger der Alawiten-Sekte, einer Minderheit in einem Land, in der die sunnitische Mehrheit sie oft als Ketzer betrachtete. Er hoffte, die Unterstützung der über einhunderttausend sunnitischen Palästinenser zu gewinnen, die in den Flüchtlingslagern rund um Damaskus lebten.

Zwischen Ägypten und Syrien herrschte immer noch Bitterkeit wegen Nassers Versuch, die Vereinigte Arabische Republik zu dominieren, die die beiden Staaten 1958 gebildet hatten, die aber nur drei Jahre hielt. In Syrien konnten die Palästinenser, anders als in den meisten arabischen Ländern, Universitäten besuchen, Gewerkschaftsmitglieder werden, Regierungsämter bekommen und in die Armee eingezogen werden. Sie konnten auch ihren Guerillakrieg gegen Israel organisieren. Zum Dank für diese Vorteile erwarteten die Syrer von den Palästinensern Unterstützung in ihrem Versuch, Ägypten auszustechen und selbst Vorkämpfer der arabischen Einheit zu werden. Allerdings legten Assad und Ahmed Sweidani, Chef des syrischen militärischen Geheimdienstes, den Guerillagruppen Beschränkungen auf: Ihre Aktivitäten mußten geheim bleiben, und sie unterstanden der syrischen Armee.

Sowohl die Fatah als auch die PLF fanden diese Bedingungen unannehmbar. Um die Beschränkungen zu umgehen, bewegten die Gruppen ihre Einheiten heimlich von Syrien nach Jordanien, in den Libanon und nach Gaza. Von dort gingen sie über die Grenze nach Israel – eine Methode, um Syrien die direkte Verantwortung zu ersparen und es vor der Gefahr israelischer Vergeltungsmaßnahmen zu bewahren.

Die Konkurrenz zwischen den beiden Gruppen um die Initiierung von Guerillaüberfällen war so groß, daß sie noch heute, dreißig Jahre später, darum streiten, wer von ihnen die erste Operation gegen Israel unternommen hat. Der ehemalige PLF-Führer Ahmed Dschibril behauptet, im Oktober 1964 hätten seine Kämpfer zuerst von jordanischem Boden aus gegen israelische Ziele operiert. Arafat und seine Kämpfer behaupten, sie hätten die erste Operation von jordanischem Boden aus am 1. Januar 1965 gestartet und Sprengsätze an der Stelle angebracht, an der israelische Ingenieure Wasser vom See Genezareth in die Negev-Wüste abgeleitet hatten. Hauptmann Jusef Arabi, der ermordete syrische Offizier, half der Fatah, die Aktion zu planen.

Niemand weiß, welche Gruppe den ersten Überfall organisiert hat, und keine von beiden behauptet, bei den Israelis irgendeinen Schaden angerichtet zu haben. Doch die Fatah verwandelte den Überfall in einen Propagandaerfolg. Noch immer begehen die Palästinenser an diesem Datum ihren nationalen Feiertag. Anders als Schukeiris unfähige PLA, so erklärt Abu Ijad, »entwickelte sich Fatah in eine Massenbewegung, indem sie den bewaffneten Kampf praktizierte.«[11])

Die arabische Welt reagierte sofort und zwar ungnädig. Niemand hatte je von einer Guerillagruppe namens »Asifa« gehört. Weit verbreitet war der Verdacht, hier handele es sich um ein Komplott, um die arabischen Frontstaaten in einem Augenblick in eine militärische Konfrontation mit Israel hineinzuziehen, in dem keiner von ihnen darauf vorbereitet war. Die arabische Welt hatte das Gefühl, irgendeine militante Gruppe hätte sich verschworen, um den arabischen Staaten einen Zeitplan für den Krieg zu diktieren. In Ägypten beschuldigten die von der Regierung kontrollierten Medien »Asifa«, ein Arm der militanten Moslembruderschaft zu sein, die Nasser zu stürzen versucht hatte. *Al-Anwar*, eine pronasseristische Zeitung in Beirut, klagte »Asifa« an, sie hätte den Überfall im Auftrag der CIA ausgeführt. Saudi-Arabien bezeichnete sie höhnisch als Agenten des internationalen Kommunismus.

Jordanien beschuldigte sie, panarabische Revolutionäre zu sein, die das haschemitische Königreich beseitigen wollten. Jordanien und Libanon verboten, aus Angst, daß enthusiastische Berichte Aufstände unter ihrer großen palästinensischen Bevölkerung auslösen könnten, jede Erwähnung von »Asifa« im Radio. Sogar das palästinensische Establishment, verkörpert durch Schukeiri, verurteilte »Asifa«: Es handele sich um einen Feind der palästinensischen Befreiungsbewegung. Auf Schukeiris Anordnung hin schickte Ali Amir, der ägyptische General und Stabschef des Vereinigten Arabischen Kommandos, offizielle Noten an alle arabischen Regierungen. Darin wurde der Befehl erteilt, »Asifa« zu vernichten, »um Israel keinen Vorwand für einen Angriff auf arabische Länder zu liefern«.

Syrien war das einzige Land, das weiterhin die Guerillaaktivitäten erlaubte. Ja, der Fatah-Anhänger Mohammed Naschaschibi, der erste Palästinenser, der die Hebräische Universität absolviert hat, sagt, Syrien hätte ihnen Munition, Gerät und Anlagen zur Verfügung gestellt. Naschaschibi erinnert sich: »Der ganze Golan war eine syrische Militärzone, und niemand durfte hindurch. »Asifa« aber war es erlaubt, hindurchzugehen und ihre Angriffe gegen Israel von Jordanien aus zu starten.«[12]) Als wir diese entscheidenden Jahre 1965/66 diskutieren, bestätigt Verteidigungsminister Mustafa Tlass, daß Syrien der Guerilla geholfen, ihr aber auch strenge Bedingungen auferlegt habe: »Wir sagten ihnen, wenn ihr eine Operation machen wollt, müssen wir davon unterrichtet sein. Wenn wir vorher benachrichtigt sind, können wir euch zu der Stelle bringen, wo die Operation stattfinden soll, und uns auf die mögliche Antwort vorbereiten.«

Tlass betont die Großzügigkeit der syrischen Unterstützung. Sein Land hätte den Palästinensern sogar erlaubt, vom syrischen Territorium aus zu operieren. Stolz entsinnt sich Tlass des ersten Überfalls von der syrischen Grenze aus im Januar 1966, der unter dem persönlichen Befehl des syrischen Offiziers Jusef Arabi stattgefunden habe. Im Zusammenwirken mit drei Fedajin hätte Arabi die Golangrenze in Richtung des israelischen Hula-Tals überschritten und Minen in der Nähe eines israelischen Kontrollpunktes gelegt. Als ein gepanzerter Mannschaftswagen auf die Mine fuhr, eröffneten die Palästinenser das Feuer. Das Fahrzeug wurde zerstört, und drei israelische Soldaten fanden den Tod.

Tlass sagt, Arafat hätte sofort den ganzen Erfolg für sich beansprucht. »Wir feiern diesen Tag nicht, weil es nichts Außerordentliches war. Aber Arafat versuchte, etwas Großartiges daraus zu machen. Er sagt, die Fatah hätte die erste Operation ausgeführt: Das ist die erste Kugel, und wir werden weitermachen. Arabi aber hat die erste Operation durchgeführt. Es war seine eigene militärische Abteilung, die sie ausgeführt hat. Er persönlich hat die Aktion durchgeführt«, erzählt uns Tlass.

Die Spannungen zwischen den von Syrien unterstützten Einheiten und Arafats Guerillagruppen nahmen zu, als Arafat immer kühner in seinen Versuchen wurde, die Angriffe gegen Israel fortzusetzen. Beide Seiten beschuldigten einander wütend. Arafat fing an, ohne vorherige syrische Zustimmung den Golan zu infiltrieren. Tlass berichtet weiter: »Wir [die Syrer] haben ihm leichte Waffen, Sprengstoff, Minen, Dynamit und Bomben zur Verfügung gestellt, und sie ließen manchmal einen Schäfer eine Mine legen und gaben ihm ungefähr 50 Pfund dafür.« Das machte Syrien noch wütender, sagt Tlass, weil »die Mine ein ziviles Auto in die Luft jagen oder ein Kind töten konnte. Es ist nicht unser Job, Zivilisten zu töten. Darum bestanden wir auf einer Koordination mit ihnen. Sie lehnten das aber immer ab.«

Im Februar 1966, einen Monat nach dem ersten von Syrien unterstützten Überfall, wurde Hafis al-Assad Verteidigungsminister. Eine seiner ersten Aufgaben war es, die konkurrierenden Guerillaführer wieder unter Kontrolle zu bringen. Assad mißtraute Arafats Absichten. Als er sich die Geheimakten ansah, entdeckte er, daß zwei Jahre zuvor ein Mann, der sich damals Abu Rauf nannte, verhaftet worden war, weil er im Kofferraum seines Volkswagens Dynamit vom Libanon nach Syrien hineinzuschmuggeln versucht hatte. Die Akten besagten, daß Arafat förmlich angeklagt worden war, »für subversive Zwecke« Sprengstoff nach Syrien hineinzubringen und daß man ihn offiziell einen »Staatsfeind« genannt hatte. Ein paar Monate darauf wurde der syrische Geheimdienst informiert, daß Arafat einen Sabotageakt auf die Hauptölpipeline von Syrien nach Libanon – die sogenannte Tapline – plante.[13]) Für Assad und die Syrer gab es in Arafats Vergangenheit vieles, was ihn in den Augen der säkularen, sozialistisch-revolutionär orientierten Baath-Politiker zu einem ideologischen Gegner stempelte.

»Von Anfang an war bekannt, daß Arafat aus Gaza kam, zur Moslembruderschaft gehörte und später mit den ägyptischen Behörden zusammengearbeitet hat«, erzählt uns Professor al-Khatib.[14]) Syrien hatte Geheimdienstberichte aus Kuwait über Arafats frühere Gefängnishaft in Ägypten bekommen, und es gab sogar Gerüchte, daß er immer noch zu einer geheimen Zelle der islamischen Fundamentalisten innerhalb der ägyptischen Armee gehörte.

Diese Verdächtigungen kamen nach dem Mord an Arabi am 5. Mai 1966 an die Oberfläche; die Umstände sind noch immer recht geheimnisvoll. Hussan al-Khatib behauptet, er hätte Arabi gekannt, und der junge Soldat »war wegen seiner Begeisterung für alle ein Problem. Für die, die die Verantwortung tragen und die ihre eigenen Prioritäten haben, war er kein bequemer Mann. Er sah nur Palästina und sonst nichts. Er wollte es leidenschaftlich und sofort.«

In verschiedenen syrischen Berichten heißt es, Arafat hätte versprochen, er würde Arabi zum Generalkommandanten von »Asifa« machen, aber er habe nicht wirklich die Absicht gehabt, es zu tun. »Er machte uns und den regierenden Baath-Persönlichkeiten alle möglichen Versprechungen«, sagt Scha'abi. Er selbst, so sagt er, habe die Versprechen nicht ernst genommen, Arabi schon. Der palästinensische Hauptmann fand, er habe sich diese Beförderung wegen der Schlüsselrolle, die er bei den ersten beiden Guerillaoperationen gespielt hatte, verdient.

Manche Syrer glauben, Arafat hätte sich Sorgen gemacht, daß er gezwungen sein würde, sein Versprechen einzuhalten. Deshalb habe er zwei bewaffnete Männer, Hikmet und Sahmud, geschickt, um Arabi zu töten. Andere Syrer behaupten, Arabi sei bei einer Guerillaoperation gegen Israel verwundet und zu einem Hospital in Kuneitra auf den Golan-Höhen gebracht worden. Omar al-Khatib, der stellvertretende Befehlshaber der PLO-Kräfte, bestätigt, daß Arabi bei einem militärischen Einsatz verwundet worden sei. Arabi habe zu dem Zeitpunkt eine Gruppe von vier Männern befehligt, die sich »Örtliche Führerschaft der West Bank« genannt habe. Bei dem Kampf im Dorf Nugeib (nahe Irbid) »umzingelte das israelische Militär das Dorf, und Arabi befand sich drinnen«, sagt Khatib. »Einige blieben, um gegen die Israelis zu kämpfen, während eine andere Gruppe hinauf zu den Höhlen ging, um sich dort zu verstecken. Als sie das Dorf verließen, kamen sie durch ein israelisches Feldlager. Ein kurzes Gefecht folgte, und auf beiden Seiten wurden mehrere verwundet.« Andere Syrer wiederum meinen, Arabi habe, bevor er gestorben sei, dem syrischen Kommandanten an dieser Front, General Abdel Ghani Ibrahim, gesagt, Arafat hätte ihn verraten und ihn erschießen lassen.

Arafat aber ist sicher, daß eigentlich er selbst zum Opfer ausersehen war. Er glaubt, daß die Syrer Arabi mit dem Auftrag in die Fatah-Organisation geschickt hatten, um deren Führung zu übernehmen. Nachdem der Plan gelungen war, sollte Ahmed Dschibril Befehlshaber und Jusef Arabi stellvertretender Kommandant von »Asifa« werden. Falls Arafat sich weigerte, war Arabi beauftragt, Arafat zu erschießen. Arabi organisierte ein Abendessen, bei dem das Komplott durchgeführt werden sollte. Der syrische Geheimdienst unterstützte Arabi dadurch, daß er ihm einen Bericht aushändigte, in dem Arafat beschuldigt wurde, illegal Waffen nach Syrien zu schmuggeln. Die Geheimdienstakte sollte dazu dienen, ihn zu erpressen. Khaled al-Hassan berichtet, es gebe Beweise, daß Syrien hinter dem Komplott steckte. Dschibril hätte nicht auf die Bekanntgabe des Todes von Arafat gewartet. Statt dessen hätte er in Hunderten von Exemplaren eine Erklärung verteilt, in der Fatah als Marionette Saudi-Arabiens verurteilt worden sei. Dschibril hätte verkündet, er werde Arafat bald ablösen und selbst Kommandeur aller Guerillakräfte werden.

Eine andere Version des Zwischenfalls lautet, Arabi hätte versucht, Dschibril und Arafat zu versöhnen. »Dschibril glaubte zu dem Zeitpunkt, als Fatah hier ankam, er hätte hinsichtlich seiner Organisation der Palästinenser schon Gewaltiges geleistet. Die Leute der PLF dachten, sie seien die Avantgarde, die Palästina befreien würde«, sagt Hussan al-Khatib. Die Version deutet an, daß weder Arafat noch Dschibril Arabis Einladung angenommen hätte, weil keiner dem anderen traute. Statt dessen schickten sie ihre Stellvertreter: Arafat schickte Hikmet und Dschibril Adnan. Als Hikmet einen Streit mit Arabi vom Zaun brach, erschoß er ihn, und Adnan erschoß Hikmet.

Zu guter Letzt gibt es auch eine israelische Version über das, was damals geschah. Aus israelischen Geheimdienstquellen verlautet, nachdem ein »Asifa«-Kommando einen israelischen Lastwagen mit einer Sprengladung versehen hätte, sei es zu einem »Showdown« zwischen Arafat und Assad gekommen. Die zivilen Insassen des Lastwagens waren getötet worden. Assad, wütend darüber, daß man seine Anordnungen mißachtet hatte, alle Operationen mit dem syrischen Generalstab zuvor abzusprechen, ordnete ein Ende aller Aktivitäten »Asifas« an und ließ Arafat einsperren. Arabi informierte die Fatah-Zellen, Arafat sei ausgeschlossen, und er, Arabi, übernehme das Kommando. Noch bevor Arafat aus dem Gefängnis heraus war, fanden seine »Asifa«-Kohorten Arabi im Flüchtlingslager von Jarmuk und ermordeten ihn.[15])

Wie auch immer die Wahrheit aussehen mag, die syrischen Führer beschuldigen Arafat noch heute des Mordes an Arabi. Hafis al-Assad ließ Arafat fünfundfünfzig Tage später frei, aber erst, nachdem die Arabische Liga seinetwegen interveniert hatte. Mustafa Tlass erzählt uns, die Freilassung sei unter der Bedingung vereinbart worden, daß Arafat aus der Fatah ausgestoßen würde und Syrien verlassen müßte.

Die Arabi-Affäre vergiftete die Beziehungen zwischen der Fatah und dem Baath-Regime. Der gegenseitige Antagonismus verstärkte sich, nachdem zunächst Arafat 1969 zum Vorsitzenden der PLO gewählt worden war und anschließend Assad 1970 Präsident von Syrien wurde. Obgleich die beiden in späteren Jahren gelegentlich ihren persönlichen Haß überwanden, um zusammenzuarbeiten, erwiesen sich ihre ideologischen Differenzen doch als zu gravierend, als daß sie sich hätte einigen können. Ihre Ziele und Bestrebungen sind entgegengesetzt. Die von Arafat geführte Palästinensische Befreiungsorganisation träumt von einer Rückkehr in ihre Heimat in Palästina. Hafis al-Assads Baath-Partei träumt von der Wiedergeburt einer arabischen Nation, der Nation von Groß-Syrien, in der Palästina nur eine kleine Provinz im Süden wäre.

Von ihrem revolutionären Eifer abgesehen, hatten die Baathisten in den sechziger Jahren wenig mit den Palästinensern gemein. Die Herrscher Syriens waren Marxisten und predigten einen atheistischen Sozialismus und arabischen Nationalismus. In der Ideologie von Fatah war kein Platz für Kommunismus oder Klassenkampf, und von Unterdrückung der Massen, sozialer Gleichheit oder Panarabismus war keine Rede. Im Gegenteil, Arafat erhielt den größten Teil seiner Unterstützung aus den ölreichen, antikommunistischen Scheichtümern am Persischen Golf. Statt von panarabischem Sozialismus zu sprechen, sprach er immer nur von Palästina. Wie Dschamil Hilel, ein PLO-Sprecher, sagt, wollten die Syrer »die Zahl der arabischen Staaten verringern – nicht noch einen schaffen. In ihrer panarabischen Ideologie war kein Platz für einen palästinensischen Staat. Sie meinten, Palästina solle frei von israelischer Besatzung sein und an Syrien oder Jordanien zurückgegeben werden.«[16])

Arafat wollte sein Heimatland zurückhaben. Assad hingegen meinte, er hätte den Schlüssel für ein »Groß-Syrien«, das ein geostrategisches

Herz einer vereinten arabischen Nation bilden und das militärische Kraftzentrum für einen koordinierten Angriff gegen Israel sein könnte. Gegen Ende der sechziger Jahre sollten Arafats und Assads Visionen miteinander kollidieren. Arafat meinte, es bliebe nicht viel Zeit: Die wachsende Zahl der Juden, die nach Israel einwanderten, und die israelische Entwicklung von Nuklearwaffen würden den Traum von einer Rückkehr nach Palästina für immer zunichte machen. Die Fatah kam zu dem Ergebnis, der schlafende arabische Riese müsse aufgeweckt und in einen Krieg gegen Israel getrieben werden. Assad aber wollte keinen Krieg, bevor er nicht das Gefühl hatte, stark genug zu sein, um ihn auch gewinnen zu können. Er war für den bewaffneten palästinensischen Kampf, aber er sah ihn als einen Ersatz für einen konventionellen Krieg gegen Israel und nicht als dessen Vorspiel an.

Anfang Juli 1966 verließ der vorübergehend aus der Fatah ausgeschlossene Arafat, der keine Waffe mehr tragen durfte, das Gefängnis von Messeh und bemühte sich, mit einer saudiarabischen Maschine nach Riad zu fliegen. Doch bevor er den Flughafen erreichte, erhielt er einen Telefonanruf von Ahmed Sweidani, dem Chef des militärischen Geheimdienstes. Sweidani war der Syrer, der Assad überredet hatte, Arafat zu entlassen. Überraschenderweise bat er Arafat, in Damaskus zu bleiben, und versprach ihm Hilfe beim Wiederaufbau der Fatah. Sweidani sagte, er würde ihm 200 Kalaschnikow-Gewehre und 100 000 Pfund (etwa 300 000 US-Dollar) zur Verfügung stellen. Der Chef des Geheimdienstes verfolgte zwar seine eigenen Absichten dabei, aber trotzdem war es ein Angebot, das Arafat nicht ablehnen konnte.

»Sweidani haßte die PLF«, sagt Scha'abi. »Nachdem Sweidani sich mit Arafat in Verbindung gesetzt hatte, war klar, daß er über Möglichkeiten verfügte, die uns nicht zur Verfügung standen. Wir wußten, daß eine Vereinigung nun nicht mehr möglich war – Fatah war auf Hegemonie und eine Manipulation der anderen Gruppen aus.«

Während Arafats Haft hielt Sweidani die Hoffnungen der anderen Fatah-Führer am Leben. Die militärische Kommandantin, die den Platz des inhaftierten Fatah-Führers eingenommen hatte, war Um Dschihad. Sie erzählt uns, Sweidani hätte ihnen das Leben gerettet. Sweidani, so sagt sie, hätte die Waffen beschafft, damit die Angriffe von »Asifa« fortgesetzt werden konnten. Nachdem Arafat und ihr Mann, Abu Dschihad, inhaftiert worden waren, hätte sie gedacht, sie würde sie nie wiedersehen. Ein syrischer Beamter hätte ihr erklärt: »Sie sind entschlossen, Arafat für schuldig zu erklären, und sie werden es als ein solches Verbrechen bezeichnen, daß sie ihn hängen können.«[17]) Ihr Mann gehörte zu den ersten, die freigelassen wurden. Mehrere Monate später, Anfang Juli 1966, als Arafat plötzlich vor ihrer Haustür stand, glaubte sie, ihren Augen nicht trauen zu können. »Ich kann mich noch immer an den Augenblick erinnern. Er war sehr glücklich, und ich habe geweint. Er nahm meine Hand und küßte sie.«[18])

Die Überfälle der Fatah wurden fortgesetzt. Zwischen 1965 und März 1967 führten die Fedajin insgesamt über 200 Operationen aus. Am 7. April 1967 entschloß sich Israel, endlich zurückzuschlagen. Der jüdische Staat schickte seine Luftwaffe nach Syrien, um für das Artilleriefeuer auf einen Kibbuz am See Genezareth Vergeltung zu üben. Sechs syrische MIG-21 wurden abgeschossen. Israelische Bomber flogen nach Damaskus. Die Botschaft war klar: Syrien konnte nicht länger der palästinensischen Guerilla Zuflucht gewähren, ohne sich massiven israelischen Schlägen auszusetzen. Verteidigungsminister Mustafa Tlass geht so weit anzudeuten, daß es vielleicht sogar ein geheimes Einverständnis zwischen Israel und der Fatah gegeben habe, die Araber in den Junikrieg hineinzuziehen: »Vielleicht gab es einen israelischen Plan, in dem die Fatah auch eine Rolle spielte. Israel wollte sowieso angreifen, und die Fatah lieferte den Vorwand.«

12

Nasser, Habasch und Hawatmeh

George Habasch bewegt sich langsam in das Hotelzimmer hinein. Aufgrund des Kunstfehlers eines ostdeutschen Chirurgen ist er seit einigen Jahren teilweise rechtsseitig gelähmt. Sein einst hübsches Gesicht ist allerdings immer noch voller Kraft. Die dicken schwarzen Augenbrauen und der Schnauzbart heben sich von seinem kurzgeschnittenen grauen Haar ab. Der achtundsechzigjährige ehemalige Arzt sieht kaum wie ein Terrorist aus. Die Tasche seines hellblauen Hemdes ziert ein Designeremblem, seine Hosen haben akkurate Bügelfalten. Er ist verheiratet, Vater zweier Töchter, trägt einen goldenen Ehering und an seiner gesunden, linken Hand eine Armbanduhr aus rostfreiem Stahl. Der Mann, der die spektakulärsten internationalen Flugzeugentführungen und Geiselnahmen organisiert hat, beugt sich vorsichtig herab, um auf der Couch Platz zu nehmen. Er reicht uns die rechte Hand zum Gruß, versucht sie zu schütteln, obwohl er sie kaum bewegen kann, und gibt dann seinen Leibwächtern einen Wink, den Raum zu verlassen. Habasch gegenüber auf einer Kommode liegt der detaillierte Grundriß einer israelischen Haftanstalt, ein Zeichen, daß der verkrüppelte Revolutionär möglicherweise neue Operationen in Israel plant.

George Habasch ist 1925 in Palästina in der Stadt Lydda geboren, die die Israelis jetzt Lod nennen. Als Sohn eines griechischen Weizenhändlers wuchs er in Jerusalem auf – ein Christ zwischen Moslems und Juden, die einander in den Haaren lagen. Die bitteren Auseinandersetzungen, die er miterlebt hat, und der Krieg, der dann folgte, waren nach seiner Auffassung die Schuld der Briten, der Imperialisten, die ihn eingesperrt und sein Land verhökert haben. Palästina ist seine große Liebe, und dafür hat er immer gekämpft.

Als Student glaubte er an die marxistische Ideologie, aber bevor er ein praktizierender Revolutionär wurde, studierte er Medizin an der Amerikanischen

Universität in Beirut. Später hat er die armen Palästinenser in den Flüchtlingslagern unentgeltlich behandelt. Er fing bereits während seines Medizinstudiums an, politisch zu arbeiten, gründete eine Gruppe, die Association of Young Arab Men (Vereinigung junger arabischer Männer) hieß und gegen den britischen Imperialismus im Nahen Osten protestierte. Bei einer Demonstration gegen den Bagdad-Pakt, der die britischen Stützpunkte sichern und dem sowjetischen Einfluß entgegentreten sollte, wurden dreißig Studenten verletzt.

Die von der Amerikanischen Universität verwiesenen Männer nahm der sozialistische ägyptische Führer Gamal Abdel Nasser gern in seiner Kairoer Universität auf. Nasser war ein Vorbild der rebellierenden Studenten. Er hatte eine Revolution angeführt und die Briten 1952 aus Ägypten hinausgeworfen. Ein Jahr nach ihrer Ankunft in Kairo hielt die Association of Young Arab Men ihren ersten Kongreß ab und änderte ihren Namen in Arab National Movement – Arabische Nationalbewegung – um. George Habasch blieb ihr Führer. Als sie in den ägyptischen Universitäten um Mitglieder warben, kreuzten sich ihre Wege immer wieder mit der General Union of Palestinian Students (GUPS), dem von Jassir Arafat geführten Allgemeinen Verband Palästinensischer Studenten. Der Konkurrenzkampf zwischen den beiden Männern begann in den Hallen der Kairoer Universität und dauert bis heute an.

An diesem Augusttag ist Habasch aus seinem Hauptquartier in Damaskus nach Tunis ins Hilton Hotel gekommen, und eine Leibwächterschar hat ihn begleitet. Habasch, Rivale Arafats, ist gleichwohl ebenfalls ein Assad-Gegner. Dennoch hat er sein Lager in Syrien aufgeschlagen, denn er braucht den Schutz des Regimes und einen Ort, wo er seine Kämpfer trainieren kann. Seine Basis in Damaskus ist allerdings eine etwas peinliche Angelegenheit. Seine PFLP gilt vielen Palästinensern als eine legitime Alternative zur Fatah. Aber ihren Interessen ist es nicht gerade förderlich, daß sie in Syrien zusammen mit Ahmed Dschibrils PFLP-Generalkommando, der as-Saika, der Popular Struggle Front (PSF) und anderen vollkommen von der Regierung in Damaskus finanziell abhängigen und kontrollierten Randgruppen residiert. Nicht zuletzt aus diesem Grund hat sich Habasch vor einiger Zeit dem irakischen Führer Saddam Hussein angenähert.

Hunderte von Fatah-Anhängern sind in die Stadt gekommen. Es sind noch mehrere Wochen, bis die Fatah im Herbst 1989 ihren ersten Kongreß nach beinahe zwanzig Jahren abhalten wird, um eine neue Führung zu wählen. Habasch ist hier, um sie zu überzeugen, daß sie Arafat abwählen müssen. Die Friedensinitiative des PLO-Vorsitzenden von 1988 hat den Palästinensern bis heute nichts Greifbares eingebracht. In dem Hotelzimmer spricht der alternde Marxist mit uns über Arafat, und er kritisiert seine bürgerliche Lebensweise. Trotz seiner Gebrechen hat sich Habasch seinen ganzen revolutionären Eifer bewahrt. Das

Modell für die Befreiung Palästinas sollte der vietnamesische Befreiungskampf sein, sagt er. Das Problem mit »Bruder Arafat« ist, erklärt er herablassend, daß Arafat »pragmatischer ist als nötig«.[1])

Seit 1973, erläutert Habasch, als Arafat anfing, mit Ägyptens Anwar el-Sadat zu kooperieren, hat der Fatah-Führer – darum bemüht, einen Staat für die Palästinenser zu bekommen – ständig seine politische Position verändert. »Sie können die Massen nicht mobilisieren, wenn Sie andauernd Ihre Haltung ändern«, sagt Habasch. Statt den in alle Welt verstreut lebenden Palästinensern zu versprechen, in zwei oder drei Jahren bekämen sie mit seiner Strategie einen Staat, hätte Arafat ihnen sagen sollen: »Wenn ihr einen Staat wollt, dann werdet ihr dafür kämpfen, kämpfen und immer weiter kämpfen müssen.« Habasch stellt fest, daß Arafats Linie zum Scheitern verurteilt sei: Wenn man Israel nicht militärisch konfrontiere, meint er, werde die jüdische Nation niemals einen Grund sehen, das Recht der Palästinenser auf Bildung eines eigenen Staates anzuerkennen. Arafat, sagt er, gebe sich einem »Wunschdenken« hin.

Habasch bezweifelt, daß die gegenwärtige PLO-Strategie erfolgreicher als frühere diplomatische Lösungen sein wird. Also unterstützt er Arafat nicht. Er hat die Versammlung des Palästinensischen Nationalrats in Algier 1988 nicht unter Protest verlassen, obwohl der Nationalrat die PLO förmlich auf eine Zwei-Staaten-Lösung festgelegt hat. Aber er ist persönlich weit davon entfernt, ein Existenzrecht Israels zu akzeptieren. »Wenn Israel wenigstens andeutungsweise Bereitschaft zeigt, sich mit der PLO zusammen an einen Tisch zu setzen, dann können Sie diese Frage stellen«, sagt er bitter. »Wir sind nicht bereit, darüber zu reden, solange Israel die PLO und unsere Rechte nicht anerkennt. Gegenwärtig reden Scharon und auch Schamir von ganz Palästina. Machen Sie mir keinen Vorwurf, wenn meine Antwort ist, daß ganz Palästina mein Land ist. Ich lebe seit vierzig Jahren so.«

Noch heute verteidigt Habasch die PFLP-Taktik, die er vor fast einem Vierteljahrhundert entwickelt hat. »Wir sind keine Terroristen«, sagt er. »Wir sind Freiheitskämpfer.« Im Augenblick, so erklärt er, »konzentrieren wir all unsere Kräfte auf die Intifada und den Kampf innerhalb Palästinas. Die Intifada ist unser Juwel.« Als wir ihn fragen, ob er noch einmal zu einem solchen Mittel wie Flugzeugentführungen greifen würde, mit denen er sich in den siebziger Jahren »einen Namen« gemacht hat, erwidert George Habasch: »Wenn die Israelis uns mehr als nötig unter Druck setzen, wird das das einzige Mittel sein, um der Welt zu zeigen, daß wir immer noch da sind und nicht aufhören werden, für unsere Rechte zu kämpfen.« Er schweigt einen Augenblick lang, denkt nach, wie falsch man seine Worte auslegen wird, und fügt dann hinzu: »Wir werden alles tun, das uns der Anerkennung unseres Ziels näherbringt.«

Vor dem Junikrieg von 1967 war Jassir Arafat einer unter vielen. Nach den sechs Tagen wurde er der Hauptdarsteller. Arafat und Abu Ijad befanden sich am 9. Juni 1967 in Damaskus, als sie Gamal Abdel Nassers unerwartete Erklärung im Radio hörten: Der ägyptische Präsident hatte sich nach dem arabischen Debakel zum Rücktritt entschlossen. »Es war, als hätten wir eine doppelte, eine militärische und eine politische Niederlage erlitten – eine politische, weil für uns trotz allem Nassers Sturz das Ende aller Hoffnung war«, erklärt Abu Ijad.[2]) Für Mohammed Heikal, einen engen Vertrauten Nassers, ist es ein Alptraum gewesen, den er nicht vergessen hat. Ägypten war wehrlos: gedemütigt im Krieg mit Israel, seines heroischen Führers entblößt, seine Heere so gründlich geschlagen, daß sie den Suezkanal nicht zu halten vermochten. »Niemand konnte sich mehr den Luxus leisten, großartige Träume zu träumen«, beschreibt Heikal die damalige Situation.[3]) In der ganzen arabischen Welt herrschte Verzweiflung. Ein paar Tage später erklärte Nasser, er werde auf seinem Posten bleiben, nachdem das Volk ihn mit seinen Protesten dazu gedrängt hatte.

Am 11. Juni 1967 trafen sich Arafat und George Habasch zum erstenmal. Sie aßen im Abu-Kamal-Restaurant in Damaskus zu Mittag, wo »wir darüber sprachen, eine breite Front zu schmieden, um eine neue Phase des Kampfes zu beginnen, die erfolgreicher als die Nasser-Ära sein würde«, erinnert sich Habasch. Der marxistische Revolutionär erklärte Arafat: »Vielleicht sind die arabischen Armeen besiegt, aber das palästinensische und arabische Volk sind es mit Sicherheit nicht.« Habasch sagte ihm, bevor ein erfolgreicher Krieg gegen Israel stattfinden könne, müsse ihnen zuerst Jordanien gehören. »Die reaktionären arabischen Regimes können die palästinensische Revolution nicht akzeptieren, weil sie ihren Interessen zuwider ist. Wenn Israel und die Vereinigten Staaten sie unter Druck setzen, sich die palästinensische Guerilla vom Hals zu schaffen, dann werden uns diese arabischen Regimes bekämpfen«, prophezeite er. »Darum kann man Israel nicht einfach den Krieg erklären und Jordanien außer acht lassen.« Arafat widersprach ihm, aber Habasch ließ sich dadurch nicht beirren. »Also gut, du sagst, du hast nichts mit Jordanien zu tun. Aber Jordanien hat etwas mit dir zu tun.« Arafat dachte, Jordanien ließe sich neutralisieren, und die Palästinenser könnten von dort aus ihren Krieg führen. Nein, sagte Habasch, zuerst müßten Hussein und sein haschemitisches Königreich aus dem Weg.

Habaschs Ansicht nach konnten sie Jordanien als Basis für einen Angriff nicht nur gegen Israel, sondern auch gegen dessen Geldgeber, die Vereinigten Staaten, benutzen. Israel, so führte er aus, war nur das Werkzeug, mit dem die kapitalistischen Kriegstreiber Amerikas strategische Position im Nahen Osten zu sichern und zu festigen suchten. »Wir wußten, daß wir gegen Israel kämpften, aber wir waren nicht bereit zu sagen, daß unser Kampf sich nur gegen Israel richtete«, sagt Habasch heute. »Sie wollten Israel als Instrument gegen die Araber einsetzen und ihren Krieg mittels der Juden führen.« Es sollte nicht lange dauern, bis Habasch dafür sorgte, daß auch Amerikaner Opfer eines besonderen Zweigs des Freischärlerkampfes wurden.

Am Tag nach ihrem Mittagessen organisierten Arafat und Abu Ijad rasch eine Konferenz, in der sie den Plan ihres neuen nationalen Befreiungskrieges entwarfen. Anordnungen wurden getroffen: Die von den Arabern auf dem Schlachtfeld oder in den Depots zurückgelassenen Waffen sollten eingesammelt werden. Eine Liste internationaler Waffenhändler wurde angelegt. Khaled al-Hassan und Abu Mazzen wurden nach Saudi-Arabien und in die Golfstaaten gesandt, um dort Geld aufzutreiben – es gab viel zu tun. Entlang des Jordans und im südlichen Libanon galt es, Kommandobasen anzulegen. Kämpfer, unter ihnen Arafat selbst, wurden beauftragt, in die nun vom Feind besetzte West Bank und nach Gaza zu gehen und dort im Untergrund das Netzwerk aus Guerillazellen neu aufzubauen. Delegationen reisten nach Ägypten, Syrien, in den Irak und nach Algerien, baten um Waffen und Anleitung, um den bewaffneten Kampf neu zu organisieren. Nur Algerien und Ägypten kamen den Abgesandten entgegen. Der irakische Präsident Abdel Rahman Aref wollte sich auf nichts festlegen. Der syrische Präsident Nureddin al-Atassi warnte nachdrücklich davor, innerhalb der besetzten Gebiete neue Angriffe zu starten: »Sie werden verlieren und uns alle mit in die Katastrophe hineinreißen«, sagte er zu Abu Ijad. »Geben Sie uns Zeit zum Atemholen.«

Arafat hörte nicht auf die Ratschläge der arabischen Herrscher und versuchte, in der West Bank und in Gaza einen Volksaufstand zu schüren. Nach ein paar Monaten aber war klar, daß das nicht gelingen würde. Die israelischen Sicherheitsbehörden hatten Hunderte von Zellen ausgehoben, mehr als 1000 Palästinenser eingekerkert und die Häuser unzähliger Helfershelfer der Guerilla dem Erdboden gleichgemacht. Arafat fand wenig Unterstützung: Weder Jordanien noch Syrien waren darauf aus, die israelische Kriegsmaschine schon wieder zu entfesseln. Die Regeln für die Aktivitäten der Fedajin, die in Amman und Damaskus galten, waren strenger denn je. Arafat wandte sich an Ägypten, aber auch dort zeigte man sich von seinen Absichten wenig begeistert.

Als Khaled al-Hassan im Herbst 1967 nach Kairo kam, um mit Nasser zu konferieren, stieß er weder bei dem ägyptischen Führer noch bei dessen Beratern auf großes Interesse. Die ägyptischen Geheimdienste informierten Nasser, daß die Fatah Beziehungen zur Moslembruderschaft unterhielt, die den ägyptischen Führer zu ermorden versucht hatte. Außerdem, so warnten sie ihn, befand sich das Hauptquartier der Fatah in Damaskus. »Das syrische Regime bestand damals aus einigen Linksradikalen, die verrückte Ideen über einen Volkskrieg vertraten«, sagt Heikal, der damals Chef des Ägyptischen Informationsbüros war.

Er erinnert sich, daß Habasch den ägyptischen Führer bei einer Begegnung zwei Jahre zuvor vor Arafat gewarnt hatte. Nasser erfuhr von ihm, es gäbe da »ein paar hauptsächlich in Kuwait sitzende junge Elemente, die den palästinensischen Kampf in das besetzte Gebiet tragen wollten«, sagt Heikal. Nasser riet ihnen zu warten und schrieb eine Nachricht auf den Rand eines Papiers, das Habasch mitgebracht hatte. Er wollte unbedingt, daß Arafat diese Mitteilung bekam. Sie lautete: »Es ist jetzt nicht die richtige Zeit für eine Eskalation in Israel, weil das ernste Folgen haben kann.« Nasser erklärte dann noch, sobald Ägypten sein Expeditionsheer von 40 000 Mann aus Aden im Südjemen zurückgezogen habe, »werden wir bereit sein, die Verantwortung für die Eskalation auf uns zu nehmen«. Die ägyptische Niederlage im Juni 1967 veränderte das Klima. »Wir sahen zu Arafat als unserem Retter auf«, gibt Heikal zu und sagt dann: »Vielleicht hat die Verzweiflung Nasser veranlaßt, ihn zu empfangen.« Nach einigen weiteren Versuchen, vorgelassen zu werden, bekam Khaled al-Hassan schließlich im Oktober 1967 eine Zusage von Heikal, daß er ihn empfangen würde. Nach dieser Begegnung kehrte Hassan nach Damaskus zurück. Ein paar Wochen darauf war er wieder, diesmal mit Faruk Kaddumi und Abu Ijad, in Kairo.

Sie kamen mit dem Ziel, Heikal um Unterstützung für ihren bewaffneten Kampf zu bitten. Heikal war dem früheren Moslembruder Abu Ijad gegenüber jedoch mißtrauisch, und von Jassir Arafat hatte er noch kaum etwas gehört. Heikal war das Gegenteil eines palästinensischen Freischärlers: Er trug elegante Maßanzüge, hatte eine dicke Zigarre im Mund und behandelte die Bittsteller herablassend. »Dieser Mann«, sagte sich Abu Ijad, »vermag überhaupt kein Mitgefühl für die palästinensische Sache aufzubringen.« Von Heikals demonstrativer Gleichgültigkeit enttäuscht, verlangten sie, einen verantwortungsbewußten Beamten zu sprechen, und beklagten sich, man hätte sie voreilig als Moslembrüder und Werkzeuge des syrischen Regimes abgestempelt. Während die Waffen der arabischen Armeen schwiegen, wären ihre Freischärler aktiv. Die Fatah hätte angeordnet, daß kein einziger Tag vergehen dürfe, ohne daß in der West Bank und Gaza ein Schuß gegen die Israelis abgefeuert würde. »Also gut, holt diesen Mann, holt Arafat. Wir werden sehen«, ließ sich Heikal schließlich erweichen.

Arafat kam Anfang November von der West Bank, trug sein Arzt-Kostüm, ein Hemd mit offenem Kragen und einen weißen Sportmantel. Heikal sagte den drei Palästinensern – Arafat, Faruk Kaddumi und Abu Ijad –, er hätte für sie eine Unterredung mit einer hochrangigen Persönlichkeit vereinbart, wollte ihnen aber nicht sagen, um wen es sich handelte. Nasser war mißtrauisch, als er hörte, daß die drei sich in Kairo aufhielten, und rief Heikal an. »Ich habe einen Bericht vor mir über Ihre Freunde«, sagte Nasser, »darin heißt es, sie planen meine Ermordung.«[4]) Heikal sagte, er solle den Bericht nicht beachten. »Unsere Geheimdienste (Mokhabarat) beziehen ihre Informationen manchmal vom Mann vor dem Drugstore an der Ecke«, witzelte er.

Am nächsten Tag fuhren die vier zusammen in Heikals Wagen los. Die Palästinenser dachten, der Generalsekretär der Arabischen Sozialistischen Union, der einzigen politischen Partei Ägyptens, Ali Sabri, wolle sie empfangen. »Sind Sie bewaffnet?« fragte Heikal sie und sah Arafat an, der jetzt in seine Khakiuniform gekleidet war. Die Männer sagten »nein«, aber Heikal hatte etwas unter Arafats Jacke gesehen. Er wiederholte seine Frage. Wieder sagten sie »nein«. Der Wagen bog nun in Richtung Heliopolis ab und fuhr in Richtung Manchijat a-Bakri, eines Gebäudekomplexes, der zum Präsidentenpalast gehörte. »Sie dachten, sie würden mit dem Stabschef reden«, erinnert sich Heikal. »Dann fuhren wir rechts herum und landeten in der Auffahrt vor Nassers Haus.« Als sie hineingingen, sah einer von Nassers Sicherheitsbeamten Arafats Waffengurt unter der Jacke hervorragen. Er gab Heikal einen Wink, der Arafat bat, seine Revolvertasche zu öffnen. Arafat nahm seinen Revolver heraus und legte ihn sanft auf den Tisch in der Halle.

Die Guerilleros gingen in das Wohnzimmer, um Nasser zu begrüßen. Der ägyptische Präsident fragte sie sofort über Fatahs Verhältnis zu Syrien und ihre früheren Beziehungen zum ägyptischen Untergrund aus. »Stimmt es, daß viele Fatah-Mitglieder Moslembrüder gewesen sind?« fragte Nasser. Arafat erwiderte, er sei in Kairo aufgewachsen, habe in Kairo studiert, gegen die Briten gekämpft, um sie aus Port Said hinauszuwerfen, und habe das Gefühl, praktisch ein ägyptischer Bürger zu sein. 1956 sei er nach Kuwait gegangen. Dort habe er viel Geld verdient, aber das Gefühl gehabt, Palästina gegenüber verpflichtet zu sein. Von Kuwait, erzählte Arafat ihm, sei er nach Syrien gegangen, wo die Behörden ihn und seine Kollegen drangsaliert hätten. Arafat brüstete sich, nun kontrollierten sie in der West Bank und Gaza ein Netz aus Untergrundzellen. Der Fatah-Führer sprach auch von den Waffen, die sie sich beschafft hätten, und lobte die Vorteile der Panzerfäuste, deren die Gruppe sich jetzt bediene.

Die Begegnung zog sich über zwei Stunden hin, und Nasser war beeindruckt. »Ich vertraue den Versicherungen, die Sie mir hinsichtlich Ihrer Absichten gegeben haben«, sagte er ihnen. Er sei zufrieden, daß sie nicht im Dienste irgendeines arabischen Regimes ständen und sich nur der palästinensischen Sache geweiht hätten. »Ich bin bereit zu helfen«, sagte Nasser, »vorausgesetzt, daß der Lärm der Geschütze und Gewehre jeden Tag in den besetzten Gebieten zu hören ist, damit die Flamme des palästinensischen Widerstandes nicht erlöscht.« Heikal erhielt den Auftrag, die politische Koordination zu übernehmen. Nasser schlug vor, sie sollten mit General Sadek, dem Chef des ägyptischen Geheimdienstes, sprechen und ihm eine Liste mit all dem geben, was sie an militärischer Ausrüstung brauchten. Bevor sie aufstanden und gingen, ermahnte Nasser sie, sie sollten ihr Gift nicht gegen benachbarte arabische Regimes richten. Der ägyptische Präsident riet den drei Guerillaführern, ihren Befreiungskampf – »ganz und gar« – auf die West Bank und Gaza zu beschränken.

Während Nasser noch sprach, arbeitete George Habasch bereits an der Schaffung einer marxistischen Guerillaorganisation mit weit ehrgeizigeren Zielen. Seine PFLP sollte nicht nur die Israelis in der West Bank, sondern Israelis und Amerikaner überall zur Zielscheibe machen.

In den folgenden Monaten versuchte Arafat Nassers Rat zu befolgen und den Kampf auf die Befreiung Palästinas zu beschränken. Das brachte ihn aber zunehmend in einen Gegensatz zu Habaschs PFLP, die im Dezember 1967 entstand, als sich seine beiden panarabischen Guerillafraktionen – »Die Helden der Rückkehr« und »Jugend der Rache« – mit Ahmed Dschibrils Palästinensischer Befreiungsfront (PLF) vereinigten. Die PFLP versuchte zuerst, die Fatah in diesen Bund mit aufzunehmen. Abu Ijad wohnte der ersten Sitzung der neuen Organisation bei, boykottierte aber die Zeremonie, in der das Vereinigungsdekret von Habasch und Dschibril unterzeichnet wurde.

Inzwischen nahm Arafats Popularität zu. Die dramatische Schlacht bei Karameh im März 1968 bewies, daß es Palästinenser gab, die bereit waren, für ihre Sache zu kämpfen und zu sterben. Infolge dessen meldeten sich Tausende von Freiwilligen, die Fatahs neue Fedajin werden wollten. Die Kluft gegenüber der PFLP weitete sich: Arafat behauptete, Habaschs Kräfte seien während der Schlacht von Karameh nirgendwo zu finden gewesen. Habasch konterte, die Fatah hätte der jordanischen Armee den »Sieg« gestohlen.

Auch ideologisch entfernten sie sich immer weiter voneinander. Habasch meinte, Palästina könne nur befreit werden, nachdem sich die Massen gegen die Regimes der Frontstaaten erhoben und sie durch marxistische Diktaturen ersetzt hätten. Für Habasch mußte die Revolution damit beginnen, daß man eine Konfrontation provozierte, um König Hussein zu stürzen. Nicht die Fatah mit ihrem piratenhaft entwendeten, angeblichen Sieg bei Karameh hätte den ersten Schlag geführt, um Palästina zu befreien, so behauptete er, sondern seine PFLP. Habaschs in dem Flüchtlingslager al-Wahdat in Amman sitzende Kämpfer hatten gegen jordanische Truppen gekämpft und ihnen schwere Verluste zugefügt, als diese die PFLP zu entwaffnen versucht hatten. »Fatah hat nicht gekämpft. Wir haben gekämpft, und weil die jordanische Armee so schwach war, haben wir die Schlacht gewonnen«, erinnert sich Habasch heute, im Sommer 1989. Arafat war auch der Meinung, der Guerillakrieg müsse eskalieren, aber er wollte keine arabischen Regimes stürzen. Stattdessen suchte er ihre Unterstützung und wußte, daß er, um sein Ziel zu erreichen, auch mit Habaschs Erzfeinden, den Vereinigten Staaten, würde verhandeln müssen.

Es gab nicht nur den Konflikt zwischen der Fatah und der PFLP. Die Spannungen nahmen auch gegenüber as-Saika zu. Das war – und ist – eine dritte, ausschließlich von der syrischen Baath-Partei kontrollierte Gruppe, deren Fedajin zu Beginn des Befreiungskampfes mit den »Asifa«-Freischärlern kämpften. Der as-Saika-Führer Sami Kandil, ein früherer Führer der GUPS (General Union of Palestinian Students), sagt, Arafat habe von der Zwietracht profitiert und sie bewußt gefördert. »Sein Motto war ›teile und herrsche‹«, erinnert sich Kandil. »Er hat sich aller ihm zur Verfügung stehenden Mittel bedient, um die Studentenführer gegeneinander aufzustacheln. Fraktionen, die sich ihm widersetzten, versuchte er auszuschließen. Wenn das nicht funktionierte, zettelte er Streitigkeiten zwischen ihnen an. Arafat hat dadurch überlebt, daß er die Widersprüche der arabischen Regimes für eigene Zwecke ausgenutzt hat.«[5])

Das Gezänk zwischen den Gruppen machte dem syrischen Stabschef Mustafa Tlass Sorgen. Er fürchtete, daß der Konkurrenzkampf zwischen den drei Gruppen Syrien in einen weiteren Krieg gegen Israel hineinziehen könnte. Die Anzahl der Freischärlerangriffe vom jordanischen Territorium aus hatte sich auf zweiundfünfzig pro Monat erhöht und damit vervierfacht. Syrien, das für die Ausbildung der 6000 in Damaskus untergebrachten palästinensischen Kämpfer bezahlte, wollte sie alle unter sein Oberkommando stellen. »Allein der Sold der Offiziere und Mannschaften kostete die Baath-Partei 300 000 US-Dollar im Monat. Wir gaben ihnen kostenlos Waffen«, sagt Tlass.[6]) Er arbeitete Tag und Nacht, um ihre Differenzen zu glätten.

Im Frühjahr 1968 »versuchte ich vier Monate hintereinander, die palästinensischen Fraktionen zu vereinen«, berichtet Tlass. Die Treffen begannen bei Einbruch der Dämmerung und zogen sich bis weit nach Mitternacht hin. »Alle Führer waren in meinem Büro versammelt. Ich hatte den Kern des Widerstandes: Jassir Arafat, George Habasch und Ahmed Dschibril«, erinnert er sich. »Sie sollen sich einigen – sogar gegen uns –, aber sie sollen sich einigen«, so habe er es damals empfunden. Der syrische Kommandant behauptet, daß Arafat nie vorgehabt hätte, mit irgend jemandem zusammenzuarbeiten. »Er wollte nicht auf den Rat von Assad, Gamal Abdel Nasser, Houari Boumédienne oder König Faisal hören. Er arbeitete unabhängig.«

Tlass' Anschuldigungen zum Trotz begann Arafats Zusammenarbeit mit einigen arabischen Regimes aber doch, Ergebnisse zu zeitigen. Im Sommer 1968 nahm Nasser Arafat zu einem offiziellen Staatsbesuch in die Sowjetunion mit. Arafat bekam einen ägyptischen Paß, einen anderen Namen und wurde zu einem Mitglied der Delegation ernannt. Heikal erinnert sich, daß der Flug von Kairo nach Moskau ungewöhnlich holprig war. Er lachte mit Nasser, als den tapferen Krieger die Luftkrankheit überwältigte. Heikal witzelte mit Arafat über das Vorkommnis, aber Arafat wurde wütend. »Ist es nicht wahr?« fragte Heikal ihn vor anderen Passagieren. »Ja«, erwiderte Arafat. Immer um sein Image besorgt, fügte er hinzu: »Aber es zeigt mich in einem schlechten Licht.«

Sie erreichten Moskau, und Nasser traf sich mit der sowjetischen Führung: dem Generalsekretär der Kommunistischen Partei, Leonid Breschnew, Außenminister Andrei Gromyko und Ministerpräsident Alexei Kossygin. Aber keiner der führenden sowjetischen Beamten war bereit, den Palästinenser zu empfangen. Trotz der Tatsache, daß Moskau nach dem Sechstagekrieg die diplomatischen Beziehungen zu Israel abgebrochen hatte, vergaß Gromyko Besuchern gegenüber niemals zu erwähnen, daß er sich 1947 bei den Vereinten Nationen für die Schaffung des jüdischen Staates eingesetzt hatte. Im November 1967 hatte der Kreml außerdem die Resolution 242 des UNO-Sicherheitsrats unterstützt, die die arabischen Staaten aufrief, Israel anzuerkennen, sobald die im Juni eroberten Gebiete an Ägypten, Syrien und Jordanien zurückgegeben seien. Eine solche Anerkennung war für die Fatah völlig inakzeptabel. Aufgrund dieser Differenzen wird sich Arafat nicht gewundert haben, daß ihn nur ein unbedeutenderes Mitglied des Zentralkomitees empfing, das sich um Moskaus Beziehungen zu den Befreiungsbewegungen der dritten Welt zu kümmern hatte.[7])

Dennoch erreichte Arafat sein Ziel. Ein paar Wochen später erhielt die Regierung in Kairo von der sowjetischen Botschaft eine Liste mit Waffen für die Fatah. »Sie gaben ihnen Waffen im Wert von einer halben Million Rubel, was ungefähr ebensoviel US-Dollar entsprach«, berichtete Nassers Berater Heikal. Alles wurde über Kairo geliefert. »Sie wollten nicht direkt mit der Fatah zu tun haben. Sie wollten sich nicht in ein Abenteuer mit jemandem stürzen, den sie kaum kannten.« Dies war dennoch der Anfang einer langen Beziehung. Arafat ist später oft nach Moskau geflogen und hat die Sowjets überzeugt, ihm Trainingslager und andere Einrichtungen für die PLO zur Verfügung zu stellen. Bei einem solchen Besuch begleitete ihn Khaled al-Fahum, der ehemalige Sprecher des Palästinensischen Nationalrats. Fahum erinnert sich, daß sich die sowjetischen Führer über Arafats Verhalten wunderten. Sie konnten nicht verstehen, daß Arafat, nachdem er den ganzen Tag gearbeitet hatte, abends nicht bei den offiziellen Festessen erschien. »Er fastete«, erinnert sich Fahum.[8]) Es war Ramadan, der neunte Monat des moslemischen Jahres. »Im Sommer wird es in Moskau erst gegen zehn Uhr abends dunkel. Arafat aß vom Tagesanbruch bis zehn Uhr abends nichts.«

Während die Fatah ihr Arsenal aufbaute, zerbrach die von Zank und Streit geplagte PFLP in zwei entgegengesetzte Fraktionen. Eine wurde von Ahmed Dschibril, die andere von Najaf Hawatmeh angeführt. Dschibril hatte nichts für Habaschs Radikalismus übrig. »Wir haben nicht an seinen Marxismus-Leninismus geglaubt«, sagt Omar Scha'abi, ein Befehlshaber des PFLP-Generalkommandos.[9]) Dschibril konnte Habaschs Wunsch, bestehende arabische Regimes zu stürzen, nicht akzeptieren. »Als wir zusammen im PFLP-Kommandorat saßen, machten sie laufend feindselige Bemerkungen über Syrien und den Irak. Wir brauchten gute Beziehungen zu Syrien und dem Irak«, sagt Scha'abi. Vor allen Dingen aber glaubte Dschibril nicht daran, daß die arabische Einheit eine notwendige Voraussetzung für die Befreiung Palästinas sei. »Die PFLP versuchte, eine Partei aller Araber zu sein«, sagt Scha'abi. »Wir waren eine patriotische palästinensische Fraktion.« Im Oktober 1968 schließlich bildete Dschibril seine eigene Organisation, das PFLP-Generalkommando (PFLP-GC).

Die Abspaltung der Hawatmeh-Gruppe hatte tiefere Ursachen. Hawatmeh schied im Herbst 1968 aus der PFLP aus. »Wir haben in der PFLP von Anfang an einen besonderen Flügel gebildet«, erinnert sich Jassir Abed Rabbo, ein DFLP-Führer.[10]) »Unserer Ansicht nach waren Nasser und die sogenannten progressiven arabischen Regimes schuld an der Niederlage von 1967. Aber die richtige Antwort darauf konnte nur eine neue Organisation sein, meinten wir, die – beruhend auf marxistischen Grundsätzen – als Alternative einerseits gegenüber dem Nasserismus und andererseits gegenüber den traditionellen, orthodox-linken arabischen Parteien handeln konnte«, erklärt er.

Für Hawatmeh existierten zwischen ihm und Habasch ernsthafte politische und ideologische Gegensätze. In der Blütezeit der ägyptischen Revolution unterstützten alle Massenbewegungen Nassers antiimperialistischen panarabischen Sozialismus. Die von Habasch gegründete Arabische Nationalbewegung (ANM) war die passende Dachorganisation für die meisten Palästinenser. Aber nach dem Zerbrechen der Vereinigten Arabischen Republik 1961, die Ägypten und Syrien 1958 gebildet hatten, wurde immer deutlicher, daß Nassers Panarabismus nicht ganz mit den nationalistischen palästinensischen Bestrebungen zu vereinbaren war, die auf eine Befreiung ihres Heimatlandes abzielten. »Im August 1968 hielten wir einen Kongreß unseres palästinensischen Zweiges innerhalb der Bewegung ab, und bei diesem Kongreß kam es zur Spaltung«, sagt Hawatmeh.[11]) Da seine Anhänger, die für einen palästinensischen Patriotismus und eine traditionellere Art von Marxismus eintraten, innerhalb der Arabischen Nationalbewegung (ANM) die Mehrheit besaßen, »lösten wir die ANM auf und stellten es jedem der Zweige in den arabischen Ländern frei, eine eigene, unabhängige Position zu entwickeln.«

Am 22. Februar 1969 gab Hawatmeh offiziell die Bildung der Demokratischen Volksfront zur Befreiung Palästinas (Democratic Popular Front for the Liberation of Palestine – DPFLP) bekannt, die ihren Namen später in DFLP abkürzte. Arafat rief ihn sofort auf, die Fatah bei ihrem Versuch einer Übernahme der Palästinensischen Befreiungsorganisation (PLO) zu unterstützen. Als Gegenleistung für ihre Bereitschaft, Schukeiris PLO beizutreten, sollten Fatah, DFLP und andere Fedajin-Organisationen eine Mehrheit der Sitze im Palästinensischen Nationalrat (PNC), erhalten. So wurden bei der fünften PNC-Versammlung im Februar 1969 in Kairo 57 der insgesamt 105 Sitze an die Guerillagruppen verteilt – eine Mehrheit, die es ihnen ermöglichte, die Mitglieder für das PLO-Exekutivkomitee zu bestimmen. Sie wählten einstimmig Arafat zu ihrem Vorsitzenden und neuen Chef der PLO. Habaschs PFLP boykottierte den PNC, stellte sich gegen dieses Unternehmen, die Fedajin-Gruppen zu vereinigen, und weigerte sich, der neuen, von der Fatah beherrschten PLO beizutreten.

Arafat und Hawatmeh fanden eine neue gemeinsame Sache: sich gegen Habasch zu verbünden, der nun zu Fatahs Hauptrivalen geworden war. Habaschs PFLP rekrutierte ihren Anhang unter den ärmsten Palästinensern in den Flüchtlingslagern. Ihre Botschaft, daß »das Proletariat die Führer der nationalen Bewegungen wählen« solle, fand breite Unterstützung bei den jungen, verarmten Ideologen. Im März 1968, drei Monate nach Gründung der PFLP, wurde Habasch in Syrien wegen illegalen Besitzes von Schußwaffen und Munition verhaftet. Habasch erzählt uns, ein Arztkollege von ihm, Wadi Haddad, der später die Flugzeugentführungen der PFLP organisierte, habe ihn in einem mutigen Einsatz aus dem Gefängnis befreit. Arafat meint jedoch, man hätte Habasch gegen das Versprechen entlassen, den syrischen Behörden bei ihren Bemühungen, die Fatah zu kontrollieren, behilflich zu sein. Man mußte bei Habasch wahrscheinlich nicht viel Überzeugungsarbeit leisten. Als er im Oktober 1968 aus dem Gefängnis kam, beschuldigte der PFLP-Führer die Fatah öffentlich, vor allem eine Bewegung der Bourgeoisie zu sein. Ihr Anführer, Jassir Arafat, interessiere sich mehr dafür, Nasser, König Hussein und den Führern der Baath-Partei in Syrien den Hof zu machen, als Palästina zu befreien. Und dann gab Habasch sein politisches Motto für die Kampagne zum Sturz König Husseins bekannt: »Der Weg nach Tel Aviv führt über Amman.«[12])

Jassir Abed Rabbo erläutert, Habaschs »infantile linksextremistische« Slogans hätten dazu beigetragen, die DFLP in die Arme der Fatah zu treiben. »Mit der Bourgeoisie zu verhandeln, ist von Übel, aber es gibt noch etwas Schlimmeres, und das ist eine Besatzung«, sagt der DFLP-Führer. »Wir fanden, daß Einheit etwas ganz Wichtiges war, und deshalb verbündeten wir uns mit der Fatah und mit Syrien.« Habasch konnte nicht mit der Fatah kooperieren, ohne seinem Hauptziel, der Eroberung Jordaniens, untreu zu werden. Hussein war der wahre Schuldige. Daß er den UNO-Beschluß 242 akzeptiert hatte, hieß, daß er Israel in seinen Grenzen von vor 1967 anerkannte. Hussein bot das Undenkbare an: Für einen Friedensvertrag mit Israel verlangte er nichts weiter als die Rückgabe der 2200 Quadratmeilen der 1967 besetzten West Bank und des Gaza-Streifens.

Sogar Hawatmeh gibt zu, daß sich Hussein Ende 1968, nach der Schlacht von al-Wahdat im November, »darauf vorbereitete, die palästinensische Widerstandsbewegung mit Hilfe seiner Armee zu liquidieren«. Es war sowohl Habasch als auch Hawatmeh klar, daß der neue amerikanische Präsident, Richard Nixon, und sein Sicherheitsberater Henry Kissinger Druck auf Jordanien ausüben würden, um den König zum militärischen Schlag gegen die Palästinenser zu bewegen. Für Habasch gab es nur eine Antwort, und sie galt all seinen Feinden – den Amerikanern, Jordaniern und Israelis – zugleich. Er mußte eine Formel und einen Weg finden, mit denen er die von Arafat geführte PLO zwingen konnte, den versöhnlerisch-diplomatischen Weg zu verlassen und einen richtigen Krieg zur Befreiung Palästinas anzufangen.

Am 23. Juli 1968 begann eine neue Ära der Flugzeugentführungen, als sich die PFLP einer Boeing 707 der El-Al bemächtigte, die sich auf dem Weg von Rom nach Tel Aviv befand. Die Luftpiraten zwangen den Piloten, in Algier zu landen, wo die Maschine vierzig Tage lang stand, während die Palästinenser sechzehn von den Israelis gefangene Guerilleros freizupressen versuchten. Später ließen sie die israelischen Frauen und Kinder aus dem Flugzeug, die männlichen Passagiere aber blieben als Geiseln dort. Israel stimmte schließlich den palästinensischen Forderungen zu. Habasch erklärt heute: »Es ist niemandem ein Leid geschehen. Wir hatten strikte Anweisungen gegeben, keinem Menschen weh zu tun.«

Das aber war am 26. Dezember 1968 nicht der Fall, als ein PFLP-Kommando auf dem Flugplatz von Athen eine andere El-Al-Maschine stürmte. Ein Passagier wurde getötet, und zwei Stewardessen erlitten Verletzungen, als mit Handgranaten und Maschinenpistolen ausgerüstete Palästinenser das Flugzeug mit dem Ruf »Wir wollen die Juden töten« in Besitz nahmen. Die Luftpiratenakte der PFLP setzten sich fort und erreichten im September einen Höhepunkt, als die Gruppe ihre wagemutigste Operation durchführte: die Kaperung von vier Passagierflugzeugen gleichzeitig, von denen drei tatsächlich zur Landung auf Dawson's Field in Jordanien gezwungen werden konnten. Diese Aktion sollte der Funke sein, mit dem Habasch die Revolution zum Sturz König Husseins auslösen wollte. Nach mehreren schreckenerregenden Tagen wurden die Passagiere freigelassen und die Flugzeuge im Hinblick auf ein möglichst weltweit zu erreichendes Fernsehpublikum spektakulär gesprengt.

Habasch hält seine Terrortaktik von damals auch heute noch für richtig. »In jenen Tagen war die palästinensische Sache der Welt nicht richtig bewußt. Wahrscheinlich wußte nicht einmal die Hälfte aller Amerikaner davon«, sagt er. »Wir wollten etwas tun, das die Menschen zwang, sich die Frage zu stellen: ›Warum tun die das?‹ Wir meinten, wir hätten ein Recht darauf, jedes Ziel anzugreifen, wenn wir damit Israel und dem

Zionismus Schaden zufügen konnten, weil sie außerhalb von Israel miteinander verknüpft sind.« Habasch rühmt sich: »Wir haben unser Ziel erreicht: Das Palästinaproblem wurde schlagartig in der ganzen Welt bekannt.«

Hawatmeh hingegen hält trotz DFLP-eigener Terroraktionen an seiner Behauptung fest: »Wir waren gegen Flugzeugentführungen« und gegen jede Art von »militärischen Operationen außerhalb der besetzten Gebiete«, also auch gegen terroristische Angriffe auf israelische Ziele außerhalb Israels. Hawatmeh sieht darin einen der Unterschiede zwischen der DFLP und der PFLP sowie zwischen der DFLP und dem »Schwarzen September«, der von Abu Ijad geführt wurde. Die Gruppe »Schwarzer September« hat später die terroristischen Massaker in Khartum und München begangen. Hawatmeh erklärt, er hätte im Palästinensischen Nationalkongreß bei allen Treffen seit 1974 dafür gekämpft, jede Art von Terrorismus außerhalb der Grenzen Israels zu untersagen.

Der Streit zwischen DFLP und PFLP gegen Ende der sechziger Jahre entzündete sich aber vor allem an Hawatmehs Haltung gegenüber Israel. Als linientreuer Marxist konnte Hawatmeh die Tatsache, daß die Sowjetunion die Schaffung eines jüdischen Staates in Palästina einstmals unterstützt hatte, schlecht ignorieren. Seine Ideologie zwang ihn, sich mit dem Zionismus und dessen Folgen, der Einwanderung Hunderttausender von Juden nach Israel, abzufinden. »Wir hatten es mit einer ketzerischen Idee zu tun: der Koexistenz zweier Nationalismen innerhalb Palästinas«, sagt Abed Rabbo. Er erklärt das so: »Politisch ging es um zwei nationale Bewegungen innerhalb eines Staates, eine jüdische und eine palästinensische.« Die DFLP hat den Zionismus nicht anerkannt und erkennt ihn bis heute nicht an. Sie war allerdings bereit, die Ergebnisse des Zionismus, die dramatische jüdische Einwanderung nach Palästina, als praktische Realität zu akzeptieren.

Dadurch geriet Hawatmeh auf Kollisionskurs mit Habasch: Die PFLP vertrat dem Zionismus gegenüber eine maximalistische Position. Sie unterstützte einen bewaffneten Kampf mit dem Ziel einer Rückeroberung des ganzen Staates Palästina und einer Ausweisung aller Juden, die seit 1917 nach Israel gekommen waren. Die PLO-Charta von 1964 war in diesem Punkt unmißverständlich. In ihr hieß es, nur eine geringe Anzahl von Juden (etwa 60 000), nämlich diejenigen, die sich 1917 in Palästina befunden hätten, könnten bleiben. Die DFLP wiederum formulierte 1968 ihre Idee eines einheitlichen, demokratischen und säkularen Staates mit gleichen Rechten für Juden und Araber und einer nichtkonfessionellen arabischen Regierung. Das schloß natürlich die Eliminierung des Staates

Israel und die Zerstörung der auf der zionistischen Doktrin aufgebauten Nation ein.

Von Hawatmehs Position aus betrachtet, hatte er sich zu einem entscheidenden Zugeständnis durchgerungen: Die DFLP war bereit, Juden in Israel als Einwohner Palästinas zu akzeptieren und ihnen gleiche Bürgerrechte zu gewähren. Er meinte, damit zur Versöhnung beizutragen. Die Palästinenser im Ausland, die keinen eigenen Staat hatten, sahen ein, daß es Juden in Palästina gab, die des Zionismus wegen gekommen waren, und daß diese Juden dort bleiben würden. Die DFLP war immer noch weit davon entfernt, Israel oder das Recht der Juden auf einen eigenen Staat anzuerkennen, widersprach aber der radikaleren Forderung, die drei Millionen Juden, die aus verschiedenen Staaten nach Israel geflohen waren, in ihre Herkunftsländer zurückzuschicken. Man brauche, so verkündete die DFLP fortan, nur das Regime zu verändern und das ganze Land unter einer Regierung zu vereinen, die sich auf keine der drei Religionen – weder die jüdische noch die christliche oder die moslemische – gründen dürfe.

Hawatmeh behauptet, Arafat habe ihn zu der Entwicklung dieses Konzepts eines einheitlichen, demokratischen und säkularen Staates beglückwünscht. »Er sagte mir, es sei ein Geniestreich«, berichtet der DFLP-Führer. Beim vierten Treffen des PNC wurde diese Position förmlich ratifiziert und damit zu einem offiziellen Programmpunkt der PLO-Politik. Der PNC betonte erneut seine Entschlossenheit, ganz Palästina im bewaffneten Kampf zu befreien. Und dennoch: Zum erstenmal glaubte die palästinensische Hauptströmung, nicht mehr nur einen Guerillakrieg zu führen, sondern auch eine politische Formel anzubieten, die zu späteren Verhandlungen führen könnte. Gegen Ende der sechziger Jahre näherten sich Arafat und Hawatmeh ideologisch an. Der Außenseiter wurde George Habasch, der sich in der Folge aber als so stark erweisen sollte, daß weder die Fatah noch die DFLP die Kraftprobe mit Jordanien verhindern konnten – deren Konsequenzen für die Palästinenser katastrophal werden sollten.

13

Der Libanon: das neue Kampfgebiet der PLO

Es gibt Syrer, die voller Verachtung behaupten, Jassir Arafat werde zwangsläufig auch in Tunis wieder jene Art von Korruption und Chaos anrichten, die ihm in Jordanien und Beirut gelungen sei. Zur Zeit unserer Recherchen 1989 ist es allerdings ruhig in Tunis. Nur Beirut leidet noch unter den Folgen der Jahre, die Arafat dort verbracht hat.

Seine libanesische Periode ist die längste der PLO gewesen, sie hat von 1971 bis 1982 gedauert. Als er vor nun schon über zwanzig Jahren im Libanon eintraf, hatte man ihn aus Jordanien hinausgeworfen, und die anderen Nachbarstaaten Israels waren nicht viel höflicher mit ihm umgegangen. Allein der Libanon verfügte nicht über die Mittel und Kräfte, die nötig gewesen wären, um ihn draußen zu halten. Der Libanon war wegen der zunehmenden Spaltung seiner eigenen Bevölkerung zu schwach dazu. Die libanesischen Moslems baten den PLO-Führer sogar, ihnen zu helfen. Am Anfang schien es, als könne Arafat den Frieden bewahren, indem er das Zünglein an derWaage zwischen den einander bekämpfenden Moslems und Christen bildete. Im Mai 1973 aber griffen Truppen der von den Christen geführten Regierung – reguläre Einheiten der libanesischen Armee – die PLO-Lager am Stadtrand von Beirut an. Arafat sandte einen Hilferuf aus. Kurz nach den ersten Zusammenstößen traf Arafat eine Verabredung mit dem Stabschef der libanesischen Armee. Sie kamen im Makassat-Hotel zusammen und versuchten, eine Feuereinstellung zu erzielen.

Doch Arafat verließ sich nicht nur auf dieses Gespräch. Schon vorher hatte er seine Freundin Nada Jaschruti gebeten, mit dem christlichen Präsidenten Suleiman Frandschieh zu reden, um einen Waffenstillstand zu arrangieren. »Sie hat mit uns zusammengearbeitet«, erzählt uns Arafat und gibt zu, sie hätte seinen Heiratsantrag damals »schon angenommen«.[1]*) An dem Abend, an dem der Vorsitzende sich mit dem libanesischen Armeestabschef traf, begab sich Nada Jaschruti in den Präsidentenpalast in Beirut. Sie appellierte an den Präsidenten, zu tun, was er könne, um die Kämpfe zu stoppen. Nach diesem Gespräch verließ sie den Palast und fuhr zu ihrer Wohnung in der Nähe des Aruschi-Bezirks von Beirut. Dort wurde sie ermordet.*

Weder das Treffen mit dem Stabschef noch Jaschrutis Bemühungen führten zu einem Waffenstillstand mit den Christen. Statt dessen nahmen die Kämpfe an Härte zu, und die libanesische Armee bahnte sich ihren Weg zum PLO-Hauptquartier, das im Fakhani-Bezirk von Beirut gelegen war. Nach dessen Telefonnummer 317-052 war es unter dem Codenamen »17« bekannt. Es lag in einem Gebiet, das auf einer Seite an die Gamal-Abdel-Nasser-Moschee, auf der zweiten an das Flüchtlingslager Sabra, auf der dritten an die Arabische Universität und auf der vierten an ein Sportstadion grenzte, unter dem die PLO ihre Waffen versteckte. Die zehn Quadratmeter, auf die das palästinensische Hauptquartier selbst reduziert war, stellten, so witzelte man, Arafats Miniaturrepublik dar.

Das Oberhaupt dieser Miniaturrepublik war nicht vor Angriffen sicher. Die Soldaten der libanesischen Armee bewegten sich in ihren Panzerwagen die Khalde Road, eine vom Flugplatz in die Stadt führende und von Wohnhäusern gesäumte Allee, hinunter. Sie kreisten das PLO-Büro vom erhöht liegenden Gelände aus ein und feuerten dann in den zwei Meilen entfernten Fakhani-Bezirk. Madschub Omar, ein Arzt und Freund Arafats, war damals beim PLO-Führer. »Er nahm seine Kalaschnikow und Panzerfaust und ging auf die Straße, um zu kämpfen«, erinnert er sich. Omar versuchte, ihn aufzuhalten, und wandte ein, der Kampf sei ein Job für jüngere Männer. Arafat aber wollte sich nicht verstecken. »Zu kämpfen, das liegt ihm im Blut«, erzählt sein Freund.[2]*)*

1975 hatte sich der Krieg über ganz Beirut ausgebreitet – weit hinaus über die Flüchtlingslager und Slums. Inzwischen erreichte er die Wohngegenden der Mittelschicht und das jüdische Viertel von Wadi Abu Dschamil. In den zwischen der eleganten Einkaufsstraße von Hamra und den luxuriösen Hotels am Meer versteckt liegenden, engen Straßen des Alten Jüdischen Viertels lebten fast zweitausend Menschen, die sich um eine große Synagoge scharten. Die jüdischen Bürger Libanons, obgleich weder fanatische Zionisten noch Streitpartei in dieser Auseinandersetzung zwischen den verschiedenen Religionen, waren zumeist harmlose Geschäftsleute. Dennoch konnten sie leicht irgendwelchen radikalen Palästinensern zum Opfer fallen. »Wenn eine extremistische palästinensische Gruppe sich diese Leute vorgenommen hätte, dann hätte sie sie ohne weiteres massakrieren können«, sagt Roger Edde, ein Führer der libanesischen Christen.[3]*) »Aber die Fatah wollte dem Westen zeigen, daß sie nichtmoslemische*

Minderheiten in Schutz nimmt.« Arafat bestätigt das stolz: »Wir haben die jüdische Gemeinde in Beirut beschützt. Meine Spezialwache war für sie verantwortlich.«[4])

Fatah-Sprecher Ahmed Abdul Rahman erinnert sich, daß ab und zu, während irgendwelcher Besprechungen mit dem Vorsitzenden, jüdische Abgesandte in das PLO-Büro kamen und um Hilfe bei der Beschaffung von Benzin, Nahrung, Heizöl und elektrischem Strom baten. »Der Vorsitzende gab ihnen alles, was sie verlangten«, sagt Abdul Rahman.[5]) Allerdings wurde die Gegend trotz der Versuche Arafats, sie politisch zu isolieren, im Laufe der Kämpfe zur Front, und »die PLO gab ihnen sicheres Geleit während der Evakuierung«, erinnert sich Edde.

Der intensive Geschoßhagel erforderte einen besseren Schutz für die palästinensischen Flüchtlinge, aber im Gegensatz zu den Juden gab es für sie nirgendwo einen Zufluchtsort. Die Lösung bestand darin, in den Lagern unterirdische Bunker zu bauen. Arafat beauftragte Abdul Dschawad Saleh, einen Ingenieur und Mitglied des PLO-Exekutivkomitees, mit der Überwachung der Bauten. Gleichzeitig sagte Arafat einem Freund seines Bruders Fathi, er solle einen Bauunternehmer für die Bunker suchen, und gab ihm einen Etat von zwanzig Millionen libanesischen Pfund.

Die Bunker wurden errichtet. Die Bauweise aber war so schlecht, daß »ein Bunker im Lager von Ain al-Helwe, der fünfhundert Personen Schutz bieten sollte, beim ersten Regen völlig überflutet wurde und nicht benutzt werden konnte.«[6]) Saleh ging zu Arafat und beklagte sich. Er erwähnte, daß der Unternehmer einen großen Teil des Geldes in die eigene Tasche gesteckt habe. Arafat zuckte die Schultern. »Er sagte, er wäre froh, wenn auch ich fünf Millionen gestohlen hätte«, sagt Saleh. Also feuerte Saleh den Unternehmer. »Ich habe ihn nicht gefeuert, weil er technisch unfähig war, sondern weil er Geld gestohlen und für den Bau minderwertiges Material verwendet hat.« Arafat wollte monatelang nicht mit Saleh über den Vorfall sprechen. Als das Thema schließlich doch zur Sprache kam, wunderte sich der Vorsitzende über den Zorn, den Saleh an den Tag legte. »Er konnte einfach nicht verstehen, wieso ich wütend war«, sagt der Ingenieur. Bald darauf wurde Saleh aus der Fatah ausgeschlossen. Die unter Salehs Aufsicht erbauten Bunker schützten indes viele Flüchtlinge nicht nur vor den Angriffen der libanesischen Armee, sondern auch vor den Bombardements durch die Israelis 1982.

Schon vor dem Eintreffen der palästinensischen Flüchtlinge, die zu Tausenden in das Land strömten, schien den Libanon das Schicksal zu ereilen, zu einem Schlachtfeld des Nahen Ostens zu werden. Die Franzosen waren es, die die Saat dieses Alptraums gesät hatten, als sie nach dem Ende des I. Weltkriegs die maronitischen Christen zu den Herren des Libanon machten. Die Maroniten halten sich für die direkten Nachkommen der alten Phönizier, der Erfinder des Alphabets und Verbündeten der Stämme Israels. Als die Franzosen sich nach dem Sieg über das türkische Reich die territoriale Beute im Nahen Osten mit den Briten teilten, behielten sie vor allem zwei Gebiete für sich: das Libanongebirge und Syrien. Traditionell moslemische Landstriche wurden anschließend an die maronitischen, die griechisch-orthodoxen und die griechisch-katholischen Gebiete angeschlossen, die sich über die riesige Bergregion von Beschar im Norden bis Dschesin im Süden erstreckten. Die moslemischen Gegenden wurden von Sunniten und Schiiten bewohnt, die sich die vierhundert Jahre der osmanischen Herrschaft hindurch für autonom erachtet hatten.

Im Norden wurden die fruchtbare Ebene von Akkar und der Seehafen Tripoli, im Süden die Gegend um die Küstenstadt Sidon und im Osten das Bekaa-Tal mit seiner Hauptstadt Baalbek annektiert. Ebenfalls in den Libanon eingegliedert wurden die moslemischen Städte Beirut und Tyr. Als Ergebnis dieser Kombination ergab sich der neue Staat Libanon mit einer Bevölkerung von 53 Prozent Christen und 47 Prozent Moslems. Obwohl die moslemische Gemeinde nahezu genauso groß war wie die christliche, sollte das Land ausschließlich von den Christen regiert werden.

Die restlichen Gebiete des französischen Mandats wurden zum neuen Staat Syrien zusammengefaßt. 1920 fügten die Franzosen diesem Gebilde die osmanischen Provinzen von Damaskus und Aleppo und zwei Jahre darauf die Kleinstaaten der Alawiten und Drusen an. Der syrische Staat hatte die wichtigen Häfen Tyr, Sidon, Beirut und Tripoli sowie das Bekaa-Tal verloren, fand sich in seinen Grenzen erheblich beschnitten und seines Zugangs zum Mittelmeer weitgehend beraubt. Was Syrien jedoch noch mehr ärgerte, war, daß der Völkerbund, die Vereinigten Staaten und Großbritannien 1926 die Unabhängigkeit Libanons anerkannten.

Die Kämpfe zwischen den beiden Hauptkonfessionen des Landes brachen fast sofort aus, als sich die Moslems in den Regionen, die man an den Libanon angeschlossen hatte, weigerten, die Legitimität des neuen Staates anzuerkennen, und sich wünschten, mit dem »historischen« Syrien vereinigt zu werden. Dessen Hauptstadt war Damaskus, und regiert wurde es vom Haschemitenkönig Faisal, dem Sohn des Scherifen Hussein, der den arabischen Aufstand gegen die Türken angeführt hatte.

Der neue Staat Libanon galt zwar als ein arabisches Land, und die Libanesen sprachen Arabisch, den Moslems aber war er so fremd wie ein jüdischer Staat in Palästina. Sie dachten an die Worte des Korans: Ein Moslem kann keinen nichtmoslemischen Richter oder Führer haben. Der Maronitenführer Roger Edde sagt: »Das ganze Problem lief auf die Frage hinaus: Kann ein von Christen geführter Staat in einer Gegend, die die Moslems vierhundert Jahre lang als islamisches Gebiet erachtet haben, auch weiterhin von einem Nicht-Moslem geführt werden?«

Die besondere Zusammensetzung der Bevölkerung Libanons komplizierte das Problem. Die Christen empfanden sich als Minderheit, schon ehe sie eine wurden. Bevor man die verschiedenen Teilgebiete zusammenfügte, stellten die Christen 78 Prozent der Bevölkerung des halbunabhängigen, autonomen Gebildes »Libanon«. Nach Anschluß der anderen Gebiete war ihr Anteil auf 53 Prozent geschrumpft. Die Massaker an den Armeniern 1915 in der Türkei und die weitverbreitete Verfolgung der Christen in Ägypten, die dort auf die Ermordung eines christlich-koptischen Premierministers im Jahr 1910 folgte, führte den Christen vor Augen, was geschehen konnte, wenn sie die Macht im Staat verloren. In der Mitte des neunzehnten Jahrhunderts hatten die Drusen zusammen mit sunnitischen und schiitischen Bauern elftausend im Libanongebirge lebende Christen ermordet. Die Moslems in Damaskus hatten sich davon inspirieren lassen und einige Tausend dort lebende Christen massakriert.

Unter dem französischen Mandat nach dem I. Weltkrieg erhielten die Christen die Macht, das Land zu regieren, und Präsident wie Premierminister wurden von dort lebenden Christen gestellt. 1933 wählte der maronitische Präsident Emile Edde jedoch einen Sunniten als Premierminister aus, um den moslemischen Wünschen eines Anschlusses an Syrien zu begegnen. Dieser Versuch, die auf seiten der Moslems empfundene Ungerechtigkeit zu mildern, entwickelte sich zu einer Art Dauerlösung des Problems, die man als »ungeschriebenen Vertrag« bezeichnet. Er beruhte auf der Volkszählung von 1932 – der letzten, die die Christen zuließen. Gemäß dieser Zählung stellten sie knapp die Mehrheit der Bevölkerung. Unter den Christen bildeten die Maroniten die größte religiöse Gruppe. In der Folgezeit gaben die Moslems ihren Anspruch, Teil Syriens zu werden, auf; die Christen verzichteten im Gegenzug auf die französische Schutzmacht. Nach den Bedingungen dieser gegenseitigen Absprachen wurde der Libanon (der in Anspielung auf den schneebedeckten Gipfel des Libanonberges übersetzt »das Weiße« heißt) am 16. November 1943 endgültig unabhängig.

Der »ungeschriebene Vertrag« bestimmt, daß der Präsident und seine

Exekutive von den Maroniten gestellt werden, während der Premierminister ein sunnitischer und der Parlamentspräsident ein schiitischer Moslem ist. Die Maroniten bestanden darauf, auch den Oberbefehlshaber der Streitkräfte, den Chef des internen Sicherheitsapparats, den obersten Richter und den Direktor der Zentralbank zu stellen. Die Verteilung der Sitze im Parlament sicherte ebenfalls die christliche Herrschaft: Auf jeweils fünf moslemische Abgeordnete mußten sechs christliche kommen. Derselbe Proporz wurde bei der Verteilung der Posten in der Verwaltung angewandt.

Frankreich verkündete stolz der Welt, der Libanon sei nicht wie seine Nachbarn eine arabische Nation, sondern eine neue Hybride im Nahen Osten: *Su Uajeh Arabi*, »eine Nation mit einem arabischen Gesicht«. Das Problem war natürlich, daß sich die internen Realitäten Frankreichs geschicktem Versuch, einen modernen Staat zu schaffen, zum Trotz nicht änderten. Libanon bestand nun einmal nicht aus Menschen, die sich als eine »Nation« betrachteten, sondern aus wetteifernden religiösen Gruppen, die zahlenmäßig fast gleich groß waren und in Wirklichkeit nicht unter einem Herrscher vereint leben wollten.

Die Spannungen zwischen Christen und Moslems setzten sich die beiden folgenden Jahrzehnte hindurch fort. 1958 kam es zu zwei Versuchen linker Moslems, den christlichen Präsidenten Camille Schamun zu stürzen. US-Präsident Dwight D. Eisenhower schickte amerikanische Marines, um das schwache libanesische Regime zu retten. Die Unruhen dauerten jedoch an, und Ende der sechziger Jahre fing der Libanon endgültig an auseinanderzubrechen.

Im Gegensatz zu den anderen Frontstaaten, die die palästinensischen Fedajin in die Schranken verwiesen, war der Libanon zu schwach und innerlich zu zerrissen, als daß er die PLO und ihre Freischärler hätte aufhalten können. Hier konnten die Palästinenser ihre Basislager aufbauen, in die offenen Häfen ungestraft Waffen einführen und sich des hohen Lebensstils und leichten Gelderwerbs in Beirut erfreuen. Sie brachten nicht nur ihre Begabung im Aufbau politischer und paramilitärischer Organisationen, sondern auch eine attraktive Ideologie und eine große Bereitschaft mit, den Moslems im Libanon aus ihrer benachteiligten Lage herauszuhelfen.

Die Nachteile der palästinensischen Präsenz wurden den Libanesen auf schmerzhafte Weise klar, als israelische Kommandos den Libanon mit einer massiven Vergeltungsmaßnahme straften und zwar wegen der Flugzeugentführung vom 22. Juli 1968 durch die PFLP. Die El-Al-Maschine befand sich unterwegs von Rom nach Tel Aviv, als sie in Athen gekapert und nach Algier umgeleitet wurde. Israel wollte daraufhin dem Libanon im Schutze der Dunkelheit einen empfindlichen Schlag versetzen – erstens, weil er der PFLP in Beirut Unterschlupf gewährte und, zweitens, weil er eine Eskalation der Angriffe von libanesischem Gebiet über die Grenze nach Israel zuließ. Obwohl sich 1968 nur etwa 150 palästinensische Fedajin im Libanon befanden, fingen sie doch an, sich bemerkbar zu machen. Hunderte von Reisenden sahen vom Beiruter Flugplatz aus zu, wie israelische Jets über ihre Köpfe hinwegflogen. Minuten später fingen die Israelis an, die der libanesischen Fluglinie Middle East Airlines gehörenden Boeing-707-Maschinen auf dem Flughafen von Beirut zu bombardieren. Alle vierzehn auf dem Rollfeld abgestellten Flugzeuge wurden beschädigt.

Dieser israelische Vergeltungsangriff war der erste, der den Libanon infolge des arabisch-israelischen Konflikts seit dem Krieg von 1948 traf. Er stellte den Beginn einer neuen Phase im Kampf der Palästinenser dar, in dessen Verlauf die libanesischen Moslems und Christen ihren »ungeschriebenen Vertrag« zerreißen und das Land in ein zwei Jahrzehnte währendes Blutbad brutaler religiöser und sektiererischer Auseinandersetzungen stürzen sollten.

Der Angriff der Israelis elektrisierte die libanesischen Moslems. »Die von Raschid Karame geführten Sunniten sagten nun immer häufiger: Wir müssen die PLO unterstützen, weil Palästina die größte arabische Sache ist und weil man ihnen erlauben sollte, vom Libanon aus zu operieren. Die Christen sagten ›nein‹, und das führte zum Rücktritt von Raschid Karames Kabinett«, berichtet Maronit Roger Edde. Als Charles Helou, der Maronitenführer im Libanon, 1969 einen anderen Moslem zu seinem Premierminister ernennen wollte, fand sich niemand, der den Posten übernehmen wollte, weil, so Edde, »die moslemische Gemeinde ihn ermordet oder boykottiert hätte«. Ohne einen moslemischen Premierminister aber konnte Helou keine Regierung zusammenbekommen. Die sunnitischen Führer verlangten als Preis für eine Teilnahme an der Macht, daß es den Palästinensern im Libanon auf der Grundlage neu zu erlassender Gesetze künftig erlaubt sein müsse, sich selbst zu regieren.

Im November 1969 erklärten sich die christlichen, moslemischen und palästinensischen Führer schließlich bereit, in Kairo zusammenzutreffen, um ihre Differenzen beizulegen. Helou ernannte den Armeechef und General Emile Boustani, der 1970 gern selbst zum Präsidenten gewählt werden wollte, zum Leiter der christlichen Delegation. Unter den wachsamen Augen des ägyptischen Präsidenten Nasser unterzeichnete Boustani mit Jassir Arafat einen Vertrag. Boustani war der Auffassung, der

Vertrag werde ihm helfen, bei den kommenden Wahlen die Unterstützung der Moslems zu erhalten. Die Tatsache, daß er diesen Vertrag unterschrieb, war für die Christen allerdings ein Grund, ihn nicht zum Präsidenten zu wählen.

Boustani hoffte außerdem, der Vertrag schiebe den Gefahren durch die PLO einen Riegel vor, da er die palästinensische Präsenz auf die Lager beschränkte. In Wirklichkeit setzte er mit seiner Signatur unter die Vereinbarung von Kairo Libanons Zukunft aufs Spiel: Hiermit erklärten sich die Palästinenser von der libanesischen Regierung unabhängig. Die Palästinenser bekamen eine nie dagewesene Bewegungsfreiheit in einem Nachbarstaat Israel zugestanden. Damit konnte der Libanon während des nächsten Jahrzehnts das Hauptschlachtfeld des arabisch-israelischen Konflikts werden. Die Palästinenser hatten etwas erreicht, was keine arabische Nation ihnen bis dahin gestattet hatte: das Recht, ihren Guerillakrieg vom Territorium eines Frontstaats aus zu organisieren.

Zum Zeitpunkt der Unterzeichnung allerdings meinten alle, etwas gewonnen zu haben. Die Christen konnten ihre Regierung mit dem Präsidenten Suleiman Frandschieh bilden. Die Moslems bekamen ihren Premierminister, Raschid Karame. Die eigentlichen Gewinner aber waren die Palästinenser. Ihre Flüchtlingslager wurden endlich von den verhaßten Agenten des »deuxième bureau«, der libanesischen Geheimpolizei, befreit, die die Lager überwachten und immer wieder Palästinenser drangsalierten oder sogar folterten. Von nun an konnten sie sich selbst organisieren und ihre eigene Polizei aufstellen. Sie durften Waffen tragen und waren fähig, von libanesischem Boden aus Guerillaangriffe gegen Israel auszuführen – ohne daß die libanesische Armee oder Polizei ein Recht hatte, sie daran zu hindern.

Syrien, das seinen Anspruch auf den Libanon niemals aufgegeben hatte, gewann ebenfalls. Frandschieh, der neue Präsident, verdankte seinen Wahlsieg den Syrern. Es geschah nicht zum erstenmal, daß sie ihm zu Hilfe kamen. In den fünfziger Jahren, als er in ein Massaker in einer maronitischen Kirche verwickelt gewesen war, hatte man ihm in Damaskus Asyl gewährt. Als libanesischer Landwirtschaftsminister hatte er Verträge unterschrieben, aufgrund deren der Sowjetunion, dem Hauptgeldgeber Syriens, Landwirtschaftshilfe gewährt wurde. Aus diesem Grund hatte Syrien die libanesischen Abgeordneten bearbeitet, für Frandschieh zu stimmen. Sein Sieg über den Kandidaten der libanesischen Armee, Elias Sarkis, fiel mit einer Stimme Mehrheit allerdings denkbar knapp aus. Als Frandschieh 1970 sein Amt antrat, versprach er, engere Beziehungen zu Syrien zu knüpfen – und die Vereinbarung von Kairo zu zerreißen. Doch selbst mit syrischer Unterstützung vermochte er die Palästinenser nicht zu bändigen.

In der Tat, hätte Arafat gewußt, wie es den Palästinensern nur knapp ein Jahr darauf in Jordanien ergehen würde, hätte er ihnen kaum ein besser vorbereitetes Asyl zur Verfügung stellen können. So verfügten die Palästinenser schon zehn Monate vor dem harten Durchgreifen der Beduinentruppen des Haschemitenkönigs in Jordanien über einen Rückzugsort. »Wie konnte man sich der Flut dieser palästinensischen Nationalbewegung und ihrer Mitglieder widersetzen, die aus Jordanien hinausgeworfen worden waren? Wie hätte man verhindern können, daß sie in die Lager in Beirut kamen und dort blieben?« fragt Edde. Im September 1970, als sie keine andere Möglichkeit mehr besaßen, begannen die Freischärler, den Libanon als Bereitstellungs- und Auffangraum für ihren Krieg gegen Israel zu nutzen.

Das kam der arabischen Welt nur gelegen, die zu erschöpft war, um ihr Blut der palästinensischen Sache zu opfern. Saudi-Arabien und die Golfstaaten erklärten sich gern bereit, die Kosten für den Rückzug der Palästinenser aus Jordanien zu übernehmen. Es war eine preiswerte Versicherungspolice, eine Garantie, daß die palästinensische Revolution sich vorläufig auf den Libanon beschränken und sich die kommenden arabisch-israelischen Auseinandersetzungen erst einmal auf die israelisch-libanesische Grenze konzentrieren würden.

Die PLO aber kämpfte nicht nur an der Grenze zu Israel. Sie richtete ihr neues Hauptquartier in Beirut, dem zu dieser Zeit intellektuellen, politischen und wirtschaftlichen Zentrum der arabischen Welt, ein. Das funkelnde Juwel an der Mittelmeerküste war eine raffinierte Kreuzung der westlichen mit der arabischen Zivilisation: In Beirut erschienen mehr Zeitungen als in der gesamten übrigen arabischen Welt. Beiruts Universitäten waren ein Magnet für die Gelehrten im ganzen nahöstlichen Raum – nicht nur die Amerikanische Universität, sondern auch die Jesuitenakademie Saint Joseph, die Ingenieure, Juristen, Mediziner und Ökonomen ausbildete. Viele heutige Führungspersönlichkeiten im Nahen Osten sind Absolventen der Amerikanischen Universität von Beirut (AUB). Die Stadt zählte zu den reichsten Finanzzentren der Welt. Das libanesische Pfund war eine stabile, gegen Inflationsgefahr scheinbar gefeite und mit dem Schweizer Franken vergleichbare Währung. Der Libanon besaß zudem die größten Goldreserven in der arabischen Welt.

Die PLO, die ihren neugefundenen Status mit einem förmlichen Vertrag abgesichert wußte, konnte der Versuchung nicht widerstehen, die sich bietende Gelegenheit zu nutzen. Die Flüchtlingslager, darunter diejenigen von Tel Satar und Karatina, die in von Christen bewohnten Gegenden lagen, wurden in befestigte Militärbasen verwandelt. Am internationalen Flughafen, der im moslemischen Sektor von Beirut liegt, errichtete man Straßenkontrollpunkte. Die Demokratie westlichen Stils bot der PLO Möglichkeiten, die in anderen arabischen Ländern nicht vorhanden waren. Marxistisch-leninistische Theoretiker, die ihre schicken Ideologien in Schulen und Universitäten vortrugen, griffen das System des freien Unternehmertums an, das Beirut zum wichtigsten Wirtschaftszentrum des Nahen Ostens hatte werden lassen. Diese marxistischen Idealisten suchten ein Klassenbewußtsein unter den verarmten Schiiten zu entwickeln, das den bereits vorhandenen Haß zwischen Christen und Moslems verstärkte.

Der Nährboden für den kommenden Bürgerkrieg war fruchtbar geworden. Die Bevölkerungszahl der Moslems hatte deutlich zugenommen, so daß sie in Wirklichkeit bereits die Mehrheit stellten. Außerdem kamen immer mehr Palästinenser, die die PLO verstärkten. Nach dem Krieg von 1948 hatten weniger als 150 000 Palästinenser Zuflucht im Libanon gesucht. 1972 war ihre Zahl auf fast 400 000 angeschwollen, und zu ihnen stießen die 3000 Fedajin sowie ihre Familien, die aus Jordanien geflohen waren. Fatahs Armee war kein zusammengewürfeltes Häuflein mehr aus wenigen hundert Mann, sondern eine schlagkräftige Truppe von 10 000 Kämpfern, die die Avantgarde in einer noch größeren Koalition mit verbündeten moslemischen Milizen darstellte. Zu ihnen gehörten 5000 Palästinenser der von Syrien unterstützten as-Saika sowie Truppen der Palästinensischen Befreiungsarmee (PLA).

Mit der PLO im Bunde waren kleinere Moslemmilizen, darunter Ibrahim Quleilats pro-nasseristische al-Murabitun (»Die Standfesten«), die sich zur wichtigsten sunnitischen Kampfgruppe in Beirut entwickelte, sowie Mustafa Saads Volksbefreiungsarmee (PLA), eine sunnitische Miliz in der Hafenstadt Sidon. Die Baathisten, die Kommunisten und die Syrische Sozialistisch-Nationalistische Partei (SSNP) verfügten ebenfalls über eigene, wenn auch kleinere Einheiten. In Tripoli, einer hauptsächlich von Sunniten bewohnten Stadt, wurde unter Führung von Scheich Saed Schaban eine moslemisch-fundamentalistische, unter dem Namen al-Tawhid al-Islami (»Islamische Einheit«) bekannte Miliz geschaffen und von der PLO und dem Iran finanziert.

Gemeinsam stellten sie ein mächtiges Bündnis von allerlei Fraktionen dar, in dem sich die islamische Sache locker mit der ideologischen

Leidenschaft des Marxismus-Leninismus verquickte. Dazu gehörten Sunniten, Schiiten und Drusen und somit Mitglieder von Organisationen, die das politische Spektrum von den Kommunisten und der SSNP bis zu pro-irakischen und pro-syrischen Baathisten und den Anhängern der panarabisch-sozialistischen Bewegung Nassers umfaßte.

Ihre Ziele waren einander nicht immer gleich, aber das spielte eine weniger große Rolle als die Macht, die sie besaßen. 1973 gründete der Drusenfürst Kamal Dschumblat die »Nationalbewegung«, um die panarabischen Fraktionen unter Führung seiner Marxistisch-Progressiven Sozialistischen Partei zu vereinigen. Mit Unterstützung linker PLO-Gruppen trachtete er danach, eine Revolution nicht nur im Libanon, sondern in der gesamten arabischen Welt zu zünden.

Mittlerweile bemühten sich auch Raschid Karame, Sproß einer angesehenen Familie in Tripoli, und Saeb Salam um die Gunst der PLO. Diese eher traditionsbewußten sunnitischen Politiker suchten die Macht der konservativen arabischen Regimes zu bewahren. Sie unterstützten die palästinensische Sache, aber nicht die Revolte gegen die herrschende Ordnung. Sie wollten die PLO dazu benutzen, ihre eigene Macht im Libanon zu festigen und eine Verschiebung weg von den Maroniten und hin zu den Sunniten zu erzielen, aber sie wollten nicht alles, was um sie herum existierte, zum Einsturz bringen.

Die dritte große Gruppe in dieser neuen Allianz führte ein dynamischer, im Iran geborener Kleriker, der Imam Musa al-Sadr, an. Er bildete die »Bewegung der Enterbten« sowie ihren militärischen Arm, die Amal, um der untersten Schicht der libanesischen Gesellschaft, den eine Million Schiiten, eine Vertretung und somit auch eine Hoffnung zu geben. Sie meinten, ihr Bündnis mit der PLO würde sie ihrem eigentlichen Ziel, der Schaffung einer islamischen Republik im Libanon, näherbringen. Diese Schiiten entwickelten sich sehr rasch zu einer eigenen, unabhängigen politischen Kraft. Durch die israelischen Vergeltungsangriffe aus ihren Dörfern im Süden des Libanon vertrieben, suchten über 100 000 Schiiten in den südlichen Vororten von Beirut Zuflucht. In der bereits übervölkerten Hauptstadt gab es keine Jobs für sie. Ihnen blieb allein, als gutbezahlte Söldner bei der PLO anzuheuern.

»Die PLO übernahm derart vollständig die Hauptstadt, daß wir uns wie Fremde in unserem eigenen Land vorkamen«, sagt der Christ Edde. »Die Palästinenser hatten das Geld und die militärische Logistik, um all diese Gruppen zu unterstützen und die Schiiten zu bewaffnen, auszubilden und zu finanzieren«, fügt er hinzu. Edde erinnert sich an seine Studienzeit an der AUB, als er mit moslemischen Intellektuellen und französischen Linken darüber stritt, ob der Libanon als Staat existieren sollte. »Wir sagten, wir verständen und unterstützten die Rechte der PLO. Aber wir sagten ihnen, ihr Kampf sollte innerhalb der besetzten Gebiete stattfinden. Sie könnten nicht palästinensische Gebiete befreien und ihre Staatlichkeit erreichen, indem sie den libanesischen Staat zu stürzen versuchten«, schildert der Maronit seine damalige Position.

Anfang 1973 aber schien genau das das Ziel der PLO geworden zu sein. »Sie redeten den Sunniten ein, sie seien jene Armee, die sie von den Maroniten befreien würde«, berichtet Edde. »Sie seien die Armee der Moslems.« Währenddessen setzte die PLO ihre Überfälle auf Israel fort. Der jüdische Staat versuchte der neuen Gefahr dadurch zu begegnen, daß er die Basen der Freischärler im Süden mit schweren Bombardements unschädlich zu machen versuchte. Vierzig große Angriffe wurden gegen die palästinensischen Ziele geführt, eine unmißverständliche Warnung, daß Israel nicht zögern würde, den Libanon mit der vollen Wucht seines militärischen Potentials zu schlagen, sollte es der dortigen von den Christen geführten Regierung nicht gelingen, die neue PLO-Gefahr zu eliminieren.

Unisono mit den israelischen Wünschen warnte der Sicherheitsberater des amerikanischen Präsidenten, Henry Kissinger, Präsident Frandschieh anläßlich seines Besuches im Libanon im Dezember 1973, ihm bliebe nur die Wahl zwischen zwei Übeln: Entweder müsse er seine Armee einsetzen, um der Revolte der PLO Einhalt zu gebieten, oder er liefere ihnen den christlichen Libanon aus. Frandschieh versuchte daraufhin der Anarchie Herr zu werden, indem er der PLO befahl, sich an die im Vertrag von Kairo vereinbarten Beschlüsse zu halten und dafür zu sorgen, daß ihre Kämpfer den Bereich der Lager nicht verließen. Im Mai 1974 begann die libanesische Luftwaffe, die Palästinenser zu bombardieren. Der erste »Krieg der Lager« hatte begonnen.

Ein Aufschrei der arabischen Welt folgte, und die Syrer drohten mit einer Intervention. Die libanesische Armee mußte ihren Angriff einstellen. Kissinger schreibt in seinen Erinnerungen: »Das Ergebnis war, daß sich die libanesische Regierung, eine der gemäßigtsten im Nahen Osten, am leidenschaftlichsten von allen für ein palästinensisches Heimatland aussprach: Das war eine Methode, um die Palästinenser aus dem Libanon herauszubekommen!«[7]) Da Frandschieh die militärische Option somit verwehrt war, suchte er die PLO durch Nachgiebigkeit zu beschwichtigen. Als Arafat im November 1974, nach der Erklärung des Arabischen Gipfels, die PLO sei die einzige legitime Repräsentantin des palästinensischen Volkes, vor die Vollversammlung der Vereinten Nationen ans

Rednerpult trat, war es Frandschieh, der Arafat den Abgesandten aus aller Welt vorstellte. Dieser Akt allein schon verschaffte der PLO-Präsenz im Libanon eine zusätzliche Legitimation.

Anfang 1975 waren die libanesischen Streitkräfte nicht mehr sehr wirkungsvoll. Die moslemischen Offiziere sprangen ab. Frandschiehs Regierung verfügte kaum noch über reguläre Truppen und mußte sich auf private Milizen stützen. Die verbliebenen christlichen Kontingente fingen an, die Falangisten und andere paramilitärische Gruppen auszubilden, zu bewaffnen und zu finanzieren.

Die stärkste dieser Milizen waren die Kata'ib, falangistische Bataillone, die der maronitische Apotheker Pierre Gemayel nach seiner Rückkehr von der Olympiade im Nazideutschland 1936 aufgestellt hatte. Weitere christliche Milizen waren Dany Schamuns »Tiger« der Nationalliberalen Partei, die sein Vater Camille, der ehemalige Präsident, 1959 nach dem Rücktritt von diesem Amt gegründet hatte. Hinzu kamen Tony Frandschiehs »al-Marrada«, deren Basis in der Stadt Sugharta im Norden lag, sowie Etienne Sakers »Wächter der Zedern«, eine extremistische Gruppe, die den Libanon von allen Moslems befreien und den antiken Staat der Phönizier wiedererrichten wollte.

Nach einer Reihe von blutigen Auseinandersetzungen waren all diese Gruppen gezwungen, sich unter Führung der Falangisten Baschir Gemayels zu vereinigen. Sie nannten sich »Forces Libanaises« oder »Libanesische Streitkräfte«. Die reguläre Armee des Staates spaltete sich unterdessen in zwei konkurrierende Gruppen. Ahmed Khatib, ein arabischer Offizier, führte eine Gruppierung moslemischer Soldaten, die mit syrischer Hilfe gegen die christlichen Milizen zu kämpfen begann. Major Saad Haddad aber schmiedete ein formloses Bündnis mit Israel, erhielt Ausbildung und sogar Uniformen von der jüdischen Armee und begann seinen eigenen Krieg gegen PLO-Stellungen im Süden Libanons.

Beirut selbst werde zum Schlachtfeld. Christen wurden systematisch entführt, gefoltert und oft ermordet, wenn sie von einem Sektor der Stadt in den anderen wechselten. Die chaotischen Verhältnisse stärkten das Bündnis von Dschumblat und Arafat. Die syrische Führung sah das und bekam immer mehr Angst, daß die PLO völlig außer Rand und Band geraten und die etablierte libanesische Regierung zu Fall bringen könnte. Präsident Assad versuchte, die Situation zuerst dadurch unter Kontrolle zu halten, daß er Arafat im März 1975 einlud, mit Syrien eine gemeinsame Front zu bilden. Der PLO-Führer lehnte es jedoch erneut ab, sich dem syrischen Regime zu unterwerfen, und so begann im Frühjahr 1975 der Krieg in Beirut.

Der mit Palästinensern gefüllte Bus, der von Tel Satar, dem größten Flüchtlingslager in Beirut, kam, steuerte langsam durch die belebte Geschäftsstraße im christlichen Teil der Stadt. Die Gegend, Ain Rummaneh, wurde von einer maronitischen Gruppe kontrolliert, die eine eigene Miliz gebildet hatte, um ihr christliches Viertel gegen jene die libanesische Hauptstadt bedrohende Allianz palästinensischer und moslemischer Fraktionen zu verteidigen. Die Palästinenser im Bus kehrten von einer Versammlung in Schatila, einem Flüchtlingslager im moslemischen Teil Beiruts, zurück. Aus den Busfenstern und über die Nummernschilder hingen Plakate, die für Ahmed Dschibrils PFLP-GC warben. Die Passagiere wußten nicht, daß am gleichen Tag im April 1975 etwa eine Stunde zuvor Palästinenser aus einem Auto heraus das Feuer auf eine Gruppe von Christen eröffnet hatten, die von einer Hochzeitsgesellschaft in einer nahegelegenen Kirche kamen. Unter ihnen befand sich der Gründer der rechtsradikalen christlichen Falange-Partei. Vier Menschen, unter ihnen Gemayels persönlicher Leibwächter, wurden von den Palästinensern erschossen.

Noch am selben Tag schickten die christlichen Falangisten den Moslems eine Antwort, mit der sie sich augenblicklich für die Schießerei nach dem maronitischen Gottesdienst rächten. Die Palästinenser im Bus saßen in einer Falle. Überall, wo sie hinsahen, erblickten sie bewaffnete christliche Milizen. Sie konnten wenig tun, um sich zu schützen. Innerhalb von Minuten waren siebenundzwanzig Passagiere getötet.

Diese Episode gilt allgemein als jener Funke, der den Bürgerkrieg zwischen der PLO und ihren libanesischen Moslemverbündeten auf der einen und der offiziellen libanesischen Armee sowie den privaten christlichen Milizen auf der anderen Seite entzündet hat. Der einzige derartige Zwischenfall war das jedoch nicht. Vorkommnisse wie der Anschlag auf die Palästinenser im Bus gab es immer häufiger. Im Dezember 1975 kam Baschir Gemayel zu dem Ergebnis, dem wahllosen Töten in Beirut sei nur dadurch beizukommen, daß man die Palästinenserlager in den christlich kontrollierten Gegenden beseitigte. Die Palästinenser hatten, statt sich auf Aktionen innerhalb ihrer Lager zu beschränken, ihre Lager in Basen verwandelt, von denen aus sie den Verkehr, der in die christlichen Städte hineinging und herauskam, überwachen konnten. Das wichtigste dieser Lager war Karatina, strategisch wichtig an der Küstenstraße zwischen Beirut und Tripoli gelegen. Die Palästinenser errichteten Straßensperren an der Karatina-Brücke, um zu verhindern, daß die Christen in ihre Heimatorte im Norden gelangten.

Am 6. Dezember 1975 drang die falangistische Miliz in das Flüchtlingslager ein und schoß fast 200 Palästinenser nieder. Die Falangisten säuberten das Gebiet am Beiruter Hafen, legten in den von Schiiten bewohnten Slums Feuer und plünderten die Häuser sowie das nahegelegene Flüchtlingslager von Dabaja. Dieses hoch oben auf einem Berg oberhalb des Nahar-al-Kalb-Flusses im Herzen des christlichen Gebietes gelegene Lager beherrschte den Zugang von Ostbeirut zum Libanongebirge.

Keinen Monat später, im Januar 1976, schlug die PLO zurück und überrannte Damur, einen christlichen Vorort, der zwischen dem von Moslems bewohnten Westbeirut und dem Süden der Stadt lag. Damur war eine wichtige christliche Enklave zwischen Beirut und Sidon, jener an der Küste gelegenen Hauptstadt der von den Drusen bewohnten Schufberge. Kaum ein Haus blieb stehen. Sämtliche 2000 Bewohner Damurs flohen oder wurden brutal getötet.

Innerhalb der Stadt Beirut war die Jagd auf alles eröffnet, was noch an das westliche, kapitalistische Erbe des Libanon erinnerte. Banken, elegante Hotels am Meer, teure Boutiquen und französische Kinos wurden geplündert. »Die Falangisten, die PLO, die von Syrien unterstützten Milizen und die Kämpfer der Nationalbewegung teilten sich die Beute. »Die einen haben die anderen gedeckt«, sagt Edde. Der Fatah-Sprecher Ahmed Abdul Rahman erinnert sich an das Chaos und behauptet, die PLO habe eine Schlüsselrolle beim Schutz der libanesischen Zentralbank gespielt, in der all deren Gold gelagert war. »In der Stadt herrschte Anarchie, aber Arafat war ein verantwortungsbewußter Mann. Nachdem Straßenbanden eine ganze Anzahl von Banken beraubt hatten, schickte er etwa fünfundsechzig Kämpfer los, um die Zentralbank abzuriegeln.«

Trotzdem brachen am 20. Januar 1976 Mitglieder von Fatahs »Force 17«, Arafats eigener Sicherheitstruppe, in die Zentrale der British Bank of the Middle East ein. Sie wurden von Ali Hassan Salameh, dem ehemaligen Chef des »Schwarzen September«, angeführt. Außerdem waren Kämpfer der von Syrien unterstützten as-Saika an der Aktion beteiligt. Sie gruben gemeinsam einen Tunnel vom Keller der katholischen Kapuzinerkirche in den Keller der benachbarten Bank. Der syrische Verteidigungsminister Mustafa Tlass erinnert sich an den Zwischenfall und behauptet, Arafat hätte einen korsischen Mafiamann hinzugezogen, der beim Aufbrechen des Haupttresors behilflich gewesen sei.[8]) Die Ausbeute an Goldbarren, Wertpapieren, Juwelen und ausländischen Währungen sei so riesig gewesen, daß die PLO eine Lastwagenflotte hätte bestellen müssen, um alles fortzuschaffen.

Im Februar 1976, als die für den Sommer geplanten Präsidentschaftswahlen näherrückten, begann die Arafat-Dschumblat-Allianz eine

Offensive gegen die Christen in den Libanonbergen. Frandschieh sollte gezwungen werden, ein halbes Jahr vor dem offiziellen Ende seiner Amtszeit zurückzutreten. Das irritierte Assad, der seine Beziehungen zu Frandschieh und der christlichen Führung gepflegt hatte. Assads eigene alawitische Minderheitsbasis in Syrien machte ihn zu einem natürlichen Verbündeten der christlichen Minderheit im Libanon. Sie hatten beide denselben Feind: die sunnitische Mehrheit, die Syrien für Hunderte von Jahren beherrscht hatte. In Syrien bildeten die Christen eine Minderheit von etwa zehn Prozent der Gesamtbevölkerung. Damit waren sie immer noch zahlreicher als die herrschenden Alawiten. Der syrische Führer wartete darauf, daß sich die Libanesen mit der Bitte an ihn wandten, die Einheit des Libanon zu retten. Und tatsächlich sollten sie ihn eines Tages anflehen, ihnen zu helfen.

Im März 1976 konnte die libanesische Armee das Ausbluten nicht mehr verhindern. Der Präsidentenpalast in Baabda war umzingelt, und Frandschieh floh in den christlichen Hafen Dschunieh, um sein Leben zu retten. Die Moslemkämpfer drohten, die maronitische Hochburg in den Libanonbergen einzunehmen, als Assad sich entschloß einzuschreiten. Assad hatte Frandschieh bereits überredet, einen Plan zur Reform der Verfassung zu akzeptieren: Die Macht des maronitischen Präsidenten sollte beschnitten werden und die moslemische Bevölkerung die gleiche Anzahl Sitze im Parlament erhalten wie die christliche. Die Moslems aber, die nun in der Mehrheit waren, wollten sich darauf schon nicht mehr einlassen. Entsprechend ging es in diesem Krieg nicht mehr um eine gerechtere Machtverteilung, sondern um die Macht selbst.

Assad mußte ein paar unangenehmen Tatsachen ins Auge sehen: Ein sunnitisches Regime im Libanon konnte zu einer unmittelbaren Gefahr für sein alawitisches Minderheitsregime werden. Assad war bereits von den sunnitischen Fundamentalisten in Hama bedroht. Der PLO-Sprecher Dschamil Hilel in Damaskus erklärt uns: »Die Syrer wollten nicht, daß die Falangisten ganz verdrängt wurden, denn wenn ein Bündnis zwischen den Nationalen Streitkräften Dschumblats und einer starken PLO zustande kam, war der Libanon für die Syrer nur mehr schwer zu knacken.«

Nach einer Reihe von Erkundungs- und Aufklärungskommandos durch syrische Spähtrupps überschritten am 31. Mai 1976 2000 Mann der syrischen Infanterie mit sechzig Panzern die Grenze zum Libanon. Sie kamen mit Frandschiehs Einwilligung und dem stillschweigenden Einverständnis sowohl Israels als auch der Vereinigten Staaten. Kissinger hatte Assad eine Nachricht überbringen lassen: Wenn die syrischen

Streitkräfte nicht eingriffen, um der Bedrohung durch die PLO zu begegnen, würden es israelische Truppen tun. Assad blieb keine Wahl: Wenn er nichts unternahm, würde einer von zwei Alpträumen wahr werden: Entweder würden die Sunniten im Libanon die Macht ergreifen oder die Falangisten einen von Israel gestützten Ministaat aufbauen.

Kissinger handelte eine geheime Übereinkunft zwischen Israel und Syrien aus, die einer De-facto-Präsenz Syriens im Libanon den Weg bahnte. Nach diesen sogenannten »Red-line Agreements« durfte Syrien erstens keine sowjetischen Boden-Luft-Raketen (surface-to-air-missiles, SAMs) im Land stationieren, die eine Gefahr für die israelische Luftwaffe werden könnten, sollte diese ihre Aufklärungsflüge fortsetzen oder PLO-Hochburgen angreifen. Zweitens durften die Syrer keine Truppen südlich der Fernstraße Damaskus-Beirut unterhalten, die über den Umfang einer Brigade hinausgingen, drittens keinerlei Truppen südlich einer Linie entlang des Litani-Flusses im Süden Libanons stationieren und viertens keine syrische Luftwaffe über dem libanesischen Territorium einsetzen. Darüber hinaus erklärte sich Syrien bereit, das etwas über zwanzig Kilometer nördlich von Beirut gelegene Dschunieh nicht zu bedrohen.

Dennoch nahmen die Kämpfe an Heftigkeit zu. Mitte Juni war die 10 000 Mann starke syrische Streitmacht die größte der zwölf Armeen im Libanon. Die PLO-Kräfte wurden aufgefordert, sich zu ergeben, und leisteten den Syrern kaum Widerstand. Die Truppen Assads eroberten rasch Beirut, das Bekaa-Tal und Tripoli und näherten sich der Hafenstadt Sidon im Süden. Verteidigungsminister Tlass erzählt: »Es gelang uns, achtzig Prozent des Landes zu besetzen.« Die Schlacht von Sidon zeigte, was die PLO den Syrern gegenüber wirklich empfand. Eine kleine Gruppe von Fatah-Freischärlern unter Hauptmann Abu Musa (Said Musa Muragha), dem Befehlshaber der PLO-Kräfte im Süden des Landes, griff aus dem Hinterhalt eine syrische Panzerkolonne an und zerstörte vier Panzer sowie einige gepanzerte Mannschaftswagen. Mehrere syrische Soldaten, darunter zwei Offiziere, kamen um. Am nächsten Tag erreichte Assad die Nachricht, daß die wahnsinnigen Palästinenser zwei seiner Soldaten die Köpfe abgetrennt und Fußball mit ihnen gespielt hätten.

Am 21. Juni 1976 schloß die libanesische Armee unter dem Befehl des jungen Brigadekommandeurs Michel Aoun – von Dany Schamuns Tigermilizen gedeckt – den Belagerungsring um das von der PLO am stärksten befestigte, an der Verbindungsstraße zwischen den von Christen bewohnten östlichen Vororten Beiruts und dem Präsidentenpalast in Baabda gelegene Lager von Tel Satar. Tel Satar befand sich in einer Industriegegend, in der Tausende von Palästinensern arbeiteten. Das von Kissinger eingefädelte israelisch-syrische Abkommen nahm nun eine ganz praktische Gestalt an. Israelische Beobachter befanden sich an Ort und Stelle und berieten Schamuns Miliz, während syrische Offiziere unter dem Befehl von Rifat al-Assad, dem Bruder des Präsidenten, Aoun zur Seite standen. Der christliche Armeekommandant ließ in dem Belagerungsring eine Öffnung, durch die viele Bewohner von Tel Satar in von Moslems bewohnte Gegenden fliehen konnten. Aber als nach zweiundfünfzig Tagen die Belagerung endlich aufgehoben wurde, war die Zahl der Todesopfer alarmierend: Die Angreifer hatten über tausend Palästinenser und Schiiten ermordet.

Die Christen setzten den Kampf gegen die Palästinenser in den von ihnen bewohnten und verteidigten Gegenden fort, während die PLO die Christen aus dem Gebiet zwischen Beirut und Sidon zu verjagen suchte. Sie wollte den südlichen Landesteil übernehmen und die Christen in den Norden zurückdrängen, in dem sie zu Hause waren. Für die Christen war das alles kein Bürgerkrieg, sondern ein Kampf zwischen denen, die sich mit dem traditionellen, christlichen oder »grünen« Libanon und seinen Werten der westlichen Zivilisation identifizierten, und jenen, die sie zu vernichten trachteten. Sie sahen sich als Hüter der Unabhängigkeit, territorialen Integrität und Souveränität des Libanon. Eine Teilung wäre einer Kapitulation gleichgekommen.

Im August hatten die Syrer und ihre christlichen Verbündeten die Offensive der Dschumblat-Arafat-Kräfte zurückgeschlagen. Im Oktober lud der neugewählte Präsident Sarki die Syrer ein, eine Friedenstruppe zu bilden, um die Waffenruhe zu überwachen, die fortwährend gebrochen wurde. Assad flog zu einem Mini-Gipfel nach Riad, wo er sich mit den Führern Ägyptens, Saudi-Arabiens und Kuwaits traf, die sich einverstanden erklärten, eine von Syrien befehligte arabische Abschreckungsstreitmacht, »al-Radda«, zu finanzieren. Gegen Ende des Monats wurde die Aufstellung dieser Truppe bei einem von allen Mitgliedern der Arabischen Liga besuchten Arabischen Gipfel in Kairo formal gebilligt. Saudi-Arabien, der Sudan und die Staaten am Persischen Golf beteiligten sich mit symbolischen Kontingenten, die sie einige Monate später wieder zurückzogen. Damit waren die inzwischen 30 000 Syrer im Libanon bald wieder allein.

Mitte November 1976 besetzten die Syrer den von Moslems bewohnten Westteil Beiruts und befahlen den PLO-Milizen, sich aufzulösen. Assad erklärte, der Bürgerkrieg, der neunzehn Monate gedauert habe, sei nun offiziell vorbei. Doch der Krieg zwischen Assad und Arafat fing eigentlich gerade erst an. Roger Edde beschreibt Arafats Position: »Arafat verurteilte die syrische Invasion von 1976, und er hat seitdem keine Sekunde aufgehört, sie zu verurteilen.« Professor Hussan al-Khatib von der Universität in Damaskus fügt hinzu: »Wenn Sie den Zeitpunkt benennen wollen, von dem an sich die palästinensisch-syrischen Beziehungen entscheidend verschlechtert haben, dann werden Sie zu dem Ergebnis kommen, daß es 1976 anfing, als die syrische Armee in den Libanon einmarschierte.«[9])

14

Vertreibung aus Beirut

Das syrische Verteidigungsministerium thront massiv und unerschütterlich auf einem Hügel, ein graues, steinernes Bauwerk, das unbezähmbare Kraft ausdrückt. In seinem Inneren führen graue Korridore zu den Büros der Armee-, Luftwaffen- und Marinekommandanten. Eine Treppe höher liegt – hinter dicken Mahagonitüren – das Büro von Mustafa Tlass, dem Verteidigungsminister. Wenn der Besucher in den riesigen Raum eintritt, wird er zuerst von der Fülle und Intensität der Farben überwältigt. Den Boden bedeckt ein mächtiger, orientalisch gemusterter Flickenteppich in Rosa, Orange und Grün. Grauoliv bezogene, französisch aussehende Sessel umranden das Geviert des Saals, an dessen Wänden mit leuchtenden Farben bespritzte moderne Gemälde hängen. Hinten am Ende des Raums steht der kunstvoll gedrechselte Schreibtisch des Verteidigungsministers. Darauf ausgestellt befindet sich das silberne Modell einer sowjetischen Flugabwehrrakete, das auf einem grünen Panzer befestigt ist – ein Geschenk der Sowjets an die Syrer, sagt der Minister, als sie eine Anzahl dieser Waffen in Moskau gekauft haben. Über dem Schreibtisch hängt – altarähnlich – ein Photo des syrischen Präsidenten Hafis al-Assad. Es ist kein gewöhnliches Bild: Der Rahmen ist eine kinetische Assemblage aus roten, weißen und grünen Lichtern, die fortwährend um Assads Gesicht blitzen.

Der Minister ist ein gutaussehender Mann in den Sechzigern. Sein graues Haar, seine blauen Augen und die straffe Figur sind vielen flirtenden Damaszenerinnen ein vertrauter Anblick. Man kennt ihn wegen seiner romantischen Ausdrucksweise, seines poetischen Flairs und der literarischen Werke, die er verfaßt hat. Dazu gehört vor allem der luxuriöse Lederband mit Versen und Blumenphotographien, der den Titel »Die Rose von Damaskus« trägt.

Wenn manche auch über Tlass' literarische Bemühungen lächeln mögen, niemand lächelt über seinen Einfluß auf Hafis al-Assad. Obwohl der Verteidigungsminister Sunnit in einem Kabinett aus Alawiten ist, die einer kleinen islamischen Sekte angehören und wie Assad selbst hauptsächlich aus dem Bergdorf Kardaha kommen, sind er und der syrische Führer seit über dreißig Jahren enge Kollegen und Mitstreiter. Tlass und Assad halfen, die sozialistische säkulare panarabische Baath-Partei an die Macht zu bringen und das Regime von Salah Dschadid zu stürzen. In den sechziger Jahren lernte Tlass Arafat kennen, und obwohl sie zuerst Freunde waren, litt ihre Beziehung, als die Syrer in den Libanon kamen, um den Bürgerkrieg zu beenden. Wenige in der arabischen Welt sprechen offen so giftig über Arafat, und wenige haben dem PLO-Führer so wenig Raum zugestanden.

Aber das war nicht immer so. Tlass war einst einer der leidenschaftlichsten Anhänger der PLO. Damals wollte er die Landkarte von Palästina als Miniaturrelief prägen und jedem Soldaten in der syrischen Armee um den Hals hängen. Tlass bat Arafat um 800 000 Pfund für die Herstellung dieser Schmuckstücke. »Wir stritten und brachten den Preis auf 500 000 Pfund«, erzählt uns Arafats Berater Omar al-Khatib.[1]) *»Wir haben eine Riesenmenge von diesen Plastikmedaillons hergestellt. Aber sie haben Tlass nicht mehr als 200 000 Pfund gekostet«, meint der PLO-Beamte mit einem sarkastischen Lächeln.*

Zu Beginn des Libanonkriegs, als die von Syrien unterstützte as-Saika zusammen mit der PLO kämfte, waren Arafat und Tlass Bundesgenossen: Waffen und Nachschub durften durch Syrien hereingeschafft werden. Die beiden Militärchefs versuchten, auch unter den Sunniten und Schiiten Rekruten zu werben. Beide, die PLO und die in Syrien regierende Baath-Partei, waren säkulare Institutionen und wurden deshalb von den Moslemfundamentalisten mit einem gewissen Mißtrauen beobachtet. Tlass überlegte, wie man diese Rekruten gewinnen könnte, und wandte sich an den stellvertretenden militärischen Kommandanten der Fatah in Beirut, Omar al-Khatib: »Er kam und sagte mir, er würde gern Tausende von Koranexemplaren in einem schicken Einband drucken lassen«, sagt Khatib. »Ich habe es Abu Amar erzählt.« Arafat war einverstanden. »Ich gab Tlass eine halbe Million libanesische Pfund. Das sind fast 200 000 Dollar.«

Die Beziehung zwischen Tlass und Arafat wurde ein Jahr später schwierig, als die syrische Armee in den Libanon einmarschierte, um die Christen vor der PLO zu schützen, die in ihr Gebiet vorrückte. Etwa 3000 palästinensische Kämpfer wurden verhaftet und verhört.

Arafat hatte ihnen gegenüber, so wurde behauptet, erklärt, die säkularen Herrscher der syrischen Baath-Partei seien Verbündete der rechtsradikalen Christen. »Als ich das hörte, besuchte ich sie und gab einen Befehl aus«, der beweisen sollte, so Tlass, daß er ein praktizierender Moslem war. Er kam auf die Idee, die

Koranbücher zu verkaufen, und erklärte: »Alle, die den Koran auswendig können, sind sofort freizulassen.«

Khatib erzählt uns, zu einem Zeitpunkt irgendwann davor hätte Arafat sich bereit erklärt, Tlass zu helfen, »gewisse Vergünstigungen zu bekommen, und durch Tlass gewisse Vorteile zu erlangen, keine finanziellen, sondern politische, um gewisse Dinge für die PLO in Syrien zu garantieren. Wir pflegten Waffen von China und Osteuropa zu kaufen und sie über Latakia einzuführen. Die Waffen wurden in syrischen Arsenalen gelagert. Damit es leichter wurde, diese Waffen hereinzubringen, mußten wir nett zu Tlass sein.« Der syrische Verteidigungschef erwidert, Assad hätte Arafat noch viele andere Gefallen getan. »Wir haben ihm kostenlos Waffen gegeben«, Raketenwerfer, Kalaschnikows, Minen und Sprengstoff. Aber, so Tlass, bei der Kraftprobe zwischen den syrischen Truppen und den PLO-Kräften »haben sie sie gegen unsere Panzer und Mannschaftswagen eingesetzt«. Omar al-Khatib erwidert zornig: »Wir haben absolut keine Waffen von der syrischen Armee bekommen. Alles, was wir hatten, kam von dort, wo wir es gekauft hatten, oder es waren Geschenke, aber nicht von der syrischen Armee. Wir haben sogar eine Panzerfaustfabrik in Syrien gebaut, und als wir mit der Produktion anfingen, übernahm die syrische Armee die Fabrik.«

Während der blutigen Belagerung von Beirut im Juni 1982, erinnert sich der syrische Verteidigungschef Tlass, bekam die PLO zehn neue Mercedes-Krankenwagen als Geschenk aus Kuwait. Jeder dieser Wagen war etwa 60 000 US-Dollar wert. Doch, so Tlass, Arafat hätte sie nie für den Transport von Verwundeten benutzt. »Er brauchte sie nicht. Er kämpft nicht gern; darum gibt es keine Verwundeten«, sagt Tlass. »Wir haben sie Arafat für etwa den halben Preis abgekauft, und er hat das Geld in seine Tasche gesteckt.«

Nach den Worten des syrischen Verteidigungsministers existieren mehr als hundert solche Geschichten. Einmal, sagt er, gab eine Gruppe von kuwaitischen Geschäftsleuten Arafat einen Scheck über 800 000 US-Dollar. Der Scheck war auf die Palästinensische Befreiungsorganisation (PLO) ausgestellt. Arafat verlangte, daß dies ausgestrichen und der Scheck auf seinen Namen ausgestellt werde. Kann man Tlass Glauben schenken, so entspricht das der Regel: »Jedesmal, wenn ein arabischer Staatsmann ihm einen Scheck geben will, besteht er darauf, daß der Scheck auf seinen Namen ausgestellt wird. Auf diese Weise kann niemand etwas tun, weil Arafat das ganze Geld kontrolliert. Er ist auf sonderbare Art von Geld besessen und leidet unter demselben Komplex wie König Hussein, nur wollte er reicher sein als Hussein. Ich glaube, sie sind jetzt fast gleich reich.«

Tlass behauptet, Arafat hätte sogar versucht, ihn zu bestechen. Der PLO-Führer hatte dem syrischen Verteidigungsminister einen BMW geschenkt, und »als ich ihn zur Reparatur nach Beirut schickte, fand ich heraus, daß er dem amerikanischen Botschafter in Amman gestohlen worden war«, erzählt Tlass. Ein ehemaliger Beamter der US-Botschaft in Jordanien bestätigte den Diebstahl des Wagens, und Tlass gab das Luxusgefährt zurück, aber nicht an die US-Regierung. »Ich gab es«, sagt der Syrer mit einem Grinsen, »an unseren militärischen Geheimdienst zurück.«[1]) Omar Khatib entgegnet: »Wenn ich Ihnen erzähle, was uns alles gehört von dem, was sich in den Depots der syrischen Armee befindet, werden Sie absolut schockiert sein. Während die Israelis Beirut einschlossen, bekamen wir große Mengen an Waffen, Lebensmitteln und medizinischen Dingen, und die Syrer nahmen alles. Wir hatten Krankenwagen auf den Schiffen, und die Syrer nahmen uns sogar die weg.«

Tlass bemüht sich gar nicht erst, die Unstimmigkeiten mit Arafat zu bestreiten. Halb im Scherz sagt er: »Arafat möchte solo singen, aber er singt falsch.« Nach Ansicht des syrischen Verteidigungsministers hat Arafat der palästinensischen Sache einen schlechten Dienst erwiesen, als er sich entschied, mit keiner arabischen Regierung zusammenzuarbeiten. »Natürlich sollte es einen Staat geben, der die Palästinenser direkt unterstützt, aber der Staat sollte Palästina benachbart sein – entweder Syrien, Jordanien oder Libanon«, erklärt Tlass. Arafat aber »hat Jordanien schlecht mitgespielt, und König Hussein hat ihn hinausgeworfen. Er hat Syrien schlecht mitgespielt, und Hafis al-Assad hat ihn vor die Tür gesetzt. Alle haben ihn hinausgeworfen, also hat er sich Israel ergeben. Und in Tunis? Die Tunesier werden ihn auch hinauswerfen«, prophezeit der Syrer. »Er richtet überall, wohin er kommt, Zerstörung an.«

Ab 1976 wurde täglich offensichtlicher, daß Syrien nicht die Absicht hatte, seine inzwischen 40 000 Mann aus dem Libanon wieder abzuziehen. Nicht nur die PLO-Führung, sondern auch gewöhnliche im Libanon lebende Palästinenser fingen an, Syrien als ihren Feind zu betrachten. Gleichzeitig entwickelte sich im Süden eine neue Gefahr für die PLO.

Im Mai 1977 wählten die Israelis eine neue Regierung unter Menachem Begin, der Vorsitzender der Herut-Partei war und die neue Likud-Koalition leitete. Begin hatte nicht viel Respekt vor Kissingers »Red-line Agreements«, dem Geheimabkommen seines Vorgängers Yitzhak Rabin von der Arbeitspartei mit den Syrern. Rabin hatte Israel aus den libanesischen Fehden heraushalten wollen. Aus Rabins Sicht verringerte sich für Israel die Kriegsgefahr, wenn der Libanon geschwächt war, weil dort Christen gegen Moslems kämpften. Syriens Präsenz im Libanon war für Rabin kein Anlaß zur Sorge: Wenn Syrien die PLO in Schach hielt, um so

Libanon 1982. Auf Drängen der Libanesen und nach einer Übereinkunft mit den Amerikanern wurden 14 000 Fatah-Freischärler gezwungen, das Land zu verlassen. Hier Arafat mit Abu Dschihad (Khalil Wasir), dem stellvertretenden Fatah-Führer und Kommandanten der militärischen Kräfte der PLO im Libanon. (Bassam Abu Scharif)

Beim Auszug mit seinen Kräften aus dem Libanon umarmt Arafat eine Palästinenserin. (Bassam Abu Scharif)

Gespräch mit dem ägyptischen Präsidenten Anwar Sadat im Juli 1977. Bald darauf kündigte Sadat seinen Besuch in Jerusalem an. Arafat weigerte sich daraufhin, ihn je wiederzusehen. (UPI/Bettmann)

Arafat, Abu Ijad (Mitte), der stellvertretende PLO-Chef, und George Habasch (rechts), der Führer der Volksfront für die Befreiung Palästinas (PFLP) auf einer Konferenz des palästinensischen Nationalrats in Algier 1987. (Reuters/Bettmann)

König Hussein von Jordanien heißt Arafat willkommen. Die beiden Führer sind seit über zwei Jahrzehnten mißtrauische Verbündete. (Bassam Abu Scharif)

Arafat 1983 bei einer Begegnung mit dem ägyptischen Präsidenten Hosni Mubarak. (UPI/Bettmann)

Arafat mit Abul Abbas, dem Führer der Palästinensischen Befreiungsfront (PLF) und Mitglied des PLO-Exekutivkomitees. Abbas inszenierte die Kaperung des italienischen Kreuzfahrtschiffes *Achille Lauro* und den Guerillaangriff auf einen Strand in Tel Aviv im Juni 1990. (UPI/Bettmann)

Bei der Arbeit an Bord eines geliehenen Jets. Arafat liest sich durch Stapel von Berichten und Faxen. Er unternimmt durchschnittlich zehn Flugreisen pro Monat und sagt seinen Mitarbeitern nie, wohin es geht, bevor das Flugzeug in der Luft ist. (Mimmo Frassineti – A.G.F./Il Venerdì di Repubblica)

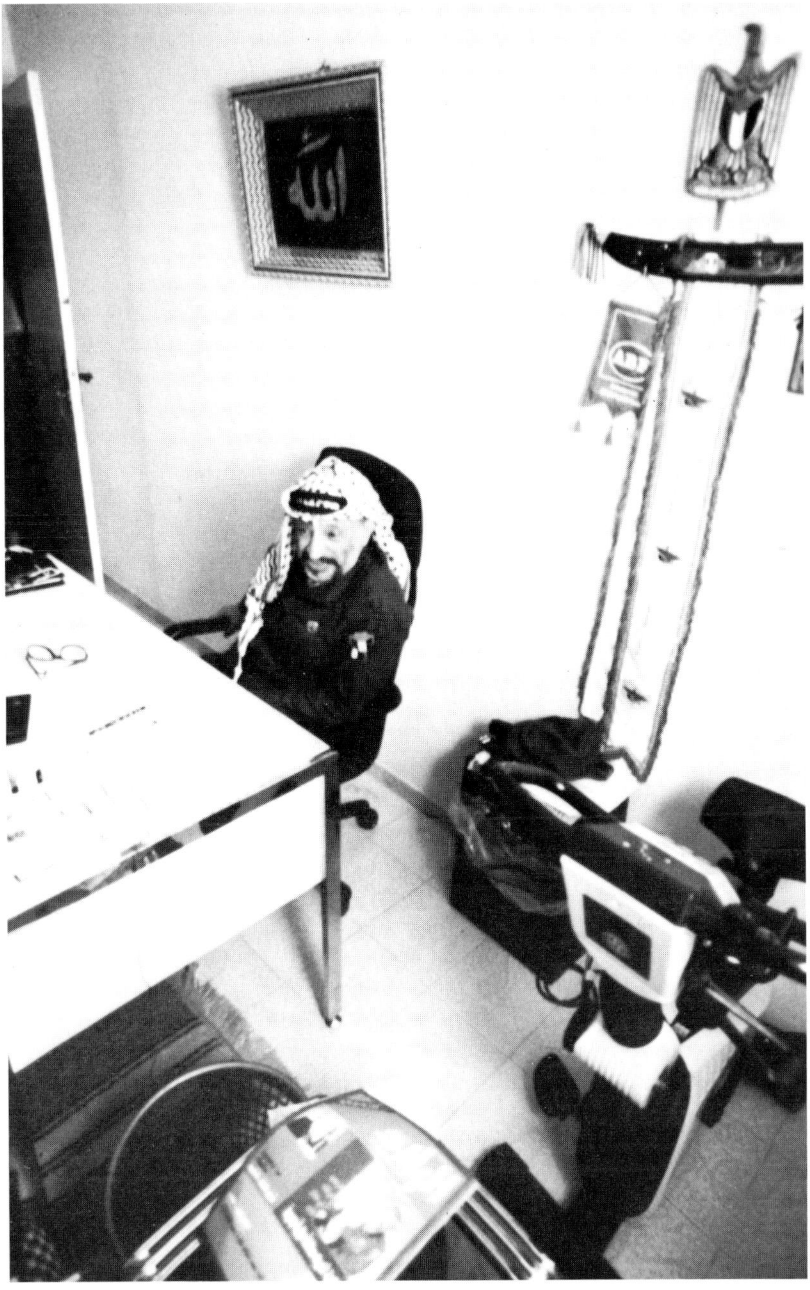

Arafat in seinem spartanisch eingerichteten Büro in Tunis.
(Mimmo Frassineti – A.G.F./Il Venerdì di Repubblica)

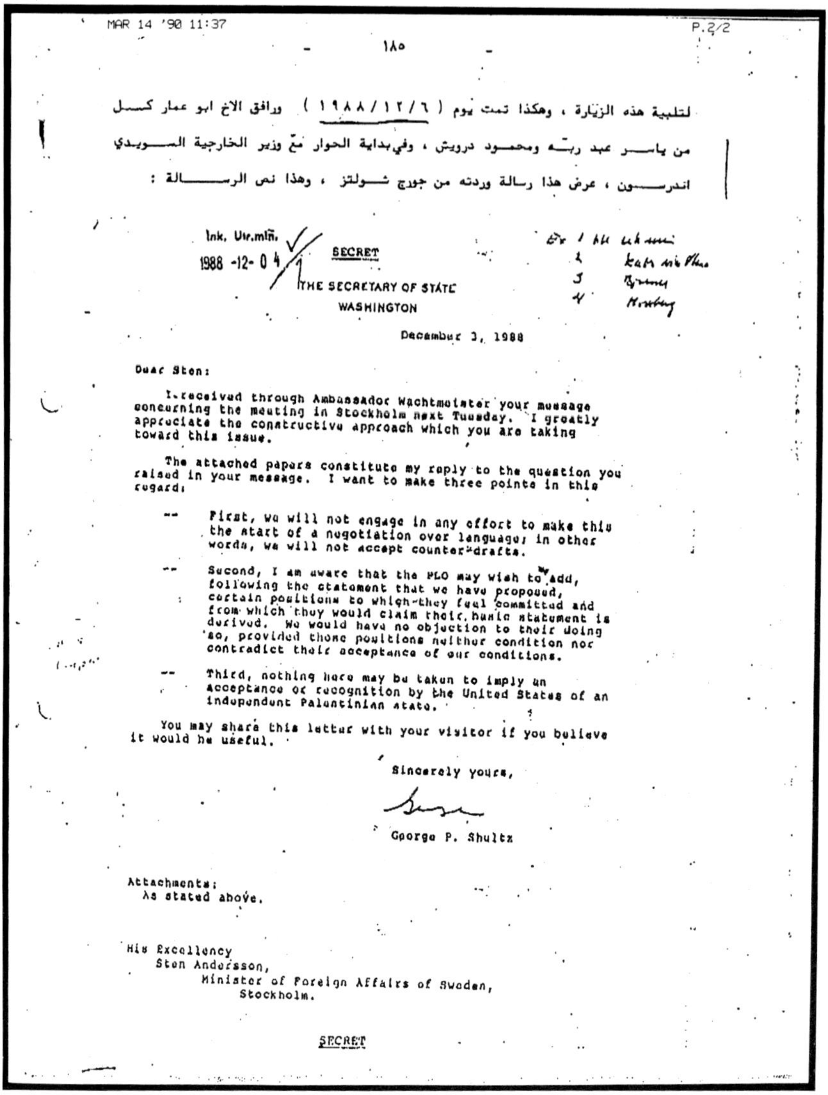

MAR 14 '90 11:37 P.2/2

١٨٥

لتلبية هذه الزيارة ، وهكذا تمت يوم (١٩٨٨/١٢/٦) ورافق الاخ ابو عمار كـسـل
من ياسـر عبد ربـه ومحمـود درويش ، وفي بداية الحوار مع وزير الخارجية السـويدي
اندرسـون ، عرض هذا رسالة وردته من جورج شـولتز ، وهذا نص الرسـالة :

Ink. Utr.min.
1988-12-04

SECRET

THE SECRETARY OF STATE
WASHINGTON

December 3, 1988

Dear Sten:

I received through Ambassador Wachtmeister your message concerning the meeting in Stockholm next Tuesday. I greatly appreciate the constructive approach which you are taking toward this issue.

The attached papers constitute my reply to the question you raised in your message. I want to make three points in this regard:

-- First, we will not engage in any effort to make this the start of a negotiation over language; in other words, we will not accept counter-drafts.

-- Second, I am aware that the PLO may wish to add, following the statement that we have proposed, certain positions to which they feel committed and from which they would claim their basic statement is derived. We would have no objection to their doing so, provided those positions neither condition nor contradict their acceptance of our conditions.

-- Third, nothing here may be taken to imply an acceptance or recognition by the United States of an independent Palestinian state.

You may share this letter with your visitor if you believe it would be useful.

Sincerely yours,

George P. Shultz

Attachments:
As stated above.

His Excellency
Sten Andersson,
Minister of Foreign Affairs of Sweden,
Stockholm.

SECRET

Kopie eines geheimen Briefes vom 3. Dezember 1988: US-Außenminister George P. Shultz an den schwedischen Außenminister Sten Andersson. Andersson spielte eine entscheidende Rolle als Mittelsmann zwischen Shultz und Arafat. Der Brief nannte die amerikanischen Bedingungen für den Beginn eines offiziellen Dialogs mit der PLO und gab ihr gewisse, noch immer geheime Garantien, die die Palästinenser verlangt hatten.

Arafat mit einem Poster der Intifada, des palästinensischen Aufstandes in der West Bank und Gaza, der im Dezember 1987 begann.
(Mimmo Frassineti – A.G.F./Il Venerdì di Repubblica)

Der irakische Präsident Saddam Hussein begrüßt Arafat beim Gipfel der blockfreien Staaten in Havanna, Kuba, im September 1979. (Abbas/Magnum)

Saddam Hussein umarmt Arafat am 6. August 1990 im irakischen Fernsehen. Arafat war vier Tage nach dem irakischen Einmarsch in Kuwait in den Irak geflogen – in dem Bemühen, eine arabische Lösung für den sich verschärfenden Konflikt zu finden.

besser. Der neuen Likud-Führung gefiel das nun im Libanon vorherrschende Machtgleichgewicht jedoch nicht. Begin wollte, daß sich die christlichen Milizen zu einer einzigen paramilitärischen Streitmacht vereinigten, damit sie Israel helfen könnten, die PLO im Libanon zu vernichten. Der libanesische Falange-Führer Baschir Gemayel sah das ähnlich und begann einen neuen Krieg, um die christlichen Milizen unter seiner Dachorganisation zu vereinigen. Seine falangistischen Kräfte griffen zuerst Frandschiehs al-Marrada-Kämpfer im Norden an.

Besorgt, daß eine starke christliche Allianz die syrische Präsenz im Libanon gefährden könnte, stellte sich Assad hinter Tony Frandschieh. Nach dem ersten Zusammenstoß der beiden christlichen Milizen holten die Falangisten zu einem großen Schlag gegen das Dorf Sugharta, Frandschiehs wichtigste Hochburg, aus. Die falangistische Brigade wurde von Samir Geagea geführt. Zweiunddreißig al-Marrada-Partisanen wurden getötet, unter ihnen ihr Führer Tony Frandschieh, der sechsunddreißig Jahre alte Sohn des vormaligen Präsidenten, seine zweiunddreißigjährige Frau Vera und ihre dreijährige Tochter Jehane. Daraufhin bat Suleiman Frandschieh die Syrer, im Land zu bleiben. Ein Jahr später vertrieb die syrische Armee die christlichen Fangalisten aus Byblos in der Nähe von Beirut und räumte den Weg nach Norden bis zu den Zedern des Libanon frei.

Israel aber unterstützte jetzt offen Gemayels Milizionäre, und nach mehrmonatigem Beschuß durch die Falangisten zogen sich die Syrer aus Ostbeirut, Dschunieh und Byblos zurück. Sie verlegten ihre Truppen ins Bekaa-Tal. Zum Zeitpunkt unserer Recherchen – im Sommer 1989 – bilden die drei Orte eine Region, die die Christen den »Freien Libanon« nennen. Inzwischen hatte Begin die historischen Abkommen von Camp David und den ägyptisch-israelischen Friedensvertrag unterzeichnet – den ersten überhaupt, den eine arabische Nation mit dem jüdischen Staat geschlossen hatte. Nun träumte Begin davon, den Libanon zu befreien und von seiner Hauptstadt aus die Worte zu verkünden, die er und Anwar el-Sadat auf dem Rasen des Weißen Hauses ausgesprochen hatten: »No more war.«

Die Veränderung der israelischen Politik machte sich sofort bemerkbar. Der Friedensvertrag führte dazu, daß ein noch anderes Bündnis geschmiedet wurde: Assad und Arafat gelang es, ihre Differenzen beizulegen und sich auf ein gemeinsames Vorgehen zu einigen. Sie wollten etwas gegen die immer heftigeren Bombenangriffe der Israelis im südlichen Libanon unternehmen. Der syrische Verteidigungsminister verrät: »Wir schlugen sogar die Bildung eines Staates aus Syrien und der PLO vor.« Er sagt, er hätte einen ganzen Monat damit zugebracht, auf Arafat einzureden, aber »all meine Bemühungen waren umsonst«.[2]) Arafat wollte allein agieren.

Mittlerweile setzte Baschir Gemayel seine von Israel unterstützte Kampagne im Norden fort. Am 7. Juli starteten die christlichen Falangisten einen Überraschungsangriff gegen die zweite der Hochburgen der Christenmilizen, gegen Dany Schamuns Hauptquartier in den Kurorten Al-Safra, Metin und Dschebiel. Im Kampf der Christen gegen Christen wurden Hunderte abgeschlachtet – viele davon, während sie sich in ihren Schwimmbecken befanden. Schamun floh ins Exil nach Paris, und die nun in »Lebanese Forces« umbenannten Falangisten schluckten das Militär und die Kommandostrukturen der »Tiger« Schamuns.

Im Frühjahr 1982 versprachen die USA Syrien, daß die Israelis, die PLO-Stellungen im Süden bombardierten, nicht über den Awali-Fluß hinausgehen würden, der knapp fünfzig Kilometer nördlich von der israelisch-libanesischen Grenze verläuft. Im April aber rechneten Assad und Arafat mit einer großen israelischen Offensive. Syrien unterzeichnete einen Vertrag, in dem es versprach, der PLO zu helfen, um die erwartete israelische Invasion zurückzuschlagen. Arafat fühlt sich bis heute von den Syrern verraten, weil sie die Palästinenser gleich zu Beginn der schließlich im Juni 1982 gestarteten israelischen Invasion im Stich gelassen und den Israelis vor allem im Süden ausgeliefert haben. Erst als die Israelis weiter vorgedrungen seien und die Syrer im Bekaa-Tal bedroht hätten, habe Assad seine Truppen in die Schlacht geschickt, schildert Arafat die damalige Situation. »An einem Tag haben sie 110 Flugzeuge, ihr gesamtes Flugabwehrsystem im Libanon und 100 T-72-Panzer verloren«, erzählt uns Mohammed Naschaschibi, der das PLO-Büro in Damaskus leitet. »Die Syrer haben ihre Panzer bei Tageslicht ohne Luftsicherung eingesetzt und wurden einer nach dem anderen abgeschossen. Es war ein Massaker.«[3])

Am 13. Juni, kaum eine Woche nach dem Beginn der Kämpfe, war Westbeirut eingeschlossen. Arafat saß wie ein Tier in der Falle und verkroch sich in hastig gegrabenen Bunkern, um den gnadenlosen israelischen Bombardements zu entgehen. PLO-Kommandos mußten in das von den Syrern beherrschte Bekaa-Tal zurückweichen, während die Führung der Fedajin gezwungen war, ihr Hauptquartier von Beirut nach Damaskus zu verlegen. Wieder einmal kam es der PLO so vor, als erledige Israel die Schmutzarbeit für Syrien und als streiche Syrien die Belohnung ein. Den Bedingungen entsprechend, die Philip Habib, Präsident Reagans Sonderbotschafter im Nahen Osten, für den Abzug der

PLO ausgehandelt hatte, konnten 14 000 ihrer Kämpfer die libanesische Hauptstadt per Schiff oder über die Fernstraße in Richtung Damaskus verlassen. »Wir haben sie alle in Tartus, nördlich von Tripoli, in Empfang genommen«, berichtet Naschaschibi. Unter den Gedemütigten, die kamen, waren George Habasch und Najaf Hawatmeh, die Führer der PFLP und der DFLP. »Wie alle anderen wurden sie entwaffnet und in ein Speziallager geschickt. Dann wurden sie entlassen«, so Naschaschibi, »aber ihre Waffen bekamen sie nicht zurück.« Arafat, der letzte, der Beirut verließ, weigerte sich, nach Damaskus zu gehen. Er fuhr mit dem Schiff nach Athen, um Syrien seine Verachtung zu zeigen und um zu unterstreichen, daß die übrige arabische Welt ihn im Stich gelassen hatte.

Erst ein paar Wochen später meldete er sich aus seinem neuesten, letzten Zufluchtsort, dem eineinhalbtausend Meilen entfernten Tunis, wieder zu Wort. Er wußte, daß es nur noch einen Ort gab, an dem man ihn vielleicht noch einmal willkommen heißen würde – vorausgesetzt, er fügte sich den Gesetzen des dort lebenden Monarchen. Nachdem man ihn im größten Teil der Welt abgeschrieben hatte, erschien ihm das als ein geringer Preis für die Versöhnung, die die palästinensische Sache voranbringen würde. Arafat sah ein, daß er sich rehabilitieren mußte, und nur König Hussein von Jordanien konnte ihm dabei helfen. Außerdem gab es nichts, womit er Assad mehr ärgern konnte. So fing er schon Ende 1982 an, jene Palästinenser zu bearbeiten, die an der sechzehnten Sitzung des Palästinensischen Nationalrates (PNC) Anfang 1983 in Algier teilnehmen würden. Arafat bat sie, Präsident Reagans Friedensplan nicht rundweg abzulehnen, der am 1. September 1982 veröffentlicht worden war, als Arafat sich gerade auf dem Schiff in Richtung Athen befand. Er wollte sich damit einen gewissen Spielraum sichern, um einen Modus vivendi mit Hussein auszuloten. Die Israelis wurden im Rahmen des Reagan-Planes aufgefordert, einen Kompromiß auf der Grundlage der Formel »Land für Frieden« zu akzeptieren und den Bau neuer Siedlungen in der West Bank und in Gaza als vertrauensbildende Maßnahme vorläufig einzustellen. Und auch wenn in dem neuen amerikanischen Vorschlag ein unabhängiger palästinensischer Staat abgelehnt wurde, so ließ er doch die Möglichkeit offen, daß eine Konföderation mit Jordanien am Ende eines Verhandlungsprozesses stehen könnte. Ministerpräsident Begin verwarf den Reagan-Plan sofort kategorisch, was natürlich dafür sorgte, daß die PLO ihn sich aufmerksamer ansah.

Nach einer intensiven Debatte des Nationalrates im Februar 1983 glaubte Arafat, genug Rückendeckung zu haben, um König Hussein ein

Kooperationsangebot unterbreiten zu können. Anfang April versuchte Arafat drei Tage lang, seine Differenzen mit Hussein und seinen Beratern auszuräumen und eine gemeinsame Plattform für neue Friedensgespräche zu schmieden. In der Tat setzte eine gemeinsame Kommission aus jordanischen und PLO-Vertretern eine Erklärung auf, die von den beiden Führern gutgeheißen wurde. Sie verlangte nach einem Verhandlungsteam unter Leitung König Husseins, dem von der PLO ausgesuchte Palästinenser, aber keine PLO-Mitglieder, angehören sollten. Am folgenden Tag aber lehnte der PLO-Exekutivausschuß die Vereinbarung kategorisch ab, und am 8. April schickte Arafat Hussein ein Telegramm: Derzeit könne er ihm kein Mandat geben, für die PLO mit der Reagan-Regierung zu verhandeln.

Nach Ansicht vieler Mitglieder in der Führungsgruppe der Palästinenser war damit das große Malheur schon passiert. Ohnehin von dem durchs Fernsehen in alle Welt gesendeten Alptraum ihres Rückzugs aus Beirut beschämt und zornig über die von den Israelis geduldeten Falangisten-Massaker in den Lagern von Sabra und Schatila zwei Wochen darauf, war ihnen der Anblick des gedemütigten Arafat, der ausgerechnet jenem Monarchen den Hof machte, der sie aus Jordanien vertrieben hatte, unerträglich.

Was in Syrien das Faß zum Überlaufen brachte, war die Entdeckung, daß Arafat in Tripoli fünfzig Moslemfundamentalisten Zuflucht gewährt hatte, die in Aleppo im Norden Syriens einen blutigen religiösen Aufstand angezettelt hatten.[4]) Bei dieser Revolte waren achtzig junge syrische Offiziere, Angehörige der Alawitensekte Präsident Assads, ermordet worden. Assad entschied sich nun, Arafat von seinem Posten des PLO-Vorsitzenden zu entfernen.

Auf der Suche nach unzufriedenen palästinensischen Bundesgenossen brauchte der syrische Präsident nicht lange Ausschau zu halten. Bei den Fatah-Kräften, die die Beförderungen, die Arafat in seinem Offizierscorps vorgenommen hatte, mit kritischen Augen betrachteten, hatte sich eine Reformbewegung gebildet. Sie war für eine Demokratisierung des Auswahlverfahrens von PLO-Führern. Diese neue Fraktion innerhalb der Fatah wurde von einem erfahrenen Krieger geleitet, der, während er die palästinensischen Kräfte im südlichen Libanon befehligte, sechsmal verwundet worden war. Es handelte sich um Hauptmann Abu Musa (Saed Musa Muragha), einen geachteten Soldaten, der bei den Palästinensern über einen beträchtlichen Anhang verfügte. Seine neue Gruppe, »Fatah Uprising« (Fatah-Aufstand), erklärte Arafat den Krieg und griff das autokratische System an, dessen sich Arafat bei der Ausübung seiner

Macht bediente. »Fatah-Aufstand« verlangte die Einführung eines Verhältniswahlsystems in den Gewerkschaften der PLO, in ihren Wohlfahrtsfürsorge- und Frauengruppen, in allen PLO-Organen vom herrschenden Zentralrat bis hinunter zu den Massenorganisationen und innerhalb des Palästinensischen Nationalrats. Allerdings, so sagt PLO-Sprecher Dschamil Hilel: »Man sollte den Ruf nach Demokratisierung von den Motiven der Leute trennen, die die PLO spalten und Arafat stürzen wollten.«

Abdul Hadi al-Maschasch, ein Führer der neuen Fraktion, erzählt, die Revolte zum Sturz Arafats hätte begonnen, als der PLO-Führer Offiziere, die sich Arafats Befehl, den Libanon zu räumen, widersetzt hatten, auswechselte und an ihrer Stelle Loyalisten ernannte, »die nie gegen die Israelis gekämpft hatten«. Diese Offiziere verdächtigten Arafat, er hätte einen geheimen Pakt mit dem amerikanischen Sonderberater Habib geschlossen, der sie zwingen würde, den Libanon zu verlassen – genauso wie Tausende ihrer Landsleute Beirut hatten verlassen müssen. »Es waren etwa sechzig Offiziere, denen Arafat die Räumung befahl«, sagt Maschasch.[5]) »Aber wir weigerten uns.« Von den insgesamt 15 000 Fatah-Kämpfern im Libanon »zogen etwa 3000 mit den anderen Kadern nach Tunis, in den Jemen, in den Sudan und nach Jordanien. Die restlichen etwa 12 000 Freischärler blieben bei uns«, erklärt der Rebellenführer. Sie waren nicht bereit, den Libanon zu verlassen, nur weil Arafat es ihnen befahl.

Assad gefiel Abu Musas kompromißlose Haltung. »Arafat hat sich von der PLO-Charta abgewandt, als er sich bereit erklärte, Israel anzuerkennen. Wir bleiben bei den ursprünglichen Prinzipien von Fatah«, sagt Maschasch. »Wir sind verpflichtet, den bewaffneten Kampf fortzusetzen, weil wir glauben, daß dieses Gebilde in Palästina – Israel – niemals ein Partner für den Frieden sein kann. Arafat meint, er könne eine politische Lösung erreichen, und verlangt von uns einfach, einen Teil Palästinas aufzugeben. Wir glauben, daß *ganz* Palästina das Heimatland der Palästinenser ist, und wir werden diesen Glauben nie aufgeben.«

Für Assad war Abu Musa ein willkommener Bundesgenosse. Ab Mai 1983 fingen die Syrer an, die Rebellen logistisch zu unterstützen. Von ihrem neuen Wohltäter ermutigt, verurteilte die neue Gruppierung Arafat öffentlich und klagte ihn an, einen »militärischen und organisatorischen Staatsstreich in der Fatah« durchzuführen. Arafat reagierte sofort und entzog den etwa 400 Rebellen den Nachschub. Sie bekamen keine Lebensmittel, keinen Kraftstoff und kein Geld mehr. Im Juni ging Arafat nach Damaskus und verurteilte sie bitter. Scheich Saad al-Din al-Alami, der moslemische Mufti von Jerusalem, gab eine Fatwa, ein religiöses Urteil, heraus: Er verurteilte Assads Bemühungen, die Fatah auszulöschen, und rief zu seiner Ermordung auf.[6]) Das mit den Syrern rivalisierende Baath-Regime im Irak drehte seinem Nachbarn den Geldhahn zu und rief das syrische Volk auf, den »unterdrückerischen Tyrannen« zu stürzen, der sich, so behaupteten die Irakis, mit Israel verbündet hatte, um die PLO zu vernichten.

»Wir schlugen ein Schiedsgerichtsverfahren vor, aber Arafat lehnte es ab und drohte uns mit einer bewaffneten Konfrontation«, berichtet Maschasch. Ein verärgerter palästinensischer Kämpfer am Rande von Tripoli, enttäuscht darüber, daß es ihm nicht gelang, bei Arafat Gehör zu finden, rief: »Was soll ich tun? Arafat mit einem Flugzeug jagen?« Als Assad von Arafats hitziger Auseinandersetzung mit den Rebellen erfuhr, gab er ihm zwei Stunden Zeit, Syrien zu verlassen. Am 24. Juni 1983 fuhr Arafat zum Flughafen. Auf dem Weg dorthin, erzählt Dschamil Hilel, versuchten von den Syrern unterstützte Rebellen, ihn zu ermorden. »Die Mörder warteten in zwei bis drei Wagen. Doch dann geschah etwas, wodurch der Anschlag vereitelt wurde.« Hilel ist nicht bereit, das Geheimnis zu lüften. Arafat ergatterte einen Platz in einer Linienmaschine und flog nach Tunis.

Fünf Jahre lang, von diesem Tag im Sommer 1983 bis zum Begräbnis von Abu Dschihad 1988, ist Arafat nicht mehr in Damaskus gewesen. »Er war verächtlich, sogar bei der Beerdigung«, berichtet Minister Tlass. »Er hat nicht am Leichenzug teilgenommen.« Nach der Zeremonie, als Assad sich bereit fand, mit ihm zu sprechen, bat Arafat ihn höflich um Rat, erinnert sich Tlass. Der syrische Führer sagte Arafat, er solle seine Fehde beenden und sich mit den von Damaskus unterstützten palästinensischen Fraktionen vereinen. Statt dessen »verließ er Assads Büro und beschloß, Abu Musa zu töten – um anschließend über die Ausrede zu verfügen, er könne sich ja nicht mit toten Leuten vereinen«. Verbittert fügt der syrische Verteidigungsminister hinzu: »Er hat Sabotageoperationen gegen Syrien ausgeführt. Er wollte Assad und das ganze syrische Regime stürzen.«

Die endgültige Kraftprobe innerhalb der PLO sollte indes erst kommen. Assad mobilisierte die as-Saika zusammen mit den Kräften von Ahmed Dschibrils PFLP-Generalkommando und Abu Musas »Fatah-Aufstand« und trieb die Fatah-Kämpfer aus dem Bekaa-Tal in den Norden bis Tripoli. Dort hoffte Assad, Arafat und seinen Männern eine Lektion zu erteilen, die sie so bald nicht vergessen würden.

Arafat fuhr Ende September inkognitc per Schiff von Algier nach Tripoli, um den Rebellen in seinen eigenen Reihen gegenüberzutreten. »Er fuhr hin, weil er bei den belagerten Palästinensern sein und den Syrern zeigen wollte, daß er bereit war zu kämpfen«, sagt Hilel. Tlass sieht Arafats Motive mit etwas mehr Zynismus: »Er traute sich nach Tripoli, weil er damit rechnete, daß wir ihn nicht angreifen würden.«

Für Assad war Arafats unerwartetes Erscheinen in Tripoli mehr als nur ärgerlich. Arafats Präsenz in der Moslemhauptstadt im Norden Libanons mit ihren starken Verbindungen zur Moslembruderschaft war für Assads alawitisches Minderheitsregime eine direkte Herausforderung. Im Februar 1982 hatte Assad seine Truppen angewiesen, einen Aufstand der sunnitischen Fundamentalisten in Hama niederzuschlagen. Diese nordwestlich von Damaskus gelegene, von 180 000 frommen Moslems bewohnte Stadt war durch die lange Tradition ihres Widerstandes gegen die weltliche Zentralregierung in Damaskus bekannt geworden. Es kam zu einem Massaker, bei dem 20 000 Syrer, viele von ihnen Zivilisten, ermordet wurden.

Assad fühlte sich nun erneut bedroht. Er konnte nicht tatenlos dasitzen und warten, während die Fundamentalisten in Tripoli sich mit denen in Hama oder Aleppo verbündeten und die sunnitische Mehrheit gegen ihn aufhetzten. Assads Auffassung war, daß Arafat sich entschlossen hatte, in Tripoli zu kämpfen, weil er dort der Bergheimat der Alawis an der syrischen Grenze nahe war. Und was in der Nähe ihrer Berge lag, das mußten die Alawiten beherrschen, wenn sie überleben wollten.

Tlass meint, Arafat hätte eine Gruppe nach der anderen liquidieren wollen, die mit syrischer Unterstützung und in den von syrischen Kräften kontrollierten Regionen operierten – die Baath-Partei, Dschumblats Progressive Sozialistische Partei, die Kommunistische Partei, die SSNP, Frandschiehs al-Marrada-Einheiten und die Amal- und Hisbollah-Milizen der Schiiten. »Er fing damit an, als er die Mitglieder der SSNP tötete. Danach begann er, die Kommunisten umbringen zu lassen.«

Der syrische Verteidigungsminister rief daraufhin den sowjetischen Generalstabschef Nikolai Ogarkow an, um ihn auf das aufmerksam zu machen, was er für einen CIA-Anschlag zur Eliminierung der Kommunisten hielt. »Ogarkow antwortete mir, die Sowjets hätten die Sache mit der CIA diskutiert. Die Amerikaner hätten ihm versichert, sie hätten keinen Befehl ausgegeben, die Kommunisten zu liquidieren.« Der Syrer aber glaubte ihnen nicht. Er erinnerte Ogarkow daran, daß Sadat, als er die zweitausend sowjetischen Berater aus Ägypten hinauswarf, auch nicht auf ausdrücklichen Befehl der CIA gehandelt hatte. »Er sagte mir, er habe verstanden – und in den folgenden fünf Jahren war Arafat in

Moskau nicht willkommen. Sie wußten, daß er sich auf die amerikanische Seite geschlagen hatte.«

Präsident Assad gab derweil den Befehl, den PLO-Führer zu töten. Die von der syrischen Armee unterstützten Rebellen innerhalb der PLO beschossen die Stellungen der Fatah mit Mörsern. Von See her lagen Arafats Männer unter dem Beschuß der israelischen Armee. Über das Vorgehen der Syrer berichtet der Verteidigungsminister: »Ich habe Arafat und seine Leute gewarnt, ich würde mit Panzern angreifen. Ich habe sechs Treffer in der Nähe seiner Stellung gelandet und ihm gesagt, der nächste würde auf seinem Kopf landen. Er mußte wissen, daß wir ihn töten würden.« Tlass benutzte damals eine Ansprache an die Absolventen der Luftwaffenakademie in Aleppo, um sicherzustellen, daß die Botschaft bei Arafat ankam. Die Rede des Verteidigungsministers wurde im syrischen Rundfunk gesendet. Für den Fall, daß Arafat sie zufällig nicht mitbekommen sollte, sorgte Tlass dafür, daß sie ihn auf anderen Wegen erreichte. Militärattachés aus siebzehn Ländern waren bei dieser Festlichkeit in Aleppo anwesend. »Einer von ihnen würde die Botschaft sicherlich weitergeben«, kalkulierte Tlass.

Im Dezember 1983, nach zehn Tage langen und besonders schweren Gefechten, schlossen Assads Kräfte die Fatah-Guerilla ein, und erneut saß Arafat wie ein eingesperrtes Tier in der Falle. »Wir litten«, sagt Maschasch, »weil wir merkten, daß Dutzende von Palästinensern getötet wurden, und obwohl sie auf Arafats Seite standen, waren sie doch ein Verlust für die palästinensische Revolution.« Wenige in den internationalen Medien nahmen an, daß der bärtige Revolutionär diese Kraftprobe überleben würde.

Doch mit staatsmännischer Geschicklichkeit appellierte Arafat an Frankreich, Ägypten und die Vereinigten Staaten. Daraufhin arrangierten die Franzosen eine Passage an Bord eines griechischen Schiffs, das von Tripoli abfuhr. Außerdem stellten sie eine Armada zur Verfügung, die Arafat und seine Leute beim Abzug beschützen würde. Die Vereinigten Staaten übten Druck auf die Israelis aus, um sie von weiteren Angriffen auf Arafat abzuhalten. In Arafats Kielwasser verließ schließlich eine Flottille von 4000 Fatah-Kämpfern den Libanon.

Statt nach Tunis zurückzukehren, fuhr Arafat per Schiff nach Ismailia am Suezkanal und wurde von dort per Hubschrauber nach Kairo gebracht. Die folgende Versöhnung mit Hosni Mubarak, dem ägyptischen Präsidenten, war ein Wendepunkt für Arafat. »Nicht nur, daß Ägypten mit Syriens Hauptfeinden Jordanien und dem Irak gute und mit Libyen, Syriens Hauptbundesgenossen, schlechte Beziehungen hatte. Diese drei

Länder lagen um Syrien herum und waren eine ziemlich mächtige Gruppierung«, sagt Hilel. »Arafat verbündete sich mit einer arabischen Regionalmacht gegen die syrische Achse.«

Der Entschluß, nach Kairo zu reisen, war sehr persönlicher Art, berichtet Hilel. Er erinnert sich, daß Arafat gesagt hat: »Da die Syrer mich zum Abzug zwingen, werde ich nun zu ihren Feinden gehen.« Gleichzeitig konnte Arafat den Zwang abschütteln, die Einheit der PLO durch Beschwichtigung der Splittergruppen zu bewahren. Jetzt konnte er – zusammen mit der einzigen arabischen Nation, die schon mit Israel Frieden geschlossen hatte – die politische Option verfolgen. »Es war an der Zeit«, so erklärte Arafat nach einem zweistündigen Gespräch mit Mubarak, »den Gedanken der Schaffung einer palästinensischen Exilregierung ins Auge zu fassen.« Der ägyptische Führer war erfreut. Nach fast zwei Jahrzehnten revolutionären Kampfes schien Jassir Arafat nun den Kurs zu wechseln und sich mit dem Gedanken anzufreunden, einen Kompromiß schließen und Verantwortung auf sich nehmen zu müssen, um politisch etwas für das palästinensische Volk zu erreichen.

Das jedenfalls war das Urteil seiner palästinensischen Gegner. Zeitungen, die der PFLP nahestanden, prangerten ihn als den »Sadat von Palästina« an. Assad nannte ihn einen Verräter und versuchte, Faruk Kaddumi und Salah Khalaf zu überreden, ihn abzusetzen. Jedem von ihnen bot er syrische Unterstützung an, sollten sie sich bereit erklären, die PLO zu übernehmen. Selbst sonst mit Arafat sympathisierende Organisationen wie Radio Monte Carlo warfen dem PLO-Vorsitzenden vor, er folge den Fußstapfen der verräterischen Abkommen von Camp David.

Um Assad zu besiegen, mußte Arafat beweisen, daß ihn noch immer die Mehrheit der Palästinenser unterstützte. Er versuchte, die algerische Regierung zu einer Einladung des nächsten PNC-Kongresses zu bewegen, doch das mißlang. Algier bot zwar an, die Gäste aufzunehmen, Arafat aber müsse zuerst einen Konsens unter den einander bekämpfenden Fraktionen der PLO herstellen. So wandte er sich noch einmal an seinen alten »Sparringspartner« König Hussein. Der Zeitpunkt war richtig. 1984 sehnte auch Hussein sich danach, die Welt wieder einmal an sein in Vergessenheit geratendes palästinensisches Erbteil zu erinnern, und begrüßte Arafats Initiative. Das Resultat ihrer Annäherung: Der siebte Palästinensische Nationalkongreß konnte im November 1984 in Amman abgehalten werden. Aus dem heißen Krieg gegen Assad wurde nun ein eisig kalter der beiden Strategen.

Assads Ziel war klar: Er mußte Arafats Gruppe dezimieren, damit eine

Beschlußfähigkeit der Versammlung nach Arafats Vorstellungen nicht zustande kam. Arafat brauchte, um seine Anträge durchzusetzen, eine Zweidrittelmehrheit der 383 aktiven PNC-Mitglieder, also mindestens 255 Delegierte. Assad finanzierte eine neue Palästinensische Nationale Koalition, die aus vier Widerstandsgruppen bestand: Abu Musas »Fatah-Aufstand«, Dschibrils PFLP-Generalkommando, as-Saika und Samir Ghoschas PPSL (Palestine Popular Struggle Front). Assad wußte sich außerdem der stillschweigenden Unterstützung durch George Habaschs PFLP, Najaf Hawatmehs DFLP und Talat Jakubs Fraktion der PLF (Palestine Liberation Front) sicher. Als sich diese Koalition meldete und die Versöhnung der PLO mit Ägypten öffentlich kritisierte, drehte Arafat allen drei Gruppen den Geldhahn zu. Sie bildeten später den Kern der Nationalen Rettungsfront, die entschlossen war, den Nationalrat in Amman zu boykottieren.

Speerspitze des Angriffs gegen Arafat war der PNC-Vorsitzende Khaled al-Fahum, der behauptete, er repräsentiere einhundert PNC-Mitglieder, die meisten davon aus der PFLP und der DFLP sowie einige Unabhängige, die in Damaskus lebten. Am 10. November 1984 schickte Fahum Arafat ein Telegramm und bat ihn, den geplanten Termin des Exilparlaments zu verschieben. Zwei Tage darauf bat Arafat König Hussein jedoch in aller Form, er möge den PNC in Amman zusammenrufen.

»Deshalb«, sagt Fahum, »war es meine Pflicht als Vorsitzender des Nationalrats, die Mitglieder zu warnen und aufzufordern, nicht hinzugehen, weil das die Spaltung in der PLO vertiefen würde.« Bedrohte Assad, wie zahlreiche Gerüchte besagten, diejenigen, die nach Amman reisen wollten? »Kein einziger Paß wurde eingezogen«, erklärt Fahum. Aber er gibt zu: »Einige höhere Beamte aus Assads Nähe deuteten an, wer die Konferenz in Amman besuche, käme nicht wieder ins Land.« Das Ergebnis: »Kein einziger aus Syrien ist nach Amman gereist.«

Die vierzig bis sechzig PNC-Mitglieder, die im Libanon lebten, konnten ebenfalls nicht so leicht nach Amman kommen. Damit blieb Arafat nur sein harter Kern aus Fatah-Anhängern, etwas weniger als 200, und die zumeist unabhängigen 60 PNC-Mitglieder, die in Amman lebten. Er brauchte jeden einzelnen von ihnen, um auf seine erforderlichen 255 Ja-Stimmen zu kommen. »Er hat sich sehr angestrengt«, meint Fahum. Er habe alle verfügbaren Hotelzimmer reservieren lassen und allen Delegierten, die aus Europa oder den Vereinigten Staaten herüberzufliegen versprachen, Erste-Klasse-Tickets geschickt. Fahum behauptet, wenn Arafat gewußt hätte, daß er es nicht schaffen würde, hätte er ihnen Geld und Autos versprochen. »Der derzeitige Vorsitzende hat sogar ein Haus in Amman bekommen«, sagt Fahum.

Es wurde mit harten Bandagen gekämpft: Die Koalition der von Syrien unterstützten Gruppen drohte öffentlich, das Haus eines Teilnehmers in die Luft zu sprengen. Bekam Arafat die notwendige Unterstützung zusammen, um den PNC einberufen zu können? Er behauptet, 261 Mitglieder, sechs mehr als nötig, hätten der Sitzung beigewohnt. Fahum hält dem entgegen, der PLO-Vorsitzende hätte es damals nicht geschafft. »Sie hatten 246 oder 247 anwesende Mitglieder. Ich weiß es, ich habe ihre Namen.«

Der PNC konferierte vom 22. November an eine Woche lang und wählte Arafat einstimmig wieder zum Vorsitzenden. Die Abstimmung ergab ein »Ja« für seine Bemühungen, gemeinsam mit Jordanien einen neuen diplomatischen Weg zu beschreiten, um »palästinensisches und arabisches Land zurückzugewinnen«. Das PFLP-Generalkommando Ahmed Dschibrils, der einer der erbittertsten Gegner Arafats war, wurde ausgeschlossen. Nach dem Boykott durch PFLP und DFLP wurden sechs der damals fünfzehn Sitze des Exekutivkomitees mit Fatah-Anhängern und Unabhängigen besetzt. Sechs blieben frei für andere Kandidaten, die zurückkehren würden.

Der Kampf gegen Assad und dessen PLO-Verbündete war noch lange nicht ausgestanden. Einen Monat später, am 23. Dezember 1984, erschien Fahum im syrischen Fernsehen und klagte Fahd Kawasmeh, eines der neuen Mitglieder des Exekutivkomitees, leidenschaftlich an. Kawasmeh war der ehemalige Bürgermeister von Hebron. Israel hatte ihn deportiert, und er hatte sich Arafat angeschlossen. Am Tag, nachdem Fahum Kawasmeh angegriffen hatte, wurde dieser vor seinem Haus in Amman ermordet.

Die nächsten drei Jahre versuchte Arafat, eine gemeinsame Strategie mit Hussein zu verfolgen. Erst als das fehlschlug und Hussein Arafat öffentlich beschuldigte, er sei selbst für seinen Mißerfolg verantwortlich, erklärten sich Habasch und Hawatmeh bereit, in den Schoß der PLO zurückzukehren. Ihre Versöhnung mit Arafat fand im März 1987, beim nächsten PNC-Treffen, statt. Fast die gesamte aktive Mitgliedschaft von 384 Delegierten (minus 181, die für Palästinenser reserviert sind, die in der West Bank und Gaza unter israelischer Besatzung leben) wohnte der achtzehnten Sitzung des palästinensischen Exilparlaments in Algier bei.

Der Vorschlag einer palästinensisch-jordanischen Konföderation wurde offiziell abgelehnt. Statt dessen beschloß der PNC einstimmig die Schaffung eines unabhängigen palästinensischen Staates. Als Folge der

Rückkehr der PFLP- und DFLP-Führer brach die Nationale Rettungsfront zusammen, und Assads Versuch, die palästinensische Bewegung zu kontrollieren, scheiterte elf Jahre nach seiner Initiierung. Der sowjetische Regierungschef Michail Gorbatschow spielte dabei eine entscheidende Rolle, als er Assad bei dessen Moskau-Besuch kurz vor dem PNC-Treffen in Algier 1987 drängte, seine Kampagne zum Sturz Arafats zu beenden.

Am Ende ihrer Begegnung gaben Gorbatschow und Assad ein gemeinsames Kommuniqué heraus. Darin wurde anerkannt, daß die PLO die einzige legitime Vertreterin des palästinensischen Volkes sei. Ihre Bemühungen, an vorbereitenden Gesprächen für eine internationale Friedenskonferenz teilzunehmen, würden offiziell unterstützt. Als Arafat aus der PNC-Sitzung in Algier kam, wußte er, daß er eine der wichtigsten Schlachten seiner Laufbahn gewonnen hatte, und bezeichnete die Versöhnung als »einen Sieg für unser Volk«. Dann erklärte er mit einem breiten Lächeln in seinem bärtigen und freudestrahlenden Gesicht: »Wir werden gemeinsam dafür arbeiten, daß wir nach Jerusalem zurückkommen.«

IV

Jordanien: Brüder und Feinde

15

Hussein und das haschemitische Königreich

Die weisse Sonne bringt das Dach des alten Chevrolet fast zum Glühen, der in Richtung Amman durch die Wüste Jordaniens braust. Die Straße streckt sich über die flache Ebene hin, windet sich dann und führt schließlich im Zickzack über einige Bergpässe. Hier und da, jenseits des braunen Staubs, der durch die Fensterritzen dringt, sehen wir einen Bauern, der sein Feld bearbeitet, einen Beduinen mit seinem Kamel oder eine schläfrige Familie, die sich vor ihrer Hütte ausruht. Aus dem Nichts taucht ein Hinweisschild auf, nur ein paar Worte und Pfeile, aber sie geben mit überraschender Sicherheit bekannt, daß wir uns im Zentrum des Nahen Ostens befinden. Ein Pfeil weist nach Damaskus, ein anderer nach Mekka und Medina, ein dritter krümmt sich in Richtung Bagdad, während der vierte nach Amman zeigt. Das haschemitische Königreich ist eine Straßenkreuzung in der arabischen Welt. Nichts indes sagt das Schild über Jordaniens traditionelle Isolation in dieser Region der Erde aus.

In der Märchenstadt Amman stehen auf sieben sanft geschwungenen Hügeln moderne weißgetünchte Villen. Die Straßen sind von Zypressen gesäumt, und in der Bergluft wittert man den Duft von Eukalyptus. Dem Besucher fällt im August 1989 auf, wie blitzsauber die Straßen, wie hübsch die aus Jerusalemer Stein errichteten Gebäude, wie gutgekleidet die Leute sind und wie viele Bürger dieser Stadt wohlbekannte Namen tragen: Naschaschibi und Nabulsi, Masri und Rifai, Dadschani und Abu Saud. Familiennamen, die man, so scheint es, in Amman genauso häufig antreffen kann wie in Jerusalem, Ramallah oder Nablus. Den blitzsauberen Straßen sieht man nicht an, daß hier Blut vergossen wurde in dem bitteren Kampf zwischen Palästinensern, die als Jordanier dem König die Treue schwören, und Palästinensern, die oft unzufrieden mit dem haschemitischen Monarchen sind.

Seltsam für die Hauptstadt eines arabischen Wüstenlandes ist, daß hier – zunächst – allein der Portier des Hotels Intercontinental nach Beduinenart gekleidet ist. Der große lächelnde Mann trägt farbenreiche Gewänder, schlurft mit seinen von Sandalen bedeckten Füßen über den kühlen Boden und hat den Kopf in eine Kafija gehüllt, die ihn kühl halten würde, ritte er auf einem Kamel. Aber hier in der Stadt sieht man ihn eher in einem Kabriolett mit heruntergelassenem Dach oder in einem silbernen Mercedes seines bei der königlichen Garde tätigen Vetters.

Wenn man einen dieser Wüstensöhne fragt, was für Gefühle er seinem König gegenüber hegt, erscheint ein breites Lächeln in seinem Gesicht, während er die Hand aufs Herz legt und sagt: »My heart belongs to His Majesty.«

Zu jedem Märchen gehört ein König. Jordanien hat einen feschen, gutaussehenden Monarchen mit traurigen Augen, der auf seinen Schultern die lange Geschichte und die vielfältigen Probleme des Nahen Ostens zu tragen scheint. Er ist die aristokratische Vision einer Ikone, die man oft in den Häusern von Palästinensern sieht: Eine dicke, alte Frau, die die Erdkugel auf ihrem Rücken balanciert. König Hussein hat diese schwere Last zu einem nicht geringen Teil dank der Unterstützung eben jener Palästinenser ausgehalten, die seinen Herrschaftsanspruch, was die Palästinenser selbst angeht, bestreiten. Dennoch gehören sie zu diesem Königreich, seit Husseins Großvater Abdullah 1921 eintraf, um das Land zu gründen. Damals pendelten die Kaufleute und Verwaltungsbeamten zwischen den westlich des Jordans gelegenen Städten Nablus oder Jerusalem und dem östlich gelegenen Amman ungehindert hin und her und durchwateten das flache Rinnsal des Flusses so leicht, wie sie die Kopfsteinpflasterstraßen der Altstadt überquerten.

Palästinenser und Haschemiten stehen beide zahlreich im Dienst des Königs. Ihre Büros befinden sich in den einzelnen Ministerien im Palast des Monarchen. Wie die Schlösser und Burgen in den Märchen liegt auch diese Festung hoch oben auf einem Berg, von Mauern umschlossen, die sie von dem Gewühl der Menschen trennen, die sich in den Straßen der Innenstadt drängen. Hinter dem schwarzen eisernen Tor und dem Wächterhaus umranden riesige, sauber nach englischem Vorbild gepflegte Rasenflächen die bleichen, steinernen Bauten des königlichen Besitzes. Entlang der Straße zu seinem privaten Bürohaus stehen Löschfahrzeuge, Ambulanzen und Extrawagen einsatzbereit, und Soldaten der königlichen Garde bewachen die Kontrollpunkte. In der Eingangshalle des palastähnlichen Gebäudes und in den marmornen Korridoren behalten die Königsgardisten jeden Besucher sorgsam im Auge. Zuviel ist diesem König bereits zugestoßen, zu viele Möchtegern-Attentäter sind ihm schon zu nahe gekommen. Alle sind verdächtig.

Am Ende einer langen Halle, deren Boden ein dicker Teppich in Grün und Gold bedeckt, sehen wir den König vor einer Tür stehen. Er lächelt gnädig, schüttelt uns die Hand und läßt uns in seine privaten Gemächer eintreten. Das Büro ist ebenso wie dieser Mann überraschend klein und beinahe bescheiden.

Jeder Firmenchef eines mittelständischen Unternehmens würde auf einem größeren bestehen. Der Monarch deutet zu einer Seite des Büros und schlägt vor, dort Platz zu nehmen, obwohl er, auf die elegante französische Möblierung weisend, sagt, er wisse nie genau, wie die Sessel gerade ständen, denn »sie stellen sie dauernd anders hin«.[1]) Ob diese Veränderungen Sicherheitsbedürfnissen oder dekorativen Neigungen entspringen, bleibt unbeantwortet.

Seine Majestät, wie ihn alle in seiner Umgebung nennen, flüstert beinahe, wenn er spricht, als könnte seine Stimme eine Störung hervorrufen. Mit seinem gepflegten britischen Akzent spricht er seine männlichen Gäste beinahe demütig mit »Sir« an, etwas, das er sich vielleicht in Harrow oder in der Königlich Britischen Militärakademie in Sandhurst angewöhnt hat. Während er zuhört, nimmt er eine Zigarette und zündet sie sich mit einem silbernen Feuerzeug an. Sobald er eine Zigarette geraucht hat, greift er, wie fast alle im Nahen Osten, sofort nach der nächsten. Hinter ihm auf seinem Schreibtisch steht das vielsagendste Kunstobjekt des Raums, eine Bronzebüste von John Fitzgerald Kennedy. Die Skulptur des ermordeten Präsidenten erinnert daran, wie gefährlich die Führung eines Staates sein kann. Hussein hat es so ausgedrückt: Wenn das Dasein eines Staatsoberhauptes dem eines Gefängnisinsassen ähnele, dann sei das Leben eines Königs mit »lebenslänglich« gleichzusetzen.[2]) Den ersten Eindruck dieser furchtbaren Gefahr erhielt er als Sechzehnjähriger an der Seite seines Großvaters.

Der alte König mit den Hängebacken und den funkelnden Augen stand zusammen mit dem Schuljungen in der Hauptmannsuniform der Arabischen Legion im Hof der al-Aksa-Moschee in Jerusalem – beide stolze Angehörige des Haschemiten-Clans, die an die heilige Stätte gekommen waren, um ihre Freitagsgebete zu sprechen. Abdullah und Hussein waren am Vorabend aus Amman eingetroffen, hatten die Nacht bei einem Freund namens Naschaschibi in der Gegend von Scheich Dscharrah verbracht und fuhren am folgenden Nachmittag durch die Straßen von Jerusalem. Sie hatten am Grabmal des Vaters von Abdullah angehalten und fuhren weiter zur Abu Saud Sawia, wo Hadsch Amin al-Husseini über die Araber von Palästina geherrscht und Arafat ihm zu Füßen gesessen hatte. Als ihr Fahrzeug in der Nähe des Hofes der al-Aksa-Moschee ankam, stiegen, während ein Leibwächter sie schützte, der Junge und der Großvater aus und schritten die Stufen zu dem von einer vergoldeten Kuppel bedeckten Felsendom hinauf.

Zweitausend andere Moslems hatten sich bereits in dessen Innerem versammelt, aber der vornehme weißbärtige Scheich ließ es sich nicht nehmen, zur Tür zu kommen, sich zu verbeugen und dem König die Hand zu küssen. Der neunundsechzigjährige Abdullah wollte eine Lobrede auf Riad al-Sulh, den ehemaligen libanesischen Premierminister, halten, der fünf Tage zuvor in Amman getötet worden war. Vor und nach der Ermordung des libanesischen Führers waren Warnungen ergangen, Gerüchte über einen gegen Abdullah geplanten Anschlag herumgeschwirrt, und sogar er selbst hatte das Gefühl, es könnte sein letzter Besuch in der Moschee sein. Doch entschlossen, sich als freier Mann in einer Stadt seines Königreichs zu zeigen, hatte er darauf bestanden zu kommen. Sekunden später schlug die gewalttätige Hand des Nahen Ostens zu und nahm ihm das Leben.

König Hussein hat seine eigenen Erfahrungen mit Möchtegern-Mördern gemacht. Am meisten Glück hatte er wahrscheinlich während des »Schwarzen September« 1970/71, als die PLO seine Vernichtung beschloß. Sein Bild von Arafat wird immer durch die Erinnerungen an diese Zeit getrübt sein. Doch die Beziehung dieser beiden Männer war von Anfang an ambivalenter Natur. Beide sind Pragmatiker. Während sie sich einerseits als Konkurrenten verstehen, muß ihnen andrerseits an einer Zusammenarbeit gelegen sein. Der König kann der Realität, daß sein Land eine gespaltene Identität besitzt, nicht ausweichen. Jordanien ist das Land, in dem außerhalb der besetzten Gebiete die meisten Palästinenser leben – ja, die Mehrheit der jordanischen Bevölkerung ist palästinensischer Herkunft. Für Hussein ist die Palästina-Frage nicht nur ein Problem der Bewohner der West Bank. Was mit ihnen geschieht, kann sehr wohl auch über sein Königreich am Ostufer des Jordans entscheiden. Um die Palästinenser auf beiden Seiten des Flusses zufriedenzustellen, braucht König Hussein Jassir Arafat.

Und der PLO-Führer braucht König Hussein. Um seinen Anspruch auf die palästinensische Führung aufrechtzuerhalten, muß er seine Beziehungen zum König pflegen. Außerdem ist Jordanien schon aus geographischen Gründen ein lebenswichtiger Verbündeter für Arafat. Für ihn ist Jordanien die Hintertür, durch die er nach Palästina gelangen kann. König Hussein mag nicht so beliebt bei den Palästinensern sein wie Arafat, aber er hat sie in Jordanien aufgenommen, und sie wissen, daß sie dort bei weitem besser aufgehoben sind als in Syrien, im Libanon oder irgendeinem anderen arabischen Land.

Den ersten Schuß, der am 5. Juni 1916 die arabische Revolte gegen das Osmanische Reich einleitete, feuerte König Husseins Urgroßvater, der Scherif Hussein von Mekka, ab. Das Oberhaupt der Haschemiten verteidigte einen wohlbegründeten Führungsanspruch in diesem Aufstand, der der Anfang der arabischen Nationalbewegung werden sollte. Der Haschemiten-Clan stammte direkt vom Propheten Mohammed – nämlich von dessen Tochter Fatima und ihrem Gatten Ali – ab. Nur die Haschemiten konnten ihren Stammbaum in männlicher Linie bis auf diese beiden zurückverfolgen und deshalb den Scherif von Mekka und Wächter der heiligen Orte stellen.

Die Beduinenfamilie, aus der König Hussein stammt, war jedoch schon vor der Geburt des Propheten prominent. Bereits Jahrhunderte zuvor hatte sich der zum Kuraisch-Stamm gehörende Clan der Haschemiten in Mekka etabliert – dort, wohin Ismael mit seiner Mutter, der Dienstmagd Hagar, gegangen sein soll, nachdem Abraham sie in die Wüste fortgeschickt hatte. Hier, an die Quelle von SemSem, führte der Engel Gabriel sie zu ihrem ersten Tropfen Wasser. Hier auch soll Abraham, der Vater von Ismael und Isaak, ein Bethaus errichtet haben. Später sollen Heiden dorthin gekommen sein, die mehr als 300 Götter verehrten. Aus Gold, Holz oder Stein geformte Idole, die Gottheiten der Fruchtbarkeit, Schönheit oder anderer ersehnter Attribute, stellte man in eine steinerne Kammer, die Kaaba, die an der Stelle errichtet wurde, wo Abrahams Tempel stand.

Mohammed kam 570 in Mekka als Angehöriger desselben Kuraisch-Stammes zur Welt, zu dem auch die Haschemiten gehörten. Nach seiner Zeit in Medina kehrte er 58 Jahre später in seine Geburtsstadt zurück, um seine neue Religion, den Islam, zu predigen. Bei seiner Ankunft besuchte Mohammed die Kaaba, zerstörte die Idole der Heiden und legte den legendären Schwarzen Stein in die Kammer, von dem es heißt, daß er ein Überrest von Abrahams Tempel gewesen sei. Wo auch immer auf der Welt sie sich befinden mögen, wenden sich die Moslems noch heute fünfmal am Tag der Kaaba zu, knien nieder und beten.

Bevor Mohammed die Stadt verließ, stand er auf der Ebene von Ararat und verkündete die Pflichten, die ein jeder Moslem hat. Zu ihnen gehört mindestens eine Pilgerreise – »Hadsch« – nach Mekka, wo der Pilger sich speziellen Ritualen unterzieht. Bevor die Männer in die heilige Stadt kommen, müssen sie sich vor Gott demütigen und ihren nackten Körper in den Ihram hüllen, ein besonderes Tuch, das sie über Brust und Schultern werfen, während sie ein weiteres um ihre untere Körperhälfte wickeln und mit den Füßen in Sandalen schlüpfen. Dann müssen die Pilger mit schnellen Schritten um die Kaaba gehen, den Schwarzen Stein berühren, an der Quelle SemSem trinken und entweder ihre Köpfe kahlrasieren oder sich das Haar wenigstens kurz schneiden. Ein Foto von Jassir Arafat, das an der Wand seines Büros in Tunis hängt, zeigt ihn in Mekka mit geschorenem Kopf und seinen Körper in den Ihram gehüllt.

Mekka diente nicht nur als religiöses Zentrum, als heiligster Ort in der islamischen Welt, sondern seit römischer Zeit bis in die letzten Tage des Osmanischen Reiches auch als Zwischenstopp für reisende Kaufleute. Hier ruhten sich die Karawanenführer aus, die mit ihren Seidenstoffen, Gewürzen und Juwelen aus Indien oder mit Weihrauch, Myrrhe, Gold und Kupfer aus dem südlichen Arabien in der Stadt haltmachten, bevor sie ihre Waren in die römischen Regionen nordwärts brachten. Von dieser Stadt Mekka aus reisten sie mit ihren Kamelen den langen, Hedschas genannten Küstenstreifen westlich der großen arabischen Wüste hinauf nach Damaskus und von Damaskus weiter nach Konstantinopel und Europa. Später bauten die Osmanen genau entlang dieser Strecke eine Eisenbahnlinie.

Der Islam machte Mekka berühmt und gab den Haschemiten das Recht, die Führung der Araber für sich zu beanspruchen. 1916 hatte Scherif Hussein von Mekka den ehrgeizigen Plan gefaßt, das einstmals »Groß-Syrien« genannte arabische Königreich wiederherzustellen. Auf Drängen seines Sohnes Abdullah nahm der Scherif Kontakt mit den Briten auf, um sich ihre Unterstützung für einen arabischen Aufstand gegen die Türken zu sichern. Abdullahs Vater Hussein hatte früher schon einmal versucht, den Osmanen Unabhängigkeit abzuhandeln, aber die Türken hatten diesem Vorhaben statt dessen ihren Plan, die arabische Sprache abzuschaffen, entgegengesetzt.

Damit er sich im I. Weltkrieg auf die Seite der Briten stellte, forderte der Scherif die britische Zusage, ihm nach dem Krieg die Errichtung eines unabhängigen Königreichs zu gestatten.

Da schien es nur fair, daß die Briten nach dem Ende des I. Weltkriegs ihr Versprechen erfüllten. Doch statt dem Scherif sein großes Königreich zu geben, hatten Briten und Franzosen schon 1916 im Sykes-Picot-Abkommen die Region in jeweilige Einflußzonen aufgeteilt. Mit Strichen auf der Landkarte zerstückelten ihre Generäle ein mögliches großes arabisches Königreich in kleine Lehen: Scherif Hussein und sein älterer Sohn Ali erhielten das kleine Königreich des Hedschas. Sein Sohn Faisal, der mit T. E. Lawrence gekämpft und die türkischen Eisenbahnen lahmgelegt hatte, beanspruchte den Thron in Damaskus, und sein Sohn Abdullah sollte den ölreichen Irak bekommen. Als Faisal Herrscher in Syrien wurde, erklärten die Araber in Palästina unter Hadsch Amin al-Husseini ihr Land zu einem Teil des syrischen Königreichs und feierten Faisals Thronbesteigung mit Straßendemonstrationen in Jerusalem. Zur ehemaligen osmanischen Provinz »Syrien« hatte in der Tat das Gebiet vom Taurosgebirge im Norden bis zur Sinaiwüste im Süden, vom Mittelmeerstrand im Westen bis zu den irakischen Steppen im Osten gehört. Entsprechend vertraten die Haschemiten die Auffassung, all dieses Land sei ihres. Faisal jedoch durfte nur ein paar Monate auf seinem Thron in Damaskus bleiben, bis ihn die Franzosen hinauswarfen. Die Briten versuchten ihn für den Verlust seines Damaszener Throns zu entschädigen und setzten ihn als König des östlich von Syrien gelegenen Irak ein.

T. E. Lawrence lernte Abdullah während des arabischen Aufstandes in Dschidda kennen, als er, wie Lawrence in seinen Erinnerungen *Die sieben Säulen der Weisheit* schrieb, »von einer Schar reichbewaffneter Sklaven umgeben« auf einer weißen Stute saß. Lawrence fand Abdullah zu gerissen und warf ihm einen kritischen Blick zu: »Seine Augen fielen mir durch ihr beständiges Zucken auf, und obwohl er erst fünfunddreißig Jahre alt war, setzte er schon Fett an. Vielleicht weil er so fröhlich war und das Leben so genoß. Er war klein, kräftig, hellhäutig, mit einem sorgfältig gestutzten Bart, der sein rundes glattes Gesicht und die kurzen Lippen maskierte. In seinem Verhalten war er charmant und offen – oder täuschte Offenheit vor –, als ich ihn kennenlernte.«[3])

Abdullah war in Konstantinopel aufgewachsen und erzogen worden. Er engagierte sich in der türkischen Politik und war Mitglied des osmanischen Parlaments. In bezug auf die Ziele seines Clans und die Sache des arabischen Nationalismus entwickelte er großen Ehrgeiz. Abdullah hatte als erster die Idee einer arabischen Revolte und half seinem Vater, die Vereinbarung mit den Briten auszuarbeiten. Nach dem Krieg, als die Franzosen seinen Bruder Faisal vom syrischen Thron vertrieben hatten, ließ Abdullah seinen Vater im Hedschas zurück und brach mit einer Schar berittener Soldaten nach Damaskus auf, um Syrien für die Familie zurückzugewinnen. Unterwegs hielt er im Mai 1921 in dem abgelegenen Ort Amman, traf sich mit britischen Beamten und wurde nach Jerusalem gerufen, um dort mit dem britischen Kolonialminister Winston Churchill zu konferieren. Churchill versuchte, den Widerspruch zwischen dem, was man der Familie versprochen hatte, und dem, was in Wirklichkeit erreichbar war, zu lösen. Er hörte Abdullah an, der höflich erklärte, Faisal solle wieder als Herrscher in Syrien eingesetzt werden. Er selbst wolle König von Palästina und dem als Transjordanien bekannten östlichen Teil des britischen Mandatsgebiets werden. Indem er sich dieses Gebiet als Machtbasis seiner Familie sicherte, hoffte Abdullah, für den Haschemiten-Clan in kleinen Schritten ein »Großsyrisches Reich‹ aufbauen zu können. »Er glaubte an eine arabische Wiedergeburt und an das Recht der Araber, wieder eine solche Stellung unter den Nationen einzunehmen, wie sie sie einst besaßen«, erzählt sein Enkel, König Hussein.

Den Briten war nicht an einem arabischen Krieg gegen die Franzosen in Syrien gelegen. Außerdem hatten sie den Zionisten im Rahmen der Balfour-Deklaration bereits einen Teil Palästinas versprochen. Nehmen Sie Transjordanien, die Gegend östlich des Jordans, erklärte ihm der britische Minister deshalb. Von dort würde Abdullah sehr wahrscheinlich Damaskus unter seine Kontrolle bringen und jenes »Groß-Syrien« errichten können, von dem er träumte. Die Briten, die in Palästina und im Irak bleiben wollten, erklärten sich einverstanden, ihm im Monat 5000 Pfund für den Unterhalt einer Polizeitruppe zu zahlen. Darüber hinaus wollten sie ihm bei der Verwaltung des Gebietes helfen, indem sie ihm einen britischen Residenten schickten, der dem Hochkommissar in Jerusalem Bericht erstatten würde. Abdullah, stets pragmatisch gesonnen, ergriff diese Gelegenheit, und nur wenige Wochen später, am 21. April 1921, übernahm er offiziell die Regierungsverantwortung Jordaniens, das seit der Zeit der Eroberung durch die Römer im Jahr 106 ein Teil der Provinz Arabien gewesen war.

Die Briten hatten den Franzosen zwar die meisten Gebiete in Syrien überlassen, aber den nun Abdullah zugesprochenen südlichen Teil, die trockene Bergregion am Ostufer des Jordans, für sich behalten. Diese Wüste, in der einst die biblischen Lande Edom, Moab, Ammon und Bascham gelegen hatten, war durch ihre Bevölkerung und Verwaltung mit dem britischen Mandatsgebiet Palästina verbunden. Dieses Gebiet wurde von Bauern und Schäfern bewohnt; hauptsächlich aber lebten dort Beduinen: dunkeläugige, dunkelhäutige Araber, die Kamele züchteten und die Wüste auf der Suche nach Weideland durchquerten. Diese für ihre blitzenden Schwerter und ihren Kampfgeist berühmten Nomaden überquerten Grenzen und den Landbesitz anderer Leute, ohne einen Gedanken daran zu verschwenden, ob irgendein Gesetz oder sich verändernde politische Umstände das eigentlich zuließen. Sie schliefen in Zelten, kleideten sich in fließende Gewänder, umwickelten ihre Köpfe mit Kafijas und lebten von Datteln und Kamelmilch. Als strenggläubige Moslems betrachteten sie – von wenigen Ausnahmen abgesehen – die Haschemiten als ihre von Gott eingesetzten Führer.

Doch als Abdullah das Territorium zugesprochen wurde, begrüßten ihn in Amman keine Wüstenbeduinen, sondern ungefähr 2000 Zirkassier und Tscherkessen. Sie waren nichtarabische Moslems, die die Kaukasusberge Ende des 19. Jahrhunderts verlassen hatten, als die Russen ihr Land eroberten. Die hellhaarigen, blauäugigen Zirkassier mußten vor den Massakern der Russen fliehen und hatten sich über Bulgarien, die Türkei und dann weiter ins Osmanische Reich hinein nach Syrien, Palästina und Jordanien durchgeschlagen. Überall dort, wo sie sich niederließen, galten sie als gute Kämpfer und loyale Anhänger ihrer Gastregierung. Diejenigen, die nach Amman – in die den Römern als Philadelphia bekannte Stadt – kamen, fanden dort nicht viel mehr als eine Raststätte an der Straße von Mekka nach Damaskus. Zur Zeit des Baus der Hedschas-Eisenbahn durch die Türken um die Jahrhundertwende unternahmen bereits 200 000 Moslems jedes Jahr die Pilgerreise nach Mekka, und mancher von ihnen machte auf seinem Weg dorthin in Amman Rast. Ansonsten aber gab es wenig Bedeutsames über die Stadt zu berichten. Sie war kahl, hügelig und provinziell. Das Gebiet war ein unwichtiger Teil des Osmanischen Reiches gewesen, und es sah ganz so aus, als ob das unter den Briten so bleiben würde.

Die Verwaltung wurde zwar in Amman angesiedelt, der Haschemitenkönig sah sich aber als Führer aller Araber sowohl in Palästina als auch in jener Gegend, die er Ost-Palästina nannte und die unter dem Namen Transjordanien bekannt geworden ist. Die Osmanen hatten ihre Verwaltungsbezirke horizontalen Linien entlang angelegt. Die einzelnen Distrikte erstreckten sich von Osten nach Westen, also von der Wüste bis zum Mittelmeer. Zwar hatten sie die natürliche Grenze des Jordans benutzt und den Distrikt Palästina sowie einen Distrikt Jordanien geschaffen. Die Leute aber reisten unbehindert von einer Seite des Jordans zur anderen, und die Familien lebten oft hüben und drüben in benachbarten Städten. Die Bewohner von Dschenin hatten oft enge Verwandte in Irbid und die in Nablus häufig Angehörige in Salt.

Abdullahs Bildungsstand ähnelte dem der in Nablus, Safed, Hebron und Jerusalem lebenden Araber. Sie waren klug und hatten durch ihre Reisen zahlreiche prägende Erfahrungen mit fremden Kulturen, Verwaltungen und Problemlösungen gemacht. Im Bewußtsein dessen wandte sich Abdullah mit der Bitte an sie, ihm bei der Bildung einer Regierung zu helfen. Zu den Beamten, die er zu seinen Ministern ernannte, gehörten Tawfik Huda aus Akko, Samir Rifai aus Safed und Ibrahim Haschim aus Nablus. Ohne ihren politischen Scharfsinn und ihre Kenntnisse im osmanischen und britischen Verwaltungsdienst hätte er so gut wie niemanden gehabt, der ihm beim Aufbau seines Staates hätte dienen können. Diese Araber aus Palästina wiederum betrachteten sich als loyale Untertanen Abdullahs und Bürger Transjordaniens. Während der ganzen Zeit seiner Herrschaft suchte er die Unterstützung der Araber in Palästina bei der Leitung seiner Regierung und ermunterte sie, zu ihm nach Transjordanien zu kommen. Ein Großteil der palästinensischen Araber unter der energischen Führung Hadsch Amin al-Husseinis war jedoch nicht daran interessiert, Abdullah zu folgen. Ihr Ziel war es, die Briten hinauszuwerfen und ihren eigenen souveränen Staat in ganz Palästina aufzubauen. Die Reibungen zwischen Hadsch Amins Anhängern und Abdullahs Mitstreitern sollten letzten Endes zur Ermordung des Königs führen und das ganze Leben seines Enkels überschatten.

Abdullah verdankte den Briten viel. Sie kamen nicht nur für seine Unkosten auf, sondern sie halfen ihm auch, eine Polizeimacht aus Beduinenkämpfern zu organisieren. Unter dem Befehl des britischen Hauptmanns F. G. Peake retteten die Mitglieder der Arabischen Legion Abdullah 1924 vor dem Angriff der fanatischen Kräfte Abdul Asis ibn-Sauds. Ibn-Saud, ein Beduinenrivale aus Zentralarabien, hatte bereits Scherif Hussein von seinem Thron im Hedschas gestoßen und zielte nun auf die Herrschaft in Amman. Die Arabische Legion revanchierte sich für die Hilfe der Mandatsmacht und rettete wiederum die Briten. Während des II. Weltkriegs kämpfte sie unter dem Kommando von General Glubb erfolgreich gegen die Irakis und gegen die Vichy-Regierung in Syrien, das heißt gegen die von Hadsch Amin und seinen Anhängern unterstützten pro-nazistischen Kräfte.

1946 hatte Abdullah seine Fähigkeit bewiesen, das Land zu regieren. In seinem Palast auf einem Hügel in Amman mit seinen beiden Ehefrauen und einer schwarzen Konkubine installiert, wurde er zum Herrscher über das haschemitische Königreich von Jordanien gekrönt. Krönung und Feierlichkeiten wurden Stoff für zahlreiche Legenden. Tausende von Menschen, unter ihnen auch Juden aus Palästina, waren von überallher eingeladen, um an den Festivitäten teilzunehmen. Dabei wurden so außerordentliche Dinge wie geröstete Kebabs aus ganzen Kamelen verzehrt. Sieben Kamele waren mit sieben Lämmern gefüllt, die Lämmer wiederum mit sieben Hühnern und die Hühner ihrerseits mit anderen Leckerbissen – eine Beduinendelikatesse.

Abdullah aber wollte mehr als nur ein hedonistischer König sein: Er war der Führer der Moslems und stand im Kampf für den arabischen Nationalismus in der ersten Reihe. Von seinem Thron in Jordanien aus hoffte Abdullah immer noch, die Länder des fruchtbaren Halbmondes – Jordanien, Palästina, Irak, Syrien und Libanon – zu einem Königreich »Groß-Syrien« zusammenfügen zu können. Im Irak konnte er auf seinen Bruder Faisal zählen, der noch immer auf dem Thron saß. Im Libanon fand Abdullah starke Verbündete in der maronitischen christlichen Gemeinde. In Syrien sammelte er Anhänger unter den arabischen Nationalisten, die auf die Franzosen wütend waren. Und in Palästina konnte

Abdullah arabische Gebiete gewinnen, wenn er die Juden in ihrem Kampf um einen Staat unterstützte. In Palästina war der einflußreiche Naschaschibi-Clan mit ihm verbündet, der ebenso wie Abdullah bereit war, eher den Gedanken einer Teilung zu akzeptieren, als alles zu verlieren. Ihre erbitterten Feinde, die von Hadsch Amin geführte Familie der Husseinis, hatten die Nazis unterstützt und waren, koste es, was es wolle, gegen einen jüdischen Staat. Die übrige arabische Welt hatte wenig Geduld mit Abdullah: Mißtrauisch aufgrund des britischen Einflusses, angewidert von seiner Toleranz gegenüber den Juden und ängstlich in Anbetracht seines Hungers auf Palästina wandten sie sich von dem haschemitischen Herrscher ab und brachten ihre Unterstützung für Hadsch Amin al-Husseini als dem rechtmäßigen Oberhaupt Palästinas zum Ausdruck.

Abdullah, Pragmatiker und Staatsmann, traf sich oft mit Mitgliedern der jüdischen Gemeinde in Palästina. »Es überrascht mich nicht«, sagt König Hussein heute, »daß er mit den Führern auf der Westseite in Kontakt war und herauszufinden versuchte, was getan werden konnte und welche Möglichkeiten es gab. Er war ehrlich und mutig genug, seine Ansichten auszudrücken.« Im November 1947, einige Wochen, nachdem der Teilungsplan der Vereinten Nationen verkündet worden war, wurde Abdullah Golda Meir vorgestellt. Sie trafen sich in Naharajim, einer Stadt am Jordan, wo die »Jerusalem Electric Corporation« eine hydroelektrische Anlage besaß und wo Abdullah schon mehrmals mit Juden zusammengekommen war. Golda Meir, die Leiterin der politischen Abteilung der Jewish Agency, kam mit zwei jüdischen Experten für arabische Angelegenheiten, Eliahu Sasson und Esra Danin. Bei einigen Tassen schwarzem Kaffee diskutierten der arabische König und die jüdische Politikerin das Schicksal ihrer Völker. »Abdullah war ein kleiner, sehr sicher auftretender Mann mit großem Charme«, schrieb Golda Meir in ihren Erinnerungen. »Er stellte bald eines klar: Er würde sich an keinem Angriff gegen uns beteiligen. Er würde immer unser Freund bleiben, sagte er, und genau wie wir wollte er vor allen Dingen Frieden. Schließlich hatten wir einen gemeinsamen Feind, den Mufti von Jerusalem.«[4]) Von da an bis zum Frühjahr 1948 kam es zu zahlreichen Kontakten zwischen den Juden und den Jordaniern.

»Er war ein Realist«, sagt König Hussein. »Er wollte das Problem soweit wie nur möglich eindämmen und sehen, ob es nicht eine Lösung dafür gab. Er verstand, was die Schaffung des Staates Israel bedeutete, welche Unterstützung dafür vorhanden war und sah die zu erwartenden Gefahren, sollte sich keine Lösung finden. Er suchte eine Lösung sowohl des palästinensisch-israelischen als auch des arabisch-israelischen Problems.«

Trotz seiner Versuche, eine friedliche Lösung zu erarbeiten, stand Abdullah sowohl in seinen persönlichen Ambitionen als auch in seiner Unterstützung für die Juden allein. Der Druck der anderen arabischen Staaten war unerträglich. Niemand sonst war bereit, das Recht der Juden auf einen eigenen Staat oder Abdullahs Anspruch auf das arabische Territorium in Palästina zu akzeptieren. Anfang Mai 1948 hatten Ägypten, Syrien, Libanon und Irak Abdullah so heftig zugesetzt, daß ihm nichts anderes mehr übrig blieb, als auf seiten der Arabischen Liga gegen den künftigen jüdischen Staat Stellung zu beziehen. Bei einem letzten Treffen mit Golda Meir in der Nähe des königlichen Palastes in Amman versuchte er, sie zu überreden, eine autonome jüdische Heimstätte innerhalb seines Königreichs zu akzeptieren. Außerdem versprach er, daß die Juden die Hälfte der Sitze in seinem Parlament sowie Ministerposten in seinem Kabinett bekommen und unter seinem Schutz stehen würden.

Die Zionisten lehnten sein Angebot ab, während sich gleichzeitig die Araber unter Führung Hadsch Amins weigerten, ein geteiltes Palästina zu akzeptieren. Am 14. Mai 1948 erklärten die Zionisten ihre Unabhängigkeit, und die Araber erklärten ihnen den Krieg. Abdullah ließ die Briten wissen, daß er nur den Teil des Mandatsgebiets besetzen wolle, der den Arabern im Rahmen des UN-Teilungsplanes von 1947 zugesprochen worden war; sollten die Zionisten seinen Wunsch akzeptieren, würde er seine Truppen von ihren Gebieten fernhalten.

Spät am Abend des 14. Mai stand Abdullah in der Nähe der Allenby-Brücke – neben sich seine Berater und dicht hinter sich seine Soldaten. Einige Minuten nach Mitternacht hob der Haschemitenkönig seine Pistole, ganz wie sein Vater es zu Beginn der arabischen Revolte getan hatte, und feuerte einen Schuß ab. Seine Truppen stürmten über die Brücke. Ihr Ziel war Jerusalem und das Territorium am Westufer des Jordans. Die Gebiete, in denen sich die Zionisten angesiedelt hatten, sollten unberührt bleiben. Abdullahs Arabische Legion durchquerte Jericho und zog in Ramallah ein. Die irakischen Truppen befanden sich dicht dahinter. Die ägyptischen kämpften sich von Süden heran. Die Syrer und Libanesen eilten vom Norden herbei. Die palästinensischen Araber waren desorganisiert und wurden, wie Arafat sich lebhaft erinnert, bald von der Arabischen Legion entwaffnet. Doch obwohl sich die arabische Streitmacht aus Truppenteilen der Armeen von fünf Ländern zusammensetzte, war sie den jüdischen Einheiten der Haganah an Motivation, Ausbildung, Bewaffnung und Strategie letztlich unterlegen.

Die Folgen waren für die Araber peinlich. Nur Abdullahs Truppen, die aus weniger als 5000 Beduinenkämpfern bestanden, sowie den irakischen Einheiten gelang es, Territorium zu erobern. Am 11. Juni hielten die Jordanier die Altstadt einschließlich des jüdischen Viertels. Zusammen mit den Irakis hatten sie außerdem das Land am Westufer des Jordans besetzt. Noch am gleichen Tag wurde ein Waffenstillstand erklärt, doch die Kämpfe brachen erneut aus, bis ein zweiter Waffenstillstand am 18. Juli ausgehandelt werden konnte. Die Ermordung des UNO-Vermittlers Graf Folke Bernadotte durch Yitzhak Schamirs »Stern Gang« verzögerte den Friedens. Im Jahr darauf, 1949, trafen sich unter Aufsicht des UNO-Verhandlungsführers Ralph Bunche die Jordanier mit den Israelis auf der Insel Rhodos und unterzeichneten einen Waffenstillstand. Einer der Delegierten auf der israelischen Seite war Yehoschafat Harkabi, der später die PLO-Charta ins Englische übersetzen und einer der ersten werden sollte, die zu Gesprächen zwischen Israel und der PLO aufriefen.

1950 vereinigte Abdullah die West Bank nach der Zustimmung ihrer Bewohner mit dem haschemitischen Königreich. Dieser Akt veränderte die Zahl und die Zusammensetzung der jordanischen Bevölkerung dramatisch. Sie verdreifachte sich beinahe von 450 000 auf 1,2 Millionen Jordanier. Durch die Vereinigung gehörten plötzlich 400 000 auf der West Bank ansässige Palästinenser, 200 000 Flüchtlinge, die aus ihrer Heimat in den jüdischen Gebieten vertrieben worden waren, und 100 000 in das Gebiet östlich des Jordans geflüchtete Palästinenser zum haschemitischen Königreich.

Abdullah, den man als vorübergehenden Verwalter der West Bank ansah, war sich bewußt, daß er ein Gleichgewicht zwischen den »eingeborenen« Jordaniern und den hinzugekommenen Palästinensern herstellen mußte. Im Gegensatz zu palästinensischen Flüchtlingen wie Arafat, die in andere Länder gegangen waren, erhielten jene, die nach Jordanien kamen, volle Staatsbürger- und Wahlrechte. Es dauerte keine zwei Monate, und schon gab es aus der West Bank stammende Minister. Außerdem wurde die Hälfte der Sitze im jordanischen Parlament für Bewohner der West Bank reserviert. Viele von denen, die zur Teilnahme an der Regierung eingeladen wurden, waren Anhänger von Hadsch Amin al-Husseini gewesen, und manche von ihnen – wie Anwar Nusseibeh und Kamal Arikat – wechselten zu König Abdullah über. Andere allerdings, wie Abdullah Nawas aus Jerusalem und Abdullah Rimawi aus Ramallah, blieben erbitterte Gegner des Königs. Die Mehrheit der Flüchtlinge, die weder gebildet noch wohlhabend waren, nahmen Abdullahs Angebot in bezug auf ihre Unterbringung und Staatsbürgerschaft gern an, verachteten ihn aber wegen seiner Nähe zu den Briten und träumten weiter davon, Palästina für sich selbst zurückzugewinnen.

Während all der Jahre hatte Abdullah eine besondere Zuneigung zu seinem Enkel Hussein gezeigt und sich unmittelbar um seine Erziehung gekümmert. »Er war fast ein Vater«, erzählt Hussein. Während er in seinem Palastbüro sitzt und leise von den letzten Tagen spricht, die er mit seinem Großvater zusammen verbracht hat, ist der durch die Erinnerung zurückkehrende Schmerz in seinem Gesicht deutlich erkennbar. »Ich war während der letzten sechs Monate seines Lebens mit ihm zusammen. Er überwachte meine Ausbildung in Theologie und Arabisch. Gleichzeitig begleitete ich ihn Tag für Tag.« Der König schweigt einen Augenblick. »Ich habe ihn so gern gehabt«, sagt er. Der Mann, der den jungen Hussein ausbildete, ließ ihn hinter die Vorhänge seines Königreichs sehen und erlaubte ihm einen Blick in die Seele des Staatsmanns. »Während ich im Hintergrund stand oder saß, konnte ich hören und sehen und beobachten. Ich verstand dadurch viel mehr, als es sonst möglich gewesen wäre.«

Doch der junge Hussein sollte auch Zeuge der Brutalität seiner Feinde, insbesondere Hadsch Amin al-Husseinis, werden, der Abdullah niemals verzieh, daß er sich einen Teil Palästinas angeeignet hatte. Gerüchte über Verschwörungen kamen nach dem Anschluß der West Bank in großer Zahl auf, von Morddrohungen war die Rede, und eine brutale Warnung stellte die Ermordung des libanesischen Premiers Riad al-Sulh in Amman nach Gesprächen über die »groß-syrischen« Ziele von Abdullah dar. Trotz zahlreicher Bitten seiner Berater, einschließlich seines palästinensischen Premierministers Samir Rifai, Jerusalem fernzubleiben, bestand Abdullah darauf, am Freitagsgebet in der al-Aksa-Moschee teilzunehmen, wann immer seine Zeit es ihm erlauben würde. Der König liebte diese Stadt, in der sein Vater, Scherif Hussein, begraben war und in der die wichtigste Moschee im Haram al-Scharif stand. Niemand in Amman wußte allerdings, daß der König zwei jüdische Führer in Jerusalem zu sprechen beabsichtigte und zu diesem Zweck für Samstag, den 22. Juli 1951, eine Verabredung im Hause eines gemeinsamen arabischen Freundes getroffen hatte.[5]) Seinen Privatsekretär und seinen Lieblingsenkel, den sechzehnjährigen Hussein, hatte er eingeladen, mit ihm zusammen das Freitagsgebet in Jerusalem zu besuchen. Nachdem er den Morgen bei Freunden in Ramallah verbracht hatte, bestand Abdullah am Freitag, den 21. Juli, darauf, mit ihnen in die Moschee zu gehen. »Es war einer der schlimmsten Tage in meinem Leben«, erzählt uns König Hussein.

Von den königlichen Leibwächtern beschützt, wurden die beiden Haschemiten durch Jerusalem gefahren. Am Grabmal von Husseins Großvater, Scherif Hussein, hielten sie kurz an und setzten dann ihren Weg in Richtung al-Aksa-Moschee fort, in der sich 2000 Moslems zu den Mittagsgebeten versammelt hatten. Als sie aus dem Wagen stiegen, bemerkten sie beide, Hussein und Abdullah, eine Fülle von Truppen um sie herum. Der Junge fragte, ob es ein Leichenzug sei. Abdullah sagte einem seiner Berater, man solle ihn nicht mit so vielen Wachen einengen.[6]) Großvater und Enkel schritten die Stufen zur Moschee hinauf.

Ein alter Scheich kam heraus, um sie willkommen zu heißen. Als der Leibwächter seine Schuhe auszog und in die vorgeschriebenen Pantoffeln schlüpfte, gingen Abdullah, sein Enkel und der Scheich in das Gebäude. Sekunden später kam ein unbekannter Mann mit einer Pistole hinter der schweren Tür der Moschee hervor, zielte auf Abdullah und drückte ab. Die Kugel traf Abdullah in den Kopf. Er fiel hin, sein Turban rollte über den Boden, und er war sofort tot. Mehr Schüsse wurden abgefeuert, und eine Kugel traf Hussein in die Brust. Glücklicherweise für den Jungen hatte der Großvater darauf bestanden, daß er seine Uniform anzog, und die große Medaille über seinem Herzen rettete ihm das Leben.

Der junge Hussein war verwirrt und tief betrübt. »Es war der Verlust eines Mannes, den ich geliebt und gemocht habe, mit dem ich verbunden war und den ich achtete und bewunderte. Zugleich«, sagt er, »war er ein Mann, der mir nur ein paar Tage zuvor ein Versprechen abverlangt hatte, dessen Bedeutung ich damals nicht richtig verstand: Ich sollte alles tun, was ich konnte. Er spürte, daß er sich dem Ende seiner Tage näherte, und wollte, daß ich ihm versprach, in seine Fußstapfen zu treten und dafür zu sorgen, daß seine Arbeit nicht verloren war. Ich habe ihm das versprochen, und ich begriff nicht, was es bedeutete. Ein paar Tage später habe ich es verstanden.«

Der Mörder Abdullahs war ein einundzwanzigjähriger Palästinenser, der einer gewalttätigen islamischen Gruppierung angehörte, die für Hadsch Amin al-Husseini gearbeitet hatte. Die Verschwörung hatten Verwandte und Freunde von Hadsch Amin angezettelt, unter ihnen Abdullah al-Tal, der Hauptanstifter, sowie Musa al-Husseini. Hadsch Amin stritt jegliche Beteiligung an dem Komplott ab. Vier der Verschwörer wurden gehängt, aber Hussein konnte nie vergessen, daß Palästinenser seinen Großvater Abdullah ermordet hatten.

Hussein bin-Tallal trat offiziell am 2. Mai 1953 die Thronfolge in Jordanien an, genau an dem Tag, als sein junger Vetter und Klassenkamerad Faisal Nachfolger auf dem Thron in Bagdad wurde. Wenige Monate zuvor hatte Gamal Abdel Nasser durch einen Staatsstreich die Macht in Kairo übernommen. Im Alter von achtzehn Jahren war die Königsrolle fast überwältigend für einen jungen Mann, der schon aus erster Hand die brutale Seite der arabischen Herrschaft kennengelernt hatte. Gerade die Ausbildung in Harrow und Sandhurst hinter sich, interessierte er sich mehr für schnelle Wagen und hübsche Frauen als für ein ernsthafteres Leben. Zu Beginn seiner Regierungszeit machte der junge Hussein sich gern einen Spaß daraus, sich als Taxifahrer zu verkleiden, Fahrgäste aufzunehmen und sie zu fragen, was sie von dem neuen König Hussein hielten.

Trotzdem war er der vom Schicksal ausersehene Erbe des starken Willens und unabhängigen Denkens seines Großvaters. Hussein sollte nicht nur König der Beduinen und Zirkassier Jordaniens, sondern auch der 300 000 Palästinenser werden, die nach dem Krieg von 1948 in die West Bank und nach Jordanien geflohen waren. Viele von ihnen hatten gehofft, daß Abdullahs Ermordung das Ende des jordanischen Anspruchs auf Palästina und der jordanischen Bindung an Großbritannien bringen würde.

Hussein war Moslem, direkter Nachfahre des Propheten Mohammed und dazu bestimmt, das Erbe jenes Haschemitenherrschers anzutreten, der die arabische Revolte gestartet hatte, entschlossen, die arabische Nationalbewegung anzuführen und die arabische Einheit zu ermöglichen. Zwei Hindernisse lagen aber mindestens auf seinem Weg: die Palästinenser, die einen eigenen Staat einschließlich der West Bank, Gazas und Israels wollten, und Nasser, der sich für den wahren Führer der arabischen Welt hielt. Gleich seit Antritt ihrer Herrschaft waren Hussein und Nasser Feinde: Während der König sich als Bundesgenosse des Westens sah, suchte Nasser zunächst die Unabhängigkeit von den beiden großen Blöcken und neigte später den Sowjets zu. Während Hussein sich für den rechtmäßigen Führer der Palästinenser hielt, verstand Nasser sich als ihr Befreier.

Wenige Beduinen und wenige Zirkassier bestritten Husseins Autorität, und kosmopolitische Bewohner der West-Bank stellten sich der Regierung als Minister, Parlamentsmitglieder und aktive politische Mitspieler zur Verfügung. In seinen Bemühungen, das Land zu regieren, war Hussein stets bestrebt, daß sich alle darin lebenden Bürger als Jordanier fühlten und bezeichneten. Der Ausdruck »Palästinenser« war tabu und verschwand sogar aus den Schul- und Geschichtsbüchern. Dennoch gab es unter den Palästinensern, die von der West Bank zum Ostufer gekommen waren, viele, die den König mit seinen engen Bindungen an die Briten verachteten. Sie sahen auf die primitive Lebensweise der meisten »Transjordanier« herab. »West Banker« wiesen – obwohl es ihnen nicht gestattet war, sich als Palästinenser zu bezeichnen – stets darauf hin, woher sie stammten, und identifizierten sich als Bürger von Nablus, Jerusalem oder Ramallah. Während der König unter ihrer mündlich geäußerten Kritik zu leiden hatte, führten die militanten Palästinenser über den Jordan hinweg Überfälle auf israelische Siedlungen durch und versuchten, die israelischen Farmer, deren Felder entlang der Grenze lagen, gegen Jordanien aufzustacheln. Auf diese Weise wurde Jordanien zum Opfer massiver israelischer Vergeltungsschläge. Die palästinensischen Fedajin griffen zwar nur einzelne israelische Farmen an, die israelische Armee aber machte ganze jordanische Dörfer zum Ziel ihrer Racheakte, zerstörte Kibaja und andere. Hussein, der dringend Waffen brauchte, um sein Land zu schützen, suchte bei den Türken und Briten um Hilfe nach. Sie schlugen vor, Jordanien solle dem antisowjetischen Verteidigungsbündnis beitreten, das der Irak und die Türkei im Februar 1955 unterzeichnet hatten. Dann würde Jordanien britische Hilfe erhalten.

Hussein war dazu bereit, aber die Palästinenser in seinem Land, vor allem diejenigen, die den prosowjetischen Präsidenten Nasser verehrten, waren strikt dagegen. In ihren Augen war Großbritannien die Schutzmacht schwacher Araber, die kolonial unterdrückt wurden, während Nasser arabische Stärke symbolisierte. Der ägyptische Präsident, so glaubten sie, werde den Weg zum palästinensischen Heimatland weisen, indem er die arabische Welt einte. Als im Dezember vier von der West Bank stammende Minister unter Protest zurücktraten, begriff Hussein, daß es zu einem Aufstand kommen würde, sollte er dem Bagdad-Pakt beitreten. Die antibritische Stimmung in seinem Lande nahm zu, und Hussein sah sich gezwungen, die Palästinenser zu beschwichtigen und sich aus dem Beziehungsgeflecht zu lösen, das er und sein Großvater mit den Briten geschaffen hatten.

Im März 1956 verlangte Hussein den Rücktritt des britischen Befehlshabers der Arabischen Legion, General Glubb, und ging daran, seine Truppen zu arabisieren. Um sich besser zu schützen, stellte er eine königliche Leibwache aus zuverlässigen Beduinen zusammen. Zu ihrem Kommandeur ernannte er seinen Onkel Scherif Hussein.

Das Anti-Hussein-Gefühl unter den Palästinensern nahm indes weiter zu. Dem König, der vorgab, ihr Beschützer zu sein, warf man vor, er habe seine Pflichten versäumt, als die Israelis die West Bank angegriffen hatten. Die Palästinenser auf der West Bank wollten beides: Sie bestanden darauf, sich in dem Gebiet, das sie als Teil Palästinas betrachteten, selbst zu regieren, gleichzeitig wollten sie in Jordanien als gleichberechtigte Bürger akzeptiert werden, die der König verteidigen müsse. Sie stellten Husseins Autorität in Frage und verlangten zugleich seinen Schutz.

Im Oktober 1956, als seine Bürger wieder wegen einer schweren israelischen Repressalie gegen das Dorf Kalkija in hellem Aufruhr waren, schlug Hussein einen neuen Kurs ein. Erstmals hielt er in seiner konstitutionellen Monarchie ordentliche Wahlen ab. Zum Leidwesen des Königs wurden sie von einer linken Gruppierung aus der West Bank unter Führung des palästinensischen Anwalts Suleiman Nabulsi gewonnen. Nabulsis prosowjetische Positionen standen im krassen Widerspruch zu Husseins stark prowestlichen und islamischen Glaubenssätzen. Der palästinensische Premier war eher geneigt, sich seine Direktiven von Nasser oder Hadsch Amin al-Husseini als von Hussein zu holen.

Die israelischen Angriffe hatten das Land in einen Fieberzustand versetzt. Die Ansicht, daß man dem israelischen Staat den Krieg erklären solle, wurde von ähnlichen Aufrufen Ägyptens und Syriens unterstützt. Um Ruhe zu wahren, unterzeichnete Hussein mit Syrien und Ägypten einen Pakt und nannte diesen einen Schritt zur Förderung der panarabischen Einheit. Diesem Pakt war nur eine kurze Lebensdauer beschieden. Als die Briten, Franzosen und Israelis am 29. Oktober 1956 den Suezkanal angriffen, bot Hussein Nasser an, er würde ihm zur Unterstützung Truppen schicken. Der ägyptische Führer indes lehnte das Angebot ab und brachte zum Ausdruck, daß er es vorzog, eine politische Lösung anstelle einer Entscheidung in der Schlacht zu suchen, die er nach eigener Einschätzung nicht gewinnen konnte. Dennoch lud Hussein, nachdem er die Briten aus Jordanien ausgewiesen hatte, syrische, irakische und saudische Truppen ins Land ein. Sein Premierminister verweigerte die Zustimmung, weil er darin eine Gefahr für seine eigene Position sah. Hussein und Nabulsi standen sich nun unversöhnlich gegenüber, und die Situation verschärfte sich weiter, als Nabulsi ein paar Tage darauf diplomatische Beziehungen zur Sowjetunion und zur Volksrepublik China aufnahm. Gleichzeitig gab die US-Regierung unter Präsident Eisenhower eine Erklärung – die Eisenhower-Doktrin – heraus. Darin brachte sie ihre Entschlossenheit zum Ausdruck, im Nahen Osten überall dorthin US-Truppen zu entsenden, wo kommunistischer Aggression Einhalt geboten werden müsse.

Hussein und seine Berater waren äußerst beunruhigt. Die palästinensischen Linken gefährdeten nicht nur Jordaniens Stellung, sondern, wie Hussein sich bewußt wurde, sogar seinen Thron. Sie sprachen hinter seinem Rücken mit den ägyptischen und syrischen Führern, trafen sich offen mit sowjetischen Militärs, infiltrierten seinen Geheimdienst, bestachen Armeeoffiziere und lockten den Armeechef, General und langjährigen Hussein-Freund Ali Abu Nowar, auf ihre Seite.

In jenen Jahren, berichtet der König, »rief ich Nasser zur Vorsicht auf und entwickelte dieses Land, so gut ich es vermochte, nachdem ich die Führung der jordanischen Truppe arabisiert und den anglo-jordanischen Vertrag gekündigt hatte. Ich leitete eine Phase ein, die auf gegenseitigem Respekt und Zusammenarbeit mit Großbritannien gegründet war. In der arabischen Welt habe ich mich nach Kräften bemüht, der Ausbreitung des Kommunismus Einhalt zu gebieten, weil ich damals den Verdacht hegte und fürchtete, daß wir von einer Art Fremdherrschaft in die nächste geraten könnten.«

Doch Husseins Bitten blieben ungehört: Im April 1957 eskalierte die Dauerfehde zwischen dem König und seinem Premierminister zu einem offenen Konflikt. Ein Massenaufruhr zur Unterstützung Nabulsis in den palästinensischen Flüchtlingslagern und eine Meuterei der Armee, die jetzt unter dem Oberbefehl des ehemaligen Vertrauten des Königs, Ali Abu Nowar, stand, führten zu einer erbitterten Kraftprobe. Im Land herrschte eine Spannung, die sich tagelang nicht auflöste, und der König war nur »ein paar Zentimeter« vom Sturz durch seinen verräterischen Freund entfernt. Im letzten Augenblick aber trat Hussein, der in seinem Palast isoliert gewesen war, in der wichtigsten Militärbasis, in Serka, vor seine Soldaten. Durch sein persönliches Erscheinen beeindruckt, strömten ihm seine Beduinentruppen zu, ließen ihn hochleben und begrüßten ihn als ihren Führer.

Hussein war gerettet, und eine neue Regierung wurde gebildet. Ali Abu Nowar, den der König wegen seines Verrats hätte hinrichten lassen können, wurde des Landes verwiesen und durfte Jahre später nach Jordanien zurückkehren.

Die Vereinigten Staaten sahen Husseins Auflösung der Nabulsi-Regierung als einen freundlichen Akt, mit dem er ihre Eisenhower-Doktrin unterstützte. Zum Dank und Schutz sandten sie die Sechste Flotte ins östliche Mittelmeer. Jordanien erhielt wirtschaftliche und militärische Hilfe. Hussein nutzte sie, um Jordanien zu stärken. Straßen, die Elektrizitätsversorgung und das Kommunikationssystem des Königreichs wurden verbessert. Was die West Bank betraf, so zeigte sich Husseins Unzufriedenheit mit der dortigen politischen Situation, indem er dringend nötige Verbesserungen westlich des Jordans unterließ. Je mehr er Jordanien stärkte, um so loyaler würden ihn die dort Lebenden unterstützen, während er, wenn er die West Bank stärkte, damit vermutlich nur seinen Rivalen zu Hilfe kam.

Die amerikanische Position im Nahen Osten entfremdete Ägypten und Syrien dem Westen noch mehr. Im Februar 1958 schlossen sie ihre »sozialistischen« Länder zur Vereinigten Arabischen Republik zusammen. Hussein, der stets prosowjetische Regierungen gefürchtet hatte, bildete im Gegenzug eine Föderation zwischen seinem ökonomisch armen Land und dem weit reicheren, von seinem Vetter, König Faisal, geführten irakischen Staat. Dieses arabische Bündnis löste sich jedoch bald auf, als Faisal im Juli 1958 in einer von den Freien Offizieren des Irak geführten Revolution ermordet wurde.

Nach Faisals Tod war Husseins Isolation in der arabischen Welt noch größer geworden. Die Feindschaft mit Ägypten und Syrien hatte sich derart verschärft, daß jordanische Flugzeuge nicht einmal mehr deren Gebiet überqueren durften. Als Hussein auf dem Weg in die Schweiz mit seinem Flugzeug der königlichen jordanischen Luftwaffe Syrien überfliegen wollte, versuchten zwei syrische MIG-17-Jäger, seine Maschine zur Landung zu zwingen. Die MIGs verfolgten das Flugzeug des Königs, bis es den jordanischen Luftraum erreicht hatte. Hussein nannte diese Situation »die größte Lebensgefahr, in der ich mich je befunden habe« und »einen Angriff auf ein Staatsoberhaupt, wie er bisher in der Geschichte einmalig ist«.[7]) Dieses Vorkommnis steigerte die Entfremdung Husseins von der arabischen Welt und seine Furcht vor linken, mit Syrien und Ägypten verbündeten Palästinensern.

Während der folgenden beiden Jahre kam es zu weiteren Attentatsversuchen gegen ihn. Der gravierendste Zwischenfall ereignete sich, als im April 1960 Sprengsätze im Büro und Schreibtisch seines Premierministers Hasa Madschali angebracht wurden. Madschali konferierte mit Seid Rifai, dem Sohn des ehemaligen Premiers, als die Bomben explodierten. Madschalis Büro wurde völlig zerstört, die Wände stürzten ein, und der Schutt fiel in das darunterliegende Büro, in dem weitere Regierungsbeamte ums Leben kamen. Der König befand sich zwar zu diesem Zeitpunkt zur Erholung auf dem Lande, aber die Mordbotschaft schien ihm selbst zu gelten. Fröhliche Radiomeldungen aus Kairo bestärkten Hussein in seiner Annahme, daß die syrische und ägyptische Führung ihn zu ermorden trachteten.

Wenig später kam es zu einem weiteren Anschlag auf Husseins Leben. Diesmal wurde das Komplott rechtzeitig entdeckt, als sich der Inhalt eines Fläschchens aus der Hausapotheke des Königs, das Nasentropfen enthielt, wegen der Säure, die jemand hineingetan hatte, zischend ins

Waschbecken ergoß. Gleichzeitig fand man auf dem Parkgrundstück die Kadaver einer Anzahl im Palast lebender Katzen. Sie hatten von dem gefressen, was der stellvertretende Koch des Königs zubereitet hatte.

Husseins Beziehungen zu den Arabern verschlechterten sich noch weiter, als die Ägypter im Herbst 1962 eine sozialistische Revolution gegen den Emir des Jemen unterstützten, während die Jordanier auf seiten des herrschenden Monarchen standen. Obwohl der Staatsstreich mißlang, verstärkte der Aufstand die Hoffnungen der auf der West Bank und in Ägypten lebenden Palästinenser, ein Coup gegen König Hussein stände kurz bevor.

Im selben Jahr rasten die Araber vor Zorn, als Israel ankündigte, es werde die Empfehlungen eines amerikanischen Plans in bezug auf die Ableitung des Jordanwassers annehmen. Während Hussein nicht gegen diesen Gedanken war und insgeheim den Prinzipien des US-Vorschlags zustimmte, weigerten sich seine arabischen Brüder, dieses Vorhaben auch nur in Erwägung zu ziehen. Für sie hätte die Unterzeichnung einer Vereinbarung mit Israel bedeutet, die Existenz des jüdischen Staates zumindest indirekt anzuerkennen. Dies jedoch wollten sie unter allen Umständen vermeiden.

Wenige Monate darauf brachte ein Putsch gegen den irakischen Führer eine Baath-Regierung an die Macht, die sich sofort mit der in Syrien verbündete. Obwohl Jordanien wieder einen palästinensischen Premier hatte, brachten die Bewohner der West Bank und vor allem die in Jerusalem lebenden Palästinenser ihre Empörung darüber zum Ausdruck, daß Jordanien nicht auch ein Mitglied in dieser neuen arabischen Einheitsbewegung geworden war, die, wie sie hofften, zur Rückgewinnung Palästinas beitragen würde.

Obwohl unbeabsichtigt, führten die Israelis die Wiederannäherung zwischen dem König und den anderen arabischen Staaten herbei. Als die Israelis 1964 offiziell damit begannen, das Jordanwasser in die Negev-Wüste abzuleiten, rief der ägyptische Präsident Nasser zu einem arabischen Gipfeltreffen auf. Er lud alle arabischen Herrscher nach Kairo ein, und Hussein konnte es sich nicht leisten, isoliert daheimzubleiben. Über die Tagungsordnung war rasch entschieden – gegen ihn. Man beschloß, Israel an einer weiteren Ableitung von Wasser aus dem Jordan zu hindern. Außerdem rief man eine gemeinsame arabische Armee, das Vereinigte Arabische Kommando, unter Führung eines ägyptischen Offiziers ins Leben. Doch weit schlimmer noch für Hussein war, daß sich die Gipfelteilnehmer für die Schaffung einer Palästinensischen Befreiungsorganisation (PLO) mit einer eigenen Armee entschieden, die die Aufgabe haben sollte, einen palästinensischen Staat zu erkämpfen. Diese neugegründete PLO sollte sich als eine noch größere Gefahr für Hussein erweisen, wenn er sie mit den für ihn auch nicht ungefährlichen Ägyptern und Syrern verglich. Die neue Organisation bedeutete eine Kampfansage an König Hussein. Sie stellte alles in Frage: Wer ein Palästinenser sei, wer ein Jordanier sei und wer das Recht haben sollte, die Palästinenser der West Bank und des haschemitischen Königreichs zu vertreten.

16

Schwarzer September / Weißer September

In den vornehmen Vierteln von Amman wird selten darüber gesprochen, woher man kommt. Obwohl etwa sechzig Prozent der drei Millionen Menschen, die gegenwärtig, im August 1989, in Jordanien leben, in Palästina verwurzelt waren, bezeichnen sie sich als loyale Untertanen des Königs. Fragt man Jordanier, deren Eltern in Nablus oder Ramallah geboren sind, ob sie Palästinenser seien, so werden sie die Frage oft ignorieren. Manchmal werden sie »ja« sagen; manchmal werden sie sich als Jordanier palästinensischer Herkunft bezeichnen.

»In Jordanien können Sie nicht über Palästinenser sprechen«, sagt der Berater des Königs, Seid Rifai, dessen Vater aus Safed in Palästina stammt. »Wer ist ein Palästinenser?« fragt er. »Es ist schwer, die Palästinenser von den Jordaniern zu unterscheiden ... Nach dem I. Weltkrieg und den Teilungen sind die Leute eines Tages aufgewacht, und Angehörige derselben Familien fanden sich in zwei verschiedenen Ländern wieder. Das macht aus ihnen keine Palästinenser und Jordanier, denn die ganze Gegend war ein Land. Also weiß man in Jordanien nicht, wer wer ist.«[1])

Auf der westlichen Jordanseite stimmt der Historiker Abdul Latif Barghuti zu: Die Bevölkerung auf beiden Seiten des Flusses sei Teil derselben Familie. »Die meisten Palästinenser sind der Ansicht, es habe eine arabische Kontinuität in dieser Gegend gegeben. Die Kanaaniter bevölkerten Groß-Syrien mit den heutigen Staaten Syrien, Libanon, Jordanien und Palästina.« Barghuti, Professor an der Bir-Seit-Universität, weist darauf hin, daß einer der wichtigsten Wesenszüge der Bevölkerung dieses Landstrichs die gemeinsame Sprache sei. »Wir können einander sehr leicht verstehen, wenn wir unsere Umgangssprache sprechen, ob wir in Palästina, Syrien, Libanon oder Jordanien leben«, sagt er. »Aber in anderen Ländern haben wir mit unserer Umgangssprache Schwierigkeiten in der Verständigung.«[2])

Der in der West Bank lebende Arzt Jassir Obeid sieht eine ähnlich starke Gemeinsamkeit. »Wenn ich zwischen einem unabhängigen Palästina oder einem mit Jordanien verbundenen wählen sollte, würde ich eine Verbindung mit Jordanien vorziehen.« Trotzdem fügt er hinzu: »Es gibt hier niemanden, der projordanisch und antipalästinensisch ist.«[3])

Aber »West Banker«, die sich Jordanier nennen, sind in der Tat rar. »Wer sind die Jordanier?« fragt Radwan Abu Ajasch, ein West-Bank-Aktivist. »Sie sind unsere Brüder, Schwestern, Tanten, Onkel.« Und trotzdem, während des »Schwarzen Septembers«, so sagt er, »habe ich es nicht fassen können, daß ein arabisches Regime die Palästinenser so teuflisch behandeln würde«. Abu Ajaschs Frau lebte während der Belagerung im Hussein-Flüchtlingslager in Amman. »Sie war damals ein Kind. Ich habe ein paar schreckliche Geschichten von ihr gehört«, sagt er. »Sie hat heute noch Angst vor Katzen. Sie kann den Anblick einer Katze nicht ertragen. Warum? Weil sie, es tut mir sehr leid, es sagen zu müssen, Katzen menschliche Leichen hat fressen sehen, und anschließend wurden diese Katzen wild. Sie hat viele Bilder von toten Menschen gesehen.« »Jetzt«, sagt Abu Ajasch, »habe ich Angst, daß man mich nach Jordanien ausweist«.[4])

Der PLO-Gesandte in London, Faisal Oweida, geht einen Schritt weiter. Jordanien, so sagt er, verdankt seine Existenz den Palästinensern. »Ich glaube, Jordanien ist gegründet worden, um die Menschen aus den von Israel besetzten Gebieten aufzunehmen. Die Jordanier wurden aus diesem Grund geschaffen, denn es gab kein Jordanien. Es gab keine Haschemiten genannte Monarchie. Nichts. Abdullah wurde zu dem Zweck geschaffen.«[5])

Abdullah hätte dem natürlich widersprochen, so wie es sein Enkel, König Hussein, getan hat: »Er ist auf Einladung des Volkes von Jordanien nach Jordanien gekommen«, sagt der König. »Er hat es geschaffen.«[6])

Wie bei Abu Ajasch rührt auch Oweidas Bitterkeit vom »Schwarzen September« und jenen Kämpfen her, die ein paar Monate später stattfanden, als die PLO-Fedajin aus dem Königreich hinausgeworfen wurden. Nachdem die Jordanier die Guerilla verjagt hatten, konnte er »es nicht mehr ertragen, mit den Jordaniern zusammenzuarbeiten«, sagt Oweida, der damals als Chef der englischsprachigen Abteilung des jordanischen Rundfunks für Hussein tätig war. »Wir konnten nicht einmal als Palästinenser sprechen.Aber«, so fügt er hinzu, »das war nicht erst dann so. Seit sie die West Bank übernommen hatten, hat man uns jordanisiert. Da gab es Bilder von Hussein. Man durfte nicht sagen: ›Ich bin ein Palästinenser.‹ Man mußte ein Jordanier sein. Alles war jordanisch. Nichts *palästinensisch. Selbst aus ihren Büchern wurde der Name ›Palästinenser‹ getilgt.«* Die starke Betonung der »Jordanisierung« führte bei den ehemaligen Bewohnern der West Bank zu einer Gegenreaktion. »Wir haben«, so Oweida, »immer an eines gedacht, wir haben immer unsere Städte erwähnt. Statt sich als Jordanier auszugeben, sagte man: ›Ich bin aus Nablus, aus Jerusalem.‹ Das war unsere Rebellion.«*

Tahir al-Masri, dessen Familie aus Nablus kommt, hat in zahlreichen hohen Positionen in der jordanischen Regierung gedient. Für ihn ist klar: »Die Hälfte der Leute hier sind Palästinenser.« Trotzdem erklärt er, daß der Gedanke eines palästinensischen Staates den Jordaniern unbehaglich sei. »Die Jordanier meinen, ein palästinensischer Staat würde völlig palästinensisch ohne Jordanier sein, während Jordanien halbpalästinensisch ist.«[7])

Masris Vetter Munib al-Masri erklärt uns sofort, daß er aus Nablus ist, und weist mit großem Stolz auf andere Leute hin, die ebenfalls aus diesem Ort kommen. Der gemäßigt denkende Geschäftsmann, der in Amman wohnt, ist jetzt ein enger Freund und Ratgeber Arafats und wurde nach dem »Schwarzen September« vom König gebeten, ihm als Mittelsmann zur PLO zu dienen. »Ich stand der Bewegung nahe«, erklärt er und fügt dann rasch hinzu: »Ich bin stolz, gleichzeitig Jordanier und Palästinenser zu sein.«[8])

Wie eine Pflegemutter empfing Jordanien mit ausgestreckten Armen all die Heimatlosen, die aus Israel flohen. Jordanien war seit Beginn des arabisch-israelischen Konflikts eine Zufluchtsstätte für die Palästinenser. Im haschemitischen Königreich haben sich mehr Flüchtlinge niedergelassen als in irgendeinem anderen arabischen Land, und Jordanien war das einzige unter ihnen, das den Palästinensern eine volle Staatsbürgerschaft gewährt hat. In Husseins Augen gab es keinen Zweifel, wer die Palästinenser vertrat: Er tat es. Und trotzdem schufen die dreizehn arabischen Herrscher, die sich zum ersten arabischen Gipfel in Kairo trafen, eine palästinensische Organisation, die unausweichlich den König unterminieren würde. Theoretisch war die neugeschaffene Palästinensische Befreiungsorganisation eine offene Verbeugung vor den Palästinensern mit der geheimen Übereinkunft zwischen den souveränen Staaten, daß die unabhängigen Fedajin nunmehr unter arabische Kontrolle kommen würden. Auf Drängen Gamal Abdel Nassers erklärten sich die arabischen Führer bereit, die PLO zu finanzieren, an deren Spitze auf Nassers Vorschlag hin der Meister der Übertreibung, Ahmed Schukeiri, treten sollte. Dieser palästinensische Anwalt hatte sich bei den Vereinten Nationen einen Ruf erworben, nachdem er dort – zunächst als Vertreter Syriens und später Saudi-Arabiens – gegen Israel gewettert hatte und lauthals androhte, man werde die Juden ins Meer treiben.

Als König Hussein in Kairo eintraf, war er eine isolierte Figur in der arabischen Welt. Er war seinen Kollegen gegenüber skeptisch und voller Mißtrauen, daß die neue Organisation anfangen würde, Fedajin-Aktivitäten zu organisieren und die arabischen Länder in einen Krieg hineinzuziehen. Hussein wußte, daß Nasser keine Guerillaaktivitäten vom ägyptischen Boden aus zulassen würde. Die Gefahr würde ganz allein auf Jordanien lasten. Trotzdem mußte sich König Hussein an Gesten arabischer Einigkeit beteiligen. Er erklärte sich bereit, die Gruppe zu unterstützen, aber als Zugeständnis gegenüber dem König sicherte man ihm eine Zusammenarbeit mit Jordanien zu. Außerdem wurde die Bildung des gemeinsamen Oberkommandos beschlossen. Dieses sollte eine Koordination der militärischen Kräfte aller arabischen Staaten zur Verteidigung gegen die Zionisten ermöglichen.

Sofort nach diesem Gipfel reiste Schukeiri in der arabischen Welt umher und rekrutierte Vertreter für die neue Organisation. Im Mai 1964 kamen 422 neu ausgewählte Mitglieder des Palästinensischen Nationalrates in Jerusalem zu ihrer ersten Begegnung zusammen und ernannten Schukeiri zum Vorsitzenden der PLO. Unter seiner Führung errichtete der Kongreß die Grundlage für die künftige Arbeit, billigte die Charta, den Nationalpakt, der erklärte, daß »Palästina ein arabisches Heimatland« sei, und verkündete sein Ziel, Palästina zu befreien.

Obwohl die Delegierten beim Treffen des Nationalrats übereingekommen waren, das Hauptquartier der PLO in Jerusalem zu installieren, baute sich Schukeiri mit seinem Apparat rasch in Amman auf, wo er der Welt mit seiner typisch rabiaten Art versprach: Wir werden »unsere Messer mit dem Blut der Juden waschen«. Doch trotz der prahlerischen Worte des Anwalts hörten ihm nur wenige Leute zu. Selbst die Israelis reagierten auf seine empörende Rhetorik nur mit Achselzucken. »Zwischen 1964 und 1968 war die PLO unter Schukeiri ein Werkzeug der arabischen Staaten. Niemand nahm sie ernst«, erinnert sich Schimon Schamir, ein israelischer Ägyptenspezialist. »Sie war dazu da, die Entwicklung eines echten palästinensischen Vertretungsanspruchs zu verhindern.« Statt Unterstützung für die Palästinenser zusammenzutrommeln, löste Schukeiri mit seinen Hetzreden unwissentlich eine Welle der Sympathie für den jüdischen Staat aus. »Er hat uns Israelis sehr geholfen«, denkt Schimon Schamir.[9])

König Hussein mag die von Schukeiri provozierten Probleme überschätzt haben, aber sein Gefühl trog ihn trotzdem nicht: Gefahr war im Anzug. Die neugebildete PLO übte ihre magnetische Wirkung nicht nur auf Dollarmillionen, sondern auch auf Tausende von Freiwilligen aus, so daß andere palästinensische Gruppen wie die Fatah und die von Syrien unterstützte as-Saika geschwächt wurden. Um einen psychologischen Vorteil zu erlangen und mehr militante Palästinenser anzulocken, begannen Arafat und die anderen sofort mit aggressiven Aktionen über die syrisch-israelische Grenze.

Innerhalb von zwei Jahren sollten die in Syrien organisierten, aber oft von jordanischem Boden aus gestarteten Fatah-Aktivitäten ein so großes Ausmaß annehmen, daß das Königreich Jordanien schweren Vergeltungsschlägen Israels ausgesetzt war. Zornig über diese fortgesetzten Aktionen, befahl Hussein im Juli 1966, das PLO-Büro in Amman zu schließen. Schukeiri wurde nach Gaza ausgewiesen. Trotzdem dauerten die Fatah-Überfälle an, und das gleiche galt für die israelischen Racheakte, unter denen meistens Jordanien leiden mußte, da es bequem anzugreifen war, während sich die Guerilla-Basen in Syrien, tiefer gestaffelt und gut verbunkert, nicht so ohne weiteres zerschlagen ließen.

Im November 1966 tötete eine Fatah-Mine drei israelische Soldaten, die sich in ihrem Fahrzeug auf einer Patrouille befanden. Die Israelis schlugen gegen die Fedajin-Basis in Samua zurück, töteten einundzwanzig jordanische Soldaten, verwundeten siebenunddreißig weitere und zerstörten sämtliche Häuser des Dorfes in der West Bank. In der gesamten West Bank und in den Flüchtlingslagern in Jordanien brachen Unruhen und Demonstrationen aus, als die Palästinenser wütend die Arme in die Höhe reckten, weil Hussein sie nicht geschützt hatte. Nur eine Woche davor hatten Ägypten und Syrien ein Verteidigungsbündnis unterzeichnet. »Warum war Jordanien ihm nicht beigetreten?« fragten sich die Palästinenser. Warum hatte Jordanien nicht gegen Israels Angriff mit einem Gegenangriff reagiert? Wenn man es der PLA gestattet hätte, in Jordanien zu bleiben, so behaupteten sie, wären ihre Dörfer verschont worden. Um die Sache noch schlimmer zu machen, verlangte Schukeiri die Errichtung eines palästinensischen Staates in Jordanien. Das Vereinigte Arabische Oberkommando, das man gebildet hatte, um solche israelischen Angriffe zu verhindern, war machtlos. Hussein beklagte sich bitter bei Nasser, daß man ihn ohne Unterstützung ließ, und warf Ägypten vor, es verstecke sich hinter den seit der Suez-Krise 1956 im Sinai stationierten Truppen der Vereinten Nationen.

Trotz Husseins Sorgen, daß die Überfälle und Repressalien die arabische Welt rasch an den Rand eines Krieges bringen würden, waren die Fedajin nicht zu stoppen. In der Tat war ihr Ziel die Auslösung israelischer Vergeltungsschläge. Sie hofften, daß sie die arabischen Führer auf diese Weise zu einem Krieg gegen den jüdischen Staat aufstacheln könnten. Die Fatah-Überfälle nahmen auch von der syrischen Grenze aus zu, wo die Guerilla jüdische Siedlungen angriff. Im April 1967 waren die Israelis so wütend über die fortwährenden Provokationen, daß sie ihren Piloten befahlen, in den syrischen Luftraum einzudringen. Sie schossen in einem Luftkampf sechs syrische MIGs ab. In Ägypten reagierte Nasser auf den Angriff gegen den syrischen Verbündeten, indem er zwei Armeedivisionen zur Sinai-Halbinsel schickte und den Abzug der UNO-Truppen verlangte. König Hussein verfolgte diese Entwicklung mit wachsender Sorge, als UNO-Generalsekretär U Thant Nassers Verlangen nach einem Rückzug der UN-Truppen vom Sinai nachkam und es dem ägyptischen Führer ermöglichte, weitere Truppen nach Scharm el-Scheich zu entsenden.

Als der König sich 1989 an diese Ereignisse erinnert, sagt er: »Wir sahen, wie die Ägypter ihre Kräfte auf die Sinai-Halbinsel verlegten. In diesem Augenblick begriff ich, daß ein Krieg unvermeidlich sein würde. Wir waren in eine Falle getappt. Ich kannte die Fakten, daß wir nicht die Mittel hatten zu gewinnen, nicht einmal jene, um zu verteidigen, was wir in unseren Händen hielten.« Mit einem schweren Seufzer fügt er hinzu. »Ich war äußerst besorgt.«

Am 22. Mai 1967 befahl Nasser die Blockade der Straße von Tiran, einer wichtigen Zufahrt der Israelis zu ihrem Hafen Eilat, und kündigte den Aufmarsch der ägyptischen Armee an. »Da waren wir«, sagt Hussein. »Ein Krieg ließ sich nun nicht mehr vermeiden.« Vom Standpunkt König Husseins aus betrachtet hatte Nasser mehrere Möglichkeiten zur Auswahl: »Er hätte einen arabischen Gipfel einberufen können, um die Sache zu diskutieren. Er hätte die Situation einer möglichen israelischen Bedrohung der arabischen Welt vortragen können. Oder er konnte sich so entscheiden, wie er es getan hat. Die Wahl, die er traf, war meiner Ansicht nach die schlimmste. Ich weiß noch, wie ich die Nachricht hörte und wie entsetzt ich war.«

In Amman erhielt der König Botschaften der Israelis, die ihm zusicherten, daß sie Jordanien nicht angreifen würden, wenn er sich aus dem Krieg heraushielt. Aber er war der festen Überzeugung, daß die Israelis unbedingt die West Bank haben wollten, und im ganzen Königreich war die Forderung zu hören, man solle sich den Ägyptern anschließen. Hussein war in arger Bedrängnis. Auf der einen Seite hörte er die Kakophonie der Schreie, er solle an diesem Krieg teilnehmen, von dem er wußte, daß er nicht zu gewinnen war. Auf der anderen Seite dämmerte ihm die schmerzliche Einsicht, daß er seinen Thron in einem Bürgerkrieg verlieren würde, wenn er sich Ägypten nicht anschloß.

Der König zündet sich eine Zigarette an, inhaliert und erinnert sich an die zunehmende Spannung in jenem Augenblick. »Ich habe mir die interne Szene in Jordanien angesehen«, sagt er leise. »Jordanien war immer wieder von Israel angegriffen worden aufgrund von Aktionen, die von anderswo ausgegangen sein konnten. Also waren wir in den Augen der Israelis eins, wir und die Ägypter. Was die West Bank betraf, wußte ich, daß sie ein Ziel für Israel war. Die Nähe zum Meer. Die Ansprüche. So oder so war sie in Gefahr. In der Tat, wenn wir angegriffen wurden, riefen wir die anderen um Hilfe an, aber es kam nie welche. Trotz Vereinbarung über die gemeinsame Verteidigung. Wir sollten ihnen helfen, so wie wir von ihnen Hilfe erwarteten, wenn wir in Schwierigkeiten waren.« Am 30. Mai flog Hussein nach Kairo. Innerhalb weniger Stunden unterzeichnete er einen Verteidigungspakt mit Nasser, unterstellte seine Truppen dem Befehl der ägyptischen Streitkräfte und kehrte höchst unglücklich mit Schukeiri an seiner Seite nach Haus zurück.

Für Hussein kam die Teilnahme am Krieg gegen Israel einem Selbstmord nahe. »Es war klar, daß die Araber auch nicht annähernd bereit oder in der Lage waren, mit dem Problem umzugehen. Israel war mit seinen Streitkräften und Fähigkeiten die überlegene Macht in der Region«, bestätigt er. Gleichzeitig aber hatte Hussein das Gefühl, daß ihm keine Wahl blieb. »Wenn wir nicht daran teilgenommen hätten, wäre Jordanien von innen heraus zerbröckelt, denn wir bezahlten ja bereits dafür, daß wir nicht fähig waren, den Angriffen zu widerstehen, die gegen die Dörfer in isolierten Gegenden entlang der israelischen Front geführt wurden. Israel wäre einmarschiert, so oder so. In dieser Situation ging ich nach Ägypten, sprach mit Nasser, und er schickte Schukeiri mit mir zusammen hierher zurück. Ich versuchte, irgendwelche Leute zusammenzubekommen in der Hoffnung, daß wir vielleicht etwas retten könnten – vielleicht, daß eine Solidaritätsdemonstration das Unheil abwenden half. Und wenn es denn kommen sollte, war das die beste Art, ihm entgegenzusehen.«

Hussein irrte sich nicht: Das Unheil kam rasch. Der Krieg brach am 5. Juni 1967 um 5 Uhr 45 aus, als die Israelis einen Überraschungsangriff gegen die ägyptischen Luftwaffenbasen ausführten. Gegen Mittag war die ägyptische Luftwaffe vernichtet. Trotzdem rief Nasser den König genau in dem Augenblick an, als die ägyptische Verteidigung zusammenbrach, und teilte ihm mit, seine Truppen würden den Krieg gewinnen, sie seien gerade dabei, die Negev-Wüste zu erobern. Vielleicht etwas ermutigt von der Aussicht, selbst Territorium hinzugewinnen zu können, mißachtete Hussein die Aufforderung der Israelis, sich aus dem Krieg herauszuhalten, und schickte die jordanische Luftwaffe los. Um halb drei nachmittags war die gesamte jordanische Luftwaffe vernichtet. Am nächsten Tag hatte Jordanien die West Bank verloren, und am Morgen des 7. Juni konnten die jordanischen Kräfte die Altstadt von Jerusalem nicht mehr halten. Dieser Ort, der ihm so viel bedeutete und der für seinen Großvater wie für ihn selbst ein so wichtiges Symbol gewesen war, ging an den jüdischen Staat verloren. Am 9. Juni hatten die Israelis schließlich auch die syrischen Kräfte dezimiert und die Golan-Höhen erobert.

Nach sechs Tagen war der Krieg vorbei: ein großartiger Sieg für die Israelis, eine brutale Niederlage für die arabischen Staaten. Für Hussein bedeutete dieses Debakel eine unerhörte Schmach: Er hatte das Land verloren, das zu retten seinem Großvater dank großer Umsicht gelungen war. Außerdem war Jerusalem, die den Moslems heilige Stadt und das hehre Symbol des Scherifen von Mekka wie der Haschemitendynastie, nicht mehr in seiner Hand. Die Fenster des königlichen Gästehauses in Amman, in dem sich einst die Lichter Jerusalems gespiegelt hatten, sollten nun die Tränen des Königs reflektieren. Den Jordaniern hatte der Krieg Kummer und Schande gebracht: Das Land hatte die 2200 Quadratmeilen der West Bank eingebüßt. 200 000 neue Flüchtlinge strömten aus dem verlorenen Gebiet ins Gebiet östlich des Jordans und ließen die palästinensische Bevölkerung von 650 000 auf 850 000 anwachsen. Im haschemitischen Königreich gab es nun mehr Palästinenser als in allen anderen arabischen Ländern zusammen. Als die Bürger Jordaniens kurz nach der Feuereinstellung Radio hörten, vernahmen sie die ernste Stimme des Königs, der ihnen sagte: »Unsere Katastrophe ist größer, als irgend jemand sie sich hätte vorstellen können.«[10])

Die Ungeheuerlichkeit der Niederlage von 1967 zwang Hussein, sich auf interne Angelegenheiten zu konzentrieren. Die staatlichen Institutionen waren zerstört, und der König mußte überlegen, wie er seine Armee, seine Luftwaffe und die Wirtschaft seines Landes wieder aufbauen konnte. Er wandte sich an die Saudis, und nachdem er Faisal davon überzeugt hatte, daß Jordanien Saudi-Arabiens Fenster zum Westen sei, erhielt er großzügige Geldsummen, um neue Waffen von den Vereinigten Staaten und Großbritannien zu kaufen. Irgendwann, so hoffte er, würde er eine politische Übereinkunft mit Israel erarbeiten und Jerusalem und die West Bank zurückbekommen. Während der König sich darum bemühte, den Schaden zu Hause zu reparieren, war Jassir Arafat dabei, neue Provokationen auszuhecken.

Unmittelbar nach dem Sechstagekrieg wurde bei einer Fatah-Zusammenkunft in Damaskus beschlossen, Arafat in die von Israel besetzte West Bank zu schicken, damit er dort militärische Aktionen organisierte. Er sollte im Verlauf der Zeit mehrfach hin und her über den Jordan in die West Bank überwechseln. »Für mich war es kein Problem«, sagt Arafat heute, »weil ich gut ausgebildet bin. Ich war einer der Experten in der ägyptischen Armee für Kommandounternehmen, also für Spezialeinsätze.« Diejenigen, die in der Gegend leben, lachen über die Vorstellung, daß es ein gefährliches Unternehmen gewesen sei. Adnan Abu Odeh, ein enger Berater des Königs, sagt: »Im Sommer ist der Jordan ein Bach. Als Arafat 1967 in die West Bank ging, war er sehr leicht zu durchwaten.«[11]) Außerdem waren die Israelis zu sehr damit beschäftigt, sich ihrer Siegesbeute zu erfreuen, als daß sie auf Grenzübertritte geachtet hätten.

Wenn Arafat sich nicht gerade in der West Bank aufhielt, bewegte er sich im Jordantal umher, schlief manchmal in den Lehmhütten der Flüchtlingslager, andere Male in Berghöhlen. Nisar Amar, ein Fatah-Beamter, erinnert sich daran, als er das erste Mal Instruktionen von Abu Ijad erhielt, den Libanon zu verlassen und sich mit Arafat zu treffen. »Er bat mich, nach Jordanien zu gehen und nach einem Mann namens Abu Amar zu suchen. Die Adresse war sehr seltsam. Sie war einer der Berge in der Nähe des Jordans im Tal von al-Awar. Wir hatten einen palästinensischen Führer, gingen etwa eine Stunde in die Berge hinein, und dann kamen wir in eine Höhle.« Ein junger Mann, klein und freundlich, begrüßte sie leise. »Ich war überrascht von seinem Aussehen und daß er mich bei meinem Namen nannte. Ich wußte nicht, daß Abu Amar ein Führer war. Ich dachte, er wäre ein Mann, der die Aufgabe hatte, sich um die Medien zu kümmern.« Am eindrucksvollsten war, sagt der Mann, was Arafat ihm mitteilte: »Ich bin gerade aus Jerusalem gekommen, um euch zu treffen. Dann muß ich durch den Fluß nach Jerusalem zurück.« Nisar Amar sagt: »Das Großartige daran war, daß jemand von der Führung in den Territorien war.«[12])

Arafats Aktivitäten waren allerdings kein großer Erfolg. Viele in der West Bank lebende Palästinenser hatten in Israel zu arbeiten angefangen, und ihre Löhne und Gehälter waren ihnen viel wichtiger als die Sabotageakte der Fedajin. Wer den Guerillas Unterschlupf gewährte, lief Gefahr, sein Haus und seinen Job zu verlieren, sollten die Israelis es herausfinden – und für gewöhnlich taten sie das. Diejenigen, die sich bereit erklärten, der Bewegung beizutreten, waren nicht ausgebildet und amateurhaft. Festnahmen folgten den Aktivitäten oft auf dem Fuße.

Obwohl das Fatah-Abenteuer in der West Bank nur sechs Monate währte, war damit bereits eine für den König unangenehme und gefährliche Situation geschaffen. Im November 1967 hatte Hussein an der Formulierung der UNO-Resolution 242 mitgewirkt, die einen »Rückzug der israelischen Kräfte aus beim letzten Konflikt besetzten Gebieten«, die »Anerkennung der Souveränität, territorialen Integrität und politischen Unabhängigkeit eines jeden Staates in der Region sowie sein Recht, in Frieden innerhalb sicherer und anerkannter Grenzen frei von Drohungen und Gewaltakten zu leben« und das »Erreichen einer gerechten Lösung des Flüchtlingsproblems« forderte. Als Arafat und die anderen Guerillaführer den UNO-Beschluß lasen, fanden sie darin keine Erwähnung eines palästinensischen Staates. Sie waren überzeugt, daß der König, selbst wenn er die Territorien zurückgewinnen sollte, sie den Palästinensern niemals aushändigen würde.

Im Dezember hatten die Israelis rund tausend innerhalb der West Bank lebende Fedajin gefangen. Arafat mußte über die Grenze nach Jordanien fliehen. Er war ein von der UNO-Resolution verbitterter Kämpfer, der gleichzeitig von dem Wissen ermutigt wurde, daß sich die arabischen Führer bei einem arabischen Gipfel drei Monate zuvor auf die »Rechte des palästinensischen Volkes in ihrem eigenen Land« geeinigt hatten.

Hussein legte für Arafat keine Willkommensmatte aus, noch würde er, so gab er bekannt, derartige Aktivitäten dulden, die zum unheilvollen Sechstagekrieg geführt hatten. Die Türen seines Landes aber standen offen. Der König erzählt uns: »Wir hatten irakische Truppen in Jordanien, wir hatten palästinensische Einheiten im Land, und andere fingen an, aus verschiedenen Staaten herbeizukommen. Plötzlich schien sich die Welt verändert zu haben. Jordanien wurde ein Kristallisationspunkt für alle Widersprüche.« Die palästinensischen Kämpfer wandten sich an ihre irakischen Freunde. In irakischen Uniformen und mit irakischen Fahrzeugen trafen sie ohne Einladung des Königs in Jordanien ein – in einer Welt, die sich auf ein heilloses Chaos zubewegte.

Während der König die Ordnung aufrechtzuerhalten versuchte, bezogen die Freischärler Stellungen in den Flüchtlingslagern des Jordantals, insbesondere in dem nur sechs Kilometer vom Fluß entfernt liegenden Dorf Karameh, wo die palästinensischen Bewohner ihnen entgegeneilten, um sie zu begrüßen. Noch immer niedergeschlagen von der Junikatastrophe, unterstützten alle, ob Zivilisten oder Soldaten, diese enthusiastischen Kämpfer. Viele in der Armee, deren Offiziere und Mannschaften zum großen Teil aus Palästina stammten, sahen in den Fedajin ein sinnvolles Instrument der Araber, ihr Gesicht zu wahren und, besser noch, ihr Territorium zurückzugewinnen. »Es herrschte das Gefühl«, erinnert sich der König, »daß sich die West Bank und ganz Palästina unter einer Besatzung befand. Also sollten die Leute Widerstand gegen die Besatzung leisten. Was mich angeht, war das das legitime Recht eines jeden Volkes unter solchen Bedingungen.« Obwohl Hussein sagt, daß »nach seiner Auffassung der Widerstand reorganisiert werden und dies in den besetzten Gebieten stattfinden sollte«, gibt er zu, daß die jordanische Armee sich aufgelöst hatte. »Es gab volkstümliche Bewegungen, Widerstand zu leisten«, und wenige Möglichkeiten, der emotionalen Flut Einhalt zu gebieten. Die Fedajin stellten die einzige Hoffnung der Jordanier dar, die ihnen gern Geld und etwas zu essen gaben und Unterkunft gewährten. »Die Leute wollten sie, die Araber wollten sie, jeder wollte sie«, erklärt Adnan Abu Odeh. »Man konnte nichts gegen sie ausrichten. Es war wie eine Lawine.«

Arafat ging an die Arbeit, plante eine Vielzahl von Anschlägen, darunter Bombenanschläge und Angriffe auf Gebäude jüdischer Kibbuzim in der West Bank, um damit Vergeltungsaktionen der Israelis, also Bombardements, auszulösen. Häufig fielen diesen israelischen Gegenschlägen Jordanier zum Opfer, die im fruchtbaren Tal das Land bearbeiteten. Marwan Kassem, der jordanische Außenminister, erinnert sich, daß er damals eine Farm in der Gegend besaß. »Ich erinnere mich daran, von 1967 bis 1971 keinen Penny von meiner Farm erhalten zu haben, weil die Gegend ständig aktives Frontgebiet war. Bezahlt haben dafür die Jordanier, die den Palästinensern halfen«, sagt er. »Die ganze Strecke vom Norden Jordaniens bis zum Toten Meer war für die israelischen Phantom-Jets ein Manövergebiet.« Kassems Haus befand sich im Nordteil des Tals. »Das erstemal flog es im Frühjahr 1965 in die Luft. Damals war ich bei der UNO. Die Israelis brachten ihre Kommandos zum erstenmal per Hubschrauber in die Gegend; 1967 wurde es zerstört und 1968 erneut beschädigt.« Nach dem dritten Angriff, so sagt er voller Verbitterung, »haben wir anderswo gebaut.«[13]) Die wenigen, die entschlossen waren, für das Überleben ihrer Farm zu kämpfen, mußten nachts hinuntergehen, um ihre Bäume zu bewässern. Adnan Abu Odeh erzählt: »Es gab keine Landwirtschaft. Es war ein Schlachtfeld.«

Hussein lud die Freischärler zu einem Gespräch in seinen Palast ein. »Ich versuchte, ihnen bewußt zu machen, daß sie außer Rand und Band gerieten«, erinnert sich der König. »Ich habe mich tatsächlich hier in diesem Gebäude zum erstenmal mit ihnen getroffen. Während ich mit ihnen redete, versuchte ich festzustellen, wer Arafat war. Es überraschte mich sehr, daß das ihr Führer war«, sagt er mit einem Lächeln.

Der Fatah-Sprecher Ahmed Abdul Rahman erinnert sich an eine Begegnung mit Arafat im Dorf Karameh Anfang März 1968. »Ich weiß noch, daß er dort ein Büro hatte. Er fragte: ›Wo ist die Fahne?‹ Und sie brachten die Fahne. Es war ein normales Haus, und dann verlangte er einen Tisch und einen Stuhl und fing an zu arbeiten. Er wollte wissen, wo sich die verschiedenen Gruppen von Kämpfern befanden, was mit ihnen geschehen war und was in der Politik war und was mit Nasser los war. Ich hielt ihn für einen Verrückten, weil man seine Aufmerksamkeit nicht fesseln kann. Er fesselt die Aufmerksamkeit anderer, aber niemand vermag seine Aufmerksamkeit zu fesseln.« Abdul Rahman lächelt und schüttelt den Kopf. »Ich war ein Intellektueller, ein Linker. Ich glaubte an den Marxismus-Leninismus. Arafat bedeutete das alles nichts. Er glaubte an die Aktion.«[14])

Am 18. März 1968 legten die Fatah-Fedajin eine Mine auf die Straße, die von Tel Aviv zur Negev-Wüste führt. Als ein israelischer Schulbus darüberfuhr, explodierte das Fahrzeug: Zwei Kinder wurden getötet und siebenundzwanzig verletzt. Diesmal schrien die Israelis nach Rache, und die jüdische Armee ging in die Offensive. Sie brachte Mannschaften, Waffen und Munition über den schmalen Jordan-Fluß.

»Sie hatten die Absicht einzudringen«, erinnert sich der König, »und man konnte förmlich zusehen, wie sich alles entwickelte. Wir hörten sehr oft davon. Die Truppen kamen herüber und wurden der Front entlang aufgestellt. In diesem Augenblick begriffen wir, was sie dort vorbereiteten. Wir konnten beinahe den Zeitpunkt genau vorhersagen.« Arafat erinnert sich: »Eine arrogante Art der Demonstration militärischer Stärke .«

Während sie dem israelischen Muskelspiel zusahen, bereiteten sich die Fedajin-Führer auf die Flucht vor. George Habasch, Ahmed Dschibril und andere verlangten den Rückzug ihrer Kämpfer in die Berge. Jassir Arafat aber bestand ebenso hartnäckig darauf, daß die Palästinenser bleiben und den Israelis entgegentreten sollten, nicht aus militärischen Gründen, weil sie die Schlacht ohnehin niemals gewinnen würden, sondern wegen des politischen Sieges, den sie erringen konnten. »Wir können sie nicht besiegen, aber wir können ihnen eine Lehre erteilen«, sagte er seinen Freischärlern.[15]) Am 19. März schickte er Ahmed Abdul Rahman mit einer Botschaft an die syrische Führung nach Damaskus. »In dem Augenblick hat Arafat die erste historische Entscheidung seines

Lebens getroffen, die Entscheidung, den Israelis die Stirn zu bieten«, bemerkt Rahman. »Ich sah die israelischen Panzer und dachte, er sei verrückt.« Der Sprecher bricht in ein Grinsen aus. »Ich glaube noch immer, daß er verrückt ist.« Trotzdem erklärten sich dreihundert Kämpfer bereit zu bleiben. »Arafat kannte sich sehr gut in der Psychologie der Massen und der arabischen Führer aus«, stellt Abdul Rahman fest. »Sie konnten nicht fassen, was im Juni geschehen war. Sie brauchten Märtyrer, um ihre Moral zu heben.«

Gegen die Empfehlungen der irakischen Militärberater, sich in den Bergen zu verstecken, befahl Arafat seinen Männern, in Karameh Gräben auszuheben. Einige Fedajin sollten im Lager bleiben, andere in den Bergen kämpfen. Die Jordanier versetzten ihre Armee in Alarmbereitschaft, stationierten alle Einheiten des Heeres, die sie dafür einsetzen konnten, an den Zugängen zum Jordantal und in der Stadt Salt. »Es waren Panzer, Infanterie und Artillerie da«, sagt der König.

Bei bewölktem Himmel noch vor Tagesanbruch am 21. März 1968 begannen die Israelis auf einer Breite von achtzig Kilometern vom Norden bis zum Süden und mit drei Stoßkeilen, ihren Angriff über den schmalen Fluß hinweg ins Jordantal hinein vorzutragen. König Hussein berichtet uns: »Man setzte mich um sechs Uhr früh davon in Kenntnis. Also fuhr ich zum Armeehauptquartier, und wir sahen uns die Verluste an. Es wurden Armeeteams gebildet, die im Rücken der Angreifer gegen die Panzer vorgehen sollten. Zum Glück gelang es der israelischen Luftwaffe nicht, soviel Schaden anzurichten, wie sie es hätte können, weil die niedrig hängende Wolkendecke uns begünstigte. Einige ihrer Einheiten erreichten aber doch Karameh.«

Die Kämpfe in Karameh wurden zu einem Blutbad, als die Israelis die in den Gräben kauernden Fedajin bombardierten, das ganze Dorf – von einer Moschee abgesehen – dem Erdboden gleichmachten und wenig Anzeichen hinterließen, daß es je existiert hatte. Doch als die Israelis weiter in das Tal vordrangen, stießen sie erneut auf Fedajin, die von der regulären jordanischen Armee unterstützt wurden. Die Freischärler leisteten erbitterten Widerstand und vernichteten mit heftigem Beschuß israelische Panzer. Auch die jordanischen Truppen schossen feindliche Panzer ab, und der israelische Angriff wurde zum Stehen gebracht. »Es war ein sehr harter Kampf«, sagt der König. »Wir haben unser Bestes gegeben.« Er merkt an, daß die Israelis keine Toten zurücklassen wollten: »Sie mußten deshalb weitere Verluste hinnehmen, weil sie um jeden ihrer Gefallenen kämpfen mußten. Auch wenn sie Teile ihrer Ausrüstung verloren hatten, versuchten sie, sie zurückzuerobern.« Gegen zehn Uhr abends zogen die Israelis ab und ließen vier Panzer und vier Panzerwagen zurück. Die Israelis hatten 28 Tote und rund 100 Verwundete zu beklagen. Die Armee des Königs gab bekannt, daß 207 jordanische Soldaten gefallen waren. Außerdem hatte die Schlacht 97 palästinensische Fedajin das Leben gekostet.

Während junge Männer um ihn herum kämpften, bis sie den Tod fanden, leitete Jassir Arafat den Kampf. Das jedenfalls ist es, woran sich der Fatah-Vertreter in Amman, Omar al-Khatib, erinnert: »Arafat führte den Befehl. Er war bei der Gruppe, die in die Berge gehen sollte. Statt dessen rückte er auf den Fluß nahe al-Menara zu. Er kämpfte dort den ganzen Tag hindurch. Wir hoben Gräben in Karameh aus, und er kämpfte von diesen Gräben aus. Er kämpfte, bis die Israelis sich zurückzogen.«[16]) In Jordanien indes halten sich hartnäckig Gerüchte, Arafat wäre verschwunden. »Arafat floh nach Salt«, sagt Seid Rifai, der ehemalige Premierminister und enge Freund des Königs. Adnan Abu Odeh stimmt dieser Version zu. »Arafat war nicht in Karameh«, sagt er trocken. »Er hat in Salt gefrühstückt.«

Ob Arafat nun während der Schlacht gekämpft oder gefrühstückt hat, den israelischen Rückzug hat er zweifellos gefeiert. Stunden nach der Schlacht war die Hilfe der jordanischen Armee vergessen. Arafat sprach im Rundfunk, gab den Reportern Auskunft und unterrichtete die Welt vom Sieg der Fatah. Welche Bedeutung die Ereignisse von Karameh erlangen sollten, war König Hussein nicht sofort klar: »Es war uns damals nicht bewußt, wie wichtig es war, alle Tatsachen bekanntzugeben. Es war eine Schlacht«, er zuckt die Achseln, »und es hat viele Schlachten gegeben.« Seid Rifai fügt hinzu: »Sie haben die Schlacht in den Medien auf schändliche Art gestohlen.« Heute gibt Abu Ijad zu: »Die jordanische Armee hat uns in dieser speziellen Schlacht sehr geholfen.« Aber das Ergebnis der Radiopropaganda blieb nicht auf Worte beschränkt. Adnan Abu Odeh erzählt: »Sie haben die Saat des Hasses gegen die Armee ausgestreut.«

Arafats Gesicht mit einem Schnauzer, aber noch ohne Vollbart und Sonnenbrille sowie seiner bald vertrauten Kafija erschien auf dem Titelblatt des *Time*-Magazins sowie im Fernsehen während seines ersten Interviews mit westlichen Medien. Die Geschichte fesselte die Gemüter der arabischen Journalisten, die sie »das Licht in der Finsternis der Juniniederlage« nannten. Der Name Karameh, der Würde und Stolz bedeutet, wurde in der arabischen Welt zu einem Symbol und die Schlacht zur Legende. Beschämt und gedemütigt von der empfindlichen Schlappe des Sechstagekriegs, gab ihnen die Magie Jassir Arafats die Selbstachtung zurück. Ironischerweise wurden die Palästinenser, die vor Karameh die Parias der arabischen Welt gewesen waren, nun ihre Helden.

Mit seinem scharfen Verstand in bezug auf die arabische Psyche bereitete Arafat für die gefallenen Fedajin in Amman ein öffentliches Begräbnis vor. Aber statt Dutzende von Leichen in die Hauptstadt zu schaffen, brachte er nur siebzehn, jede davon eine Trophäe des Märtyrertums der Fatah. Als Tausende von Arabern sich die Straßen entlang aneinanderreihten und um die palästinensischen Führer drängten, skandierten sie: »Fatah! Fatah! Fatah!« Die Ekstase war da. »Wir sind alle Fedajin«, rief König Hussein.[17]) Und sie waren es: Tausende von Palästinensern und anderen Arabern strömten nach Karameh. Innerhalb von drei Tagen hatten sich 5000 Freiwillige bei Fatah eingetragen. Aber in den Früchten des Sieges lag auch die Saat der Zerstörung. »Es war sehr gut, und es war eine Art Selbstmord für uns«, sagt Khaled al-Hassan, den der Tag reut, an dem Fatah die Massen aufnahm. »Mit all den Ideen, die sie mitbrachten, waren sie nicht mehr zu zügeln.«[18])

Der Erfolg von Karameh gab Arafat in den Augen seines alten Mentors Hadsch Amin al-Husseini den letzten Schliff. Er händigte ihm nun bereitwillig die Krone des Führers aus. Der Schwiegersohn des Mufti, Muheidin al-Husseini, erinnert sich an die Begegnungen in seinem Haus in Amman: »Hadsch Amin spürte, daß Arafat der richtige Führer für die palästinensische Nation nach ihm sein würde. Er fand, er sei fähig, die Verantwortung zu tragen.«[19]) Aber der Mufti machte sich Sorgen über die Unbesonnenheit der Kämpfer. »Sie gaben an alle Waffen aus. Man brauchte ihnen nur zu sagen: ›Ich bin auf eurer Seite‹, und sie gaben einem eine Kalaschnikow. Arafat war entschlossen, groß herauszukommen, koste es, was es wolle.« Hadsch Amin warnte Arafat, er solle nicht in die alten Fehler verfallen. »So wie heute ist es auch 1936 gewesen«, sagte der alte Führer. »Erkenne deine Fehler und vermeide sie. Sonst erfüllst du nicht deine Pflicht. Dies ist kein Krieg«, riet er ihm zur Vorsicht. »Du sollst als Untergrundbewegung arbeiten. Nimm nur die Leute, bei denen du dir sicher bist.« Die Arbeit solle so geheim bleiben, sagte Hadsch Amin, »daß nicht einmal die Luft spüren darf, daß du da bist und dich bewegst«.

Statt dessen aber wirbelte die revolutionäre Leidenschaft immer mehr durcheinander. Fatah lockte nicht nur Kämpfer, sondern auch Marxisten, Maoisten, Sozialisten, Kommunisten, Baathisten und Mitglieder anderer radikaler Parteien an, die in Jordanien eigentlich verboten waren. Mehr als alles andere aber wirkte die neugeweckte Leidenschaft elektrisierend auf jene, die Hussein zu stürzen beabsichtigten. »Statt über den Kampf gegen Israel zu reden«, erinnert sich der Ratgeber des Königs, Adnan Abu Odeh, »redeten sie darüber, wie sie das jordanische Regime stürzen könnten. Sie hielten das Banner ›Die Straße nach Jerusalem führt über Amman‹ über ihren Köpfen hoch, und alle sahen es als selbstverständlich an, das Regime bekämpfen zu müssen.« Der DFLP-Sprecher Abu Laila gibt zu: »Wir riefen zu einer Strategie auf, die zum Sturz des Königs führen sollte. Wir dachten an einen Coup oder Putsch.«[20])

Für den PFLP-Führer George Habasch war das Ziel eindeutig politischer Natur: »Wir glaubten seit 1967, daß die reaktionären arabischen Regimes die Präsenz der palästinensischen Revolution nicht akzeptieren können. Sie widerspricht ihren Interessen. Wenn Israel und dann auch Amerika Druck auf sie ausüben, sich der palästinensischen Freischärler zu entledigen, werden sie gegen die palästinensischen Freischärler kämpfen. Deshalb haben wir unseren Genossen bei Fatah gesagt, daß man nicht sagen kann, wir kämpfen nur gegen Israel und haben mit Jordanien nichts zu tun. Also gut: Ihr habt mit Jordanien nichts zu tun, aber Jordanien hat etwas mit euch zu tun, und diesen Punkt müßt ihr in Betracht ziehen.«[21])

Aber während sich Habasch mit seiner PFLP und Hawatmeh mit seiner DFLP gegen Hussein verschworen, war Arafat der festen Überzeugung, daß die Anwesenheit des Königs für ihre Sache lebenswichtig war: Die Israelis und ein großer Teil des Westens waren der Auffassung, daß Jordanien der logische Ort für die Palästinenser war. Wenn sie Jordanien übernähmen, würden sie den Anspruch auf ihr wirkliches Heimatland verlieren.

Der Fatah-Repräsentant in Jordanien, Omar al-Khatib, besteht darauf: »Fatah hatte in Jordanien keine Ziele. Wir glaubten und glauben immer noch, daß die Anwesenheit von König Hussein in Jordanien ein Sicherheitsventil für das palästinensische Volk ist. Wir haben jeden Versuch, ihn zu stürzen, bekämpft.« Adnan Abu Odeh gibt zu: »Fatah redet weiterhin über Palästina, mehr über Palästina und weniger über das jordanische Regime.«

Trotzdem setzten sich die von Habasch, Hawatmeh und Arafat geleiteten, waffenschwingenden Freischärlergruppen völlig über die jordanischen Gesetze hinweg und richteten sich in selbstgeschaffenen separaten Lehen ein, in denen ihre eigenen Verhaltensmaßregeln galten. »Jede von ihnen hatte hier ein eigenes Büro, ihr eigenes Trainingslager, eigene Gefängnisse, Gerichte, alles«, erinnert sich Seid Rifai.

Arafat konzentrierte sich weiter auf Überfälle jenseits der Grenze, vervollständigte seine Ausrüstung durch den Erwerb von sowjetischen

Katjuscha-Raketen sowie weiterem Nachschub aus Syrien und dem Irak. Die Israelis reagierten mit harten Vergeltungsschlägen. In seiner Angst vor dem Chaos in seinem Land und besorgt, daß die ehrgeizigen Anstrengungen der verschiedenen miteinander konkurrierenden Terrorgruppen den arabischen Kampf gegen Israel schwächen könnten, lud der König erneut zu einem Treffen in seinen Palast ein. »Zweifellos ließ diese Taktik den Israelis die Möglichkeit, gegen die Armee, die Zivilbevölkerung und gegen die Wirtschaft zurückzuschlagen«, erklärt er. »In vielen Fällen mußten wir feststellen, daß die Israelis Schläge gegen Ziele ausführten, von deren Vorhandensein wir nichts wußten. Offensichtlich befanden wir uns in einem chaotischen Zustand und hatten die Kontrolle verloren. Dann«, sagt der König, »richteten sich die Schläge der Israelis gegen das Jordantal selbst und verhinderten, daß diese Grenzüberschreitungen stattfanden. Das Ergebnis war, daß die Organisationen in die Städte kamen.« Während die Armee noch immer entlang der Front stationiert war, übernahmen nahezu 70 000 Fedajin die Herrschaft über die Hauptstadt. »In Amman bestimmten sie«, erinnert sich Seid Rifai.

Während die jordanische Armee den Preis für die Überfälle auf israelische Ziele zahlte, fuchtelten die machtberauschten Freischärler mit ihren neuerworbenen Waffen in Amman herum und schüchterten sowohl die Zivilisten als auch die Soldaten ein. Nachdem die Flüchtlingslager im Jordantal bereits in Militärbasen verwandelt worden waren, wurden nun auch in den Städten Trainingslager und Waffendepots angelegt. »Die Stadt war wie eine Festung für sie«, sagt Seid Rifai. »Sie hatten sie in ihrer Gewalt.« Die Fedajin errichteten Straßensperren und Kontrollpunkte, beschlagnahmten Autos und verlangten Geld. Das einstmals gern den Freischärlern gespendete Geld wurde nun mit vorgehaltener Waffe erpreßt. Autofahrer, Händler, Geschäftsleute und Bürokraten wurden alle zu Opfern der Terrortaktik. »Es gab Gegenden, in denen sogar ein Soldat, der dort übers Wochenende hinging, um seine freien Tage zu verleben, umgebracht werden konnte, wenn ihnen sein Aussehen nicht gefiel«, sagt Seid Rifai, der sich erinnert, daß seine tägliche Fahrt zur Arbeit zu einem gefährlichen Hindernisrennen wurde. »Ich mußte durch Dschebel Hussein, einen Stadtteil, der nahe bei einem Flüchtlingslager liegt«, erinnert er sich. »Es war die einzige Straße zum Palast, und es gab dort eine Straßensperre der PFLP. Sie hielten jeden Wagen an, durchsuchten ihn, entführten Leute, nahmen die Wagen weg.« Rifai und seine Eskorte weigerten sich anzuhalten. »Als wir knapp hundert Meter vor dem Checkpoint waren, und sie merkten, daß wir nicht anhalten würden, eröffneten sie das Feuer auf uns, und die Soldaten schossen zurück. Niemand wurde getötet, aber wir schossen uns den Weg frei. Abends auf der Rückfahrt schossen wir uns wieder den Weg frei. Es wurde zu einem Ritual.« Mittlerweile sah Hussein dem Treiben vom Palast aus zu und stand Qualen aus. Eine Gruppe seiner Berater flehte ihn an, er solle endlich durchgreifen, die anderen aber warnten ihn, die Fedajin seien noch immer bei den jordanischen Bürgern beliebter als er, der König selbst.

Anfang November 1968 war die jordanische Armee, obwohl von großer Sympathie für die Widerstandsbewegung erfüllt, am Ende ihrer Geduld. Es lag in der Luft, daß das Militär hart durchgreifen würde. Die Führer der Freischärler beriefen eine Versammlung ein, und Habasch und Hawatmeh wiesen darauf hin, daß alle Anzeichen auf einen Angriff deuteten. Am 4. November erfolgte der Schlag gegen zwei Lager nahe Amman, Dschebel Aschrafijeh und Dschebel Hussein. Daß die Armee sie angriff, bewies den radikalen Palästinensern, daß der wahre Feind Jordanien und nicht Israel war. »Die erste Schlacht nach Karameh fand am 4. November 1968 statt«, stellt George Habasch fest, der den Sieg über das Militär für sich beansprucht. »König Hussein wurde geschlagen. Er konnte sich der Guerilla nicht entledigen.«

Dieser Kampf wurde tatsächlich zwar zwischen der PFLP und der Armee ausgefochten, aber es war Arafat, der sich als Hauptperson in dem Widerstandskampf zu profilieren wußte. Er übernahm die Rolle des Vermittlers und konferierte viele Male mit dem König oder seinen Regierungsbeamten, um einen Modus vivendi zu erarbeiten. Arafat gelang es auch, bei den vielen Palästinensern, die in der jordanischen Armee dienten, populär zu bleiben. Er wirkte mäßigend, und nach Zusammenstößen zwischen regulären Soldaten und Fedajin gelang ihm eine Übereinkunft mit dem Militär. Danach unternahm er zusammen mit einem jordanischen Beamten einen Besuch der Lager, über die eine Ausgangssperre verhängt worden war. Als sie in dem Dorf ankamen, lagen die Straßen verlassen da. »Man konnte niemanden sehen«, erinnert sich Fathi Arafat, der seinen Bruder damals begleitete. »Alle waren in ihren Häusern. Drinnen aber riefen sie in Sprechchören: ›Abu Amar, Abu Amar.‹«[22]) Arafats Position war so stark geworden, daß er genügend Stimmen für Fatah hatte, um die Kontrolle über die Widerstandsbewegung zu übernehmen: Im Februar 1969 wurde Arafat zum Vorsitzenden der PLO gewählt. Die Organisation hatte sich aus einem stumpfen Instrument der arabischen Staaten in eine tödliche Waffe der Guerilla verwandelt.

»Abu Amar wurde ein Herrscher«, sagt Khaled al-Fahum, ein Mitglied des Exekutivkomitees. »Es gab eine Menge Gefängnisse in Jordanien. Er verurteilte zum Tode, er amnestierte, er verheiratete die Leute, er schied sie. Er war ein Führer. Es war ein Staat im Staat. Er hatte den Eindruck, stärker zu sein als der König.«[23]) Noch mächtiger wurde Arafat, als die PLO finanzielle Hilfe der Saudis erhielt. Hadsch Amin hatte ihn mit König Faisal bekannt gemacht. Daraufhin wurde den Palästinensern, die am Golf arbeiteten, eine Steuer auferlegt, die direkt an die Fatah ging. Hinzu kam ein Zuschuß in Höhe von 12 Millionen US-Dollar jährlich, und umgehend wurden achtundzwanzig Lastwagen voll Waffen nach Amman transportiert. Die Stärke der PLO nahm zu, während die der haschemitischen Regierung dahinschwand. Die ständigen Zusammenstöße mit den Israelis halfen König Hussein auch nicht. Armee und Bevölkerung drängten ihn zurückzuschlagen.

Während sich der Kampf an beiden Fronten, gegen die Jordanier und gegen die Israelis, fortsetzte, reiste Arafat unablässig durchs Land, hielt sich einmal kurz in diesem, dann wieder in jenem Militärcamp auf. »Unsere Hauptnahrung in den Ausbildungslagern waren Thunfisch und Sardinen«, erinnert sich Omar al-Khatib. »Wenn er etwas Gutes essen wollte, kam er zu mir nach Haus in Amman. Er mochte gefüllte Weinblätter und gestopften Kürbis.«

Die meiste Zeit schlief der Kommandoführer immer mal eine Stunde in einem der verschiedenen Stützpunkte, aber »wenn er Ruhe brauchte, kam er zu mir nach Haus und schlief in meinem Bett«. Khatib erinnert sich, daß Arafat Süßigkeiten für die Kinder mitbrachte und immer schüchtern in der Familie war. »Alles, was er im Haus tat, tat er ganz leise. Er pflegte meinen Sohn loszuschicken, der nachsehen mußte, ob niemand auf dem Weg zum Badezimmer war.« In einen Pyjama gekleidet, fürchtete sich der PLO-Führer davor, Khatibs Frau zu begegnen, die im Nachtgewand hätte sein können.

Obwohl Arafat seine Führungsposition bei den Fedajin behauptete, vervielfachte sich doch die Anzahl der unabhängigen Gruppen. Bald waren es Dutzende, so daß sich die Möglichkeiten des Vorsitzenden, die Radikalen im Zaum zu halten, verringerte. Unter den jordanischen Bürgern nahm außerdem die Unterstützung ab, wenngleich die Sympathie des Volkes noch immer den Kämpfern gehörte. Sie waren schließlich die einzigen, die den Kampf gegen Israel fortsetzten und die, so schien es, eine Chance hatten, die West Bank und Jerusalem zurückzugewinnen. Muheidin al-Husseini, damals ein Mitglied des jordanischen Parlaments, erklärt, wie die meisten Leute »war ich gefühlsmäßig für die Palästinenser«, aber er fügt hinzu: »Ich war für Recht und Ordnung. Es war schrecklich, hier zu leben: Jeder hatte Waffen und dachte, er wäre Gottes

Sohn. Sie haben jeden terrorisiert, in ganz Jordanien.« Nicht allein die Jordanier litten: Am 29. August 1969 kaperte die PFLP ein Flugzeug der TWA, das sich unterwegs von Rom nach Israel befand, und zwang es, in Damaskus zu landen.

Während das Leben gesetzloser wurde, unternahm der König eine Anstrengung, die Ordnung wiederherzustellen, und ernannte im Februar Rasul Kilani, einen Hardliner, zum Innenminister. Der neue Beamte gab sofort bekannt, daß das Waffentragen innerhalb der Stadtgrenzen verboten sei und daß Fahrzeuge ohne ordnungsgemäße Registrierung nicht mehr bewegt werden durften. Die Reaktion war ein mächtiger Ausbruch von Gewalt. Zusammenstöße mit der Armee folgten. George Habasch erinnert sich: »Sie gaben am 10. Februar 1970 eine Anordnung heraus: ›Wir wollen nur euren Guerillakampf gegen Israel organisieren, und wir wollen wissen, wo ihr die Waffen und das TNT habt.‹ Wir aber wußten, was sie wollten. Darum haben wir damals Freiwillige aufgenommen, um zu kämpfen. Später sind uns unsere Brüder in der Fatah gefolgt. Wir haben den Kampf gewonnen.«

Die Fedajin zeigten ihre Muskeln, indem sie eine jordanische Polizeiwache angriffen. Der Kampf dauerte mehrere Tage, aber der König war derart darum bemüht, einen bewaffneten Konflikt mit der Guerilla zu vermeiden, daß er der Armee befahl, in den Kasernen zu bleiben. In Wirklichkeit war das Land in zwei Staaten zerfallen, der eine unterstützte die Fedajin, der andere den König. Ein Treffen wurde einberufen, bei dem die beiden Führer über einen Waffenstillstand diskutieren sollten. Der König war überzeugt, daß Arafat die Ruhe wiederherstellen wollte, aber selbst innerhalb der Fatah gab es abweichende Auffassungen wie die des Kommandeurs der palästinensischen Kräfte, Abu Daud, der meinte, man solle den König stürzen. Arafat gelang es, sich beiden Gedanken gegenüber zugänglich zu zeigen. »Arafat ist ein Überlebenskünstler«, sagt Adnan Abu Odeh. »Gegenüber dem König war er ehrerbietig. Bei den anderen war er gegen den König. Das ist Arafat.« Der PLO-Anhänger Munib al-Masri fügt hinzu: »Arafat hätte die PFLP und die DFLP beherrschen können, aber er wollte sie als Verbündete.«

Anfang Juni 1970 hatten die Zusammenstöße zwischen den gut bewaffneten Fedajin und der regulären jordanischen Armee einen Höhepunkt erreicht. Es gelang der Guerilla, mehrere Abschnitte von Amman völlig in ihre Gewalt zu bekommen, und sogar die Hotels wurden zu Terroristenstützpunkten. Im luxuriösen Hotel Intercontinental gingen die palästinensischen Kämpfer, ihre Waffen schwingend, durch die Halle und verlangten Geld von den Gästen. Ein Diplomat aus der gegenüberliegenden amerikanischen Botschaft, der ein Flüchtlingslager besuchte, wurde gefangengenommen und fast vierundzwanzig Stunden lang als Geisel festgehalten.

Der 9. Juni 1970, erinnert sich der König, »war einer jener Tage, der mit schweren Scharmützeln überall in Amman begann. Überall wurde geschossen. Ich lebte außerhalb der Stadt und beschloß, hineinzufahren, um zu sehen, was sich abspielte und ob es sich beruhigt hatte. Meine Rolle während der vorangegangenen sechs Monate war gewesen, die Leute, so gut ich konnte, zu beruhigen und mit Hilfe der arabischen Länder – mit Hilfe aller – etwas Vernunft in die Situation zu bringen.« Damals war es jedoch bereits zu spät.

An diesem Tag hatte Seid Rifai den König informiert, daß die Freischärler das Gebäude der jordanischen Geheimpolizei angriffen. Hussein bestand darauf, mit Rifai zum Armeehauptquartier zu fahren. Sie fuhren in einer Wagenkolonne mit zwei Wagen voraus, zwei offenen Jeeps und zwei Wagen hinterher. »Wir kamen zu einer Kreuzung in der Stadt, die Sweileh hieß«, erinnert sich Rifai. »Dort existierte ein Kontrollpunkt der jordanischen Militärpolizei.« Die Regierungstruppen aber hatten den Posten verlassen, und der König und seine Eskorte waren schutzlos. »Die Schranke, die die Straße absperrte, war heruntergelassen. Wir hielten die Fahrzeugkolonne an, und einer der Soldaten ging hin, um den Schlagbaum hochzuheben. In dem Augenblick setzte heftiges Maschinengewehrfeuer von dem Hügel seitlich der Straße ein. Sie töteten den Soldaten, und dann fing ein Fedajin mit einem Maschinengewehr an, uns zu beschießen. Zuerst wurden die Wagen der Eskorte beschossen, die das Feuer erwiderte.« Seid Rifai, der auf dem Rücksitz gesessen hatte, stieg aus. Der König saß vorn, neben dem Fahrer. »Ich sah die Kugeln näher einschlagen«, erinnert sich Rifai. »Ich öffnete die Tür und bat Seine Majestät auszusteigen. Er sagte gar nichts.« Hussein erinnert sich: »Ich war richtig betäubt und wütend auf sie.« Der König murmelte »Ighss«, wie können sie es wagen.

»Schließlich stieg er aus«, sagt Seid Rifai, »und da war ein Graben seitlich der Straße. Hussein sprang hinein. Ich stand auf der einen Seite des Grabens und der Kommandeur der königlichen Garde stand auf der anderen. Wir sahen die Kugeln näher kommen und hatten wahrscheinlich gleichzeitig denselben Gedanken: Wir wollten beide losspringen, um Seine Majestät zu decken.« Sie sprangen los und stießen in der Luft zusammen. Beide landeten mit einem dumpfen Geräusch auf dem König. Der Fahrer wendete rasch den Wagen, und alle drei stiegen schnell ein. Plötzlich öffnete der König die Tür erneut und stieg wieder aus. »Ich sprang hinter ihm her und fragte, was er da tue«, berichtet Rifai. »Er sagte: ›Ich habe meine Mütze im Graben gelassen‹, holte seine Mütze und kam zurück.« Hussein fügt hinzu: »Wenn ich daran zurückdenke, war es vielleicht albern, aber ich konnte sie einfach nicht dort liegenlassen.« Später, als der König in den Palast zurückkam, legte er sich ins Bett und blieb dort drei Tage liegen, weil ihm von der verunglückten Rettungsaktion im Graben sein Rücken weh tat. Der König witzelte: »Sie haben mehr Schaden angerichtet als die Kommandos. Also lassen Sie mich das nächste Mal in Ruhe.«

Eine Woche später änderte der Monarch seine Strategie und kündigte an, er selbst werde den Oberbefehl über das Militär übernehmen. Seinen Armeekommandeur schickte er zu jenem Generalmajor, der den Fedajin bei Karameh geholfen hatte. Die Freischärler billigten dieses Vorgehen, und Arafat stimmte einem Waffenstillstand zu. Hussein ernannte außerdem einen gemäßigteren Mann zum Premierminister, lud neun Palästinenser ein, seinem aus siebzehn Ministern bestehenden Kabinett beizutreten, und gab bekannt, die Palästinenser würden nicht mehr in die Armee eingezogen und könnten sich einer Guerillagruppe anschließen. Hussein hoffte, die Ruhe aufrechtzuerhalten, lud alle arabischen Führer nach Amman ein und sagte ihnen getrennte Treffen mit der PLO und seiner Regierung zu. Als sie am 27. Juni eingetroffen waren, erklärte sich der König bereit, die palästinensische Widerstandsbewegung und ihr Recht, in Jordanien zu sein, anzuerkennen. Von den Freischärlern wurde verlangt, nur noch außerhalb der Städte Stützpunkte zu unterhalten und innerhalb der Stadtgrenzen keine Waffen mehr zu tragen. Trotz der Proteste von Habasch und Hawatmeh wurde am 10. Juli 1970 offiziell ein Friedensvertrag unterzeichnet. Die Radikalen aber ließen die Gelegenheit nicht ungenutzt vorübergehen, um ihre ablehnenden Gefühle zum Ausdruck zu bringen. Am 22. Juli 1970 kaperten sechs Terroristen von der PSF (Popular Struggle Front) eine von Beirut gestartete Maschine der griechischen Fluglinie Olympic Airways und zwangen sie zur Landung in Athen.

Ungeachtet der Bemühungen Husseins war der Friede nicht von Dauer. Ein paar Tage darauf rief der amerikanische Außenminister William Rogers zu einer Bestätigung der UNO-Resolution 242 auf: Rückzug Israels zu den Grenzen von vor dem Junikrieg 1967; ein vereintes Jerusalem, dessen politisches Schicksal in der Zukunft bestimmt werden sollte, und Regelung des Flüchtlingsproblems. Außerdem forderte Rogers ein Ende des zwischen Israel und Ägypten tobenden Abnutzungskriegs. Die ägyptische und die jordanische Antwort auf den Vorschlag waren positiv, die Antwort der PLO war Wut. Ein politischer Frieden zwischen den arabischen Staaten und Israel sei für die PLO unannehmbar. Sie nannten Nasser einen Verräter und gaben bekannt, sie seien entschlossen, den Kampf auf jeden Fall fortzusetzen. Der Bruch wurde Ende Juli deutlich, als Arafat Ägypten einen Besuch abstattete. Nasser weigerte sich nicht nur, ihn zu empfangen, sondern er schickte eine Botschaft: Der PLO müsse eine Lehre erteilt werden. Nasser war nach dem Eindruck Husseins für ein scharfes Durchgreifen gegenüber der Guerilla.

Der Druck der Vereinigten Staaten und Israels auf den jordanischen Monarchen nahm zur gleichen Zeit erheblich zu. Die Amerikaner hielten ihre geheimen Subsidien zurück, die Hussein bislang für Regierungsgehälter erhalten hatte. Sie deuteten an, Hussein müsse entweder eine härtere Linie an den Tag legen, oder er würde seinen Thron verlieren.[24]) Die Israelis, die der endlosen Überfälle an ihrer Grenze müde waren, drohten, die Guerilla ein für allemal zu zerstören. Im folgenden Monat ergriff die jordanische Regierung drastischere Maßnahmen und ließ die Armee mit Panzern und Artillerie näher an Amman heranrücken. Das löste eine an Hussein gerichtete Warnung Nassers aus. »Wir hatten eine besondere Abteilung mit dem Codenamen ›der Koloß‹ innerhalb des Büros des ägyptischen Militärattachés in Amman, die in ständigem Kontakt mit der Fatah war«, erinnert sich Mohammed Heikal, ein enger Berater Nassers. »Wir stellten dem König ein Ultimatum, er solle dem Ganzen sofort ein Ende bereiten.«[25])

Über das drohende Todesurteil informiert, beriefen die Guerillafraktionen eine Generalversammlung ihrer militärischen Führer ein, um die Situation einzuschätzen. Hussein Rahtib, der an der Konferenz teilnahm, erzählt uns: »Alle übertrieben. Sie meinten, sie hätten 138 000 Kämpfer und würden Hussein vernichten. Außerdem dachten sie, alle Jordanier würden sich gegen den König erheben.«[26]) Für Habasch war der Kampf gegen Hussein, den Verbündeten des Westens, so wichtig wie der Kampf gegen den jüdischen Staat. »Wir wußten, daß wir gegen Israel kämpften«, sagt der PFLP-Führer, »aber wir mußten damals erkennen, daß unser Kampf mit dem gegen den Imperialismus zusammenhing. Wir waren nicht bereit zu sagen, daß nur Israel unser Feind ist, angesichts dessen, was der britische Imperialismus historisch angerichtet hat.« Während Habasch und Hawatmeh die anderen zum Kampf drängten, berichtet der syrische Professor Hussan Rahtib, »waren Arafat und die Fatah zwischen allen Stühlen. Sie sahen voraus, daß es einen Zusammenstoß mit dem König geben würde, und waren nicht in Eile. Sie hatten das Gefühl, Jordanien zu kontrollieren.« Der König wiederum glaubte, daß Arafat mit seinen Fraktionen nicht entschieden genug umging. »Leider«, sagt Hussein, »war er nicht so fest oder stark, wie er hätte sein können.« Ende August brachen schließlich in einer Wohngegend von Amman offene Auseinandersetzungen aus.

Zwei Tage später geriet der Wagen des Königs wiederum in einen Hinterhalt, diesmal bei der Fahrt zum Flughafen, wo er seine Tochter abholen wollte, die von der Schule im Ausland zurückgekommen war. »Mir sträubte sich das Haar im Nacken . . . Ich öffnete das Fenster ein wenig, und irgendwie hatte ich das Gefühl, daß wir gleich hinter der nächsten Ecke unter Beschuß geraten würden.« Als die Wagen um die Kurve herumkamen, eröffneten die wartenden Freischärler das Feuer auf die königliche Kolonne, aber es gelang dem König zu entkommen.

Der Monarch wurde ein paar Tage darauf noch mehr gedemütigt, als er in der Hoffnung, den Zusammenstößen Einhalt zu gebieten, zurückwich und zu verhindern suchte, daß die Truppen in die Hauptstadt selbst kommen würden. Als der König losfuhr, um mit den Armeeoffizieren zu sprechen, verblüffte ihn, was er sah. Da flatterte an einer Radioantenne ein Büstenhalter. Diese verachtungsvolle Botschaft der Armee, er sei zu feige zum Kämpfen, konnte ihm kaum entgehen.

Während die Zusammenstöße innerhalb der Stadt mehrere Tage andauerten, betäubte die PFLP die Welt mit einer Reihe sensationeller Flugzeugentführungen. Am 6. September versuchte sie, unter Leitung des nach George Habasch zweiten Mannes in der PFLP, Wadi Haddad, ein El-Al-Flugzeug zu kapern. Keine zehn Minuten nach dem Abflug stürmten die später bekannt gewordene Leila Khaled und ihr Mitstreiter, Handgranaten und Pistolen schwenkend, in den Mittelgang der Boeing 707. Als der Freischärler schoß, rempelte ihn eine Stewardeß an. In dem folgenden Kampf wurde der Terrorist getötet. Die Passagiere sprangen auf, um zu helfen, und fesselten die Frau mit Krawatten und Schnüren. Daraufhin konnte die Maschine ihren geplanten Flug nach New York fortsetzen.

Am selben Tag kaperten andere PFLP-Terroristen eine TWA-Boeing gleich nach dem Start von Frankfurt auf ihrem Flug nach New York und zwangen sie zur Landung auf Dawson's Field, einer Landebahn in der Nähe des Armeestützpunkts Serka in Jordanien. Wieder andere Terroristen der gleichen Organisation kaperten zur gleichen Stunde eine Swissair-Maschine, in der sich einige israelische Passagiere befanden, und brachten sie ebenfalls auf den Flughafen Dawson's Field. Eine vierte PFLP-Gruppe schließlich hatte mittlerweile eine PanAm 747 in ihre Gewalt gebracht und zwang sie, in Kairo zu landen. Während die Freischärler das PanAm-Flugzeug am darauffolgenden Tag sprengten, entführten nur drei Tage später Mitglieder der PFLP einen britischen Jumbo-Jet und brachten auch ihn auf den bereits erwähnten Flugplatz im haschemitischen Königreich. Damit befanden sich drei gekaperte Flugzeuge und beinahe sechshundert Passagiere als Geiseln in Jordanien.

Wütend über die terroristischen Aktionen, befahl Arafat, den entführten Passagieren eine Wagenkolonne mit Nahrung und medizinischem Bedarf zu schicken. Die Spannungen zwischen der Fatah und der PFLP aber waren so stark, daß Habaschs Männer die Wagenkolonne stoppten. Am folgenden Tag drohte Arafat zurückzutreten, wenn die unschuldigen Leute nicht freigelassen würden. George Habasch bestätigt, »daß er dagegen war«.[27])

Die Flugzeugentführungen hatten den Palästinensern die Aufmerksamkeit der ganzen Welt eingebracht. Dutzende von Journalisten aus vielen Ländern wurden von der Story angelockt und eilten nach Jordanien, um darüber zu berichten. Während die verängstigten Passagiere, von Schußwaffen bedroht, in den Flugzeugen saßen, holten die PFLP-Führer zwei ihrer Presseoffiziere, Bassam Abu Scharif und Ghassan Kanafani, aus Beirut herbei. »Wir wurden nach Amman gerufen, um mit der Presse und den Passagieren zu reden«, erinnert sich Bassam Abu Scharif. »Ich habe mit zwei- bis dreihundert Passagieren geredet. Wir sprachen über Palästina. Ich habe mein Bestes unter den Umständen getan, damit sie sich entspannten und lachten. Als ich hinkam, waren sie entspannt, aber«, sagt er, »ich habe es nicht gern getan. Während ich redete, dachte ich immer: Was ist, wenn . . .?«[28])

Als der Palästinenser die Passagiere zu beruhigen versuchte, fragte ihn eine ältere Frau, wo sie wären. »Sind wir in Kenia?« fragte sie. Abu Scharif sagte »nein«.

»Junger Mann«, sagte die Frau, »ich möchte ein Ticket nach Kenia kaufen, ist es weit?«

»Es ist nah«, erwiderte er.

Daraufhin, so erinnert er sich, nahm sie ein Bündel mit 20 000 Dollar heraus und »gab mir Geld, damit ich ein Ticket nach Kenia kaufte. Ich sagte ihr, sie solle das Geld behalten und: ›Ich werde Ihnen ein Ticket nach Kenia kaufen.‹« Abu Scharif sagte ihr, sie solle das Geld niemand anders zeigen, »weil sie denken könnten, daß Sie sie zu bestechen versuchen. Wenn die Leute denken, daß Sie sie bestechen wollen, würde es nicht viel Anstrengung kosten, Sie zu erschießen.« Und dann, sagt er mit einem Achselzucken, »wurden sie am nächsten Tag freigelassen und ins Hotel Intercontinental gebracht. Dort überreichte ich ihr mit den besten Wünschen ein Ticket nach Kenia.«

Nachdem Abu Scharif mit den Passagieren gesprochen hatte, ging er zu den Verantwortlichen der Entführungen, um sie zu überreden, eine große Zahl der Geiseln freizulassen. »Wenn ihr eine politische Wirkung erzielen wollt«, sagte ihnen Abu Scharif, »laßt alle Frauen und Kinder frei.« Hunderte wurden freigelassen, aber sechsundfünfzig wurden immer noch im Flugzeug festgehalten. »Sie waren aus politischen Gründen wichtig«, sagt er. »Vor allem die mit zwei Pässen, einem israelischen und einem amerikanischen.« Während sie die jüdischen Passagiere noch immer als Geiseln festhielten, wiederholte die PFLP ihre Forderung: Es sollten hundert palästinensische Gefangene aus israelischer Haft entlassen werden.

Am folgenden Tag wurde den erschöpften Passagieren gesagt, sie sollten in das Aschrifija-Hospital gehen, wo man ihre Pässe in Ordnung bringen würde. Abu Scharif erzählt uns: »Ich erinnere mich, daß ich den Paß der alten Dame stempelte und signierte und ihr eine siebenjährige Aufenthaltsgenehmigung gab.« Er lacht und sagt: »Nachdem sie freigelassen waren, wollten sie alle als Souvenir einen Stempel haben.« Außer sechzehn Leuten, die die PFLP weiterhin festhielt, waren die Passagiere durch eine mit Nasser ausgehandelte Vereinbarung freigelassen worden. Der ägyptische Führer hatte den Leuten Privatflugzeuge geschickt, damit sie das Land verlassen konnten. Im Gegenzug, sagt Abu Scharif, »wurden alle Gefangenen, die wir heraus haben wollten, zu Nasser nach Ägypten freigelassen.« Von den Geiseln wurde keine verletzt«, berichtet er, »außer einem Mädchen. Sechs Monate später erklärte sie, sie hätte einen Schaden erlitten: Sie behauptete, infolge der Flugzeugentführung hätte sie ihren Geschlechtstrieb eingebüßt.« Mit einem Schmunzeln fügt er hinzu: »Der Fall wurde beigelegt, nachdem wir ihr einen jungen Mann geschickt haben.«

Während die PFLP die Flugzeugentführungen durchführte, konnte der König wenig tun, um die Situation zu beeinflussen. Die Bitten, die er an Arafat richtete, nützten wenig, weil der Vorsitzende kaum Einfluß auf Habasch besaß. Trotzdem versuchte Arafat, sich für die Freilassung der Passagiere einzusetzen.

In bezug auf die Auseinandersetzungen zwischen den Palästinensern und dem jordanischen König konnte am 14. September eine Vereinbarung zwischen der Regierung und Arafat erzielt werden, die es der Guerilla erlaubte, außerhalb der Städte Stützpunkte zu unterhalten. Zwei Tage später kündigte der König – in der Hoffnung, Ruhe und Ordnung wiederherstellen zu können – eine Militärregierung an. Am selben Tag sah die Welt mit Entsetzen zu, wie die PFLP die drei Flugzeuge, die sie in ihrer Gewalt hatten, in die Luft sprengte. »Diese Aktion war kein Terrorismus«, behauptet Bassam Abu Scharif. »Es war mehr als das. Terror ist leicht. Diese Operation war brain-breaking. Es war ein richtig gewalttätiges Eindringen in das Bewußtsein anderer Leute. Es ist ihnen gelungen. Sie haben überall auf der Welt Schlagzeilen bekommen.«

Während die verkohlten Überreste der Maschinen das Flugfeld schwärzten, plante die neue Regierung ihre Strategie. Am 17. September 1970 wurde entschieden, daß die Armee Amman besetzen sollte. In der Stadt herrschte eine unerträgliche Spannung, als sich die Bürger in ihre Häuser und die Freischärler in die ausgehobenen Gräben verkrochen. Arafat rief zu einem Generalstreik auf und kündigte an, er gäbe dem König achtundvierzig Stunden zum Packen und Abreisen. Am nächsten Morgen zerriß Geschützlärm die Stille. Der »Schwarze September« hatte begonnen. »Wir nennen ihn den ›Weißen September‹«, sagt Seid Rifai und zählt auf, daß die zweiundfünfzig verschiedenen im Lande operierenden Guerillagruppen 44 000 Verstöße gegen jordanische Gesetze begangen hätten.

Die Kämpfenden setzten von Anfang an massiv ihre Artillerie ein. Selbst in der Umgebung des Palastes explodierten Granaten. Telefon- und elektrische Leitungen wurden fast augenblicklich heruntergerissen. Lebensmittel und Wasser waren bald rar. Zwei Tage dauerte die Schlacht, verschlimmert noch durch die Intervention irakischer und syrischer Truppen in der Nähe der im Norden gelegenen Stadt Irbid. Nachdem Israel die Luftwaffe der Syrer verscheucht und mit einem Angriff gedroht hatte, zog Damaskus seine Einheiten allerdings zurück. Heute klagt Mustafa Tlass, der damals die syrischen Truppen befehligte, die Palästinenser an, sie hätten sich feige verkrochen. »Arafat und seine Sippschaft sind nach Syrien weggelaufen«, sagt er, »also haben wir unsere beiden Bataillone abgezogen.«[29]) Die jordanische Armee kämpfte tapfer, aber etwa 5000 Soldaten und Offiziere desertierten – weit mehr, als Hussein, und weit weniger, als die Fedajin erwartet hatten. Amman war ein Schlachtfeld, und das galt auch für die Gegenden im Norden.

Der neue amerikanische Botschafter, Dean Brown, traf ein, und man brachte ihn im Panzerwagen zu Hussein. Am 20. September schickten die Vereinigten Staaten nach den Hilferufen des Monarchen ihre Sechste Flotte ins östliche Mittelmeer und versetzten 20 000 Soldaten in Alarmbereitschaft. Die arabischen Länder jedoch boten fast keine Hilfe an: Die Iraker und Syrer kämpften gegen den König, die Saudis sahen zu, warteten ab und boten Hussein zwar Geld, aber keine Waffen an. Die Libyer und Kuwaitis brachen die diplomatischen Beziehungen zu Jordanien ab.

Die Ägypter verfolgten die Ereignisse aus der Ferne, unterstützten im stillen die PLO und drängten Hussein, er solle den Kampf einstellen. »Wir rechneten damit, daß es eine blutige Schlacht werden würde«, sagt Mohammed Heikal, der damals ägyptischer Informationsminister war. »Die Palästinenser waren einer Situation wie in Amman nicht gewachsen, und es konnte passieren, daß sie liquidiert wurden. Für uns war es ein Wettlauf mit der Zeit. Wir verlangten eine sofortige Feuereinstellung und umgehend eine Gipfelkonferenz in Ägypten.« Die Regierung in Kairo stellte eine Delegation zusammen, die nach Amman fliegen sollte. Angeführt vom sudanesischen Präsidenten, General Numeiri, gehörten ihr unter anderem der ägyptische Vizepräsident Hussein Scha'afi, der kuwaitische Außenminister Scheich Sabbah und dessen Privatsekretär an. Numeiri arbeitete zäh und verbissen eine Vereinbarung über die Feuereinstellung aus. Als schließlich am 24. September zum Waffenstillstand aufgerufen wurde und Arafat ihn am nächsten Tag akzeptierte, entließ man die letzten Geiseln. Rund 2000 Menschen waren bei den Kämpfen umgekommen.

Als der Waffenstillstand erreicht war, rief Numeiri zu einem Gipfel in Kairo auf und traf sich im Büro des ägyptischen Militärattachés mit Arafat. Draußen vor dem Büro patrouillierten jordanische Soldaten. Während die Delegierten mit Arafat redeten, zog ein Mann seine Gewänder aus. »Die Jordanier zählten ab, wie viele hinaus- und hineingingen«, sagt Heikal. »Arafat zog die Gewänder des Sekretärs an. Dann brachte man ihn hinaus zum Flugzeug, und auf diese Weise kam er nach Kairo.«

Die Schlacht, die man in Amman mit Waffengewalt ausgetragen hatte, wurde in Kairo zu einem Krieg der Worte. Die arabischen Führer, die an der Konferenz teilnahmen, wohnten alle im Hilton Hotel am Nil. Mohammed Heikal erinnert sich: Bevor Hussein eintraf, »kam Arafat als erster zu uns ins Zimmer und sagte: ›Ich habe ein Telegramm, das besagt, daß eine Million Menschen umgekommen sind.‹« Heikal sagte daraufhin zu Nasser: »Es gibt nichts, das das erhärtet. Warten Sie einfach ab, und geben Sie uns Zeit, damit wir feststellen können, ob das militärische Übergewicht tatsächlich zugunsten des Königs ausfällt.« Der Ägypter fügte hinzu: »Wir müssen den König unter Druck setzen, und um das zu tun, kann man ihm nicht mit einem Ultimatum kommen. Er ist das Oberhaupt eines souveränen Staates.«

Unter dem Druck von Nasser und Numeiri sowie durch die Anwesenheit Arafats als »Gegengewicht« zu Hussein kam eine Vereinbarung zustande, die dem König nicht gefiel: das Versprechen einer »vollen Unterstützung der palästinensischen Revolution«.

Der Gipfel endete am 28. September, und Nasser begleitete die Staatschefs zum Flughafen. Unterwegs, während er den Scheich von Kuwait verabschiedete, erlitt der ägyptische Präsident einen Herzanfall und starb. Die arabische Welt beklagte Nassers Tod und wurde von der Amtsübernahme durch Anwar el-Sadat überrascht.

Als Hussein heimkam, bildete er seine Regierung um. Diesmal wurde der Hardliner Wasfi Tel Premierminister. »Er war streng, er wollte Gesetz und Ordnung sehen. Er haßte den Wirrwarr. Er war ein Mann, der zu seinem Wort stand, und ein Mann mit einer Vision«, erinnert sich Munib al-Masri. Mit Wasfi Tel als Premier- und Verteidigungsminister hofften die Jordanier, die Guerilla ein für allemal aus Amman hinauszuwerfen. Ein Sechsmonatsplan wurde aufgestellt, um die Fedajin aus den Städten zu entfernen.

Der Premierminister strebte eine Zusammenarbeit mit der PLO an. Er rief Munib al-Masri, den loyalen Jordanier und Arafat-Anhänger, auf, der Regierung beizutreten. »Amman war ein Trümmerhaufen«, erzählt Masri. »Ich hatte noch nie so etwas gesehen. Ich nahm den Posten eines Ministers für öffentliche Arbeiten an. Die Bewegung wußte, daß ich akzeptiert hatte, und kam, um das Land aufzuräumen. Wir schafften es, in sechs bis acht Monaten.« Masri vermittelte eine erste Begegnung zwischen dem Premierminister und Arafat, und acht Monate lang, vom Oktober 1970 bis zum Mai 1971, wurden die mittlerweile täglichen Treffen fortgesetzt. »Von zwei Uhr nachmittags bis zwei Uhr morgens an fünf oder sechs Tagen in der Woche trafen wir uns im Ministerium und lösten alle möglichen Fragen, die zwischen der Regierung und der PLO strittig waren. Oft aßen Regierung und Befreiungsbewegung zusammen, und manchmal schlief er bei mir zu Haus. Meistens sprachen wir über Angriffe verschiedener Einheiten, den Schaden, den sie angerichtet hatten, und wo sich die Waffen befanden. Oft stimmten wir mit Arafat überein, aber gewisse Fraktionen wollten nicht, daß die Vereinbarungen in die Tat umgesetzt wurden.«

Im Mai schickte Arafat Masri eine Nachricht, daß er ihn treffen wolle. Mit Wasfi Tels Zustimmung fuhren Munib al-Masri, der Chef der Arabischen Bank, Madschid Schoman, und der saudische Botschafter in den Wald von Dscherasch, wo sie Arafat in den Bergen trafen. Sie hofften, ihn zu Friedensverhandlungen mit der Regierung nach Amman zurückbringen zu können. » Der Botschafter war sehr nervös und ängstlich«, erinnert sich Masri. »Wir suchten Arafat in seiner unterirdischen Höhle auf. Die Höhle war dunkel und gefiel mir nicht. Er hatte dort zwei Monate gelebt. Masri schlug vor, sich draußen im Buick des Botschafters zu unterhalten. Arafat war einverstanden. Als der Minister Arafat vorschlug, auch mit anderen Regierungsbeamten zu reden, war der PLO-Führer einverstanden. »Dann erzählte er uns von den Grausamkeiten der Jordanier und brachte uns alle, sogar den uns begleitenden jordanischen Armeeoffizier, zum Weinen.«

Arafat quetschte sich auf den Rücksitz des Wagens zwischen den Botschafter und Abdul Madschid Schoman, und sie fuhren nach Amman zurück. »Als wir zu den Kontrollpunkten kamen«, berichtet Masri, »wollten sie ihn mit der Kalaschnikow erschießen. Der Soldat sagte: ›Du hast meinen Bruder getötet.‹ Arafat antwortete: ›Hör zu, Soldat, du sprichst mit dem Chef der Revolution. Du solltest Respekt zeigen.‹« Nachdem sich das an fünf oder sechs Kontrollpunkten wiederholt hatte, »war der Saudi sehr nervös und rezitierte Verse aus dem Koran. Schoman war tapferer als ich, aber ich dachte, wir wären verloren.«

Als der Wagen an eine Kreuzung kam, an der eine Straße nach Amman und die andere zur syrischen Grenze führt, sah Arafat Masri an und sagte: »Lassen Sie mich zwei, drei Dinge an der Grenze erledigen. Dann werde ich mit Ihnen kommen.« Masri war einverstanden. Arafat schlug vor, sie sollten warten. »Ich werde in sechs oder sieben Stunden zurückkommen«, behauptete er. Die anderen fuhren nach Amman weiter, aber Masri beschloß, in dem jordanischen Grenzort zu bleiben. »Ich wartete siebzehn Stunden, doch Arafat kam nicht.« Schließlich bat Arafat Masri in den Ort auf der syrischen Seite der Grenze. »Ich will nicht nach Amman«, teilte er Masri mit, »weil ich als Flüchtling zurückkehren müßte. Ich möchte als Staatsoberhaupt empfangen werden. Bitte fahren Sie los, und ich sehe Sie später wieder.« Einige Monate darauf verließ Arafat Syrien und ging in den Libanon.

Am 1. Juni 1971 töteten die Freischärler einen Bauern in Dscherasch. Daraufhin ordnete der Premierminister einen Einsatz der Armee an. Gut ausgerüstet und begierig darauf, das Land von den Fedajin zu befreien, kämpften die jordanischen Soldaten unter Führung eines palästinensischen Offiziers sechs Wochen lang tapfer in den Wäldern von Dscherasch. Unverfrorene, gegen das Leben Wasfi Tels und König Husseins gerichtete Drohungen Abu Ijads haben die Regierungstruppen dabei unter Umständen besonders angespornt. Sie schlugen erbarmungslos zu, bis die Freischärler Mitte Juli 1971 endgültig vernichtet waren. Mindestens fünfzig Palästinenser fürchteten sich so sehr vor dem, was die Armee ihnen antun könnte, daß sie über den Jordan flohen und sich den Israelis ergaben. Doch die blutige Schlacht sollte damit für den Premierminister noch nicht beendet sein.

Mehrere Monate lang versuchte die PLO, nach Jordanien zurückzukehren. Auf Drängen Arafats und seines Beraters Khaled al-Hassan übernahm der saudische König Faisal eine aktive Rolle dabei, eine Vereinbarung auszuarbeiten. Im November 1971 stimmte Wasfi Tel einem Dokument zu, in dem die PLO als alleinige Repräsentantin des palästinensischen Volkes anerkannt wurde – unter der Bedingung, daß sie sich in Jordanien nur politisch betätigen würde. Bei einem Treffen der Arabischen Liga im November 1971 in Kairo wurde die Vereinbarung offiziell unterzeichnet. Nach dem Ende der Konferenz standen vier Männer in der Nähe des Sheraton Hotels, in dem die jordanische Delegation untergebracht war. Sie waren Mitglieder von Fatahs neuer, radikaler Gruppierung »Schwarzer September«, die von Abu Ijad geführt wurde. Die vier Männer warteten auf Wasfi Tel. Als sich der jordanische Premier dem Hoteleingang näherte, ging die Gruppe auf ihn zu und ermordete ihn. »Sie machten ihn für das Dscherasch-Massaker verantwortlich«, sagt Munib al-Masri traurig. »Er war der Sache ehrlich ergeben, aber man hat ihn mißverstanden.«

Der persönliche Verlust für den König war groß, aber Jordanien hatte gewonnen und die PLO vernichtend geschlagen. Durch sein Bündnis mit den Vereinigten Staaten erhielt Hussein das Geld und die Technologie, um das Land zu entwickeln und seine Beziehungen zu den USA auszubauen. Nach einem Staatsbesuch 1971 erklärte die amerikanische Regierung sich außerdem bereit, das jordanische Militär zu reorganisieren und neu auszurüsten. Als die PLO in den Libanon weiterzog, um dort erneut eine Art Staat im Staate zu errichten, konnte der König erleichtert durchatmen. Arafat, der eine gewisse Ordnung in die Anarchie der Bewegung zu bringen versucht hatte, mußte derweil einen Teil der Verantwortung für die Aktionen der neuen, radikaleren Fraktion »Schwarzer September« auf sich nehmen, die nicht zuletzt durch die für die Palästinenser grausamen Entwicklungen in Jordanien innerhalb der Fatah an Einfluß gewann.

Unter ihrem Chef Abu Ijad und dem Leiter der Operationen in Europa, Ali Hassan Salameh, kaperte die Organisation im Mai 1972 ein Flugzeug der belgischen Fluglinie Sabena. Vier Terroristen brachten die Boeing 707, in der sich hundert Passagiere befanden, in ihre Gewalt und zwangen sie auf dem Flugplatz Lod in Israel zur Landung. Als israelische Soldaten die Maschine stürmten, überwältigten sie die Terroristen. Sechs Menschen starben in dem Kampf, den übrigen gelang es, sich zu retten.

Der schändliche Ruf des »Schwarzen September« erreichte bei der Geiselnahme und dem Tod von elf israelischen Sportlern während der

Olympiade in München im September 1972 seinen Höhepunkt. Schwerbewaffnete Terroristen nahmen die Sportler in ihrem Wohnbereich im olympischen Dorf gefangen. Sie verbanden ihnen die Augen, fesselten sie an den Händen und hielten sie in einem Raum als Geiseln fest. Die Terroristen verlangten die Freilassung von zweihundert Palästinensern, die in israelischen Gefängnissen saßen. Die Fatah-Schützen töteten zwei der Israelis in dem Raum, in dem sie sie festhielten. Neun weitere kamen bei dem Schußwechsel auf der Luftwaffenbasis in Fürstenfeldbruck um, zu dem man sie am folgenden Tag gebracht hatte.

Ein Jahr später schlug der »Schwarze September« wieder zu. Unter Befehl von Abu Ijad nahmen Fatah-Freischärler während eines Empfangs in der saudiarabischen Botschaft in Khartum einen amerikanischen Botschafter, Cleo Noel junior, seinen Stellvertreter George Curtis Moore und einen belgischen Diplomaten, Guy Eid, als Geiseln fest. Die Terroristen verlangten die Freilassung Abu Dauds, der während des »Schwarzen Septembers« in Jordanien Chef der palästinensischen Kräfte gewesen und von den Truppen Husseins gefangengenommen worden war. Außerdem sollten palästinensische Häftlinge in Israel, der Bundesrepublik Deutschland und den Vereinigten Staaten auf freien Fuß gesetzt werden. Zu denen, deren Entlassung sie forderten, gehörte auch Sirhan Sirhan, jener Palästinenser, der Robert Kennedy ermordet hatte. Als man ihrem Verlangen nicht nachkam, ermordeten die Terroristen den Botschafter und die anderen beiden Diplomaten. Abu Ijad gibt zu, daß »Arafat von der radikalen Gruppierung innerhalb der Fatah wußte, aber nicht über die Logistik und die Einzelheiten der Aktionen informiert war«. Er behauptet, die PLO hätte versucht, bei der Lösung der Krise zu helfen, und bestreitet, daß Arafat irgendeinen direkten Kontakt zu den Terroristen hatte: »Er wußte nicht, wer sie waren. Er hat nie mit ihnen gesprochen. Wir haben Dokumente, die das belegen.« Abu Ijad besteht darauf: Die Fatah-Führer wurden von dem Anschlag überrascht. Dennoch gibt er zu: »Wir haben Kontakt mit den Betreffenden aufgenommen, und ... sie haben alle Festgehaltenen freigelassen und nur den amerikanischen Botschafter und seinen Assistenten behalten. Wir baten sie, sie freizulassen und dann ihre ›Forderungen in einem Kommuniqué bekanntzugeben‹. Wir haben alles getan, was wir konnten.«[30])

In einem 1990 hergestellten BBC-Dokumentarfilm wird jedoch angedeutet, daß der Befehl, die Diplomaten zu ermorden, aus Arafats Hauptquartier gekommen ist: »Abgefangene Nachrichten zeigten, daß die Terroristen über Funktelefon in ständigem Kontakt mit der PLO waren. Diesem geheimen Telegramm des amerikanischen Außenministeriums zufolge kam das Codewort, das den Befehl zur Ermordung der Diplomaten gab, aus Arafats PLO-Hauptquartier in Beirut.«[31]) Ein hochrangiger amerikanischer Beamter fügt hinzu: »Sie waren bis über beide Ohren mit drin. In Wirklichkeit hat Abu Ijad es geleitet. Und wenn Fatah damals auch nur ein bißchen beteiligt war, hatte Arafat seine Hand im Spiel.«

Trotz Arafats vorheriger Bemühungen, den eigenen Kampf auf das Territorium Israels zu beschränken, überzeugte die Brutalität der Aktionen des »Schwarzen September« viele davon, daß es sich bei der PLO um eine internationale Terrororganisation handelte. Es dauerte nur wenige Jahre, bis sich die Vereinigten Staaten in einer zunächst geheimen und später vom US-Senat veröffentlichten Vereinbarung mit Israel verpflichteten, mit Arafat oder der PLO nicht zu verhandeln, solange die Befreiungsorganisation das Existenzrecht Israels sowie die für die Palästinenser außerordentlich problematischen Resolutionen 242 und 338 des UN–Sicherheitsrates nicht anerkennen würde. König Hussein wiederum war hin und her gerissen – einerseits bemühte er sich, die West Bank für sein Königreich zu retten; andererseits sah er sich genötigt, sie ausgerechnet jenen Palästinensern zu überlassen, die sich so sehr angestrengt hatten, ihn zu vernichten.

17

Husseins Friedensfühler und die Suche nach einem territorialen Kompromiß

Die grossen Räume in al-Nadwa, König Husseins hellem steinernem Palast, sind elegant mit hübsch gemusterten Seidenteppichen und feinen antiken französischen Möbeln ausgestattet. Der große Salon mit den weißen Wänden und den rubinroten Dingen darin ist sehr schön. Der Raum, in dem wir im August 1989 sitzen, schimmert pfauenblau. Geschmückt ist er mit einem Paar perlmuttfarbener Thronsessel. In der Halle erregt eine fulminante Sammlung goldener und silberner Dolche die Bewunderung des Besuchers. Alles wirkt komfortabel in diesem von seiner Größe her für eine Familie wie geschaffenen Haus, das der Wohnsitz des Königs, seiner in Amerika geborenen vierten Frau, Königin Nur, und der sieben jüngsten seiner elf Kinder ist. Hier kann sich das regierende Paar bei Tacos und Fernsehen erholen und alte Filme oder American Football sehen. Hier können die Kinder im wuchernden Garten umherlaufen oder die Tiere in dem Westentaschenzoo füttern, in dem zwei Gazellen, zwei Kraniche und ein Kaninchenclan leben.

Andeutungsweise aber kommt von Zeit zu Zeit auch Angst zum Vorschein, wenn man mit der Königin spricht. Der Nachmittag ist stickig heiß, die königliche Gemahlin schlägt einen Spaziergang auf dem Rasen vor. Das Haus hat keine Klimaanlage, sagt sie, und die kugelsicheren Fenster kann man nicht öffnen – eine nach der Belagerung von 1970 getroffene Sicherheitsmaßnahme. Es stimmt, erklärt sie, Seine Majestät trägt eine Pistole, und obwohl sie bestreitet, daß er sie niemals ablegt, ist es klar, daß der König sich sicherer fühlt, wenn er sie nahe an seinem Körper hat.

»Ich bete täglich für ihn«, sagt die achtunddreißigjährige Königin. »Wir leben

in einer unruhigen Region.«[1]) Die frühere Lisa Halaby hat Hussein 1978, lange nach dem Horror des »Schwarzen September« geheiratet. Doch die durch den Mord an König Abdullah und eine endlose Reihe von Anschlägen auf Husseins Leben befleckte persönliche Geschichte der Haschemiten macht sie auch heute mißtrauisch und wachsam gegenüber potentiellen Attentätern oder Mordversuchen. Sie bewundert die Geduld und Beharrlichkeit ihres Mannes, und die Fortschritte in seinem Land schreibt sie ihm allein zu. Gleichzeitig aber fröstelt sie ein wenig, wenn sie von seinem Leben spricht. »Er hat alle erdenklichen Erfahrungen, positive und negative, hinter sich«, stellt sie fest.

Von all seinen Erlebnissen haben die erschütternden Jahre nach dem Sechstagekrieg vielleicht den stärksten Eindruck hinterlassen. Das Verhältnis des Königs zur PLO wird immer davon beeinflußt sein: ihre Verachtung für seinen Thron, ihre Drohungen gegen sein Leben und der Schaden, den sie in seinem Lande angerichtet hat, nehmen ihm jede Hoffnung auf eine leichte Vereinigung der West Bank mit Jordanien. Jassir Arafat ist nach wie vor das Symbol der Feindseligkeit.

Der König mag zwar nicht in den Ärmeln des Vorsitzenden nach versteckten Dolchen suchen, aber er umarmt Arafat doch mit Vorsicht. Genauso, wie Arafat behutsam mit dem König umgeht. »Es ist eine merkwürdige Beziehung«, stellt ein Amerikaner fest, der mit beiden verhandelt hat. »Sie erinnern an zwei Schachspieler, die sich auf den Tod nicht ausstehen können. Zwei Schachweltmeister, Sie verstehen. Es ist beinahe Zeit für das große Turnier, und sie sehen einander an. Einerseits hassen sie einander, aber andererseits ist auch so etwas wie wirkliche Hochachtung zu spüren.«

Im Juli 1971 hatte Hussein die PLO vertrieben. Arafat fand sich als Vorsitzender einer Organisation wieder, deren Hauptstreitmacht in Jordanien, Ägypten und Syrien unerwünscht war. In Jordanien wurden die verbliebenen Palästinenser gezwungen, ihre Waffen abzuliefern und strikt die jordanischen Gesetze zu achten. In Ägypten hatte Arafat, als Nasser im September 1970 starb und Anwar el-Sadat, ein Oberst in der Armee, die Nachfolge Nassers antrat, seinen bisherigen Wohltäter verloren. In Syrien war Hafis al-Assad durch einen gelungenen Staatsstreich Präsident geworden. Die Syrer hatten von Jordanien eine Lektion gelernt. Verteidigungsminister Mustafa Tlass: »Wir haben Arafat gesagt, daß wir niemanden kämpfen lassen, ohne daß wir darüber informiert sind. Entweder befehle ich oder er.« Zornig fügt er hinzu: »Wer ist der

Hundesohn, daß er sich mit mir messen will? Ich bin vom Staat zum Verteidigungsminister bestellt, nicht Arafat. Arafat ist nicht berechtigt, auf meinem Boden militärische Aktionen durchzuführen. Er muß sich meinen Direktiven unterordnen – oder verschwinden!«[2])

Das Fehlen einer Guerillabasis rief eine Verzweiflung innerhalb der PLO hervor, die den radikalen Gruppierungen Auftrieb gab. Hussein wurde verdächtigt, seinen Thron während des »Schwarzen Septembers« durch die Zusammenarbeit mit Israel und den USA gerettet zu haben, und war in der arabischen Welt isoliert. Als er den Palästinensern in der West Bank und Gaza 1972 eine gewisse Unabhängigkeit von der weiterbestehenden jordanischen Verwaltung gewähren wollte, verurteilten seine arabischen Nachbarn und die palästinensische Führung in den besetzten Gebieten sofort seinen Plan. Hussein schlug vor, zwei teilweise autonome Einheiten zu bilden, eine auf der Ostseite des Jordans, die andere auf der West Bank, und sie durch eine Föderation unter dem König zu verbinden. Die PLO erklärte, sein Vorschlag eines »Vereinigten Arabischen Königreichs« sei ein mit den Israelis ausgetüfteltes Komplott, um jede Möglichkeit eines unabhängigen palästinensischen Staates auszuschließen.

Als Antwort auf diesen Vorschlag rief selbst die Fatah, die während des »Schwarzen Septembers« einen offenen Bruch mit Hussein zu verhindern gesucht hatte, zur Vertreibung des Königs auf. Ihr Zentralkomitee klagte an: »Die Quelle des Streits ist die haschemitische Familie in Jordanien, ihre Geschichte der Verschwörungen gegen unser Volk und gegen unsere Sache sowie ihre Rolle, imperialistischen Zielen in der Region zu dienen.« Die Fatah gelobte, »gegen diese Familie anzugehen und das königliche Regime in Jordanien zu stürzen«.

Die PFLP und der »Schwarze September« dehnten ihre Angriffe aus, und gegen Ende des Jahres 1972 beschlossen Syrien und Libanon, die von schweren israelischen Vergeltungsschlägen getroffen wurden, der PLO noch striktere Beschränkungen aufzuerlegen. Die Fatah wandte sich noch einmal nach Jordanien, wo sie ihre Guerillabasis zurückgewinnen wollte, und schmiedete ein Komplott, um Hussein zu stürzen. Abu Ijad übernahm die Organisation des Unternehmens, und die entscheidende Aufgabe wurde Abu Daud übertragen, der während der Monate des »Schwarzen Septembers« die palästinensischen Kämpfer in Jordanien befehligt hatte. Beim 11. Treffen des Palästinensischen Nationalrats in Kairo im Januar 1973 wurde diese bisher inoffizielle PLO-Linie formal gebilligt. Die 450 Mitglieder des palästinensischen Exilparlaments verpflichteten die PLO in aller Form auf eine Politik, die Husseins Sturz zum Ziel hatte. Gleichzeitig lehnten sie Vorschläge einer Zweistaatenlösung ab.

Im April desselben Jahres übten die Israelis Vergeltung gegen die mutmaßlichen Drahtzieher des Massakers in München sowie anderer Anschläge des »Schwarzen Septembers«. Ein israelisches Kommando landete nachts an einem Strand in Beirut, fuhr zu den Wohnungen von Kamal Udwan und Mohammed Jussef Nadschar und ermordete sie, ebenso wie den palästinensischen Dichter Kamil Nasir, im Schlaf. Der Chefstratege der Terrorgruppe, Abu Ijad, sagt, er sei nur zufällig zum Zeitpunkt des Anschlags nicht in der Wohnung gewesen.

Im Sommer 1973 versuchte die Fatah, sich von der Führung des »Schwarzen Septembers« zu distanzieren. Abu Ijad befahl Ali Hassan Salameh, seine Aktivisten sollten ihre Bindungen an Libyen und den Irak, die beiden Nationen, die für die Finanzierung des terroristischen Fatah-Flügels weitgehend verantwortlich waren, lösen. Die beiden Hauptaktivisten, die die Verbindung mit den beiden Ländern unterhielten, setzten sich daraufhin in eben diese Staaten ab: Ahmed Abdel Ghaffar (Abu Mohammed) nach Libyen und Sabri al-Banna (Abu Nidal) in den Irak. Arafat persönlich befahl Todesurteile für beide. Keines davon ist bislang jedoch vollstreckt worden.

Inzwischen entwickelten sich freundschaftliche Beziehungen zwischen dem ägyptischen Präsidenten Sadat und dem syrischen Staatschef Assad, der in der kurzen Phase der Vereinigten Arabischen Republik (1958–1961) als Pilot einer syrischen Staffel in Ägypten gedient hatte.

Während Israel mit seinem Krieg gegen den Terrorismus beschäftigt war, bauten Ägypten und Syrien ihre Armeen stillschweigend wieder auf. Am 9. September 1973 lud Sadat Arafat, Abu Ijad und Faruk Kaddumi zu einer Begegnung in den Präsidentensitz Burgh al-Arab in Alexandria ein. Sadat deutete an, er hätte gern ein palästinensisches Truppenkontingent bei seinen ägyptischen Truppen am Suezkanal. Der ägyptische Präsident plante zusammen mit dem syrischen einen gemeinsamen Angriff: im Norden gegen israelische Stützpunkte auf den Golan-Höhen, im Süden gegen israelische Einheiten auf der Sinai-Halbinsel, die der jüdische Staat während des Sechstagekrieges erobert hatte. Sadat stellte sich den Angriff als eine Offensive mit begrenzten Zielen vor: Die in eine Sackgasse geratene Suche nach einer Lösung des arabisch-israelischen Konflikts sollte wieder in Gang kommen. Was eine Beteiligung jordanischer Truppen an dem geplanten Waffengang anbetraf, so war auf beiden Seiten wenig Zuneigung dafür vorhanden. Sadat mißbilligte die Entwicklungen während des »Schwarzen Septembers«: »König Hussein hatte beschlossen, diese Kräfte zu liquidieren, und bekämpfte sie deshalb gnadenlos.« Es war »ein Massaker im vollen Wortsinn«, schrieb er in seinen Erinnerungen.[3]) Gleichzeitig hielt er das jordanische Militär für schwach. Hussein wiederum war an einem weiteren arabisch-israelischen Krieg nicht interessiert. Sein Land hatte sich noch längst nicht wieder vom letzten Waffengang erholt.

Während des Mittagessens mit Arafat und seinen Kollegen gab Sadat den drei PLO-Beamten zu verstehen, Ägypten würde Israel gegenüber allmählich die Geduld verlieren. Er machte jedoch keinerlei Andeutungen, was für eine Überraschung er plante. »Was wir brauchen, ist ein Funke, nur ein Funke, der allen bewußt machen wird, daß es ein ungelöstes Problem gibt«, erklärte Sadat. Nachmittags fuhr Mohammed Heikal die Palästinenser nach Kairo zurück. Neugierig auf das, was Sadat vorhatte, fing Faruk Kaddumi (Abu Lutuf) an, Heikal mit Fragen zu bestürmen, wieso es denn klug sei, palästinensische Truppen am Suezkanal aufzustellen. Abu Ijad sagte, es sei eine gute Idee. »Wenigstens werden sie die Ägypter erinnern, daß es ein palästinensisches Element gibt. Doch, nebenbei, was ist dieser ›Funke‹, von dem Sadat geredet hat?« fragte er. Heikal weigerte sich, darüber zu reden. »Ich wollte Sadat nicht verraten«, sagte er.[4])

Am 1. Oktober befahl Arafat einer Gruppe von palästinensischen Offizieren und etwa 120 Soldaten, an der Kanalzone in Stellung zu gehen. Fünf Tage später, am 6. Oktober 1973, dem heiligsten jüdischen Feiertag, Jom Kippur, gelang es den ägyptischen Truppen, die israelische Armee zu überraschen und auf das Ostufer des Suezkanals überzusetzen. Abu Ijad war in Kairo und besuchte Sadat. »Habe ich Ihnen nicht von dem Funken erzählt?« fragte Sadat. »Das ist der Funke?« fragte der Palästinenser ungläubig. »Das ist kein Funke. Das ist ein Brand!«

In der Tat, palästinensische Einheiten, darunter ein Teil der in die syrische Armee integrierten PLA von insgesamt 5000 Mann, wurde mit Hubschraubern über die israelischen Linien hinweggeflogen und in deren Rücken abgesetzt, wo sie vier Hügel in Kuneitra auf den Golan-Höhen besetzten. Versuche, weitere 1000 Freischärler von Jordanien ins südliche Israel einzuschleusen, wo sie von Beerscheba bis Eilat angreifen sollten, mißlangen. Heikal gab König Hussein die Schuld daran, der angeblich nicht ans Telefon ging, als Sadat ihn wiederholt anzurufen versuchte. Hussein war besorgt, daß die palästinensischen Kräfte israelische Vergeltungsschläge gegen das Königreich auslösen könnten. Gegen Ende des Krieges befahl Hussein einigen jordanischen Divisionen, den Syrern am Golan zu helfen. Aber als sie eintrafen, hatten die Syrer schon zuviel Gelände an die Israelis verloren. Nur wenige Stunden später folgte die Feuereinstellung.

Als der Oktoberkrieg vorüber war, hatte Ägypten viel gewonnen, obwohl eine vernichtende Niederlage ihrer Dritten Armee nur durch eine US-Intervention verhindert werden konnte. Sadats Truppen waren in der Lage gewesen, dem vermeintlich übermächtigen Gegner vor allem zu Beginn des Krieges einige empfindliche Niederlagen zuzufügen. Die Palästinenser, die an den Kämpfen teilgenommen hatten, schienen bereit, sich dem von der UNO Ende Oktober in Genf wieder aufgenommenen Friedensprozeß anzuschließen.

Im November 1973 allerdings begann Henry Kissinger, der neben seinem Posten als Nationaler Sicherheitsberater auch noch die Position des Außenministers übernommen hatte, mit einer ausgedehnten Reisediplomatie und erzielte eine bis dahin unerreichbare Vereinbarung über den teilweisen Rückzug der ägyptischen und israelischen Truppen. Beeindruckt vom Erfolg des amerikanischen Engagements schlug König Hussein im Dezember 1973 vor, Kissinger solle versuchen, Golda Meir zu einem Rückzug der Israelis von der West Bank und Gaza zu bewegen. Als jordanische Gegenleistung bot er einen Friedensvertrag zwischen dem jüdischen Staat und dem haschemitischen Königreich an.

Anfang 1974 brachte Kissinger das Thema der israelischen Führung gegenüber zur Sprache und versuchte, Golda Meir wenigstens zu einer Geste zu überreden und das am Jordan gelegene arabische Städtchen Jericho an Jordanien zurückzugeben – als Bonbon, um es Hussein zu erleichtern, Gespräche über eine territoriale Aufteilung der West Bank zu beginnen.

Mit der Möglichkeit konfrontiert, daß Jordanien durch Verhandlungen etwas erreichen könnte, begann die PLO, ihre Strategie zu überdenken.

Am 24. Februar 1974, dem fünften Geburtstag der DFLP, ließ Generalsekretär Najaf Hawatmeh eine politische Bombe platzen: »Wir kämpfen für das Recht unseres Volkes, seine nationale Autorität in seinem eigenen Land zu etablieren, nachdem die Besatzung beendet ist«, erklärte er. Diese Rede war eine Antwort auf Kissingers Vorschlag, Jordanien solle irgendeinen Teil der West Bank übernehmen, den die Israelis räumen würden.

Der Euphemismus »nationale Autorität«, den Hawatmeh benutzte, sollte Hussein unmißverständlich signalisieren: Die Palästinenser und nicht die Jordanier würden ihr Heimatland auf der West Bank etablieren. Das war der erste Schritt auf dem Weg der PLO zu einer Entscheidung für eine Zweistaatenlösung, bei der Israel und ein palästinensischer Staat nebeneinander existieren würden.

Im April führte Hawatmeh seinen Vorschlag bei einem Interview für die *Washington Post* weiter aus. Er sprach offen von der Notwendigkeit der Existenz zweier Staaten im »historischen« Palästina. Die Fatah war tief gespalten in dieser Frage, und Faruk Kaddumi führte die Opposition an. Für Arafat aber sei es »ein Geniestreich« gewesen, behauptet Hawatmeh.[5]) Arafat hätte ihm gesagt, er würde versuchen, die 450 Mitglieder des PNC zu überzeugen, diese Position beim kommenden Kongreß zu billigen. Hawatmeh und Arafat wurden von Habaschs PFLP erbittert bekämpft. Dennoch gelang es ihnen, einen brüchigen Kompromiß auszuhandeln, als der Nationalrat im Juni und Juli 1974 in Kairo zusammentrat.

Das neue politische Programm bestätigte: »Die PLO wird mit allen Mitteln dafür eintreten, daß palästinensisches Land befreit wird, um die nationale und unabhängige Souveränität des Volkes in jedem Teil des palästinensischen Landes zu etablieren, das befreit ist.« Diese Formulierung sollte Hussein deutlich machen, daß jeder Teil des Territoriums, der von israelischen Truppen geräumt würde – und wenn es nur ein Zentimeter sein sollte –, unter palästinensische und nicht etwa unter jordanische Kontrolle kommen sollte.

Hawatmeh erzählt uns im August 1989 rückblickend: »Wir sahen, daß die Idee eines einzigen demokratischen, vereinigten palästinensischen Staates mit Palästinensern und Juden kein praktisches Ziel mehr war. Es waren Tatsachen im Land geschaffen worden: Es gab einen israelischen Staat, und die Palästinenser hatten nichts.« Seine PLO-Mitstreiter forderte er damals auf: »Wir müssen an eine realistische Politik denken, die sowohl die regionalen als auch die internationalen Machtverhältnisse in Betracht zieht. Wir müssen eine palästinensische Politik entwickeln, die realistisch und erreichbar ist.« Für Hawatmeh war das nur ein palästinensischer Staat auf der West Bank und in Gaza. »Wir wissen, daß es keinen anderen Ort gibt, den wir nehmen können.«

Doch selbst die implizierte Zweistaatenlösung war eine Häresie für Habasch, der Arafat noch heute vorwirft, er sei »pragmatischer als nötig«.[6]) Wenn die PLO bereit war, ihre Kontrolle in irgendeinem Teil Palästinas zu etablieren, dann war sie bereit, Israel anzuerkennen, erklärte Habasch. Seine Logik läßt sich nicht widerlegen. Sobald die PLO ihre Bereitwilligkeit signalisierte, die palästinensische Souveränität auf einem Teil Palästinas – und nicht auf dem ganzen Gebiet – zu etablieren, signalisierte sie ihre territoriale Kompromißbereitschaft. Für Habasch hieß das, den Anspruch auf Tel Aviv, Haifa, Jaffa und andere Städte aufzugeben.

Sie alle verstanden – wie Arafat und die überwältigende Mehrheit der

Palästinenser –, daß die Etablierung einer »nationalen Autorität« in irgendeinem Teil Palästinas der erste Schritt sein würde, den jüdischen Staat anzuerkennen. Man würde ohne Verhandlungen mit Israel keine eigene Souveränität etablieren können, und Verhandlungen würden notwendigerweise verlangen, daß man sein Gegenüber, den Verhandlungspartner mit dessen Ansprüchen, akzeptierte.

Während der nächsten Jahre war die PLO in drei Gruppierungen gespalten. Die erste wurde von der Fatah Arafats beherrscht. Die zweite war die von Syrien gesponserte as-Saika, die aus den ansehnlichen PLA-Einheiten in der syrischen Armee bestand. Die dritte schließlich war die von George Habasch geführte Ablehnungsfront, die die Spannungen zwischen den beiden anderen auszunutzen versuchte.

In dieser Zeit war es für Arafat nicht leicht, seine Position innerhalb der Befreiungsorganisation zu verteidigen. Die palästinensische Diaspora, besonders in den Flüchtlingslagern, war nicht bereit, sich den Traum einer Rückkehr in die Städte und Dörfer, in denen sie aufgewachsen war, zerstören zu lassen. Für sie war das Recht auf Rückkehr ein heiliges Prinzip, das sie plötzlich auf Verlangen der PLO aufgeben oder zumindest bis zu einem späteren Zeitpunkt des Guerillakampfes aufschieben sollte.

Am 31. Mai 1974 gelang es Henry Kissinger, die israelischen Truppen, die im Oktoberkrieg bis auf Kanonenschußweite an Damaskus herangekommen waren, zum Rückzug vom syrischen Territorium nördlich des Golan und aus Kuneitra, der einzigen stark bevölkerten Gegend auf den Golan-Höhen, zu bewegen. Dieser Truppenabzug folgte einer Vereinbarung mit Ägypten, in der sich die Israelis zur Räumung der Gebiete östlich des Suezkanals bereit erklärte. Ägypten wurde es möglich gemacht, die seit Juni 1967 gesperrte Wasserstraße wieder zu öffnen. Im Sommer hatten Verhandlungen mit Ägypten über einen weiteren israelischen Rückzug bis an die Sinai-Grenze begonnen. Durch Kissingers anfängliche Erfolge entstand im Nahen Osten ein Klima, in dem Israel zu immerhin kleinen territorialen Kompromissen bereit schien, sollte die Gegenseite – in diesem Fall Ägypten – die Präsenz eigener militärischer Einheiten an Israels Grenzen reduzieren. In seinen Gesprächen schlug Kissinger vor, dieselbe Formel auch in Verhandlungen zwischen Jordanien und Israel anzuwenden.

Im Frühjahr 1974 löste Yitzhak Rabin Israels Ministerpräsidentin Golda Meir ab und propagierte eine expansivere Version des Allon-Plans. Diese vom stellvertretenden Ministerpräsidenten Yigal Allon konzipierte Strategie hatte eine territoriale Teilung der West Bank verlangt.

Allon schlug vor, arabische Städte und Dörfer in den Berggebieten der West Bank der jordanischen Gesetzgebung und Rechtsprechung zu unterstellen, während Israel Kräfte entlang des gesamten Jordanflusses belassen sollte, wo der jüdische Staat bereits Dutzende von Siedlungen errichtet hatte.

Der Sinn dieses Plans war, den unbewohnten Grund des Tals sowie vor allem die erste Gebirgskette, von der das gesamte Tal kontrolliert werden kann, als Pufferzone und Frühwarnbasis besetzt zu halten. Israel würde seine Ostfront mit der natürlichen Grenze des Flusses und des steilen Gebirgszugs schützen können, die einen Vormarsch für jeden potentiellen Gegner erheblich erschwerten. Dafür schien zumindest die damals regierende Arbeitspartei Israels mehrheitlich bereit, die stark bevölkerten Gegenden von Hebron im Süden bis Dschenin im Norden abzugeben. Ein schmaler Korridor würde die palästinensischen Städte und Dörfer mit dem jordanischen Ostufer verbinden. Die geographische Verbindung sollte Jericho, die einzige Stadt am Fluß mit einer arabischen Bevölkerung, sein.

Hussein erfuhr von Kissinger, daß Israel über einen Abzug aus Jericho verhandeln würde – als ersten Schritt auf dem Weg zur Umsetzung des Allon-Plans. Für Hussein hieß das, Jericho zu gewinnen, was erstrebenswert war, aber den zwölf Kilometer langen Streifen zu verlieren, der sich längs des Jordantals erstreckte. Noch wichtiger und zugleich problematischer: Jordanien würde sich auf einen territorialen Kompromiß innerhalb der Grenzen von 1967 einlassen und endgültig Land an Israel abtreten. Hussein war zu einem Rückzug ähnlich dem, der mit Ägypten und Syrien ausgehandelt worden war, bereit und schlug die Räumung eines acht Kilometer breiten Streifens auf beiden Seiten der Front vor – als ersten Schritt zur Rückgewinnung des Landes, das er 1967 eingebüßt hatte. Weniger als das, was Ägypten und Syrien erhalten hatte, konnte er jedoch nicht akzeptieren und lehnte den Allon-Plan aus diesem Grund ab.

Kissinger war sich der möglichen Folgen bewußt, sollte sich Israel weigern, einen Rückzug auch nur in Betracht zu ziehen. Er versuchte Israel dazu zu bewegen, einen Plan vorzuschlagen, der auf Husseins Situation Rücksicht nahm.

Rabin war durchaus bereit zuzuhören, aber die Hardliner in der Opposition, die die Stimmung der von den Niederlagen im Oktoberkrieg noch immer frustrierten israelischen Öffentlichkeit wiedergaben, lehnten jeglichen Kompromiß ab. Sie waren nicht willens, auch nur einen Zentimeter des Landes aufzugeben, das sie den biblischen Namen entsprechend Judäa und Samaria nannten.

Anfang des Jahres hatte Kissinger führenden Mitgliedern der amerikanisch-jüdischen Gemeinde in Philadelphia erklärt: »Ich sage voraus, wenn die Israelis nicht innerhalb von sechs Monaten irgendeine Vereinbarung mit Hussein über die West Bank treffen, wird Arafat international anerkannt werden, und die Welt wird in ein Chaos geraten. Wenn ich ein Berater der israelischen Regierung wäre, würde ich dem Premierminister sagen: ›Um Gottes willen, tu etwas mit Hussein, während er noch einer der Mitspieler ist.‹«[7])

Kissinger traf diese Vorhersage am 8. Februar 1974. Achteinhalb Monate später, am 28. Oktober 1974, erklärten die zum 7. Arabischen Gipfel in Rabat versammelten Führer der arabischen Welt die PLO in aller Form zur »einzigen legitimen Vertreterin des palästinensischen Volkes«. Allein die PLO hätte das Recht, »eine unabhängige nationale Autorität ... auf irgendeinem palästinensischen Territorium« zu etablieren, »das befreit ist«. Hussein war entsetzt und enttäuscht, als er diese Worte hörte. Er hatte vergebens dagegen argumentiert. Von nun an würde er, selbst wenn er das von seinem Urgroßvater und Großvater gewonnene Land zurückerhalten sollte, gezwungen sein, es an die PLO abzutreten. Und schlimmer noch: Wenige Wochen später unterstützte auch die UNO Arafats Position und applaudierte ihm, als er am 13. November 1974 vor der Generalversammlung erschien.

Damit hatten die arabischen Führer in Rabat genau das getan, was Kissinger prophezeit hatte. Nach einem Jahrzehnt des bewaffneten Kampfes gegen Israel, Grabenkriegen mit den arabischen Brüdern und bitteren Fehden innerhalb der eigenen Führung war der Guerillaorganisation der wichtigste Sieg gelungen: Aus der Sicht der arabischen Welt gehörte die West Bank nicht mehr zu Jordanien.

Im Verlauf des folgenden Jahrzehnts gab es wenig Kontakt zwischen Arafat und Hussein. Der PLO-Führer verbrauchte seine Kräfte im Krieg im Libanon und war gezwungen, seine Streitmacht 1982 abzuziehen. Der König nutzte seine Energien zur Entwicklung seines Landes und zur Besserung seiner Beziehungen unter anderem mit Israel.

Das Beispiel König Abdullahs stand ihm vor Augen: Es war einfach wichtig, einen Dialog mit den Führern des jüdischen Staates aufrechtzuerhalten, nicht nur um ein friedliches Zusammenleben zu gewährleisten, sondern auch um die arabischen Territorien zurückzugewinnen, die zum haschemitischen Königreich gehörten. »Er hat mit jedem israelischen Topbeamten Hunderte von Stunden zugebracht«, bemerkt ein hoher amerikanischer Diplomat, den das Außenministerium zum Schweigen verpflichtete. Das dicke Dossier in der amerikanischen Botschaft zu Amman, das den Codenamen »Sandsturm« trägt, ist voll von Treffen zwischen Hussein und Golda Meir, Schimon Peres, Yitzhak Rabin, Mosche Dayan, Abba Eban und sogar Yitzhak Schamir. Unzählige Male hat der König seinen Privathubschrauber nach Tel Aviv, Akaba oder zu einer Insel im Roten Meer geflogen oder ist zu geheimen Treffen nach London und Paris gejettet. »Ich habe alles mögliche versucht, um zu sehen, was in der jeweiligen Situation machbar zu sein schien«, sagt der König heute. »Ich konnte keinen territorialen Kompromiß eingehen. Ich mußte mich für die palästinensischen Rechte, aber auch für die Formel »Land für Frieden« und die Anwendung der Resolution 242 einsetzen, zu der ich beigetragen hatte und die ich in der Tat selbst mit formuliert habe. Ich habe es versucht. Ich habe keine Tür ungeöffnet gelassen.«[8])

Endlose Treffen fanden zudem mit arabischen Führern und amerikanischen Beamten statt. Am bemerkenswertesten waren die wiederholten Reisen Kissingers Mitte der siebziger Jahre nach Amman, die bei Hussein den Eindruck erweckten, auch Jordanien würde schließlich – genau wie Ägypten und Syrien – durch Verhandlungen mit Israel sein Territorium zurückbekommen. Bis heute ist Hussein enttäuscht, daß Kissinger sein Versprechen nicht erfüllt hat.

Kurz nachdem Präsident Jimmy Carter sein Amt 1977 angetreten hatte, veränderte sich der amerikanische diplomatische Vorstoß von Kissingers Politik der kleinen Schritte zu einer breiten internationalen Offensive. Die Amerikaner suchten sowjetische Unterstützung für eine neuerliche, von der UNO gesponserte Genfer Konferenz zu gewinnen. Die letzte hatte nach dem Oktoberkrieg 1973 stattgefunden. Am Ende des Krieges hatte der Sicherheitsrat die Resolution 242 in der Resolution 338 noch einmal bestätigt und sofortige Schritte auf dem Weg zu einer umfassenden arabisch-israelischen Friedensregelung verlangt, an der alle betroffenen Parteien mitwirken sollten.

Am 1. Oktober 1977 veröffentlichten Amerikaner und Sowjets nach längeren Verhandlungen zwischen den beiden Außenministern Cyrus Vance und Andrei Gromyko ein gemeinsames Kommuniqué, in dem sie eine Neuauflage der Genfer Konferenz forderten. »Die Verlautbarung brachte unsere Überzeugung zum Ausdruck, daß eine gerechte Lösung des palästinensischen Problems für eine dauerhafte Lösung im Nahen Osten moralisch und politisch notwendig war. Ich meinte, es wäre möglich, eine Formel zu finden, die es PLO-Mitgliedern, die nicht ›wohlbekannt‹ waren, ermöglichen würde, bei der Friedenskonferenz anwesend zu sein«, schrieb Vance in seinen Erinnerungen.[9]) In der Tat hatten sich die Sowjets erstmals ausdrücklich zu einer Entwicklung normaler Beziehungen mit Israel sowie zwischen dem jüdischen Staat und seinen arabischen Nachbarn bereit erklärt. Außerdem waren die Sowjets einverstanden, daß die Konferenz zum Zweck einer Aufnahme direkter Gespräche zwischen Israel und jedem einzelnen seiner arabischen Feinde einberufen werden durfte, ohne daß die PLO oder ihre Forderung nach einem unabhängigen Staat erwähnt wurde. Im Gegenzug sollten die Palästinenser der Konferenz als Teil einer der Delegationen beiwohnen und später direkt mit Israel verhandeln können.

Die PLO war über die amerikanisch-sowjetische Vereinbarung erfreut. Die neugewählte rechtskonservative Regierung Israels unter Menachem Begin lehnte die Teilnahme an einer Friedenskonferenz in Genf auf der Grundlage der gemeinsamen Erklärung jedoch kategorisch ab. Der israelische Außenminister wandte sich besonders gegen die in dem Kommuniqué enthaltene Anerkennung der »legitimen Rechte des palästinensischen Volkes«. Nach einem schnell arrangierten Flug nach Washington erklärte sich das israelische Kabinett zwar prinzipiell mit einer Genfer Friedenskonferenz einverstanden, machte allerdings klar, daß es keine Diskussion über ein palästinensisches »homeland« und keine Teilnahme von PLO-Mitgliedern, in welcher Funktion auch immer, geben könne. Hussein sah der Teilnahme an der internationalen Konferenz mit freudiger Erwartung entgegen. »Carter wandte sich an mich«, erinnert sich der König. »Ich besuchte ihn. Er war sehr interessiert, etwas zu tun. Ich nahm Kontakt mit Ägypten und Syrien auf. Die Ägypter allerdings zögerten, die Syrer mit am Verhandlungstisch Platz nehmen zu lassen. Von Ägypten aus flog ich nach Syrien, weil Carter gesagt hatte, sonst würden wir keinen Schritt vorankommen. Schließlich gelang es uns, die Syrer zu einem gewissen Entgegenkommen zu bewegen. Auf diese Weise war noch immer von einer gemeinsamen arabischen Anstrengung zur Lösung des gesamten Problems die Rede.«

Dann aber beschloß der ägyptische Präsident Sadat, die Suche nach einer Lösung des Konflikts selbst in die Hand zu nehmen. Zu groß war seine Sorge, der Syrer Hafis al-Assad, Jassir Arafat oder die Sowjets könnten ihn im Rahmen der Verhandlungen ausmanövrieren. Er lud den PLO-Vorsitzenden ein, sich seine Rede zur Eröffnung des ägyptischen Parlaments am 9. November 1977 anzuhören. Der Inhalt dieser Rede war zuvor nicht bekanntgegeben worden. Am Tag der Rede wartete Sadat nervös auf Arafats Erscheinen. Der PLO-Chef war indes noch in Libyen, um sich für eine Wiederannäherung zwischen Muammar al-Ghadaffi und Sadat einzusetzen. Auf Sadats Bitte rief der PLO-Botschafter in Kairo, Said Kamal, Arafat an. Der Vorsitzende sagte, er könne vor acht Uhr abends nicht im

Parlament sein. »Also schob Sadat die Sitzung eineinhalb Stunden auf«, erzählt Kamal, der Arafat am Flugplatz abholte und ins Parlament begleitete. Als die beiden Führer einander begegneten, erzählte der ägyptische Präsident dem erfreuten Arafat, er sei bereit, bis ans Ende der Welt zu gehen, um Frieden zu schließen. Deshalb hätte er sich entschlossen, nach Damaskus zu reisen, um eine Wiederannäherung zwischen Ägypten und Syrien zu erreichen. Ein paar Minuten später gab Sadat vor der gesamten Volksversammlung seine Bereitschaft bekannt, bis ans Ende der Welt – Israel nicht ausgeschlossen – zu gehen, um Frieden zu schließen. Die Sadat-Initiative, nach Jerusalem zu reisen, Israel damit implizit anzuerkennen und letztlich mit dem jüdischen Staat Frieden zu schließen, war geboren.

Arafat erinnert sich, Sadat anschließend gefragt zu haben: »Meinen Sie das wirklich?« Doch, so berichtet uns Arafat, »er antwortete mir nicht. Weil seine Ankündigung, auch nach Israel zu reisen, gar nicht in seiner geschriebenen Rede gestanden hatte. Wußten Sie das? Er hat plötzlich seinen Text geändert und gesagt: ›Ich bin bereit, überallhin, selbst nach Jerusalem, zu gehen, um Frieden zu schließen.‹« Die Freundschaft zwischen den beiden Männern verflüchtigte sich sofort. »Es war das letzte Mal, daß ich ihn sah«, erzählt der PLO-Vorsitzende leise. »Dann bin ich fort.«

Nach Arafats Auffassung hatte Sadat ihn betrogen. Der PLO-Führer glaubte noch kurz zuvor, einen großen Sieg errungen zu haben, weil er die stillschweigende amerikanische Anerkennung der PLO erreicht hatte. »Vergessen Sie nicht«, sagt Arafat 1989, »wir stimmten uns ab, um zusammen nach Genf zu gehen. Im Sommer 1977 hatten wir ein ägyptisch-amerikanisches Kommuniqué, in dem zum erstenmal die Anerkennung der PLO durch die amerikanische Regierung erwähnt wurde. Offiziell. In diesem Kommuniqué zwischen [dem ägyptischen Außenminister] Ismail Fahmy und Vance.« Die Israelis hatten sich allerdings geweigert, PLO-Mitglieder als Vertreter am Konferenztisch anzuerkennen, und Arafat hatte daraufhin einen entscheidenden Kompromiß machen müssen. »Entsprechend meiner Vereinbarung mit Sadat persönlich würde ich mit der gemeinsamen arabischen Delegation einige Palästinenser amerikanischer Nationalität hinschicken, die nicht der PLO angehörten.« Trotzig fügt er hinzu: »Ich habe sie ausgesucht.«

Schon zwei Tage nach Sadats Erklärung, Jerusalem zu besuchen, nahm der jordanische Monarch Kontakt mit dem ägyptischen Präsidenten auf. Der König erinnert sich, wie überrascht er war, daß Sadat ihn nicht von dieser Entscheidung unterrichtet hatte: »Ich fragte: ›Warum?‹ Er sagte:

›Ich möchte nicht, daß Sie irgendeine Verantwortung übernehmen oder daß irgend jemand sonst da hineingezogen wird. Also habe ich es beschlossen. Es war meine eigene Initiative.«

Nachdem Arafat sich von Sadat abgewandt hatte, versuchte Hussein den Kontakt zum ägyptischen Präsidenten aufrechtzuerhalten. Kurz vor Sadats Abreise zu den Camp-David-Gesprächen im September 1978 schickte ihm Hussein einen Brief. »Ich schrieb wegen Carter«, erzählt der König. »Ich sagte: ›Bitte, die Israelis sind zu unnachgiebig, und Sie erreichen gar nichts. Lassen Sie sich nicht auf eine Teillösung ein. Das Problem ist die West Bank und Gaza, und das ist ein Problem der Region. Ein separater Versuch, es zu lösen, hilft uns nicht.« Der König schildert, wie Sadat ihm versichert habe, Ägypten werde versuchen, »die Israelis und die Amerikaner zu einem Kompromiß zu bewegen, um die ganze Sache zu lösen«. Außerdem gab es eine kleine Chance, daß Hussein mit an den Verhandlungstisch gerufen würde.

Mitte September bekam Hussein, der in Erwartung einer Einladung nach Washington nach London geflogen war, einen Anruf Sadats aus Camp David. »Er sagte, er sei dabei abzureisen«, erinnert sich der König. »Er hätte sein Bestes versucht und seinen Ruf wie den Ägyptens aufs Spiel gesetzt. Leider spielten die Israelis nicht mit.« Hussein erwiderte: »Wenn es so ist, dann haben wir uns bis hierher bewegt.« Der König, der damit rechnete, daß man die Gespräche abbrechen würde, lud Sadat ein, ihn ein paar Tage darauf in Marokko zu treffen. Am nächsten Tag, dem 17. September 1978, flogen Hussein und seine neue Frau für einen kurzen Erholungsaufenthalt zu König Juan Carlos und Königin Sophia nach Spanien. »Wir wachten morgens auf und hörten im Radio die Nachricht von der Unterzeichnung in Camp David«, erzählt die Königin. Hussein war erschüttert. »Es war eine sehr schwierige Zeit«, fügt sie hinzu. Die Jordanier sagten die Begegnung in Marokko ab und flogen heim nach Amman. Die Vereinbarung sah eine Autonomie für die Palästinenser auf der West Bank und in Gaza vor, die fünf Jahre andauern sollte. Nach dem dritten Jahr der fortgesetzten israelischen Herrschaft könnten die Palästinenser ihre Forderungen in bezug auf den endgültigen Status der Gebiete am Verhandlungstisch formulieren. Die Abkommen von Camp David boten Jordanien zwar eine gleichberechtigte Rolle bei der Aushandlung des »Endergebnisses«. Keine Aussicht indes bestand, daß die besetzten Gebiete je an Jordanien zurückfallen würden. Aus Husseins Perspektive hieß das: Von Jordanien wurde verlangt, sich weiterhin mit der israelischen Verwaltung der West Bank und Gazas abzufinden, ohne Hoffnung, das arabische Land je zurückzugewinnen. »Jordanien wurde eine Rolle zugewiesen, die es für Israels Sicherheit in den besetzten Gebieten verantwortlich machen würde, ohne daß wir an irgend etwas beteiligt waren oder konsultiert wurden«, erklärt der König. »So war das.«

Nach der palästinensischen Tragödie im Libanon, die in der Vertreibung der PLO aus Beirut im Spätsommer 1982 gipfelte, wußte niemand besser als Jassir Arafat, daß der Weg zu seiner politischen Rehabilitation nur über Amman führen konnte. Als Adnan Abu Odeh, König Husseins einflußreichster Berater palästinensischer Herkunft, Khaled al-Hassan vorschlug, eine Lücke im Reagan-Plan zu nutzen, um die amerikanische Anerkennung der PLO zu gewinnen, war Arafat nur allzu gern zur Mitwirkung bereit.

Der Plan war am 1. September 1982 bekanntgegeben worden – genau einen Tag, nachdem Arafat und die palästinensischen Fedajin den Libanon verlassen hatten. Der Vorschlag verlangte einen israelischen Rückzug im Tausch gegen Friedensverträge mit den arabischen Staaten und einen vorläufigen Stopp beim Bau neuer israelischer Siedlungen in den besetzten Gebieten. Dem Vorschlag lag folgende Idee zugrunde: Die West Bank sollte weder ein palästinensischer Staat werden, noch Teil Israels bleiben. Statt dessen sollte eine »Assoziation der West Bank und Gazas mit Jordanien« angestrebt werden. Die dazu notwendigen Verhandlungen sollten zwischen Israel und einer palästinensisch-jordanischen Delegation stattfinden und – nach einer Übergangszeit – auch den endgültigen Status der besetzten Gebiete bestimmen. Die Vereinigten Staaten legten den Begriff »Autonomie« weiter aus, als er in den Abkommen von Camp David umrissen worden war. Man verpflichtete sich, den Palästinensern freie Wahlen zuzusichern, die zu einer »wirklichen Autonomie über sich selbst, das Land und seine Ressourcen« führen sollte.

Innerhalb weniger Stunden nach seiner Bekanntgabe lehnte der israelische Ministerpräsident Menachem Begin den Plan ab. Der jordanische König war bedachtsamer und stellte fest, daß er den Hauptgedanken einer Assoziation mit Jordanien vor Jahren selbst vorgetragen habe. Arafat äußerte sich zunächst so gut wie gar nicht.

Die Saudis luden zu einem arabischen Gipfel in Fez ein, der bereits eine Woche später stattfand. Durch die sofortige israelische Ablehnung des Reagan-Plans bestärkt und angespornt durch die Absicht, die PLO nach ihrer Niederlage in Beirut auf eine politische Schiene zu zwingen, formulierten die arabischen Führer einen eigenen Vorschlag, den Fahd-Plan. Er war in zweierlei Hinsicht bemerkenswert: Zum erstenmal erkannte die arabische Welt de facto Israels Grenzen von vor dem Juni 1967 an. Ohne Israel konkret beim Namen zu nennen, riefen die versammelten

Führer den Sicherheitsrat der Vereinten Nationen an, er solle einen Frieden »aller Staaten in der Region« garantieren. Zugleich bekräftigten sie das Recht der Palästinenser auf Selbstbestimmung und Staatlichkeit.

Husseins enger Berater Adnan Abu Odeh bemerkte, daß die PLO ihre Chancen, anerkannt zu werden, sabotiere, wenn sie weiterhin einen unabhängigen Staat fordere. Abu Odeh schlug einen cleveren Schachzug vor, um die PLO ihrem Ziel näherzubringen. »Wir werden den Amerikanern sagen, daß diese Assoziation eine Konföderation ist«, erklärte er. »Macht euch um die Selbstbestimmung keine Sorgen«, riet er seinen PLO-Mitstreitern.[10]) »Wenn Jordanien die PLO formal als einzige Vertreterin des palästinensischen Volkes anerkennt, wird die PLO in jedem Gebilde, das dabei herauskommt, eindeutig das Sagen haben. Sie braucht dann nicht länger Selbstbestimmung zu verlangen, weil«, so sagte der jordanische Berater, »die Selbstbestimmung bereits stattgefunden haben wird.«

Diese Taktik gefiel Arafat, und bei einem Treffen des Nationalrats in Algier im Februar 1983 erhielt der PLO-Vorsitzende die Vollmacht, mit Hussein zu kooperieren. Im April kamen Arafat und Hussein überein: Jordanien sollte die im Reagan-Plan angebotenen Möglichkeiten erkunden, um den Friedensprozeß weiterzubringen. Das Exekutivkomitee der PLO, das anschließend in Kuwait zusammentrat, lehnte es dann jedoch ab, Arafat die Zustimmung zu erteilen. Die PLO-Radikalen sahen in dieser Annäherung an Hussein einen erneuten Beweis für Arafats Schwäche und Unterwürfigkeit gegenüber dem Westen.

König Hussein brauchte Arafat ebenso wie Arafat den jordanischen Monarchen. Arafat konnte Hussein helfen, die amerikanischen Forderungen abzuwehren, daß er eine aktivere Rolle im Friedensprozeß spielen solle. Der haschemitische Monarch wollte F-16-Kampfbomber und andere amerikanische Waffen im Wert von 1,9 Milliarden US-Dollar kaufen. Im Kongreß waren jedoch viele Abgeordnete verärgert, daß Hussein Sadats Beispiel nicht gefolgt war und keinen Frieden mit Israel geschlossen hatte. Anfang 1985 war offensichtlich, daß er ohne zusätzliche Zugeständnisse keine neuen Waffen bekommen würde – und diese Zugeständnisse konnte Hussein ohne die Unterstützung Arafats einfach nicht machen. Umgekehrt brauchte Arafat Hussein auch. Sein Hauptquartier in Tunis war drei Flugstunden vom Nahen Osten entfernt. Arafat wollte seinen Wählern in der West Bank und in Gaza näher sein, und die jordanische Hauptstadt Amman bot sich an.

Hussein hatte bereits vorgearbeitet, die diplomatischen Beziehungen mit Ägypten wieder aufgenommen und es Abu Dschihad gestattet, das

PLO-Büro in Amman wieder zu eröffnen. Hussein hatte außerdem den kühnen Schritt gewagt, Arafats Status in der zersplitterten palästinensischen Bewegung zu festigen. Im November 1984 war Hussein Gastgeber der 17. Tagung des Palästinensischen Nationalrats in Amman. Indem er Arafat gestattete, das Treffen in Jordanien abzuhalten, half Hussein ihm, den Führungsanspruch in der PLO zurückzugewinnen. Aber er erinnerte Arafat und die Palästinenser der West Bank auch daran, daß sie auf Jordanien angewiesen waren, wenn sie ihre Sache voranbringen wollten. Der Erfolg des Treffens, auf dem es nur knapp gelang, eine Mehrheit von Arafat-Loyalisten zusammenzubringen, enthielt eine klare Botschaft an Syrien: Von nun an würden Jordanien und die PLO gemeinsam die gegen den Friedensprozeß gerichteten Störversuche der in Damaskus ansässigen Ablehnungsfront unter George Habasch blockieren. Hussein bekräftigte seinen Wunsch, mit den Palästinensern zusammenzuarbeiten, und ließ den Delegierten die Wahl: entweder »eine jordanisch-palästinensische Formel«, um die West Bank und Gaza zurückzugewinnen, oder ein Vorgehen ohne die Jordanier. Für diesen Fall erklärte er: »Glückliche Reise, ihr habt meinen Segen. Die Entscheidung liegt bei euch.«

Am 11. Februar 1985, nach viermonatigen Geheimgesprächen zwischen Adnan Abu Odeh und Khaled al-Hassan, einigten sich die PLO und Jordanien in aller Form auf ein Rahmenwerk für die Regelung ihrer künftigen Beziehungen und auf eine gemeinsame Position in der Frage eines Friedens mit Israel. Das Prinzip »Land für Frieden« wurde bekräftigt. Beide Seiten verpflichteten sich, auf die Dringlichkeit einer internationalen Konferenz der fünf ständigen Mitglieder des UNO-Sicherheitsrats zu bestehen, bei der alle am Konflikt beteiligten Parteien repräsentiert sein sollten. Die PLO wurde als »einzig legitime Vertreterin des palästinensischen Volkes« bezeichnet und somit legitimiert, an der Konferenz teilzunehmen. Dies sollte in der Form einer gemeinsamen jordanisch-palästinensischen Delegation geschehen. Die Resolution 242 wurde in der Vereinbarung nicht ausdrücklich erwähnt, aber die PLO erklärte sich damit einverstanden, alle UNO-Beschlüsse »einschließlich der Resolutionen des Sicherheitsrates« anzuerkennen. Das Recht auf Selbstbestimmung wurde ausgespart. Während beide Seiten bekräftigten, daß die Palästinenser dieses Recht hatten, versprachen sie in der Vereinbarung, es erst dann ausüben zu wollen, wenn eine Föderation mit Jordanien zustande gekommen sei. Hussein argumentierte, er könne die Reagan-Regierung bewegen, direkte Gespräche mit der PLO zu beginnen, wenn die Organisation diese Forderung fallenließ. Auf jeden Fall würde die PLO, sobald die West Bank »befreit« war, ihre Autorität dort ausüben können. Deshalb bestand keine Notwendigkeit, die »Selbstbestimmung« in diesem Augenblick zu einer unabdingbaren Vorbedingung zu machen.

Nachdem das Hindernis der Selbstbestimmung geschickt aus dem Weg geräumt war, bot die Vereinbarung zwischen Jordanien und der PLO den Vereinigten Staaten eine bedeutsame neue Möglichkeit. Hussein begriff – im Gegensatz zu Arafat –, daß Washington Israel niemals zu etwas zwingen konnte, was sich – tatsächlich oder vermeintlich – gegen dessen Interessen richtete. Gleichzeitig wußte er auch, daß Israel ohne Druck und Unterstützung der USA wahrscheinlich nicht an den Verhandlungstisch kommen würde. Der Zeitpunkt schien günstig, da in Israel 1984 eine »Regierung der Nationalen Einheit« unter der Führung des Vorsitzenden der Arbeitspartei, Schimon Peres, gebildet worden war. Peres mußte seinem Koalitionspartner vom rechtsgerichteten Likud-Block zwar für jede außenpolitische Neuerung Rechenschaft ablegen, aber er hoffte, Husseins Interesse an einem territorialen Kompromiß – dem Markenzeichen der Plattformen seiner Partei während der siebziger Jahre – wiederbeleben zu können. Hussein hatte im Frühjahr 1985, während er seine Beziehung zu Arafat reparierte, auch eine Reihe von geheimen Kontakten mit Peres unterhalten.

Für Peres wie für die amerikanischen Beamten stellte die jordanische Option eine gangbare Alternative zu den Argumenten Ariel Scharons und anderer Likud-Führer dar. Für die israelischen Hardliner stand fest: »Jordanien ist Palästina.« Deshalb brauche man keinen Kompromiß und mit Sicherheit keinen, der die Rückgabe irgendeines Teils der West Bank an Jordanien oder die Souveränität jener auf der West Bank ansässigen Palästinenser beinhalte. Für Peres war die Likud-Position unhaltbar, weil sie Israel nur zwei Möglichkeiten ließ. Entweder müsse es fast zwei Millionen Araber gewaltsam dominieren und beherrschen, was eine demographische Zeitbombe für den jüdischen Staat beinhalte, oder die Palästinenser müßten in andere arabische Staaten »umgesiedelt« werden, was nichts anderem als Massendeportationen gleichkommen würde.

In seinen geheimen Gesprächen mit Hussein im Frühjahr und im Oktober 1985, als sie in Paris zusammenkamen, bot Peres eine Zwischenlösung an. Die Formel entsprach der Grundidee von Camp David, allerdings mit einer für Hussein verlockenden Erweiterung: Es würde eine dreijährige »Machtbeteiligung« Jordaniens geben, während der endgültige Status des »Territoriums« in Verhandlungen zwischen Israel, Jordanien und den Bewohnern selbst entschieden würde. Israelische und jordanische Kräfte würden die West Bank und Gaza gemeinsam verwalten.

Es würde einen völligen Stopp für den Bau neuer jüdischer Siedlungen geben, und 500 000 Morgen Land, die dem haschemitischen Königreich gehört hatten, würden Jordanien zurückerstattet.

Für Hussein bedeutete der israelische Plan eine Rückkehr der jordanischen Herrschaft und hielt die Möglichkeit einer Föderation des palästinensischen Gebildes mit Jordanien offen. Die letzte Verantwortung für die Gebiete würde ebenso wie die Bereiche der Verteidigung und der Außenpolitik beim jordanischen König verbleiben. Der ganze Plan beruhte auf der UN-Sicherheitsratsresolution 242. Dieser UNO-Beschluß verlangte eine Rückgabe der 1967 eroberten West Bank und Gazas, was für Hussein bedeutete, daß er die besetzten Gebiete ganz oder teilweise zurückbekommen und seinem haschemitischen Königreich wieder einverleiben könnte. Der israelische Plan war für Hussein besonders attraktiv, weil in der zur Grundlage des Plans gemachten Resolution 242 keine Rede von der PLO oder den Rechten eines »Volkes« auf Selbstbestimmung, Unabhängigkeit oder Staatlichkeit war.

Nach internationalem Recht galt auch das arabische Ostjerusalem als Teil der West Bank. Die Vereinigten Staaten hatten das 1967 de facto und 1980 formal wiedervereinigte Jerusalem nie als israelische Hauptstadt anerkannt. Außerdem hatte die Regierung in Washington nie einer Annexion Ostjerusalems zugestimmt. Diesbezüglich existierte also eine Übereinstimmung der Ansichten zwischen den Vereinigten Staaten und Jordanien. Beide wollten, daß die PLO die Resolution 242 als Preis für die Zubilligung eines Platzes am Verhandlungstisch öffentlich akzeptierte. Die USA allerdings verlangten noch mehr: die ausdrückliche Anerkennung Israels und eine Absage an jeglichen Terrorismus. Doch selbst wenn die PLO alle amerikanischen Bedingungen erfüllte, versprach Israel noch immer, die Organisation unter der Leitung Jassir Arafats zu vernichten, da es sie als eine reine Terrororganisation betrachtete.

Hussein hoffte, diese Widersprüche lösen zu können, indem er der PLO die Beteiligung an einer gemeinsamen Delegation im Rahmen einer internationalen Konferenz anbot. Der König versuchte, Arafat davon zu überzeugen, daß der Reagan-Plan eine Konföderation mit Jordanien beinhalte und die PLO deshalb mit der Ausübung ihrer Selbstbestimmung bis zum Rückzug der Israelis warten sollte. Die einzige Vorbedingung für die Anwendung des Plans war, daß die PLO die Resolution 242 akzeptierte. Doch Hussein und die Reagan-Administration sollten kein leichtes Spiel haben.

»Ihr Amerikaner sagt, ich solle meine letzte Karte hergeben und den Staat Israel anerkennen, während Israel mich und die Idee eines palästinensischen Staates nicht anerkennt«, kommentierte Arafat den Plan. »Ich soll Begin und Schamir und den israelischen Staat akzeptieren! Was bietet ihr Amerikaner an? Wenn ich eure Karte akzeptiere, werdet ihr mit mir reden. Ein großartiges Angebot. Worüber werden wir reden? Was steht auf der Tagesordnung? Ihr bietet mir nichts als einen Dialog an. Ich sagte, ich werde mit meinen Feinden, mit der israelischen Regierung, verhandeln. Das genügt.« Hussein hatte in der Tat keine leichte Aufgabe vor sich.

18

Von der PLO hereingelegt

Im kleinen Kreis einflußreicher Berater, der den König umgibt, taucht, oft in den kritischsten Augenblicken, immer wieder der Name Rifai auf. Samir Rifai, einen Palästinenser aus Safed, hatte sich König Abdullah zu seinem engsten Berater erkoren. Als Premierminister hatte er Abdullah 1951 gebeten, Jerusalem nicht zu besuchen. Während des »Schwarzen Septembers« wählte König Hussein Samirs Bruder, Abdul Moneim Rifai, schließlich zu seinem Premierminister. Und Samirs Sohn, Seid Rifai, ist seit langer Zeit ein enger persönlicher Freund und Berater König Husseins. Die beiden haben schon gemeinsam das College besucht. 1967 dann machte König Hussein seinen Freund zu seinem Privatsekretär, und zwei Jahre später ernannte er ihn zum Chef seines königlichen Kabinetts. Im Mai 1973, als Rifai noch keine vierzig Jahre alt war, wurde er Premierminister und diente in dieser Rolle bis 1976. In dieser Zeit verbesserte er vor allem die Beziehungen zwischen Jordanien und Syrien. Seit 1978 ist er Mitglied des Senats und war von 1978–1980 dessen stellvertretender Sprecher. 1985 bat man ihn noch einmal, Premierminister zu werden, und als solcher diente er bis 1989.

In mancherlei Hinsicht ist er Husseins Sprachrohr. Er ist in der Lage, Ansichten öffentlich zu äußern, die der König selbst nicht in dieser Form artikulieren kann. Im Anschluß an den Sechstagekrieg und die darauffolgenden Jahre hat er an Begegnungen mit Arafat und anderen Guerillaführern teilgenommen. Außerdem diente er dem König während der ganzen Zeit des »Schwarzen Septembers« und saß 1970 im Wagen des Königs, als dieser beschossen wurde. In den Jahren unmittelbar nach dem »Schwarzen September« gab es zwar kaum Kontakte zwischen Hussein und Arafat, aber als 1983 die Wiederannäherung begann, war es Seid Rifai, der den Weg ebnete, um den politischen Prozeß in Gang zu bringen.

Als er uns 1989 ins Atrium seines Hauses in Amman führt, spricht er von Arafat und verzieht das Gesicht einen Augenblick lang zu einer Grimasse. Rifais Bitterkeit rührt zum großen Teil aus Diskussionen, die er 1985 mit Arafat geführt hat. Damals glaubte der jordanische Beamte, einen Fortschritt in bezug auf mögliche Gespräche zwischen der PLO und den USA erzielt zu haben. Doch Arafat ließ ihn im Stich und, was noch schlimmer war, blamierte den König vor den Amerikanern. Hussein gibt zu, daß es eine unangenehme Zeit gewesen ist, aber er macht die Hardliner für einen großen Teil des Ärgers verantwortlich. »Eines unserer Probleme damals«, erklärt der König, »war wohl, daß gewisse arabische Kreise der PLO gesagt hatten, es ließe sich etwas Besseres erreichen. Ich glaube, niemand war dem palästinensischen Problem und der amerikanischen Szene so nahe wie wir«, fügt er hinzu, »aber das hat nichts genützt.«[1])

»Arafat hat Seine Majestät doppelt verletzt«, sagt Rifai. »Er fühlt sich von ihm betrogen. Aber wie Seine Majestät zu sagen pflegt: Wenn er in seinen Beziehungen persönlichen Dingen Bedeutung beimäße, würde er mit sehr wenigen Führern auf der Welt sprechen.«[2]) Genau wie Arafat wird auch Hussein von seinen Freunden als flexibel und von seinen Feinden als schwach und feige bezeichnet. Beide Männer sind fähig, Vergangenes zu vergessen und pragmatisch in die Zukunft zu blicken. »Es ist eine Frage der Prioritäten«, erklärt Rifai. »Er vergißt persönliche Beleidigungen, um zu erreichen, was er als gut für sein Volk oder für die Palästinenser erachtet. Es geht nicht darum, wie man mit dem Mann auskommt, sondern darum, daß Arafat der Führer der Palästinenser ist und man mit ihm verhandeln muß.«

Trotz seiner Enttäuschungen glaubt Rifai im Sommer 1989, daß Arafat fest dem Friedensprozeß verpflichtet ist und nicht mehr umkehren kann. »Ich glaube nicht, daß er zu seiner alten Position zurückkehren kann. Die Alternative, die vor Arafat liegt, ist nicht etwa eine andere Politik, sondern eine andere Führung. Wenn er seine Position verändern würde, verlöre er an Glaubwürdigkeit. Er verdient Unterstützung, denn wenn die Konzessionen, die er macht, keine Ergebnisse bringen, ist der politische, friedliche Weg zu einer Lösung blockiert. Und die Leute werden anfangen, an extremistische Maßnahmen zu denken, an Gewalt, Terrorismus, an noch einen Krieg, an einen anderen Führer. Dann wird die Chance eines Friedens für immer verloren sein. Lassen wir also die persönlichen Gefühle beiseite: Man sollte Arafat jetzt unterstützen. Wenn die Israelis auch nach seinen Erklärungen im Dezember 1988 so unzugänglich und die USA unwillig bleiben, Druck auf sie auszuüben, wird nicht nur Arafat, sondern die ganze Region den Preis bezahlen.«

Wenige Jordanier waren sich der Tricks des PLO-Führers so bewußt wie Seid Rifai, als Arafat ihn umarmte und auf beide Wangen küßte. Rifai sah in der PLO ein notwendiges Übel, notwendig, um Jordanien vor den arabischen Anschuldigungen zu schützen, Hussein versuche nur, sein eigenes Schäfchen ins Trockene zu bringen. Zugleich mag Rifai geglaubt haben, Jordanien könne Arafat auf seinem eigenen Gebiet in die Enge treiben und ihm dann diktieren, was er zu tun habe. Nachdem er Arafats Gefolge begrüßt hatte, führte er es in den Patio seines gut bewachten Hauses in Amman. Dies geschah im Frühling 1985. Arafat traf mit seinen drei engen Beratern Hani al-Hassan, dem abgesetzten Bürgermeister von Halhul, Mohammed Milhem, und dem PLO-Botschafter in Jordanien, Abdullah al-Saki Jahja, ein. Rifai war in Begleitung des jordanischen Außenministers Tahir al-Masri und zweier enger Berater des Königs, Marwan Kassem und Adnan Abu Odeh.

Der Premierminister führte sie durch die aufsehenerregende weiße Villa und hinaus in den Innenhof. Auf einer Seite des Hofes sahen sie eine Sitzgruppe aus Korbmöbeln mit bequemen elfenbeinfarbenen Kissen. Während sie über den marmornen Mosaikboden gingen, klingelten Mobiles im Wind, und die Palmen wiegten sich sanft in der Brise. Der Gastgeber geleitete sie zu einem überdachten Sitzplatz am anderen Ende, der aus Tausendundeiner Nacht zu stammen schien: blaugold lackiertes und verwickeltes Schnitzwerk des Atriums und mit Blattgold umrandete Mosaikfliesen auf dem Fußboden. Die Männer nahmen in den hufeisenförmig angeordneten Sesseln Platz, und Rifai begann die Diskussion.

Er umriß den Plan, den Hussein Präsident Reagan bei seinem bevorstehenden Besuch in Washington vorlegen wollte. In Wirklichkeit beruhte der neue Vorschlag auf Gedanken des ägyptischen Präsidenten Hosni Mubarak, einer zwischen Jordanien und der PLO getroffenen Vereinbarung und den geheimen Gesprächen König Husseins mit dem damaligen israelischen Premierminister, Schimon Peres. US-Außenminister George Shultz und seine wichtigsten Nahost-Berater, der stellvertretende Außenminister Richard Murphy, der US-Botschafter in Israel, Thomas Pickering, und dessen Kollege in Ägypten, Nicholas Veliotes, hatten bei der Entwicklung des Plans auch eine wichtige Rolle gespielt. Er bestand aus einer Reihe von Halbschritten, die, wenn man sie nacheinander unternahm, zu einer Anerkennung der PLO durch die Vereinigten Staaten und der Anberaumung einer Konferenz führen würden, an der sowohl Israel als auch die PLO teilnehmen sollte.

Den Gedanken derartiger Halbschritte hatte man gefaßt, um der PLO die Zustimmung zur UN-Sicherheitsratsresolution 242 zu erleichtern, die nach wie vor das grundlegende Dokument der Vereinten Nationen zur Lösung des Konflikts war und in der Israels Existenz implizit anerkannt worden war. Mubarak hatte vorgeschlagen, Murphy solle als erstes einer Begegnung mit einer Delegation zustimmen, die aus Jordaniern und Palästinensern bestehen würde. Die PLO würde die Palästinenser auswählen, aber keiner sollte je mit Terrorgruppen verbunden und Mitglied in Fatahs Zentralkomitee oder dem Organ einer anderen PLO-Gruppe gewesen sein. »Nichterklärte PLO-Palästinenser« war der Ausdruck, mit dem Murphy sie später beschrieb.

Das Treffen würde einberufen werden, um drei Punkte zu diskutieren: die amerikanische Anerkennung des Rechts der Palästinenser auf Selbstbestimmung innerhalb einer Konföderation mit Jordanien sowie die Anerkennung der Resolution 242 und des Existenzrechts des Staates Israel durch die PLO. Sobald beide Seiten öffentlich erklärt hatten, daß sie diese Prinzipien akzeptierten, würden weitere Gespräche mit den USA stattfinden. Eine PLO-Delegation aus führenden Mitgliedern – vielleicht sogar mit Arafat selbst – würde nach Washington eingeladen werden, um den Weg für direkte Friedensgespräche mit Israel vorzubereiten, die im Rahmen einer von der UNO initiierten Konferenz stattfinden sollten.

Rifais Gäste saßen an einem runden, reichverzierten steinernen Tisch, während Diener Tee und Kaffee einschenkten. Die Stimmung war erwartungsvoll. Konnten diese acht Leute – vier Palästinenser und vier Jordanier – die Gelegenheit beim Schopf packen und den Durchbruch erzielen, der all ihren Vorgängern mißlungen war? Rifai erinnerte Arafat daran, er solle eine Liste mit den Namen von sieben oder acht Palästinensern vorlegen, aus denen man vier auswählen würde, die in der gemeinsamen Delegation mit Murphy und den Amerikanern zusammenkommen sollten. »Verstehen Sie, was verlangt wird?« fragte Rifai ihn. »Sie legen die Namensliste vor. Es dürfen PNC-Mitglieder oder PLO-Anhänger sein, aber keine prominenten Persönlichkeiten oder Leute, die in irgendeine terroristische Aktion verwickelt gewesen sind.«

Er fuhr fort: »Wenn die Liste akzeptiert ist, wird sich die Delegation mit Murphy treffen. Anschließend erklären Sie, daß Sie 242 annehmen, daß Sie auf Terror verzichten und daß Sie bereit sind, mit dem Staat Israel zu verhandeln. Daraufhin wird eine zweite Begegnung in Washington stattfinden, zu der Sie vielleicht gehen können. Ist das verständlich?« Arafat erwiderte knapp: »Ja. Es ist sehr klar.« Bestrebt, sicherzustellen, daß Arafat alle Facetten des Plans verstand, fragte Rifai: »Abu Amar, werden Sie nach der ersten Zusammenkunft erklären, daß Sie 242 akzeptieren?« Wieder antwortete der PLO-Führer: »Ja. Das habe ich Ihnen gerade gesagt.« Immer noch zweifelnd, fragte Rifai: »Abu Amar, sind Sie absolut sicher, daß Sie, nachdem die Begegnung vorüber ist, sofort erklären werden, daß Sie 242 annehmen?« Jetzt erwiderte Arafat ärgerlich: »Was ist das? Ich bin kein Kind. Ich kenne den Preis, den ich zahlen muß. Ich habe gerade gesagt: Ja.« Zusammenfassend sagte Rifai dann: »Also haben Sie absolut keinen Zweifel daran, daß Sie nach der Begegnung Ihre Anerkennung von 242 erklären werden.« In diesem Augenblick stand Arafat auf und rief: »Sie übertreiben es wirklich. Ich habe Ihnen gerade gesagt, ich werde es tun. Ich habe ›einverstanden‹ gesagt. Die Angelegenheit ist abgeschlossen.«

Nachdem Arafat und sein Gefolge sich an jenem Nachmittag entfernt hatten, nahm Abu Odeh Rifai beiseite und sagte: »Sie haben mit dem Vorsitzenden der PLO gesprochen. Wieso haben Sie dieselbe Frage dreimal wiederholt? Es hat mir selbst richtig weh getan. Sie waren so grausam zu ihm. Warum?« Und Marwan Kassem sagte zu Rifai: »Sie haben ihm keine Fragen gestellt, Sie haben ihn einem Kreuzverhör unterzogen.« Der Premierminister erwiderte: »Ich glaube ihm einfach nicht. Der Mann ändert seine Meinung. Ich muß ganz sicher sein. Er kann seine Antwort hundertmal wiederholen. Ich glaube noch immer nicht, daß er es tun wird. Ich kann es mir einfach nicht vorstellen.«

Die amerikanische Regierung war sehr erfreut über die Aussicht, daß Jordanien und die PLO bereit wären, gemeinsam zu Friedensgesprächen mit Israel zusammenzukommen. Zum erstenmal hatte die PLO zugestimmt, daß sie nur indirekt und nur durch Palästinenser vertreten sein würde, die, wenngleich von der PLO ausgewählt, keine aktiven PLO-Beamten sein würden. Israel würde jedes Mitglied der palästinensischen Delegation ablehnen, solange es behaupten konnte, daß das jeweilige Mitglied eine entsprechende Vergangenheit aufwies. Auf diese Weise wären die Israelis dauerhaft in der Lage, die PLO de facto vom Verhandlungsprozeß auszuschließen.

Die amerikanischen Politiker vertraten die Auffassung, daß Israel ein besseres Angebot schwerlich erwarten konnte. Man wollte den ganzen Prozeß noch vor Oktober 1986 in Gang bringen, weil dann – nach der zwischen den israelischen Koalitionspartnern Likud und Arbeitspartei vereinbarten Rotation – der Hardliner Yitzhak Schamir israelischer Premierminister sein würde. Schamir machte aus seiner Ablehnung der zwischen Hussein und Peres getroffenen Vereinbarung schon jetzt keinen Hehl. Außenminister Shultz versuchte, ihn bei seinem Besuch in Jerusalem zu überzeugen: Er solle doch über die Tatsache, daß die PLO an dem Prozeß teilnehmen würde, hinwegsehen. Shultz wies auf das Vetorecht hin, das Israel blieb. Nur Palästinenser, die sich als vernünftige Verhandlungspartner erwiesen hätten, würden schließlich bei den Gesprächen anwesend sein, argumentierte der amerikanische Außenminister. Schamir soll entgegnet haben: »Es gibt keine gute oder böse PLO.«

Bei den Gesprächen im Mai 1985 im Weißen Haus stellte Hussein seinen Plan Präsident Reagan offiziell vor. Er erwähnte Arafats Bereitschaft, 242 und 338 zu akzeptieren, wenn man andere diesbezügliche UNO-Beschlüsse auch zur Grundlage einer internationalen Konferenz machen würde. Für die PLO waren das die Beschlüsse der Vollversammlung wie die Resolution 181, in der die Teilung Palästinas festgeschrieben war. Außerdem solche, die das Recht der Palästinenser auf Selbstbestimmung und einen unabhängigen Staat bekräftigten, die den Zionismus mit Rassismus gleichsetzten und die das Recht der Palästinenser, alle Mittel einschließlich des bewaffneten Kampfes anzuwenden, bestätigten.

Am 29. Mai fragten Journalisten den jordanischen König bei einer Pressekonferenz im Rosengarten des Weißen Hauses, wieso er seinen Plan die »letzte Chance« für einen Frieden in der Region genannt hätte. Reagan wollte Hussein helfen und brach die Pressekonferenz jäh ab, damit Hussein nicht darauf antworten mußte. Der Präsident erklärte den versammelten Medienvertretern, sie würden beide keine weiteren Fragen annehmen. Dann wandte er sich nochmals an die Reporter und sagte: »Ich glaube, die Bedingungen sind nie günstiger gewesen als jetzt, den Frieden zu suchen. Und wer weiß, ob diese Bedingungen je wieder so sein werden wie im Augenblick. Das also bedeutet meiner Ansicht nach der Ausdruck ›letzte Chance‹. Und ich meine, wir sollten daran denken, daß es in der Tat die letzte Chance sein könnte.«

Keiner der Reporter damals wußte, daß Arafat insgeheim versprochen hatte, Israels Existenz anzuerkennen, die Resolution 242 zu akzeptieren und auf Terrorismus zu verzichten. Reagan und Hussein jedoch diskutierten bereits über einen Zeitplan. Im Frühherbst sollten Einladungen zu einer »feierlichen« Eröffnung der internationalen Konferenz herausgehen. Die sollte im darauffolgenden November beginnen. Zum erstenmal würde Israel all seinen arabischen Feinden – Jordanien, den Palästinensern, Saudi-Arabien, dem Irak und vielleicht sogar Syrien – am Konferenztisch begegnen und nicht auf dem Schlachtfeld gegenüberstehen. Die Konfliktparteien würden sich unter dem wachsamen Auge der Vereinten Nationen versammeln, und die Vereinigten Staaten, die Sowjetunion sowie Großbritannien, Frankreich und China würden die kaum noch für möglich gehaltene Konferenz als ständige Mitglieder des UN-Sicherheitsrates beaufsichtigen.

Der stellvertretende US-Außenminister Richard Murphy begann sofort mit der Arbeit und stellte eine Namensliste von Palästinensern zusammen, die für die PLO als Teilnehmer an der geplanten ersten Verhandlungsrunde mit den Vereinigten Staaten im Juni und Juli akzeptabel wären. Es wurden Namen mit Khaled al-Hassan ausgetauscht, der mehrere Reisen nach Washington unternahm. Murphy besuchte den Nahen Osten und hielt die israelische Regierung sorgsam über seine Fortschritte auf dem laufenden. Schließlich übergab der stellvertretende Leiter der amerikanischen Botschaft im Auftrag von Außenminister George Shultz dem israelischen Premierminister Peres eine Liste mit den Namen von acht Palästinensern, die Arafat genehmigt und eine Woche zuvor König Hussein übergeben hatte:

Khaled al-Hassan, Arafats politischer Berater und Mitbegründer der Fatah;

Hatem Husseini, der frühere Chef des PLO-Büros in Washington;

Henry Cattan, ein Pariser Anwalt, der viel über palästinensische Themen geschrieben hatte;

Fayes Abu Rahmeh, ein hochgeschätzter palästinensischer Anwalt in Gaza, der kein Mitglied der PLO war;

Nabil Scha'ath, ein »Unabhängiger«, ein wichtiges Mitglied im Palästinensischen Nationalrat und ein Kairoer Geschäftsmann, der gemäßigte Ansichten vertrat;

Hanna Siniora, ein ehemaliger Apotheker, der die Ost-Jerusalemer Zeitung *Al-Fadschr* herausgibt, in der er als Sprachrohr der Gemäßigten innerhalb der PLO für Koexistenz und eine Zwei-Staaten-Lösung eintritt;

Jusef Sajegh, ein palästinensischer Wirtschaftsfachmann, sowie

Salah Taamri, ein Fatah-Aktivist im südlichen Libanon, der König Husseins erste Frau Muna geheiratet und ein Jahr im israelischen Gefangenenlager Ansar verbracht hatte, bis er 1983 bei einem Häftlingsaustausch freigekommen war.

Da nur drei Mitglieder der Gruppe – Cattan, Abu Rahmeh und Siniora – nicht zur PLO gehörten, wußte Arafat wahrscheinlich, daß sie die einzigen waren, die man auf israelischer Seite in Betracht ziehen würde. Zu diesem Zeitpunkt schien Arafat in gutem Glauben zu handeln. Aber Peres gab keine vierundzwanzig Stunden, nachdem er die Liste bekommen hatte, in der Knesset zwei der Namen bekannt. Von den acht Palästinensern seien nur Siniora und Abu Rahmeh akzeptabel, sagte er. Die öffentliche Schlacht begann. »Wie ist es möglich«, fragte der stellvertretende Premierminister Yitzhak Schamir am 18. Juli, »daß diese Terroristenorganisation plötzlich ein Dialogpartner für die Vereinigten Staaten werden sollte, die an vorderster Front gegen den Terrorismus kämpfen?« In Amman glaubte Hussein seinen Ohren nicht trauen zu können. »Wir waren wütend, weil wir die Namen den USA und nicht den Israelis gegeben hatten«, erklärte Tahir al-Masri.

Dennoch berichtete die *Washington Post* Anfang September, Murphy beabsichtige, bald in Amman mit einer gemeinsamen jordanisch-palästinensischen Delegation zusammenzukommen. Fieberhaft wurden weitere Versuche unternommen, das Treffen zustande zu bringen. In Kairo traf sich der Peres-Berater Avram Tamir mit Präsident Mubarak und seinem Hauptberater Osama al-Bas, um weitere Namen für die Liste zu finden. Al-Bas flog nach Tunis oder traf den PLO-Führer anderswo in der arabischen Welt, um mit ihm die Namen durchzugehen. Peres sagte, er würde andere Palästinenser der West Bank wie Faisal Husseini akzeptieren, dessen Beziehungen zur PLO bei seinem Koalitionspartner nicht automatisch zu einem Veto führen würden. Eine endgültige Einigung schien dennoch in weiter Ferne, und US-Außenminister Shultz kam zu dem Ergebnis, es sei nicht die richtige Zeit, um die gespaltene israelische Regierung vor vollendete Tatsachen zu stellen. Deshalb bat er Murphy, das Treffen zu verschieben.

Die amerikanischen und israelischen Abfuhren waren nicht Husseins einziges Problem. Hardliner im PLO-Exekutivkomitee sträubten sich mit Händen und Füßen gegen die Arafat-Initiative. Am unerwartetsten aber kam die sowjetische Ablehnung. Moskau fürchtete offenbar, daß die sowjetischen und besonders die syrischen Interessen unter der neuen Beziehung zwischen den Amerikanern und der PLO leiden würden, sollte Hussein mit seiner Idee durchkommen. Im März 1985, knapp einen Monat nach der jordanisch-palästinensischen Übereinkunft, konnte Arafat für sich oder irgendeinen anderen PLO-Beamten kein Visum der UdSSR bekommen, um in Moskau die sowjetischen Beamten über die Details und die Motive der Initiative zu informieren. Außenminister Andrei Gromyko war gegen die Vereinbarungen. Masri berichtet, Arafat hätte sich schließlich »in die Beerdigung von [Konstantin] Tschernenko einklinken« müssen, um eine kurze Audienz bei Gromyko zu erhalten.« »Wir versuchten es ebenfalls«, erzählt Masri, »aber die Sowjets wollten keinen jordanischen Beamten sehen. In ihren Augen waren die Vereinbarungen ein amerikanisches Komplott, das die PLO an die Vereinigten Staaten ausliefern sollte. Sie hatten Arafat und seine Mäßigung zwar immer respektiert. Jetzt aber erledigte der König, der schon immer ein enger Freund der Vereinigten Staaten gewesen ist, die Arbeit der Amerikaner.«[3])

Im Sommer wollte Arafat eine PLO-Delegation zu den Moskauer Weltjugendfestspielen schicken. Das gleiche Ziel hatte Abu Musa, der von Syrien unterstützte Konkurrent Arafats um den Fatah-Thron, der in Damaskus residierte und »seine eigene Gruppe losschicken wollte, damit sie Palästina repräsentierte«, erzählt Abu Odeh. »Die Sowjets sagten: ›Wir können sie beide einladen.‹ Für die PLO war das ein Zeichen, daß die Sowjets nicht sicher waren, auf welcher Seite sie stehen sollten. Also sind beide Gruppen hingeflogen.«[4]) Später weigerte sich die Sowjetunion als einziges ständiges Mitglied des UNO-Sicherheitsrats, eine gemeinsame jordanisch-palästinensische Delegation zu empfangen. Während diese Delegation zu einem Treffen mit der britischen Premierministerin Margaret Thatcher in London weilte, brachen die von Moskau geschürten Proteste gegen die Friedensinitiative innerhalb der PLO offen aus und brachten Arafats Eröffnungszug ins Wanken.

Mehrere Terrorzwischenfälle hatten das Klima für einen Friedensschluß verschlechtert. Am 23. September wurden drei Israelis, Reuven und Esther Paltzur aus Haifa sowie Avraham Avneri aus Arad, auf ihrer Jacht im Hafen von Larnaka auf Zypern ermordet. Die israelische Seite erklärte, die Frau und die beiden Männer seien Touristen gewesen, die die Gelegenheit eines langen Jom-Kippur-Wochenendes benutzt hätten, um von Haifa aus zur nahegelegenen Mittelmeerinsel zu segeln. Sie fielen einem Mordkommando von Fatahs »Force 17«, einer von Ali Hassan Salameh gebildeten Eliteeinheit, zum Opfer. Fatah bestritt diese Angaben und behauptete, alle drei Israelis seien Mossad-Agenten, die der PLO nachspionierten, um deren Bemühungen beim Erwerb von Waffen für die im Südlibanon lebenden Kämpfer zu verfolgen. Abu Ijad sagte, diese drei wären zu Zielen geworden, weil die PLO Beweise dafür hätte, daß sie für die Ermordung von Salameh 1978 verantwortlich gewesen seien. Währenddessen erklärte Israel: »Die Morde werden nicht ungestraft bleiben.«

Am 1. Oktober 1985 bombardierten acht israelische F-16-Jets das drei Hektar große Gelände des PLO-Hauptquartiers in Hamman al-Schat, einem Vorort von Tunis. Der Einsatz über eine Entfernung von knapp 5000 Kilometern war der weiteste, den israelische Kampfbomber jemals geflogen sind. Bei dem Angriff wurden vierundzwanzig Mitglieder aus Arafats unmittelbarem Stab, darunter Mohammed Natur, der Kommandant der »Force 17«, sowie vierzehn Tunesier getötet. Nahezu hundert weitere Menschen erlitten Verletzungen. Ein israelischer Verteidigungsexperte gab später bekannt, ein Mitarbeiter des amerikanischen Marineinformationsdienstes namens Jonathan Pollard, der als Spion angeworben worden war, habe unschätzbare Dienste bei der Vorbereitung des Angriffs geleistet. Pollard lieferte den Israelis Hunderte von Dokumenten, aus denen die exakte Lage des Hauptquartiers, die Reichweite des tunesischen und libyschen Radarsystems sowie die genauen Bewegungen der sowjetischen, französischen und amerikanischen Schiffe in der Region hervorgingen.

Sechs Tage später, am 7. Oktober 1985, wurde das italienische Kreuzfahrtschiff *Achille Lauro* von vier palästinensischen Terroristen gekapert, die damit angeblich einen Auftrag von Mohammed Saidan (Abul) Abbas, dem Führer einer kleinen, vom Irak unterstützten PLO-Fraktion, ausführten. Abul Abbas war ein Mitglied des Exekutivkomitees der Fatah. Nach Aussage eines hohen Guerillaführers, lautete der eigentliche PLF-Auftrag, in den israelischen Hafen Aschdod zu reisen und die *Achille Lauro* mit zwei ebenfalls gekaperten israelischen Patrouillenbooten in den Hafen zu lotsen. Dann sollten die PLF-Freischärler mit einer dort wartenden Guerillagruppe zusammen auf Erkundung gehen und einen Bus mit israelischen Zivilisten entführen. Die Israelis sollten kaltblütig ermordet werden. »Wir nennen es eine Operation, von der es keine Wiederkehr gibt. Wir haben ein paar solche Krieger«, berichtet ein junger PLF-Freischärler.[5])

Sowohl auf israelischer als auch auf amerikanischer Seite bezeichneten viele Arafat als Anstifter. Der PLO-Vorsitzende jedoch bestritt, die Aktion geplant zu haben, und behauptete, die Syrer hätten den Leiter des militärischen Flügels der PLF bestochen. Ziel des Terroraktes sei es nicht nur gewesen, das israelische Bombardement des PLO-Hauptquartiers in Tunis zu rächen. Darüber hinaus sei mit dem brutalen Anschlag, so Arafats Version, eine Sabotage der bevorstehenden PLO-Friedensmission in London beabsichtigt gewesen, die von der britischen Premierministerin Thatcher und König Hussein angekündigt worden war. »Wir sind auch Opfer dieses Terrorismus«, behauptet Arafat. »Die Syrer haben Abbas' Gruppe infiltiert. Das war ein Beispiel für Syriens üble Methoden. Sie haben die PLF unterwandert – der syrische Geheimdienst ist es gewesen. Ich weiß alles darüber«, fügt Arafat hinzu und erzählt, daß er zu einem offiziellen Besuch in den Sudan unterwegs gewesen sei, als die Kaperung stattfand, und deshalb nicht deren Drahtzieher gewesen sein konnte.

Nach Arafats Interpretation hätten syrische Agenten gewußt, daß dieser Piratenakt die israelischen Hardliner stärken und sie ihrem Ziel näherbringen würde, ihn zu stürzen, indem sie ihn mit einem terroristischen Akt identifizierten, der nach allem äußeren Anschein vom Fatah-Führer selbst konzipiert, geleitet und ausgeführt worden war. Arafat besteht darauf, daß Abul Abbas es war, der dem Kommando befahl, aufzugeben und nach Alexandria zurückzukehren, nachdem Hani al-Hassan, der in Kairo war, sich per Funk mit dem PLF-Hauptquartier in Verbindung gesetzt hatte. Bilal, der PLF-Führer, behauptet, Hassan habe »unseren militärischen Führer« angerufen »und gefragt, ob das unsere Kämpfer wären«. Abul Abbas erwiderte darauf, sie wären es. Arafat sagt, er hätte Abul Abbas daraufhin »gesperrt« und ihn seit 1985 nicht mehr an den Treffen des Exekutivkomitees teilnehmen lassen.

Bis heute behauptet Arafat, mit seinen Aktionen den *Achille-Lauro*-Passagieren das Leben gerettet zu haben. »Ich habe offizielle Danksagungen von der italienischen Regierung erhalten. Ich habe einen Brief vom italienischen Ministerpräsidenten. Ich habe vierhundert Menschen das Leben gerettet. Das Justizministerium hat sogar den Antrag zurückgezogen, Abul Abbas zu verhaften und auszuliefern.«

Das amerikanische Außenministerium indes ist der Auffassung, Arafat sei von dem Überfall unterrichtet gewesen. »Er wußte, daß eine Operation geplant war, wenn er auch weder das genaue Ziel kannte, noch ahnen konnte, wie es ausgehen würde. Zu behaupten, er hätte nicht gewußt, daß Abul Abbas etwas plante, ist lächerlich«, sagt ein höherer amerikanischer Regierungsbeamter. Er weist auf die Tatsache hin, daß Abul Abbas 1984 in das PLO-Exekutivkomitee gewählt wurde. Die PLF-Angabe, der vorgesehene Angriff gegen Aschdod sei als Racheakt für die Bombardierung des PLO-Hauptquartiers in Tunis geplant gewesen, ist viel zu weit hergeholt, weil es praktisch unmöglich ist, diese Aktion innerhalb einer Woche zu planen und durchzuführen. Die amerikanische National Security Agency, fügt der Beamte hinzu, hat Telefongespräche aufgezeichnet, die darauf hindeuten, daß die Aktion wahrscheinlich mehrere Monate vor dem Angriff auf Hamman al-Schat und vielleicht schon im November 1984 geplant worden war.

Offiziere des israelischen Nachrichtendienstes erklären, daß der PLF-Koordinator in Genua mittels Kurzwellenfunk mit dem PLO-Hauptquartier in Tunis Kontakt aufgenommen hatte, nachdem sich die Terroristen per Funktelefon von der *Achille Lauro* bei ihm gemeldet hatten. Am 16. Oktober 1985 veröffentlichte die israelische Regierung außerdem Abschriften abgehörter Gespräche, die Abul Abbas am 8. Oktober, dem zweiten Tag der Kaperung, vom ägyptischen Hafen Port Said mit den Terroristen geführt hatte. Die Tonbandaufzeichnungen zeigen, daß Abul Abbas die Tarnnamen der Piraten kannte und ihnen sagte: »Es war nicht *unser* Ziel, das Schiff in unsere Gewalt zu bringen«, und deshalb sollten sie sich bei den Passagieren entschuldigen und sie freilassen. Schließlich behaupten die Israelis, Arafat hätte sich beim Treffen des Palästinensischen Nationalrats im April 1987 in Algier für die Wiederwahl von Abul Abbas ins Exekutivkomitee eingesetzt, nachdem er von Abu Nidal, dem berüchtigten Führer der Fatah-Splittergruppe »Revolutionärer Rat«, dazu gedrängt worden sei.

Ganz gleich, ob dies das Ziel der PLF gewesen ist: Die *Achille-Lauro*-Affäre machte jede Hoffnung auf eine Begegnung zwischen den Palästinensern und dem britischen Außenminister Sir Geoffrey Howe in London zunichte. Ein Sprecher der Abu-Nidal-Fraktion in Libyen drohte: Wenn Ilia Khuri, der anglikanische Bischof von Ramallah, und Mohammed Milhem, der abgesetzte Bürgermeister von Halhul, an ihrer Absicht festhielten, mit Howe eine gemeinsame Erklärung herauszugeben, daß sie die Resolution 242 akzeptierten und den Terrorismus ablehnten, würde man sie beide ermorden. König Hussein hatte den ganzen Herbst hindurch emsig weitergearbeitet, um das Treffen zustande zu bringen. Im September überredete er die britische Regierungschefin Margaret Thatcher während ihres offiziellen Jordanien-Besuchs, sie solle eine Erklärung abgeben, in der sie zwei Mitglieder des PLO-Exekutivkomitees als Teil einer gemeinsamen jordanisch-palästinensischen Delegation zu einem offiziellen Besuch in Großbritannien willkommen heiße. »Wir wissen, daß Bischof Khuri und Mr. Milhem Männer des Friedens sind«, sagte sie, als sie bei einer Abschieds-Pressekonferenz in der Nähe von Akaba die Initiative ankündigte. »Sie unterstützen persönlich eine friedliche Lösung auf der Basis der betreffenden UNO-Beschlüsse und sind Gegner von Terrorismus und Gewalt. Ich weiß, daß sie während ihres Aufenthalts in London ihre Positionen bekräftigen werden.« Als sie Fragen beantwortete, fügte sie hinzu: »Ich hoffe, daß dies den Vereinigten Staaten helfen wird, einen ähnlichen Schritt zu unternehmen.«

In enger Zusammenarbeit mit Howe arbeiteten Hussein und seine Berater eine Erklärung aus, in der die PLO sich verpflichtete, »allen Formen von Terrorismus und Gewalt aus welcher Quelle auch immer« abzuschwören. Außerdem war darin implizit eine Anerkennung der Existenz Israels und eine Bestätigung der relevanten UNO-Beschlüsse enthalten. Geplant war, daß Khuri, der den Text in Amman gutgeheißen hatte, und Milhem die Erklärung »als Einzelpersonen« und nicht im Namen der PLO herausgeben sollten. Aber selbst das schien zuviel verlangt zu sein. »Diese Erklärung ist offenbar nirgendwo bei der palästinensischen Führung, weder hier in Jordanien noch in Tunis, angekommen«, sagt Tahir al-Masri, ein Mitglied der gemeinsamen jordanisch-palästinensischen Delegation. Als Milhem den Text sah, rief er zornig aus: »Was ist das? Ich habe nie von Ihnen gehört, daß Sie die Resolution 242 anerkennen würden«, erklärte er dem jordanischen Außenminister. Masri antwortete, die Briten würden die Zusammenkunft absagen, »wenn wir nicht eine solche Erklärung herausgeben«. Milhem erwiderte: »Ich kann nicht einfach so diese Resolution akzeptieren und Israel anerkennen – weder persönlich noch in irgendeiner anderen Eigenschaft –, weil ich nicht dazu befugt bin.«

Nach einem Hin und Her an Telefongesprächen zwischen Milhem, Khaled al-Hassan und Arafat sowie langen, fruchtlosen Bemühungen, die Erklärung umzuformulieren, wurde das Treffen abgesagt. Howe gab bekannt, er hätte dem Treffen ursprünglich zugestimmt, weil er »unzweideutige Zusicherungen« erhalten hätte, daß die beiden PLO-Vertreter sowohl auf Terrorismus verzichten als auch Israel anerkennen würden. Nun aber sei er überzeugt, daß bei der PLO nicht der Wille vorhanden sei, sich daran zu halten. Hussein war wütend. Er hatte Howe persönlich diese Zusicherungen gegeben und war nach London geflogen, um bereit zu sein, wenn die bedeutsame Erklärung abgegeben werden sollte. Ein zorniger König gab der PLO die Schuld für das Scheitern. Eine erleichterte israelische Führung stellte fest, die PLO hätte niemals die Absicht gehabt, einen dieser Schritte zu unternehmen, weil sie, wie die jüdische Nation immer gesagt hatte, eine rein terroristische Organisation sei.

Arafat, der etwas von dem Schaden zu beheben suchte, flog nach Kairo und veröffentlichte am 10. November die »Kairoer Erklärung«. Es war sein erster Versuch, sich nach den Morden in Larnaca und der Kaperung der *Achille Lauro* zu einer persönlichen Stellungnahme in bezug auf den Terrorismus durchzuringen. Arafats Aussage erfüllte nicht alle Erwartungen der Vereinigten Staaten und der restlichen Welt. Er verurteilte »alle Formen des Terrorismus« im Ausland und gelobte, die Täter zu bestrafen. Gleichzeitig machte er klar, daß die Fortsetzung des »bewaffneten Kampfes« innerhalb der besetzten Gebiete ein legitimer Akt des Widerstandes sei und fortgesetzt werden würde.

Erneut herrschten starke Spannungen zwischen Arafat und Hussein, aber der jordanische Führer hoffte auf eine letzte Chance, die PLO zur Teilnahme am Friedensprozeß zu bewegen. Arafat sollte im Januar Amman besuchen. Hussein bat Präsident Reagan um ein neues Zuckerbrot: eine schriftliche Zusage des amerikanischen Präsidenten, daß der UNO-Generalsekretär die PLO getrennt zur internationalen Konferenz einladen würde, sollte sie die amerikanischen Vorbedingungen annehmen. Eine solche Einladung, so Hussein, würde eine offizielle Anerkennung der PLO nicht nur seitens der Vereinigten Staaten, sondern auch der meisten anderen 158 Länder, die in der UNO vertreten waren, bringen. Die Gelegenheit, der Regierung Israels am Verhandlungstisch gegenüberzusitzen, würde der PLO das geben, was sie immer gewollt hatte: die Anerkennung durch Israel als »einzige und legitime« Vertreterin der fünf Millionen Palästinenser auf der Welt.

»Ich dachte nicht, daß der Monarch das bekommen würde, jedenfalls nicht schriftlich«, erklärt Seid Rifai. »Er bekam es, einen Tag bevor Arafat in Amman eintraf.« Die Vereinigten Staaten stimmten zu: »Wenn es eindeutig und amtlich feststeht«, daß die PLO die UNO-Beschlüsse 242 und 338 annimmt, auf Terrorismus verzichtet und ihre Bereitschaft anzeigt, »mit Israel zu verhandeln«, würde eine separate Einladung an die Guerillaorganisation ergehen. »Wir hielten die Themen Einladung und Teilnahme getrennt«, sagte der amerikanische Sonderbotschafter Wat Cluverius. »Wir akzeptierten, daß der UNO-Generalsekretär eine Einladung aussenden würde, aber die Teilnahme mußte dergestalt sein, daß sie die Israelis nicht vom Konferenztisch vertrieb.«

Seid Rifai erinnert sich: »König Hussein wollte Arafat selbst die Nachricht mitteilen. Also lud er ihn mit seinen Beratern Milhem und Jahja in den Palast zum Lunch ein.« Arafat wurde der Brief von Ronald Reagan gezeigt. »Euer Majestät«, sagte er, »das ist ein Wunder. Wenn mir jemand gesagt hätte, daß das geschehen würde, hätte ich ihm nicht geglaubt.« Dann sagte Hussein: »Jetzt müssen Sie nur noch eines tun: Sie müssen mir versichern, die Resolution 242 zu akzeptieren. Wir werden das nicht veröffentlichen. Wir werden das Weiße Haus informieren, aber wir werden es für uns behalten, und wenn die Einladungen zu der internationalen Konferenz herausgehen, werden Sie Ihre öffentliche Erklärung abgeben.«

Arafat erwiderte: »Wie kann ich diese Resolution ohne eine Selbstbestimmung des palästinensischen Volkes akzeptieren?« Rifai wurde zornig: Das war das erstemal, daß er in über einem Jahr gemeinsamer Verhandlungen mit den USA das Wort »Selbstbestimmung« erwähnt hatte. Rifai erinnerte den PLO-Vorsitzenden an das Gespräch, das sie acht Monate zuvor in seinem Haus geführt hatten. Der verwunderte jordanische Minister sagte: »Sie waren bereit, die Resolution 242 zu akzeptieren, nur um ein Treffen mit Richard Murphy zu bekommen. Jetzt haben wir eine Einladung für Sie zu einer internationalen Konferenz erlangt.« Ruhig, aber bestimmt bestritt Arafat, je etwas Derartiges gesagt zu haben. »Doch«, sagte Rifai und sah dabei Milhem und Jahja an, »ich war nicht der einzige dort. Vielleicht sollten Sie sie fragen, ob sie sich erinnern, was Sie gesagt haben, nicht einmal, aber viermal, daß Sie 242 akzeptieren würden.« Arafat antwortete nicht. Sowohl Jahja als auch Milhem wichen Rifais Blick aus, senkten den Kopf und starrten das Essen auf ihrem Teller an. Hussein sagte nichts. »Wir wollten ihm keine Peinlichkeiten bereiten, also ließen wir es sein«, sagt Rifai heute.

Arafat stimmte zu, eine neue Anstrengung zu unternehmen, um etwas zu formulieren, das für die Amerikaner akzeptabel sein würde. Wat Cluverius, der die Rolle eines wandernden Botschafters spielte, um seine wahren offiziellen Aufgaben hinter den Kulissen zu verbergen, flog nach Amman und spannte Jordanier, Palästinenser aus der West Bank und private amerikanische Vermittler wie die Wissenschaftlerin und Nahost-Kennerin Judith Kipper ein, um eine praktikable Formel zu entwickeln. Die PLO ließ drei verschiedene Entwürfe herumgehen. Einer war von Hanna Siniora und anderen gemäßigten Bewohnern der besetzten Gebiete verfaßt. Einen zweiten hatten in der Diaspora lebende Geschäftsleute, unter ihnen Abdul Madschid Schoman, geschrieben. Den dritten schließlich hatte ein ehemaliger ägyptischer Premierminister für die Hardliner in der PLO aufgesetzt. »Jede Gruppe, die an einem Entwurf arbeitete, dachte, daß ihrer eine Chance hätte«, sagt Cluverius.[6]) Ein kleiner Fortschritt war erreicht, als die PLO in der zweiten dieser drei vorgeschlagenen Erklärungen ihre Bereitschaft zur Teilnahme an einer internationalen Konferenz und Aushandlung einer friedlichen Lösung des palästinensischen Problems mit der israelischen Regierung zum Ausdruck brachte. Grundlage sollten die »betreffenden UNO-Beschlüsse, darunter die Resolutionen 242 und 338 des Sicherheitsrats«, sein. Während die Erklärung auch dem Terrorismus abschwor, entsprach sie doch nicht ganz jener eindeutigen Stellungnahme, die man sich gewünscht hatte, weil sie – außer den beiden Resolutionen 242 und 338 – alle anderen UNO-Beschlüsse bekräftigte, in denen unter anderem die Gleichsetzung von Zionismus und Rassismus formuliert worden waren.

Arafat nahm alle drei Vorschläge zu Hussein mit. »Er suchte Hussein allein auf, weil er keine Zeugen der drei Gruppen dabeihaben wollte«, erzählt Cluverius. »Er legte alle drei Entwürfe vor und hatte sich offenbar gemäßigte Entwürfe von seinen Gemäßigten und radikale Entwürfe von seinen Hardlinern wie Abu Ijad schreiben lassen. Unter jedem Entwurf waren Fußnoten, die keiner von uns, weder die Jordanier noch wir Amerikaner, zuvor gesehen hatten.« Die wichtigste Fußnote lautete: »Alles Obenstehende ist von der Anerkennung des Rechts auf Selbstbestimmung durch die Vereinigten Staaten abhängig.« Am folgenden Tag wurden die PLO-Vorschläge der amerikanischen Delegation gezeigt. Einer der amerikanischen Beamten erinnert sich, daß der König zu ihm sagte: »Sehen Sie, was der Narr mir gegeben hat. Ich habe es sofort abgelehnt.«

Der Amerikaner sagte dem jordanischen Beamten Tahir al-Masri: »Das ist Unsinn. Wenn das Wort ›Selbstbestimmung‹ erwähnt wird, kann ich überhaupt keine Erklärung annehmen. Unmöglich. Wofür hält sich die PLO eigentlich – für eine Supermacht?« Und so, erzählt uns Masri, »übermittelten wir die amerikanische Stellungnahme Arafat«.

Am 26. Januar 1986 scheiterten die Verhandlungen endgültig. Knapp drei Wochen darauf hielt König Hussein eine dreistündige, von Anspielungen auf Arafats Doppelzüngigkeit durchsetzte Rede, in der er seine Hände in bezug auf das Scheitern der Bemühungen in Unschuld wusch. Er ging zwar nicht so weit, die Vereinbarung zu kündigen, aber er stellte die Koordination mit der PLO ein, schloß sämtliche Büros und Einrichtungen der Fatah und wies ihre Vertreter aus Jordanien aus. In seiner Rede ließ Hussein durchblicken, daß die Palästinenser in der West Bank und Gaza einen besseren Führer als den unzuverlässigen Abu Amar verdient hätten.

Adnan Abu Odeh ist Arafat gegenüber – rückblickend – großzügiger. Die PLO, sagt er, ist immer noch die Palästinensische *Befreiungs*organisation. »Sie mußten das Ziel der Befreiung Palästinas durch etwas ebenso Zugkräftiges – das Ziel eines unabhängigen Staates – ersetzen. Sie konnten den Palästinensern nicht sagen, daß sie die Befreiung von Jaffa und Haifa aufgegeben hatten im Tausch gegen eine Konföderation mit Jordanien. Unserer Ansicht nach war die Konföderation das Baby, das aus den Verhandlungen hervorgehen würde. Sie wollten die Reihenfolge ändern, so daß das Baby ein unabhängiger Staat sein würde und die Konföderation folgen sollte.«

Auch Arafat betont, er sei nicht für das Scheitern der Friedensbemühungen verantwortlich. »Wenn es da ein Problem in Kanada gibt, würden Sie Königin Elisabeth bitten, es zu lösen?« fragt er. Seiner Ansicht nach hatten sich Jordanien und die Vereinigten Staaten gegen ihn verschworen. »Ich will Ihnen ein Geheimnis verraten«, sagt Arafat. »Im Oktober 1985 erhielt ich eine sehr wichtige Nachricht aus den besetzten Gebieten. Unser Volk schickte jemanden zu mir, um mich vor der sich nähernden Katastrophe zu warnen. Sie berichteten mir von dem geheimen Übereinkommen, das die Israelis mit den Jordaniern erzielt hatten. Seid Rifai war dafür verantwortlich. Unter den Bedingungen dieser Absprache war die PLO aus dem Prozeß eliminiert. Man würde nicht mit der PLO verhandeln.«

Die Friedensbemühungen, die sich über ein Jahr hingezogen hatten, scheiterten, sagt Arafat, »weil es ein geheimes amerikanisch-jordanisches Einverständnis gab, mich auszuschalten. Sie wollten Salome den Kopf von Johannes dem Täufer auf einem silbernen Tablett präsentieren.« Die Vereinigten Staaten, so Arafat, haben seine zweite Formel nie ernsthaft in Betracht gezogen, weil König Hussein es ablehnte, sich mit ihr zu befassen. Sie war »schon tot bei der Ankunft«, so Arafat, »weil sie das Wort ›Selbstbestimmung‹ enthielt«.

Arafat sieht Hussein so, wie Hussein Arafat sieht, nur spiegelbildlich verkehrt. Nach Rifais Auffassung wollte Arafat, daß die Vereinigten Staaten sich seine Interpretation von »Selbstbestimmung« zu eigen machten – als eine amerikanische und israelische Garantie gegenüber Jordanien. Er fürchtete, daß die Ausübung der Selbstbestimmung ihm Kosten verursachen würde. Er hat Jordanien immer als seinen Konkurrenten, nicht als seinen Partner gesehen. Er wollte Zusicherungen, die gegen seinen Konkurrenten benutzt werden konnten, um seine eigene Rolle zu sichern und zu garantieren.«

Dieses Bedürfnis, seine Führungsrolle in der demokratisch strukturierten, aber tief in sich gespaltenen Organisation zu behalten, steht bei Arafat immer an oberster Stelle, glaubt Rifai, und dadurch sind seine Möglichkeiten stark beschränkt. »Alles andere ist zweitrangig. Er kämpft unablässig an so vielen Fronten, versucht so viele Fraktionen zu beschwichtigen – und deshalb hat er viele Gelegenheiten versäumt, Frieden zu schließen. Wenn seine Priorität nur daraus bestanden hätte, Israels Besatzung zu beenden und das unter der Besatzung lebende Volk zu befreien, wäre es viel leichter gewesen. Aber so funktioniert das bei ihm nicht, weil seine eigene Führungsrolle dann nicht gesichert ist.«

Der Druck auf Arafat kam von allen Seiten. Das PLO-Exekutivkomitee war insgeheim in Kuwait zusammengetreten und entschied sich einstimmig dafür, Arafats Spielraum einzuschränken. PLO-Hardliner unterminierten Arafat. »Man hat mir verraten«, sagt ein amerikanischer Regierungsvertreter, »Abu Ijad sei zum König gegangen und habe ihm erklärt: ›Lassen Sie sich nicht zum Narren halten. Er hat keine Vollmacht, eine Vereinbarung zu treffen. Das Exekutivkomitee hat ihm die Zustimmung verweigert.‹« Israel half den radikalen Arafat-Widersachern, die jordanischen Bemühungen öffentlich zu attackieren. Die Sowjetunion tat ihre Ablehnung der Bemühungen auf unterschiedliche Weise kund. Und die Vereinigten Staaten gaben dem Druck aus Jerusalem und der amerikanisch-jüdischen Gemeinde nach und hielten die König Hussein ursprünglich gegebenen Versprechungen nicht ein.

Aus Arafats Sicht überwogen die persönlichen und politischen Gefahren einer Friedensoption 1986 die möglichen Gewinne, wenn er nun die einzige Karte, die er noch hatte – die Anerkennung Israels –, aus der Hand gab. »Ich werde die Karte am Verhandlungstisch anbieten. Wenn ich sie jetzt hergebe, welche Karten bleiben mir dann noch bei der Konferenz? Ich bin nicht Sadat. Ich bin nicht Herr über eine Million Soldaten. Ich habe keinen Suezkanal. Ich bin nur Vorsitzender der Palästinenser. Ich muß ihnen gegenüber ehrlich sein. Ich muß etwas für diese kleinen palästinensischen Kinder, für ihre Zukunft behalten. Ich habe keine andere Karte.«

Und dennoch spielte er diese letzte Karte schließlich aus, als er im Dezember 1988 die Resolutionen 242 und 338 öffentlich und unwiderruflich akzeptierte, auf Terrorismus verzichtete und Israels Existenz anerkannte. Dennoch gewann die PLO durch den Schritt nichts von dem, was sie durch eine Zusammenarbeit mit Hussein zwei Jahre zuvor hätte gewinnen können. Sie gewann weder die Anerkennung des Rechts auf Selbstbestimmung für das palästinensische Volk noch eine formale Anerkennung seitens der Vereinigten Staaten, weder eine Teilnahme an einer internationalen Konferenz noch eine Begegnung mit einem hochrangigen Beamten des amerikanischen Außenministeriums und auch keine Einladung nach Washington für den Vorsitzenden der PLO. Warum gab dieser höchst geschickte Politiker und gerissene Volksheld, nachdem er fast zwei Jahrzehnte lang mit harten Bandagen gegen die Vereinigten Staaten gekämpft hatte, schließlich auf, ohne auch nur die Zusage einer »Heimstätte« dafür erhalten zu haben?

Eine erste Erklärung dafür ist, daß die Palästinenser in den besetzten Gebieten durch den Ausbruch der Intifada selbst damit begonnen hatten, sich aktiv gegen das Joch der Besatzung zu wehren. Der Aufstand erregte nicht nur die Aufmerksamkeit der Medien in aller Welt, brachte Israel in die Defensive und stärkte das Selbstbewußtsein der Palästinenser, sondern er wirkte sich auch auf Jordanien dramatisch aus. Ende Juli 1988 und damit acht Monate nach Beginn der Intifada unternahm Hussein einen mutigen Schritt, um das politische Gleichgewicht zu verändern. Er brach die juristischen und administrativen Beziehungen zur West Bank und Gaza ab und verzichtete auf seinen Herrschaftsanspruch über die besetzten Gebiete. Die jordanische Nationalversammlung, in der die Sitzverteilung 1984 verändert worden war, wurde aufgelöst und die dreißig für die Vertreter der West Bank reservierten Sitze fielen weg. Tausende von palästinensischen Lehrern sowie der größte Teil der Verwaltungsangestellten in der West Bank, die bislang in den Gehaltslisten der jordanischen Regierung geführt worden waren, bekamen die Mitteilung, daß sie von den Haschemiten nicht länger einen Zuschuß zu ihren regulären israelischen Bezügen empfangen würden. Die finanzielle Unterstützung der projordanischen Zeitung *al-Nahar* in Ostjerusalem wurde gekürzt. Jordanien teilte außerdem mit, daß ihr 1,3 Milliarden US-Dollar umfassendes Entwicklungsprogramm ab sofort eingestellt würde. Und das staatliche jordanische Fernsehen gab von nun an nicht einmal mehr einen Wetterbericht für die West Bank und Gaza heraus.

Obwohl diese Schritte weitgehend symbolischer Natur waren – das über eine Milliarde US-Dollar teure Entwicklungsprogramm hatte kaum begonnen – war die Botschaft Husseins klar: Die Arbeitspartei in Israel konnte nicht länger darauf setzen, daß der Weg zur Lösung des Palästinaproblems über Amman führen müsse. Die jordanische Option fiel mit einem Schlag fort. Sollte Israel mit den Palästinensern in den besetzten Gebieten Frieden schließen wollen, hatte es jetzt nur zwei Möglichkeiten: Es konnte die PLO auf dem von Steinen bedeckten Kampfplatz der West Bank konfrontieren oder sich mit ihr an den Verhandlungstisch setzen.

Auch den Vereinigten Staaten blieb nun keine Wahl mehr. Wenn der Regierung in Washington ernsthaft an einem Frieden gelegen war, mußte sie sich von der Illusion verabschieden, daß Jordanien die PLO ersetzen könnte. Die Botschaft an die PLO war ebenso klar: Es war die Zeit gekommen, daß sie die ökonomische und politische Bürde schultern mußte, die sich aus ihrem Anspruch, sie sei die »einzige und legitime« Vertreterin des palästinensischen Volkes, ergab. Wenn sich die Bewohner der West Bank über Ungerechtigkeiten beklagen sollten, konnten sie sich jetzt mit ihren Beschwerden an Israel oder die PLO, aber nicht mehr an Amman wenden.

Ein nachdenklicher König Hussein gibt heute zu, daß es ihm nicht leichtgefallen ist, sich von den Palästinensern zu trennen. »Grundsätzlich sind wir Unionisten«, sagt er. »Wir sind in den siebziger Jahren auf den palästinensischen Wunsch der Errichtung dieser Union eingegangen, und sie war unseren Herzen sehr nahe. Wir fühlten uns für die besetzten Gebiete verantwortlich und schlugen vor, wenn sie zu uns zurückkehrten, sollten sie unter eine internationale Schirmherrschaft gestellt werden, so daß die Leute sich entscheiden könnten: für eine Zukunft in einer Union, einer Föderation oder einem unabhängigen palästinensischen Staat.«

»Schließlich«, fügt Hussein hinzu, »sahen wir ein, daß wir in einer Sackgasse waren: Israel wollte sich nicht bewegen. Die Welt wollte sich nicht bewegen. Und die Palästinenser mußten an der Lösung des palästinensischen Problems beteiligt werden. Also sind wir darauf eingegangen. Unsere Loslösung war die Folge unserer Erkenntnis, daß diese Leute selbst die Verantwortung für die Gestaltung ihrer Zukunft übernehmen möchten. Sie wollen sich selbst repräsentieren.« Wehmütig und zweifellos im Gedenken an die Leistungen seines Großvaters Abdullah und seines Urgroßvaters, des Scherifen von Mekka, sagt König Hussein: »Vorbei sind die Tage einer einzigen Nation.«

V

Die Vereinigten Staaten: geheime Kanäle

19

Unwahrscheinliche Spione

Eine wohltuende Ruhe herrschte an Bord des Kreuzfahrtschiffs Achille Lauro, als es an jenem Oktobermorgen seine Fahrt im östlichen Mittelmeer in Richtung Port Said fortsetzte. Zuvor hatte es die übliche Aufregung gegeben, als der größte Teil der Passagiere das Schiff in Alexandria verlassen hatte. Sie wollten den Tag mit Besichtigungen an Land zubringen und später am Abend wieder an Bord des Luxusdampfers zurückkehren. Nur achtzig der 774 Fahrgäste hielten sich noch auf dem Schiff auf. Zwei Amerikanern, Marilyn und Leon Klinghoffer, blieb kaum eine andere Wahl, weil Leons schwerer Rollstuhl zu umständlich von Bord und durch die von Menschen überfüllten ägyptischen Straßen zu bewegen war.

Der übliche Aufruf zum Lunch kam diesmal nicht über die Lautsprecher. Statt dessen klopften Besatzungsmitglieder an die Türen der Kabinen und gaben bekannt, daß die Mittagsmahlzeit serviert wurde. Die Klinghoffers beschlossen, im Salon in der Nähe des Restaurants zu speisen und sich auf einen geruhsamen Nachmittag ihrer Zwölf-Tages-Kreuzfahrt von Genua nach Aschdod in Israel zu freuen. Während sie bei Tisch saßen, plauderten sie mit anderen, die ebenfalls an Bord geblieben waren. Doch dann wurde ihr Gespräch von einem Lärm unterbrochen. Plötzlich tauchten mehrere Männer auf. Sie schwenkten Waffen, schrien die Passagiere an und verlangten ihre Pässe zu sehen. Die Klinghoffers taten, was man ihnen sagte. Wie die anderen händigten sie ihre Dokumente aus.

Die Bewaffneten blätterten die Pässe durch. Fahrgäste mit jüdisch klingenden Namen sowie britische Staatsangehörige wurden von den übrigen abgesondert und in den Hauptsalon befördert. Marilyn Klinghoffer schob den Rollstuhl ihres Mannes, wie man es ihr gesagt hatte. Die entsetzten Passagiere hörten die Männer arabisch sprechen und den Namen »Arafat« erwähnen. Nur ein paar Tage zuvor war das PLO-Hauptquartier in Tunis bombardiert worden, und es hieß, die Israelis hätten den Angriff ausgeführt. Die unschuldigen Passagiere waren plötzlich Bauern im Schachspiel des Nahen Ostens geworden. Dieses Spiel aber war kein Vergnügen.

Minuten dehnten sich zu Stunden, als die Freischärler den Passagieren den

Tod androhten und ihre Forderung bekanntgaben: Fünfzig palästinensische Häftlinge sollten aus israelischen Gefängnissen entlassen werden. »Arafat good, Reagan bad«, skandierten die Terroristen, die ihre Befehle vom Chef der PLF-Fraktion innerhalb der PLO, Abul Abbas, bekamen. Die Passagiere baten darum, austreten zu dürfen, aber es wurde ihnen verboten, den Salon zu verlassen. Schließlich wurde es den Frauen gestattet, die Damentoilette aufzusuchen. Dann warfen die Piraten eine Decke auf den Boden, und den Männern wurde befohlen, dort zu urinieren. Aus Stunden schienen Tage zu werden.

Die Terroristen befahlen den Passagieren, eine Treppe zum Bug des Schiffes hinaufzugehen. Marilyn Klinghoffer konnte den Rollstuhl ihres Mannes nicht die Treppe hinaufbringen, und der Neunundsechzigjährige schaffte es auch mit Hilfe anderer nicht emporzusteigen. Seine Frau bettelte, sie könne ihn nicht allein lassen. Er leide unter Bluthochdruck und sei zu schwach, als daß er allein bleiben dürfe. Einer der Araber schlug ihr mit dem Knauf einer Pistole auf die Füße, und Marilyn Klinghoffer ging mit den anderen Passagieren zusammen hinauf.

Oben brannte die Hitze des Mittelmeers auf den Bug des Schiffes. Den Passagieren wurde befohlen, sich in die brennende Sonne zu stellen, die Gesichter nach Syrien gerichtet. Im Umkreis des Bugs konnten sie riesige Petroleumkanister sehen. Sollte jemand das Schiff beschießen, würden die Petroleumkanister explodieren und alle an Bord töten. Die Terroristen quälten die Geiseln, indem sie mit Handgranaten spielten, sie den Gefangenen in die Hand gaben und die Sicherungsstifte herauszogen. Die entsetzten Frauen sahen mit Tränen in den Augen zu. Von unten hörten sie Schüsse. Marilyn Klinghoffer fragte sofort nach ihrem Mann. Er sei in der Krankenstation, behaupteten die Attentäter. Statt dessen aber hatten sie ihrem Mann in den Kopf geschossen und andere Passagiere gezwungen, seinen Leichnam sowie den Rollstuhl über Bord zu werfen. Über den Sender des Schiffs teilten die Freischärler einer palästinensischen Kontaktperson mit, er sei nur der erste von vielen, die getötet würden.

Vierundvierzig Stunden lang wurden die Fahrgäste mit vorgehaltener Waffe in Schach gehalten, während die PLF-Guerilleros dem Kapitän des Schiffs befahlen, zunächst Kurs auf Syrien und dann auf Zypern zu nehmen. Als beide Länder die Anlegegenehmigung verweigerten, kehrte das Schiff nach Ägypten um. Es befand sich in Fahrtrichtung Port Said, aber noch außerhalb der ägyptischen Hoheitsgewässer, als die ägyptischen Behörden ihm befahlen, die Fahrt einzustellen. Die Piraten ergaben sich, und die achtzig Passagiere kamen zitternd und dankbar frei. Einer jedoch kam nicht zurück: Leon Klinghoffer, den die palästinensischen Terroristen kaltblütig umgebracht hatten.

Die Amerikaner, die die Entwicklung dieser tragischen Geschichte im Fernsehen verfolgten, konnten nicht vergessen, daß immer wieder Palästinenser in terroristische Handlungen verwickelt waren – in das Kapern von Flugzeugen, in die Bombenanschläge in Europa und in zahlreiche Überfälle in Israel. Daß sie den zornigen amerikanischen Botschafter in Ägypten, Nicholas Veliotes, Kraftausdrücke schreien hörten, als er von der Lüge der Terroristen, niemanden getötet zu haben, erfuhr, bestärkte sie nur in ihrem Gefühl, PLO-Führer Jassir Arafat setze seine alten Gaunereien fort. Arafat konnte sich über die Kaperung der Achille Lauro verärgert zeigen, aber es gab keinen Grund, ihn nicht für die Handlungen seiner eigenen Organisation verantwortlich zu machen. In den Augen der amerikanischen Öffentlichkeit wirkte Arafats Angebot, die Terroristen vor ein Gericht zu stellen, paradox. Abul Abbas, dessen Gruppe die Aktion ausgeführt hatte, war ein Mitglied des PLO-Exekutivkomitees. Jedesmal, wenn der Eindruck entstanden war, die PLO hätte sich geändert und wolle einen politischen Prozeß beginnen, führten radikale Mitglieder wieder einen Terrorangriff aus. Ganz gleich, ob er persönlich verantwortlich war oder nicht, ein Mann stand (symbolisch) für diesen ganzen Terrorismus, diesen Horror, für all die Toten – und der Mann war Jassir Arafat. Die meisten Amerikaner konnten es nicht billigen, daß man mit ihm verhandelte. So tief eingeprägt und so weit verbreitet war das Bild von der PLO als einer in den Terrorismus verwickelten Organisation, einen Terrorismus, der sich oftmals auch gegen Amerikaner richtete, daß die USA über dreizehn Jahre und vier Präsidentschaften hinweg – vom September 1975 bis Dezember 1988 – jeden offiziellen Dialog mit der PLO ausschlossen, solange die PLO nicht die Resolutionen 242 und 338 sowie das Existenzrecht Israels anerkannte. Dieses Versprechen hatte Henry Kissinger 1975 der israelischen Regierung insgeheim gegeben. Die zusätzliche Bedingung, dem Terrorismus in all seinen Formen abzuschwören, war in der ursprünglichen Vereinbarung zwischen Israelis und Amerikanern nicht enthalten, wurde jedoch von der Reagan-Regierung und dem US-Kongreß hinzugefügt. Jassir Arafat bezeichnet dieses Verbot von Gesprächen mit der PLO als »Kissinger-Tabus«. Die schriftliche Zusicherung, ohne Erfüllung der genannten Bedingungen nicht mit der Befreiungsorganisation zu sprechen, war in einem Anhang des Sinai-II-Abkommens vom Herbst 1975 untergebracht. Dort erklärte sich Israel bereit, seine Truppen im Tausch gegen enorme amerikanische Finanz-, Wirtschafts- und Militärhilfe von der Sinai-Halbinsel abzuziehen. Kissinger, der die Verhandlungen mit Israel führte, sah in den Bedingungen für Gespräche mit der PLO neben ihrer Bedeutung für Israel eine Möglichkeit, Druck auf die PLO auszuüben und den Köder einer amerikanischen Anerkennung der Organisation als Mittel zu benutzen, um sie zu einer Anpassung ihrer Politik an die Existenz Israels in der Region zu bewegen.

Als Jimmy Carter 1977 ins Weiße Haus einzog, bestritt Kissinger, daß aus der Zusicherung an Israel eine Zwangsjacke für amerikanische Präsidenten werden sollte. »Ich bin es leid, falsch ausgelegt zu werden«, erklärte der ehemalige Außenminister und Präsidentenberater jemandem aus Carters nächster Umgebung. »Ich habe den Israelis niemals ein Vetorecht über unseren Dialog mit der PLO eingeräumt. Alles, was ich gesagt habe, war, daß wir sie nicht offiziell anerkennen oder mit ihr verhandeln würden. Ich habe nicht gesagt, daß wir keinerlei Kontakt mit ihr haben dürften.«[1])

Die Carter-Regierung wollte der PLO einen Anreiz zur Veränderung ihrer Politik geben und formulierte den Bann um. Sie betonte dessen positiven Aspekt: Die Vereinigten Staaten werden Gespräche mit der PLO beginnen, sobald sie Israel und die beiden wichtigen UNO-Beschlüsse anerkennt. »Wir werden mit der PLO reden, sobald sie diesen Schritt tut«, erklärte Harold Saunders, ein sowohl Kissinger als auch seinem Nachfolger im Amt des Außenministers, Cyrus Vance, nahestehender Berater.[2])

Diese Bemühungen jedoch mißlangen, und 1980 kehrte der neue amerikanische Präsident Ronald Reagan, ein großer Freund Israels, zur ursprünglichen Kissinger-Formel zurück. Außerdem fügte er eine neue Bedingung hinzu: Die PLO müsse ausdrücklich auf Terrorismus verzichten, um sich den Dialog mit den USA zu verdienen. 1986 erhob der Kongreß alle drei Vorbedingungen in den Rang eines Gesetzes. Fortan durfte kein Präsident irgendein Mitglied seiner Regierung beauftragen, substantielle Gespräche mit der PLO zu führen, solange die genannten Bedingungen nicht offiziell genehmigt worden waren. Das war ein »Katechismus« und wurde mit religiöser Starrheit durchgesetzt. Kontakte mit der PLO wurden ausdrücklich verboten. Ein »Kontakt« wurde definiert als eine Verabredung, sich hinzusetzen und Wesentliches zu diskutieren. Eine nicht vermeidbare gesellschaftliche Begegnung indes war nicht untersagt. Entsprechend war ein amerikanischer Diplomat nicht gezwungen, eine Dinnerparty zu verlassen, an der auch ein Mitglied der PLO teilnahm. Wenn sie einander begegneten, konnten sie miteinander reden – nur nicht über die Substanz des arabisch-israelischen Disputs.

Verstöße gegen das Gesetz wurden strikt geahndet. Wenn die Medien feststellten, daß es gebeugt oder gebrochen wurde, mußte die Regierung öffentlich eine Rüge aussprechen und einige ihrer hochrangigen Beamten sogar entlassen. Schon bevor das Gesetz in Kraft trat, wurde der amerikanische UNO-Botschafter Andrew Young zum Rücktritt gezwungen, weil er angeblich gegen die politischen Richtlinien verstoßen hatte. Und doch hat man von dem Tag, an dem Jimmy Carter sein Amt antrat, bis zum letzten Tag der Reagan-Regierung mehr als dreizehn Jahre später eine Unzahl von sowohl offiziellen als auch inoffiziellen Kontakten mit der PLO genehmigt, und die Zustimmung ist jeweils vom Präsidenten oder vom Außenminister eingeholt worden. Viele dieser Begegnungen fanden mit Arafat selbst statt und zwar in den PLO-Hauptquartieren in Beirut oder Tunis, Kairo oder Bagdad. Die meisten blieben geheim. Wenn etwas in die Presse durchsickerte, wurde es öffentlich bestritten oder aus Gründen der »Sicherheit« gerechtfertigt, das heißt: für nötig erklärt, um das Leben von Amerikanern zu schützen oder zu retten, was durch mehrere solcher Kontakte auch tatsächlich gelang.

Doch unter dem Deckmantel der »Sicherheit« unternahm man weit umfangreichere Versuche, die PLO zur Annahme der amerikanischen Bedingungen für einen Dialog zu bewegen, als das jemals öffentlich dokumentiert worden ist. Die Regierungen von Jimmy Carter und Ronald Reagan haben die Kissinger-Zusicherungen trotz gegenteiliger Beteuerungen privat für eine Behinderung ihrer eigenen Manövrierfähigkeit angesehen. Aber nicht nur das. Intelligente Menschen in beiden Regierungen begriffen, daß es wenig Hoffnung auf einen Fortschritt zu einem dauerhaften arabisch-israelischen Frieden gab, solange es nicht gelang, die PLO zu überzeugen, daß sie Israels Existenz anerkennen mußte. Ohne eine Lösung des palästinensischen Problems würden die Araber nicht zu einem Friedensschluß mit Israel bereit sein. Eine Lösung des palästinensischen Problems erforderte Gespräche mit der PLO. Also war es wichtig, die PLO zum Altar und, sobald sie dort war, zum Aussprechen der amerikanischen Gelübde zu bewegen. Darum ging es über ein Jahrzehnt lang bei den geheimen Gesprächen der amerikanischen Diplomaten mit der Palästinensischen Befreiungsorganisation.

Sie waren die unwahrscheinlichsten Spione. Hier Robert C. Ames, der stämmige, einen Meter neunzig große ehemalige Sportler, der eine getönte Pilotenbrille und selbst im Sommer Cowboystiefel trug, und dort der aristokratische, in Deutschland erzogene Hassan Salameh, Sohn eines 1948 im Krieg gegen Israel gestorbenen arabischen Scheichs. Salameh, klotzig und gut aussehend, war mit der libanesischen Schönheitskönigin verheiratet. Ames, Vater von sechs Kindern und Veteran der ausgezeichneten Basketballmannschaft seiner Universität, war ein Undercover-Agent des CIA, der den Aufstieg bis zum höchst zuverlässigen Nahost-Berater von Außenminister George Shultz geschafft hatte. Salameh, ein ehemaliger Vertrauter Nassers, hatte die »Force 17« gegründet, jene für Arafats persönliche Sicherheit verantwortliche Eliteeinheit, die in zahlreiche terroristische Aktionen verwickelt war. Wie es heißt, hatte er persönlich das Massaker auf der Münchner Olympiade von 1972 geplant, dem elf israelische Sportler zum Opfer fielen.

Ames und Salameh schlossen eine ungewöhnliche Freundschaft, zu der sie gezwungen waren, um das Leben von Amerikanern in einer Zeit zu schützen, als die Vereinigten Staaten offiziell keinen Kontakt zu den »Terroristen« der PLO unterhalten durften. Beide Männer haben dafür mit ihrem Leben bezahlt. Salameh wurde 1979 in Beirut das Opfer einer von den Israelis gelegten Autobombe; Ames fiel 1983 dem von einem radikalen Schiiten ausgeführten Selbstmord-Kommando zum Opfer, mit dem es die amerikanische Botschaft in die Luft sprengte. Der Tod dieser beiden beendete ein ungewöhnliches Kapitel in der versteckten und ungewöhnlichen Beziehung zwischen den Vereinigten Staaten und der Palästinensischen Befreiungsorganisation (PLO), einer Beziehung, die mit einer heimlichen Begegnung der beiden Agenten Ames und Salameh in der libanesischen Hauptstadt 1969 begann und fortdauerte, bis sie im Dezember 1988 in Tunis ans Tageslicht kam.

In diesen beiden Jahrzehnten hat man einander Versprechen gegeben sowie hier und da einen Gefallen getan. Selten jedoch wurden Versprechen gehalten, Gefallen erwidert, Vereinbarungen erfüllt. Der Weg war mit Tücken, Verrat, Betrug und Mord an einem amerikanischen Botschafter sowie seinem Stellvertreter im Sudan übersät. Und doch handelt die ungeschriebene Geschichte nicht vom PLO-Terrorismus. Sie handelt von dem, was im stillen zwischen den Vereinigten Staaten und der PLO erreicht wurde. Von der Hilfe, die die PLO insgeheim gab, um die Freilassung amerikanischer Geiseln zu erreichen und das Leben amerikanischer Diplomaten zu schützen. Von den geheimen Versuchen, die PLO zu hofieren, und davon, wie nahe diese Anstrengungen einem Erfolg immer wieder gekommen sind.

Der amerikanischen Politik liegen die zwei zentralen Beschlüsse der Vereinten Nationen zugrunde: die Resolution 242, die nach dem Sechstagekrieg von 1967 angenommen wurde, und die Resolution 338, die am Ende des Oktoberkriegs von 1973 folgte. Die fünfzehn Nationen des UNO-Sicherheitsrats hatten diese Beschlüsse einstimmig verabschiedet, auf denen alle späteren Friedensbemühungen im Nahen Osten fußen. Basis beider Resolutionen bildet die Formel »Land für Frieden«, aufgrund deren sich Israel aus »im jüngsten Konflikt« (1967) besetzten Gebieten zurückziehen sollte und die arabischen Staaten einem vollen Friedensschluß mit dem jüdischen Staat zustimmen müßten. Außerdem wurde in beiden Resolutionen »das Recht eines jeden Staates in der Region festgeschrieben, . . . innerhalb sicherer und anerkannter Grenzen frei von Krieg und Androhung von Gewalt in Frieden zu leben«. Doch während damit die Vorstellungen der Mitglieder des Sicherheitsrates in bezug auf die Lösung des Konflikts zwischen den Staaten der Region – wenn auch nicht in den Details der einzelnen Grenzverläufe – klar vorgegeben waren, wurden die PLO oder die Palästinenser 1967 nur als Flüchtlingsproblem behandelt. 1973 sprach die Staatengemeinschaft zwar von »allen beteiligten Parteien«, spezifizierten jedoch in keiner Weise mögliche Ansprüche der Palästinenser. Entsprechend sah die PLO in den UNO-Beschlüssen und den »Kissinger-Tabus« eine Bedrohung des palästinensischen Unabhängigkeitskampfes sowie ihrer eigenen Rolle darin. Im Oktober 1974 hatte die PLO die Unterstützung der arabischen Welt für ihren Anspruch gewonnen, die »einzige und legitime« Vertreterin des palästinensischen Volkes zu sein. In den Augen der PLO hieß das: Die über Jordanien, die von Israel besetzte West Bank und Gaza sowie den Rest der arabischen Welt verstreut lebenden fünf Millionen Palästinenser wurden allein von Jassir Arafat und seiner Guerillaorganisation repräsentiert. Was Kissinger Israel versprochen hatte, war ein Schlag ins Gesicht der PLO. Er tat es knapp ein Jahr nach dem Beschluß von Rabat, und das bedeutete: Die Vereinigten Staaten erkannten die Rechtmäßigkeit der arabischen Entscheidung nicht an – es sei denn, die PLO würde die amerikanischen Bedingungen erfüllen. Das zu tun, erklärte Arafat, käme einer Kapitulation gleich.

Der PLO-Führer griff die Beschlüsse deshalb an, weil sie die Palästinenser als Flüchtlinge, als »displaced persons«, behandelten, die zwar ein Recht auf Entschädigung durch irgendeine humanitäre Geste hatten, aber auf wenig mehr. In diesen Beschlüssen, argumentierte er, wurden die Palästinenser nicht als »Volk« anerkannt. Wäre das der Fall gewesen, dann hätte man ihr Recht auf Selbstbestimmung sowie andere »politische« Rechte akzeptiert, die normalerweise mit einer Staatlichkeit verbunden sind. »Wir sind keine Bettler. Das Problem ist nicht, daß wir nicht genug zu essen haben«, sagt Arafat. »Es handelt sich hier nicht um einen Fall für die Wohlfahrt.«[3])

Mitte der sechziger Jahre hatte Robert Ames ein Mitgefühl für die heimatlosen, »obdachlosen« Palästinenser entwickelt. Er diente auf seinem ersten Undercover-Posten als amerikanischer Konsulatsbeamter in Dahran, Saudi-Arabien. Während der folgenden Jahre in Kuwait, im Libanon und im Südjemen kam er zu der Überzeugung, daß der palästinensische Kampf eine echte Befreiungsbewegung war. Irgendwann würden die Vereinigten Staaten deren nationalistische Bestrebungen anerkennen und mit der am wenigsten antiamerikanischen Gruppe in diesem Potpourri der in Marxisten, panarabische Nasseristen, prosyrische Sozialisten, islamische Fundamentalisten und christliche Geschäftsleute gespaltenen Palästinenser verhandeln müssen. Ames hatte den Ausbruch der Revolution im Jemen erlebt. Er hatte hilflos zugesehen, wie die von den Sowjets unterstützten Revolutionäre die britische Kolonialregierung stürzten und ein marxistisch-leninistisches Regime installierten. Die neue, radikale Regierung war in der von George Habasch in den fünfziger Jahren gegründeten Arabischen Nationalbewegung (ANM) verwurzelt, die sich später zur PFLP (Popular Front for the Liberation of Palestine) entwickelte. Ames meinte, Arafats gemäßigtere Fatah sei die Fraktion, die man unterstützen sollte, und 1969 nahm er von seinem Posten in Beirut Kontakt mit Arafats Sicherheitschef Ali Hassan Salameh auf.

Ames sagte ihm, die Nixon-Regierung sei an einem Dialog interessiert. Seine Stellung als relativ junger, noch unbedeutender Diplomat in der amerikanischen Botschaft sollte ihn nicht davon abhalten, Tuchfühlung aufzunehmen. Dies sei eine Chance für die PLO, sich in Washington Gehör zu verschaffen. Daß er Verbindung mit ihm aufzunehmen versuche, fügte er hinzu, geschehe mit Einwilligung des amerikanischen Nationalen Sicherheitsrats und seines neuen Direktors, Henry A. Kissinger. Ames und Salameh kamen überein, Informationen über Sicherheitsgefährdungen auszutauschen. Der Nationale Sicherheitsrat hatte eine weise Entscheidung getroffen. Als Ames Salameh kennenlernte, war die PLO eine Kraft, mit der man rechnen mußte. Die 350 000 im Libanon lebenden Palästinenser hatten sich schon vor der wenig später einsetzenden Vertreibung aus Jordanien einen eigenen Ministaat innerhalb der Grenzen ihres Gastlandes geschaffen. Der christliche Befehlshaber der libanesischen Armee, General Emile Boustani, der 1970 Präsident werden wollte, war so sehr darauf aus, die Unterstützung der sunnitischen Moslems zu gewinnen, daß er den Palästinensern zu außerordentlichen Rechten verhalf. Unter der wohlwollenden Aufsicht des ägyptischen Präsidenten Gamal Abdel Nasser schlossen die Partner am 3. November 1969 einen Pakt, der als Abkommen von Kairo bekannt geworden ist. Darin erhielt die PLO das Recht, Waffen zu tragen, von Stützpunkten im südlichen Libanon aus Guerillaangriffe gegen Israel zu unternehmen, die Flüchtlingslager zu organisieren und diese mit einer eigenen Polizei zu überwachen. Salameh herrschte über eine Armee von 6000 Mann, die in den Lagern den Ton angab.

Der CIA war so von seiner Fähigkeit beeindruckt, die Ordnung aufrechtzuerhalten und den Schutz der Amerikanischen Universität von Beirut sowie der in – von Moslems bewohnten – Westbeirut gelegenen amerikanischen Botschaft zu gewährleisten, daß man Salameh 1970 einen »positiven Anreiz« in Höhe von drei Millionen US-Dollar in

Aussicht stellte, sollte er sich bereit erklären, für den amerikanischen Geheimdienst zu arbeiten. Ein Mittelsmann in Rom unterbreitete ihm dieses Angebot. Salameh war so empört über diese Zumutung, daß er in den folgenden Monaten für Ames am Telefon nicht mehr zu sprechen war. Anfang Mai 1972 kam der CIA Salamehs geheimen Aktivitäten auf die Spur. Salameh wurde befördert, um die Operationen des »Schwarzen Septembers« in Europa zu dirigieren und heckte die Kaperung eines Flugzeugs der Sabena aus, das zur Landung auf dem israelischen Flugplatz Lod gezwungen wurde. Nach diesem Angriff schuf sich Israel eine eigene Anti-Terror-Abteilung innerhalb seines Auslandsgeheimdienstes Mossad.

Im Spätsommer 1972 übernahm Arafats Mitstreiter Abu Ijad die Führung der Gruppe »Schwarzer September«. Am 5. September 1972, mitten in den Olympischen Spielen von München, bemächtigten sich acht seiner Fatah-Anhänger des israelischen Komplexes im olympischen Dorf und hielten neun israelische Sportler fest: Sie alle würden erschossen, sollte sich Israel nicht einverstanden erklären, zweihundert PLO-Gefangene freizulassen. Wenige Stunden später wurden die israelischen Sportler und zwei ihrer Begleiter sowie fünf der Terroristen in einem blutigen Schußwechsel auf der nahegelegenen Luftwaffenbasis in Fürstenfeldbruck getötet.

Der CIA nahm erst im Sommer 1973 wieder Kontakt mit Salameh auf. Ein paar Monate zuvor hatte der »Schwarze September« seinen Zorn gegen zwei amerikanische Diplomaten, den amerikanischen Botschafter im Sudan, Cleo Noel, sowie seinen Stellvertreter, George Curtis Moore, gerichtet. Im März waren die beiden Amerikaner zusammen mit einem belgischen Diplomaten in Khartum erschossen worden. Einige Wochen nach diesen brutalen Morden meldete sich Salameh bei Ames und erklärte, diese letzten Zwischenfälle seien die Folge einer Fehde innerhalb der Fatah. Zu ihr sei es gekommen, als die libanesische Regierung begonnen habe, gegen die Operationen der Fedajin von den palästinensischen Lagern im Süden Libanons vorzugehen. »Wir haben uns gesagt, wenn wir den Libanon nicht in Besitz nehmen können, sind wir erledigt.«[4])

Salameh berichtete Ames auch, daß Arafat gegen die Taktik des »Schwarzen Septembers« gewesen wäre und bereit sei, in Zukunft dafür zu sorgen, daß das Leben amerikanischer Diplomaten geschützt würde. Ames setzte sich mit Richard Helms, dem amerikanischen Botschafter im Iran, in Verbindung, der während des Schah-Besuchs in Washington diese Information an Kissinger weitergab. Eine unmittelbare Antwort erfolgte nicht. Doch am 10. Oktober 1973, dem dritten Tag des Jom-Kippur-

Kriegs, schickte Salameh der amerikanischen Regierung ein weiteres Angebot: Nun, so sagte er, sei Arafat bereit, an Friedensgesprächen teilzunehmen, wenn die Vereinigten Staaten aufhörten, Waffen an Israel zu liefern. Knapp einen Monat danach, am 3. November 1973, fand das erste von oben genehmigte Geheimgespräch zwischen den Vereinigten Staaten und der PLO in Rabat statt. Kissinger schickte General Vernon Walters, den stellvertretenden Direktor des CIA. Ali Hassan Salameh vertrat die PLO. Das Treffen war, wie Kissinger später schrieb, »genau vor meiner Reise nach Kairo« anberaumt worden. Es war die erste auf hoher Ebene stattfindende Mission nach Ende des Oktoberkriegs, »mit der für ein Stillhalten der PLO während dieser empfindlichen Phase gesorgt wurde«.[5])

Sowohl Kissinger als auch Walters erklärten, das Treffen habe seinen Zweck erfüllt. »Damals«, schrieb Kissinger, »hörten Angriffe auf Amerikaner auf, jedenfalls was Arafats Fraktion in der PLO anging.« Walters rühmte sich, er sei »zu einem Gespräch mit einer äußerst feindseligen Gruppe von Terroristen« geschickt worden. »Ich trat ihnen allein und unbewaffnet in einer Welt gegenüber, die mit ihrer Sache sympathisiert. Meine Position setzte mich höchster Gefahr aus. Ich hatte mich über ihre Vergangenheit, ihre Hoffnungen, ihre Träume, sogar ihre Dichtung informiert. Es gelang mir, ihnen eine Botschaft zu übermitteln, die ihnen klarmachte, was man mir aufgetragen hatte. Es gelang uns, ein Gespräch zu führen, und es kam zu keinen weiteren blutigen Handlungen zwischen uns.«[6])

Salameh erwies sich für die Nixon-Regierung fast sofort als nützlich. Bei dem Treffen in Rabat warnte er Walters vor einem gegen Kissinger gerichteten Attentatsplan. Infolgedessen wurde seine Landung im Libanon auf einen Militärflugplatz in dem von Christen kontrollierten östlichen Landesteil verlegt. Aber kaum hatte Salameh in den Augen der Administration in Washington wieder an Ansehen gewonnen, als erneut die Alarmglocken läuteten. Ein Libyer wurde bei dem Versuch, Drogen nach Italien zu schmuggeln, festgenommen. Er gestand, einer Gruppe anzugehören, die Präsident Nixon ermorden wollte. Der Libyer sagte, er stehe in »operativem Kontakt« mit Salameh. CIA-Beamte wurden zornig. Salameh wurde gerufen, und Ames tobte. Schnell jedoch zeigte sich, daß der Libyer an einer Intrige beteiligt war, die dazu dienen sollte, Arafat und die PLO zu diskreditieren. Salameh machte dieses Schlappe wett, indem er die tatsächlichen Akteure identifizierte und sich einverstanden erklärte, in Zukunft Informationen über derartige Anschläge auszutauschen. Daraufhin zeichnete sich die Wiederaufnahme einer echten operativen Zusammenarbeit zwischen dem CIA und dem Geheimdienstflügel der Fatah ab.

Ende 1973 war den amerikanischen Beamten allerdings klar, daß sie nicht die einzigen waren, die sich für Salameh interessierten. David Ignatius, Auslandsredakteur der *Washington Post,* schrieb, ein sonderbarer Zwischenfall habe sich in Wien zugetragen. Er deute darauf hin, daß andere sich über die neue amerikanische Bereitschaft, die PLO zu hofieren, Fragen stellten. Ein nicht identifizierter Palästinenser rief die US-Botschaft an und behauptete, Arafat hätte ihn autorisiert, geheime Informationen über Drohungen gegen amerikanische Bürger zu beschaffen. Um seine Verbindung zu Arafat unter Beweis zu stellen, sagte er dem Botschaftsbeamten, er solle auf eine spezifische Nachricht von Radio Damaskus warten. Sie beträfe die Kuwaiter GUPS-Gruppe. Diese Nachricht wurde an dem Tag und genau um die Zeit gesendet, die er vorhergesagt hatte. Ames setzte sich mit Salameh in Kontakt. Arafat bestritt, irgend etwas von diesem Angebot in Wien zu wissen. Seine Geheimdienstagenten suchten und fanden den Palästinenser. Bei seinem Verhör stellte sich nach palästinensischen Angaben heraus, daß er als Mossad-Agent gehandelt hatte. Der Mann wurde hingerichtet, und die PLO zeigte sein Geständnis später dem CIA.[7])

Diese Operation dürfte für Salameh nicht überraschend gekommen sein. Baschir Gemayel, der libanesische Falangistenführer, hatte ihn zu warnen versucht: Die israelische Ministerpräsidentin Golda Meir habe Salameh ganz oben auf die israelische Todesliste gesetzt. Dem Mossad war er 1973 nur um ein Haar entwischt, als man sich für das Massaker in München an ihm rächen wollte. Agenten des israelischen Geheimdienstes hatten Salamehs Spur, so glaubten sie zumindest, bis nach Skandinavien verfolgt. Eine von Raphael Sekr und dem späteren Manuel-Noriega-Berater Mike Harari geführte Gruppe stürmte in ein norwegisches Restaurant und tötete einen dunkelhäutigen Araber. Die Gäste waren entsetzt. Nachdem sich der Rauch verzogen hatte, stellte sich heraus, daß es sich bei dem Araber um einen marokkanischen Kellner gehandelt hatte.

Am 7. März 1974 fand in Rabat ein zweites Treffen zwischen Walters und einem erweiterten Team von PLO-Beamten statt. Ihm gehörten Khaled al-Hassan, der Mitbegründer der Fatah, und führende Intellektuelle der Gruppe sowie Fatahs Informationschef Madschid Abu Scharar an. Letzterer war ein prominenter Linker, der 1981 in Rom auf mysteriöse Weise ermordet wurde. 1974 hatte Khaled al-Hassan auf seinen Sitz im damals fünfzehnköpfigen Exekutivkomitee verzichtet. Er vertrat öffentlich eine Zwei-Staaten-Lösung und Koexistenz mit Israel. Walters war daran interessiert zu erfahren, was er vom neuerlichen Flirt der PLO mit Moskau hielt und ob er die Entscheidung des Palästinensischen Nationalrats (PNC) von 1973 unterstütze, daß Hussein vom Thron entfernt werden müsse. Offenbar von Khaled al-Hassans vernünftigen Ansichten beeindruckt, sagte Walters an einem Punkt der Unterhaltung: »Wenn wir mit Vietnam so umgegangen wären, wie Sie mit der palästinensischen Frage umgehen, dann hätten wir das Vietnamproblem schon lange gelöst – ohne all diese Opfer an Menschenleben.« Der palästinensische Führer gibt heute zu, daß der stämmige Amerikaner ihm gefiel. Er bat ihn: »Überzeugen Sie Ihre Regierung davon, daß sie vernünftig sein und mit den Leuten reden muß. Sie können ein Problem mit jemandem nicht lösen, ohne mit ihm zu reden.« Walters stimmte zu und deutete, so Khaled al-Hassan, an, daß die USA positiv reagieren würden, wenn die PLO ihre Anstrengungen, terroristische Angriffe gegen Amerikaner zu organisieren, aufgab. Die PLO bemühte sich daraufhin um ein Mandat der arabischen Staaten, damit sie eine politische Offensive beginnen könnte. »Wir dachten, die Vereinigten Staaten hätten uns 1973 einen Auftrag erteilt«, sagt Hassan. Selbst Kissinger bestätigte, daß die USA beim ersten Treffen mit Walters ein Zuckerbrot angeboten hatten: »Wir schlugen vor, das palästinensische Problem nicht als eine internationale, sondern innerarabische Angelegenheit zu behandeln.«[8]) Die Botschaft, die Walters übermitteln sollte, sei gewesen, daß »es Sache der PLO war, ihre Beziehungen zu den anderen arabischen Staaten in Ordnung zu bringen«. Für Khaled al-Hassan hat die PLO »in Rabat alles getan, was die USA von uns verlangten. Bekommen haben wir dafür nichts.« Die sich daraus ergebende Enttäuschung zusammen mit den Entwicklungen von 1975 verstärkten das Mißtrauen der PLO hinsichtlich der Rolle und der Politik der USA auf der Suche nach einer Lösung des Konflikts zwischen Israelis und Palästinensern.

Im Oktober 1974 wurde die PLO beim arabischen Gipfel in Rabat zur einzigen legitimen Vertreterin des palästinensischen Volkes erklärt. Einen Monat später, im November 1974, schien Arafat noch eine Bestätigung seines Anspruchs zu erhalten, als sich die Vereinten Nationen einverstanden erklärten, seine Rede vor der Vollversammlung anzuhören. Die PLO glaubte, sie mache das, was Kissinger wollte. Während ihres Aufenthalts in New York hielt sie ein drittes geheimes Gespräch mit den Amerikanern ab, diesmal in den exklusiven Waldorf-Astoria-Towers. Im 36. Stock, in einer Suite des amerikanischen UNO-Botschafters, stellte Ames Salameh seinen Nachfolger in Beirut vor.[9]) Ein Jahr zuvor hatte der PLO-Vertreter die Versicherung abgegeben, daß die Fatah keine Amerikaner mehr angreifen würde, und die PLO hatte dieses Versprechen durchgesetzt. Nun sollte es ausgedehnt werden. Salameh, der die Anerkennung der PLO durch die Amerikaner anstrebte, gelobte, Fatah werde sich bemühen, die anderen PLO-Fraktionen zu überwachen, und versprach, den Amerikanern Informationen über deren Operationen zu übermitteln.

Im Herbst 1975 merkte die PLO allerdings, daß man sie ausgenutzt und hereingelegt hatte. Statt der PLO die Anerkennung der Amerikaner in Aussicht zu stellen, hatte Kissinger Israel die geheimen Zusicherungen gegeben, die der jüdische Staat für seine Unterschrift unter das Sinai-II-Abkommen mit Ägypten verlangt hatte: Die USA würden die Guerillaorganisation PLO nicht anerkennen und nicht mit ihr verhandeln, bevor sie nicht Israels Existenzrecht sowie die beiden für die Palästinenser problematischen UN-Resolutionen 242 und 338 akzeptierte. Kissinger erklärte außerdem, weder Ägypten noch Jordanien würde mit Israel Frieden schließen, wenn die PLO an Legitimität gewinne. Damit hatten sich die Vereinigten Staaten für eine Politik entschieden, die seine arabischen Brüder zum Betrug gegenüber der PLO zwang. Arafat wußte allerdings, daß die Vereinigten Staaten die PLO bald wieder brauchen würden. Der Bürgerkrieg im Libanon wurde immer erbitterter geführt, und nur die PLO konnte das Leben und Eigentum der Amerikaner in Westbeirut schützen. Die »Kissinger-Tabus« sollten der Kooperation mit den Vereinigten Staaten kein Ende bereiten. Statt dessen sollten sie sie in den Untergrund zwingen.

Für Robert Ames und Ali Hassan Salameh begann eine neue Ära, nachdem Kissinger den geheimen Anhang des ägyptisch-israelischen Vertrags von 1975 in einem beiliegenden Brief unterzeichnet hatte. Von nun an wurde ein offizieller Kontakt mit der PLO nur dann genehmigt, wenn das Leben von Amerikanern in Gefahr war. Gerade deshalb, weil das Versprechen Kissingers zu *dem* Test für die Treue gegenüber Israel geworden war und niemand im Weißen Haus »im Umkreis von tausend Meilen zur PLO gesehen« werden wollte, mußte es Robert Ames geben. »Jedes weitere Treffen mußte im Zusammenhang von ›Sicherheit‹ und nicht ›Politik‹ gemacht werden«, erklärt Geoffrey Kemp, ein ehemaliger politischer Berater der Reagan-Regierung.[10]) Bis zu seiner Ermordung in Beirut acht Jahre später im April 1983 verkörperte Robert Ames die amerikanische Politik gegenüber der PLO. Er wurde der nationale Geheimdienstbeamte des CIA, sein Nahost-Chefanalytiker und Undercover-Spitzenagent und schließlich George Shultz' Palästinaexperte und enger persönlicher Freund. Ames' Beziehungen zu Khaled al-Hassan und Abu Hassan Salameh zahlten sich für die Vereinigten Staaten aus.

Am wichtigsten war der Schutz, den Salamehs 6000-Mann-Miliz den über 250 amerikanischen Diplomaten, Lehrern, Geschäftsleuten und deren Familien gewährte, als sie aus Beirut evakuiert werden mußten. Am 19. Juni 1976 wurde Arafats »Force 17« zur amerikanischen Botschaft geschickt, um deren Bewachung zu übernehmen. Zwei Routen wurden für die Evakuierung festgelegt, eine von einem Strandklub am Meer zu den Schiffen der Sechsten US–Flotte, die andere durch die Schuf-Berge über die Fernstraße Beirut–Damaskus bis zur syrischen Grenze. Kissinger schickte seinen persönlichen Dank, und Präsident Ford zollte Arafat öffentlich Anerkennung. »Die PLO«, sagte Ford den Reportern, »und alle anderen Parteien im Libanon haben vollkommen kooperiert, um uns die Evakuierung der Amerikaner und der Angehörigen der anderen Nationen ohne irgendeinen Zwischenfall zu ermöglichen.«

So dankbar war der CIA, daß er, als Salameh Georgina Risik, »Miß Libanon«, heiratete, die Jungvermählten einlud und sämtliche Kosten übernahm. Sie besuchten Hawaii, Disney-World und alle anderen Orte, die Salameh sehen wollte.[11]) Die *New York Times* schrieb später: »Diese einzigartige amerikanische Geste verstärkte Jassir Arafats Bitterkeit und sein Gefühl, daß man ihn verraten hatte, als Salameh getötet wurde.«[12]) Salameh beendete seine Rundreise in Washington. Im naheliegenden Virginia fanden Gespräche mit CIA-Beamten statt. Mit Bedacht wurde eine scheinbar spontane Begegnung mit dem damaligen CIA-Direktor George Bush arrangiert. Doch selbst diese VIP-Kontakte konnten Salameh nicht vor dem Mossad schützen.

Im Mai 1977, als Menachem Begin Premierminister wurde, erwählten sich jene, die immer noch die Rechnung für das Olympia-Massaker zu begleichen hatten, Salameh erneut zum Ziel. Am 22. Januar 1979 fand Salameh, der sich den Beinamen eines »ungekrönten Königs von Beirut« verdient hatte, den Tod, als eine Autobombe in einer Straße in der Innenstadt von West-Beirut explodierte. Die israelischen Führer machten kein Hehl aus ihrer Rolle bei der Eliminierung dieses Anführers der Gruppe »Schwarzer September«. Er war einer der wenigen Beteiligten, die bis dahin überlebt hatten. Ein PLO-Beamter vertritt jedoch die Auffassung, der Mossad hätte ihn wahrscheinlich getötet, um den sich entwickelnden geheimen Dialog mit den Vereinigten Staaten zu sabotieren. »Die Israelis waren gegen alles, was uns zu guten Beziehungen mit den Vereinigten Staaten verhelfen konnte«, sagt Khaled al-Hassan. »Salameh wurde umgebracht«, fügt er bitter hinzu, »weil er sich prächtig mit den Amerikanern verstand.«[13])

20

Die Kissinger-Tabus

In den ausgebombten Hinterzimmern von Beirut, in den Flüchtlingslagern im Süden Libanons und in den Salons von Tunis haben endlose Begegnungen zwischen Jassir Arafat und amerikanischen Abgesandten stattgefunden. Die Kontaktpersonen, manche von ihnen selbsternannt, manche offiziell delegiert, haben Hunderte von Stunden damit zugebracht, den PLO-Führer zu einer Anerkennung Israels zu bewegen. Nur dadurch, so stellten sie immer wieder fest, würde er das bekommen, was er wollte: direkte Gespräche mit den Vereinigten Staaten. Der schwierigste Teil des Prozesses war vielleicht die Überzeugungsarbeit, die man leisten mußte, um Arafat von seiner Vorstellung abzubringen, die Vereinigten Staaten bestimmten, was Israel tat. Die Amerikaner, so wiederholten sie unaufhörlich, könnten Israel der PLO nicht »liefern«. Die Palästinenser müßten die Botschaft selbst ausdrücken.

»Das ist ein Teil der Aufklärung, an der sich eine ganze Menge von uns bei ihm versucht haben«, sagt einer der amerikanischen Emissäre, der Arafat mehr als fünfzigmal gesprochen hat. »Gott, das hat so viel Zeit gekostet. Intellektuell konnte er einfach nicht damit umgehen. Erst als die Sowjets immer mehr Ärger mit Syrien bekamen, weil sie es nicht mehr kontrollieren konnten«, fing Arafat an zu verstehen. »Er wußte, was zu geschehen hatte, und sagte mir, er wüßte genau, was er zu tun hätte. Da gab es gar keine Frage.« Der Witz sei, so der Amerikaner, der immer wieder zu Begegnungen mit Abba Eban und Mosche Dayan nach Israel flog, daß »er mir sogar ein paar Botschaften für die Arbeitspartei mitgab«. Zur Frage der Anerkennung fügt der US-Beamte hinzu: »Er sagte, er könnte es deswegen nicht tun, weil die politische Situation nicht die richtige wäre.« Der Amerikaner seufzt. »Er redet wahnsinnig gern. Die nötige Bewegung verschafft er sich hauptsächlich durch seine mentale Gymnastik. Das war seine Art von Sport.«

Wenn Arafat einen Tapetenwechsel brauchte, erzählt der geheime Botschafter, »fuhren wir Auto. Wir kamen ›irgendwie‹ irgendwo an – und, mein Gott, es war erstaunlich! Am liebsten besuchte er eines der Lager. Es war wie beim Rattenfänger von Hameln. Die Kinder wollten ihn anfassen, seine Hand halten und mit ihm spielen. Ich habe das oft einigen der Politiker in Washington zu erklären versucht. Sie hatten keine Ahnung, daß er eine heroische Vaterfigur ist. Um ihn zu verstehen, müssen Sie begreifen, daß er sich wirklich so sieht, wie George Washington sich gesehen hat. Er ist der Vater seines Volkes. Er sieht sich selbst so. Ich habe ihm mehrfach gesagt: ›Seien Sie nicht anmaßend. Nicht alle halten Sie für den Vater des ganzen palästinensischen Volkes.‹ Und er pflegte zu sagen: ›Aber das Volk sieht mich so.‹ Er maß es an der Reaktion, die er von den Kindern bekam. Er war wichtiger als jede Fahne. Sosehr das häßliche Porträt die Menschen hier in Amerika abschrecken mag, auf die Leute dort hatte es genau die entgegengesetzte Wirkung.«

Jedesmal, wenn der Amerikaner von seinen Besuchen zurückkam, erstattete er den Beamten im Außenministerium Bericht. Und bevor er wieder aufbrach, gaben ihm die Beamten seine Richtlinien. »Ich erinnere mich noch an einen Besuch. Das Außenministerium sagte mir, der CIA hätte berichtet, Arafat liege mit Nierenversagen im Sterben – im Gaza-Hospital in Beirut. Es war ein Dienstag, und ich sollte mich am Sonnabend mit ihm treffen. Ich wollte meinen Flug absagen. Ich meine: Arafat lag im Sterben, was sollte ich da noch tun? Also schickte ich ihm eine Nachricht über eine Kontaktperson, und die Antwort war: ›Wir geben Ihnen morgen Nachricht.‹ Sie riefen mich eine Stunde später an und sagten: ›Er möchte Sie sehen.‹ Ich dachte: ›Gott, wie dramatisch. Er liegt mit Nierenversagen im Sterben und will mich sehen.‹ Was sagt man jemandem in der Situation? Ich kam an, und alle Soldaten, denen ich am Flughafen begegnete, waren sehr ernst und machten ein düsteres Gesicht. Sie brachten mich zum Gaza-Lager und zum Hospital. Die ganze Atmosphäre war sehr gespannt. Wir kamen schließlich dort an, und es stellte sich heraus, daß er einen Nierenstein loswerden wollte.«

Solche Mißverständnisse und viele falsche Informationen sind in das Gewebe der Beziehungen zwischen den Vereinigten Staaten und der PLO eingeflochten. Gleichzeitig aber »weiß der PLO-Vorsitzende eine ganze Menge über unser Land«, erzählt der Emissär. »Er weiß eine Menge über die amerikanische Revolution.« In einem ihrer zahlreichen Gespräche zog Arafat eine Parallele zu seinem bewaffneten Kampf und fragte ihn: »War es richtig, daß sich die Amerikaner hinter Bäumen versteckt und auf britische Soldaten geschossen haben? Warum war das richtig – und unser bewaffneter Kampf ist es nicht? Was ist der Unterschied?« Der hohe Regierungsbeamte will den Vergleich nicht stehenlassen und interpretiert statt dessen die Worte des PLO-Vorsitzenden: »Tatsächlich sieht er kein wirkliches moralisches Dilemma wegen der Menschen, die aufgrund seines Vorgehens gestorben sind.«

Die amerikanischen Kundschafter waren zumeist Privatpersonen. Oft gehörten dazu Vertreter verschiedener Friedensgruppen, die an einem guten Einvernehmen mit Arafat interessiert waren, unter ihnen Mitglieder des American Friends Service Committee der Quäker und der Stiftung für Frieden im Nahen Osten, bei der vor allem der Vorsitzende Merle Thorpe und die Direktorin Gail Pressberg unermüdlich für eine israelisch-palästinensische Verständigung gearbeitet haben. Zu den geheimen Emissären zählten auch bekannte Wissenschaftler, religiöse Führer sowie ehemalige Politiker und Kongreßabgeordnete wie Paul Findley aus Illinois und Paul McCloskey aus Kalifornien.

An den Bemühungen waren zudem führende Mitglieder der jüdischen Gemeinde wie der ehemalige Handelsminister Philip Klutznik und Howard Squadron beteiligt. Immer wieder bat Arafat sie, Botschaften ans Außenministerium und ans Weiße Haus zu übermitteln. Der einzige offizielle Kontakt lief jedoch nach wie vor über den CIA-Mann Robert C. Ames, der häufig mit diesen inoffiziellen Abgesandten zusammenarbeitete und 1982 während der Evakuierung der PLO aus Beirut selbst an geheimen Verhandlungen beteiligt war, um Kissingers »Quarantäne« zu durchbrechen.

Die Geschichte beginnt, als Carter, kurz nachdem er Präsident geworden war, den »Kissinger-Bann« auf eine Art und Weise umformulierte, von der er hoffte, sie würde die PLO ermutigen, die Bedingungen zu akzeptieren. Zuerst drückte Carter sich falsch aus. Er erweiterte den Bann sogar noch, indem er sagte, die Vereinigten Staaten würden nicht einmal mit der PLO »sprechen«, bevor sie Israel und die beiden UNO-Beschlüsse nicht anerkannt hätte. Selbst Kissinger hatte nicht gewollt, daß »Gespräche« verboten seien. Nein, er hatte Verhandlungen gemeint. Carter begriff seinen Fehler und änderte die Vereinbarung mit Israel etwas ab. Statt die Bedingungen negativ zu formulieren, versprach Carter offiziell: Die Vereinigten Staaten würden einen Dialog mit der PLO beginnen, sobald sie die Resolutionen 242 und 338 akzeptiert und Israels Existenzrecht öffentlich anerkannt hätte. Um der PLO diesen Schritt zu erleichtern, war Carter bereit, Arafat die Möglichkeit einzuräumen, seine Zustimmung an die Klage zu knüpfen, daß in der

Resolution 242 die Anerkennung der nationalen Rechte der Palästinenser fehle.

Bei der Eröffnung des Treffens des Palästinensischen Nationalrats im Hauptquartier der Arabischen Liga in Kairo 1977 antwortete Arafat auf das Angebot des neuen Präsidenten und sagte einem amerikanischen Fernsehreporter, er »traue« Carter. Die palästinensische Zuversicht wuchs, eine Öffnung zu den Vereinigten Staaten sei nun im Bereich des Möglichen, als Carter in einer Rede in Maine im gleichen Jahr die palästinensischen Hoffnungen auf ein »homeland« ansprach und unterstützte. Eine Vielzahl diplomatischer Aktivitäten, an denen unter anderem Saudi-Arabien und der österreichische Kanzler Bruno Kreisky beteiligt waren, zielte darauf ab, eine Formel zustande zu bringen, die Carters Bedingungen erfüllte.

Doch letztlich blieben all diese Bemühungen erfolglos. Im August 1977 erfuhr Außenminister Cyrus Vance bei einem Besuch im saudiarabischen Kurort Taif, daß Arafat die spezifische Sprache, die Carter vorgeschlagen hatte, ablehnte.

Damit blieb Robert Ames der einzige, der berechtigt war, »substantielle« Gespräche mit der PLO zu führen – immer unter dem Deckmantel einer Diskussion über Sicherheitsprobleme. Andere Beamte aber, denen die geheime Mission des CIA-Agenten bekannt war, glaubten sich seiner Unterstützung sicher, wenn sie Schritte unternahmen, die diese Sache voranbringen konnten. In manchen Fällen, wie in dem des amerikanischen Botschafters in Österreich, Milton Wolf, handelten sie mit offizieller Genehmigung. In anderen Fällen, wie in dem des UNO-Botschafters Andrew Young, gingen die Emissäre über das, was ihnen gestattet worden war, hinaus und mußten dafür büßen, wenn ihre geheimen Aktivitäten ans Tageslicht kamen.

Anfang Juni 1979 begegnete Botschafter Wolf, der schon viele Male in den Vereinigten Staaten private Spenden für Israel gesammelt hatte, beim Einsteigen in den Privatjet des österreichisch-jüdischen Geschäftsmanns Karl Kahane zu einem Flug von Paris nach Wien einem führenden gemäßigten PLO-Vertreter. Wolf hatte den österreichischen Kanzler Bruno Kreisky überredet, sich in Massachusetts einer Augenoperation zu unterziehen, und ihn zu der Operation nach Boston begleitet. Nachdem das erledigt war, schlug Kreisky Wolf einen Flug mit der Concorde nach Paris vor, so daß sie noch am gleichen Tag in Wien zurück sein konnten. Als sie auf dem Flugplatz von Orly landeten, fuhr Kahanes privat gecharterte Falcon 20 an die Überschallmaschine der Air France heran, um mit ihnen sogleich in Richtung Österreich abzuheben.

Kreisky hatte vergessen, Wolf zu erzählen, daß Issam Sartawi von der PLO in Paris zu ihnen stoßen und zusammen mit ihnen nach Wien fliegen würde. »In dem Flugzeug saßen Patricia Kahane, seine Tochter, und ein anderer Mann, von dem ich dachte, daß er ihr Freund wäre. Nachdem wir gestartet waren, wurden wir einander vorgestellt. Dabei kam heraus, daß es Sartawi war«, erinnert sich Wolf. Der Palästinenser, ein Chirurg, der in der Klinik in Cleveland, Wolfs Geburtsort, praktizierte, war von Arafat autorisiert worden, Kontakt mit Israelis aufzunehmen, und wollte das Außenministerium von der Initiative informieren.

»Wie sieht's in Cleveland aus?« fragte Sartawi Wolf, sobald sie sich in der Luft befanden. »Als er über den Nahen Osten zu reden anfing, sagte ich ihm: ›Es ist mir verboten, mit Ihnen zu sprechen, solange Ihre Organisation die beiden UN-Resolutionen nicht anerkannt hat. Wenn Sie das tun, brauchen Sie nicht mit mir zu reden. Dann werde ich Sie zum Präsidenten bringen‹«, hat Wolf seinen Angaben nach dem PLO-Abgesandten gesagt. Wolf schickte sofort ein Telegramm ans Außenministerium und berichtete den Inhalt seines Impromptu-Gesprächs. »Man nahm es mit großem Interesse auf. Sie schickten mir eins zurück, das sehr positiv war«, sagt er.

Knapp einen Monat später besuchte Arafat Wien, und Sartawi und Wolf, der jetzt mit Zustimmung von Außenminister Vance handelte, trafen sich. Briefe wurden ausgetauscht. Darunter war einer, in dem Kreisky festgehalten hatte, was Arafat ihm hinsichtlich der Anerkennung Israels zugesagt hatte. Im August dann, nachdem Saudi-Arabien Vance nicht die versprochene PLO-Zustimmung zu den Resolutionen hatte geben können und die Bemühungen von Wolf gescheitert waren, kam die Geschichte ans Tageslicht. Ein anonymer Beamter des Außenministeriums ließ den Inhalt der geheimen Telegramme an den damaligen Washingtoner Korrespondenten der *Jerusalem Post*, Wolf Blitzer, durchsickern. Als die Nachricht erschien und die *New York Times* am nächsten Tag beim Außenministerium nachfragte, erklärte dessen Sprecher Thomas Reston den Reportern, man habe den Botschafter in Wien »am 2. Juli und noch einmal am 7. Juli an die offizielle Politik in bezug auf substantielle Gespräche mit der PLO erinnert«. »Aber«, sagt Milton Wolf, »ich wurde niemals gerügt. Vance hat mir niemals Instruktionen gegeben, keine Treffen abzuhalten.« Er ist der Ansicht, der Beamte, der die Informationen über seine geheimen Begegnungen mit Sartawi hatte durchsickern lassen, hätte es getan, um von einem anderen hohen amerikanischen Beamten abzulenken, der ebenfalls mit der PLO konferierte.

Am 26. Juli 1979 traf sich der UNO-Botschafter der Carter-Regierung,

Andrew Young, heimlich mit dem Chef der PLO-Beobachtermission bei den Vereinten Nationen, Sehdi Labib Tersi. Das Gespräch fand im Appartement des kuwaitischen Botschafters statt, der die treibende Kraft einer Initiative war, die sich für eine Abänderung des UNO-Sicherheitsratsbeschlusses 242 einsetzte. Eine Passage über das Recht der Palästinenser auf Selbstbestimmung und einen eigenen Staat sollte eingefügt werden. Die Israelis hörten die Unterhaltung allerdings mit. Als das geheime Gespräch ein paar Wochen später an die Öffentlichkeit kam, zwang man Young zum Rücktritt. Außenminister Cyrus Vance erklärte zum Rücktritt des US-Botschafters, Young habe ihn in bezug auf den Grund des Treffens mit Tersi belogen, und es sei ihm peinlich gewesen, erst von den Israelis über dessen Inhalt zu erfahren. »Das Schreiben, in dem ich meinen Rücktritt anbot, fiel zufällig mit den Nachrichten über Young zusammen«, erklärt Milton Wolf. »Geschehen war folgendes: Jemand, der nicht wollte, daß Young für seinen eindeutigen Fehler büßen mußte, versuchte, auf mich abzulenken, obwohl meine Gespräche genehmigt waren.«

Mindestens vier weitere Emissäre, die geheim agierten und sich mit der PLO in einem anhaltenderen Kontakt befanden, übermittelten immer wieder Stellungnahmen Arafats an die US-Regierung.

Einer von ihnen war amerikanischer Botschafter, die anderen drei waren Privatpersonen. Alle vier hatten direkt vom Präsidenten, seinem Nationalen Sicherheitsberater oder dem Außenminister die Ermächtigung erhalten, Gespräche mit Arafat und seinen führenden politischen und militärischen Beratern – darunter Abu Dschihad, Khaled al-Hassan, Hani al-Hassan und Bassam Abu Scharif – zu führen. Die von den vier geheimen Botschaftern Landrum Bolling, John Gunther Dean, John Edwin Mroz und Rita Hauser geschmiedeten Kontakte wurden Israel gegenüber geheimgehalten. Mindestens zwei von den vier sind der Auffassung, daß die Israelis, als sie die Geheimkontakte entdeckten, diese zu unterbrechen versuchten und in einem Fall möglicherweise unfreiwillig die Waffen besorgten, die bei einem Mordversuch Verwendung fanden.

Insgesamt haben die vier Amerikaner mehr als 1000 Stunden mit privaten Gesprächen zugebracht, in denen sie Arafat und seinen Stellvertretern gegenübersaßen. Sie haben sich mehr als einhundertfünfzigmal mit ihm und seinen Beratern in mindestens fünf verschiedenen arabischen Ländern getroffen. Bei mehreren Anlässen wurden Visarestriktionen sehr weit ausgelegt, damit führende PLO-Beamte inkognito nach Washington kommen und im Herzen der Hauptstadt Gespräche führen konnten. Das fand fast alles hinter dem Rücken der israelischen Regierung statt. Einmal jedoch schien die Anerkennung Israels durch die PLO so nahe zu sein, daß manche Mitarbeiter im Außenministerium noch immer glauben, die von israelischen Geheimdienstkreisen bemerkten und fast erfolgreichen Bemühungen könnten 1982 zu Israels Entscheidung beigetragen haben, den Libanon zu besetzen.

Der erste dieser von der Carter-Regierung eingesetzten Amerikaner war Landrum Bolling. Er hat vom Frühjahr 1975, als Jimmy Carter sich um die Nominierung zum demokratischen Präsidentschaftskandidaten bewarb, bis zum Frühjahr 1981, als die Beamten der neuen Reagan-Regierung ihn um die Beibehaltung seiner Kontakte baten, Arafat mindestens vierzigmal mit offizieller Genehmigung getroffen. Der damalige Nationale Sicherheitsberater Zbigniew Brzezinski nennt den Namen Bolling in seinen Erinnerungen nicht. Er erwähnt nur einen »prominenten, in der Erziehung aktiven Amerikaner« und gesteht ein, daß durch ihn »eine Anzahl informeller Botschaften im stillen Bemühen, eine Verständigung mit der PLO zu erreichen«, mit Arafat ausgetauscht wurden.[1])

Bevor die Regierungszeit von Jimmy Carter endete, wurde Brzezinski selbst der einzige höhere Beamte des Weißen Hauses, der während seiner Amtszeit mit Arafat zusammenkam. Er plauderte während der Feierlichkeiten zum zwölften Jahrestag der algerischen Revolution in Algier kurz mit dem PLO-Führer. Die Begrüßung hat zu Hause in den USA allerhand Kritik provoziert. »Ich bekam ein von den übrigen Beratern des Präsidenten inspiriertes, kritisches Telegramm aus dem Weißen Haus«, erzählt Brzezinski. Seine Antwort nach Washington lautete: »In Übereinstimmung mit den üblichen zivilisierten Gepflogenheiten schüttelte ich dem algerischen Präsidenten, dem Bruder von Fidel Castro, dem rumänischen Verkehrsminister, Arafat und einigen weiteren Würdenträgern die Hand.«[2])

Landrum Bolling war Präsident des Earlham College, einer Einrichtung der Quäker in Indiana, als das »American Friends Service Committee« ihn im Anschluß an den arabisch-israelischen Juni-Krieg 1967 bat, sich mit Arabern und Israelis auf der West Bank zu treffen. Er fand sich bald in der Rolle eines Boten wieder und reiste zwischen Kairo, Amman, Tel Aviv und Washington hin und her. Den PLO-Vorsitzenden lernte Bolling allerdings erst 1975 kennen. Eric Rouleau, ein in Ägypten geborener Jude, der damals Korrespondent der hochangesehenen französischen Tageszeitung *Le Monde* war, stellte ihn dem PLO-Mann vor.

Im Frühjahr 1975 versuchte Bolling, Sartawi und Sabri Dschirjis, dem Chef des PLO-Forschungsinstituts, bei der Einrichtung eines Informationsbüros der PLO in Washington zu helfen. Bolling sorgte dafür, daß sie Einreisevisa für die Vereinigten Staaten erhielten, und bat den ehemaligen amerikanischen Botschafter in Jordanien, Dean Brown, Außenminister Henry Kissinger den Antrag für die Eröffnung eines palästinensischen Informationsbüros zu überbringen. Brown erzählt, Kissinger hätte ihm mitgeteilt, er habe keine Einwände, solange sich die Palästinenser als ausländische Lobbyisten registrieren ließen – was von allen ausländischen Lobbygruppen verlangt wird. Doch innerhalb von wenigen Tagen entdeckte das American-Israeli Public Affairs Committee (AIPAC), was vor sich ging, und verlangte, das Büro zu verbieten. Kissinger änderte daraufhin rasch seine Meinung. »Er schickte die ›Gummischuhe‹ (Schnüffler) der Einwanderungsbehörde in das Hotel, in dem Sartawi und Dschirjis wohnten, und ließ ihnen mitteilen: ›Sie haben vierundzwanzig Stunden Zeit, um die Vereinigten Staaten zu verlassen‹«, berichtet Bolling. »Es war wirklich hundsgemein«, erinnert sich Brown, der damals Vorsitzender des Middle East Institute war. »Ich wußte, Henry hatte es sich anders überlegt. Ich fuhr zu ihnen hin, um ihnen zu sagen, daß sie das Land verlassen sollten. Aber während ich mit ihnen sprach, riefen Mitarbeiter des Außenministeriums meine alte Sekretärin an und sagten, sie würden mich suchen. Als sie den Beamten sagte, wo ich mich befand, gaben sie diese Information an die Einwanderungsbehörde weiter, und diese schickte ihre Leute zum Hotel.«[3]) Sartawi wurde am 10. April 1983 während eines Treffens der Sozialistischen Internationale an der portugiesischen Algarve ermordet. Die Attentäter gehörten der Organisation von Abu Nidal an.

In der Zeit vor dem Nominierungsparteitag der Demokraten im US-Wahlkampf von 1976 führte Bolling mit Jimmy Carter lange Gespräche über den Nahen Osten. Während der Wahlkampagne von Carter half Bolling, die Positionen für die Wahlplattform der Partei und des demokratischen Kandidaten zu formulieren. Doch was Bollings Gespräche mit Arafat in diesem Zusammenhang so ungewöhnlich machte, war die Tatsache, daß Bolling und damit mittelbar auch der PLO-Vorsitzende nach der Wahl Carters über einen direkten Draht zum Präsidenten der Vereinigten Staaten verfügten. »Nachdem er im Amt war, sagte er mir, ich solle jederzeit, wenn ich ihm irgendwelche Ideen mitteilen wolle, seine Frau Rosalyn anrufen«, erzählt Bolling. Einmal gab er der First Lady eine handschriftliche Seite mit einem Memorandum, in dem er seine Begegnung mit Arafat zusammenfaßte. Als Antwort erhielt er eine Kopie des Schreibens mit Präsident Carters Randbemerkungen.

Bei einer anderen Gelegenheit im September 1977 gab Brzezinski Bolling eine genaue Sprachregelung, die Arafat benutzen müßte, sollte er

Israel anerkennen. Brzezinski versprach, die Vereinigten Staaten würden einen Dialog mit ihm eröffnen, wenn er sich an dieser Sprachregelung orientierte. Bolling sollte Arafat dabei etwas Spielraum lassen: »Es brauchen nicht genau diese Worte zu sein.« Der PLO-Vorsitzende antwortete Bolling, er sei bereit, all diese Worte zu sagen, aber er brauche dafür die formelle Billigung seines Exekutivkomitees. Außerdem fragte er Bolling, ob er noch vierundzwanzig Stunden bleiben könne. Bolling war einverstanden, aber Arafat hielt ihn nicht einen, sondern drei Tage im Libanon fest. Schließlich brach Bolling nach Bagdad auf, und Arafat versprach, einen Kurier mit einer schriftlichen Antwort nach Washington zu schicken. Der Bote, ein Berater Sartawis, traf ungefähr zehn Tage später ein. Bolling brachte das Dokument ins Weiße Haus und gab es Brzezinski. Es war voller Doppeldeutigkeiten, und der Ärger beim Sicherheitsberater war groß: »Das soll wohl ein Witz sein. Was denkt sich dieser Kerl eigentlich, wer wir sind? Ein Haufen Idioten?«

Außerdem geriet Brzezinski in Wut, als Arafat in einem Interview behauptete, der Sicherheitsberater hätte ein der PLO insgeheim gegebenes Versprechen gebrochen. Diese Bemerkung drohte, so Brzezinski, sowieso schwierige Gespräche mit der israelischen Regierung zu untergraben. »Ich möchte, daß Sie Arafat dazu bringen, diese Aussage zu widerrufen«, wurde Bolling aufgetragen. Arafat arrangierte daraufhin mit einer anderen arabischen Zeitung, ihm noch einmal dieselbe Frage zu stellen. Bolling erklärte er, Brzezinski werde mit seiner Antwort zufrieden sein. Ein paar Tage später lud Carter Bolling zu einem Essen ins Weiße Haus ein. Brzezinski kam auf ihn zu. Er hatte das zweite Interview gelesen, in dem Arafat seine ursprünglichen Anschuldigungen abgemildert hatte. »Ich möchte, daß Sie Arafat sagen, daß ich ihm das nie vergessen werde.« Der ehemalige Sicherheitsberater weigert sich noch heute, über die Einzelheiten zu sprechen. »Arafat hat es ein bißchen ausgebügelt«, gibt Brzezinski zu. Er sagt, Arafat hätte dazugelernt. »Wenn man ihn einigermaßen hart anpackt, kann man gewöhnlich bekommen, was man will.«

Für Bolling bleiben seine fünf Jahre als Vermittler eine letztlich enttäuschende Zeit. Seinen Mißerfolg führt er auf eine sehr einfache Tatsache zurück: Arafat »dachte, er könne einen Dialog mit uns anfangen, ohne all die Worte zu sagen, die wir von ihm verlangten«. Gleichzeitig ist Bolling der Auffassung, die Kissinger-Tabus seien eine »von Anfang an unlogische und nicht zu rechtfertigende Politik« gewesen: »Wir reden nicht deshalb mit der PLO, weil wir die PLO gutheißen oder weil wir die PLO mögen oder weil wir Arafat lieben. Wir geben der PLO keinen Segen. Es hat mit der Grundfrage zu tun, weshalb man mit irgend jemandem diplomatische Beziehungen unterhält. Wir reden mit der PLO, weil wir Frieden im Nahen Osten sehen wollen.«

John Gunther Dean wurde von ähnlichen Überzeugungen geleitet. »Mit Leuten reden heißt nicht, daß ich gutheiße oder verzeihe, was der Betreffende tut. Man tut es einfach deshalb, weil man seine eigenen Interessen wahren möchte«, sagt er.[4]) Drei Jahre lang, vom September 1978 bis zum Juli 1981, als Dean amerikanischer Botschafter im Libanon war, führte er mehr als fünfunddreißig geheime Gespräche mit PLO-Beamten, darunter mehrere mit Arafats Top-Berater Abu Dschihad, der die militärischen Operationen der PLO leitete. Dean ist ein Karrierediplomat, der sich 1989 aus dem Dienst fürs Außenministerium zurückgezogen hat und zuvor als Botschafter in Kambodscha, in Dänemark, Indien und Thailand gedient hatte. Bei seinen Begegnungen mit den PLO-Beamten handelte er nach den Richtlinien von Cyrus Vance und schickte seine Berichte direkt an den Leiter der im Außenministerium für den Nahen Osten zuständigen Abteilung, Harold Saunders. Deans erster Auftrag bestand darin, den Leichnam seines Vorgängers, Francis Meloy junior, von der PLO abzuholen. Fatah-Quellen versichern, PFLP-Freischärler hätten Meloy ermordet, um den geheimen amerikanischen Dialog mit Arafats Stellvertretern zu untergraben. Dean erzählt, die Kooperation der Fatah bei der Suche nach den Überresten Meloys und der Identifizierung der Attentäter sei außerordentlich gut gewesen.

Die Ereignisse jedoch, die Dean in regelmäßigen Kontakt mit der PLO brachten und zu einem Mordanschlag gegen ihn führten, hatten mit der gewalttätigen Übernahme der amerikanischen Botschaft im Iran am 4. November 1979 zu tun, als dreiundsechzig amerikanische Diplomaten als Geiseln festgenommen wurden. Dean bestätigt: Nachdem er sich kurz darauf direkt an Abu Dschihad gewandt hatte, unternahmen sowohl der PLO-Militärchef als auch Arafat spezielle Reisen nach Teheran und versuchten, Ayatollah Ruhollah Khomeini zur Freilassung der Gefangenen zu bewegen. »Die PLO sah das als eine Möglichkeit, sich bei den Vereinigten Staaten einzuschmeicheln. Es zeigte, daß sie an bestimmten Orten über einen gewissen Einfluß verfügten und daß sie in Regionen Unterstützung erhielten«, wo es den Vereinigten Staaten daran mangelte, sagt Dean. Was die PLO anbot, war natürlich »die andere Hand des Terrorismus«: Schutz davor. Die PLO wollte zeigen, daß sie mit den Vereinigten Staaten zusammenarbeiten konnte, um dem Terrorismus Einhalt zu gebieten – und sich dadurch als anerkannter Mitspieler im Nahen Osten zu etablieren.

Wie sich herausstellte, besaß die PLO in Teheran tatsächlich einen gewissen Einfluß. Die Befreiungsbewegung hatte Khomeini während der Zeit seines Pariser Exils beim Aufbau von Sicherheitskräften geholfen. In ihren Guerillastützpunkten im Südlibanon hatte sie einige seiner führenden revolutionären Kader ausgebildet. Zu ihnen gehörte Ali Akbar Mohtaschemi, der später Khomeinis Innenminister wurde.[5]) Auch hatte man kurz nach der Vertreibung des mittlerweile verstorbenen Schahs Resa Pahlevi aus dem Iran Hani al-Hassan nach Teheran eingeladen, damit er das Satellitenkommunikationssystem für die neue Islamische Republik installierte. Der PLO-Beamte hat »alles gesehen, jedes Kabel, jedes Dokument, das hereinkam oder hinausging«, erzählt uns Präsident Carters Chefanalytiker für den Iran, Gary Sick. Nach der Revolution, die Khomeini an die Macht brachte, durfte die PLO sogar die ehemalige israelische Botschaft in Besitz nehmen. Die Geisel-Krise war ein unerwarteter Segen für die PLO, erklärt Sick. Sie »sah darin eine klare Gelegenheit, in den Beziehungen zur US-Regierung Pluspunkte zu sammeln«.

In New York autorisierte Cyrus Vance Robert Ames, sich mit Khaled al-Hassan, Hanis Bruder, zu treffen und über ihn noch einmal an Arafat zu appellieren, in der Geiselaffäre behilflich zu sein. Die PLO wollte einerseits eine Beendigung der Krise ohne den Verlust von Menschenleben, andererseits diente die Geiselnahme durch militante iranische Studenten den eigenen Zielen der Befreiungsorganisation. »Unser Ziel war es, Camp David zu stoppen«, gesteht Hani al-Hassan. »Es gab keine andere Möglichkeit, Camp David zu stoppen, als die, ein großes Problem in der Gegend zu schaffen.« Die PLO war gegen die 1978 unterzeichneten Abkommen von Camp David, weil sie zu einem Friedensvertrag zwischen Ägypten und Israel geführt hatten und dadurch Ägypten, die militärisch stärkste und bevölkerungsreichste arabische Nation im Nahen Osten, aus dem gegen Israel gerichteten Block herausgelöst wurde. Zugleich bot das Abkommen den Palästinensern der West Bank und Gazas eine »Autonomie«, die es nach Auffassung der PLO niemals erlauben würde, die angestrebte Unabhängigkeit oder Staatlichkeit zu erlangen.

Am 17. November, einen Tag vor dem amerikanischen Thanksgiving-Festtag, erreichte Arafat bei Khomeini nach eigenen Angaben, daß dreizehn der amerikanischen Geiseln freigelassen wurden. Nach Auskunft Hani al-Hassans mußte die PLO »eine ganze Menge ihrer Chips einwechseln«, die sie sich durch ihre früheren Gefälligkeiten verdient hatte, um den Widerstand des Khomeini-Sohns Ahmed und anderer Hardliner zu überwinden. Schließlich hätte sich der damalige Sprecher des iranischen Parlaments, Haschemi Rafsandschani, persönlich an die Geiselnehmer gewandt, um die dreizehn freizubekommen. Bei einer Pressekonferenz, die anläßlich ihrer Freilassung stattfand, gab Hani al-Hassan bekannt, sie seien aus humanitären Gründen befreit worden, »weil wir nichts davon halten, so mit menschlichen Wesen umzugehen«. Gleichzeitig aber gab er zu, daß die PLO den Vereinigten Staaten geholfen hatte, weil »es unserer Sache diente. Wir haben davon geträumt, daß Arafat diese Geiseln nach Washington bringen würde.«[6])

Führende Beamte der Carter-Regierung hofften auch, daß die PLO an Glaubwürdigkeit gewinnen würde, indem sie in der Geisel-Krise half. Der im Außenministerium entscheidend für den Nahen Osten zuständige Harold Saunders gibt zu: »Wir waren nicht nur daran interessiert, daß die PLO die Geiseln herausbekam, sondern sie sollte auch eine Rolle in dem größeren Zusammenhang« einer arabisch-israelischen Lösung spielen. Saunders bestätigt, daß Deans Kontakte mit der PLO der Carter-Regierung geholfen hätten, die ersten dreizehn Geiseln freizubekommen. »Über Deans Kontakte haben wir erfahren, was geschehen würde, wann es geschehen würde, wohin die gefangenen Amerikaner kommen und wer zu ihnen gehören würde«, erklärt Saunders. Die Tatsache, daß die PLO eine direkte Satellitenverbindung zwischen ihrem Hauptquartier in Beirut und dem für das Khomeini-Regime in Teheran installierten Kommunikationssystem besaß, hätte den Vereinigten Staaten bei ihren Bemühungen um die Befreiung der Geiseln erheblich geholfen.

Arafat beklagt sich heute, nachdem er die Geiseln herausbekommen habe, hätten sich die Vereinigten Staaten nicht mehr seiner Möglichkeiten bedient, sondern an andere Vermittler gewandt. »Ich kenne die Iraner besser als Sie«, will er einem US-Emissär mehrere Wochen später gesagt haben. »Sie sind meine Freunde. Sie werden alles verderben, wenn Sie all diese Vermittler benutzen.« Saunders allerdings erwidert: »Nach einiger Zeit wurde uns bewußt, daß auch er nicht mehr wußte, was er tun sollte.«

Mitten in der iranischen Geisel-Krise wurde Dean selbst fast ein Opfer des Terrorismus. Er war wütend, daß es Israel gestattet war, sich eine Sicherheitszone im Süden Libanons zurechtzuschneidern. Die israelische Regierung von Menachem Begin machte kein Geheimnis mehr aus der Hilfe, die sie dem Führer der christlich-falangistischen Miliz zukommen ließ, die gegen die PLO kämpfte. Dean sagte seinen Chefs in Washington, er träte von seinem Posten als Botschafter in Beirut zurück, wenn der Libanon in moslemische und christliche Sektoren aufgeteilt würde. »Ich habe nie gedacht, daß der wandernde Jude durch den wandernden Palästinenser ersetzt werden sollte«, erklärte er.

Im Sommer 1980, nachdem Dean öffentlich die israelisch-christlichen Angriffe auf PLO-Positionen im Süden Libanons kritisiert hatte, versuchten ihn Mitglieder der christlichen Miliz in Beirut zu ermorden. Er erzählte dem Senat in Washington später in einer geschlossenen Sitzung des Geheimdienstausschusses, bei dem mißglückten Mordanschlag seien »amerikanische Waffen verwendet« worden. Die Waffen konnten nur aus israelischen Arsenalen stammen. »Ich habe die Nummern der Waffen«, berichtete Dean. Er war nicht überrascht, fügte er hinzu, denn »einigen Elementen mißfiel es ganz und gar, daß der amerikanische Botschafter mit irgend jemandem reden sollte« – einschließlich der PLO. Zweimal, behauptet er heute, habe eine »befreundete« ausländische Regierung, deren Namen er nicht nennen will, »um meine Entfernung gebeten«.

Wenn Israel das Gefühl hatte, daß es wegen Deans geheimer Kontakte zur PLO Grund zur Beunruhigung gab, enthielt man der Jerusalemer Regierung das Wissen über dessen Bemühungen jedenfalls nicht vor. Als der dritte amerikanische Emissär, Edwin Mroz, im August 1981 vom Außenministerium die Genehmigung bekam, sich der PLO zu nähern, gab man das den Israelis jedoch nicht bekannt. Zehn Monate später mag es dennoch an einem Tip, den Israel über die Mroz-Mission bekam, gelegen haben, daß der Dialog gerade in dem Augenblick abrupt endete, als ein Durchbruch in greifbarer Nähe schien.

Mroz wandte sich erstmals im Mai 1981 ans Außenministerium in Washington, nachdem ihm ein PLO-Diplomat bei den Vereinten Nationen ein Dokument übergeben hatte. Es enthielt fünf Punkte, darunter eine ausdrückliche Erwähnung Israels und des Rechts aller Staaten in der Region, in Frieden und Sicherheit zu koexistieren. Damals glaubte der zweiunddreißigjährige Amerikaner, ihm könne gelingen, was zu erreichen Bolling, Dean und anderen Möchtegern-Emissären versagt geblieben war. Das dachte auch Saunders' Nachfolger im Außenministerium, Nicholas Veliotes. Mroz war Vizepräsident der Internationalen Friedensakademie, die den Vereinten Nationen bei der Ausbildung ihrer aus 130 Ländern zusammengestellten Friedenstruppen half. Im Rahmen dieser Tätigkeit reiste Mroz regelmäßig in den Nahen Osten, so daß niemand die Notwendigkeit seiner Reisen nach Beirut und in andere arabische Hauptstädte in Zweifel ziehen konnte.

Das Dokument, das Mroz Veliotes mitgebracht hatte, interessierte ihn, weil die PLO Israel konkret erwähnt hatte. Der neueste arabische Friedensplan, das auf Betreiben der Saudis zustandegekommene Produkt eines im August 1981 in Fez abgehaltenen Gipfels, enthielt keine direkte

Erwähnung Israels. Das Existenzrecht aller Staaten in der Region wurde anerkannt, aber erst nach der Geburt eines palästinensischen Staates. Im August besuchte Mroz Beirut und traf sich mit Arafat. Inzwischen hatte die PLO die fünf Punkte auf sieben erweitert, Israel wurde erneut direkt angesprochen.

Bevor Mroz Washington verließ, sprach er zwar mit Veliotes, aber er hatte immer noch keine offizielle Genehmigung eines Mitglieds der amerikanischen Regierung, mit Arafat zu verhandeln. Als er jedoch ein paar Tage später zurückkam, hatte er etwas dabei, das die neue Reagan-Regierung verlockend fand. Es war eine handschriftliche Botschaft von Arafat mit Datum vom 4. August 1981, in der der PLO-Führer erklärte, er würde gern mit der neuen Regierung Kontakt aufnehmen und hoffe, daß das möglich sei, »ohne Filter zu benutzen, die unzuverlässig sind«.[7])

Arafat, erklärt uns Veliotes, traute arabischen Mittelsmännern nicht mehr, weil jeder von ihnen eigene Absichten verfolgte. Mroz schien geeignet, sagt Veliotes, »weil er ein Amerikaner und kein Araber war«. In seiner ersten geheimen Botschaft an die Reagan-Regierung deutete Arafat an, die sieben Punkte des PLO-Papiers könnten den Rahmen für eine Vereinbarung zwischen den Vereinigten Staaten und der PLO abgeben. Veliotes, der eine Gelegenheit witterte, schrieb Außenminister Alexander Haig ein zweieinhalbseitiges Memorandum, in dem er die Gründe anführte, weshalb es seiner Ansicht nach lohnend sein könnte, Mroz um eine Weiterverfolgung dieser »Öffnung« zu bitten. Gelang es Mroz, Arafat zur Anerkennung Israels zu bewegen, wäre das für den Friedensprozeß von großem Vorteil. Veliotes deutete an, dieser Sache nachzugehen, sei »an sich« nützlich. Erziele man bei der PLO einen Durchbruch, so geschehe das auf Moskaus Kosten. Und selbst wenn Mroz scheitere, könne die Übung Pluspunkte bringen. Vielleicht würde sie zu einer Beruhigung an der israelisch-libanesischen Grenze beitragen, weil die PLO ihrem geheimen Dialog mit Washington nicht schaden wollte. Auch die labile Waffenruhe an der libanesischen Grenze mit Syrien ließe sich vielleicht bewahren. Das sei wichtig, weil Israel sich sonst weigern würde, den Friedensvertrag mit Ägypten zu erfüllen. Neue Feindseligkeiten im Libanon würden Israel ebenfalls erschrecken, und der jüdische Staat könnte seine Truppen vielleicht aus Vorsicht nicht, wie vorgesehen, am 23. April 1982 von der Sinai-Halbinsel abziehen.

Als Präsident Reagan zu den Sommerferien in seinem Haus in der Nähe von Los Angeles eintraf, brachte Haig ihm Veliotes' Ersuchen, damit der Präsident persönlich es genehmigte. Um die schwierige Mission auszuführen, bat Veliotes den erfahrenen Nahost-Diplomaten Wat Cluverius, sein Verbindungsmann zu sein. Cluverius, ein hoher Beamter im Außenministerium und früherer Botschafter in Bahrain, sollte Mroz' offizieller Kontakt zum Außenministerium sein. Gleichzeitig baten die Amerikaner Saudi-Arabien, die Verhandlungen zu unterstützen. Nach amerikanischen Vorstellungen sollte Kronzprinz Fahd die Echtheit der Vorschläge beider Seiten bestätigen.

Am 29. August 1981 kehrte Mroz zum zweitenmal in jenem Monat nach Beirut zurück und gab Arafat ein seltsames Dokument: einen nicht unterzeichneten, maschinengeschriebenen Brief, in dem es hieß, die Reagan-Regierung begrüße die Gelegenheit, die sieben Punkte zu diskutieren. Daß der Brief nicht signiert war, zeigte, wie sehr die Regierung zögerte, ihr Prestige in etwas zu investieren, das nicht nur mißlingen, sondern politischen Schaden anrichten konnte. Arafat hatte Mroz sogar persönlich gebeten, ihm Visa für zwei führende PLO-Vertreter zu besorgen, die die Vereinigten Staaten bereisen sollten. Haig genehmigte die Visa und hoffte, das würde vertrauensbildend wirken.[8])

Mroz reiste den ganzen Herbst und Winter des Jahres 1981 weiter. Manchmal führte ihn sein Shuttle-Programm fünf oder sechs Wochen lang unentwegt zwischen Beirut und anderen arabischen Hauptstädten hin und her. Als Mroz seine Mission neun Monate später beendete, hatte er über 500 Stunden mit Arafat zugebracht und sich über fünfzigmal privat mit ihm getroffen.

Im Frühjahr 1982 fing seine Mission an, vielversprechende Ansätze zu zeigen. Zahlreiche arabische Führer besuchten Washington und erklärten Haig, Arafat meine es ernst mit dieser Initiative. Veliotes erzählt rückblickend: »Vielleicht kannten sie nicht alle Einzelheiten (der Mroz-Mission), aber es war klar, daß sie Arafat behilflich sein wollten.« Haig erinnerte sie daran, sie sollten darauf achten, daß Arafat einsah, alle geforderten Bedingungen unzweideutig erfüllen zu müssen. Darüber hinaus gab es zu dieser Zeit ein zusätzliches Problem, das Mroz in seinen Gesprächen mit Arafat zu lösen hatte. Die Reagan-Administration war in diesen Monaten sehr mit der Krise in Mittelamerika beschäftigt. Dort hatte sie hinter den Kulissen die nicaraguanischen Contras gegen die sandinistische Regierung in Managua unterstützt. Der US-Geheimdienst stellte fest, daß die PLO intensiv an der Ausbildung und Bewaffnung der Sandinisten beteiligt war. Mroz wurde deutlich gemacht, daß Arafat seine Aufrichtigkeit beweisen könnte, sollte er diese Aktivitäten reduzieren.

Bei ihrem nächsten Treffen erklärte ihm Arafat, im Falle Nicaraguas könne er nichts tun. Gleichzeitig aber bot er einen Verzicht auf jegliche

Form von Terrorismus als Teil eines formalen Pakts mit den Vereinigten Staaten an. Während die Mission Fortschritte zu machen schien, war Arafats Forderung, die Vereinigten Staaten sollten das Prinzip der Selbstbestimmung für das palästinensische Volk akzeptieren, nach wie vor das größte Hindernis. Die PLO konnte Israel nach ihrer Auffassung ohne solche Garantien nicht anerkennen, weil, so rief Arafat Mroz gegenüber aus, »das die letzte Karte ist, die wir ausspielen können, und diese Karte brauchen wir für die Verhandlungen mit Israel«. Mroz war gehalten, darauf zu erwidern: »Herr Vorsitzender, es ist die unentbehrliche Karte, die sie ausspielen müssen, um überhaupt ins Spiel zu kommen.«

Veliotes erzählt, er hätte Haig regelmäßig Bericht erstattet. Dies geschah in der Regel privat, und bewußt wurde nichts zu Papier gebracht, um das Geheimnis der Operation zu bewahren. In diesem Zusammenhang erklärte Veliotes seinem Vorgesetzten: »Das Schöne daran ist ja, daß ich es für Sie betreiben kann, und wenn irgend etwas schiefgeht, kann ich die Rüge einstecken.« Inzwischen hatte man Robert Ames hinzugezogen. Er sollte Mroz helfen. Im späten Frühjahr hatten Veliotes und Cluverius eine Formel entworfen, von der sie hofften, daß mit ihr das Hindernis der Frage nach palästinensischer Selbstbestimmung überwunden werden könnte. Das Problem der palästinensischen Staatlichkeit sollte mit einem Kniff gelöst werden. Die Vereinigten Staaten, so hieß es in dem Entwurf, hätten seit den Tagen ihrer Unabhängigkeitserklärung traditionell das Prinzip der Selbstbestimmung unterstützt. Das hieß nicht automatisch, daß die Vereinigten Staaten einen unabhängigen palästinensischen Staat unterstützen würden. Ebensowenig aber würden die USA sich der Schaffung eines Staates widersetzen, solle dies das Ergebnis direkter Gespräche zwischen der PLO und Israel sein. In der Tat wurde Arafat deutlich gemacht, wenn er die magischen Worte über die Anerkennung Israels ausspräche, könnte er im folgenden Absatz alles über Unabhängigkeit und Staatlichkeit erklären, was er wolle.

Arafat gefiel die Formulierung, und er deutete an, er würde ein Dokument unterzeichnen, in dem er seiner Bereitschaft, Israel anzuerkennen, Ausdruck verlieh. »Ich gab Mroz meine Zustimmung zur Existenz Israels als Tatsache in der Region«, hat Arafat uns erzählt. Und Mroz bestätigt: »Wir kamen bis an den Punkt, wo es nur noch um drei oder vier Worte ging. Das war alles. Wir hatten eine spezielle Formulierung, um den Disput über die Frage der Selbstbestimmung zu lösen. Es hat drei oder vier Reisen nach Beirut gekostet, nur um uns über diese Formulierung zu einigen. Aber wir haben es geschafft.«

Im April 1982 jedoch, als Mroz von einem Treffen in Beirut zurückkehrte, stellte er fest, daß man ihn im Weißen Haus und Außenministerium recht kühl aufnahm. Als ein hoher Beamter der Regierung erfahren hatte, daß die Veliotes-Cluverius-Mroz-Formel vielleicht einen Durchbruch schaffen könnte, soll der Beamte mit den Worten herausgeplatzt sein: »Sie meinen, wir werden das wirklich machen? Wir sollten es aber nicht. Bitte, tut uns das nicht an!«

Inzwischen hatte Arafat dem PLO-Exekutivkomitee den Entwurf zur endgültigen Billigung zugeleitet. Obwohl er die wörtliche Formulierung nicht verraten will, sagt Mroz, sie sei dem »bis auf wenige Worte sehr, sehr nahe« gewesen, was Arafat im Dezember 1988 akzeptiert hat, um das Gespräch mit den Vereinigten Staaten in Gang zu bringen.

Am 5. Mai 1982, als Mroz und Arafat sich – ohne es bereits zu ahnen – zum letzten Mal trafen, planten sie ein abschließendes Treffen einen Monat später, um das Dokument zu unterzeichnen, über das sie fast ein Jahr lang verhandelt hatten. Inzwischen wurde Veliotes nervös. »Ich sagte Mroz und Cluverius, das Papier wird von der US-Regierung nicht anerkannt, und ich muß mich vielleicht davon distanzieren. Wenn es sich herausstellt, daß Arafat diese Formel annimmt, werden wir sehen. Ich werde keine große Sache daraus machen. Lassen Sie uns abwarten, was geschieht.«

Das geplante Treffen am 5. Juni fand nicht mehr statt. Im Mai 1982 suchte Israel um amerikanische Unterstützung für seinen Plan nach, die »PLO-Terroristennester« im Süden Libanons zu zerstören. Ebenfalls im Mai, als Mroz sich in Beirut aufhielt, war der israelische Verteidigungsminister Ariel Scharon in Washington gewesen, um Alexander Haig über seine Pläne zu unterrichten. Israels Nordgrenze sollte von der Bedrohung durch die Guerillagruppen befreit werden. Scharon zeigte Haig Landkarten und die Strategie für die geplante Invasion. Haig erklärt aber, er habe Scharon deutlich gemacht, sowohl er selbst als auch Präsident Reagan seien sehr dagegen. Haig warnte Scharon davor, eine solche Operation zu beginnen, ohne daß eine »international anerkannte Provokation« vorhanden sei. Diese Anmerkung war wohl die Ursache für den Glauben, Haig habe Scharon zumindest »gelbes Licht« für die Invasion gegeben.

Arafat, der immer mal wieder Verschwörungstheorien als Entschuldigung zu nutzen versucht, ist der Auffassung, daß es damals zu einer derartigen Sabotage gekommen ist. »Während dieser Zeit, als ich Mroz schickte, um mein Angebot zu unterbreiten, plante Haig mit Scharon die Invasion Beiruts«, behauptet Arafat. Veliotes weist Arafats Verdacht nicht so ohne weiteres von der Hand. Schon im Frühjahr 1982, so sagt Veliotes, habe der amerikanische Generalkonsul in Jerusalem, Brandon Grove, Haig beim Frühstück im King David Hotel unterrichtet. Grove habe Haig erklärt: »Die Zeichen deuten alle darauf hin, daß Scharon eine baldige Invasion des Libanons vorbereitet, um das palästinensische Problem zu ›lösen‹.«

Die Invasion begann am 6. Juni 1982, nachdem drei Tage zuvor Israels Botschafter Schlomo Argov in Großbritannien von Mitgliedern der Terror-Gruppe unter Abu Nidal vor dem Dorchester Hotel in London niedergeschossen worden war. Abu Nidal und seine von Libyen unterstützte Gruppe standen zwar außerhalb der PLO und waren erklärte Gegner Arafats und seiner Politik. Trotzdem lieferte die Tatsache, daß Argov zum Krüppel geschossen wurde, Israel die »international anerkannte Provokation«, um PLO-Lager im Libanon anzugreifen. Heute spricht Mroz nicht gern über die Möglichkeit, daß seine Bemühungen dazu beigetragen haben könnten, Israel zu einer Invasion des Libanons zu motivieren. »Es ist für mich ein ziemlich häßlicher Gedanke, daß eine geheime Verhandlung mit Arafat einer der Gründe für die Durchführung und die Zeitplanung der Invasion des Libanon gewesen sein könnte.«

21

Der Reagan-Plan: ein politischer Bonus?

VON DEN VIELEN BILDERN, die einzelne Stationen im Leben Arafats zeigen, sind wenige so einprägsam wie die Fernsehaufnahmen, die den PLO-Vorsitzenden beim Verlassen des Libanon im Sommer 1982 zeigen. Besiegt und ausgetrickst, schien der Guerillaführer von der Bildfläche zu verschwinden, in Vergessenheit zu geraten. Kaum jemand glaubte, jemals wieder von ihm zu hören. Doch wenn man ihm jetzt in dem prächtigen Salon der Residenz des PLO-Botschafters in Tunis lauscht, fällt es schwer zu glauben, daß er derjenige ist, der geschlagen aus Beirut abzog. Arafat labt sich am Brunnen eines gerechten Zorns; wenn er vom israelischen Angriff auf die PLO im Libanon spricht, klingt er etwas selbstgefällig. Zwar wurden die Fedajin zur Räumung des Landes gezwungen, trotzdem scheint Arafat irgendwie der Sieger zu sein. Er rümpft die Nase über den israelischen Befehlshaber Ariel Scharon, er kichert, wenn er davon redet, wie die israelischen Soldaten schlauer als die palästinensischen Kämpfer in Beirut sein wollten. »Arroganz der Macht!« schimpft Arafat, als er von Scharons Versuchen erzählt, die Fedajin in der Stadt einzukreisen. »Mit seiner ganzen Heeresmacht ist es ihm nicht gelungen, in die Stadt einzudringen. Mit seinen riesigen Streitkräften ist er nicht an mich herangekommen!« Arafat lacht über die Geländegewinne, deren Scharon sich rühmte. »Zehn Meter seien ihre Panzer vorgedrungen, sagten sie. Zehn Meter! Skandal!« Arafat weist darauf hin, daß ein Panzer im ganzen 17,6 Meter lang ist. »Er wußte, daß er mich nicht besiegen konnte!« brüstet sich Arafat.[1])

Mit großem Behagen erinnert sich der PLO-Führer an eine Geschichte, die ihm die ägyptischen Beamten erzählt haben. Ein paar Wochen, bevor Menachem

Begin den Befehl zum Einmarsch in den Libanon gab, war Ariel Scharon, so scheint es, zu einem offiziellen Besuch nach Ägypten eingeladen. Vor dieser Reise hatte Arafat sich an den ägyptischen Premierminister Kamal Hassan Ali gewandt. Arafat war überzeugt, daß sich die israelischen Truppen an der Nordgrenze Israels sammelten und auf einen Angriff vorbereiteten. Arafat bat den Ägypter, das Thema dem israelischen Verteidigungsminister gegenüber zur Sprache zu bringen.

Arafat erzählt, die beiden Männer hätten ihren Nachmittagstee genossen, als der Ägypter Scharon zur Vorsicht geraten habe. Er unterschätze vielleicht die Stärke der palästinensischen Truppen. Es wäre ein fataler Fehler, in den Libanon einzumarschieren, sagte der Ägypter. Das könne Israel in einen langdauernden Landkrieg verwickeln und viele Opfer kosten. Auch Scharons Karriere könne in Gefahr geraten, deutete Hassan Ali an. »Sie sind der zweitwichtigste Mann im Likud«, sagte er zu Scharon. »Wieso wollen Sie Ihre Zukunft mit so einer riskanten Sache aufs Spiel setzen?«

Ein weißbehandschuhter Diener hatte gerade den Tee eingegossen. Der Dampf stieg noch aus der Tasse auf, als Scharon sich plötzlich erhob und verkündete: »Ich werde ihn nicht trinken. Ich werde zurückkommen, um meinen Tee auszutrinken. Sie werden sehen. Nachdem ich die Operation im Libanon beendet habe, komme ich wieder, und der Tee wird noch warm sein.« Arafat grinst, als er die Geschichte erzählt. »Scharon ist nie zurückgekommen«, fügt der PLO-Chef mit einem sarkastischen Lächeln hinzu.

In den drei Monaten von Anfang Juni 1982, als die israelischen Kräfte in den Libanon rollten, bis Ende August, als Arafat das Schiff nach Athen bestieg und 14 000 Kämpfer mitnahm, ist das ganze widersprüchliche Hin und Her der PLO, die es wie eh und je einmal in diese, dann wieder in jene Richtung gezogen hat, enthalten. Da war Arafat. Man jagte ihn. Dauernd wechselte er sein Hauptquartier, von einem Keller-Bunker zum nächsten, von einem Haus zum anderen. Da war der PLO-Vorsitzende, der versuchte, den Mordanschlägen zu entgehen und einen Guerillakrieg zu führen, den er unmöglich gewinnen konnte. Da war der Chef der Freischärler, umgeben von seinen Topleuten, als unerwünschter Gast in einer arabischen Hauptstadt, den seine Moslem-Verbündeten baten, er solle sich ergeben. Und da war der überlebensgroße palästinensische Führer, der nun noch ein weiteres Exil finden und einen Fetzen Anerkennung für die palästinensische Sache retten mußte, die so gut wie verloren schien.

Genau dieses Szenario war es, das Arafat mit Begeisterung erfüllte. Von seinem Bunker aus konnte er an das Gewissen der Welt appellieren. Später konnte er sich rühmen: »Ich habe Scharon eine Lektion erteilt. Zeigen Sie mir einen Menschen, der sagt, daß die Israelis die Schlacht von Beirut gewonnen hätten.« Für Arafat war es ein Sieg, überhaupt zu überleben, vor allem, nachdem die ganze Welt gesehen hatte, daß keiner seiner arabischen Brüder gekommen war, um ihn zu retten.

Beirut ähnelte in gewisser Weise Karameh, das Fatah auf einen Schlag berühmt machte. Der schweren Verluste ungeachtet, hatten die Palästinenser bewiesen, daß sie allein gegen einen mächtigen Gegner kämpfen konnten. Im Libanon hatten sie sich länger mit israelischen Kräften herumgeschlagen als alle fünf arabischen Armeen in allen fünf Kriegen gegen den jüdischen Staat zusammen. Die Palästinenser besaßen keine Panzer, keine Raketen und keine Flugzeuge. Meistens kämpften sie mit Waffen, die sie in den Händen hielten, gegen einen Feind, der mit der vollen Wucht seiner Luftwaffe, mit Hubschraubern und Panzerdivisionen auf sie eindrang. Als sich der Staub legte, hatten die Palästinenser mehrere hundert Israelis getötet. Sogar ein syrischer Versuch, innerhalb der Fatah einen Putsch auszulösen und Arafat zu entmachten, war am Ende mißlungen.

Am wichtigsten aber war die Rolle der USA bei der Rettung Arafats und daß sie den PLO-Vorsitzenden dazu brachten, eine politische Offensive von seinem neuen Heim in Tunis aus zu beginnen. In seinem Bunker in Beirut hatte er weiterhin amerikanische Emissäre empfangen, unter ihnen den republikanischen Kongreßabgeordneten Paul McCloskey aus Kalifornien und eine Gruppe von fünf weiteren Mitgliedern des Kongresses, die in der israelischen Belagerung eine Gelegenheit sahen, Arafat zur Anerkennung Israels zu bewegen. Ohne diese Anerkennung, so habe er Arafat bei ihrer Begegnung am 28. Juli 1982 gesagt, erklärt McCloskey, »können wir im Kongreß nichts tun, um die amerikanische Meinung zu ändern«.[2]) Arafat habe ihm entgegnet: »Ich habe Israel anerkannt. Ich habe die UNO-Beschlüsse anerkannt. Ich erkenne alle die palästinensische Frage betreffenden UNO-Beschlüsse an.« McCloskey fragte ihn, ob er damit auch 242 und 338 meine. »Ja«, habe Arafat geantwortet. Der PLO-Führer schrieb die Anerkennung auf einen kleinen Zettel und gab ihn der Gruppe der Abgeordneten. Bei einer Pressekonferenz später am gleichen Tag verkündete die Delegation den scheinbaren Durchbruch. Am nächsten Tag dementierten alle PLO-Sprecher von Neu-Delhi bis

New York die Nachricht. »Blauäugige im Ausland« und »Kongreßmänner zum Narren gehalten« lauteten einige der Schlagzeilen, die in amerikanischen Zeitungen erschienen.

Arafat hat McCloskeys Darstellung allerdings nie bestritten. Interessanterweise gibt es darüber hinaus andere Anzeichen dafür, daß er während der Belagerung Beiruts einen politischen Kompromiß in Erwägung gezogen hatte. Etwa zwei Wochen vor McCloskeys Begegnung mit Arafat stellte man einem anderen führenden PLO-Vertreter, Khaled al-Hassan, stillschweigend das Visum für einen Washington-Besuch aus, damit er Arafat über die Fortschritte einer Delegation der Arabischen Liga auf dem laufenden halten konnte, die für den 19. und 20. Juli zu Gesprächen mit Präsident Reagan und Außenminister Shultz eingeladen war. Das arabische Team wurde von dem saudiarabischen Außenminister Prinz Saud al-Faisal und seinem damaligen syrischen Amtskollegen, Abdel Halim Khaddam, angeführt. Die Kissinger-Tabus bedeuteten, daß Khaled al-Hassan unsichtbar sein mußte. Arafat hoffte, daß die Mission der Arabischen Liga den bestmöglichen Handel für die PLO herausholen würde: einen politischen Vorteil im Tausch gegen den Abzug aus Beirut. Daran dachte er und suchte den Forderungen des Mannes auszuweichen, den Washington nach Beirut entsandt hatte und der eine bedingungslose Räumung verlangte.

Was Präsident Reagans Emissär Philip Habib der PLO anbot, gefiel ihr nicht, und deshalb hoffte sie auf eine französisch-ägyptische Initiative bei den Vereinten Nationen: Es solle ein neuer Beschluß des UNO-Sicherheitsrats gefaßt werden, um die Resolution 242 zu ersetzen. Der Entwurf rief zu einer gegenseitigen Anerkennung Israels und der PLO sowie einer direkten Beteiligung der Befreiungsorganisation an allen Friedensgesprächen im Libanon auf. Intensive Bearbeitung der Delegierten durch die Amerikaner verhinderte jedoch, daß man sich ernsthaft mit dem Antrag beschäftigte. Außerdem zwangen die täglichen Luftangriffe und Schiffskanonaden der Israelis die PLO schließlich doch, mit Habib handelseinig zu werden. Habib hatte sein Hauptquartier in der Nähe des Präsidentenpalastes in Ostbeirut und verkehrte mit der PLO durch moslemische Mittelsmänner, unter ihnen Schafik al-Wassan, der libanesische Ministerpräsident, sowie dessen Vorgänger Saib Salam. Sie überquerten regelmäßig die unter Artilleriebeschuß liegende »Grüne Linie«, die die Grenze zum moslemischen Westteil der Stadt bildete, und gaben dort die Forderungen der israelischen Führer bekannt, die Habib diktiert wurden.

Da die PLO-Kräfte in einer 14-Meilen-Enklave in Westbeirut völlig eingeschlossen waren und wenig zu essen, keinen Strom und kein Wasser hatten, fiel es den israelischen Kräften nicht schwer, ihnen ihren Willen aufzuzwingen. Habib berichtet: »Die Konditionen waren sehr einfach: Ihr zieht ab, und ihr nehmt keine schweren, sondern nur persönliche Waffen mit.« An einem Punkt der Verhandlungen stritt man darüber, ob Panzerfäuste persönliche oder von einer Mannschaft bediente Waffen waren. »Die Israelis weigerten sich, ihnen die Panzerfäuste zu gestatten.« Die anderen Bedingungen waren, daß alle 14 000 Kämpfer abziehen mußten. Sie konnten per Schiff oder auf dem Landweg nach Damaskus abrücken. Dafür erklärten die Israelis sich einverstanden, die PLO-Kämpfer nicht zu schikanieren. »Sie könnten in Würde abziehen, und die zurückbleibenden palästinensischen Zivilisten würden nicht belästigt werden.«[3]) Das trotz des amerikanischen Versprechens auf den PLO-Abzug folgende Massaker an über tausend Palästinensern durch Falange-Miliz steht in Arafats Erinnerung denn auch als schwärzestes Symbol eines amerikanischen Vertrauensbruchs.

Aber als Khaled al-Hassan Anfang Juli in dem hübschen Madison-Hotel in Washington, D.C., abstieg, glaubte die PLO-Führung immer noch, es gäbe für die Befreiungsorganisation in ihrer schwierigsten Stunde noch eine Hoffnung, von den Amerikanern Anerkennung zu gewinnen. Al-Hassan wußte zwar, daß ihre Chancen schlecht standen, denn Präsident Reagan hatte die israelische Invasion öffentlich verteidigt, und Außenminister Haig hatte sie »eine historische Gelegenheit« genannt, »den Libanon von der PLO zu befreien«. Aber in der ersten Juliwoche 1982 löste ihn ein neuer Mann ab: George Shultz. Er war ein ehemaliger Ökonomieprofessor und kalifornischer Geschäftsmann, dessen Tätigkeit als Chef der internationalen Bau- und Ingenieursfirma Bechtel ihn regelmäßig in Kontakt mit der arabischen Welt und Palästinensern gebracht hatte. Unter anderem war er mit Hassib Sabbagh, dem Vorsitzenden der größten arabischen Baugesellschaft, befreundet, der Mitglied des Palästinensischen Nationalrats (PNC) war. Dem israelischen Botschafter in den Vereinigten Staaten, Mosche Arens, machten die Sympathien des neuen Mannes im State Department große Sorgen. Dem ehemaligen Botschafter in Jugoslawien, Lawrence Silberman, einem Freund von Shultz, erzählte Arens, daß Shultz finanziell entscheidend zum Wahlkampf von Paul McCloskey beigetragen hatte, der sich um einen Sitz im Senat bewarb.[4])

Khaled al-Hassan wußte, daß ein alter Freund von ihm, der CIA-Mann Robert Ames, Shultz nahestand. Ames gehörte bereits dem kleinen Kreis von informellen Beratern an, die der neue Außenminister zu sich nach Palo Alto in Kalifornien eingeladen hatte. Zu ihnen gehörten Irving Shapiro, der Vorstandsvorsitzende von Dupont, und Silberman, der damals

Vizedirektor der Crocker Bank in San Francisco war. »Ames wurde mir als bestinformierter CIA-Mann in Nahost-Fragen vorgestellt«, sagt Silberman. Weder Silberman noch Shapiro wußten, daß Ames auch der »Architekt« der laufenden Verhandlungen mit Jassir Arafat, Abu Dschihad und anderen führenden PLO-Beamten war. Kurz nach seinem Amtsantritt gab Shultz Robert Ames eine neue Aufgabe. Er sollte dem Außenminister dabei helfen, eine hinsichtlich des arabisch-israelischen Konflikts neue amerikanische Politik zu entwerfen. Am 1. September 1982 wurde diese Arbeit offiziell als Reagans Friedensplan vorgestellt.

Während im Juli und August an der Formulierung gearbeitet wurde, habe er sich, sagt Hassan, regelmäßig mit Ames in Washington getroffen. Es gelang Ames sogar, Arafat durch einen arabischen Mittelsmann, der nach Beirut flog, eine Vorabkopie des Plans zukommen zu lassen.[5]) Die neue Linie von Shultz filterte man aus den Gesprächen mit Ägypten und Israel, die seit den Abkommen von Camp David stattgefunden hatten, sowie aus den Dialogen der letzten vierzehn Monate mit anderen arabischen Staatsoberhäuptern heraus.

In den Autonomie-Bestimmungen der Camp-David-Verträge wurden die palästinensischen Bewohner der West Bank und Gazas aufgerufen – mit Israel und Jordanien –, über Verfahren zur Abhaltung von Wahlen und zur Errichtung einer provisorischen Selbstverwaltung in den besetzten Gebieten zu verhandeln. Das Autonomieangebot war jedoch zum Scheitern verurteilt, weil die ortsansässigen Palästinenser nicht ohne Unterstützung von seiten der PLO teilnehmen wollten und Israel jede Beteiligung der PLO ausschloß. Mittlerweile beklagten sich die arabischen Führer, die Vereinigten Staaten nähmen selbst nicht Stellung dazu, wie das Ergebnis aussehen solle. »Was soll nach Ansicht der Reagan-Regierung in der West Bank und Gaza geschehen?« fragten sie. Standen die Vereinigten Staaten noch immer zum in der Resolution 242 formulierten Prinzip »Land für Frieden« als Grundlage einer Friedenslösung? Hatte Israel nach Meinung Amerikas ein Recht auf das biblische Judäa und Samaria? Hatten die Palästinenser ein Recht auf einen eigenen Staat?

Die Reagan-Regierung begriff, daß sie vor dem geplanten arabischen Gipfel Anfang September auf diese Fragen antworten mußte, wollte sie nicht öffentlich Prügel einstecken. Dies war gleichzeitig der Zeitpunkt, bis zu dem man Arafat aus Beirut heraushaben wollte, und die bewußte Kombination bot nicht zuletzt deshalb eine günstige Gelegenheit für eine neue amerikanische Initiative. Khaled al-Hassan kalkulierte, wenn er Arafat überreden könnte, Israel sowie die Resolutionen 242 und 338 anzuerkennen, bevor Reagan seine Rede hielt, würden die Vereinigten Staaten vielleicht die Selbstbestimmung für das palästinensische Volk akzeptieren.

Sein Glaube beruhte, so sagt er, auf geheimen Zusicherungen, die Ames ihm gegeben hätte. »Er sprach nicht als CIA-Mann mit mir«, sagt Hassan. Ames war als Ex-officio-Berater zum Weißen Haus und Außenministerium versetzt worden. »Er war ein Verbindungsmann. Deshalb konnte er mich nicht anlügen. Ein CIA-Mann kann lügen. Er konnte das nicht«, sagt Hassan. Während eines Mittagessens im Hotel Four Seasons in Georgetown Mitte Juli habe Ames ihm versprochen: Wenn Arafat die Resolution 242 akzeptiere, werde der Reagan-Plan »Bestimmungen enthalten, die sehr zufriedenstellend für das palästinensische Volk sein werden«.

Außerdem versprach Ames: »Es wird eine Begegnung mit Arafat auf hoher Ebene entweder in Riad oder in Kairo stattfinden.« Hassan konnte das nicht glauben: »Bob, bist du sicher? Ich werde das Arafat übermitteln.« Der Beamte antwortete, so Khaled al-Hassan: »Sieh her, wenn Ihr bereit seid, Beirut zu verlassen und 242 zu akzeptieren, dann ist beschlossen, daß Arafat in Riad oder Kairo mit einem sehr hochrangigen Mann aus der Regierung zusammenkommen soll.«

Nicholas Veliotes bestätigt, daß Ames sich das nicht selbst ausgedacht hatte. Das geheime Angebot eines Gesprächs auf hoher Ebene, sagt Veliotes, war amerikanische Politik. Er hatte das einer Anzahl wichtiger arabischer Führer mitgeteilt: »Wenn Arafat unsere Formel annehmen sollte, wäre ich bereit, mich sofort und wo immer er wollte, mit ihm oder jedem anderen, den er bestimmte, zu treffen.«

Am 19. Juli 1982 schickte Khaled al-Hassan Arafat ein Telegramm aus Washington. »Jetzt sind wir an dem Punkt, wo wir Politik und nicht Diplomatie machen müssen.«[6]) Die Zeit drängte. Der PLO-Beamte schlug Arafat vor, er solle seine Erklärungen vor dem Treffen abgeben, das der saudiarabische und der syrische Außenminister mit Präsident Reagan für einen Zeitpunkt 24 Stunden später anberaumt hatten. Hassan regte folgendes an: Gib eine persönliche Erklärung ab, daß die PLO »keine Einwände gegen die Resolution 242« erhebt, vorausgesetzt, es ist klar, daß die Resolution »zum vollständigen Abzug der Israelis aus allen im Krieg von 1967 besetzten Gebieten« aufruft. Schließlich, so riet Khaled al-Hassan, solle Arafat die sofortige Aufnahme von Gesprächen mit Habib in Beirut vorschlagen. Sein Telegramm endete: »Die übliche arabische abwartende Haltung sollten wir vermeiden«; es wäre ein »fataler Fehler«, diese Gelegenheit zu versäumen.

Die PLO-Führung in Beirut trat zusammen, um sich mit Khaled al-Hassans Appell zu befassen. Um 3 Uhr 30 früh am Morgen des 20. Juli, nur wenige Stunden bevor die beiden arabischen Außenminister mit Shultz zusammenkommen sollten, telegraphierte Arafat seine Antwort. Sie war negativ. Die PLO würde mit der Anerkennung der Selbstbestimmung durch die Amerikaner nichts gewinnen, weil es keine Garantien gab, daß eine solche Anerkennung zu einem unabhängigen palästinensischen Staat führen würde. Ohne derartige Verpflichtungen der Amerikaner würde die Selbstbestimmung »wie ein Fisch im Wasser« dahinschwimmen, hieß es in dem Telegramm.[7]) Khaled al-Hassan versuchte es noch einmal. Keine Angst vor dem Angelhaken, telegraphierte er Abu Dschihad. Macht eure Annahme einfach von der Erfüllung dieses Versprechens durch die Amerikaner abhängig.

Khaled al-Hassan ist nach wie vor überzeugt, daß »die, die den Vorschlag gemacht haben«, in der Lage waren zu »liefern«, obwohl er nicht sicher ist, wer Ames und Veliotes autorisiert hat. Als Arafat 24 Stunden später antwortete, war es zu spät. Die Treffen mit Shultz und Reagan waren vorüber, und Arafat ärgerte sich, daß Khaled al-Hassan ihn nicht direkt von dem Ergebnis unterrichtet hatte. Arafat telegraphierte ihm: »Bis jetzt haben wir hinsichtlich der Diskussion nichts bekommen außer dem, was Du am Telefon zu Abu Dschihad gesagt hast. Ich möchte etwas Dokumentiertes und Offizielles, damit ich dementsprechend handeln kann. An einem Telefonanruf können wir uns nicht orientieren.«[8])

Später hat man Arafat weitere »Zuckerbrote« angeboten. Mitte August, so verrät uns Hani al-Hassan, der damals in Beirut war, traf über die libanesischen Mittelsmänner Schafik al-Wassan und Saib Salam ein unsignierter, maschinengeschriebener Brief ein, der das Versprechen enthielt, die Vereinigten Staaten »werden den Wunsch der PLO nach einem politischen Bonus in Betracht ziehen«. Was dieser »Bonus« sein mochte, war unklar. Vielleicht war es Reagans Friedensplan, vielleicht ein Versprechen, daß man die Selbstbestimmung in den Plan aufnehmen würde. Jedenfalls bestreitet Habib, der PLO je einen »Bonus« für den Abzug aus Beirut angeboten zu haben.

Arafat meint, er sei wieder Opfer einer Verschwörung geworden, die der Architekt des »Banns« – des Verbots offizieller Gespräche mit der PLO – ausgeheckt hat. »In den letzten Stunden, bevor der [Reagan-]Plan bekanntgegeben wurde, schaltete sich Kissinger ein. Ich habe Beweise von Ägyptern und den Saudis. Die Reagan-Regierung strich die ›Selbstbestimmung‹ aus und schrieb statt dessen, daß die Palästinenser das Recht hätten, durch eine ›Assoziation‹ mit Jordanien an ihrer Zukunft

Soha Tawil (links), die Ehefrau Jassir Arafats, am 4. Juni 1992 beim Verlassen der Klinik in Amman. Am 1. Juni 1992 war Arafat dort einer 90 Minuten dauernden Gehirnoperation unterzogen worden, um Blutklümpchen zu entfernen. Der PLO-Chef war bei einer Notlandung seines Flugzeuges am 7. April 1992 in der libyschen Wüste verletzt worden. (dpa)

Erste Bilder nach der Rettung. Das libysche Fernsehen zeigte am 8. April 1992 den im Krankenbett liegenden PLO-Führer Jassir Arafat im Gespräch mit Muammar el Gaddafi (links). Bei der Notlandung in der Wüste am Vortag waren drei der elf weiteren Insassen ums Leben gekommen. Dieses Bild wurde vom Fernsehmonitor abfotografiert. (Keystone)

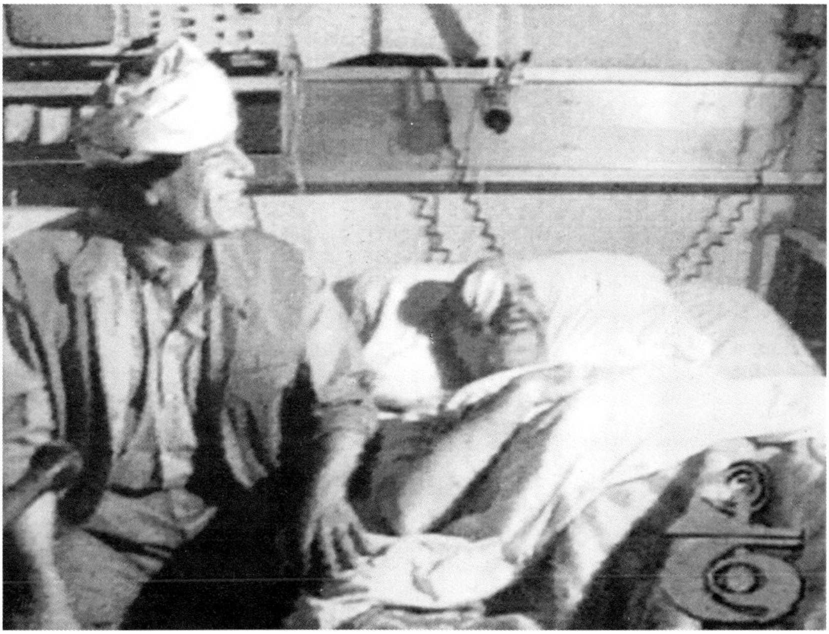

PLO-Führer Jassir Arafat (rechts) und der ägyptische Präsident Hosni Mubarak (links) stellen sich nach ihrer Begegnung am 7. September 1993 der Presse. Mubarak sagte, es sei möglich, innerhalb von 48 Stunden die gegenseitige Anerkennung von Israel und der PLO bekanntzugeben. Der Mann in der Mitte ist unbekannt. (Bilderdienst Süddeutscher Verlag)

Vor einer Sitzung des Fatah-Zentralkomitees am 4. September 1993 in Tunis drückt PLO-Chef Jassir Arafat (rechts) die Hand des obersten Mufti von Jerusalem, Hassan Tahbob. Arafat siegte über die Opposition, und das Fatah-ZK stimmte dem Friedensvertrag mit Israel zu. (Bilderdienst Süddeutscher Verlag)

Tunis, 9. September 1993: PLO-Chef Jassir Arafat (Mitte) tagt spät am Abend mit PLO-Mitgliedern über das Abkommen der gegenseitigen Anerkennung von Israel und PLO. (dpa)

Arafat am Sonntag, den 12. September 1993, in Tunis vor dem Abflug zu seinem historischen Besuch in Washington, wo er am Tag darauf den Friedensvertrag zwischen der PLO und Israel unterzeichnete. (Bilderdienst Süddeutscher Verlag)

Der israelische Ministerpräsident Yitzhak Rabin (links) und der PLO-Vorsitzende Jassir Arafat (rechts) zusammen mit dem amerikanischen Präsidenten Bill Clinton nach der Unterzeichnung des Friedensvertrages auf dem Rasen des Weißen Hauses. (Bilderdienst Süddeutscher Verlag) ▷

PLO-Führer Mahmud Abbas am 13. September 1993 bei der Unterzeichnung der Verträge in Washington (links). Arafat mit dem amerikanischen Außenminister Warren Christopher (rechts). (dpa)

Der historische Händedruck zwischen Yitzhak Rabin und Jassir Arafat am Montag, den 13. September 1993. (Bilderdienst Süddeutscher Verlag)

Tel Aviv, 4. September 1993: Ein in Israel lebender arabischer Jugendlicher hat sich bei einer Demonstration für den Frieden in eine israelische Fahne gewickelt. Neben ihm ein Transparent, auf das die israelische und die palästinensische Flagge gemalt sind. Die palästinensische Fahne ist in Israel noch offiziell verboten. (dpa)

Etwa 150 000 Menschen bekundeten an diesem Tag in Tel Aviv ihre Solidarität mit dem Friedenskurs der Regierung und plädierten für die Aussöhnung mit den Palästinensern und einen Friedensschluß mit den arabischen Nachbarstaaten. (dpa)

Gaza-Stadt (Gaza-Streifen), 17. September 1993: PLO-Slogans rufend und ein riesiges Arafat-Poster vor sich hertragend feiert dieser junge Palästinenser bei einer Kundgebung das Abkommen über den Beginn der palästinensischen Selbstverwaltung im israelisch besetzten Gaza-Streifen und in Jericho/Westjordanland. (dpa)

Jericho/West Bank, 13. September 1993: Palästinensische Frauen feiern während einer Friedenskundgebung die Unterzeichnung des Grundsatzabkommens in Washington. (dpa)

Am 20. September 1993 trifft Arafat König Hussein von Jordanien in Amman, um weitere Schritte im Friedensprozeß nach dem historischen Nahost-Abkommen zu erörtern. Bei seiner Ankunft auf dem Flughafen küßt Jassir Arafat den jordanischen König zur Begrüßung auf die Stirn. (dpa)

Am 21. Oktober 1993, zu Beginn seines offiziellen zweitägigen Frankreichbesuches wird der PLO-Vorsitzende Jassir Arafat auf den Stufen des Elyseepalastes vom französischen Präsidenten François Mitterand begrüßt. (Bilderdienst Süddeutscher Verlag)

mitzuwirken.« Bitter fügt Arafat hinzu: »Selbstbestimmung findet nicht ›mit‹ irgend jemandem statt.«

Henry Kissinger gehörte zu einer Expertengruppe, von der sich Shultz während der ersten Wochen in seinem Amt beraten ließ. Bei einem informellen Treffen soll Kissinger ausgerufen haben: »Wozu zum Teufel wollen wir der PLO irgend etwas geben, nachdem wir sie los sind? Wir sollten sie nie wieder eine zentrale Rolle spielen lassen.« Andrerseits gibt es keinen Beweis dafür, daß Kissinger Teile des Reagan-Planes, wie etwa die Einfügung der Selbstbestimmung, sabotiert hat – geschweige denn, daß je ernsthaft beabsichtigt war, sie tatsächlich in den Vorschlag aufzunehmen. Anhaltspunkte existieren allerdings dafür, daß Shultz und seine führenden Ratgeber über eine Selbstbestimmung für Palästinenser gesprochen haben und daß Arafats Behauptungen deshalb vielleicht nicht ganz so abwegig sein müssen. Nach Abreise der Delegation der Arabischen Liga Ende Juli wurden der saudiarabische Botschafter Faisal Alhegelan und sein ägyptischer Amtskollege Aschraf Ghorbal zu Repräsentanten der Arabischen Liga in Washington ernannt und kamen regelmäßig mit amerikanischen Beamten zusammen, um über die Bedingungen des Abzugs der PLO zu verhandeln. Der führende PLO-Vertreter Nabil Scha'ath kam im August nach Washington und erinnert sich, daß Alhegelan ihn im palästinensischen Informationsbüro aufsuchte.

Scha'ath berichtet, der saudiarabische Diplomat habe Veliotes zitiert. Veliotes hätte ihm zu erkennen gegeben, wenn Arafat realistisch sei und den UNO-Beschluß 242 sowie Israels Existenzrecht akzeptiere, könne der Reagan-Plan »ihr politisches Schiff zu einem palästinensischen Staat sein«. Veliotes bestätigt Scha'aths Angaben. Bei einem der letzten Treffen, die er mit Shultz über den Reagan-Plan gehabt hätte, sei ihm »ein Problem, das den Arabern die Annahme des Plans schwermachen würde«, klargeworden. Er hätte Shultz gesagt, daß es »keine Erwähnung einer Selbstbestimmung oder eines unabhängigen Staats« gäbe. Darauf folgte eine hitzige Debatte, und ein paar Tage später sickerte eine verworrene Version des internen Disputs an die *New York Times* durch. Dort taucht Veliotes als Fürsprecher einer Aufnahme der Selbstbestimmung in den Plan auf, er sei aber letztlich überstimmt worden. Dies war so weit von der Wahrheit nicht entfernt. Als Arafat Beirut verlassen hatte, wurde Veliotes von allen Seiten gefragt: »Wo ist der Bonus? Woraus besteht der Bonus?« Veliotes war wütend. »Jemand muß es gesagt haben. Aber glauben Sie nicht, daß wir das waren. Wir dachten, der Vernichtung Beiruts und ihrer Einwohner einschließlich der Befreiungsorganisation ein Ende zu machen, wäre an sich schon eine Art Bonus.« Die wahrscheinlichste

Erklärung aller bleibt, daß Saib Salam Arafat bestärkt hatte, daran zu glauben, daß die Amerikaner die Selbstbestimmung als Bestandteil ihres Vorschlags ernsthaft in Betracht zogen.

Eine andere mögliche Erklärung für Arafats Glauben, er bekäme irgendeine Art »Bonus«, mag die Tatsache gewesen sein, daß man Habib autorisiert hatte, sich mit Arafat zu treffen. Shultz hieß die Idee gut, weil er dachte, daß sein Vermittler dadurch den Abzug der PLO beschleunigen konnte. »Mir war aufgetragen worden, mich an die Verpflichtung zu halten, die Kissinger den Israelis gegeben hatte«, sagt Habib. Also informierte er Ministerpräsident Begin von seiner Absicht, mit Arafat direkt zu verhandeln.[9]) Um die Angst der Israelis zu beschwichtigen, arrangierte Habib nur indirekte Gespräche: Arafat befand sich in einem Stock des Gebäudes, Habib in einem anderen. »Wir konnten in zehn Minuten schaffen, wozu wir sonst fünf Tage gebraucht hätten«, sagt Habib. Statt ihre Emissäre durch das Artilleriefeuer im vom Krieg zerrissenen Beirut zu schicken, konnten die beiden Boten »einfach die Treppen hinauf und hinunter rennen«. Begin aber sagte nein. Nicht in demselben Gebäude. Das wäre eine Anerkennung, beschwor ihn der israelische Führer. »Sie meinen, ich muß in einem Gebäude und er muß in einem anderen sein?« fragte Habib. »Genau. Nicht im selben Gebäude«, erwiderte Begin. Das Ergebnis: Die Gespräche fanden niemals statt.

Die Selbstbestimmung tauchte im Reagan-Plan nicht auf. Trotzdem war die Reagan-Initiative ein kühner Versuch, das israelisch-palästinensische Spielfeld einzugrenzen. In seiner Fernsehrede am 1. September 1982 sagte Präsident Reagan, der Friede lasse sich weder durch Bildung eines unabhängigen palästinensischen Staats noch dadurch erreichen, daß Israel die umstrittenen Gebiete dauerhaft kontrolliere. Zum erstenmal kündigten die Vereinigten Staaten an, daß sie sich der Annexion von Judäa und Samaria widersetzen würden. Reagan sagte: »Es ist die feste Überzeugung der Vereinigten Staaten, daß eine Selbstregierung durch die Palästinenser der West Bank und Gazas in Assoziation mit Jordanien die beste Chance für einen dauerhaften, gerechten und bleibenden Frieden bietet.«

In einer Erklärung zum Plan – den Diskussionspunkten –, die den Regierungschefs der Staaten im Nahen Osten separat zugesandt wurde, machte die Regierung ihre »Präferenz« für eine Föderation der West Bank und Gazas mit Jordanien noch einmal deutlich. Robert Ames versuchte, seinen Kontaktleuten in der PLO zu erklären, daß die neue US-Position das Verlangen der PLO nach ihrem Staat nicht ausschloß und absichtlich die Möglichkeit offengelassen hatte, daß ein solcher Staat, der mit Jordanien assoziiert sein würde, aus den Verhandlungen der betreffenden Parteien hervorgehen konnte. »Begin hat uns einen wunderbaren Gefallen getan«, sagt Veliotes. »Er hat die Diskussionspunkte durchsickern lassen. Die Araber wußten, daß die *New York Times* sie von den Israelis hatte. Etwas Besseres konnte nicht passieren, weil die Araber zum erstenmal darauf vertrauen konnten, daß sie dasselbe wie die Israelis bekamen.«

Die PLO allerdings war nicht der Auffassung, etwas gewonnen zu haben. Sie wartete, bis Israel den Plan verurteilte, und tat dann dasselbe. Arafat sagte uns wütend: »Was Reagan bekanntgab, war nicht das, was er versprochen hatte.« Jordaniens König Hussein war zuerst am Plan interessiert, aber nachdem er weder die Zustimmung der PLO noch die Unterstützung der Saudis bekommen hatte, erklärte auch er ihn als »dead on arrival«. Sechs Monate später, am 18. April 1983, war Robert Ames in Beirut unter den Opfern, als ein junger schiitischer Freischärler, dessen Bruder bei den Massakern von Sabra und Schatila umgebracht worden war, einen mit Sprengstoff vollbepackten Lastwagen in die amerikanische Botschaft fuhr. Ames hatte seinen alten Posten aufgesucht, um die Geheimdienstleute, die seine Nachfolger in der Region waren, zu unterrichten. Als Ames ein Opfer des Terrorismus wurde, den er sein Leben lang zu verstehen und zu eliminieren getrachtet hatte, verlor die PLO wahrscheinlich den wohlwollendsten Fürsprecher, den sie je auf höherer Ebene in der amerikanischen Regierung gehabt hatte.

Wenn Arafat sich von den Vereinigten Staaten verraten vorkam – und selbst Habib räumt ein, daß Arafat zu solchen Gefühlen nach den Morden von Sabra und Schatila berechtigt war –, so muß sich der PLO-Führer in der arabischen Welt noch isolierter gefühlt haben. Keiner seiner arabischen »Brüder« war ihm in Beirut zu Hilfe gekommen. Später erfuhr er, daß der saudische und der syrische Botschafter, die sich im Juli mit Reagan getroffen hatten, das Elend der Palästinenser kaum erwähnten. Zu dem unsolidarischen Verhalten der beiden kam noch hinzu, daß Reagan, nachdem sie das Weiße Haus verlassen hatten, erklärte, er unterstütze die Israelis und ihren Wunsch, die PLO aus dem Libanon zu vertreiben. In Gegenwart der beiden arabischen Abgesandten fügte er hinzu: »Wir werden alles in unserer Macht Stehende tun, damit das geschieht.«[10])

Am 10. August 1982 entschloß sich Arafat endlich, die libanesische Hauptstadt unter den Bedingungen zu verlassen, die Habib ursprünglich angeboten hatte. Elf Tage später begann die Evakuierung. Sie war am 1. September, zwei Tage früher, als der Plan vorsah, beendet. »Es war ein sehr ordentlicher Rückzug«, sagt Habib. »Sie fuhren auf Lastwagen zu der Linie zwischen Westbeirut und dem eigentlichen Hafengelände. Französische Truppen waren da, um die Durchquerung zu überwachen. Wir brachten mit unseren Eskorten eine Gruppe griechischer Offiziere auf die Schiffe, und es waren italienische, amerikanische und französische Truppen anwesend. Die Palästinenser feierten. Sie schossen mit ihren Gewehren in die Luft und nahmen Abschied. Überall in der verdammten Gegend flogen die Projektile herum.« Habib erinnert sich, daß manches einer Farce glich. »Die Israelis bestanden darauf, eine Liste mit den Namen derer zu bekommen, die herauskamen. Wir hatten da einen Mann stehen. Er brüllte einen Namen. So haben wir mitgezählt. Auf diese Weise wußten wir, daß 14 000 herausgekommen sind. Es gibt eine Liste mit 14 000 Namen. Alle haben darüber gelacht. Keiner von den Namen war echt. Es war ein Teil der Schikane.«

Arafat befand sich auf hoher See, als Reagan mit seiner Fernsehansprache begann. Nach seiner eigenen Überzeugung verließ Arafat Beirut, weil seine moslemischen Verbündeten ihn darum baten: »Bitte, Jassir, es ist genug: 52 000 getötet und verwundet, fast die Hälfte von ihnen Libanesen! Sie müssen auf unsere Kinder achten.« Tatsächlich waren in den Kämpfen 19 000 getötet und 33 000 verwundet worden. Von den arabischen Opfern allein in Beirut waren mehr als vier Fünftel Zivilisten. Auf israelischer Seite haben über 600 Soldaten ihr Leben lassen müssen.

Heute erkennt Arafat: »Sie hatten ein Recht, das zu sagen, weil ich allmählich die Verantwortung spürte, daß ich ihre Kinder tötete.« Und er fügt mit einem gequälten Lächeln hinzu: »Wo stehe ich nach all den Jahren? Ich habe meine Kämpfer wieder im Libanon.«

22

Die Geheimdiplomatie von George Shultz

Sie hatten gerade ihren Lunch im James Madison Dining Room, einem ruhigen und komfortablen Ort im achten Stock des State Department, eingenommen, in dem George Shultz seine ausländischen Gäste zu bewirten pflegte. Nun schlug er seinem Gast, dem schwedischen Außenminister Sten Andersson, vor, noch ein wenig auf den Balkon hinauszutreten, um die Aussicht auf einige markante Punkte Washingtons zu genießen. Die beiden Männer gingen an dem aus dem 18. Jahrhundert stammenden Sideboard der U.S.S. Constitution und den Porträts von Martha und George Washington vorbei. Draußen erblickte Andersson die Monumente des amerikanischen Kampfes um Freiheit und Unabhängigkeit. Shultz zeigte aufs Lincoln Memorial und das Haus von Robert E. Lee, das oberhalb des Friedhofs von Arlington steht. Das Denkmal für Thomas Jefferson, dem Verfasser der Unabhängigkeitserklärung, ragte majestätisch am Potomac auf.

Shultz und Andersson hatten sich zwei Jahre zuvor, am 15. März 1986, beim Begräbnis von Olof Palme, dem ermordeten schwedischen Ministerpräsidenten, getroffen. Andersson hatte Shultz Palmes Nachfolger, Ingvar Carlsson, vorgestellt. Sie sprachen kurz über den Nahen Osten, wo Palme auf eigene Faust versucht hatte, Araber und Israelis an den Verhandlungstisch zu bringen. In die diplomatischen Floskeln flocht Shultz ein gutes Wort für seinen alten Freund Wilhelm Wachtmeister, den schwedischen Grafen, ein, der so lange als schwedischer Botschafter in den Vereinigten Staaten gedient hatte, daß er Sprecher des diplomatischen Corps geworden war. Der Tennisplatz an der Residenz des Botschafters in der Nebraska Avenue war einer der besten in der Stadt, und Shultz spielte dort manchmal ein Doppel mit Wachtmeister und dem schwedischen Tennisstar Björn Borg.

Shultz wußte, daß die neue schwedische Regierung den Botschafter auswechseln wollte und sich darauf vorbereitete, ihn nach Haus zu rufen. Er wußte auch, daß die geselligen Wachmeisters gar nicht so gern aus Washington weggingen. »Jetzt, da er Sprecher geworden ist, müssen Sie ihn eigentlich dalassen«, sagte Shultz zu Andersson. Der vierundsechzigjährige Außenminister schnappte zurück: »Sie entscheiden nicht, welchen Botschafter wir in Washington haben.« Aber dann, erzählt uns Andersson, erinnerte ihn Shultz daran, daß auch Vizepräsident George Bush mit Wachtmeister Tennis spielte. Und »er schlägt ihn«, sagte Shultz. »In Ordnung«, erwiderte Andersson, »er bleibt.« Sie lachten. Die Chemie zwischen beiden schien richtig: Shultz und Andersson spürten, daß sie einander trauen konnten.

Aus diesem Grund benutzte Andersson am frühen Nachmittag des 10. April 1988 die Gelegenheit, die der abgelegene Balkon ihnen bot, und beschrieb Shultz seinen Plan, wie Palästinenser und Israelis zusammengebracht werden könnten. Shultz hörte zu. Der schwedische Beamte erklärte ihm, er hätte im März den Nahen Osten besucht und einige bemerkenswerte Eindrücke von dort mitgenommen. Seinen Sohn hatte er mit dreizehn Jahren zur Arbeit in einen israelischen Kibbuz geschickt, erzählte er Shultz. Auf seiner Reise hatte er das Makassed-Hospital in Ostjerusalem besucht und in die Augen gelähmter palästinensischer Kinder geblickt. Er hatte das Gefangenenlager in Ksiot in der Negev-Wüste südlich von Beerscheba gesehen, das Tausende der dort gefangenen Palästinenser »Ansar« – Sieg – nennen. Er hatte die Führer der liberalen Peace-Now-Bewegung getroffen und religiöse Israelis in ihren zu Festungen ausgebauten Siedlungen auf der West Bank und in Gaza gesprochen.

Andersson sagte Shultz, in den fünfundzwanzig Jahren, in denen er mit der Region zu tun hätte, sei der Haß wohl noch nie so stark gewesen. Andrerseits hätte er auch eine neue, starke Sehnsucht nach Frieden gespürt. In Amman hatte er lange Gespräche mit dem Exekutivkomitee der PLO geführt, und in Damaskus war er einigen Führern der Ablehnungsfront begegnet. Letztlich hätte er die Region mit der Überzeugung verlassen, daß die Palästinenser sich der Tatsache bewußt waren, daß »niemand, keines der beiden Völker, hundert Prozent des Landes haben kann, über das sie sich seit so langer Zeit streiten«. Die Palästinenser wollten nicht länger die Zerstörung Israels, sagte er, sondern einen separaten Staat, der friedlich mit dem jüdischen Staat koexistieren könnte.[1])

Während sie allein auf dem Balkon des Außenministeriums standen, kam Andersson auf das Thema der palästinensischen Staatlichkeit zu sprechen. Er lobte Shultz' Bemühungen. »Ich sehe in Ihrer Haltung nicht so sehr einen Plan als ei-

nen Prozeß«, sagte er ihm taktvoll. »Sie haben ganz recht«, erwiderte Shultz. Dann schnitt Andersson die Frage der Selbstbestimmung an. Er brachte ruhig seine Ansicht vor, daß es nie Frieden geben würde, bevor die PLO nicht an dem Prozeß beteiligt werde, und er erklärte, die PLO-Führer zögerten, Israel anzuerkennen und auf den Terrorismus zu verzichten, nur um einen Dialog mit den Vereinigten Staaten zu beginnen. Shultz war skeptisch. Er hatte den PLO-Refrain schon früher gehört: Sie sollten all ihre Karten hergeben und hätten dann nichts mehr am Verhandlungstisch. Andersson erzählte Shultz, er habe Arafat gesagt, seine wirklichen Wähler seien die Juden, vor allem die jüdischen Amerikaner, die eine machtvolle Lobby darstellten. Warum sich nicht mit einer Gruppe von ihnen treffen und ihnen ihre Bereitschaft erklären, Israel anzuerkennen und dem Terrorismus abzuschwören? Das, fuhr der Schwede fort und kam auf die Details zu sprechen, würde »die Haltung in diesem Land ändern und den Weg für einen Dialog öffnen«.

Er sagte Shultz, Arafat habe ihn gedrängt, diesen Kurs bei den Amerikanern weiterzuverfolgen. Um den toten Punkt im Verhältnis zwischen den Vereinigten Staaten und der PLO zu überwinden, plante er, ein Treffen zwischen Arafat und einer Gruppe von amerikanischen Juden zu arrangieren. »Ich wußte, daß Shultz nicht ›ja‹ sagen konnte, weil ein offizieller US-PLO-Kontakt in den Vereinigten Staaten verboten war. Aber er konnte ›nein‹ sagen«, erinnerte sich der Schwede. Statt dessen antwortete Shultz überhaupt nicht. »Ich sah das als ein stilles ›Ja‹ an. Er hat nicht ›ja‹ gesagt, aber ich hatte das Gefühl, daß wir beide derselben Meinung waren.«

Zwei Monate später, am 5. Juni 1988, erzählte Shultz israelischen Politikern: »Die fortdauernde Besatzung der West Bank und Gazas und die Frustrierung der palästinensischen Rechte ist eine Sackgasse und der Glaube, daß das weitergehen kann, eine Illusion.« Doch Shultz traute auch der palästinensischen Führung nicht. Der brutale Mord an dem verkrüppelten neunundsechzigjährigen Leon Klinghoffer an Bord der Achille Lauro machte Shultz noch immer zu schaffen. Er empfand Arafat gegenüber eine tiefe Abneigung und glaubte, ein von der PLO geführter Staat könnte das Überleben sowohl Israels als auch Jordaniens gefährden. Seiner Ansicht nach mußte ein anderer Verhandlungspartner für Israel gefunden werden, oder es würde nie eine Aussicht auf direkte israelisch-palästinensische Gespräche geben. Shultz versuchte jenen anderen möglichen Partner zu erreichen, als er das American Colony Hotel in Ostjerusalem betrat. Dorthin hatte er einheimische, nicht der PLO angehörende Palästinenser zu einem Gespräch eingeladen. Aber auf Befehl Arafats ließ sich keiner der Politiker aus der West Bank oder aus Gaza sehen. Shultz stand allein am Podium im offenen Hof des Hotels und las den Hunderten von Reportern, von denen einige auf dem Dach saßen, die Stellungnahme vor, über die er privat mit den Palästinensern hatte sprechen wollen. Die PLO hatte dem amerikanischen Außenminister die Schau gestohlen. Dennoch hatte Shultz das Gefühl, der moralische Sieger zu sein: Er war wenigstens erschienen, bereit mit ihnen zu reden.

Andersson brauchte nicht lange, um die Strategie, die er Shultz beschrieben hatte, zu entwickeln. Der schwedische Außenminister ließ sich privat von Arafats Berater Bassam Abu Scharif ermutigen. Im März 1988 hatte Abu Scharif den Entwurf einer neuen politischen Position für die PLO begonnen. Sie würde, so hoffte er, die PLO-Beamten zwingen, sich der Realität anzupassen, daß Israel ein dauerhaftes Staatsgebilde war und wegen der entsetzlichen Erfahrungen im Holocaust berechtigte Sicherheitsängste hatte, die durch den Überlebenskampf im feindlichen Nahen Osten noch verstärkt worden waren.

Dieser Entwurf, den Abu Scharif ursprünglich der *Washington Post* anbieten wollte, rief nach einem unabhängigen palästinensischen Staat und bekräftigte die Rolle der PLO als Führerin der palästinensischen Bewegung. Wenn Israel diese Behauptung testen wolle, so schrieb er, würde die PLO international überwachten Wahlen auf der West Bank und in Gaza zustimmen und sich an die Resultate halten, selbst dann, wenn nicht PLO-Kandidaten siegen sollten. Das Dokument billigte Israel legitime Sicherheitsinteressen zu und versprach, daß die PLO eine Übergangszeit akzeptieren würde, in der die Gebiete von einer internationalen Friedenstruppe verwaltet werden könnten. Vor allem, so schrieb Abu Scharif, würde die PLO Israels Recht, innerhalb sicherer Grenzen zu existieren, und die UNO-Beschlüsse 242 und 338 auch als Orientierungspunkte für den Beginn direkter Gespräche im Rahmen einer internationalen Konferenz akzeptieren. Abu Scharif gab seinem Dokument den letzten Schliff und ließ es unter einigen amerikanischen Freunden zirkulieren.[2])

Andersson war nicht der erste schwedische Diplomat, der den Konflikt zu lösen versucht hatte. Am 18. September 1948 hatte Graf Folke Bernadotte in einem Bericht an die Vereinten Nationen empfohlen, das Recht der arabischen Flüchtlinge auf Rückkehr in ihre Wohnorte in Israel »zum frühestmöglichen Zeitpunkt anzuerkennen«. Am folgenden Tag wurde Bernadotte von Mitgliedern der Stern-Gang ermordet. Gunnar Jarring, ein anderer schwedischer UNO-Emissär, hatte Anfang der siebziger Jahre ebenfalls erfolglos im arabisch-israelischen Konflikt zu vermitteln versucht.

Fünfzehn Jahre lang war Andersson Generalsekretär von Schwedens Sozialdemokraten, der Partei Olof Palmes. Sein kühner Plan für eine Begegnung Arafats mit amerikanischen Juden, bei der der PLO-Führer öffentlich seine Anerkennung Israels erklären würde, hatte einen möglichen Schwachpunkt: Es sollten keine Mitglieder der großen, etablierten jüdischen Organisationen eingeladen werden, weil dann die Kunde unweigerlich nach Israel gelangen würde. Andersson war überzeugt, daß Schamir diese jüdische Gruppe diskreditieren würde. Wenn sich eine Delegation prominenter Juden finden ließ, mußte diese Anstrengung unbedingt geheim bleiben. Pierre Schori, der Staatssekretär im Außenministerium, sagte zu Andersson, er hätte einen Freund in Los Angeles, Stanley Sheinbaum, einen Antikriegs-Demokraten von altem Schrot und Korn. Schori saß mit Sheinbaum, einem wohlhabenden Verleger, in einer Abrüstungs-Kommission, die Teil einer Sechs-Nationen-Friedensinitiative war, die von sechs Staatsoberhäuptern geführt wurde, zu denen unter anderem der griechische Ministerpräsident Andreas Papandreou, der Schwede Olof Palme und Indiens Indira Gandhi gehörten.

Auf Einladung von Ulf Hjertonsson, einem Diplomaten in der schwedischen Botschaft, kam Sheinbaum Anfang 1988 nach Washington, um darüber zu reden, ob man eine Delegation prominenter jüdischer Führer zusammenbekommen könnte. Er schlug vor, daß Drora Kass, das Oberhaupt des New Yorker International Center for Peace in the Middle East (ICPME), dazugehören sollte. Diese Gruppe hatte 1982 der ehemalige israelische Außenminister Abba Eban gegründet. Sheinbaum selbst saß im Vorstand des ICPME. Er schlug außerdem vor, man solle die mutige, in Manhattan arbeitende Anwältin Rita Hauser einladen. Sie hatte in der Nixon-Regierung gearbeitet und dabei geholfen, Gespräche zwischen Israelis und Palästinensern in Gang zu bringen. Rita Hauser verfügte über gute Beziehungen zur Reagan-Regierung, die später nützlich sein könnten, fand Sheinbaum. Alle drei, Hauser, Sheinbaum und Kass, waren mit dem ICPME assoziiert (Rita Hauser war Vorsitzende der amerikanischen Gruppe), aber Hjertonsson bestand darauf, daß die übrigen Mitglieder des ICPME nicht über das Vorhaben informiert würden. Der Grund für die ungewöhnliche Geheimhaltung war klar: Die Schweden glaubten, sie könnten im Laufe des Jahres ein Treffen mit Arafat organisieren. Eine Vorbereitungssitzung würde wahrscheinlich nötig sein, und daran würde sich das endgültige Treffen anschließen. Der schwedische Beamte sagte, er erwarte, daß da »einige Entwicklungen«

möglich sein könnten. Rita Hauser fragte er: »Wollen Sie helfen?« »Natürlich«, erwiderte sie, »dafür sind wir doch da.«[3])

Der Hang des Schweden zur Geheimhaltung wurde ein paar Monate darauf noch klarer, als Hjertonsson, der stellvertretende schwedische Botschafter in Washington, erklärte, er könne nun die Namen der PLO-Beamten senden, die sich mit ihnen in Stockholm treffen würden. »Schicken Sie sie per Fax«, sagte ihm Rita Hauser. »Nein, nein, nein«, rief er aus und flog statt dessen für ein Fünfzehn-Minuten-Treffen nach New York, nur um ihr die Namen zu geben. Schweden machte sich Sorgen, berichtete sie, wegen des »vielgerühmten israelischen Geheimdiensts«. Ein in Washington lebender Diplomat hatte ihm einmal gesagt: »Sie haben ihre Leute hier in jeder Botschaft, und sie zapfen die Telefonleitungen an.« Bei seinem Flug von Washington nach New York und zurück benutzte der schwedische Diplomat sogar einen fiktiven Namen.

Als die schwedisch-amerikanische Initiative im Frühjahr 1988 in Gang kam, versuchte die PLO die Aufmerksamkeit auf den palästinensischen Aufstand zu lenken, damit das Thema beim bevorstehenden Reagan-Gorbatschow-Treffen auf die Tagesordnung kam. Die arabischen Führer, die Anfang Juni 1988 in Algier tagten, bekräftigten ihr Engagement für die Selbstbestimmung der Palästinenser und für einen unabhängigen Staat. Weniger Aufmerksamkeit erregte Abu Scharifs Entwurf der neuen Position, den er den Journalisten zukommen ließ, die über den Reagan-Gorbatschow-Gipfel berichteten. Er hatte Arafat darüber informiert, was er tun wollte, hatte ihm aber das Dokument selbst nicht gezeigt.[4]) Er verstand Arafats Schweigen als Ermunterung, seinen Entwurf zu verteilen; der rief dazu auf, die UNO-Beschlüsse 242 und 338 zu akzeptieren. Diese Erklärung, die am nächsten Tag in der ganzen Welt veröffentlicht wurde, bewies Verständnis für die Befürchtungen der Israelis, was ihre Sicherheit im Nahen Osten anbetraf. Der arabische Gipfel unternahm einen weiteren Schritt, um Arafat zu helfen. Im Abschlußkommuniqué wurde deutlich gemacht, daß die PLO bei einer internationalen Konferenz nicht in einer gemeinsamen Delegation mit irgendeiner anderen an diesem Konflikt beteiligten Partei auftreten konnte. Sie müsse »in der gleichen Position und mit denselben Rechten wie die anderen Teilnehmer« vertreten sein. Das war eine Botschaft an Jordanien, sich in der Frage, wer die Palästinenser vertrete, herauszuhalten. Die Intifada hatte Arafat geholfen, einen bedeutenden Sieg zu erringen, den König Hussein nicht mehr ignorieren konnte. Hussein begriff schnell, und nur wenige Wochen später, Ende Juli 1988, löste er alle administrativen Bindungen Jordaniens zur West Bank.

Die Folgen von Husseins Entscheidung waren in Tunis sofort zu spüren. Nun konnte die PLO endlich, zum ersten Mal in ihrem dreißigjährigen Befreiungskampf, ihre politische Zukunft ohne arabische Einmischung selbst bestimmen. Man vergeudete wenig Zeit. Anfang August, nur wenige Tage, nachdem Hussein seinen Entschluß verkündet hatte, sprachen Mitglieder des Exekutivkomitees einen palästinensischen Amerikaner an und fragten ihn, wie die Chancen für einen Dialog mit den Vereinigten Staaten ständen. Dabei handelte es sich um Mohammed Rabie, einen Wissenschaftler und früheren Studienfreund mehrerer führender PLO-Vertreter von der Universität in Kairo. Rabie rief seinen Freund William Quandt im Brookings-Institut in Washington an. Quandt hatte 1978 als wichtigster Berater Präsident Carters bei der Formulierung der Abkommen von Camp David mitgeholfen. Von den Fachleuten im Außenministerium wurde er sehr geschätzt. Als Rabie Quandt Mitte August in dessen Büro aufsuchte, deutete er ihm an, die Zeit sei vielleicht günstig für den Beginn eines Dialogs zwischen den Vereinigten Staaten und der PLO. »Ich erwiderte ihm, daß man von der PLO noch immer eine unzweideutige Stellungnahme zur Resolution 242 verlangen würde«, erzählt Quandt.[5])

Dann schlug er seinem langjährigen palästinensischen Freund vor: »Warum schreibst du nicht deine Version von dem auf, was die PLO zu sagen bereit wäre und was sie von den Vereinigten Staaten brauchen würde? Ich tue dasselbe.« Quandt schrieb den Text der Resolution 242 hin. Rabie fragte: »Meinst du, das hier genügt für das Außenministerium?« Quandt schlug vor, sie sollten sich ein paar Tage Zeit nehmen, um die Formulierung auszuarbeiten, und sich dann treffen, um ihre Entwürfe zu vergleichen. Knapp eine Woche darauf verarbeiteten sie ihre beiden Texte zu einem einzigen, zweiseitigen Dokument. Die Arbeitshypothese war, daß weder die Vereinigten Staaten noch die PLO einseitig oder allein agieren sollten: Die Vereinigten Staaten und die PLO würden sich zuvor einigen und alle Schritte im vorhinein miteinander abstimmen: Machte die eine Seite das, folgte von der anderen automatisch dies.

Quandt erzählt, er habe den Entwurf einem führenden Beamten im Außenministerium gezeigt. »Wenn die PLO das sagen würde, wären Sie dann interessiert?« fragte er. Der Beamte antwortete, er müsse sich mit anderen ins Benehmen setzen, bevor er Definitives sagen könne. Im Außenministerium war man skeptisch. Charles Hill, der Bürochef von George Shultz, schildert die damalige Situation: »Es vergingen kaum drei Tage in den achtziger Jahren, in denen nicht irgend jemand mich oder jemand anderen im Außenministerium anrief und sagte: ›Wir haben einen Durchbruch. Ich habe gerade eine Nachricht für Sie von Arafat oder diesem oder jenem Burschen in der PLO.‹ So ging das unentwegt zu.«[6])

Trotzdem: Wenige Stunden, nachdem Quandt erstmals mit William Kirby im Außenministerium gesprochen hatte, erhielt er »einen Anruf, daß das Dokument sehr interessant sei«. Gleichzeitig dämpfte der Anrufer Quandts Erwartungen: Natürlich könne er keine Garantie übernehmen, wie die amerikanische Antwort aussehen würde. Nach Quandts Einschätzung wollte er deutlich machen, daß die Vereinigten Staaten das palästinensische Recht auf Selbstbestimmung nicht als Gegenleistung für eine Anerkennung Israels durch die PLO akzeptieren könnten. Dennoch sei genug Faszinierendes in dem, was die PLO anzubieten scheine. Deshalb denke er, es könnte darauf schließlich irgendwann sogar eine offizielle Antwort auf das Angebot geben.

Rabie kehrte nach Tunis zurück, wo er mehrere Wochen damit zubrachte, den Entwurf mit dem PLO-Exekutivkomitee zu diskutieren. Am 17. September hielt Shultz eine größere Rede für das »Washington Institute for Near East Policy« vor einer Versammlung führender Wissenschaftler, die sich zu ihrer jährlichen Tagung in die Wye Plantation am Ostufer von Maryland zurückgezogen hatten. Die Rede war eine Gelegenheit für Shultz, dem überwiegend proisraelischen Publikum alle Gründe für die Weigerung der USA, mit der PLO zu verhandeln, aufzuzählen. Der wichtigste unter ihnen war die fortdauernde Unterstützung des Terrorismus durch die PLO. Doch Shultz achtete sorgfältig darauf, die Tür nicht zuzuschlagen. Er bot der PLO sogar ein Zuckerbrot an und erklärte: »Jede Seite ist frei, jede Position, die sie vertreten will, zum Verhandlungstisch mitzubringen. Die Israelis sind frei, für die Annektierung der besetzten Gebiete zu stimmen. Die Palästinenser sind frei, sich für ihre Unabhängigkeit einzusetzen.« Diese Erklärung stimmte völlig mit der US-Politik seit Abschluß der Verträge von Camp David überein.

Während der Frage-und-Antwort-Phase des Vortrags führte Shultz seine vorangegangenen Erklärungen weiter aus. »Ich nehme an, unter diesen Umständen würde es überraschen, wenn die Palästinenser nicht einen unabhängigen palästinensischen Staat fordern würden.« Er fügte hinzu, die Vereinigten Staaten würden einen solchen Staat weiterhin ablehnen, aber sobald die PLO Israel anerkannt hätte, könne sie sich für die Unabhängigkeit einsetzen, und die Vereinigten Staaten würden das Recht der PLO, das zu tun, unterstützen. Diese Botschaft von Shultz blieb im PLO-Hauptquartier nicht unbemerkt. Rabie kehrte Ende September mit dem Auftrag der PLO nach Washington zurück, den Amerikanern zu berichten, die PLO sei nun in der Lage, jene Art von Erklärung abzugeben, die Shultz haben wollte.

Im Frühherbst jedoch hatten die Demokratische und die Republikanische Partei ihre Präsidentschaftskandidaten nominiert. George Bush hatte eine Menge gegen den Gouverneur von Massachusetts, Michael Dukakis, aufzuholen, der aus dem demokratischen Parteitag mit einem beträchtlichen Stimmenvorsprung in den Meinungsumfragen hervorgegangen war. Amerikanische Juden empörten sich, als Bush zögerte, seinen Wahlkampfberater Fred Malek zu entlassen, der, wie sich herausstellte, an einer Zählung der Juden in der Nixon-Regierung beteiligt gewesen war. Malek verteidigte sich zunächst, er sei damals schlicht Nixons Anordnung gefolgt, trat dann aber doch aus dem Team der Bush-Helfer zurück. Ein weiterer Skandal war in dieser Situation das letzte, was Bush gebrauchen konnte – schon gar nicht, wenn es sich um einen neuen geheimen Versuch handelte, die Gunst der PLO zu gewinnen. Also durfte William Quandt der Führung in Tunis Ende September eine Nachricht zukommen lassen. Sie war nur kurz: Die Reagan-Regierung hoffe, der PLO in etwa sechs Wochen »unsere wohlerwogene Antwort« zu übermitteln – also nach der Präsidentschaftswahl in den USA.

Etwa zur gleichen Zeit, Mitte September 1988, wurde Stanley Sheinbaum zu einem Treffen mit dem schwedischen Diplomaten Hjertonsson nach Paris eingeladen, »um eine Strategie zu diskutieren, was zu tun war, nachdem Arafat die drei Punkte in Stockholm bestätigt hätte«. Auf dem Heimflug wurde dem Amerikaner jedoch klar, daß es in dieser Phase weniger wichtig war, sich darüber Gedanken zu machen, was danach kommen würde. »Unsere unmittelbare Aufgabe hätte sein müssen zu überlegen, wie man Arafat ermutigen konnte, diesen Schritt erst einmal zu tun. Ich kam dann zu dem Resultat, daß es wichtig sein würde, Arafat ein Zeichen zukommen zu lassen, daß die Reagan-Administration positiv reagieren würde. Ich fand auch, daß ein solches Wort vom Weißen Haus kommen müsse.«

Als er nach Kalifornien zurückkam, setzte sich Sheinbaum mit William A. Wilson in Verbindung, einem Gründer von Reagans »Küchenkabinett« und früheren Botschafter beim Vatikan. Wilson erklärte sich einverstanden, für Mitte Oktober im Beverly Hills Hotel in Los Angeles eine Begegnung mit dem Stabschef im Weißen Haus, Kenneth Duberstein, und dem Nationalen Sicherheitsberater des Präsidenten, Generalleutnant Colin Powell, zu arrangieren. Bei diesem Gespräch aber gelang es Sheinbaum nicht, Duberstein oder Powell davon zu überzeugen, daß Präsident Reagan sich an so etwas beteiligen sollte: Dem berüchtigtsten

Guerillaführer der Welt derart persönliche Zusicherungen zu machen, war eine explosive politische Bombe. Sheinbaum verdoppelte seine Anstrengungen und schrieb Colin Powell einen Brief, in dem er seine Argumente noch einmal vorbrachte. Vier Tage später rief Powell Bill Wilson an und sagte ihm, daß, so Sheinbaum, »mein Brief zu einem ›Arbeitspapier‹ im Weißen Haus, beim Nationalen Sicherheitsrat, im Außen- und im Verteidigungsministerium geworden sei. Wichtiger noch: Er sagte Wilson, ich bekäme augenblicklich einen Brief, und dieser Brief kam tatsächlich an.«

Er trug den Briefkopf des Weißen Hauses. Dort stand der entscheidende Satz: »Es kann keinen Zweifel geben, daß eine eindeutige Anerkennung des Existenzrechts Israels und der Beschlüsse 242 und 338 des Sicherheitsrats der Vereinten Nationen, begleitet von einer klaren Absage an Gewalt und Terrorismus durch die PLO, der richtige Schritt sein würde – und es kann keinen Zweifel daran geben, daß die Vereinigten Staaten positiv darauf reagieren würden.« Der Brief war mit »Colin Powell« unterzeichnet.

Anfang Oktober war Andersson bei der alljährlichen Herbstsitzung der UNO-Vollversammlung in New York. Er lernte dort Rita Hauser kennen. In Tunis diskutierten das PLO-Exekutivkomitee, ihr Zentralrat und das Zentralkomitee der Fatah angestrengt über das Positionspapier, das Abu Scharif bereits als den neuen PLO-Friedensplan vorgestellt hatte. Abu Ijad und Faruk Kaddumi kämpften zuerst erbittert, um Arafat die Zustimmung, die er für das Dokument brauchte, zu verweigern. Aber Arafat flog ein Dutzendmal von Bagdad über Riad nach Kairo und zurück, und so gelang es ihm, die arabischen Staatschefs für die Initiative zu gewinnen. Er berichtet, diese Bemühungen hätten über sechshundert Stunden gekostet. Inzwischen verschob der Palästinensische Nationalrat mit Rücksicht auf die Novemberwahlen in den USA die vorgesehene Versammlung seines 450 Mitglieder umfassenden Exilparlaments.

Als Bush im November die Wahl gewann und sich auf den Einzug ins Weiße Haus vorbereitete, kündigte die PLO ihre Sitzung in Algier vom 12.–15. November als diejenige an, in der man endlich über die beiden Resolutionen, die Anerkennung Israels und die Ablehnung des Terrorismus entscheiden würde. Der Nationalrat bewegte sich in diese Richtung, indem er sich formal für unabhängig erklärte und einseitig einen palästinensischen Staat in der West Bank und Gaza mit Jerusalem als Hauptstadt ausrief. Gleichzeitig erkannte er den UNO-Beschluß 242 nicht bedingungslos an.

Das US-Außenministerium reagierte energisch. Sein Sprecher Charles

Redman erklärte, der Status der besetzten Gebiete könne nicht »durch einseitige Akte der einen oder anderen Seite, sondern nur durch einen Verhandlungsprozeß entschieden werden. Die Erklärung einer unabhängigen palästinensischen Staatlichkeit ist ein solcher einseitiger Akt.«

In Algier geschah jedoch auch etwas zunächst weniger Auffälliges und Bedeutsames: Arafats Fatah gewann die widerwillige Unterstützung von George Habaschs PFLP und Najaf Hawatmehs DFLP für ein neues politisches Programm, das die Resolution 242 als Grundlage für Verhandlungen im Rahmen einer internationalen Konferenz akzeptierte, vorausgesetzt, die Gespräche würden sich auf die Notwendigkeit eines vollständigen israelischen Rückzugs aus den 1967 eroberten Gebieten sowie auf die Schaffung eines palästinensischen Staates konzentrieren. Arafat behauptete: »Unsere politische Erklärung ist gemäßigt, flexibel und realistisch. Der Ball ist jetzt im amerikanischen Spielfeld.« Doch der Euphorie des PLO-Vorsitzenden zum Trotz schienen die amerikanischen Beamten nicht überzeugt. Vor allem waren sie enttäuscht, daß sich der Nationalrat in zwei anderen Fragen nicht eindeutig festgelegt hatte.

Statt, wie es die Vereinigten Staaten verlangt hatten, auf Terror sowohl gegen zivile als auch militärische Ziele zu verzichten, betonte das Abschlußkommuniqué des Exilparlaments, daß die UNO-Charta das Recht auf »Widerstand gegen fremde Besatzung, Kolonialismus oder rassische Diskriminierung sowie den Kampf um Unabhängigkeit« garantiere. Außerdem wurde der UNO-Sicherheitsrat aufgefordert, Frieden und Sicherheit »zwischen allen betreffenden Ländern in der Region« zu gewährleisten, aber der Name Israel wurde nirgendwo erwähnt. Einige Sprachregelungen waren neu, aber den Amerikanern genügten die Formulierungen nicht. Der Sprecher des Weißen Hauses, Marlin Fitzwater, erklärte, das Dokument enthalte »positive Elemente«, aber die Tatsache ließ sich nicht leugnen, daß es weit hinter dem zurückblieb, was sich der künftige Präsident George Bush erhofft hatte.

Trotzdem war Andersson der Auffassung, daß man eine neue Seite aufgeschlagen habe und daß Arafat jetzt vielleicht über einen echten Konsens in den eigenen Reihen verfügte, um sich auf einen Frieden mit Israel zuzubewegen. »Innerhalb von wenigen Tagen nach der Sitzung in Algier bekamen wir einen Anruf von den Schweden, daß eine Gruppe unter Führung von Khaled al-Hassan bereit war, uns in Stockholm zu treffen«, erinnert sich Rita Hauser. Sie rief Sheinbaum an, und beide flogen am Sonntag abend, dem 20. November 1988, nach Stockholm. Drora Kass war bereits dort. In der schwedischen Hauptstadt erwarteten sie al-Hassan und drei weitere PLO-Beamte: Afif Safieh, der PLO-Botschafter in den Niederlanden, Dr. Eugene Makhlouf, der PLO-Botschafter in Schweden, und Hischam Mustafa, ein Berater von Abu Mazzen (Mahmud Abbas).

Ihr erstes Gespräch am Dienstag morgen verlief nicht gut. Die gradlinigen Amerikaner bekamen es mit den Meistern nahöstlicher Wortklauberei zu tun. »Sehen Sie mal her, ich habe zwei englische und eine französische Übersetzung der politischen Erklärung von Algier gelesen«, gab Rita Hauser dem PLO-Team zu verstehen, »und sie lasen sich alle verschieden. Nicht nur in den Nuancen, sondern in der Formulierung.« Andersson erinnert sich, daß Rita Hauser mit einer »Unterschreiben-Sie-bitte-hier-unten-Haltung gekommen war, und das war überhaupt nicht das, was Khaled al-Hassan suchte«.

Da seine Bemühungen schon am Anfang zu scheitern drohten, lud der Außenminister die beiden Gruppen zum Essen in sein Privatbüro ein. Andersson nahm seine Gäste, vor allem die Palästinenser, hart ran. »Hier sind ein paar Leute, die Ihnen helfen wollen, das, was Sie wirklich in Algier getan haben, in der Welt bekanntzumachen«, sagte er ihnen. »Sie sollten zusammenarbeiten.« Sheinbaum erinnert sich: Andersson war so verärgert, daß er sich »an al-Hassan wandte und ihn in einem aufgebrachten Ton fragte, warum die PLO den Amerikanern die Mühe gemacht hätte, Tausende von Meilen weit herzukommen«, wenn sie nicht bereit war, sich vorwärtszubewegen. Al-Hassan wiederholte, was er schon am Morgen geäußert hatte: Sie brauchten handfestere Zusicherungen, daß die Vereinigten Staaten tatsächlich reagieren würden.

»An dem Punkt«, sagt Sheinbaum, »entschloß ich mich, den Brief von Colin Powell herauszuziehen, und brauchte nur diesen einen entscheidenden Satz zu lesen. Afif Safieh, einer aus der Delegation, wollte wissen, was auf dem Briefkopf stand, und ich drehte das Schreiben um und zeigte, daß es aus dem Weißen Haus war. Das schien sie ebensosehr zu beeindrucken wie der Satz, den ich zitiert hatte.« Der Lunch zog sich bis halb drei Uhr hin, und die Palästinenser erklärten, sie wollten sich ausruhen. Das nächste Gespräch war auf fünf Uhr nachmittags angesetzt. Die Amerikaner waren sicher, daß ihre Gegenüber von der PLO während der Pause mit Tunis telefoniert hatten, weil Khaled al-Hassan, als sie wiederkamen, einfach sagte: »Lassen Sie uns mit der Arbeit anfangen.«

Zuallererst drängte Rita Hauser darauf, die Frage der unterschiedlichen Versionen des Textes von Algier zu klären: »Wir haben hier drei verschiedene Übersetzungen. Lassen Sie uns feststellen, was das Wesentliche gewesen ist.« Während sie es »feststellten«, schrieben die Amerikaner mit ihnen die Stockholmer Erklärung und gingen weit über das, was die PLO in Algier getan hatte, hinaus. Am wichtigsten war, die PLO zu überzeugen, daß die Anerkennung Israels und die Absage an den Terrorismus eindeutig formuliert werden mußte. Mit Hilfe des Nahost-Experten im schwedischen Außenministerium, Anders Bjurner, arbeiteten die beiden Seiten bis spät abends und hatten schließlich ein Dokument formuliert, dem sie alle zustimmen konnten. Darin akzeptierte die PLO die Existenz des Staates Israel in der Region und erklärte, daß der »unabhängige Staat von Palästina« friedlich mit dem jüdischen Staat koexistieren würde. In dem gemeinsamen Entwurf erklärte die PLO auch ihre »Zurückweisung und Verurteilung des Terrorismus in all seinen Formen«. Nach wie vor enthielt das Papier jedoch einige kritische Positionen. So wurde »das Recht des palästinensischen Volkes auf Selbstbestimmung« bekräftigt und die Billigung der beiden UN-Resolutionen durch die PLO von einer Zusage abhängig gemacht, daß man zu einer internationalen Konferenz zusammenkommen würde. Damit waren substantielle Fortschritte erzielt worden, aber die Forderungen des amerikanischen Außenministeriums hinsichtlich einer bedingungslosen Anerkennung Israels und der relevanten UNO-Beschlüsse wurden nicht erfüllt. Man tippte das Dokument als »Memorandum« auf Sten Anderssons Briefpapier.

Die Delegation der amerikanischen Juden, die sich erleichtert fühlte und stolz auf das Erreichte war, ging mit dem PLO-Team zum Abendessen. Gegen 23 Uhr schickte Andersson eine Kopie der getippten Erklärung in das Restaurant. Alle lasen es durch, und Rita Hauser schlug vor, sie sollten es alle unterschreiben. Khaled al-Hassan weigerte sich und sagte, Arafat müsse es erst prüfen und genehmigen. »Wir gehen hier nicht weg, ohne daß wir das unterschreiben«, sagte Rita Hauser. »Sie gerieten in Panik darüber, ob sie es unterschreiben konnten oder nicht«, erzählt uns die Anwältin später. Damals hatte Rita Hauser die Idee: Warum nicht das Original unterschreiben, das auf Anderssons Briefpapier des Außenministeriums getippt war, und die nicht unterschriebenen Kopien zur Prüfung mit nach Hause nehmen? Nach einigem Hin und Her wurde dieser Vorschlag angenommen. Die drei erschöpften Amerikaner gingen an Bord eines SAS-Jets und flogen heimwärts, während das PLO-Team nach Tunis zurückkehrte, um Arafat zu informieren.

Inzwischen erteilte Andersson Wachtmeister die Anweisung, er solle Shultz um einen Gesprächstermin ersuchen. Gleichzeitig schickte er Anders Bjurner mit einem persönlichen Brief an den amerikanischen Außenminister nach Washington. Darin informierte er Shultz, er habe bald »einige wichtige Gäste aus Tunis« – Arafat und seine Delegation – in

Stockholm. Nun müsse er die von Arafat geforderte Sprachregelung wissen, um die Basis für einen offiziellen Dialog zwischen den Vereinigten Staaten und der PLO legen zu können.

Weil Shultz sich auf sein Thanksgiving-Abendessen zu Hause freute, hatte er vor dem 25. November keine Zeit zu einer Antwort. An diesem Tag soll Shultz, nachdem er den vollen Text der noch immer geheimen Stockholmer Erklärung gelesen hatte, zum schwedischen Botschafter gesagt haben: »Nun, das bringt die Sache wirklich voran. Es ist klar, daß wir hier etwas unternehmen können.« Er versprach, Andersson eine Antwort auf seinen Brief zu geben, bevor seine »wichtigen Gäste« in der folgenden Woche eintreffen würden.

Innerhalb weniger Stunden nach seiner Andeutung, daß er Anderssons Bitte Folge leisten würde, mußte Shultz eine noch wichtigere Entscheidung treffen: ob er Arafat ein Visum ausstellen sollte, damit der PLO-Vorsitzende nach New York kommen konnte. Arafat hatte an diesem Freitag formell ein Visum beantragt, weil er in der folgenden Woche bei einer Sondersitzung der Vereinten Nationen über die palästinensische Frage eine Rede halten wollte. Also berief Shultz am selben Tag, an dem er Andersson eine Antwort auf die Stockholmer Erklärung zugesagt hatte, ein Treffen der Spitzenbeamten des Weißen Hauses und des Außenministeriums ein, um sich von ihnen in bezug auf das Visum beraten zu lassen. Als sie um den Kamin im siebten Stock des Außenministeriums versammelt waren, bat er jeden einzelnen von ihnen, ihm Argumente für und gegen die Gewährung eines Visums zu nennen. Eine Mehrheit der Senatoren im Kongreß hatte Shultz gedrängt, Arafat nicht hereinzulassen. Der israelische Premier Schamir hatte sich ebenfalls offiziell gegen die Ausstellung eines Visums ausgesprochen. Doch unsicher darüber, was Shultz selbst dachte, hüteten sich die Beamten davor, eindeutig Stellung zu beziehen. Nur Colin Powell, der Sicherheitsberater des Präsidenten, unterstützte eindeutig die Ausstellung eines Visums.

Michael Armacost, der Staatssekretär für politische Angelegenheiten, und Richard Murphy, im Außenministerium als Abteilungsleiter für den Nahen Osten zuständig, kamen Powell zu Hilfe. »Murphy sagte, wir sollten ihm das Visum geben, weil es sonst Arafats Verhalten ändern könnte«, erinnerte sich Mary Mochary, eine Juristin im Außenministerium, die an diesem Gespräch teilnahm. Sie sollte als letzte, gleich nach Murphy, sprechen. »Ich glaubte nicht, daß dieses Argument zutraf. Ich sagte, es wäre angemessener, ihm das Visum zu verweigern. Dann hätte er ein Ziel: Wenn er sich das Privileg verdienen wollte, in die Vereinigten Staaten zu kommen, müßte er sich entsprechend benehmen. Ich schlug vor, wir sollten ihm lieber einen Anreiz geben, sein Verhalten zu ändern, statt ihn schon vorher zu belohnen.« Shultz dankte der Gruppe, aber er verriet nicht, wie er sich entscheiden würde.

An jenem Nachmittag verfügte Shultz, entgegen den Empfehlungen fast all seiner Berater, Arafat kein Visum zu erteilen. Die einzigen Mitarbeiter, die ihn darin unterstützten, waren der Chef des Büros für »Terrorismusabwehr« im Außenministerium, L. Paul Bremer, Shultz' Bürochef Charles Hill und Mary Mochary. Powell war besonders verärgert. Er hatte den Text der Stockholmer Erklärung gelesen und fand, man solle Arafat die Gelegenheit geben, sich vor der Weltorganisation in New York ausführlich dazu zu äußern. Verteidigungsminister Frank Carlucci drang auf eine Gewährung des Visums. Der amerikanische UNO-Botschafter Vernon Walters erklärte, mit dieser Entscheidung werde man praktisch der gesamten Weltorganisation vor den Kopf stoßen.

»All diese Leute waren in einer Panik, daß dies das Ende unserer Rolle im Nahen Osten wäre«, sagt ein hoher Beamter des Nationalen Sicherheitsrats (NSC). Shultz bat jene, die ihn unterstützten, Material für die Presse zu formulieren und den Text Präsident Reagan auf seine Ranch bei Santa Barbara in Kalifornien zu schicken, wo er sich gerade erholte. Shultz hat weder George Bush noch den neuen Außenminister James Baker, der ihm im Amt folgen sollte, konsultiert. Als die Ablehnung des Visumantrags am Samstag, dem 26. November, bekanntgegeben wurde, erklärten die Vereinten Nationen sofort, sie würden die Palästina-Sondersitzung in ihr europäisches Hauptquartier nach Genf verlegen. Richard Murphy gab sich in bezug auf die Sitzung in Genf keinen großen Hoffnungen hin: »Ich sah Genf als einen enormen Propagandazirkus, bei dem am Ende niemand irgend etwas gewinnen würde.«[8])

Für Shultz war diese Entscheidung relativ klar. Er mußte sich letzten Endes aus gesetzlichen, politischen, moralischen und persönlichen Gründen so entscheiden. Das amerikanische Antiterror-Gesetz verlangte, daß jedem, der aktiv an der Organisation oder Begünstigung terroristischer Akte beteiligt war, die Einreise verweigert werden mußte. »Was Arafat anbetraf«, erklärt Murphy, »war reichlich Beweismaterial vorhanden, daß der PLO-Vorsitzende sich all die Jahre hindurch auf terroristische Akte von Gruppen, die ihm gegenüber verantwortlich waren, eingelassen und sie dazu angeleitet hat. Zu ihnen gehört die Fatah und später die »Force 17«, die man als eine Arafat-Organisation betrachten muß.«

Die Ablehnung des Visums war eine eiskalt kalkulierte Entscheidung, sagt ein anderer enger Berater. Shultz fand, daß »wir die Karten hatten«, und bestand darauf, man dürfe »Arafat keine Konzessionen machen, bis er auf unsere Bedingungen eingeht«. Wenigen Leuten, auch unter seinen Beratern, war bekannt, daß Shultz, während er in der Visum-Frage eine harte Linie wählte und den Hagel internationaler Kritik über sich ergehen ließ, privat Andersson ermutigte, seine Geheimdiplomatie fortzusetzen. War beides Teil eines größeren Spiels, in dem Shultz den PLO-Führer zu der Einsicht bringen wollte, daß ihm keine andere Wahl blieb, als sich den amerikanischen Konditionen zu fügen? War es Staatskunst in höchster Vollendung, oder verließ sich der Außenminister einfach auf sein Gefühl?

Ebenso wie alles andere spielt auch das Persönliche bei ihm eine große Rolle, meint Murphy. Er hat diese Entscheidung instinktiv getroffen, sagt er, zumindest teilweise aus Loyalität für die ermordeten Robert Ames und Leon Klinghoffer. Shultz fand, daß »etwas sehr Verdächtiges und sehr Anrüchiges an Arafat war«. Er konnte die Vorstellung, daß der PLO-Führer nach New York kam, einfach nicht ertragen. »Es lief darauf hinaus, daß man für Arafat eine Ausnahme vom Anti-Terrorismus-Gesetz machen wollte, und Shultz sagte ›nein‹«, erklärt Murphy.

Also unterzeichnete Shultz am Samstag morgen, dem 26. November, eine Anordnung, mit der die Bitte um ein Visum abgelehnt wurde. Der PLO-Führer wurde offiziell als »Helfershelfer« des Terrorismus bezeichnet. Als das Außenministerium die Entscheidung bekanntgab, erklärte es, Arafats Anwesenheit in New York stelle ein unannehmbares Sicherheitsrisiko dar. Rita Hauser rief Sheinbaum an, als sie die Nachricht hörte. »Nun, ich glaube, das ist das Ende der Übung. Ich nehme an, wir werden nie zum nächsten Gespräch kommen«, sagte sie ihm.

Die Entscheidung verärgerte auch George Bush und seinen designierten Außenminister James Baker. Bush und Baker fürchteten, das Underdog-Image des PLO-Führers würde durch diese Überreaktion noch verstärkt werden. Das *Time*-Magazin schrieb: »Sie hatten das Gefühl, daß Shultz ein großes Unheil anrichtete, das ihn in ein paar Wochen nichts mehr anging«, während sie die Scherben dieses unnötigen diplomatischen Debakels auflesen mußten.[9]) Bush und Baker fürchteten vor allem, die Handlungen von Shultz würden ihre eigenen Absichten, dem Nahen Osten Frieden zu bringen, komplizieren. Die israelische Antwort war ekstatisch. Mit dieser einen Entscheidung gewann Shultz soviel Sympathie bei Yitzhak Schamir und den großen jüdischen Organisationen in Amerika, daß er in den letzten Wochen seiner Amtszeit fast nichts mehr tun konnte, was ihn ihre Unterstützung hätte kosten können.

»Ich war in sehr trüber Stimmung, weil ich dachte, daß unsere Initiative vorbei war«, erinnert sich Rita Hauser. Doch am Freitag morgen, dem 2. Dezember, bekamen Sheinbaum und Hauser Nachricht von den Schweden: Die Begegnung würde stattfinden. Anders Bjurner war am Telefon. »Wir glauben, daß Arafat am Dienstag kommen wird, um sich mit Ihnen zu treffen. Können Sie am Montag hier sein?« fragte Bjurner. »Nebenbei, sie bringen eine große Delegation. Vielleicht vergrößern Sie Ihre auch etwas. Aber seien Sie vorsichtig, wen Sie ansprechen.«

Die drei Amerikaner gingen an die Arbeit. Drora Kass war in Israel. Sie fing an, mit Amerika zu telefonieren, um weitere Teilnehmer für die Delegation zu gewinnen. Sheinbaum und Hauser taten, was sie konnten, um die Gruppe zu erweitern. Hauser versuchte Martin Lipset, einen Harvardprofessor, anzuwerben, aber er mußte unterrichten. Arthur Hertzberg, ein angesehener Rabbi und Gelehrter, der an der Columbia Universität in New York lehrt, hatte Angst, daß die Sache nach hinten losgehen könnte, und ließ sich entschuldigen. Doch es gelang ihr, Dr. Abraham Udovitch, einen Professor für mittelalterliche arabische Geschichte und Vorsitzenden des Fachbereichs Nahost-Studien an der Princeton-Universität, zu gewinnen. Außerdem erklärte sich auch Menachem Rosensaft, der Vorsitzende des Internationalen Netzwerks für Kinder von Holocaust-Überlebenden, mit einer Teilnahme einverstanden.

Am Sonnabend, dem 3. Dezember, lud Shultz Wachtmeister in sein Haus in einem Vorort von Maryland ein. Während sie Kaffee tranken, übergab Shultz dem Schweden einen Brief. »Er bat mich, selbst nach Stockholm zu fliegen und ihn zu überbringen«, erinnert sich Wachtmeister. Shultz habe ihm erklärt: »Ich vertraue der Sicherheit Ihres Nachrichtenverkehrs völlig. Aber das hier ist zu gefährlich. Bitte nehmen sie es selbst mit.«[10]) Außer einem Begleitschreiben befanden sich in dem Umschlag zwei Blätter. Sie trugen die Aufschriften SENSITIVE und SECRET. Das erste enthielt die genaue Formulierung, die Arafat benutzen sollte. Das zweite die genaue Formulierung, die die Vereinigten Staaten in ihrer Antwort verwenden würden, um den Beginn direkter Gespräche mit der PLO bekanntzugeben. Alle drei Texte waren auf Briefpapier des Außenministeriums geschrieben. Aber nur das erste Blatt, der an Andersson gerichtete Brief, trug Shultz' persönlichen Briefkopf – THE SECRETARY OF STATE, WASHINGTON – und war mit »Sincerely yours, George« unterzeichnet.

Das Begleitschreiben, das oben mit SECRET abgestempelt war, bestätigte den Empfang der Botschaft Anderssons »in bezug auf das Treffen in Stockholm am nächsten Dienstag«. Shultz schrieb: »Die beiliegenden Papiere stellen meine Antwort auf die Frage dar, die Sie in Ihrer Botschaft angeschnitten haben« – nämlich, was die PLO sagen müsse und wie die Vereinigten Staaten antworten würden, wenn die PLO »die magischen Worte« sagte.

Shultz führte dann drei Punkte an:

Erstens, die beiliegenden Papiere seien nicht »der Anfang einer Verhandlung über Formulierungen« und sollten der PLO nicht als solche beschrieben werden.

Zweitens, die Vereinigten Staaten würden »keine Einwände dagegen haben, sollte die PLO wieder ›gewisse Standpunkte‹ vertreten, zu denen sie sich verpflichtet fühlt«, vorausgesetzt, solche prinzipiellen Erklärungen widersprächen nicht der Anerkennung der amerikanischen Bedingungen.

Drittens, »nichts hier darf als Anerkennung eines unabhängigen Staates durch die USA verstanden werden«. Shultz schloß mit den Worten: »Sie dürfen Ihrem Besucher diesen Brief zeigen, wenn Sie es für nützlich halten.«

Das erste Blatt der offiziellen Anlage enthielt die Worte, die Arafat aussprechen sollte. Auf dem zweiten Blatt hatte Shultz die Vereinigten Staaten verpflichtet, wie folgt zu antworten:

»Die PLO hat heute eine Erklärung abgegeben, in der sie die Beschlüsse 242 und 338 des UNO-Sicherheitsrats und Israels Existenzrecht anerkennt und auf die Anwendung von Gewalt verzichtet.

Deshalb sind die Vereinigten Staaten bereit, substantielle Diskussionen mit Vertretern der PLO zu beginnen. Die Vereinigten Staaten glauben, daß Verhandlungen auf den Resolutionen 242 und 338 begründet sein müssen, um eine vernünftige Lösung des arabisch-israelischen Konflikts zu erreichen, und rufen alle Parteien auf, erneut Anstrengungen zu unternehmen, um unverzüglich den Frieden zu sichern. Die Vereinigten Staaten erkennen an, daß Vertreter des palästinensischen Volkes das Recht haben, in Verhandlungen alle Themen zur Sprache zu bringen, die sie interessieren.«

Andersson war entzückt. Er fand, daß er jetzt ein »Buchende« fertig hatte. Shultz war gewonnen. Am späten Nachmittag des 3. Dezember schickte Wachtmeister einen Diplomaten mit dem Brief nach Stockholm. Natürlich wußten weder Hauser noch Sheinbaum von dem geheimen Andersson-Shultz-Austausch. Die jüdischen Führer wußten auch nicht, was Shultz wußte: Daß Arafat 72 Stunden später in Stockholm eintreffen würde. Shultz hatte Andersson bewußt die Möglichkeit eingeräumt, seinen Brief Arafat zu zeigen.

Am Montag morgen, kurz nach ihrer Ankunft, lud Andersson die fünf

Amerikaner in sein Büro ein. Jetzt erst informierte er sie: »Arafat wird morgen eintreffen. Ihn werden Khaled al-Hassan, Jassir Abed Rabbo, Afif Safieh, Mahmud Darwisch, Bassam Abu Scharif und andere begleiten. Ich muß es heute der Welt verkünden. Wir haben sehr scharfe Sicherheitsmaßnahmen getroffen. Wir werden Sie als ›prominente amerikanisch-jüdische Persönlichkeiten‹ vorstellen, aber wir müssen Ihre Namen bekanntgeben. Wir haben Grund zu der Annahme, daß Arafat Ihre Stockholmer Erklärung unterzeichnen wird. Sie ist innerhalb der PLO diskutiert und akzeptiert worden.«

Dann nahm Andersson Rita Hauser beiseite und sagte ihr: »Ich möchte Ihnen das hier privat mitteilen, weil ich weiß, daß Sie Shultz und Murphy sehr nahestehen. Wir haben diesen Brief von Shultz. Er enthält den genauen Text, den er braucht. Wir wollen versuchen, ob wir Arafat bewegen können, ihn gleichzeitig mit der Unterzeichnung der Stockholmer Erklärung bekanntzugeben.« Hauser nahm sofort Sheinbaum beiseite. »Wir sind an einem größeren Spiel beteiligt, als wir dachten.«

Kaum war die Ankündigung heraus, als die etablierten jüdisch-amerikanischen Organisationen ihren Protest begannen. Ein Vertreter von B'nai Br'ith behauptete, das geplante Stockholmer Treffen wolle »die internationale Gemeinschaft arglistig täuschen«. Das »American Jewish Committee« stellte jede Beteiligung an der Mission »in Abrede«. Zu dieser Erklärung sei es gezwungen gewesen, so stellte das AJC später fest, weil Rita Hauser Vizepräsidentin dieser Organisation war. Der Vorsitzende der Dachorganisation aller großen jüdischen Gruppierungen, der »Conference of Presidents of Major American Jewish Organisations«, Morris Abram, griff die fünf Intellektuellen an, indem er sie »willige Tölpel« nannte, die auf Arafats neuesten Betrugsversuch hereingefallen seien.

Andersson erinnert sich an eine erste Begegnung mit Arafat, kurz nachdem der PLO-Vorsitzende in der schwedischen Hauptstadt eingetroffen war: »Ich nahm ihn beiseite und fing damit an, daß ich ihm das letzte Blatt vorlas – was die Vereinigten Staaten zu erklären bereit sein würden. Das öffnete ihm die Augen. Dann erklärte ich ihm, was er sagen mußte: ›Shultz sagt, Sie können die Ausdrucksweise ändern, aber nicht den Inhalt.‹ Und ich fügte hinzu: ›Sie können andere Worte benutzen, aber nichts, was dem hier Geschriebenen widerspricht.‹ Dann zeigte ich ihm den Brief.« Unten stand die Ermahnung: Während »Sie Ihren Gast diesen Brief lesen lassen können«, sollten Sie ihn unter keinen Umständen der Delegation der amerikanischen Juden zeigen.

Die erste Sitzung der beiden Delegationen fand in einer kleinen mittelalterlichen Burg in einem Park in Stockholm statt, die die schwedische

Regierung als Gästehaus für Arafat benutzte, weil sie sich gegen einen terroristischen Angriff sichern ließ. Andersson berichtet, er hätte Arafat am Dienstag gesagt, der Sicherheitspolizei sei ein Wagen mit verdächtigen Nummernschildern aufgefallen, und er müsse sich darüber im klaren sein, daß die Polizei nicht für seine Sicherheit garantieren könne, wenn er tatsächlich dem Grab von Olof Palme einen Besuch abstatten sollte. »Er hat nur gelacht«, erzählt uns Andersson. »›Ich werde ihm meine Aufwartung machen‹, erklärte Arafat hartnäckig. Und er war da.«

Bei einem Lunch, das der Außenminister am Dienstag gab, hatten Hauser und Arafat Plätze nebeneinander bekommen. »Wissen Sie, ich habe viele Freunde unter den Christen im Libanon, und ich erlebe ihre Agonie mit«, sagte Rita Hauser, um das Eis zu brechen. »Ich habe vierzehn Jahre lang im Libanon gelebt. Es ist mein Land«, erwiderte Arafat und stellte fest, daß viele von denen, die sie erwähnte, auch seine Freunde seien. Als der Lunch vorüber war, fragte Arafat: »Darf ich Sie Rita nennen?« »Natürlich. Das tun alle«, sagte sie. »Sie dürfen mich Jassir nennen.« »O nein«, sagte sie. »Sie sind für mich Mr. Chairman.« »Damit war klar«, sagt sie heute, »daß wir zusammenarbeiten konnten.«

So leicht, wie es in dem Augenblick schien, war es dennoch nicht. Jassir Abed Rabbo wollte die Formel, mit der die PLO Israel anerkennen sollte, abschwächen. Die fünf Amerikaner lehnten das ab. Shultz wollte auch Änderungen. Statt daß sie nur die Gewalt verurteilte, wollte er, daß die PLO »auf Terrorismus in jeder Form verzichtet«, sowohl innerhalb als auch außerhalb von Israel. Insbesondere sollte die PLO versprechen, daß sie, »wenn die Verhandlungen beginnen, alle Formen von Gewalt« verbieten würde. Shultz wollte, daß die PLO ein Ende der Intifada anordnete. In seinem Brief an Andersson hatte er die PLO gewarnt: »Wir werden keine Gegenentwürfe annehmen.« Dennoch wurden Entwürfe und Gegenentwürfe über den Atlantik gefaxt. Es mag ihm nicht gefallen haben, aber er war im hektischen Gefeilsche des nahöstlichen Basars gefangen.

Trotzdem wurde ein wichtiger Fortschritt erzielt. Die PLO verlangte nicht länger eine amerikanische Anerkennung ihres Rechts auf Selbstbestimmung. Im Oktober, während einer Begegnung im jordanischen Hafen Akaba, wirkte König Hussein auf Arafat ein, diese Forderung fallenzulassen. »Wenn wir nicht mehr die West Bank und Gaza beanspruchen«, sagte ihm Hussein, »brauchen Sie sich über die Selbstbestimmung keine Sorgen zu machen. Sie werden sie haben. Worüber Sie sich Sorgen machen müssen, ist der Abzug der Israelis.« Husseins Rat an Arafat: »Konzentrieren Sie sich darauf, die Israelis herauszubekommen.«[11])

Im Tausch gegen Arafats Einverständnis, auf seine Forderung zu verzichten, bot Shultz ihm ein bescheidenes Zugeständnis. Sollte ein Reporter Shultz fragen, würde er wiederholen, was er bei der Konferenz in Wye gesagt hatte – daß die Palästinenser am Verhandlungstisch das Recht hätten, alles anzusprechen. Quandt sagte Rabie: »So weit können wir Ihnen bei der Anerkennung Ihres Rechts auf Selbstbestimmung entgegenkommen.« Die PLO schrieb mit dem Stift weitere Änderungen hinein und gab sie Andersson, der sie an Shultz übermittelte.

Die offiziellen Protokolle des folgenden, hochgeheimen Schriftwechsels zwischen Shultz und Andersson zeigen, daß eine Verhandlung stattgefunden hat. Der Entwurf wurde diskutiert und hin und her geschickt. Das Ergebnis war das, was die PLO zu sagen sich einverstanden erklärte:

»Auf der Suche nach einem gerechten und dauerhaften Frieden im Nahen Osten möchte das Exekutivkomitee der PLO, das die Rolle der provisorischen Regierung des Staates Palästina übernehmen will, die folgende zusätzliche Erklärung abgeben: erstens, daß es bereit ist, mit Israel zu verhandeln, um im Rahmen einer internationalen Konferenz und auf der Grundlage der Beschlüsse 242 und 338 des Sicherheitsrats eine umfassende und vernünftige Lösung des arabisch-israelischen Konflikts zu erzielen; zweitens, daß es bereit ist, in Frieden mit Israel und anderen Nachbarn zu leben und ihr Recht, innerhalb sicherer und anerkannter Grenzen zu leben, zu respektieren. Der demokratische palästinensische Staat, der im 1967 besetzten Land errichtet werden wird, wird ebenso handeln; drittens, daß es individuellen, ›staatlichen‹ und Gruppenterror in all seinen Formen verurteilt und nicht Zuflucht dazu nehmen wird.«

Andersson zufolge wollte die PLO »unbedingt israelische Formen von Terrorismus erwähnen. Sie haben nicht den Ausdruck ›israelisch‹ benutzt, sondern sie hatten eine breitere Definition von Terrorismus, die von Shultz akzeptiert wurde«, berichtet Andersson. Die PLO bestand darauf: Die Erwähnung des »staatlichen Terrorismus« beziehe sich auf Israel.

Offenbar davon überzeugt, daß die PLO kein Ende der Intifada verlangen konnte, erlaubte Shultz der PLO, die von ihm geforderte Formulierung, »alle Formen von Gewalt bei Beginn der Verhandlungen« zu beenden, fallenzulassen. Für die Palästinenser war dies ein nicht unerheblicher Erfolg: »Später, in ihren Noten, erklärten sie mit einigem Stolz, daß diese Forderung gestrichen worden sei. Sie brüsteten sich den Sowjets gegenüber, daß es ihnen gelungen wäre, dies zu löschen, und daß sie es nicht zu sagen brauchten«, berichtet Quandt. »Ich glaube, sie waren der Überzeugung, damit den ›bewaffneten Kampf‹ fortsetzen zu können.«[12])

Abed Rabbo erzählt, die PLO hätte von den Vereinigten Staaten auch eine internationale Konferenz »als Rahmen, um eine endgültige Regelung zu erzielen«, verlangt. Die Reagan-Regierung war nicht begeistert über eine solche Konferenz, die der Sowjetunion eine herausragende Rolle bieten würde. Doch auch diese Änderung wurde nach einer Absprache auf der dritten Seite der Dokumente eingebaut. William Quandt erklärt: »Man kam überein, daß Shultz Fragen von Journalisten beantworten würde, die zuvor abgesprochen waren.« Charles Hill jedoch bestreitet, daß Shultz sich je bereit erklärt hat, selbst Fragen zu beantworten. »Wir hatten eine Vereinbarung«, gibt Hill zu, »daß es da Fragen und Antworten geben würde. Aber es war nie abgesprochen, und es wurde nie darüber geredet, wer es machen würde. Folgendes ist geschehen: Eine Menge von denen, die dabei waren, haben gedacht, daß Shultz selbst die Fragen beantworten würde, und sie waren sauer, als er es nicht tat.«

Die erste Frage, auf die die Vereinigten Staaten antworten würden, lautete wie folgt: »Bedeutet Ihre Erklärung, daß die Palästinenser ihre Position bezüglich eines palästinensischen Staates auf den Verhandlungstisch legen könnten?«

»Ja«, beginnt die versprochene offizielle Antwort. »Die Palästinenser haben, soweit das uns betrifft, das Recht, durch Verhandlungen einen unabhängigen Staat anzustreben. Durch den Verhandlungsprozeß und den direkten Austausch zwischen den betreffenden Parteien kann ein dauerhaftes Ergebnis erzielt werden.«

Die zweite präparierte Frage lautete: »Stimmen Sie zu, daß Verhandlungen im Rahmen einer internationalen Konferenz abgeschlossen werden müssen?«

Das Außenministerium versprach, wie folgt zu antworten: »Die Vereinigten Staaten haben schon lange ihre Unterstützung für direkte Verhandlungen klargemacht, aber wir sind nach wie vor bereit, jeden Vorschlag in Betracht zu ziehen, der zu direkten Verhandlungen in Richtung auf einen umfassenden Frieden führen kann. Die Anfang des Jahres von Außenminister Shultz vorgeschlagene Initiative rief zu einer internationalen Konferenz auf, um mit direkten Verhandlungen zu beginnen. Jede Konferenz dieser Art muß gut vorbereitet werden, so daß sie keine Alternative zu direkten Verhandlungen wird.«

Andersson erzählt, Arafats Augen hätten geglänzt, als er ihm die zweite und dritte Seite des Shultz-Briefs zeigte: Die Vereinigten Staaten waren in bezug auf eine Zustimmung zu einer internationalen Konferenz wesentlich weiter gegangen als seit Jahren. Die Vereinigten Staaten hatten sich außerdem damit einverstanden erklärt, daß die PLO »durch Verhandlungen einen unabhängigen Staat anstreben« konnte. Zwei Jahrzehnte lang hatten die Vereinigten Staaten das kontinuierlich offiziell und öffentlich abgelehnt. Die Reagan-Regierung bestritt, daß ihre Politik sich in irgendeiner Weise verändert hätte, aber die PLO meinte, etwas gewonnen zu haben, das sich in künftigen Verhandlungen als nützlich erweisen konnte. Das grüne Licht, »durch Verhandlungen einen unabhängigen Staat anzustreben«, ging tatsächlich nicht über die in den Abkommen von Camp David 1978 vorgesehenen Möglichkeiten hinaus. »Es war kein bedeutsames Zugeständnis. Es verpflichtete uns zu nichts«, erklärt Peter Rodman, zu dieser Zeit Berater im Nationalen Sicherheitsrat. »Es war ein Standardtrick: eine alte Verhandlungsposition wieder neu zu verpacken und ein nettes Bändchen herumzubinden.« Die PLO jedoch behauptet nach wie vor, die Vereinigten Staaten hätten es ihr damals zum erstenmal schriftlich zugestanden.

»Den Schweden ist es gelungen, eine Verständigung zu erzielen, damit alle anderen Dinge, die Arafat ansprechen würde, nicht als konträr angesehen wurden«, sagt Quandt. »Das wichtigste aber war, daß Shultz und die PLO darüber verhandelt haben. Das war der Höhepunkt monatelanger Suche nach einer Sprachregelung. Was die PLO sagen würde und wie die Amerikaner antworten würden.«

Für eine weitere wichtige Veränderung war Shultz verantwortlich: »Wir haben das Wort ›demokratisch‹ zunächst nicht benutzt. Wir Palästinenser sprachen von dem Staat von Palästina. Shultz jedoch verwendete den Ausdruck ›demokratischer‹ Staat«, erzählt Jassir Abed Rabbo. Ein leitender Beamter stimmt der Darstellung zu, behauptet aber: »Bis jetzt ist die PLO eine marxistische Organisation gewesen. Demokratisch aber ist eins unserer Codewörter.« Tatsächlich ist »demokratisch« ein Schlüsselwort sowohl für die PLO als auch für die Vereinigten Staaten. Für die PLO trennt es ihre Organisation von der autokratischen Herrschaft bestehender arabischer Staaten. Für die USA bedeutet »demokratisch« eine ideologische Verpflichtung zu Pluralismus und Redefreiheit.

Am Freitag, dem 6. Dezember 1988, legte die PLO – während sie eine Reihe von Gesprächen mit den fünf jüdischen Amerikanern führte – Andersson die endgültigen Änderungen im Text vor, die der schwedische Außenminister an Shultz weitergab. Die PLO nannte sie »kleine Änderungen«. Andersson teilte der PLO am späten Dienstag nachmittag mit, die Änderungen seien angenommen worden. Shultz war irritiert, aber er wollte die Sache abschließen: »Also gut, es ist Ihre Position, lassen Sie es so. Doch seien Sie kristallklar, was 242, 338, Israels Existenzrecht und die

Ablehnung des Terrors anbetrifft. Machen Sie Ihre Ausführungen, im Detail wenn Sie möchten, das ist Ihre Sache. Aber wenn Sie einen politischen Dialog mit den Vereinigten Staaten beginnen wollen, hier ist der Schlüssel, hier ist die Tür. Sie muß geöffnet werden.«

Obwohl dieser geheime Text keine Anerkennung des Rechts auf einen Staat beinhaltet, könnte er doch späteren Verhandlungspartnern Schwierigkeiten bereiten, weil Arafat glaubt, die Vereinigten Staaten hätten sich zu mehr verpflichtet als nur zur Eröffnung eines Dialogs. Abed Rabbo bleibt dabei: Die Vereinigten Staaten hätten zumindest implizit das Recht der PLO auf einen »Demokratischen Staat Palästina« mit der Befreiungsorganisation als »provisorischer Regierung« anerkannt. So absurd es klingen mag: Auch Arafat glaubt, er habe wertvolle amerikanische Zugeständnisse gewonnen. Er sagte uns: »Ich habe eine Vereinbarung – zwischen mir und Mr. Shultz. Dieser Vereinbarung entsprechend haben wir die Gespräche und den Dialog begonnen. Wenn Sie mir nicht glauben, fragen Sie Mr. Baker: ›Sind Sie an das gebunden, was Mr. Shultz in der Vereinbarung zwischen Jassir Arafat und George Shultz akzeptiert hat? Sind Sie an den Vertrag gebunden, den Mr. Andersson vermittelt hat?‹« Arafat: »Es ist schriftlich. Es ist nicht verbal. Wir haben offizielle Dokumente vom skandinavischen Vermittler. Ich habe sie sogar Präsident Bush geschickt, und ich habe es unterschrieben.«

Doch trotz des Briefes von Shultz war Arafat immer noch nicht zuversichtlich genug, um sein Andersson gegebenes Versprechen zu erfüllen und die magischen Worte gleichzeitig mit der Bekanntgabe der Stockholmer Erklärung im Rahmen einer gemeinsamen Pressekonferenz mit den amerikanisch-jüdischen Vertretern auszusprechen. Die Pressekonferenz war auf halb drei Uhr nachmittags am Mittwoch, dem 7. Dezember, angesetzt. Die Stockholmer Erklärung wurde verkündet, aber sonst nichts.

Die ersten Anzeichen für einen PLO-Rückzieher wurden an diesem Tag beim Lunch sichtbar, den der Sprecher des schwedischen Parlaments gab. »Die Schweden und die PLO liefen herum, standen vom Tisch auf. Es war ein unruhiger Lunch«, erinnert sich Rita Hauser. Arafat erklärte seinen Gastgebern, bevor er die magischen Worte sagen könne, brauche er die Zustimmung seines inneren Kreises, des Küchenkabinetts der Mitglieder des Exekutivkomitees. Deshalb müsse er nach Hause zurück. Er versprach, die Worte zu sagen, genau wie Shultz sie ihm gegeben hatte, dort von seinem Hauptquartier aus. Für Andersson – und nicht nur für ihn – war das eine riesige Enttäuschung.

Die Reagan-Regierung war so zuversichtlich, daß Arafat endlich Israel anerkennen und auf Terrorismus verzichten würde, daß sie die Sowjets bereits offiziell informiert hatte. Am Mittwoch, dem 7. Dezember, trafen sich Reagan, Shultz und der zum Präsidenten gewählte George Bush mit dem sowjetischen Führer Michail Gorbatschow auf Governors Island in New York. Der Zweck der Begegnung war, Bush, dem designierten Außenminister James Baker und dem neuernannten Sicherheitsberater Brent Scowcroft zu einem informellen ersten Kennenlernen mit dem sowjetischen Führungsteam zu verhelfen. »Scowcroft erzählte mir später, sie hätten den Sowjets gesagt, die PLO würde die ›magischen Worte‹ äußern, und die Vereinigten Staaten wären bereit, die PLO anzuerkennen«, erzählt uns Rita Hauser. Reagan, sagt sie, hatte Shultz erklärt, wenn Arafat sein Versprechen erfülle, würde das Außenministerium sofort Gelegenheit erhalten, »substantielle Diskussionen« mit der PLO in Tunis zu beginnen.

Bevor Arafat Stockholm verließ, bat Andersson ihn um einen Brief, den er Shultz zeigen könne. Die anwesenden Amerikaner erfuhren es nicht, aber der PLO-Führer bestätigte nun erstmals, daß »er auf der Grundlage des Briefes von Shultz an Andersson glaube, das Exekutivkomitee werde ihm erlauben, die ›magischen Worte‹ auszusprechen.« Andersson verrät, der Brief enthalte Arafats Entschuldigung: »Er könne es nicht in Schweden tun.« Trotz seiner Enttäuschung hatte der Schwede das Gefühl, das »Ende des Buches« endlich erreicht zu haben. Arafat lieh sich Shultz' Formulierung aus und schrieb, Andersson dürfe den Brief dem amerikanischen Politiker, gemeint war Shultz, zeigen. Arafat war stolz. Er hatte eines der großen Ziele seines Lebens erreicht: Er verhandelte mit George Shultz, dem amerikanischen Außenminister.

Das Exekutivkomitee tagte das ganze Wochenende über in Tunis und beschloß letztlich, Arafat solle die Worte, die Shultz hören wollte, nicht in einer einseitigen Erklärung abgeben, sondern sie sollten in die Rede hineingeschrieben werden, die er am Dienstag, dem 13. Dezember, in Genf halten wollte. Dort sollten die Abgesandten der 159 UNO-Nationen – unter ihnen viele Außenminister – zu einer Sondersitzung der UNO-Vollversammlung über das Palästina-Problem zusammenkommen. Als alles gut vorbereitet schien, teilte der amerikanische Botschafter in Israel, Thomas Pickering, dem israelischen Außenminister Schimon Peres mit, daß Präsident Reagan sich entschlossen hatte, einen Dialog zwischen den Vereinigten Staaten und der PLO zu autorisieren. Die Regierungschefs von Großbritannien, Frankreich, der Bundesrepublik Deutschland, Ägypten und natürlich Schweden erfuhren ebenfalls vom Beschluß der USA: Am Montag abend bereitete die Reagan-Regierung – die nur noch knapp einen Monat Amtszeit vor sich hatte – ihren erstaunlichen Nahost-Durchbruch vor.

Die Spannung im Palais des Nations war groß, als die Delegierten den stolz lächelnden kleinen Palästinenser mit der Kafija und der frisch gebügelten Khakiuniform im grellen Scheinwerferlicht der Fernsehteams den Mittelgang herunterkommen sahen. Vierzehn Jahre waren seit jenem Novembertag vergangen, an dem der PLO-Führer zuletzt, mit einem Olivenzweig in der Hand und einer leeren Pistolentasche am Gürtel, zu den Vereinten Nationen gesprochen hatte.

Als er die Bühne bestieg und hinter dem Podium Platz nahm, genoß Arafat den Augenblick offensichtlich. »Herr Vorsitzender und Mitglieder: Ich hätte nie gedacht, daß meine zweite Begegnung mit dieser geschätzten Versammlung seit 1974 in der gastfreundlichen Stadt Genf stattfinden würde.« Der Rest der Rede, obwohl triumphierend im Ton und über eine Stunde lang, war nicht das, was andere erwartet hatten.

»Wir saßen da und horchten auf die Worte«, sagt Andersson. »Man hatte es Arafat gestattet, seine Rede auf arabisch zu halten, und er hatte die Vereinbarung mit den magischen Worten in drei Absätzen ausgebreitet und über die ganze Rede verstreut. Wir saßen da und lauschten. Wir konnten die drei Absätze nicht finden. Wir konnten die Worte nicht finden. Es war eine großartige Rede, aber ohne den richtigen Inhalt. Ich war sehr enttäuscht.«

Eine ähnliche Szene spielte sich in einem kleinen privaten Raum neben dem geräumigen Büro des Außenministers im siebten Stock des Außenministeriums in Washington ab. Dort hatten sich am frühen Abend um einen Fernsehapparat herum mehrere führende Berater von Shultz versammelt, unter ihnen Murphy, Armacost, Hill und Max Kampelman, der juristische Berater des Ministers. Als Shultz kurz vor dem Ende der Rede hereinkam, lag das einseitige Memorandum für ihn schon bereit. Die Gruppe war einer Meinung. Die magischen Worte waren nicht geäußert worden. Nicht auf arabisch; nicht auf englisch.

Statt zu erklären, daß Israel das Recht hatte zu existieren, hatte Arafat gesagt, die PLO suche eine »umfassende friedliche Regelung durch die am arabisch-israelischen Konflikt beteiligten Parteien einschließlich des Staates von Palästina, Israels und anderer benachbarter Staaten«. Statt auf den Terrorismus zu verzichten, hatte ihn Arafat nur »in all seinen Formen« verurteilt und dann »all jene, die vor mir in dieser Halle sitzen« begrüßt, die »nationale Befreiungsbewegungen« angeführt hatten. Sogar die Annahme der Resolutionen 242 und 338 war immer noch in die üblichen Forderungen nach einer internationalen Konferenz und der palästinensischen Selbstbestimmung eingebettet.

Andersson suchte Arafat sofort in seiner Suite im Hotel Intercontinental in Genf auf. Hussein und Mubarak hatten ihn bereits angerufen und ihm gratuliert. »Ja, es war eine großartige Rede«, erklärte ihm der schwedische Beamte. Aber er fügte hinzu: »Ich war sehr enttäuscht.« Arafat machte ein langes Gesicht, und die beiden fingen an zu streiten. »Wenn ich eine Vereinbarung zwischen Schweden und den Vereinigten Staaten treffe«, sagte ihm Andersson, »kann ich daran hinterher kein Komma mehr ändern. Sie haben alle Worte verändert.« Arafat erwiderte, Andersson hätte keinen Respekt vor der arabischen Ehre, und niemand könne erwarten, daß sich die PLO von den Vereinigten Staaten ein Diktat aufzwingen lasse. Als sich ihre Aufregung legte, fragte Arafat: »Nun, was meinen Sie, sollte ich jetzt tun?« Andersson schlug vor, er solle eine Pressekonferenz abhalten, um klarzustellen, was er hatte sagen wollen. Wütend erklärte ihm Arafat: »Ich habe es bereits gesagt. Lesen Sie den arabischen Text!«

Niemand war mehr über Arafats neuestes Ausweichmanöver empört als Rita Hauser. Sie erschien mit dem israelischen Botschafter Mosche Arad in der »News Hour« im öffentlichen Fernsehprogramm. Sie wischt sich heute über die Augenbrauen, um zu zeigen, wie erleichtert der israelische Botschafter gewirkt hatte. Sie erinnert sich, daß Arad unter vier Augen zu ihr sagte: »Die PLO wird es niemals tun.« Später an jenem Abend trat Rita Hauser auch noch in der Sendung »Nightline« beim Sender ABC auf. Moderator Ted Koppel isoliert für gewöhnlich seine verschiedenen Gäste und schirmt sie voneinander ab. Obwohl es in Genf fünf Uhr früh war, hatte »Nightline« eine Verbindung mit Bassam Abu Scharif zustande gebracht, der behauptete, alle von Shultz verlangten Punkte seien in Arafats Rede enthalten gewesen.

Hauser wurde ärgerlich. »Ich habe wirklich die Geduld verloren und vergessen, daß ich auf Sendung war«, sagt sie. Sie schrie das vergrößerte Bild von Abu Scharif an, das live aus Genf herübergesendet wurde. Rita Hauser schrie mit spitzer Stimme: »Bassam, Sie haben die Worte. Sie wissen, welche Worte es sind. Sie haben sie aufgeschrieben. Um Gottes willen, warum haben Sie sie nicht gesagt?« In jener Nacht hat Rita Hausers Telefon nicht aufgehört zu klingeln. »Was für Worte?« wollten die Medienvertreter wissen. Um ihr bei der Abwehr der Presseanrufe zu helfen, verbrachte Phyllis Oakley, die stellvertretende Sprecherin des Außenministeriums und langjährige Freundin, die Nacht am Telefon Rita Hausers.

Als Arafat am Dienstag in seine Limousine stieg, um zu einem Essen beim ägyptischen Botschafter zu fahren, das dieser den vierzehn arabischen Außenministern gab, hatte das Außenministerium in Washington bereits öffentlich auf Arafats Rede reagiert. Der Sprecher des Ministeriums, Charles Redman, lehnte sie als »nicht eindeutig« ab. Dieses Wort blieb Arafat im Hals stecken. »Er war sehr, sehr wütend. Er fühlte sich betrogen«, berichtet der damalige ägyptische Außenminister Ismat Abdel-Megid.[13])

Als der PLO-Vorsitzende den ägyptischen Botschafter in der Eingangshalle von dessen Privatresidenz traf, sagte Arafat ihm, er hätte bereits eine Pressekonferenz für Mittwoch zehn Uhr früh anberaumt, aber nur, um seinem Ärger über die Amerikaner Luft zu machen. Einer nach dem anderen gratulierten ihm die arabischen Gesandten zu seiner ausgezeichneten Rede. »Aber ich spürte, daß eine Krise drohte«, sagt Abdel-Megid, »und dachte, wenn er die Pressekonferenz hält, wird eine historische Gelegenheit verpaßt.«

Ein paar Minuten später bat er Arafat zu einem kurzen Gespräch unter vier Augen in ein kleines angrenzendes Zimmer. Abdel-Megid rief den ägyptischen Präsidenten Hosni Mubarak an und gab ihm Arafat. »Herr Präsident«, sagte Arafat, »ich habe getan, worum man mich gebeten hat. Mehr können Sie nicht verlangen, vor allem nicht nach der mutigen Entscheidung, die wir vor einem Monat in Algier getroffen haben. Ich habe von den Resolutionen 242 und 181 – dem Teilungsbeschluß vom November 1947 – gesprochen. Mehr kann ich nicht tun. Ich bin schon so gut wie nackt.«[14])

Mubarak versprach, Reagan und Shultz anzurufen und sie zu überreden, sich die Rede noch einmal anzusehen. Aber er bat auch Arafat, seine Pressekonferenz erst am Mittwoch abend abzuhalten, denn wenn er sie um 10 Uhr hielte, wäre es in Washington 4 Uhr früh, was die Möglichkeit, zuvor noch mit Reagan und Shultz zu sprechen, ausschließen würde. Arafat war einverstanden. »Die ganze Welt bestürmte uns mit Anrufen«, sagt Shultz' Mitarbeiter Hill. »Wir haben alle abzuwimmeln versucht, aber bei manchen war es einfach nicht möglich.« Einer dieser Anrufer war Mubarak. Am Mittwoch morgen legte sich der ägyptische Führer ins Zeug und redete Shultz ins Gewissen. Mubarak sagte Shultz, Arafat hätte schon sein Hemd ausgezogen. »Wollen die Vereinigten Staaten auch noch, daß er sich die Hosen auszieht?« fragte er. Shultz war nicht überzeugt. »Ich glaube, der Ägypter wußte verdammt gut, daß die Worte nicht ausreichten«, sagt ein wichtiger Berater von Shultz, der ungenannt bleiben möchte.

Es gab ein weiteres Problem: Arafat würde nicht zugeben, daß er unrecht hatte. Er mußte das Gesicht wahren. Abdel-Megid sagte zu Shultz: »Nehmen wir an, Sten Andersson bestätigt heute in seiner Rede, daß Arafat das hier sagen wollte. Daß Arafat ihm erklärt habe, das Arabische sei nicht korrekt ins Englische übersetzt worden und die über die ganze Rede verteilten Gedanken hätten in einem einzigen Teil davon zusammengefaßt werden sollen, wären Sie damit einverstanden, Herr Außenminister?«

Nach diesem Plan würde Arafat seine Pressekonferenz nutzen, um zu bestätigen, daß das, was Andersson in seiner Rede an die Weltgemeinschaft gesagt hatte, für ihn akzeptabel sei, »und der Kreis«, erklärt Abdel-Megid, »wäre geschlossen«. Shultz dankte dem Ägypter für seinen Anruf, betonte aber, Arafat selbst müsse die entscheidenden Worte bei der Pressekonferenz sagen. Abdel-Megid berichtete Andersson von dem Gespräch, und der schwedische Diplomat kehrte in Arafats Hotelsuite zurück. Er gab dem PLO-Führer einen Vorab-Text seiner eigenen Rede und sagte: »Wenn Sie Ihre Pressekonferenz abhalten, sagen Sie nicht ›wir erkennen an‹ und dann zehn Zeilen weiter ›Israel‹.« An dem Nachmittag zitierte Andersson – nicht Arafat – die »magischen Worte«, die er längst auswendig konnte.

Von Dienstag abend bis in die Morgenstunden des Mittwoch bekam Arafat Telefonanrufe von vielen Regierungschefs aus der ganzen Welt, die ihm zuredeten, er solle das Shultzsche Manuskript ablesen. Der französische Präsident François Mitterrand rief an, ebenso die britische Premierministerin Margaret Thatcher. Jordaniens König Hussein und Iraks Saddam Hussein meldeten sich ebenfalls, und Mubarak rief noch einmal an. Arafat wurde in seiner Suite, in der er praktisch die ganze Nacht auf war, auch von einer Gruppe wohlhabender palästinensischer Geschäftsleute, die von Hasib Sabbagh, Munib al-Masri und Abdel Schoman angeführt wurden, gedrängt, er solle die Worte sagen. Ein paar Minuten, bevor die Pressekonferenz beginnen sollte, bekam Rita Hauser einen Anruf von Abu Scharif. Arafat war im Nebenzimmer und wollte wissen, ob sie noch immer glaubte, daß Shultz seine, Arafats Verpflichtung, honorieren würde. »Sie machen wohl Witze«, erwiderte Rita Hauser. »Er hat es in dem Brief geschrieben, er hat es den Sowjets gesagt, der Präsident war dabei. Kommen Sie!«

Schließlich, um 7 Uhr abends am Mittwoch, dem 14. Dezember 1988, traf ein müder, aber zuversichtlicher Arafat im Palast der Nationen ein und ging direkt zum Konferenzraum, den man für die Presseleute reserviert hatte. Er lächelte über den Andrang von über 800 Reportern, Photographen und Kameraleuten, von denen er viele kannte, und schritt rasch zum Podest. Er nahm seine Brille aus der Brusttasche und las eine Erklärung vor. Sie war auf englisch. Er stolperte bei der Aussprache einiger Worte. »I announce terrorism« (Ich kündige Terrorismus an), sagte er. Als er seinen Fehler begriff, sagte er: »I renounce terrorism« (Ich verzichte auf Terrorismus). Schließlich sagte er klar und deutlich, so daß alle Welt es hören konnte: »Wir lehnen alle Formen des Terrorismus, einschließlich des individuellen, des Gruppen- und des staatlichen Terrorismus vollkommen und kategorisch ab.«

Auf seine Rede von vor 24 Stunden Bezug nehmend sagte er: »Ich habe unsere Zustimmung zu den Beschlüssen 242 und 338 als eine Basis für Verhandlungen mit Israel im Rahmen der internationalen Konferenz bezeichnet.« Dann bestätigte er »das Recht aller am Nahost-Konflikt beteiligten Parteien, einschließlich des Staates von Palästina, Israels und anderer Nachbarn, in Übereinstimmung mit den Beschlüssen 242 und 338 in Frieden und Sicherheit zu leben.« Der geachtete, in Paris lebende Korrespondent der New York Times, Youssef Ibrahim, fragte, ob seine Annahme der Resolution 242 bedingungslos sei, wie Andersson es in seiner Ansprache erklärt hatte. »Natürlich«, erwiderte Arafat. Dann fügte er hinzu: »Genug ist genug. Was wollen Sie? Wollen Sie, daß ich einen Striptease mache?« Peter Rodman vom Nationalen Sicherheitsrat erklärt rückblickend: »Das war entscheidend. Zum erstenmal hat er die Beschlüsse akzeptiert – und nicht eine darauf basierende Konferenz.«

In Washington lud Shultz seinen inneren Kreis zu einer weiteren informellen Zusammenkunft ein. Sie hörten sich eine Tonbandaufnahme von der Pressekonferenz an, die ein Mitarbeiter der amerikanischen Botschaft aus Genf geschickt hatte. Sie stimmten alle überein: Arafat hatte den Test bestanden. Es war Zeit, den vierzehn Jahre alten Boykott zu beenden. Die Kissinger-Tabus hatten ihren Zweck erfüllt, man konnte sie fallenlassen. Arafat hatte endlich die Tür zu einem Dialog mit den Vereinigten Staaten geöffnet.

Doch Shultz blieb enttäuscht. Obwohl er es öffentlich nicht zugeben mag, hat ihn der freche Versuch, die Vereinigten Staaten zu immer neuen Zugeständnissen zu zwingen, verärgert. Wenn Arafat versuchen konnte, die Bedingungen der Vereinbarung zu verändern, konnten die Vereinigten Staaten das auch. Statt über den Wunsch nach einer internationalen Konferenz und das anerkannte Recht der PLO, einen Staat zu verlangen, Fragen zuzulassen, instruierte Shultz Vernon Walters, er solle die erste diesbezügliche Ankündigung in Genf abgeben. William Quandt erklärt: »Das war Shultz' Art zu zeigen, daß er sauer auf die PLO war, weil sie mit den Worten gespielt hatte.«

Arafat wartete nicht auf Walters' Rede. Er fuhr sofort nach seiner Pressekonferenz zum Flughafen, ging die kurze Rampe zu seinem geliehenen Flugzeug hinauf und befahl dem Piloten des kleinen Privatjets, nach Tunis zurückzufliegen. Während Arafat sich in der Luft befand, ließ Shultz seinen Sprecher eine Erklärung abgeben: Die PLO hatte die amerikanischen Bedingungen erfüllt. Deshalb würde ein Dialog zwischen den Vereinigten Staaten und der PLO in Tunis beginnen. Hill bestreitet, daß Shultz die letzte Szene in diesem ausgedehnten Drama absichtlich untertrieben hat, um seine Wut an Arafat und der PLO abzureagieren. »Alle glauben, es wäre eine so große Sache gewesen, daß er hingehen und eine gewaltige Pressekonferenz daraus machen würde«, sagt der frühere Mitarbeiter von Shultz.

Nach der Auffassung von Hill war es das ganz und gar nicht: »In den letzten Stunden ging es außerordentlich schnell, und Shultz war nicht daran beteiligt. Seltsam, ziemlich lange ist er herumgerannt und hat dem Sprecher Erklärungen diktiert. Wir wußten, daß innerhalb sehr kurzer Zeit, Minuten oder einer halben Stunde, etwas herauskommen mußte. Er sagte: ›So und so machen wir es‹, hat die Erklärung des Pressesprechers autorisiert und ist gegangen«, erzählt Hill. Es dauerte allerdings nicht lange, bis die Fernsehteams seiner habhaft wurden. Shultz erklärte ihnen, »infolge« der Angaben der PLO in Genf »sind die Vereinigten Staaten zu einem substantiellen Dialog mit PLO-Vertretern bereit«. Als man ihn fragte, ob die Vereinigten Staaten nachgegeben hätten, sagte Shultz: »Ich habe meine Meinung nicht geändert. Sie haben sich in ihrer Erklärung deutlich ausgedrückt.«

Wenn man Arafat fragt, wieso er nach so vielen Fehlstarts schließlich die »magischen Worte« ausgesprochen hat, weicht er aus. Er behauptet, die Entscheidung der PLO, Israel anzuerkennen, sei im Prinzip 1974 getroffen worden, als er den Nationalrat überredete, implizit eine Zwei-Staaten-Lösung zu akzeptieren. »Sie werden sich erinnern, daß wir auch im Vertrag mit Jordanien vom Februar 1985 gesagt haben, daß wir die Resolution 242 anerkennen«, erklärt er. »Wir haben alles getan, was wir konnten, um Antworten auf all die oberflächlichen Ausreden zu geben, die die Israelis vorgebracht haben, um keinen Frieden schließen zu müssen.«[15])

Warum war es dann so schwierig, die »magischen Worte« in Genf zu sagen? »Es war nicht schwierig. Ich hatte diese Worte viele Male wiederholt«, erwidert Arafat hartnäckig. »Aber die Israelis waren nicht bereit, mir zuzuhören.« Nach vielen weiteren Fragen gibt er schließlich zu, daß ihm keine andere Wahl blieb. »Wie ich Ihnen sagte: Wir haben das auf verschiedenen Ebenen mit den palästinensischen Führern, mit unseren arabischen Brüdern und mit unseren Freunden in der ganzen Welt diskutiert. Sie sagten, wir müßten diese Worte aussprechen.«

Ein hoher Politiker im Weißen Haus behauptet, die Ablehnung eines Visums hätte bei Arafats Entschluß eine entscheidende Rolle gespielt. »Sie bot ihm die dramatische Einsicht, daß die Vereinigten Staaten ihn blockierten.« Der Politiker sagt: »Die PLO ist nichts ohne einen Dialog mit den Vereinigten Staaten, und darum ist sie auf unsere Bedingungen eingegangen. Die Verweigerung des Visums hat es in ihre Köpfe hineingehämmert, daß sie keine andere Wahl hatten, als unseren Preis zu zahlen. Sie haben nach dem am wenigsten schmerzhaften Weg gesucht, um es auszudrücken. Sie wollten es billig haben. Shultz hat das schon früh gemerkt und ist hart geblieben.«

Rita Hauser ist skeptischer, was Shultz' diplomatische Kunst angeht. »Wenn ich daran zurückdenke: Shultz hat ihnen einen solchen Standard von Exaktheit abverlangt, wie man ihn von einem etablierten Staat mit einem Außenministerium und einem Regierungsapparat erwarten kann. Schließlich ist mir ein Licht aufgegangen, wie unbeholfen diese Burschen sind. Es ist eine Handvoll Leute, und sie treffen sich zu diesen endlosen Debatten, und Arafat versucht, die ganze Sache zusammenzuhalten.« Vierzehn Jahre lang sei die PLO wie erstarrt gewesen, sagt sie. »Sie hatten sich im Kissinger-Bann eingekapselt.« Sten Andersson war es mehr als jeder andere, so glaubt Rita Hauser, der die befreiende Formel fand.

Obwohl Andersson, Shultz, Quandt und auch das amerikanisch-jüdische Team eine wichtige Rolle gespielt haben, gibt es noch einen entscheidenderen Grund dafür, daß Arafat schließlich den Sprung gewagt hat: die Intifada. Der palästinensische Aufstand gab ihm die psychologische Zuversicht und machte es schließlich zwingend notwendig vorwärtszugehen. Die Palästinenser zeigten, daß sie für die Schaffung eines eigenen Heimatlandes zu kämpfen und zu sterben bereit waren. Nie zuvor hatten sie der Welt einen so eindrucksvollen Beweis für ihre Behauptung geliefert, ein »Volk« zu sein, das die grundlegenden politischen Rechte verdiente. In der West Bank und in Gaza richteten sie sich ihren eigenen Staat-in-Wartestellung ein: Sie betrieben selbst ihre Schulen und Krankenhäuser, bauten ein Untergrundnetz aus sozialen Diensten und ein System von Recht und Ordnung auf, das Gehorsam verlangte und Kollaborateure brutal bestrafte.

Es war an Arafat, die zwölf Monate ihres Leidens und Sterbens in einen greifbaren Gewinn für die Palästinenser zu verwandeln, oder er lief Gefahr, die Kontrolle über den Aufstand zu verlieren. In der Vergangenheit hatte er, um seine Führungsposition zu behalten, das Risiko von Friedensgesprächen stets gemieden. Jetzt mußte er sich, vielleicht zum erstenmal, auf den Frieden zubewegen, um die Führung der palästinensischen

Bewegung nicht einzubüßen. Das hieß, daß er sich auf ein Wagnis einlassen mußte. Der Aufstand war für Arafat sowohl eine Gelegenheit als auch eine große Herausforderung. Er schuf eine Chance, das Thema Palästina wieder auf die Hauptbühne zu bringen, enthielt aber auch eine unmißverständliche Warnung: Die Palästinenser in der West Bank und Gaza waren der politischen Slogans und des Terrorismus müde. Keines von beidem hatte ihnen geholfen, die israelische Besatzung zu beenden. Sie verlangten praktische Schritte von der PLO. Ihre Botschaft an Arafat war: »Wenn du unser Führer bist, finde einen Weg, wie unser Führer zu handeln. Befreie uns von der israelischen Besatzung.«

Arafat hörte den Ruf. Sogar ein erklärtermaßen proisraelischer Beamter im Weißen Haus gibt zu, daß die PLO sich gewandelt hat. »Sie haben hart schlucken müssen«, sagt er. »Sie haben sich eine politische Strategie zugelegt. Sie haben den Terrorismus verworfen, soweit man es von ihnen erwarten konnte, und sie haben zwei Staaten und eine Verhandlung ohne Vorbedingungen akzeptiert.«

Arafat stimmt zu: »Ich bin ein Pragmatiker«, sagt er. »Ich weiß, daß ohne amerikanische Beteiligung nichts zu erreichen ist. Wir wissen, daß Amerika eine sehr bedeutende Rolle zu spielen hat. Zweifeln Sie nicht daran. Wir leisten nicht Widerstand um des Widerstandes willen. Es muß ein politischer Prozeß stattfinden. Den suche ich.«

Der politische Prozeß, dem Arafat sich verpflichtet hatte, erfuhr am 30. Mai 1990 einen Rückschlag, als palästinensische Terroristen, die Abul Abbas, dem Drahtzieher der Piratenaktion auf der *Achille Lauro* von 1985, loyal ergeben waren, einen amphibischen Angriff auf einen Strand von Tel Aviv unternahmen. Israel vereitelte den Überfall, tötete vier Freischärler und nahm zwölf andere gefangen. Einer von ihnen erzählte später, daß er den Befehl hatte, so viele israelische Zivilisten wie möglich zu töten. Ein anderer gab zu, ihr eigentliches Ziel sei die Erstürmung der an der Straße gegenüber dem Strand gelegenen amerikanischen Botschaft gewesen.

Außenminister James Baker wußte, daß dieser Angriff der PLF auch mit der Absicht gestartet worden sein konnte, Arafat und den politischen Prozeß, den er suchte, zu unterminieren. Deshalb wollte er ihm jede Gelegenheit geben, den Dialog mit den Vereinigten Staaten aufrechtzuerhalten. Er rief den PLO-Führer auf, den Angriff zu verurteilen und seine Absicht kundzutun, etwas zu unternehmen, um Abul Abbas zu disziplinieren, der einen der damals fünfzehn Sitze im PLO-Exekutivkomitee innehatte. Arafat erwiderte, nur der Nationalrat, der Abul Abbas auf diesen Posten gewählt hätte, könne ihn entfernen.

Anfang Juni traf sich das Exekutivkomitee in Bagdad und gab eine Erklärung heraus, in der es »jede militärische Aktion, die gegen Zivilisten gerichtet ist«, ablehnte. Es ernannte einen Untersuchungsausschuß, der sich mit den Behauptungen befaßte, der PLF-Angriff sei gegen Zivilisten gerichtet gewesen. Außerdem sollte der Ausschuß eine Empfehlung abgeben, was gegebenenfalls getan werden sollte, um Abul Abbas zu bestrafen. Gleichzeitig aber ging die PLO nicht so weit, den Angriff vom Mai zu verurteilen, und sagte nichts über Abul Abbas.

Als siebenundvierzig Senatoren drohten, eine Mehrheit für einen Beschluß zusammenzutrommeln, der die Regierung zwingen würde, ihre Gespräche mit der PLO zu beenden, entschied sich Präsident Bush am 20. Juni dafür, den achtzehn Monate alten Dialog vorläufig einzustellen. Bush deutete an, daß die Gespräche fortgesetzt werden könnten, »abhängig von einer zufriedenstellenden Antwort der PLO über Schritte, die sie unternimmt, um die mit den neuesten terroristischen Aktionen verbundenen Probleme zu lösen«. Bezüglich der PLO sagte Bush: »Ich hoffe, sie wird in meiner Erklärung eine eher gemäßigte Haltung sehen, daß wir mit den Gesprächen fortfahren können, sobald unsere spezifische Forderung – diesen bestimmten terroristischen Akt zu verurteilen – erfüllt worden ist. Der Friedensprozeß muß fortgeführt werden und zwar entlang den ursprünglichen Linien.«

Der Zwischenfall vom 30. Juni zeigt, daß der bewaffnete Kampf zweifellos ein kardinaler Grundsatz vor allem der radikalen Fraktionen der PLO bleiben wird. Israelis weisen auf den Angriff vom 30. Mai als verheerende Erinnerung hin, daß ihr Staat wachsam in seiner Abwehr gegen den Terrorismus bleiben muß. Arafats Unterstützung für den Irak nach seiner Besetzung Kuwaits hat den Dialog zwischen den Vereinigten Staaten und der PLO ins Tiefkühlfach verbannt. Trotzdem ist Arafat nicht von seiner Annahme der UNO-Beschlüsse 242 und 338 abgerückt und hat das Bedürfnis des jüdischen Staates anerkannt, sichere Grenzen zu haben, die er verteidigen kann. In den Augen der Palästinenser ist dies ein »historischer Kompromiß«.

Noch bedeutsamer ist vielleicht die Tatsache, daß Arafat ein Prinzip akzeptiert zu haben scheint, das die Vereinigten Staaten seit den Abkommen von Camp David 1978 zu einer Voraussetzung für den Frieden gemacht haben: eine Bereitschaft, über das palästinensische Verlangen nach einer Staatlichkeit zu verhandeln. Der israelische Ministerpräsident Menachem Begin hat das stillschweigend akzeptiert, als er sich bereit erklärte, über den »endgültigen Status« der besetzten Gebiete zu verhandeln. Die Palästinenser lehnten die Autonomie oder Selbstverwaltung, die Camp David ihnen versprach, ab, weil es keine Garantien gab, daß sie zu einer Staatlichkeit führen würde. Ohne solche Garantien waren die Palästinenser nicht bereit, auf das Ergebnis der Verhandlungen zu setzen.

Heute scheint Arafat stillschweigend vieles von dem akzeptiert zu haben, was die PLO 1978 abgelehnt hat. Der ehemalige Präsident Jimmy Carter sagte: »Arafat hat mich autorisiert zu sagen, daß er heute Camp David unterstützt.«[16]) Arafat äußert sich sogar positiv über das, was Ägypten durch den Vertrag mit Israel erreicht hat. »In Camp David gab es den israelischen Rückzug vom Sinai«, sagt Arafat. »Es muß etwas dasein. Ich verlange keinen Staat. Ich verlange das, was der Präsident der Vereinigten Staaten bereits zu seinem Ziel erklärt hat. Ich verlange nur, was die ganze internationale Gemeinschaft akzeptiert hat. Was Bush akzeptiert hat. Und die EG. Die Sowjetunion. China. Ich verlange einen Rückzug: den israelischen Rückzug und ein Ende der Besatzung.«

In der Tat hat Arafat wichtige Bestimmungen der Camp-David-Verträge akzeptiert:

– Direkte Friedensgespräche mit Israel. »Mit wem sonst soll ich Frieden schließen? Mit meinen Freunden?« fragt er. »Mit meinen Feinden natürlich! Ich habe dieselbe Sache akzeptiert, die unsere Vorväter abgelehnt haben. Ich habe die Prämisse akzeptiert, daß wir zusammenleben müssen.« Arafat sagt, er sei bereit, mit Israel zu verhandeln oder andere zu beauftragen, dies zu tun. Anfang 1990 hat er sogar seine Bereitschaft signalisiert, einer Delegation von Bewohnern der West Bank und Gazas, die nicht der PLO angehören und deren Nominierung Israel zustimmt, den Beginn von Gesprächen über demokratische Wahlen in den besetzten Gebieten zu gestatten.

– Die Annahme der Beschlüsse der Vereinten Nationen, die Grundlage der Abkommen von Camp David waren. »Ich akzeptiere, was die Israelis viele Jahre hindurch verlangt haben: Ich akzeptiere die Resolutionen 242 und 338. Was bedeutet 242?« fragt Arafat. Er beantwortet seine Frage selbst und sagt: »Truppenabzug. Aber 242 ist keine Einbahnstraße. Es gibt Gegenverkehr. Frieden für Land. Nicht nur Frieden für eine Seite und Hölle für die andere!«

– Eine Übergangsperiode, während der Gespräche beginnen sollten, um den »endgültigen Status« der West Bank und Gazas zu bestimmen. Arafat schließt nicht länger eine solche Autonomieperiode aus, vorausgesetzt die PLO erhält Zusicherungen von den Vereinigten Staaten, daß sie zu irgendeiner Form von Selbstbestimmung führen wird. Ende 1989 schrieb ein führender PLO-Beamter den folgenden Entwurf, der an die Regierung in Washington geschickt wurde: »Wenn die Vereinigten Staaten es mit dem Frieden ernst meinen, könnte der Zeitraum für einen solchen Übergang sechs Monate betragen. Um eine Vertrauensbrücke zu bauen, wären drei Jahre nicht völlig inakzeptabel. Als äußeren Zeitrahmen wären die Palästinenser bereit, einen Vorschlag von fünf Jahren in Betracht zu ziehen.«

– Gespräche über das Recht auf Rückkehr in die Heimatgebiete in Palästina. Im Februar 1990 versuchte Arafat, den israelischen Führern zu versichern, daß ein palästinensisches Heimatland (homeland) nicht von Millionen von Palästinensern überflutet werden würde, auch wenn er nach wie vor darauf besteht, daß im Prinzip alle Palästinenser dieses Recht haben müssen. »Wir sehen das Recht auf Rückkehr als ein vom internationalen Recht und vom UNO-Beschluß 194 geheiligtes Prinzip an. Aber wir sind bereit, über die Bedingungen seiner Anwendung auf der Grundlage der Resolution 194 zu diskutieren«, schrieb Arafat in einem Brief an eine Weltkonferenz jüdischer Führer in Jerusalem.

– Eine Konföderation mit Jordanien und die Bereitschaft zu Verhandlungen ohne vorher feststehendes Ergebnis. Während er seine Forderung nach einem palästinensischen Staat aufrechterhält, besteht Arafat nicht länger auf solchen Garantien als Vorbedingung für Gespräche mit Israel: »Überlassen wir das den Verhandlungen.« Mit einem Glitzern im Auge fragt er: »Würde Israel ein Königreich akzeptieren? Oder eine Republik? Oder eine Konföderation mit Jordanien?« Dann wird er ernst und sagt, eine solche Konföderation könne »sofort und gleichzeitig« mit der Geburt des Staates Palästina vollzogen werden. Praktisch würde das bedeuten, daß Jordanien sich um die Außenpolitik und Verteidigung des neuen »Gebildes« kümmert. Die Konföderation könnte vielleicht sogar die Grenzen zwischen Jordanien, der West Bank und Israel öffnen, schlägt Arafat vor. Könnten die Israelis eine Konföderation mit Israel akzeptieren? Ich würde es unterstützen.«

– Wahlen in der West Bank und Gaza. Trotz der Tatsache, daß die PLO immer noch die Wahlen von 1976 schmerzen, bei denen PLO-Bürgermeister demokratisch gewählt, aber von den Israelis nicht anerkannt wurden, sagt Arafat, er unterstütze den Wahlprozeß. Er besteht allerdings darauf, daß mit solchen Wahlen ein Plan für einen israelischen Truppenabzug verbunden werden müsse. »Wenn dafür eine Zusage gegeben wird, läßt sich über alles reden. Wir werden eine Formel finden und wir fangen an.« Arafat fügt hinzu: »Ich bin ein alter Mann. Zwingen Sie mich nicht zur Selbstzerstörung. Ich bin pragmatisch. Ich verhandle nicht um des Verhandelns willen. Ich bin um meines Volkes willen bereit, zu verhandeln.«

Schluß (Sommer 1990)

Nachdem die ganze Rhetorik und Theatralik vergessen, der tiefe Haß und die blinde Anbetung ausgeklammert sind, bleiben drei Fragen zu Jassir Arafat: Ist er der Führer des palästinensischen Volkes? Will er Frieden? Und: Ist er fähig, Frieden zu schaffen?

Fünfundzwanzig Jahre lang hat Arafat nichts gegen Untaten unternommen, hat manövriert und manipuliert, um an der Spitze der PLO zu bleiben. Er hat gelernt, mit mehreren Zungen zugleich zu sprechen und zu sagen, was dem Publikum gefällt, an das er sich gerade wendet. Er ist ein vollendeter Politiker, clever in der Verwendung seiner Worte und willig, alles für alle Leute zu sein. »Ich bin kein Chamäleon«, hat Arafat uns mehr als einmal gesagt, und doch ist uns der Arafat, den wir gepackt zu haben glaubten, so oft entschlüpft. An einem Tag kleidet er sich in die gemäßigten Farben des ägyptischen Präsidenten Mubarak, am anderen protzt er nach Art des unverschämten irakischen Präsidenten Saddam Hussein. Diejenigen, die ihn zu einer bestimmten Position bringen wollen, macht er mit seinem Gerede fast wahnsinnig. Und trotzdem ist es ihm im turbulenten Nahen Osten immer wieder gelungen, sich an die ständig ändernde politische Umgebung anzupassen. Arafat ist vor allem ein Überlebenskünstler, und gerade seine »ausweichende Natur« hat es ihm erlaubt durchzuhalten.

Gerade seine körperliche Erscheinung, seine Guerillaaufmachung und seine Heimatlosigkeit – also jene Attribute, die viele Amerikaner so sonderbar finden –, sind dazu da, sein Image des palästinensischen Vorbildes zu betonen. Wenn es Unklarheiten über seine Geburt, seine Jugend, seine Studienzeit gibt, um so besser, findet er. Je weniger Züge einer gewöhnlichen Existenz erkennbar sind, um so legendärer wird der Mythos »Arafat«. Unter allen PLO-Führern hat allein er auf ein normales Leben mit Familie und Kindern verzichtet und seinen Geschmack an den üblichen Besitztümern abgestumpft, um die Macht zu erlangen, die er so genießt. Er allein hat die Korruption anderer gutgeheißen, damit sein eigenes asketisches Leben sich von ihren Lastern abhebt.

Seit Gründung der PLO 1964 hat Arafat weder einen Staat noch irgendwelches Land für sein Volk gewonnen. Aber er hat das Prinzip der palästinensischen Unabhängigkeit nicht aufs Spiel gesetzt. Er hat das Banner für sein Volk getragen, hat letzteres mit Hoffnung versorgt und viel getan, um es zu einigen. Sein Name ist ein Synonym für den Nationalismus der Palästinenser und ihr Streben nach Selbstbestimmung. Trotz mancher Kritik an seinen Ansichten unterstützen fast alle Palästinenser seine Bemühungen, ihre bisherigen Opfer in einen lebensfähigen politischen Prozeß zu verwandeln. »Die PLO ist keine Organisation. Sie ist unsere Identität«, hat Arafat gesagt. »Sie verstehen nicht, was das für die Palästinenser bedeutet. Ich bin ein Teil von ihnen, und sie sind ein Teil von mir.« Doch genauso wie das palästinensische Volk ohne Arafat wenig Identität hat, so hat Arafat keine ohne die PLO.

Arafats Ziel ist fünfundzwanzig Jahre lang weniger die Förderung des Friedensprozesses als die Wahrung des Friedens innerhalb der PLO gewesen. Seine Stärke ist seine Macht gewesen, den Friedensprozeß aufzuhalten, eine Macht, die die arabische Welt gezwungen hat, ihn zu hofieren, wann immer er gezwungen war, sich an sie zu wenden. Bei dem noch nicht sehr weit zurückliegenden Beispiel, vom Frühjahr 1985 bis Frühjahr 1986, als er sich König Hussein von Jordanien fügte und ihm scheinbar vertraute, änderte er seine Auffassung, als er entdeckte, daß die PLO sich mit etwas weniger als Selbstbestimmung würde abfinden müssen. Den palästinensischen Nationalismus aufs Spiel zu setzen hätte bedeutet, die palästinensische Sache im größeren Rahmen der arabischen Staaten untergehen zu lassen. Arafats Neigung, die palästinensische Souveränität unangetastet zu lassen, war nicht nur eine Frage des Prinzips. Sie war auch die leichteste Art zu überleben. Sie hat den Massen gefallen und ihm ihre Unterstützung gesichert, während sie die Extremisten beschwichtigte, die ihn wiederholt zu stürzen versuchten.

Dieser Konsens, der wieder bei seiner Umarmung Saddam Husseins zum Ausdruck kam, hat den Hardlinern gefallen. Er war der kleinste gemeinsame Nenner, der sein Überleben als Führer des Befreiungskampfes sichern sollte. Aber in den letzten Jahren hat Arafat auch versucht, einen palästinensischen Konsens für einen Frieden mit Israel zu erreichen. Er hat es nicht allein getan. Der psychologische Aspekt der Intifada gab den Palästinensern, die unter israelischer Besatzung leben, die Zuversicht, Frieden zu verlangen, und Arafat griff diese Forderung auf.

Wir können darüber streiten, ob innere Spaltungen oder tief verwurzelte Haßgefühle der Grund für dreiundvierzig Jahre palästinensischer Inaktivität waren. Aber wenige können in Frage stellen, daß die Palästinenser von dem Tag an, als sie die Teilung ausschlugen, viele Gelegenheiten verpaßt haben, ihren Traum einer Selbstbestimmung zu verwirklichen. In diesem Buch haben wir angedeutet, daß die Notwendigkeit der Palästinenser, sich einerseits von den Arabern zu befreien, während sie gleichzeitig mit den Israelis konfrontiert waren, der Grund für ihre politische Lähmung gewesen ist. Andere Gründe kamen hinzu: nacktes Streben, arabische Herrscher zu stürzen, starke persönliche Eifersüchteleien, die Arafats Kontrolle über die Bewegung bedroht haben, und der Wunsch, seine Führungsposition – koste es, was es wolle – zu behalten, selbst wenn das hieß, Präsident Saddam Hussein und Abul Abbas den Hof zu machen.

Zwei Jahrzehnte lang war die PLO in ihrer Rhetorik gefangen, unfähig, einen Konsens zu schmieden und die zentrale Hypothese, die die Palästinenser ursprünglich zusammenbrachte, in Frage zu stellen: daß in der Region kein Platz für einen jüdischen Staat sei. Leider gibt es noch immer viele Palästinenser, die dieser Ansicht sind. Die Mehrheit allerdings ist wie die PLO-Führung in Tunis bereit, die Realität einer Zwei-Staaten-Lösung zu akzeptieren. Die Intifada hat ihnen neue Selbstachtung gegeben. Sie hat sie befreit, Frieden zu schließen.

Arafat hat seiner Ansicht nach das allerwichtigste Zugeständnis gemacht: Israels Existenzrecht anzuerkennen, ohne zu verlangen, daß Israel gleichzeitig das palästinensische Recht auf Selbstbestimmung akzeptiert. Er glaubt, er habe seine beste Karte ausgespielt, nur um einen Dialog mit den Vereinigten Staaten zu beginnen.

Als er dieses Glücksspiel, vielleicht das größte seiner Laufbahn, wagte, hat Arafat darauf gesetzt, daß die Vereinigten Staaten fähig sein werden, die israelische Führung zu Verhandlungen über die Zukunft der West Bank und Gazas zu bewegen. Als ihm das nicht gelang, obwohl er sogar grünes Licht für einen Prozeß gegeben hatte, der die PLO erneut in eine untergeordnete Rolle versetzte, bekam Arafat die scharfe Kritik seiner enttäuschten Organisation zu hören.

Die Vereinigten Staaten können den Friedensprozeß nicht aufgeben. Sie können allerdings wenig tun, wenn das Volk von Israel nicht überzeugt ist. Eine Mehrheit der Israelis glaubt heute, im Herbst 1990, immer noch, daß Arafat sich nicht geändert hat. Sie geben vielleicht zu, er habe einen ersten Schritt getan, aber nur einen ersten Schritt. Wir glauben, daß Arafat die Rolle des Guerillachefs und Organisationsvertreters überwinden will. Wir glauben, daß er ein Staatsmann werden möchte.

Aber er hat erst spät damit begonnen, sein Bild über das palästinensische Volk hinaus zu vervollständigen. Er hat das einzige andere Publikum, das wirklich zählt – das israelische –, noch nicht überzeugt. Die zweideutigen Signale der beiden Jahre, die auf seine Verpflichtung im Dezember 1988 gefolgt sind, wirken einfach nicht überzeugend genug auf Israelis, die in ihren eigenen Zweifeln und Ängsten vor den arabischen und palästinensischen Absichten gefangen bleiben.

Für Arafat sind Israels Unsicherheiten fast unbegreiflich, zum Teil, weil Israel mit seinem nuklearen Arsenal unüberwindbar scheint, zum Teil, weil die Palästinenser weiterhin besessen sind von der Verfolgung, die sie erdulden. Trotzdem sind Israels Ängste real, und man muß sie berücksichtigen, wenn es Frieden geben soll. Die Palästinenser müssen das verstehen lernen, wie grausam ihr eigenes Los auch sein mag.

So schmerzlich und schwierig es für Arafat ist, die Israelis werden weitere Beweise dafür brauchen, ob der Lohn für einen Friedensschluß die sehr reale Gefahr eines neuen Holocausts überwiegt. Sadats Bemühungen, Israels Ängste zu verstehen und echtes Mitgefühl zu zeigen, gab Israel ein Gefühl größerer Sicherheit, als es sich entschied, strategisches Gebiet aufzugeben.

Arafat könnte ähnliche Schritte unternehmen, um diese Ängste zu lindern. Er hat schon die palästinensische Nationalcharta, die das Ziel der Befreiung ganz Palästinas auch mit militärischen Mitteln enthält, für »kaduk« oder »hinfällig« erklärt. Er könnte sich an den Nationalrat wenden, damit er die Charta in aller Form widerruft. Arafat könnte außerdem etwas unternehmen, um Abul Abbas' PLF aus dem Exekutivkomitee zu entfernen. Ein solcher Schritt würde die Israelis und Amerikaner überzeugen helfen, daß Arafat die Verpflichtungen einzuhalten gedenkt, die er für die ganze PLO-Führung übernommen hat: den Terrorismus zu bekämpfen.

In diesem Buch haben wir die Perspektiven von Palästinensern, Jordaniern, Syrern, Israelis und Amerikanern zu beschreiben versucht. Als amerikanische Juden sehen wir die Welt durch ein besonderes Prisma, das uns zweierlei zeigt: das absolute, unverletzliche Recht des jüdischen Volkes, in seinem Heimatland Israel zu leben, und das absolute, unverletzliche Bedürfnis als Bürger Amerikas, der ersten Nation auf der Welt, die die Unabhängigkeit von ihrem Mutterland erklärt hat, alle Völker der Welt zu unterstützen, die friedliche Mittel benutzen, um ihre Selbstbestimmung zu erreichen. Als Juden müssen wir darauf bestehen, daß Israels Sicherheitsbedürfnisse nicht nur anerkannt, sondern gesichert werden. Als Amerikaner müssen wir darauf bestehen, daß die nationalen Rechte der Palästinenser gesichert werden.

Jassir Arafat ist in den Augen der meisten Israelis der Feind. Seit 1948 hat er gekämpft und ist zu einem Symbol des Krieges gegen den israelischen Staat geworden. In dem dynamischen Prozeß der Suche nach einem Staat für sein Volk hat er jedoch wesentliche Veränderungen sowohl in der Art dieses Kampfes als auch in dessen Zielen vollzogen. Er hat den bewaffneten Kampf in einen Wortstreit und das Ziel der Zerstörung Israels in die Suche nach einem Kompromiß zu verwandeln gewußt.

Nachdem wir im Laufe vieler Monate viele Stunden mit Arafat und seinen Beratern zusammen verbracht haben, sind wir überzeugt, daß der PLO-Führer eine friedliche Lösung, eine Aussöhnung – Land für Frieden – will. Aber wir sind über Arafats mangelndes Verständnis dafür enttäuscht, daß der Zionismus die Nationalbewegung der Juden ist.

Unsere Sitzungen mit ihm haben gezeigt, daß er weder charmant noch amüsant ist. Dasselbe läßt sich über Yitzhak Schamir sagen. Aber hier handelt es sich nicht um eine Cocktailparty, wo Gäste einander unterhalten müssen. Es ist ein Kampf auf Leben und Tod, der nur durch Verhandlungen zwischen gegnerischen Seiten zu lösen ist.

Als wir uns am letzten Tag, den wir mit ihm verbrachten, gegen drei Uhr früh vom Tisch erhoben, sagte uns Arafat: »In diesem historischen Augenblick haben wir das Recht, als menschliche Wesen behandelt zu werden. Selbstbestimmung ist ein heiliges Recht für jeden, für jede Nation, für jedes Volk. Ich warte auf einen israelischen General de Gaulle, der den Frieden mutiger Männer unterschreibt – um der neuen Generation von Israel und um unserer eigenen neuen Generation willen, für ihre und für unsere Kinder.«

Leider kann der Friede nicht auf einen neuen de Gaulle warten. Der Tag kann Jahrzehnte entfernt sein. Beide, Israelis und Palästinenser, müssen die Gelegenheit schaffen. Wir glauben, daß eine Mehrheit der Israelis einen territorialen Kompromiß auf der West Bank und in Gaza unterstützen würde, wenn sie überzeugt wäre, daß eine solche Lösung dauerhaft ist und hilft, Israels Isolation im Nahen Osten zu beenden. Arafat muß offen und direkt mit ihnen sprechen. Sie, die Israelis, müssen nicht nur zuhören, sondern den Schrei der Menschlichkeit vernehmen, der der Ursprung dieses Kampfes ist, den Schrei der Palästinenser, die verzweifelt ihre Identität und ihr Heimatland suchen. Nur wenn beide Seiten Mitleid mit den Schmerzen empfinden, die jede von ihnen erleidet, wird eine neue Generation von israelischen und palästinensischen Kindern gemeinsam in Frieden leben können.

Epilog (Herbst 1990)

Die PLO war über ein halbes Jahr lang nahezu untätig gewesen. Der Verhandlungsprozeß über die Einleitung von Gesprächen, die die Bedingungen für Wahlen in den von Israel besetzten Gebieten festlegen sollten, wurde vor allem von den USA und Israel geführt. Die PLO stand eher an der Seitenlinie und war weitgehend zum Zuschauen verurteilt. Nach dem Bruch der »Koalition der nationalen Einheit« in Israel im März 1990 stockte dieser Prozeß. Der PLO-Dialog mit den USA wurde zudem nach dem versuchten Angriff auf einen Strand bei Tel Aviv im Mai 1990 abgebrochen. Die Initiatoren dieses Attentatsversuchs waren Freischärler von Abul Abbas, der auch hinter der Entführung der Achille Lauro gestanden hatte, Mitglied des Exekutivkomitees der PLO war und seine Zelte in Bagdad aufgeschlagen hatte.

Arafat wußte, daß ihm wenig Zeit blieb, um doch noch positive Ergebnisse seiner Entscheidungen vom November und Dezember 1988 für den Frieden mit Israel vorzuweisen. Seine Übereinkunft mit George Habasch hatte eine Laufzeit von zwei Jahren: Ende 1990 würde der PFLP-Führer die Mitglieder des Nationalrats darauf aufmerksam machen, daß es Arafat nicht gelungen war, irgendwelche Zugeständnisse von Israel zu bekommen, und daß deshalb eine militantere Politik notwendig war. Ironischerweise war der irakische Führer Saddam Hussein einer der arabischen Führer gewesen, die Arafat im Dezember 1988 ermuntert hatten, die Bedingungen der Vereinigten Staaten für den Beginn eines Dialogs zu akzeptieren.

All das war nach dem 2. August 1990, als der Irak in Kuwait einmarschierte, Makulatur. Schon drei Tage später eilte Arafat zu seinem Jet und flog nach Bagdad. Wieder einmal war der Freischärler unterwegs, suchte eine Rolle als Friedensstifter, eilte zum Ort des Geschehens, um nicht zurückzubleiben. Ihm bot sich eine Gelegenheit, der Welt wieder das Thema Palästina vorzuführen. Aber der Vorsitzende stand vor einem großen Problem: Fast zwei Jahre lang hatte sich die PLO bemüht, den Irak zur Finanzierung der Kosten der Intifada heranzuziehen, um den wachsenden Einfluß der Ägypter auf die Palästinenserorganisation einzudämmen und sich die Macht des erstarkenden Saddam Hussein zunutze zu machen. Jetzt saß Arafat durch die proirakische Politik der PLO einerseits und seine Beziehungen zu den gemäßigten arabischen Staaten, die die PLO lange finanziert hatten, sowie andrerseits zum Westen, dem er sich genähert hatte, zwischen allen Stühlen. Typischerweise versuchte Arafat, es allen Leuten gleichzeitig recht zu machen. Deshalb hatte der PLO-Vorsitzende schon innerhalb weniger Stunden nach der Kuwait-Invasion einen Friedensplan fertig. Und bereits nach wenigen Tagen hatte er Ägypten, Algerien, Saudi-Arabien, den Sudan, Libyen und den Irak besucht und zu vermitteln versucht.

Als die erste Auflage dieses Buches in Amerika gedruckt wurde, kam die Nachricht von der Invasion Kuwaits über den Äther. Arafat erschien in Bagdad und umarmte seinen Freund, den Präsidenten Saddam Hussein. Dann, beim hastig einberufenen arabischen Gipfel in Kairo, schien es, als hätte sich Arafat von seiner kürzlich geschlossenen Freundschaft mit Hosni Mubarak losgesagt, den Westen aufgegeben und mit Saddam Hussein verbündet.

Wir eilten zum Telefon und riefen unseren Verleger an. »Stoppen Sie den Druck«, baten wir. »Wir müssen einen Epilog dazu schreiben.« »Wir geben Ihnen drei Tage«, sagte man uns. »Aber keine Minute länger.« Wir riefen unsere Kontaktleute in Tunis an, bettelten um ein letztes Treffen mit dem PLO-Führer, bevor das Buch in die Binderei gehen sollte. »Wir werden sehen, was wir tun können, aber wissen Sie, er redet mit niemandem.« Endlich versprach Bassam Abu Scharif, ein Interview in Tunis zu arrangieren. »Aber Sie müssen sieben oder acht Tage warten«, warnte er uns. »Er ist dauernd unterwegs. Niemand bekommt ihn zu sehen, der nicht bereit ist, eine Woche hier zu verbringen.« Wir gaben uns große Mühe, ihm zu erklären, daß wir nicht in Tagen, sondern in Stunden fertig werden mußten. Es war Samstag, und es blieb uns noch Zeit bis Dienstag oder Mittwoch. Ein palästinensischer Freund in London, der direkten Zugang zu Arafat hat, versprach uns zu helfen. »Kommen Sie her«, sagte er, »ich werde mein Bestes versuchen, um Ihnen ein Gespräch mit ihm zu vermitteln.«

Wir buchten zunächst einen Flug nach London, wo wir nachts ankamen und hofften, daß unser Freund sein Versprechen erfüllen würde. Es war ein Uhr, und er hob sofort den Hörer ab, um die Nummer in Tunis zu wählen. Wir hörten am anderen Ende Arafats Stimme. »Abu Amar wird mit Ihnen am Mittwoch lunchen«, sagte unser Freund. »Es ist definitiv. Der Lunch findet bei Hakim Bilawi statt«, dem PLO-Botschafter in Tunis. Wir gingen mit der Zuversicht ins Bett, daß das Interview stattfinden würde.

Der Swissair-Flug mit einem Wechsel der Maschine in Genf brachte uns planmäßig ans Ziel, und um drei Uhr nachmittags fuhren wir direkt zum Hilton in Tunis. Als wir Bassam Abu Scharif anriefen, sagte man uns allerdings, er sei nicht in Tunis, sondern »mit dem Präsidenten« in Marokko. Wann kam er zurück? »Das wissen wir nie«, sagte eine höfliche Frauenstimme. Am folgenden Morgen läutete das Telefon. Arafats Berater Sami Musallam war dran. »Kommen Sie um elf in mein Büro.« Das taten wir, erfuhren aber, daß der Lunch auf halb drei Uhr nachmittags verschoben worden war. »Keine Angst. Alles ist in Ordnung«, sagte er. Aber es wurde halb drei und später – und immer noch kein Arafat. Erst um halb elf Uhr abends erschien Bassam Abu Scharif. Er hatte ihn gerade zum Flugplatz von Tunis gebracht: Der Vorsitzende flog nach Amman.

Wir gerieten in Panik. Unser Termin rückte unaufhaltsam näher – und immer noch kein Interview. »Kommen Sie am Donnerstag mit mir nach Amman«, riet uns Bassam. Ob er beschwören könne, daß es dort ein Treffen geben würde? Nein, aber zumindest hätten wir dort eine bessere Chance, Arafat zu sehen. Wir nickten »okay«, und er rief rasch sein PLO-Reisebüro an. Sorry, sagte die Dame. Im Flugzeug ist kein Platz mehr frei. Und einen anderen Flug in die jordanische Hauptstadt gab es auch nicht. Wir fanden uns damit ab, in Tunis zu bleiben. Vielleicht kam der Vorsitzende bald zurück. Wir riefen unseren Verlag an und baten um mehr Zeit. »Noch zwei Tage«, knurrten sie.

Als wir am Donnerstag abend zu Sami Musallam kamen, zeigte er uns ein Fax auf arabisch. Unten befand sich eine handschriftliche Notiz von Arafat. »Sag Wallach, er soll nach Bagdad kommen. Ich erwarte ihn dort.« Wir bekamen ein mulmiges Gefühl in der Magengegend. Bagdad war nicht gerade ein Ort, zu dem es uns hinzog. Aber nun hatten wir schon zuviel in diese Jagd investiert, als daß wir hätten aufgeben können. Wir buchten den einzigen Flug, den es gab: um sieben Uhr früh nach Kairo und von dort weiter nach Amman. Sobald wir in Amman waren, würden wir sehen, wie wir in den Irak kamen. Wir blieben die ganze Nacht auf und machten uns wegen des Anschlusses nach Bagdad Sorgen.

Am Freitag früh rasten wir zum Flugplatz von Tunis und lasen eine Ankündigung: Es gab einen Charterflug direkt nach Amman. Der Mann am Schalter sagte uns, es sei noch etwas Platz. Wir eilten los, um uns Tickets zu besorgen.

Glücklich im Flugzeug, quetschten wir uns zwischen hundert Teenagern durch, die ein Jahr am Golf verbringen wollten. Die Maschine flog verspätet ab, und wir trafen nachmittags in Amman ein. Abu Jassin, ein PLO-Vertreter, der den Namen Mr. Sami vorzieht, war dort, um uns in Empfang zu nehmen. Die jordanischen Zollbeamten grüßten ihn und ließen uns mit vollen diplomatischen Ehren passieren. Wir waren so rasch aus dem Flughafen heraus, daß unser Gepäck zurückblieb. »Wir müssen sofort zum Palace Hotel«, sagte er uns, als der Mercedes die Straßen von Amman entlangsauste. Bassam Abu Scharif wartete in einer hübschen Suite. Er begrüßte uns mit wenigen Worten: »Unser Flug mit Iraqi Airways geht um vier Uhr ab.« Er gab uns die Tickets. Normalerweise ist ein einfacher Flug nichts, über das man sich verärgert zeigt. In diesem Fall aber stellten wir fest: Obwohl wir mit Bassam nach Bagdad fliegen sollten, war von einem Flug aus Bagdad heraus keine Rede. Vorstellungen, Gäste der irakischen Regierung zu werden, gingen uns durch den Kopf. »Keine Sorge. Sie sind unsere Gäste«, sagte Bassam. »Alles wird geregelt.« Wir eilten mit ihm zum Wagen und fuhren zum Flugplatz zurück.

Bassam geleitete uns in die Wartezone für Diplomaten. Dort waren etliche Würdenträger, so der irakische Botschafter in Jordanien und ein führender islamischer Fundamentalist im jordanischen Parlament, versammelt, um einen eintreffenden irakischen Politiker zu begrüßen. Es sollte eine Zusammenkunft arabischer Parteien in Amman stattfinden, und man wollte die amerikanische »Intervention« in der Region verurteilen. Sie sprachen aufgeregt über die große Neuigkeit dieses Nachmittags: George Habasch, der PFLP-Führer, war kurz zuvor eingetroffen. Man hatte ihn zum ersten Mal seit seinem vergeblichen Versuch von 1970, König Hussein zu stürzen, wieder in Jordanien willkommen geheißen.

Die irakische Fluglinie brauchte alle Flugzeuge, die sie hatte, um Hunderte von Frauen und Kindern aus Kuwait nach Bagdad und London zu evakuieren. So hatte sie für den Flug von Amman nach Bagdad eine alte Boeing 707 hervorgeholt. Die Maschine war mit Irakern gefüllt, die die Heimreise antraten. An Bord spürten wir den Galgenhumor, wenn jemand auf die Lebensmittelknappheit im Irak anspielte. Es hatte sich herumgesprochen, daß es kein Milchpulver, kein Brot, keinen Reis und keinen Zucker mehr gab. »Haben Sie Babymilch mitgebracht?« fragte jemand. »Nein«, erwiderten wir. »Und was ist mit Brot?« Seine Antwort kam schnell: »Das haben Sie gerade gegessen.« Alle lachten ein wenig zu laut, erleichtert, die innere Spannung wenn auch nur vorübergehend lösen zu können. Als die Räder aufsetzten, verkündete der Steward: »Ladies and Gentlemen, willkommen auf dem Saddam International Airport.«

Mehrere Leute von der PLO-Botschaft in Bagdad waren anwesend, um uns zu begrüßen. Aber ihr Willkommen war wertlos, als wir entdeckten, daß kein Brief vom Außenministerium gekommen war, der uns erlauben würde, das Land später wieder zu verlassen. Es war Freitag, und die Beamten des Außenministeriums beteten. Wir mußten fast drei Stunden lang vom Flughafen aus telefonieren, bis die Papiere eintrafen.

Müde von der Reise, der Spannung und dem Mangel an Schlaf nach zwei durchwachten Nächten stiegen wir in den wartenden Mercedes und erklärten Bassam, wir freuten uns darauf, sofort ins Bett zu gehen. »Bitte wecken Sie uns nicht mitten in der Nacht wegen eines Interviews auf«, beschworen wir ihn. Bassam hörte zu und schwieg. Der Wagen rauschte durch Bagdad und gelangte in ein von Mauern umgebenes Gelände. In der Dunkelheit konnten wir ein minde-

stens einen Morgen großes Grundstück mit einem Schwimmbecken und einer sehr geräumigen Villa erkennen.

Die Wagentüren wurden geöffnet. Bassam sprang heraus, und wir folgten ihm. Im Haus eilten wir an mehreren Leuten vorbei und standen dann Arafat gegenüber. Erschöpft zogen wir unser Tonbandgerät heraus, um ein Interview zu machen. »Bitte, lassen Sie uns erst zu Abend essen«, sagte unser Gastgeber. Wir betraten das Eßzimmer seines modernen Hauptquartiers in Bagdad, das viel größer und luxuriöser als das in Tunis ist. Der Tisch war für beinahe ein Dutzend Personen gedeckt. Wir konnten sehen, daß das Essen sich mindestens über ein paar Stunden hinziehen würde. Wir brachten unser Tonbandgerät an den Tisch und schalteten es ein.

Am Eßtisch sitzend sagt Arafat: »Ich laufe sehr schnell. Ich laufe sehr schnell. Glauben Sie mir; glauben Sie mir. Während der Belagerung von Beirut habe ich mir nicht solche Sorgen gemacht, wie ich sie mir jetzt mache.«

Solche blitzartigen Selbstzweifel treten bei Arafat nur kurz auf. Sein nervöses Zucken aber hat sich auffallend verstärkt. Die Pistole in der Tasche an seinem Gürtel und die sechs scharfen Patronen, die darüber sitzen, wirken plötzlich weniger symbolisch und drohender. Zum erstenmal wird uns klar, daß wir in Bagdad sind. »Stellen Sie sich vor«, sagt Arafat, »daß wir hier plötzlich ein Cruise-Missile abkriegen, wir drei. Wer weiß?« Überall im marmornen Herrenhaus in der irakischen Hauptstadt hängen Farbphotos von Saddam Hussein und Jassir Arafat – so eng, daß die Rahmen einander berühren.

In einem Salon wetteifern Helfer im Bedienen einer Fernschaltung, schalten von amerikanischen Videos auf irakische Fernsehberichte mit britischen Geiseln um, die nervöse Botschaften und Bitten um Verhandlungen an ihre Lieben senden. Ein junger Mann aus Belfast erklärt dem irakischen Reporter, er kenne den Horror des Krieges.

Auf dem Tisch, den man für den PLO-Vorsitzenden und seine Großfamilie aus Beratern gedeckt hat – zu ihnen zählen Abu Ijad und der von Saddam Hussein zu seinem persönlichen Botschafter beim iranischen Präsidenten Haschemi Rafsandschani erwählte Palästinenser Abu Khaled – stehen arabische Delikatessen wie panierte Kalbsschnitzel und Schischkebab vom Rind. Arafat ißt wenig, nur ein paar sorgfältig geschälte Apfelviertel, die er in seinen Lieblingshonig aus Kuwait taucht.

Für Arafat liegt in dieser Golfkrise eine bittersüße Ironie. Sein ganzes Leben lang hat er sich darum bemüht, die Palästinenser von der Illusion zu befreien, daß irgendwelche anderen Araber Palästina für sie gewinnen könnten. Jetzt fühlt er sich in eine frühere Zeit zurückgeworfen und ist Gast eines arabischen Herrschers, der sich vorübergehend in den Mantel des palästinensischen Nationalismus gehüllt hat.

Das indes ist nicht die einzige Ironie. Während er seine Unterstützung für Saddam zu begründen sucht, erinnert sich der PLO-Vorsitzende, daß er sein persönliches Vermögen in Kuwait gemacht hat. Dort, sagt er, war er als Ingenieur für die kuwaitische Regierung tätig und hat eben jene Straße bauen helfen, die mitten durch die strittigen Ölfelder führt. »Ich kenne jeden Zentimeter dieser sieben Kilometer auswendig. Ich habe den Bau überwacht. Ich habe ihn etwa sechs Monate lang selbst beaufsichtigt.«

1961, als Kuwait britische, saudische und ägyptische Truppen rief, um die damalige irakische Invasion zurückzuweisen, behauptet Arafat, habe er bei der Vermittlung in diesem Konflikt zu helfen versucht. »Es war eine sehr alte Konfrontation, eine alte Geschichte«, sagt er. Als die Kämpfe 1972 wieder aufflammten, »nahm ich den irakischen Außenminister in meinem Flugzeug nach Kuwait, wo sie über alle Punkte zu sprechen begannen und am Ende einen Kompromiß schlossen«. Bei der Gelegenheit befahl Arafat in seiner typisch theatralischen Art seinem Leibwächter, eine weiße Fahne zu tragen, als der PLO-Vorsitzende sich durch die gegnerischen Linien bewegte. Diesmal, sagt er. ». . . habe ich von Anfang an gearbeitet, um diesen Konflikt zu beenden.« Das Kriegsfieber, so Arafat, sei so stark gewesen, daß er den Kuwaitis kurz vor dem Angriff gesagt hätte, eine Invasion sei unausweichlich.

Er erzählt eine Geschichte von Stunden wilder Aufregung, als er die irakisch-kuwaitische Konfrontation abzuwenden versucht hätte. »Ich war am Samstag im Irak und am Sonntag in Kuwait. Ich habe die Kuwaitis 48 Stunden vor der Invasion beraten.« Während langer Diskussionen mit Saddam Hussein sei der irakische Präsident hart geblieben. »Wir wollen unsere Rechte«, sagte er zu Arafat. »Sollen uns die Kuwaitis geben, was uns zusteht – und das wär's!« Und er habe diese unmißverständliche Warnung hinzugefügt: »Wenn sie sich weigern, uns unser Recht zu geben, dann lassen Sie den Kuwaitis nicht das Gefühl, daß sie vor unseren Absichten sicher sein werden.« Die Treffen in Bagdad waren um zwei Uhr morgens vorüber, und der PLO-Führer flog sofort nach Kuwait. Acht Stunden später übergab er dem Emir, Scheich Dschaber al-Ahmed al-Sabah, Saddam Husseins Botschaft. Arafat erzählt uns, er hätte ihm erklärt, daß die Situation explosiv sei. »Ich bedaure zu sagen, daß der Emir sich weigerte, mit mir darüber zu diskutieren.« Also war Arafat gezwungen, mit seinem alten Freund, Scheich Saad Abdullah, dem Kronprinzen, zu sprechen, der dem PLO-Botschafter zwei Jahrzehnte zuvor das Leben gerettet hatte, als er ihm – als kuwaitischer Scheich verkleidet – zur Flucht aus Amman verhalf.

»Ich sagte ihm, das Klima sei sehr gespannt.« Arafat erwähnte drei strittige Punkte: Kuwaits Bohrungen in den Ölfeldern von Rumallah, den Besitz der Inseln Bubijan und Warba in der Schatt-al-Arab-Mündung des Persischen Golfs, der dem Irak einen Seehafen für den Export seines Öls verschaffen würde, und Schulden aus dem iranisch-irakischen Krieg. Der Emir jedoch wollte nichts davon hören: »Dschaber unterbrach mich und sagte: ›Also, Arafat, stehen Sie auf.‹« Dann hielt ihm der Kuwaiti eine Standpauke: »Was tun Sie gegen die jüdische Einwanderung aus der Sowjetunion?« Arafat entgegnete ihm: »Ich sage Ihnen, was kommt, was geschehen wird.« Er warnte ihn, die Irakis hätten schon ein Heer von 100 000 Mann an der Grenze. Um sie sich vom Leibe zu halten, riet er den Kuwaitis, »den Prozeß in Gang zu halten, denn wenn wir weiter reden und verhandeln, werden wir bestimmt eine Lösung erreichen. Sagen Sie nicht ›nein‹. Sagen Sie ›Ja, aber ...‹ Wenn Sie ›nein‹ zu ihnen sagen, beenden Sie alles.« Außerdem fügte er die ausdrückliche Warnung hinzu, daß die Irakis es ernst meinten: »Sie sollten sich nicht sicher fühlen.«

Als am folgenden Tag Vertreter beider Seiten in Dschidda zusammentrafen, stellten die Irakis ihre Forderungen, und die Kuwaitis antworteten mit einem entschiedenen »Nein«. Der PLO-Vorsitzende war bestürzt. Saddam Husseins Antwort auf das »Nein« war die fast unmittelbar beginnende Invasion. Arafat saß in der Falle: Nun hatte er die Situation nicht mehr unter Kontrolle, sondern war den Ereignissen ausgeliefert: mit Saddam Hussein verbündet, der die über 5000 PLO-Kämpfer im Irak ausgebildet und finanziert hatte, und den Saudis sowie anderen gemäßigten arabischen Staaten gegenübergestellt, die die PLO und deren Führung lange Zeit unterstützt hatten. Bei beiden Seiten in der Schuld stehend, befand sich Arafat in einer unhaltbaren Situation.

»Zu sagen, daß Arafat zwischen zwei Übeln eingeschlossen ist, wäre eine Untertreibung«, stellt sein Berater Hassan Kahdar fest. »Diese Krise hat ihn wirklich erwischt. Wenn er sich gegen Saddam Hussein stellt und die ägyptische Position bezieht, heißt das, daß er sich im Irak neue Feinde schafft.« Wenn er die Bemühungen der Vereinigten Staaten unterstützt, den Irak zu isolieren und zu bestrafen, sagt Khadar, würde er den Radikalen in der PLO in die Hände spielen, die seiner angeblich weichen Linie gegenüber den Amerikanern ohnehin kritisch gegenüberstehen. »Er hat nichts bekommen, was die Vermutung rechtfertigen könnte, beim Dialog mit den Amerikanern käme eventuell doch noch etwas heraus. In dieser Situation kann er unmöglich die amerikanische Position im Nahen Osten unterstützen.« Sich jedoch ganz auf die Seite von Saddam Hussein zu stellen, hätte nach Auffassung des Beraters ebenso katastrophale Konsequenzen: »Wenn er hundertprozentig die irakische Position annehmen würde, hieße das, die Unabhängigkeit der palästinensischen Bewegung zu verlieren, sie der irakischen Position unterzuordnen und seine traditionell guten Beziehungen zu den Saudis und den Golfstaaten zu zerstören.«

Obwohl bei vielen der Eindruck geweckt wurde, Arafats Enthaltung bei der Abstimmung der Arabischen Liga über die Frage des Truppeneinsatzes am Golf und seine Umarmung Saddam Husseins seien klare Anzeichen für seine Hinwendung zum Irak gewesen, verurteilten doch einige seiner Kollegen einschließlich seines maßgeblichen politischen Beraters Hani al-Hassan die Invasion Kuwaits. Abu Scharif sagt: »Tatsächlich hat die PLO die Invasion überhaupt nicht unterstützt. Im Gegenteil, wir haben unsere prinzipielle Position zum Ausdruck gebracht: Wir sind gegen jede gewaltsame Besetzung eines Landes.«

Allerdings sah sich Arafat Zehntausenden von Palästinensern auf den Straßen gegenüber, die Plakattafeln trugen und ihre Unterstützung für Saddam Hussein herausschrien. Die Mehrheit der fast 700 000 in Saudi-Arabien und am Golf lebenden Palästinenser sowie die 1,3 Millionen in Jordanien und 1,5 Millionen in der West Bank und Gaza hegten den proamerikanischen und ölreichen Scheichs gegenüber sehr bittere Gefühle: Sie hatten sich der Palästinenser bedient, um die zurückgebliebene primitive Region von Kuwait in die sprudelnde Oase einer modernen Gesellschaft zu verwandeln. Die Kuwaitis hatten den Flüchtlingen zwar hübsche Gehälter gezahlt, ihnen jedoch politische Rechte und die kuwaitische Staatsbürgerschaft verweigert, weil sie eine Integration der Palästinenser in ihre Gesellschaft auf keinen Fall wünschten. Die Palästinenser waren als Menschen zweiter Klasse behandelt worden.

Wenn die Palästinenser sich unter diesen Umständen gedemütigt fühlten, so empfanden sie Verzweiflung über das Ende der Friedenssuche im Nahen Osten, als die israelische Regierungskoalition im März 1990 auseinanderbrach und durch eine Regierung von Hardlinern des Likudblocks und anderer, einen Friedenskompromiß ablehnender Parteien ersetzt wurde. Viele Palästinenser verfielen wieder in ihre alte Haltung und sahen in Saddam Hussein den starken arabischen Herrscher, der sie retten und Palästina zurückgewinnen könnte: Seine panarabische Ideologie und sein rhetorischer Eifer erinnerten an Nasser, den die Herrscher am Golf ähnlich gemieden hatten. Saddams Gelübde, Israel zu zerstören, seine Drohungen mit chemischen Waffen, falls der jüdische Staat ihn angreifen würde, und seine herausfordernde Haltung gegenüber den Vereinigten Staaten verklärten sein heroisches Bild.

Gleichzeitig bekamen die Palästinenser rasch die Wirkung der Invasion zu spüren, als Tausende von ihnen in Kuwait ihre Arbeit und ihr Heim verloren. »Vergessen Sie nicht die Unterstützungsbeiträge für ihre Familien in den besetzten Gebieten – 140 Millionen US-Dollar wurden im Monat von Kuwait aus überwiesen«, klagte Arafat. Wieder waren sie Flüchtlinge und Opfer der arabischen Herrscher, die ihnen das Paradies versprachen. Sie konnten weder von Saddam, mit dem sie sympathisiert, noch von den Saudis, die sie vor den Kopf gestoßen hatten, finanzielle Hilfe bekommen.

Jassir Arafat wußte sehr gut, daß die Macht der PLO ebenso von ihrer finanziellen Stärke wie von der Unterstützung durch die Bevölkerung abhing. Ohne Kontrolle über das Geld, sagt Arafat gern, gibt es keine Kontrolle über die Macht. Die PLO-Beamten behaupten, der Irak hätte 4 Millionen US-Dollar im Monat für die Finanzierung der Intifada bezahlt, aber ein großer Teil des Geldes der Organisation ist aus Saudi-Arabien gekommen, das zusammen mit den Golfstaaten für mehr als die Hälfte der jährlichen Kosten der PLO in Höhe von circa 350 Millionen US-Dollar aufgekommen ist. Kein Wunder, daß, während Arafat Saddam Hussein umarmte, der Vorsitzende des Palästinensischen Nationalfonds, Dschawid al-Ghussein, die Aggression des irakischen Führers verdammte. Wieder einmal versuchte Arafat mit vielen Zungen zu reden, sobald er zu gegensätzlichem Publikum sprach. Diesmal aber sah die Welt, daß er Saddam Hussein umarmte, und zählte ihn unwiderruflich zum Lager des Aggressors.

Arafat betrachtet das, was Saddam seiner Meinung nach erreicht hat, nicht ohne Stolz. Dazu gehört vor allem, daß er eine Beziehung zwischen der Golfkrise und der israelischen Besatzung der West Bank und Gazas herstellte. Die Bush-Regierung hat eine solche Verknüpfung (linkage) zwar zurückgewiesen, aber Arafat bezeichnet sie als für die Palästinenser enorm wichtig: »Zum erstenmal hat ein arabischer Führer eine Relation zwischen dem Öl und unserer Sache gesehen. Das ist eine einzigartige Chance für die Palästinenser.«

In Arafats Augen scheint Saddam Hussein in wenigen Wochen erreicht zu haben, was der Intifada in drei Jahren nicht gelungen ist. Indem er eine Krise herbeigeführt hat, die die Welt an den Rand eines Krieges bringt, hat der irakische Führer den Nahen Osten und in seinem Zentrum die palästinensische Frage ganz oben auf die Tagesordnung der beiden Supermächte gesetzt. Jetzt, sagt Arafat, ist die allgemeine Übereinstimmung da, daß eine von den Vereinten Nationen einberufene Konferenz schließlich notwendig sein wird, um all die ungelösten Fragen zu behandeln. »Vergessen Sie nicht«, droht er mit dem Finger, »daß Saddam Hussein mich im Dezember 1988 unterstützt hat. Er hat die palästinensische Friedensinitiative und die palästinensisch-jordanische Vereinbarung von 1985 gutgeheißen, und er hat Shultz offiziell seine Zustimmung gegeben.

Ich habe von Anfang an in meiner Friedensinitiative erklärt, daß ich eine Zwei-Staaten-Lösung gemäß UNO-Beschluß 242 und 338 akzeptiere. Ich stehe noch immer zu dem, was ich gesagt habe, und nicht nur ich, sondern die ganze arabische Welt hat die palästinensische Friedensinitiative angenommen.«

Doch Arafats Position ist härter geworden. Er sagt, er sei immer noch bereit, eine palästinensische Delegation für Friedensgespräche mit Israel und die Vorbereitung von Wahlen in der West Bank und Gaza zu genehmigen, aber die PLO müsse vertreten sein und die Gespräche müßten unter der Ägide einer internationalen Konferenz stattfinden. »Warum soll ich weniger verlangen? Warum muß ich zurückweichen?« fragt er. Die Bitterkeit kommt wieder zum Vorschein. »Ich kann nicht vergessen, daß es seit zwei Jahren, seit ich meine Initiative erklärt habe, keine zufriedenstellende Antwort gegeben hat. Während ich eine friedliche Lösung anbiete – kaum etwas von den Amerikanern und nichts von der israelischen Regierung. Völlige Ablehnung.«

Als wir ihn drängen zu erklären, warum er mit dem Feuer spielt und Saddam Hussein unterstützt, antwortet Arafat: »Vergessen Sie nicht: Er gibt uns Hoffnung, daß etwas Konkretes für unsere Sache geschieht, vor allem, nachdem der Dialog mit den Amerikanern eingestellt wurde und von den Israelis die völlige Ablehnung gekommen ist. Warum kann Bush nicht objektiver auf die israelischen Angriffe gegen mein Volk reagieren?« fragt er bitter.

»Ich will Ihnen eine Geschichte erzählen«, sagt Arafat. »Als diese Armada im Golf eintraf, ging ich zu Saddam. Er sagte: ›Erinnern Sie sich an das, was Sie mir während der Belagerung von Beirut gesagt haben.‹ Ich erwiderte: ›Ich habe vieles gesagt.‹ Er sagte: ›Nein, Sie sagten, Sie röchen den Atem des Paradieses. Ich bin wie Sie‹, sagte Saddam. ›Ich rieche den Atem des Paradieses.‹« Der PLO-Führer fügt hinzu: »Das ist der Märtyrergeist, der durch diese Belagerung erzeugt wird.«

Gefragt, ob diese Krise eine sogar noch größere Gefahr für sein Überleben darstelle als der Schwarze September 1970/71 und die Bombardierung von Beirut 1982, gibt Arafat zu, daß der Einsatz viel höher ist. »Wie können Sie von einer Friedensinitiative sprechen, während in der ganzen Region die Kriegstrommeln dröhnen. Es wird keinen Gewinner in diesem nächsten Krieg geben ... Die ganze Region von Israel über Saudi-Arabien, Jordanien und dem Libanon bis zum Irak wird in Flammen stehen ... Vergessen Sie nicht, daß ich ein Mann der Geschichte bin.«

Es deutet bislang wenig darauf hin, daß Arafats Führungsrolle in der PLO oder seine Ära in der Geschichte zu Ende geht. Allerdings muß er sehr angestrengt laufen, um sich in seiner Stellung zu halten. Im Augenblick wird Arafats Priorität sein, in seiner tief zersplitterten Organisation zu überleben. Wieviel Anstrengung ihn das kostet, zeigt sich, als er plötzlich hinzufügt: »Es ist mir gleich, ob ich Vorsitzender der PLO bleibe oder nicht. Sagen Sie Mubarak, ich sähe es gern, daß sie einen anderen Mann an meiner Stelle ernennen! Ich bin bereit, mein Leben für die Sache meines Volkes herzugeben, damit es frei in seinem freien Lande leben kann.«

Indem er Saddam Hussein umarmt, riskiert Arafat viel und verliert seine erst vor kurzem gewonnene moralische Überlegenheit. Wie im Falle der Kuwaitis war Arafats Sache der Kampf für das Recht eines jeden Volkes, gegen einen Besatzer Widerstand zu leisten. Jetzt wirkt sein Vermittlungsversuch trotz seiner gegenteiligen Beteuerungen in den Augen vieler Beobachter wie eine Ausrede, um eine grundsätzliche Stellungnahme zu vermeiden. »Es geht nicht darum, die Invasion zu verurteilen«, erklärt er hartnäckig. »Es geht darum, wie man das Problem löst.« Aber während er eine angeblich neutrale Position einnimmt, kann Arafat nicht leugnen, daß der in den letzten beiden Jahren erzielte Fortschritt auf dem Spiel steht.

Im Westen schien ein Konsens entstanden zu sein, daß Israel seinen rechtmäßigen und dauerhaften Platz im Nahen Osten finden würde, sobald das palästinensische Problem gelöst war. Jetzt aber fragen sich viele Israelis: Wenn das palästinensische Problem gelöst würde und die Palästinenser ihren eigenen Staat neben Israel erhalten sollten, könnte es dann irgendwelche Garantien geben, die Israel gegen die Aggression eines Saddam Hussein oder eines anderen arabischen Führers schützen, der zum Idol der Massen werden möchte?

Die irakische Invasion Kuwaits hat Arafat in den Augen der Israelis gefährlicher denn je gemacht. Jenen amerikanischen Juden, die ihn für aufrichtig hielten, kommt er nun eher wie ein Heuchler vor. In den Augen seiner beiden stärksten Förderer, Ägypten und Saudi-Arabien, wirkt er weniger vertrauenswürdig und hat ihnen Anlaß gegeben, andere Aspiranten für die Führungsrolle in der PLO zu unterstützen. In den Augen der amerikanischen Regierung hat er die Chancen auf eine baldige Wiederaufnahme des offiziellen Dialogs unterminiert. In seinen eigenen Augen aber hat er sich mit zwei der mächtigsten Bewegungen der arabischen Welt verbündet, mit dem islamischen Fundamentalismus und dem arabischen Nationalismus. Außerdem ist er der palästinensischen Sache treu geblieben.

Arafat wird vielleicht eine gewisse Berechtigung für seine Vorwürfe finden, daß die israelische Kompromißlosigkeit an seinem Elend schuld ist, und er mag eher recht als unrecht darin haben, wenn er die Vereinigten Staaten anklagt, sie hätten den Extremisten wie Abul Abbas, die jeden Friedenskompromiß sabotieren wollten, in die Hände gespielt, als sie den Dialog mit der PLO abbrachen. Doch der bärtige Revolutionär, der so erfolgreich an das Gewissen der Welt appellierte, als er die Leiden der Palästinenser an die Öffentlichkeit brachte, scheint jetzt wie sie ein Opfer von Ereignissen zu sein, die weder er noch sie kontrollieren können. Ohne die Glaubwürdigkeit, um die er sich gerade bemüht hatte, baut Jassir Arafat nun auf den Erfolg einer radikalen Figur in der arabischen Welt und damit auf einen Menschen, dessen eigenes Überleben ernsthaft in Gefahr ist. Arafat ist wieder einmal, wie schon 1948, 1967 und 1973, auf Gedeih und Verderb Ereignissen ausgeliefert, die sich seinem Einfluß völlig entziehen. Er wird von Individuen gedrängt, deren Interessen viel umfassender als seine eigenen sind, und wird zu Entscheidungen gezwungen, die er weder treffen kann noch will.

Arafat hat fast so etwas wie einen sechsten Sinn – er selbst hat es das »Gespür eines Hundes« genannt –, der ihm sagt, daß er seine Karriere durch das Bündnis mit Saddam Hussein aufs Spiel setzt. »Ich habe mich und die Zukunft meines Volkes an eine arabische Lösung gebunden«, sagt er fast mit einer Spur von Bedauern. Dennoch, ob er überlebt oder nicht, der palästinensische Nationalismus, den er gewählt hat und für den er das Symbol gewesen ist, wird eine starke Kraft bleiben.

Als er am Ende des Interviews steht, scheinen die Zeichen seines Alters auffälliger zu sein. Auf seinen Händen sind rote Flecken, und es scheint ihm schwerzufallen, seine Gelenke zu bewegen. »Ich habe meine Hand verbrannt«, sagt er und schreibt es dem »ultravioletten Apparat«, dem »ultravioletten Licht« zu. »Immer, wenn ich es benutze, mache ich das. Der Arzt sagt, nicht mehr als zwei Minuten, aber . . .« Arafat sagt, es kommt vom Mangel an Sonnenschein und Vitamin E, und ein Freund erklärt: »Er hat sich sein ganzes Leben lang versteckt.«

Jetzt hat der PLO-Vorsitzende beschlossen, er habe genug Fragen beantwortet. Der Phönix erhebt sich brüsk vom Tisch und schreitet in sein Büro. Doch er vergißt nicht, daß er ein Meister der Öffentlichkeitsarbeit ist, nimmt seine Kafija ab, fragt seinen Gast, ob er sie will, und sagt einem Helfer, er solle einen Füllhalter holen. Er signiert sie und will sie gerade überreichen, als er sich erinnert, daß er sie noch nicht datiert hat. Schwungvoll schreibt er das Datum darauf:

Bagdad
15. September
1990

Postskript

Vier Tage später läutet das Telefon in unserem Hotelzimmer in Bagdad, man sagt uns, wir sollen in zwanzig Minuten fertig sein. »Der Präsident will Sie in seinem Flugzeug mitnehmen.« »Wohin fliegt er?« fragen wir. »Das hat man uns nicht gesagt«, lautet die Antwort. Ein paar Minuten darauf sind wir unten in der Halle des Babylon-Hotels.

Man fährt uns zu Arafats Haus und bittet uns, ihm Gesellschaft zu leisten. Der üppig gedeckte Tisch dürfte manchen in Bagdad zu Tränen rühren. Draußen in der realen Welt ist das Brot praktisch aus den Läden verschwunden – selbst aus den Fünf-Sterne-Hotels der Stadt.

Arafat ist ungewöhnlich gut gelaunt. Als wir ihn fragen, ob er noch Chancen sehe, den Krieg am Golf zu verhindern, erwidert er: »Wo ein Wille ist, ist ein Weg. Es kann immer noch eine politische Lösung gefunden werden.« Als das Signal ertönt, daß die Autokolonne abfahrbereit ist, steht Arafat auf und winkt alle zu den Wagen. Draußen, in der schon brennenden Sonne, stehen in einem Halbkreis jene PLO-Helfer, die zurückbleiben werden, um ihrem Vorsitzenden Lebewohl zu sagen. Arafat schüttelt jedem die Hand und küßt jeden der Diplomaten. Er grüßt die Soldaten der Palästinensischen Befreiungsarmee (PLA) und geht auf eine der Limousinen zu. Der Konvoi aus dreizehn Fahrzeugen, acht Mercedes, einem Chevrolet, mehreren japanischen Wagen und einem Toyota Land Cruiser mit Vierradantrieb, beladen mit automatischen Maschinenpistolen, rollt stumm durch das elektronisch geöffnete Tor. Keine Sirenen ertönen, es gibt keine Motorradeskorte, fast gar keinen Lärm – nur das Geräusch der Wagen, die zum Saddam International Airport fahren. Die Kolonne biegt auf eine besondere VIP-Rampe ab und fährt direkt auf die Landebahn, wo ein neuer grünweißer Gulfstream II Executive Jet mit einer Dallas-Texas-Markierung wartet. Es ist eine von vier Maschinen aus der privaten Flotte des libyschen Herrschers Muammar al-Ghadaffi.

Drinnen zeigt man uns den Weg zu den Plätzen im winzigen Erste-Klasse-Abteil. Auf dem Platz uns gegenüber sitzt der Vorsitzende der PLO. Als er seinen Sicherheitsgurt zuschnappen läßt, sagt er, er benutze oft den libyschen Jet wie auch die anderer arabischer Länder. Er rühmt sich, er habe, als er nach Österreich flog, um der Beerdigung »meines guten Freundes Bruno Kreisky beizuwohnen«, ein saudisches Flugzeug genommen. »Ich habe keine Probleme mit meiner Kommunikation oder mit meinen Transportmitteln.«

Wir fragen ihn, ob er noch immer mit dem saudischen König Fahd und dem ägyptischen Präsidenten Hosni Mubarak in Kontakt sei. »Glauben Sie, es ist ein Hindernis für mich?« fragt er. »Sie verstehen die Realitäten dieses Teils der Welt nicht. Ich habe gestern eine offizielle Botschaft von König Fahd erhalten«, erzählt er, »und nachdem die Krise vorüber ist, werden wir bei einer Tasse Tee sitzen und alle Probleme lösen. Das ist die arabische Mentalität.« Arafat erzählt, beide Staaten hätten letzte Woche seine persönlichen Emissäre empfangen. »Können Sie sie anrufen? Werden sie mit Ihnen reden?« fragen wir weiter. »Ich telefoniere selten, weil es eine offene Leitung ist. Mein Sacrephone«, sagt er und spricht von seinem französischen Funktelefon, »mein Sacrephone. Ich habe mein Sacrephone nicht. Es ist für geheime Gespräche.«

Er wechselt das Thema und fragt uns, wann Präsident Bush Kuwait oder den Irak angreifen werde. Bevor wir eine Gelegenheit haben, ihm zu antworten, bietet er seine eigene Vorhersage an: Der Angriff werde entweder in den nächsten zwölf Tagen oder erst im November kommen. Wieso, fragen wir uns, ist er so sicher? »Sie haben eine sehr wichtige Wahl in Ihrem Land: der ganze Kongreß und ein Drittel des Senats.« Als wir ihn darauf hinweisen, daß seine Glaubwürdigkeit in den Vereinigten Staaten, besonderes bei den amerikanischen Juden, auf einem absoluten Tiefpunkt ist, nickt Arafat. »Butcher Bedfellows (Schlächtergenossen)«, sagt er. »Ich habe es gelesen.« Gefragt, ob dieser Spitzname ihn störe, zuckt er zurück und erwidert: »Wenn es zu einer Lösung kommt, wird man verstehen. Wenn ein Krieg kommt, wird man verstehen.« Dann fügt er, wobei er etwas von seinem Zorn herausläßt, hinzu: »Nach dem dritten Tag wird man verstehen, was Krieg bedeutet. Es wird keine Gewinner in diesem nächsten Krieg geben. Die, die die Kriegstrommeln beklatschen, werden deren Opfer sein – wir alle.«

Das Flugzeug beginnt seinen Landeanflug über den Hügeln von Amman. Arafat entfaltet seine Kafija und legt sie sorgfältig um. Als er aus dem Fenster auf die funkelnde Stadt blickt, ist er wieder der makellose Guerillaführer mit den sauber gebügelten Hosen, den blankpolierten schwarzen Stiefeln und der Pistole im Halfter unter den blinkenden Messingpatronen. Er steigt aus dem Flugzeug und schreitet über einen roten Teppich, der von einer jordanischen Ehrengarde mit roten Uniformmützen gesäumt ist. Hier scheint Arafat sich wohler zu fühlen. Die Ehrengarde nimmt Haltung an: Attention! Er grüßt die Soldaten, umarmt den jordanischen Außenminister Marwan Kassem und betritt die VIP-Empfangshalle. Mit Abu Ijad an seiner Seite sitzt Arafat neben Kassem und dem jordanischen Protokollchef. Lächeln und Händeschütteln werden ausgetauscht, während Blitzlichter aufflackern und Fernsehkameras die offizielle Begrüßung aufnehmen. Hier, in jenem Land, in dem die Palästinenser mehr Bewohner stellen als alle anderen Volksgruppen zusammen, wird Jassir Arafat, der Mann ohne Land, noch immer wie ein Staatsoberhaupt empfangen.

Als wir diese neue Fortsetzung des Epilogs schreiben, ist der Golfkrieg gekommen und gegangen, und eines seiner Opfer ist Jassir Arafat. Seine Umarmung Saddam Husseins hat Saudi-Arabien, Kuwait, Ägypten, Syrien und Jordanien die Ausrede verschafft, die sie schon lange gesucht haben, um ihre eigene Politik auf Kosten der PLO zu verfolgen. Durch seine proirakische Haltung diskreditiert und finanzieller arabischer Unterstützung beraubt, kann Arafat nicht länger mit seiner Drohung »kein arabischer Staat wird mit Israel reden können, solange das palästinensische Thema nicht gelöst ist« den Friedensprozeß stehlen. Er wurde gezwungen, sich an die neue Friedenssuche der Bush-Regierung anzupassen, bei der Israels arabische Gegner Friedensverträge mit dem jüdischen Staat aushandeln, während gleichzeitig nicht er, sondern nur von ihm und von den Israelis akzeptierte Palästinenser aus der West Bank und dem Gaza-Streifen im Rahmen einer gemischten jordanisch-palästinensischen Delegation mit dem im Sommer 1991 amtierenden israelischen Premierminister Yitzhak Schamir über mögliche Formen einer Selbstverwaltung verhandeln.

Die größte Veränderung, die der Krieg gebracht hat, ist vielleicht die, daß die arabischen Nationen, auch wenn sie niemals einen separaten Frieden mit Israel unterzeichnen werden, solange es keinen Fortschritt in der Palästina-Frage gibt, einen solchen Fortschritt nicht länger zur Vorbedingung für Verhandlungen mit Israel machen. Das ist ein fundamentaler Wechsel, der, besonders in der arabischen Welt, Arafats Position geschwächt hat. Doch es wäre ein Fehler, Arafat abzuschreiben. Das 20. Treffen des Palästinensischen Nationalrats in Algier im Herbst 1991 hat gezeigt, wie fähig er nach wie vor ist, seine palästinensische Wählergemeinde hinter sich zu sammeln und den Konsens zu halten, um den er 1988 so hart gerungen hat: daß es Zeit ist, Frieden – und deshalb einen Kompromiß – mit Israel zu schließen.

Bei allen Fragen, in denen er den nach dem Krieg am Golf von den USA neu initiierten Friedensprozeß hätte ersticken können, hat Arafat Flexibilität bewiesen. Er hat seine Bereitwilligkeit gezeigt, daß sich Palästinenser in einer gemeinsamen Delegation mit Jordanien an der Nahost-Friedenskonferenz beteiligen können, obwohl er wußte, daß Yitzhak Schamir die Zusammensetzung der Delegation benutzen würde, um den palästinensischen Anspruch auf Unabhängigkeit zu bestreiten. Er erlaubte die Auswahl von für Israel akzeptablen Palästinensern und ließ Schamir in dem irrigen Glauben, daß die Vertreter der West Bank und Gazas keine Verbindung zur PLO hätten. Er fand sich sogar mit der Tatsache ab, daß die fast vier Millionen Palästinenser, die außerhalb der besetzten Gebiete leben, nicht vertreten sein würden. Schließlich beugte er sich murrend israelischen Forderungen, die allen Palästinensern aus Ostjerusalem eine direkte Rolle in den Friedengesprächen verbieten sollten.

Das sind Kompromisse in Fragen von fundamentaler Bedeutung für Millionen von Palästinensern. Israelische und amerikanische Regierungsvertreter werden sagen, Arafat sei zu diesen Zugeständnissen gezwungen gewesen – er sei vom Golfkrieg geschwächt, und der Wunsch der Palästinenser in den besetzten Gebieten, die unter der Intifada litten, treibe ihn voran, wenigstens indirekt am Friedensprozeß teilzunehmen. Arafat war nicht nur zu diesen Zugeständnissen bereit, er gab ihnen auch seinen persönlichen Segen. Er benutzte seinen politischen Einfluß, um einen Prozeß zu unterstützen, der unweigerlich seine eigene Kraft und Popularität untergräbt, während er die Macht und das Prestige von am Ort lebenden Führern wie Faisal Husseini, Hanan Aschrawi, Sari Nusseibeh und Sakaria al-Agha stärkt. Während sie ihre Anweisungen von Arafat entgegennehmen und ihm pflichtschuldig berichten, könnten diese relativ neuen Stimmen auf der Weltbühne dem PLO-Führer schließlich die Führung der palästinensischen Gemeinde streitig machen. Niemand weiß das besser als Jassir Arafat, und trotzdem hat er etwas getan, von dem manche in der arabischen Welt sagen, es sei »auf amerikanisches Geheiß« geschehen und ohne jeden erkennbaren Gewinn: ohne eine Wiederaufnahme des Dialogs mit den Vereinigten Staaten, ohne jede Garantie, daß Israel die Siedlungspolitik beenden wird, und ohne Zusagen der Bush-Regierung, daß zu den politischen Rechten der Palästinenser das Recht auf Selbstbestimmung gehören wird.

Deshalb liegt die wirkliche Herausforderung heute vor Israel. Die Regierung in Jerusalem muß den zögernden arabischen Führern und der über eine Million unter israelischer Herrschaft lebenden Palästinensern beweisen, daß der Lohn des Friedens den Risiken einer fortgesetzten

Konfrontation vorzuziehen ist. Israel wird schließlich über die Rückgabe von Land sowohl auf den Golan-Höhen als auch in der West Bank und Gaza reden müssen, wenn seine arabischen Gegner ihm die Art von Sicherheitsgarantien und förmlicher Anerkennung zugestehen sollen, die es seit der Geburt des jüdischen Staates gesucht hat. Den Palästinensern muß man eine echte Selbstverwaltung gewähren – mit dem Recht, ihre eigenen Vertreter zu wählen, über alle Aspekte ihres täglichen Lebens selbst zu bestimmen und für ihre eigene Sicherheit zu sorgen. Letzteres wird einen teilweisen Rückzug israelischer Truppen aus Städten und Dörfern in der West Bank und Gaza erfordern. In der Tat, wenn Yitzhak Schamir wirklich den Einfluß von Jassir Arafat und der PLO eindämmen will, muß er den Palästinensern Anreize bieten, ihre Zukunft zusammen mit Israel zu bauen.

Wir sehen hoffnungsvoll in die Zukunft. In der ganzen Geschichte Israels hat es für den israelischen Staat nie eine so gute Kombination von Umständen gegeben: Der Irak, der gefährlichste Feind, ist seiner Reißzähne beraubt und gedemütigt. Die sowjetische Bedrohung ist praktisch verschwunden. Die Vereinigten Staaten haben durch ihren Einsatz von Patriot-Raketen gegen die irakischen Scuds ihre Bereitschaft zur Verteidigung Israels unter Beweis gestellt. Und die PLO ist zum erstenmal in der arabischen Welt in die Defensive geraten. Israel hat zudem einen neuen Grund, eine Politik zu verfolgen, die es zu einem vollberechtigten Partner in der Welt machen wird: die Aussicht, daß eine Million oder mehr Juden aus der Sowjetunion einwandern werden.

Heute spricht Arafat mit seiner alten Stimme, der Stimme des gemäßigten Palästinensers, der sich mit dem Westen zu arrangieren versucht hat, um sich und seine Sache zu legitimieren. Israel, sagt er, wird niemals sicher sein, bevor es nicht seinen Frieden mit den Palästinensern aushandelt. Für ihn war dies der einzige Regenbogen in der demütigenden irakischen Niederlage. »Zum erstenmal hat die von Schamir und Likud propagierte Sicherheitstheorie, nämlich der ›strategischen Tiefe‹, versagt. Der Besitz von mehr Territorium schützt sie nicht vor Luftangriffen. Nur ein regionaler Friedensvertrag kann für Sicherheit sorgen«, sagt er. Der PNC hat seine Absicht, Frieden mit Israel zu schließen, bekräftigt. Noch immer aber trägt Arafat die Pistole zum Olivenzweig. »Ich würde sagen, Präsident Bush hat nur noch acht bis zehn Monate, um die großen Probleme auf den zwei Schienen zu lösen.«

Wenn Bush versagt, so mahnt Arafat, wird die Popularität, der sich die Vereinigten Staaten neuerdings in der arabischen Welt erfreuen, wieder schwinden. »Die Leute werden zu ihren Regierungen sagen: ›Warum haben wir Saddam nicht die palästinensischen Rechte auf diese Weise durchsetzen lassen? Warum haben wir ihn nicht unterstützt? Die Vereinigten Staaten haben uns mit ihren Versprechen betrogen.‹ Das ist jetzt keine laute Stimme«, warnt er. »Aber es wird in einem Jahr eine sein, wenn nach diesem katastrophalen Krieg nichts geschieht.« Der Phönix, der immer wieder aus der eigenen Asche aufgestiegen ist, glaubt, daß die Geschichte – und die Schwäche der arabischen Regimes – auch heute noch den Befreiungskampf des palästinensischen Volkes begünstigt. Schon vor dem Krieg von 1948, »unter zwei großen Mächten, dem britischen und dem französischen Weltreich, steckten alle Regimes in der Region, von Mesopotamien bis zum Nil, in Schwierigkeiten. Dann kam die Revolution von Nasser in Ägypten. Die Bewegung der arabischen Massen ist immer langsam. Aber sobald sie sich bewegen, ist kein Halten mehr.«

Die Vereinigten Staaten und ihre Verbündeten im Golfkrieg haben gegenwärtig, im Herbst 1991, die wohl beste Gelegenheit, einen dauerhaften Frieden in dieser von Konflikten geplagten Region zu schließen. Wir hoffen, daß es ihnen gelingt.

Washington, D.C.
Oktober 1991

Dokumente

Die palästinensische Nationalcharta in ihrer durch die vierte Versammlung des Palästinensischen Nationalrats im Juli 1968 revidierten Fassung (Auszüge)

Artikel 1: Palästina ist das Heimatland des arabisch-palästinensischen Volkes. Es ist ein unteilbarer Bestandteil des arabischen Heimatlandes, und das palästinensische Volk ist ein integraler Bestandteil der arabischen Nation.

Artikel 2: Palästina ist in den Grenzen, die es während des britischen Mandats hatte, eine unteilbare territoriale Einheit ...

Artikel 4: Die palästinensische Identität ist ein unverfälschtes, wesentliches und angeborenes Charakteristikum und wird von den Eltern auf die Kinder übertragen. Die zionistische Besetzung und die Verstreuung des palästinensisch-arabischen Volkes durch das Unglück, das ihm zugestoßen ist, läßt es nicht seine palästinensische Identität und seine Mitgliedschaft in der palästinensischen Gemeinschaft verlieren und es gibt sie auch nicht auf.

Artikel 5: Palästinenser sind diejenigen arabischen Bürger, die bis 1947 in Palästina ihren Wohnsitz hatten, ganz gleich, ob sie von dort vertrieben wurden oder geblieben sind. Jeder, der nach diesem Datum – ob innerhalb oder außerhalb Palästinas – als Kind eines palästinensischen Vaters geboren wurde, ist ein Palästinenser.

Artikel 6: Die Juden, die bis zum Beginn der zionistischen Invasion ihren Wohnsitz in Palästina hatten, werden als Palästinenser betrachtet ...

Artikel 8: Die Phase in seiner Geschichte, die das palästinensische Volk jetzt durchlebt, ist die des nationalen Kampfes für die Befreiung Palästinas. Also sind die Konflikte zwischen den palästinensischen nationalen Kräften zweitrangig und sollten wegen des grundlegenden Konflikts, der zwischen den Kräften des Zionismus und des Imperialismus einerseits und denen des palästinensisch-arabischen Volkes andererseits besteht, beendet werden . . .

Artikel 9: Der bewaffnete Kampf ist der einzige Weg, um Palästina zu befreien. Er ist also die übergeordnete Strategie, nicht nur eine taktische Phase. Das palästinensische Volk erklärt seine absolute Entschlossenheit und seinen festen Willen, seinen bewaffneten Kampf fortzusetzen und für eine Volksrevolution für die Befreiung seines Landes und für seine Rückkehr dorthin zu arbeiten . . .

Artikel 10: Kommandoaktionen stellen den Kern des palästinensischen Volksbefreiungskrieges dar . . .

Artikel 12: Das palästinensische Volk glaubt an die arabische Einheit. Um seinen Teil zur Erreichung dieses Zieles beizutragen, muß es jedoch zum gegenwärtigen Zeitpunkt seine palästinensische Identität wahren, sein Bewußtsein dieser Identität entwickeln und sich jedem Plan, der sie auflösen oder beschädigen könnte, widersetzen . . .

Artikel 15: Die Befreiung Palästinas ist, vom arabischen Standpunkt gesehen, eine nationale Pflicht, sie versucht, die zionistische und imperialistische Aggression gegen das arabische Heimatland zurückzuwerfen, und zielt darauf ab, den Zionismus aus Palästina vollständig zu vertreiben. Die absolute Verantwortung hierfür trägt die arabische Nation – mit seinen Völkern und Regierungen – mit dem arabischen Volk von Palästina als Vorhut . . .

Artikel 19: Die Teilung Palästinas 1947 und die Errichtung des israelischen Staates sind vollkommen illegal, ungeachtet der verstrichenen Zeit, weil sie dem Willen des palästinensischen Volkes und dem natürlichen Recht auf sein Heimatland entgegensteht und mit den Prinzipien, die in der Charta der Vereinten Nationen, insbesondere in dem Recht auf Selbstbestimmung, enthalten sind, unvereinbar ist.

Artikel 20: Die Balfour-Deklaration, das Mandat für Palästina und alles, was darauf begründet wurde, werden für null und nichtig erachtet. Jüdische Ansprüche auf historische oder religiöse Bindungen an Palästina sind mit den historischen Tatsachen und dem wahren Begriff dessen, was Staatlichkeit darstellt, unvereinbar. Der Judaismus ist eine Religion und deshalb keine unabhängige Nationalität. Außerdem stellen die Juden keine einzelne Nation mit einer eigenen Identität dar. Sie sind Bürger der Staaten, zu denen sie gehören.

Artikel 21: Das arabisch-palästinensische Volk, das sich durch die bewaffnete palästinensische Revolution ausdrückt, lehnt alle Lösungen ab, die einen Ersatz für die völlige Befreiung Palästinas darstellen . . .

Artikel 22: Der Zionismus ist eine organische, mit dem internationalen

Imperialismus verbundene politische Bewegung, die allen Befreiungsaktionen und fortschrittlichen Bewegungen auf der Welt entgegensteht. Er ist seinem Wesen nach rassistisch und fanatisch, in seinen Zielen expansionistisch und kolonial und in seinen Methoden faschistisch . . .

Artikel 27: Die Palästinensische Befreiungsorganisation wird mit allen arabischen Staaten, abhängig von ihren jeweiligen Möglichkeiten, zusammenarbeiten, in Anbetracht der Erfordernisse des Befreiungskriegs eine neutrale politische Haltung unter ihnen einnehmen und sich auf dieser Grundlage nicht in deren interne Verhältnisse einmischen . . .

Artikel 33: Diese Charta soll nicht verändert werden, außer durch eine Zweidrittelmehrheit der gesamten Mitgliedschaft des Nationalkongresses der Palästinensischen Befreiungsorganisation bei einer für diesen Zweck einberufenen Sondersitzung.

Text der Resolution 242 des Sicherheitsrats der Vereinten Nationen vom 22. November 1967

Bei der 1382. Sitzung einstimmig angenommen

Der Sicherheitsrat

Äußert seine andauernde Sorge über die ernste Situation im Nahen Osten,

betont die Unzulässigkeit des Landgewinns durch Krieg und die Notwendigkeit, für einen gerechten und dauerhaften Frieden zu sorgen, damit jeder Staat in der Region in Sicherheit leben kann.

Betont weiter, daß alle Mitgliedstaaten, indem sie die Charta der Vereinten Nationen angenommen haben, gemäß Artikel 2 der Charta zu handeln verpflichtet sind.

1. *Bestätigt,* daß zur Erfüllung der Prinzipien der Charta die Herstellung eines gerechten und dauerhaften Friedens im Nahen Osten notwendig ist, der die Anwendung der beiden folgenden Prinzipien beinhalten sollte:

(i) Rückzug israelischer bewaffneter Kräfte aus in dem jüngsten Konflikt besetzten Gebieten,

(ii) Aufgabe aller Forderungen, Beendigung aller Kriegszustände, Respektierung und Anerkennung der Souveränität, territorialen Integrität und politischen Unabhängigkeit eines jeden Staates in der Region sowie seines Rechts, frei von Drohungen und Gewalt in sicheren und anerkannten Grenzen zu leben.

2. *Bestätigt weiterhin* die Notwendigkeit

(a) die Freiheit der Seefahrt durch internationale Gewässer in der Region zu garantieren,

(b) eine gerechte Lösung des Flüchtlingsproblems zu erreichen,

(c) die territoriale Unverletzlichkeit und politische Unabhängigkeit eines jeden Staates durch Maßnahmen einschließlich der Herstellung entmilitarisierter Zonen zu garantieren.

3. *Fordert* den Generalsekretär auf, einen Sonderbeauftragten zu ernennen, der in den Nahen Osten gehen und dort Kontakt mit den Staaten aufnehmen und aufrechterhalten soll, um in Übereinstimmung mit den Vorschriften und Prinzipien dieses Beschlusses eine friedliche und annehmbare Regelung zu erzielen.

4. *Fordert* den Generalsekretär auf, dem Sicherheitsrat über den Fortschritt der Anstrengungen des Sonderbeauftragten sobald wie möglich zu berichten.

Text der Resolution 338 des Sicherheitsrats der Vereinten Nationen

Vom Sicherheitsrat bei seiner 1747. Sitzung am 21./22. Oktober 1973 angenommen

Der Sicherheitsrat

1. *Ruft* alle an den derzeitigen Kämpfen beteiligten Parteien auf, sofort, innerhalb von 12 Stunden nach der Annahme dieser Entscheidung, in den Positionen, die sie jetzt besetzt halten, das Feuer einzustellen und alle militärischen Aktivitäten zu beenden.

2. *Ruft* die beteiligten Parteien auf, sofort nach der Feuereinstellung mit der Erfüllung des Sicherheitsratsbeschlusses 242 (1967) in all seinen Teilen zu beginnen.

3. *Beschließt,* daß sofort nach und gleichzeitig mit dem Waffenstillstand unter geeigneter Schirmherrschaft Verhandlungen zwischen den betreffenden Parteien mit dem Ziel eines gerechten und dauerhaften Friedensschlusses im Nahen Osten beginnen sollen.

Der Vertrag zwischen Jordanien und der PLO vom 11. 2. 1985

Vom Geist der Beschlüsse des Gipfels von Fez ausgehend, in Übereinstimmung mit den Positionen in der arabischen [Welt] und den Beschlüssen der UNO bezüglich des Palästinaproblems,

in Übereinstimmung mit der internationalen Legitimität und ausgehend von der gemeinsamen Absicht, eine besondere Beziehung zwischen dem jordanischen und dem palästinensischen Volk herzustellen,

haben die Regierung des Haschemitischen Königreiches von Jordanien und die Palästinensische Befreiungsorganisation beschlossen, zusammen auf die Verwirklichung einer gerechten und friedlichen Lösung des Nahostproblems zuzumarschieren und der Besetzung arabischer Gebiete einschließlich Jerusalems in Übereinstimmung mit den folgenden Prinzipien ein Ende zu setzen:

1. Land im Tausch gegen Frieden, wie es in den Beschlüssen der Vereinten Nationen einschließlich denen des Sicherheitsrats festgelegt ist.

2. Das Recht des palästinensischen Volkes auf Selbstbestimmung. Die Palästinenser werden ihr unveräußerliches Recht auf Selbstbestimmung ausüben, sobald es den Jordaniern und Palästinensern gelingt, es im Rahmen einer arabischen Union zu verwirklichen, die sie zwischen den beiden Staaten Jordanien und Palästina bilden wollen.

3. Die Lösung des palästinensischen Flüchtlingsproblems in Übereinstimmung mit den UNO-Beschlüssen.

4. Die Lösung des palästinensischen Problems in all seinen Aspekten.

5. Auf dieser Grundlage werden die Friedensverhandlungen im Rahmen einer internationalen Konferenz stattfinden, an der die fünf permanenten Mitglieder des UNO-Sicherheitsrats und die anderen Parteien in diesem Konflikt einschließlich der PLO, der einzigen legitimen Vertreterin des palästinensischen Volkes, in einer gemeinsamen Delegation (einer gemeinsamen jordanisch-palästinensischen Delegation)* teilnehmen werden.

---

* Die Worte in Klammern erscheinen nicht in der PLO-Version des Textes.

Text der gemeinsamen Erklärung der PLO und einer Delegation amerikanischer Juden, abgegeben vom schwedischen Außenminister Sten Andersson am 7. Dezember 1988

Der Palästinensische Nationalrat ist vom 11. bis 15. November 1988 in Algier zusammengetreten. Er hat die Unabhängigkeitserklärung abgegeben, mit der der Staat von Palästina proklamiert worden ist, und eine politische Erklärung herausgegeben.

Die folgenden Erläuterungen zu einigen wichtigen Punkten in der palästinensischen Unabhängigkeitserklärung und der vom Nationalrat in Algier angenommenen Resolution wurden von den Vertretern der PLO abgegeben:

In seiner Bestätigung des in den UNO-Beschlüssen enthaltenen Prinzips, das eine Zwei-Staaten-Lösung von Israel und Palästina verlangt,

kam der Palästinensische Nationalrat 1. überein, bei einer internationalen Konferenz unter der Schirmherrschaft der UNO, unter Teilnahme der ständigen Mitglieder des Sicherheitsrats und der PLO als einziger legitimer Vertreterin des palästinensischen Volkes im gleichen Rang mit den anderen, am Konflikt beteiligten Parteien in Friedensverhandlungen einzutreten. Eine solche Konferenz soll auf der Basis der UNO-Resolutionen 242 und 338, des Rechts des palästinensischen Volkes auf Selbstbestimmung ohne äußere Einmischung, wie in der UNO-Charta vorgesehen, sowie des Rechts auf einen unabhängigen Staat abgehalten werden, und diese Konferenz soll das palästinensische Problem in all seinen Aspekten lösen;

verkündete der Nationalrat 2. die Errichtung des unabhängigen Staates von Palästina und erkannte die Existenz von Israel als eines Staates in der Region an;

erklärte der PNC 3. seine Ablehnung und Verurteilung des Terrorismus, einschließlich des Staatsterrorismus;

rief der Nationalrat 4. nach einer Lösung des palästinensischen Flüchtlingsproblems in Übereinstimmung mit dem internationalen Recht und der Rechtspraxis und den diesbezüglichen UNO-Beschlüssen (einschließlich des Rechts auf Rückkehr oder Entschädigung).

Text der Presseerklärung Jassir Arafats in Genf am 14. Dezember 1988

Lassen Sie mich Ihnen meine Absichten erklären. Unser Wunsch nach Frieden ist strategisch und keine zeitweilige Taktik. Wir arbeiten für den Frieden, ganz gleich was geschieht, was auch immer geschehen mag.

Unser Staat bietet den Palästinensern die Rettung und sowohl den Palästinensern als auch den Israelis Frieden. Das Recht auf Selbstbestimmung heißt, daß die Existenz der Palästinenser und unsere Existenz nicht die Existenz der Israelis vernichtet, wie ihre Herrscher behaupten.

In meiner Rede gestern habe ich von der UNO-Resolution 181 als einer Basis für die palästinensische Unabhängigkeit gesprochen. Ich habe mich auf unsere Annahme der Resolutionen 242 und 338 als einer Grundlage für Verhandlungen mit Israel im Rahmen einer internationalen Konferenz bezogen.

Unser Nationalrat hat diese drei Beschlüsse bei der Sitzung in Algier akzeptiert. Auch in meiner Rede gestern war es klar, daß wir das Recht unseres Volkes auf Freiheit und nationale Unabhängigkeit in Übereinstimmung mit Beschluß 181 meinen, wie auch das Recht aller vom Nahostkonflikt betroffenen Parteien, in Frieden und Sicherheit zu leben – einschließlich, wie ich sagte, des Staates von Palästina, Israel und anderer Nachbarn in Übereinstimmung mit den Resolutionen 242 und 338.

Was den Terrorismus angeht, habe ich gestern ohne jeden Zweifel erklärt und wiederhole es trotzdem – um der Tonbandaufnahmegeräte willen, ich wiederhole es um der Tonbandaufnahmegeräte willen –, daß wir total und kategorisch alle Formen von Terrorismus einschließlich des individuellen, des Gruppen- und des staatlichen Terrorismus ablehnen.

Wir haben unseren Standpunkt in Genf und Algier erklärt. Alles Gerede, daß die Palästinenser mehr anbieten müssen – erinnern Sie sich an diesen Slogan – oder daß das, was wir anbieten, nicht genügt, oder daß die Palästinenser Propagandaspiele spielen oder PR-Manöver betreiben, wird schädlich und unfruchtbar sein. Das genügt.

Alle offenen Fragen sollten am Verhandlungstisch und bei einer internationalen Konferenz diskutiert werden. Lassen Sie es mich Ihnen ganz klar sagen, daß weder Arafat noch sonst jemand den Aufstand stoppen kann.

Der Aufstand wird nur dann aufhören, wenn praktische und spürbare Schritte in Richtung auf eine Erreichung seiner nationalen Ziele und die Errichtung eines palästinensischen Staates unternommen werden.

Innerhalb dieses Rahmens nehme ich an, daß die EG-Staaten eine wirksame Rolle bei der Festigung des Friedens in unserer Region spielen werden. Sie übernehmen eine politische und moralische Verantwortung, und sie können damit umgehen.

Schließlich erkläre ich vor Ihnen und bitte Sie, diese Worte für mich auszurichten: Wir wollen Frieden, wir wollen Frieden, wir sind dem Frieden verpflichtet, wir sind dem Frieden verpflichtet, und wir wollen in einem palästinensischen Staat leben und andere leben lassen. Ich danke Ihnen.

Der Vertrag von Washington

Vereinbarter endgültiger Entwurf

Prinzipienerklärung über vorübergehende Selbstverwaltung*

Die Regierung des Staates Israel und die PLO-Gruppe (innerhalb der jordanisch-palästinensischen Delegation bei der Nahost-Friedenskonferenz) (die »Palästinensische Delegation«), die das palästinensische Volk vertritt, stimmen darin überein, daß es an der Zeit ist, Jahrzehnte der Konfrontation und des Konfliktes zu beenden; sie anerkennen gegenseitig ihre legitimen und politischen Rechte und streben nach einem Leben in friedlicher Koexistenz und in gegenseitiger Würde und Sicherheit, und danach, eine gerechte, dauerhafte und umfassende Friedensregelung sowie eine historische Aussöhnung auf dem Weg des vereinbarten politischen Prozesses.
Demgemäß stimmen beide Seiten folgenden Prinzipien zu:

Artikel I
Ziel der Verhandlungen

Das Ziel der israelisch-palästinensischen Verhandlungen im Rahmen des laufenden Nahost-Friedensprozesses ist es, unter anderem, für das palästinensische Volk im Westjordanland und im Gaza-Streifen eine Palästi-

* Völkerrechtlich verbindlich ist der englische Originaltext der Vereinbarung. Die deutsche Übersetzung wurde uns freundlicherweise von der Botschaft des Staates Israel in Bonn zur Verfügung gestellt. (Anm. d. Red.)

nensische Interims-Behörde, den gewählten Rat (der Rat), für einen Zeitraum von nicht mehr als fünf Jahren einzurichten, was zu einer dauerhaften Übereinkunft auf der Grundlage der Resolutionen 242 und 338 des UN-Sicherheitsrates führt.
Es besteht Einverständnis darüber, daß die Übergangsregelungen ein integraler Bestandteil des gesamten Friedensprozesses sind und daß die Verhandlungen über den dauerhaften Status zur Inkraftsetzung der Resolutionen 242 und 338 des UN-Sicherheitsrates führen werden.

Artikel II
Rahmen für die Übergangsperiode

Der vereinbarte Rahmen für die Übergangsperiode wird in dieser Prinzipienerklärung niedergelegt.

Artikel III
Wahlen

1. Damit sich das palästinensische Volk im Westjordanland und im Gaza-Streifen nach demokratischen Prinzipien selbst regieren kann, werden direkte, freie und allgemeine politische Wahlen zum Rat unter vereinbarter Beaufsichtigung und internationaler Überwachung abgehalten werden, während die palästinensische Polizei die öffentliche Ordnung gewährleisten wird.
2. In Übereinstimmung mit dem Protokoll, das dieser Erklärung als Anhang I beigefügt ist, wird ein Abkommen über die genaue Art und Weise sowie die Bedingungen der Wahlen mit dem Ziel geschlossen, die Wahlen nicht später als neun Monate nach dem Inkrafttreten dieser Prinzipienerklärung abzuhalten.
3. Diese Wahlen werden einen wichtigen vorbereitenden Übergangsschritt auf dem Weg zur Verwirklichung der legitimen Rechte des palästinensischen Volkes und seiner gerechtfertigten Bedürfnisse darstellen.

Artikel IV
Jurisdiktion

Die Jurisdiktion des Rates wird sich auf die Gebiete des Westjordanlandes und des Gaza-Streifens erstrecken mit Ausnahme der Angelegenheiten, über die in den Verhandlungen über den dauerhaften Status verhandelt werden wird. Beide Seiten betrachten das Westjordanland und den Gaza-Streifen als eine einzige territoriale Einheit, deren Integrität während der Übergangsperiode aufrechterhalten werden wird.

Artikel V

Übergangsperiode und Verhandlungen über den dauerhaften Status

1. Die fünf Jahre dauernde Übergangsperiode wird mit dem Abzug aus dem Gaza-Streifen und aus Jericho beginnen.
2. Die Verhandlungen über den dauerhaften Status zwischen der Regierung Israels und den Vertretern des palästinensischen Volkes werden sobald wie möglich beginnen, jedoch nicht später als mit Beginn des dritten Jahres der Übergangsperiode.
3. Es besteht Einverständnis darüber, daß diese Verhandlungen die verbleibenden Fragen abdecken sollten, darunter Jerusalem, Flüchtlinge, Siedlungen, Sicherheitsregelungen, Grenzen, Beziehungen zu und Zusammenarbeit mit anderen Nachbarn sowie anderen Fragen von gemeinsamem Interesse.
4. Die beiden Parteien stimmen darin überein, daß das Ergebnis der Verhandlungen über einen dauerhaften Status nicht durch Vereinbarungen, die für die Übergangsperiode geschlossen werden, vorweggenommen oder beeinflußt werden darf.

Artikel VI

Vorbereitende Übertragung von Befugnissen und Verantwortlichkeiten

1. Mit dem Inkrafttreten dieser Prinzipienerklärung und dem Rückzug aus dem Gaza-Streifen und aus Jericho wird die Übertragung von Befugnissen, die hier im einzelnen beschrieben sind, von der israelischen militärischen und Zivilverwaltung an die dazu befugten Palästinenser beginnen. Diese Übertragung von Befugnissen wird bis zur Einsetzung des Rates vorbereitender Natur sein.
2. Unmittelbar nach Inkrafttreten dieser Prinzipienerklärung und dem Rückzug aus dem Gaza-Streifen und Jericho wird die Zuständigkeit mit dem Ziel der Förderung der wirtschaftlichen Entwicklung des Westjordanlandes und des Gaza-Streifens in folgenden Bereichen an die Palästinenser übertragen: Bildungswesen und Kultur, Gesundheitswesen, Sozialfürsorge, direkte Besteuerung und Tourismus. Die palästinensische Seite wird, wie vereinbart, mit dem Aufbau der palästinensischen Polizei beginnen. Bis zur Einsetzung des Rates dürfen beide Seiten, wie verein-

bart, über die Übertragung weiterer Befugnisse und Verantwortlichkeiten verhandeln.

Artikel VII

Interimsabkommen

1. Die israelische und die palästinensische Delegation werden ein Abkommen über die Übergangsperiode (das »Interimsabkommen«) aushandeln.
2. Das Interimsabkommen wird unter anderem die Struktur des Rates, die Zahl seiner Mitglieder sowie die Übertragung von Befugnissen und Zuständigkeiten von der israelischen militärischen und Zivilverwaltung an den Rat genau bestimmen. Das Interimsabkommen wird ebenfalls die exekutiven Befugnisse des Rates, seine legislativen Befugnisse in Übereinstimmung mit dem nachstehend genannten Artikel IX sowie die unabhängigen palästinensischen Justizorgane bestimmen.
3. Das Interimsabkommen wird Regelungen über die Übernahme aller Befugnisse und Verantwortlichkeiten durch den Rat einschließen, die zuvor in Übereinstimmung mit dem obenstehenden Artikel VI an den Rat übertragen worden sind und die mit der Einsetzung des Rates in Kraft treten sollen.
4. Um den Rat in die Lage zu versetzen, mit seiner Einsetzung das Wirtschaftswachstum zu fördern, wird der Rat unter anderem eine palästinensische Elektrizitätsbehörde, eine Gaza-Hafenbehörde, eine palästinensische Entwicklungsbank, eine palästinensische Export-Förderungs-Behörde, eine palästinensische Umweltbehörde, eine palästinensische Landbehörde und eine palästinensische Behörde für Wasserbewirtschaftung sowie jegliche andere vereinbarte Behörde in Übereinstimmung mit dem Interimsabkommen, in dem deren Befugnisse und Verantwortlichkeiten genau bezeichnet werden, einrichten.
5. Nach der Einsetzung des Rates wird die Zivilverwaltung aufgelöst, und die israelische militärische Verwaltung wird abgezogen.

Artikel VIII

Öffentliche Ordnung und Sicherheit

Um die öffentliche Ordnung und innere Sicherheit der Palästinenser im Westjordanland und im Gaza-Streifen sicherzustellen, wird der Rat eine starke Polizei-Truppe aufstellen, während Israel weiterhin sowohl die Verantwortung für die Verteidigung gegen äußere Bedrohung als auch die Verantwortung für die allumfassende Sicherheit der Israelis tragen wird, zum Zweck der Sicherstellung ihrer inneren Sicherheit und öffentlichen Ordnung.

Artikel IX

Gesetze und militärische Anordnungen

1. Der Rat wird ermächtigt sein, in Übereinstimmung mit dem Interimsabkommen in allen ihm übertragenen Verantwortungsbereichen Gesetze zu erlassen.
2. Beide Parteien werden gemeinsam die in den übrigen Bereichen gegenwärtig gültigen Gesetze und militärischen Anordnungen überprüfen.

Artikel X

Gemeinsamer israelisch-palästinensischer Verbindungsausschuß

Um eine reibungslose Inkraftsetzung dieser Prinzipienerklärung und aller weiteren auf die Übergangsperiode bezogenen Vereinbarungen zu gewährleisten, wird mit dem Inkrafttreten dieser Prinzipienerklärung ein gemeinsamer israelisch-palästinensischer Verbindungsausschuß eingerichtet, der sich mit Themen, die der Koordinierung bedürfen, mit anderen Belangen gemeinsamen Interesses sowie mit Meinungsverschiedenheiten befassen wird.

Artikel XI

Israelisch-palästinensische Zusammenarbeit auf wirtschaftlichem Gebiet

In Anerkennung des wechselseitigen Nutzens der Zusammenarbeit bei der Förderung der Entwicklung des Westjordanlandes, des Gaza-Streifens und Israels wird mit dem Inkrafttreten dieser Prinzipienerklärung ein Israelisch-Palästinensischer Ausschuß für Wirtschaftliche Zusammenarbeit eingerichtet, um in kooperativer Art die in den Protokollen, die als Anhang III und IV beigefügt sind, bezeichneten Programme zu entwickeln und auszuführen.

Artikel XII

Verbindung und Zusammenarbeit mit Jordanien und Ägypten

Die beiden Parteien werden die Regierungen Jordaniens und Ägyptens einladen, teilzunehmen an dem Abschluß weiterer Verbindungs- und

Zusammenarbeitsvereinbarungen zwischen der Regierung Israels und den palästinensischen Vertretern einerseits und den Regierungen von Jordanien und Ägypten andererseits, um die Zusammenarbeit zwischen diesen zu fördern. Diese Vereinbarungen werden die Einrichtung eines ständigen Ausschusses beinhalten, der einvernehmlich über die Modalitäten der Aufnahme von Personen entscheiden wird, die 1967 aus dem Westjordanland und dem Gaza-Streifen vertrieben worden sind, sowie über notwendige Maßnahmen zur Verhinderung von Störung und Unruhe. Andere Angelegenheiten gemeinsamen Interesses werden von diesem Ausschuß behandelt.

Artikel XIII

Verlegung israelischer Streitkräfte

1. Nach dem Inkrafttreten dieser Prinzipienerklärung und nicht später als unmittelbar vor den Wahlen zum Rat erfolgt zusätzlich zu dem Rückzug israelischer Streitkräfte in Übereinstimmung mit Artikel XIV eine Verlegung israelischer Streitkräfte im Westjordanland und im Gaza-Streifen.
2. Bei der Verlegung seiner Streitkräfte wird sich Israel von dem Prinzip leiten lassen, daß seine Streitkräfte nicht in bewohnte Gebiete verlegt werden sollten.
3. Weitere Verlegungen an näher bezeichnete Standorte werden entsprechend der Übernahme der Verantwortlichkeit für öffentliche Ordnung und innere Sicherheit durch die palästinensische Polizei gemäß dem obengenannten Artikel VIII allmählich erfolgen.

Artikel XIV

Israelischer Rückzug aus dem Gaza-Streifen und Jericho

Israel wird sich aus dem Gaza-Streifen und aus Jericho, wie in dem als Anhang II beigefügten Protokoll im einzelnen bezeichnet, zurückziehen.

Artikel XV

Lösung von Streitfällen

1. Meinungsverschiedenheiten, die sich aus der Anwendung oder Interpretation dieser Prinzipienerklärung oder jeglicher weiterer Abkommen in bezug auf die Übergangsperiode ergeben, werden durch Verhandlun-

gen in dem gemeinsamen Verbindungsausschuß, der gemäß dem obengenannten Artikel X eingerichtet wird, gelöst.
2. Streitfälle, die nicht durch Verhandlungen beizulegen sind, können durch einen zwischen den Parteien zu vereinbarenden Schlichtungsmechanismus gelöst werden.
3. Die Parteien können übereinkommen, Streitfälle, die sich auf die Übergangsperiode beziehen und nicht einvernehmlich gelöst werden können, einem Schiedsverfahren zu unterwerfen. Zu diesem Zweck werden die Parteien – mit Einverständnis beider Parteien – einen Schlichtungsausschuß einrichten.

Artikel XVI

Israelisch-palästinensische Zusammenarbeit bei regionalen Programmen

Beide Parteien betrachten die multilateralen Arbeitsgruppen als geeignete Instrumente zur Förderung eines »Marshall-Planes« und der regionalen und anderer Programme einschließlich besonderer Programme für das Westjordanland und den Gaza-Streifen, die in dem als Anhang IV beigefügten Protokoll bezeichnet sind.

Artikel XVII

Verschiedene Bestimmungen

1. Diese Prinzipienerklärung wird einen Monat nach ihrer Unterzeichnung in Kraft treten.
2. Alle Protokolle, die dieser Prinzipienerklärung und den dazu gehörenden vereinbarten Niederschriften beigefügt sind, werden als integrale Bestandteile derselben angesehen.

Gegeben zu Washington D.C., am 13. September 1993.

Für die Regierung des Staates Israel: Für die PLO:

Bezeugt durch:

Die Vereinigten Staaten von Amerika Die Russische Föderation

Anhang I

Protokoll über die Art und Bedingungen der Wahlen

1. Palästinenser aus Jerusalem, die dort leben, haben gemäß dem Abkommen zwischen den beiden Seiten das Recht, am Wahlverfahren teilzunehmen.

2. Darüber hinaus muß die Übereinkunft über die Wahl unter anderem die folgenden Punkte beinhalten:

a. Das Wahlsystem;

b. Die Art und Weise der vereinbarten Überwachung und internationalen Beobachtung sowie deren personelle Zusammensetzung; und

c. Regeln und Vorschriften für die Wahlkampagne, einschließlich vereinbarter Regelungen für den Einsatz von Massenmedien sowie der Möglichkeit der Lizenzerteilung an einen Radio- und Fernsehsender.

3. Der künftige Status von vertriebenen Palästinensern, die bis zum 4. Juni 1967 registriert waren, wird nicht durch die Tatsache beeinträchtigt, daß sie aus praktischen Gründen nicht in der Lage sind, sich an der Wahl zu beteiligen.

Anhang II

Protokoll über den Rückzug der israelischen Verteidigungsstreitkräfte aus dem Gaza-Streifen und Jericho

1. Die beiden Seiten werden innerhalb von zwei Monaten nach Inkrafttreten dieser Prinzipienerklärung ein Abkommen über den Rückzug der israelischen Verteidigungsstreitkräfte aus dem Gaza-Streifen und Jericho abstimmen und unterzeichnen. Dieses Abkommen wird umfassende Regelungen für den Gaza-Streifen und Jericho für die Zeit nach dem israelischen Rückzug einschließen.

2. Israel wird den Rückzug der israelischen Verteidigungsstreitkräfte aus dem Gaza-Streifen und Jericho nach einem zu erstellenden Zeitplan zügig vollziehen; der Rückzug wird unmittelbar nach Unterzeichnung des Abkommens über den Gaza-Streifen und Jericho beginnen und späte-

stens innerhalb eines Zeitraums von vier Monaten nach Unterzeichnung des Abkommens abgeschlossen werden.

3. Die obengenannte Übereinkunft wird unter anderem folgendes beinhalten:

a. Vereinbarungen für eine reibungslose und friedliche Übertragung von Befugnissen von der israelischen militärischen und Zivilverwaltung auf die palästinensischen Vertreter.

b. Struktur, Befugnisse und Verantwortlichkeiten der palästinensischen Behörde in diesem Bereich, ausgenommen äußere Sicherheit, Siedlungen, Israelis, Außenbeziehungen sowie andere gegenseitig vereinbarte Angelegenheiten.

c. Regelungen für die Übernahme der inneren Sicherheit und der öffentlichen Ordnung durch die palästinensische Polizei, die aus örtlichen oder aus dem Ausland angeworbenen Polizeibeamten besteht, die im Besitz eines jordanischen Passes und von durch Ägypten ausgestellten palästinensischen Papieren sein müssen. Diejenigen Angehörigen der palästinensischen Polizei-Truppe, die aus dem Ausland kommen, sollten als Polizisten und Polizeioffiziere ausgebildet werden.

d. Vorübergehende internationale oder ausländische Präsenz, wie vereinbart.

e. Errichtung eines gemeinsamen palästinensisch-israelischen Ausschusses für Koordination und Zusammenarbeit im Bereich beiderseitiger Sicherheitsfragen.

f. Ein wirtschaftliches Entwicklungs- und Stabilisierungsprogramm, einschließlich der Einrichtung eines Soforthilfe-Fonds zur Förderung ausländischer Investitionen und finanzieller sowie wirtschaftlicher Unterstützung. Beide Seiten werden sich abstimmen sowie gemeinsam und unilateral mit regionalen und internationalen Stellen zusammenarbeiten, um dieses Ziel zu fördern.

g. Regelungen für den sicheren Durchgang für Personen und Transporte zwischen dem Gaza-Streifen und Jericho.

4. Das obengenannte Abkommen wird Regelungen für beide Parteien für die Koordination des Durchgangs

a. Gaza-Streifen – Ägypten und
b. Jericho – Jerusalem

beinhalten.

5. Die Büros der palästinensischen Behörde, die für die Ausführung der Befugnisse und Verantwortlichkeiten gemäß diesem Anhang II und Artikel VI der Prinzipienerklärung zuständig sind, werden bis zur Einsetzung des Rates im Gaza-Streifen und in Jericho angesiedelt sein.

6. Unbeschadet von diesen Regelungen werden der Gaza-Streifen und Jericho weiterhin integrale Bestandteile des Westjordanlandes und des Gaza-Streifens bleiben, deren Status durch andere Vereinbarungen nicht beeinträchtigt werden darf und während der Übergangsperiode nicht verändert wird.

Anhang III

Protokoll über israelisch-palästinensische Zusammenarbeit bei Wirtschafts- und Entwicklungsprogrammen

Die beiden Seiten stimmen überein, einen ständigen israelisch-palästinensischen Ausschuß für Wirtschaftliche Zusammenarbeit einzurichten, der sich unter anderem im wesentlichen mit folgendem befaßt:

1. Zusammenarbeit im Bereich Wasser, einschließlich eines von Fachleuten beider Seiten auszuarbeitenden wasserwirtschaftlichen Entwicklungsprogramms, in dem die Art und Weise der Zusammenarbeit in der wasserwirtschaftlichen Planung im Westjordanland und Gaza-Streifen festgelegt wird und das Vorschläge für Studien über und Pläne für die Wasserrechte jeder Partei enthält sowie Pläne für die gerechte Nutzung gemeinsamer Wasservorräte, die während der und über die Übergangsperiode hinaus Geltung haben.

2. Zusammenarbeit im Bereich Elektrizität, einschließlich eines Elektrizitätsentwicklungsprogramms, in dem die Art und Weise der Zusammenarbeit bei der Erzeugung, der Erhaltung, dem Kauf und dem Verkauf von Elektrizität festgelegt wird.

3. Zusammenarbeit im Bereich Energie, einschließlich eines Energieentwicklungsprogramms, das die Förderung von Öl und Gas für industrielle Zwecke insbesondere im Gaza-Streifen und im Negev ermöglichen wird sowie die gemeinsame Erschließung anderer Energiequellen vorsehen wird. Dieses Programm könnte auch den Bau eines petrochemischen Industriekomplexes im Gaza-Streifen und den Bau von Öl- und Gas-Pipelines ermöglichen.

4. Zusammenarbeit im Bereich Finanzen, einschließlich eines finanziellen Entwicklungs- und Aktionsprogramms zur Förderung internationaler Investitionen im Westjordanland und im Gaza-Streifen sowie in Israel als auch die Einrichtung einer palästinensischen Entwicklungsbank.

5. Zusammenarbeit im Bereich Verkehr und Kommunikation, einschließlich eines Programms, in dem die Leitlinien für die Einrichtung eines Seehafenbereichs in Gaza bestimmt werden und das die Einrichtung von Verkehrs- und Kommunikationswegen nach und vom Westjordanland und dem Gaza-Streifen nach Israel und in andere Länder vorsieht. Darüber hinaus ist innerhalb dieses Programmes der erforderliche Bau von Straßen, Eisenbahnen und Kommunikationslinien etc. vorgesehen.

6. Zusammenarbeit im Bereich Handel, einschließlich von Studien und Handelsförderungsprogrammen zur Förderung des lokalen, regionalen und interregionalen Handels sowie eine Machbarkeitsstudie für die Schaffung von Freihandelszonen im Gaza-Streifen und in Israel mit allseitigem Zugang zu diesen Zonen sowie Zusammenarbeit in anderen Bereichen, die den Handel und die Wirtschaft betreffen.

7. Zusammenarbeit im Bereich Industrie, einschließlich von Industrie-Entwicklungsprogrammen, die die Einrichtung gemeinsamer industrieller israelisch-palästinensischer Forschungs- und Entwicklungszentren vorsehen, palästinensich-israelische Gemeinschaftsunternehmen fördern sowie Leitlinien für die Zusammenarbeit in der Textil-, Lebensmittel-, Pharma-, Elektro-, Diamanten-, Computer- und wissenschaftlich-technischen Industrie aufstellen sollen.

8. Ein Programm für die Zusammenarbeit und Regulierung der Arbeitsbeziehungen und für die Zusammenarbeit in Fragen des Sozialwesens.

9. Ein Plan zur Entwicklung und Zusammenarbeit im Bereich mensch-

licher Ressourcen, der gemeinsame israelisch-palästinensische Workshops und Seminare sowie die Einrichtung gemeinsamer beruflicher Ausbildungszentren, Forschungsinstitute und Datenbanken ermöglicht.

10. Ein Umweltschutzplan, der gemeinsame und/oder koordinierte Maßnahmen in diesem Bereich beinhaltet.

11. Ein Programm zur Entwicklung der Koordination und Zusammenarbeit im Bereich Kommunikation und Medien.

12. Andere Programme von gemeinsamem Interesse.

Anhang IV

Protokoll über israelisch-palästinensische Zusammenarbeit in regionalen Entwicklungsprogrammen

1. Die beiden Seiten werden im Rahmen der multilateralen Friedensbemühungen an der Förderung eines von den G-7-Staaten einzuleitenden Entwicklungsprogramms für die Region, einschließlich Westjordanland und Gaza-Streifen, zusammenarbeiten. Die Parteien werden die G-7-Staaten ersuchen, sich um die Teilnahme anderer interessierter Staaten an diesem Programm zu bemühen, wie zum Beispiel Mitglieder der Organisation für Wirtschaftliche Zusammenarbeit und Entwicklung, arabische Staaten der Region und Institutionen sowie Teilnehmer aus dem privaten Sektor.

2. Das Entwicklungsprogramm wird aus zwei Teilbereichen bestehen:

a. einem wirtschaftlichen Entwicklungsprogramm für das Westjordanland und den Gaza-Streifen;

b. einem regionalen wirtschaftlichen Entwicklungsprogramm.

A. Das wirtschaftliche Entwicklungsprogramm für das Westjordanland und den Gaza-Streifen wird aus folgenden Teilbereichen bestehen:

(1) einem sozialen Rehabilitierungsprogramm, einschließlich eines Wohnungs- und Bauprogramms;

(2) einem Entwicklungsplan für kleine und mittelständische Unternehmen;

(3) einem Programm für die Entwicklung der Infrastruktur (Wasser, Elektrizität, Verkehr, Kommunikation etc.);

(4) einem Plan für menschliche Ressourcen;

(5) anderen Programmen.

B. Das regionale wirtschaftliche Entwicklungsprogramm kann aus folgenden Teilbereichen bestehen:

(1) Einrichtung eines Nahost-Entwicklungsfonds als erstem Schritt sowie einer Nahost-Entwicklungsbank als zweitem Schritt.

(2) Entwicklung eines gemeinsamen israelisch-palästinensisch-jordanischen Plans zur koordinierten wirtschaftlichen Nutzung der Region des Toten Meeres.

(3) Mittelmeer-Gaza-Totes-Meer-Kanal

(4) Regionale Entsalzungs- und andere wasserwirtschaftliche Projekte.

(5) Ein Regionaler Agrarentwicklungsplan, einschließlich abgestimmter regionaler Maßnahmen zur Verhinderung von Desertifikation.

(6) Verbund der Leitungsnetze für Elektrizität.

(7) Regionale Zusammenarbeit bei der Übertragung, Verteilung und industriellen Nutzung von Gas-, Öl- und anderen Energiequellen.

(8) Einen regionalen Entwicklungsplan für Tourismus, Verkehr und Telekommunikation.

(9) Regionale Zusammenarbeit in anderen Bereichen.

3. Die beiden Seiten werden die multilateralen Arbeitsgruppen fördern und sich hinsichtlich deren Erfolg abstimmen. Die beiden Parteien werden die Arbeit zwischen den Sitzungsperioden sowie Vorstudien und

Studien zur Machbarkeit innerhalb der verschiedenen multilateralen Arbeitsgruppen fördern.

Niederschrift

Vereinbarte Niederschrift zur Prinzipienerklärung über die Regelungen der vorübergehenden Selbstverwaltung

A. Allgemeine Übereinkünfte und Vereinbarungen
Alle den Palästinensern gemäß der Prinzipienerklärung vor der Einsetzung des Rates übertragenen Befugnisse und Verantwortlichkeiten werden den gleichen Prinzipien, auf die in Artikel IV Bezug genommen wird, unterliegen, der nachstehend in der Vereinbarten Niederschrift niedergelegt ist.

B. Besondere Übereinkünfte und Vereinbarungen

Artikel IV

Es besteht Einverständnis darüber, daß

1. die Jurisdiktion des Rates sich auf die Gebiete Westjordanland und Gaza-Streifen erstrecken wird, mit Ausnahme solcher Angelegenheiten, die in den Verhandlungen über den dauerhaften Status verhandelt werden: Jerusalem, Siedlungen, militärische Standorte und Israelis.

2. Die Jurisdiktion des Rates bezieht sich auf die vereinbarten Befugnisse, Verantwortlichkeiten, Bereiche und Zuständigkeiten, die ihm übertragen worden sind.

Anhang VI (2)

Es wird vereinbart, daß die Übertragung der Zuständigkeiten folgendermaßen vor sich geht:

(1) Die palästinensische Seite wird der israelischen Seite die Namen der Palästinenser bekanntgeben, die zur Ausübung der Vollmachten, Befugnisse und Verantwortlichkeiten berechtigt sind, die den Palästinensern gemäß der Prinzipienerklärung in den folgenden Bereichen übertragen

werden: Bildung und Kultur, Gesundheit, Sozialwesen, direkte Besteuerung, Tourismus und jede andere vereinbarte Zuständigkeit.

(2) Es besteht Einverständnis darüber, daß die Rechte und Pflichten dieser Ämter nicht beeinträchtigt werden sollen.

(3) Jeder der vorstehend beschriebenen Bereiche wird auch weiterhin entsprechend der einvernehmlich zu vereinbarenden Regelungen die Budgetzuweisungen wie bisher erhalten. Diese Regelungen werden auch die notwendigen Anpassungen ermöglichen, die aufgrund der Einnahmen der Steuerämter aus der direkten Besteuerung erforderlich werden.

(4) Mit dem Vollzug der Prinzipienerklärung werden die israelischen und palästinensischen Delegationen unmittelbar mit Verhandlungen über einen genauen Plan für die Übertragung von Zuständigkeiten für die obengenannten Ämter in Übereinstimmung mit den vorstehend genannten Vereinbarungen beginnen.

Artikel VII (2)

Das Interimsabkommen wird auch Regelungen für Koordination und Zusammenarbeit einschließen.

Artikel VII (5)

Der Rückzug der Militärverwaltung wird Israel nicht daran hindern, seine nicht dem Rat übertragenen Befugnisse und Verantwortlichkeiten auszuüben.

Artikel VIII

Es besteht Einverständnis darüber, daß das Interimsabkommen Regelungen über Zusammenarbeit und Koordination zwischen den beiden Parteien in dieser Hinsicht enthält. Außerdem wird vereinbart, daß die Übertragung von Befugnissen und Verantwortlichkeiten an die palästinensische Polizei entsprechend der Vereinbarung im Interimsabkommen in Phasen gegliedert erfolgt.

Artikel IX

Es ist vereinbart, daß die israelischen und palästinensischen Delegationen mit Inkrafttreten der Prinzipienerklärung die Namen der Personen austauschen werden, die von ihnen als Mitglieder des gemeinsamen israelisch-palästinensischen Verbindungsausschusses benannt werden.

Ferner ist vereinbart, daß jede Seite über die gleiche Zahl von Mitgliedern in dem gemeinsamen Ausschuß verfügen wird. Der gemeinsame Ausschuß trifft Entscheidungen wie vereinbart. Der gemeinsame Ausschuß kann weitere Fachleute und Experten berufen, wenn erforderlich. Der gemeinsame Ausschuß wird über die Häufigkeit und den Ort oder die Orte seiner Sitzungen entscheiden.

Anhang II

Es besteht Einverständnis darüber, daß Israel nach dem israelischen Rückzug weiterhin für die äußere Sicherheit sowie für die Sicherheit und die öffentliche Ordnung, für Siedlungen und Israelis verantwortlich sein wird. Die israelischen Verteidigungsstreitkräfte und Zivilisten dürfen weiterhin die Verkehrswege innerhalb des Gaza-Streifens und Jerichos frei benutzen.

Gegeben zu Washington D. C., am 13. September 1993.

Für die Regierung des Staates Israel: Für die PLO:

Bezeugt durch:

Die Vereinigten Staaten von Amerika Die Russische Föderation

Glossar

Wichtige palästinensische Organisationen

ANM: Arab National Movement (Arabische Nationalbewegung). Ende der vierziger Jahre als Studentenbewegung gegründet, mit einem palästinensischen Zweig. Ideologischer Vorgänger von George Habaschs Volksfront für die Befreiung Palästinas (Popular Front for the Liberation of Palestine – PFLP).

ALF: Arab Liberation Front (Arabische Befreiungsfront). Vom Irak unterstützte radikale PLO-Fraktion, geleitet von Abdul Rahim Ahmed, der einen Sitz im Exekutivkomitee der PLO innehat. Gegner von Arafats Friedensinitiative.

Asifa. Der militärische Zweig der Fatah. Dieser Deckname wurde bei den ersten Guerillaoperationen gegen Israel 1965 benützt.

»Schwarzer September«. Terrorgruppierung innerhalb der Fatah. Tätig zwischen 1970 und 1974. Organisierte die Angriffe gegen israelische Sportler bei der Münchner Olympiade, gegen amerikanische Diplomaten im Sudan und gegen jordanische Beamte. Geführt von Kollegen Abu Ijads: Ali Hassan Salameh, Kamal Adwan, Abu Jussuf.

DFLP: Democratic Front for the Liberation of Palestine (Demokratische Front zur Befreiung Palästinas). 1969 von Najaf Hawatmeh gegründet, als er sich von George Habaschs PFLP abspaltete. Schlug 1974 als erste eine Zwei-Staaten-Lösung vor. Unterstützt Arafats Friedensinitiative.

Fatah: Umgekehrte Buchstabenfolge der arabischen Abkürzung für Palästinensische Nationale Befreiungsbewegung. Ende der fünfziger Jahre als geheime Untergrundzelle von Arafat und Khalil Wazir (Abu Dschihad) in Kuwait gegründet. Erlangte 1969 die Führung innerhalb der PLO und ist nach wie vor die größte Gruppierung in der Befreiungsorganisation. Stellt die Hauptströmung des PLO-Denkens dar.

Fatah Revolutionary Council (Revolutionärer Rat). Von Libyen unterstützte radikale Anti-Arafat-Fraktion, geführt von Abu Nidal. Ist für zahlreiche terroristische Angriffe verantwortlich. 1973 gebildet, als Abu Nidal sich von Fatah trennte. Hauptquartier ist in Tripoli. Aus dem Irak und aus Syrien ausgewiesen.

Fatah Uprising (Aufstand) – auch als Fatah Provisional Command (provisorisches Kommando) bekannt. 1983 mit syrischer Unterstützung geschaffen. Geführt von Abu Musa, einem bekannten militärischen Kommandeur der Fatah, der Arafat nach der Vertreibung der PLO aus dem Libanon zu stürzen versuchte. Sitz in Damaskus.

»Force 17«. Anfang der siebziger Jahre innerhalb der PLO gebildete Fatah-Fraktion. Sicherungsgruppe zum Schutz von Arafat und anderen Führern. An terroristischen Aktionen gegen Israelis in Zypern beteiligt.

National Salvation Front (Nationale Rettungsfront). Bündnis von Anti-Arafat-Fraktionen, von Syrien unterstützt. 1983 als Opposition zum von den USA vermittelten Abzug aus Beirut gebildet. Zu ihr gehörten Fatah Uprising, PFLP, PFLP-GC, PPSF, die PLF-Jakub-Fraktion und as-Saika.

PLF: Palestine Liberation Front (Palästinensische Befreiungsfront). Vom Exekutivkomiteemitglied Mohammed Abul Abbas geleitete und vom Irak unterstützte radikale PLO-Fraktion. Abspaltung von der PFLP (1977). Anfänglich enge Zusammenarbeit mit dem syrischen Geheimdienst. 1987 Wiedervereinigung mit der oppositionellen und von Talat Jakub geleiteten PLF-Fraktion. Für die Kaperung der Achille Lauro 1985 und für den versuchten Angriff auf einen Strand in Tel Aviv 1990 verantwortlich.

PFLP: Popular Front for the Liberation of Palestine (Volksfront für die Befreiung Palästinas). 1967 als Fortentwicklung des ANM von dem marxistischen Arzt George Habasch, einem christlichen Palästinenser, gegründet. Für terroristische Operationen, hauptsächlich Flugzeugkaperungen Anfang der siebziger Jahre, verantwortlich. Die PFLP ist Fatahs Hauptrivale und unterstützte unter Vorbehalt Arafats Friedensinitiative vom Dezember 1988. Führt die Gegner des »Gaza-Jericho-Zuerst«-Abkommens zwischen Israel und der PLO vom 13. September 1993 an.

PFLP-GC: Popular Front for the Liberation of Palestine-General Command (Volksfront für die Befreiung Palästinas – Generalkommando). 1969 von Ahmed Dschibril bei seinem Bruch mit der PFLP gebildete radikale und von Syrien unterstützte Anti-Arafat-Fraktion. Für terroristische Aktionen innerhalb und außerhalb Israels verantwortlich, darunter Hängegleiter-Angriffe; zudem angeblich in die Sprengung des Pan-Am-Flugs 103 über Lockerbie verwickelt.

PLO: Palestine Liberation Organisation (Palästinensische Befreiungsorganisation). 1964 vom ägyptischen Präsidenten Gamal Abdel Nasser und anderen arabischen Staatschefs geschaffen, um Unterstützung für die palästinensischen Nationalisten zu mobilisieren. Zuerst von Ahmed Schukeiri geführt. Arafat wurde 1969 dessen Nachfolger. Dachorganisation für die palästinensische Befreiungsbewegung. 1974 beim arabischen Gipfel in Rabat zur einzig legitimen Repräsentantin des palästinensischen Volkes ernannt. Von einem Zentralkomitee und dem aus heute achtzehn Mitgliedern bestehenden Exekutivkomitee geleitet. Umfaßt acht große Organisationen.

PNC: Palestine National Congress (Palästinensischer Nationalkongreß). Exilparlament aller Palästinenser innerhalb und außerhalb der besetzten Gebiete. Die PLO handelt im Auftrag des PNC, der jährlich zusammentritt, um das Exekutivkomitee zu ernennen und die PLO-Politik zu billigen.

PSF: Popular Struggle Front (Volkskampffront). Von Samir Ghoscheh, der sich in den sechziger Jahren von Habasch trennte, geleitete radikale Anti-Arafat-Fraktion. Sitz in Damaskus.

RPCP: Revolutionary Palestinian Communist Party (Revolutionäre Palästinensische Kommunistische Partei). Früher von Moskau unterstützte PLO-Fraktion, die von dem Exekutivkomiteemitglied Suleiman Nadschab geleitet wird. Schon frühe Befürworterin der Zwei-Staaten-Lösung, unterstützt Arafats Friedensinitiative.

as-Saika: Arabische Abkürzung für »Vorhut des Volkskriegs der Befreiung«. 1967 als palästinensische militärische Einheit vom Baath-Regime in Damaskus gegründet. Anti-Arafat-Fraktion mit Sitz in der syrischen Hauptstadt, die sich 1983 von der PLO abgespalten hat. Unterstützt den Kampf zur Rückgewinnung ganz Palästinas.

Wichtige palästinensische Persönlichkeiten

Jassir Abed Rabbo (Abu Bashir). Stellvertretender Generalsekretär der DFLP. Mitglied des PLO-Exekutivkomitees. Führte das PLO-Team bei den Verhandlungen mit den Vereinigten Staaten.

Abu Amar (Jassir Arafat). PLO-Vorsitzender und Präsident eines von der PLO ausgerufenen Staates von Palästina. Mitbegründer und Führer der Fatah.

Abu Daud (Mohammed Daud Mahmud Auda). Kommandeur aller palästinensischen Kämpfer in Jordanien bis zum »Schwarzen September« 1970/71. Von Jordanien nach einem Mordanschlag gegen König Hussein festgenommen.

Abu al-Hul (Hail Abdul Hamid). Fatah-Mitglied. Verantwortlich für Fatahs westliche Abteilung einschließlich der West Bank und Gazas.

Abu Ijad (Salah Khalaf). Lange Zeit Nummer zwei in der PLO und verantwortlich für Geheimdienst und Sicherheit. Angebliche Verbindungen zur Gruppe »Schwarzer September«. 1991 unter mysteriösen Umständen ermordet.

Abu Dschihad (Khalil Wazir). Ehemals Nummer zwei in der PLO und Chef der Operationen in den besetzten Gebieten. Mitbegründer der Fatah. 1988 in Tunis von israelischen Kommandos ermordet.

Abu Lutuf (Faruk Kaddumi). PLO-Hardliner. Bislang designierter Außenminister und Chef der politischen Abteilung der PLO. Steht Syrien nahe und ist prominenter Gegner des »Gaza-Jericho-Zuerst«-Abkommens mit Israel.

Abu Mazzen (Mahmud Abbas). Fatah-Vertreter im PLO-Exekutivkomitee. Chef der PLO-Abteilung für arabische und internationale Angelegenheiten. Verantwortlich für Beziehungen zu Israel. Mitglied im PLO-Team bei den Verhandlungen mit den Vereinigten Staaten. Hat mitentscheidenden Anteil am Abkommen mit Israel und unterzeichnete es im Namen der PLO.

Abu Musa (Oberst Said Musa Muragha). Führer des Fatah Provisional Command. Militärkommandeur im Libanon. Organisierte 1983 die National Salvation Front (Nationale Rettungsfront) und versuchte, Arafat zu stürzen. Sitz in Damaskus.

Abu Nidal (Sabri al-Banna). Chef des Fatah Revolutionary Council (Revolutionsrat). Wegen der Durchführung nicht genehmigter terroristischer Aktionen aus dem PLO-Exekutivkomitee entfernt. Sitz in Libyen.

Bassam Abu Scharif (Abu Scharar). Arafats politischer Berater. Früherer PFLP-Aktivist, der 1987 zu Arafat kam. Genießt mit seiner gemäßigten Position großen Einfluß in der PLO.

Abul Tarik (Abdul Latif Abu Hidschiah). Mitglied des PLO-Teams, das in Tunis mit den Vereinigten Staaten verhandelt hat.

Abu Tajjib (Oberst Mohammed Natur). Chef der »Force 17«.

Abu Abbas (Mohammed Abbas). PLF. Mitglied des PLO-Exekutivkomitees. In die Kaperung der Achille Lauro und den Angriff auf den Strand von Tel Aviv im Juni 1990 verwickelt.

Abder al-Rahim Ahmed. Generalsekretär von ALF. Chef der Abteilung Volksorganisation. Mitglied des PLO-Exekutivkomitees. Herausgeber der PLO-Zeitschrift *Philistinel-Thawra.*

Fathi Arafat. Arzt, Bruder Jassir Arafats. Chef des palästinensischen Zweiges des Roten Halbmondes (islamisches Pendant zum Roten Kreuz).

Inam Arafat. Jassir Arafats älteste Schwester. Zog ihn auf, als ihre Mutter gestorben war. Lebt in Kairo.

Hakim Belawi. Im PLO-Team, das in Tunis mit den Vereinigten Staaten verhandelt hat. PLO-Botschafter in Tunis. Enger Arafat-Berater.

Mahmud Darwisch. Unabhängiger. Bis August 1993 Mitglied des PLO-Exekutivkomitees und Vorsitzender des Obersten Rates für Erziehung, Propaganda und Erbe.

Khaled al-Fahum: Ehemaliger PNC-Sprecher mit Sitz in Damaskus. Widersetzte sich 1983 Arafats Bemühungen, den Nationalrat in Amman einzuberufen.

Dschawid al-Ghussein (Abu Tufik). Unabhängiger. Mitglied des PLO-Exekutivkomitees. Vorstandsvorsitzender des Palästinensischen Nationalfonds.

George Habasch. Führer der PFLP. Marxistisch christlicher Intellektueller. Absolvent der Amerikanischen Universität in Beirut. Unterstützt den bewaffneten Kampf. Arafat-Rivale in der PLO. Prominentester Gegner des »Gaza-Jericho-Zuerst«-Abkommens.

Akram Hanieh. Mitglied des PLO-Oberkommandos für die besetzten Gebiete. Einflußreicher Berater Arafats.

Hani al-Hassan. Führer der palästinensischen Studentenbewegung in Deutschland und Europa Anfang der sechziger Jahre. Enger politischer Berater Arafats. Trat der Fatah 1963 bei.

Khaled al-Hassan (Abu Sa'ed). Seit 1963 Fatahmitglied. Vorsitzender des Komitees für Außenpolitik im Nationalrat. Diplomatischer Sonderbeauftragter. Hat schon früh die Zwei-Staaten-Lösung empfohlen.

Najaf Hawatmeh. Führer der DFLP. Griechisch-katholischer Absolvent der Amerikanischen Universität in Beirut. Erster führender PLO-Politiker, der die Zwei-Staaten-Lösung empfohlen hat. Unterstützt Arafats Friedensinitiative. 1935 in Jordanien geboren.

Dschamil Hilel. DFLP. PLO-Sprecher in Tunis.

Abdullah Hurani. Unabhängiger. Mitglied des PLO-Exekutivkomitees. Chef der Abteilung für kulturelle Angelegenheiten.

Abdul Kadar al-Husseini. Leitete den militärischen Arm der von seinem Vetter Hadsch Amin gegründeten Palestine Arab Party. Brachte Jassir Arafat die Taktik des Widerstandskampfes bei. 1948 beim Kampf um Jerusalem getötet.

Hadsch Amin al-Husseini. Geistiger Vater der palästinensischen Nationalbewegung. Von den Briten 1922 zum Großmufti von Jerusalem ernannt. Disqualifizierte sich durch seine Unterstützung für die Nationalsozialisten.

Ahmed Dschibril. Führer des PFLP-GC. Sitz in Damaskus. Hauptgegner von Arafats Friedensinitiative. 1969 von der PFLP abgespalten.

Um Dschihad. (Intissar al-Wassir). Witwe von Abu Dschihad. Fatah-Aktivistin, kümmert sich um Waisen der im Guerillakampf getöteten Palästinenser und wurde im August 1989 in Fatah-Führungsposition gewählt.

Said Kamal. PLO-Vertreter in Kairo. Wichtiger Vermittler zur ägyptischen Regierung. Fatahmitglied. Vertritt gemäßigte Positionen.

Omar al-Khatib. PLO-Vertreter in Jordanien. Ehemals Stellvertreter von Abu Dschihad im Libanon. In der West Bank von 1965 bis 1967 aktiv.

Bischof Ilia Khuri (Abu Mahar). Unabhängiger. Mitglied des PLO-Exekutivkomitees.

Abdul Hadi al-Maschasch. Führer der Anti-Arafat-Fraktion »Fatah Uprising«. Sitz in Damaskus.

Mohammed Milhem (Abu A'Ala). Unabhängiger Vertreter im PLO-Exekutivkomitee. Abgesetzter West-Bank-Bürgermeister. Enger Arafat-Berater. Chef der Abteilung »Besetztes Heimatland und Höhere Bildung«.

Suleiman Nadschab. PCP. Chef der Abteilung für Soziale Angelegenheiten. Mitglied des PLO-Exekutivkomitees.

Scheich Abdul Hamid as-Sajeh. Sprecher des Nationalrats und Fatahmitglied.

Omar Scha'abi. Chef der Abteilung »Auswärtige Beziehungen« des PFLP-GC.

Nabil Scha'ath. Vorsitzender des Politischen Komitees der PLO. Führender Berater Arafats und Fatahmitglied. Zentraler gemäßigter PLO-Politiker, der an den Verhandlungen mit Israel an entscheidender Stelle mitgewirkt hat und die laufenden Gespräche als Delegationsführer leitet.

Abdul Madschid Schoman. Direktor der Arab Bank Ltd. Ehemaliger Vorsitzender des Palästinensischen Nationalfonds.

Ahmed Schukeiri. Erster Vorsitzender der PLO. Im Juni 1964 von Präsident Gamal Abdel Nasser ernannt.

Hamid Abu Sitta. Studienkollege Arafats. Bildete ihn in den frühen fünfziger Jahren in antibritischen und antizionistischen Guerillaaktivitäten aus.

Dschamal al-Surani. Unabhängiger. Generalsekretär des PLO-Exekutivkomitees und Chef der Abteilung für Organisationen.

Sedhi Labib Tersi. PLO-Vertreter bei den Vereinten Nationen. Unterstützt die gemäßigte Position Arafats.

Abdul Rasak Jahja (Abu Anas). Unabhängiger. Mitglied des PLO-Exekutivkomitees. Chef der Wirtschaftsabteilung. Führender PLO-Vertreter in Jordanien.

Salim Saanun (Abu Adib). Stellvertretender Vorsitzender des Nationalrats. Oberster PLO-Vertreter in den Golfstaaten. Sitz in Kuwait. Mitglied des Zentralkomitees der Fatah.

Mustafa al-Sabari Abu Ali Mustafa. PFLP. Chef der Abteilung für palästinensische Flüchtlinge. Mitglied des PLO-Exekutivkomitees.

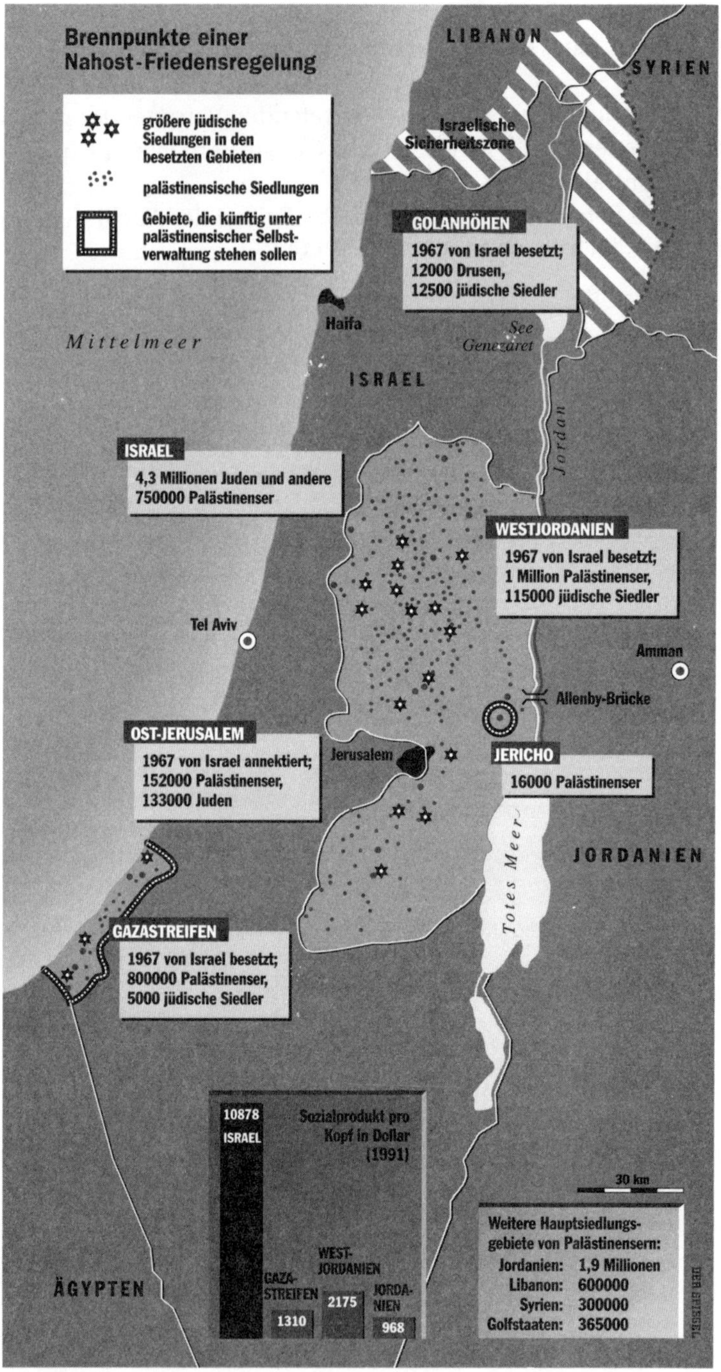

Abdruck mit freundlicher Genehmigung von DER SPIEGEL

Anmerkungen

1. Kapitel

1. Interview mit den Autoren, Juli 1989. Alle Arafat-Zitate in diesem Buch stammen aus Interviews mit den Autoren, wenn nicht anders angezeigt.
2. Interview mit den Autoren, Juli 1989.
3. Interview mit den Autoren, August 1989.
4. »Faces of Arafat«, BBC-Dokumentarfilm, Februar 1990.
5. Interview mit den Autoren, Juli 1989.
6. »Faces of Arafat«, BBC-Dokumentarfilm, Februar 1990.
7. Interview mit den Autoren, Juli 1989.
8. T. D. Allman, »On the Road with Arafat«, *Vanity Fair*, Februar 1989. Seite 112.
9. Interview mit den Autoren, August 1989.
10. Livingstone und Halevy, *Inside the PLO*, S. 177/178.
11. Interview mit den Autoren, August 1989.
12. Interview mit den Autoren, August 1989.

2. Kapitel

1. Interview mit den Autoren, Juli 1989.
2. Trager, *The People's Chronology*, S. 6, 14.
3. Mattar, *The Mufti of Jerusalem*, S. 12.
4. Johnson, *A History of the Jews*, S. 396.
5. Ebenda, S. 399.
6. Ebenda, S. 430.
7. Ebenda, S. 435.
8. Mattar, S. 29.
9. Kollek und Pearlman, *Jerusalem*, S. 156.
10. Interview mit den Autoren, August 1989.
11. Interview mit den Autoren, August 1989.
12. Zua'iter, *The Palestine Question*, S. 65.
13. Gilbert, *Exile and Return*, S. 159.
14. Interview mit den Autoren, August 1989.
15. Interview mit den Autoren, August 1989.
16. Interview mit den Autoren, August 1989.

3. Kapitel

1. Interview mit den Autoren, Juli 1989.
2. Interview mit den Autoren, August 1989.
3. Interview mit den Autoren, Juli 1989.
4. Interview mit den Autoren, August 1989.
5. Interview mit den Autoren, August 1989.
6. Interview mit den Autoren, August 1989.
7. Interview mit den Autoren, August 1989.
8. Interview mit den Autoren, August 1989.
9. Interview mit den Autoren, Juli 1989.
10. Interview mit den Autoren, August 1989.
11. Interview mit den Autoren, August 1989.

12. Interview mit den Autoren, August 1989.
13. Interview mit den Autoren, August 1989.
14. Interview mit den Autoren, August 1989.
15. Interview mit den Autoren, Juli 1989.
16. Mattar, S. 100.
17. Ebenda, S. 102.
18. Ebenda, S. 103.
19. Interview mit den Autoren, August 1989.
20. Mattar, S. 104.
21. Ebenda, S. 105.
22. Hart, *Arafat*, S. 70.
23. »Faces of Arafat«, BBC-Dokumentarfilm, Februar 1990.
24. Hart, S. 71.
25. Ebenda.
26. Interview mit den Autoren, August 1989.
27. Hart, S. 70.
28. Ebenda.

4. KAPITEL

1. Interview mit den Autoren, August 1989.
2. Interview mit den Autoren, August 1989.
3. Interview mit den Autoren, August 1989.
4. Interview mit den Autoren, August 1989.
5. Hart, S. 87.
6. Ebenda.
7. Ebenda, S. 86
8. Interview mit den Autoren, August 1989.
9. Interview mit den Autoren, August 1989.
10. Interview mit den Autoren, Juni 1989.
11. Interview mit den Autoren, August 1989.
12. Interview mit den Autoren, August 1989.
13. Interview mit den Autoren, Juli 1989.
14. »Faces of Arafat«, BBC-Dokumentarfilm, Februar 1990.

5. KAPITEL

1. Interview mit den Autoren, Juli 1989.
2. Interview mit den Autoren, Juli 1989.
3. Interview mit den Autoren, Juli 1989.
4. »Faces of Arafat«, BBC-Dokumentarfilm, Februar 1990.
5. Interview mit den Autoren, August 1989.
6. Interview mit den Autoren, August 1989.
7. Interview mit den Autoren, August 1989.
8. Interview mit den Autoren, August 1989.
9. Interview mit den Autoren, August 1989.
10. Interview mit den Autoren, Juli 1989.

6. KAPITEL

1. Dayan, *Story of My Life*, S. 596.
2. Meir, *My Life*, S. 329.
3. Ebenda.

7. KAPITEL

1. Arnaud DeBorchgrave, *Washington Times*, 1. März 1989.
2. Interview mit den Autoren, Januar 1981.
3. Interview mit den Autoren, Juni 1988.
4. Interview mit den Autoren, Januar 1981.
5. Interview mit den Autoren, Januar 1981.
6. Interview mit den Autoren, August 1989.
7. Interview mit den Autoren, Juni 1988.
8. Segal, *Dear Brothers*, S. 11.
9. Interview mit den Autoren, Juni 1988.
10. *Jerusalem Post*, 11. Juni 1967.
11. Halabi, *The West Bank Story*, S. 34.
12. Interview mit den Autoren, August 1989.
13. Kollek und Pearlman, S. 274.
14. Interview mit den Autoren, August 1989.

15. Interview mit den Autoren, August 1989.
16. Interview mit den Autoren, August 1989.
17. Interview mit den Autoren, Juli 1989.

8. KAPITEL

1. *Life* Magazin, Juli 1984.
2. Segal, *Dear Brothers*, S. 14.
3. Ebenda, S. 17.
4. Meir, S. 383.

9. KAPITEL

1. Interview mit den Autoren, August 1988.
2. Interview mit den Autoren, August 1988.
3. Interview mit den Autoren, November 1989.
4. Shimoni, *Political Dictionary of the Arab World*, S. 77.
5. Kalb und Kalb, *Kissinger*, S. 502.
6. Interview mit den Autoren, Juni 1988.
7. Interview mit den Autoren, Juni 1988.

10. KAPITEL

1. Interview mit den Autoren, August 1989.
2. Interview mit den Autoren, Juli 1988.
3. Interview mit den Autoren, Januar 1981.
4. Interview mit den Autoren, Juli 1989.
5. Interview mit den Autoren, Februar 1990.

11. KAPITEL

1. Pressekonferenz in Damaskus mit dem libanesischen Präsidenten Elias Hrawi, UPI, 23. Januar 1990.
2. Ma'oz, Asad, *The Sphinx of Damascus*, S. 114.
3. Interview mit den Autoren, August 1989.
4. Interview mit den Autoren, August 1989.
5. Interview mit den Autoren, Juli 1989.
6. Khalid Fahum, Interview mit den Autoren, August 1989.
7. Ebenda.
8. Interview mit den Autoren, August 1989.
9. Interview mit den Autoren, August 1989.
10. Interview mit den Autoren, Juli 1989.
11. Interview mit den Autoren, Juli 1989.
12. Interview mit den Autoren, Juli 1989.
13. Rouleau und Iyad, *My Home, My Land*, S. 46.
14. Interview mit den Autoren, August 1989.
15. Kiernan, *Arafat: The Man & The Myth*, S. 254.
16. Interview mit den Autoren, Juli 1989.
17. Hart, *Arafat: A political Biography*, S. 207–209.
18. Interview mit den Autoren, Juli 1989.

12. KAPITEL

1. Interview mit den Autoren, Juli 1989.
2. Rouleau und Iyad, S. 51.
3. Interview mit den Autoren, Juli 1989.
4. Rouleau und Iyad, S. 62.
5. Interview mit den Autoren, August 1989.
6. Interview mit den Autoren, August 1989.
7. Hart, S. 280–281.
8. Interview mit den Autoren, August 1989.
9. Interview mit den Autoren, August 1989.
10. Interview mit den Autoren, Juli 1989.
11. Interview mit den Autoren, August 1989.
12. Ze'ev Schiff und Raphael Rothstein, *Fedayeen: Guerillas Against Israel*, S. 108–109.

13. KAPITEL

1. Interview mit den Autoren, Juli 1989.
2. Interview mit den Autoren, Juli 1989.

3. Interview mit den Autoren, März 1990.
4. Interview mit den Autoren, Juli 1989.
5. Interview mit den Autoren, August 1989.
6. Interview mit den Autoren, August 1989.
7. Kissinger, Henry, *Years of Upheaval,* S. 787.
8. Interview mit den Autoren, August 1989.
9. Interview mit den Autoren, August 1989.

14. KAPITEL

1. Interview mit den Autoren, Juli 1989.
2. Interview mit den Autoren, August 1989.
3. Interview mit den Autoren, August 1989.
4. *New York Times,* Judith Miller.
5. Interview mit den Autoren, August 1989.
6. Ma'oz, S. 168.

15. KAPITEL

1. Interview mit den Autoren, August 1989.
2. Falacci, *Interview with History,* S. 51.
3. Lawrence, *Seven Pillars of Wisdom,* S. 67.
4. Meir, S. 215.
5. Shalim, *Collusion Across the Jordan,* S. 606.
6. Lunt, *Hussein of Jordan,* S. 5.
7. Ebenda, S. 58.

16. KAPITEL

1. Interview mit den Autoren, August 1989.
2. Interview mit den Autoren, August 1989.
3. Interview mit den Autoren, Juli 1989.
4. Interview mit den Autoren, Februar 1990.
5. Interview mit den Autoren, Juli 1989.
6. Interview mit den Autoren, August 1989.
7. Interview mit den Autoren, August 1989.
8. Interview mit den Autoren, August 1989.
9. Interview mit den Autoren, August 1989.
10. Lunt, S. 106.
11. Interview mit den Autoren, August 1989.
12. Interview mit den Autoren, Juli 1989.
13. Interview mit den Autoren, August 1989.
14. Interview mit den Autoren, Juli 1989.
15. Hart, S. 260.
16. Interview mit den Autoren, August 1989.
17. Lunt, S. 108.
18. Interview mit den Autoren, Juli 1989.
19. Interview mit den Autoren, August 1989.
20. Interview mit den Autoren, August 1989.
21. Interview mit den Autoren, Juli 1989.
22. Interview mit den Autoren, August 1989.
23. Interview mit den Autoren, August 1989.
24. Hart, S. 313.
25. Interview mit den Autoren, August 1989.
26. Interview mit den Autoren, August 1989.
27. »Faces of Arafat«, BBC-Dokumentarfilm, Februar 1990.
28. Interview mit den Autoren, Juli 1989.
29. Interview mit den Autoren, August 1989.
30. Interview mit den Autoren, Juli 1989.
31. »Faces of Arafat«, BBC-Dokumentarfilm, Februar 1990.

17. KAPITEL

1. Interview mit den Autoren, August 1989.
2. Interview mit den Autoren, August 1989.
3. Sadat, *In Search of Identity,* S. 201.

4. Heikal, Interview mit den Autoren, August 1989.
5. Interview mit den Autoren, August 1989.
6. Interview mit den Autoren, Juli 1989.
7. Posner, *Israel Undercover*, S. 202.
8. Interview mit den Autoren, August 1989.
9. Vance, *Hard Choices*, S. 186, 193.
10. Interview mit den Autoren, August 1989.

18. KAPITEL

1. Interview mit den Autoren, August 1989.
2. Interview mit den Autoren, August 1989.
3. Interview mit den Autoren, August 1989.
4. Interview mit den Autoren, August 1989.
5. Interview mit den Autoren, Juli 1989.
6. Interview mit den Autoren, Juli 1989.

19. KAPITEL

1. Interview mit Landrum Bolling, März 1990.
2. *American Arab Affairs*, Ausgabe 15, Winter 1985–86.
3. Interview mit den Autoren, Februar 1988.
4. Hart, S. 353.
5. Kissinger, S. 628–29.
6. Vernon Walters, *Silent Missions*, 1978.
7. David Ignatius, *The Washington Post*, 4. Dezember 1988.
8. Kissinger, S. 629.
9. Interview mit Khaled al-Hassan, Juli 1989.
10. Interview mit den Autoren, April 1990.
11. Ignatius, *Wall Street Journal*, 10. Februar 1983.
12. *New York Times*, 10. Juli 1983.
13. Interview mit den Autoren, Juli 1989.

20. KAPITEL

1. Brzezinski, Zbigniew, *Power and Principle*, S. 101–107.
2. Interview mit den Autoren, Frühjahr 1990.
3. Interview mit den Autoren, März 1990.
4. Interview mit den Autoren, Herbst 1989.
5. Interview mit Gary Sick, März 1990.
6. Interview mit den Autoren, Juli 1989.
7. Interview mit den Autoren, Juli 1989.
8. *New York Times*, 19. Februar 1984.

21. KAPITEL

1. Interview mit den Autoren, Juli 1989.
2. Interview mit den Autoren, Frühjahr 1990.
3. Interview mit den Autoren, Herbst 1989.
4. Interview mit Lawrence Silberman, Juli 1990.
5. *The Washington Post*, 4. Dezember 1988.
6. Rashid Khalidi, *Under Siege: PLO Decisionmaking During the 1982 War*, S. 156.
7. Ebenda, S. 157.
8. Ebenda, S. 158.
9. Interview mit den Autoren, Juli 1989.
10. Khalidi, S. 161.

22. KAPITEL

1. Interview mit den Autoren, Frühjahr 1990.
2. Scott MacLeod, *New York Review of Books*, 22. Juni 1989.
3. Interview mit den Autoren, Herbst 1989.
4. MacLeod, *New York Review of Books*.
5. Interview mit den Autoren, Frühjahr 1989.
6. Interview mit den Autoren, Frühjahr 1990.
7. Interview mit William Quandt, Frühjahr 1990.
8. Interview mit den Autoren, Frühjahr 1990.

9. *Time*, 26. Dezember 1988, S. 23–27.
10. Interview mit den Autoren, Frühjahr 1990.
11. Interview mit den Autoren, Juli 1989.
12. Interview mit den Autoren, Frühjahr 1990.
13. Interview mit den Autoren, August 1989.
14. Interview mit den Autoren, Juli 1989.
15. Interview mit den Autoren, Juli 1989.
16. Brief von Jimmy Carter an die Autoren, Juli 1990.

Bibliographie

Abu Iyad (Salah Khalaf). *My Home, My Land: A Narrative of the Palestinian Struggle.* New York: Times Books, 1978.

Allon, Yigal. *My Father's House.* New York: W. W. Norton and Co., 1976.

Arberry, Arthur J. *The Koran Interpreted.* Oxford University Press, 1983.

Bavly, Dan, und Salpeter, Eliahu. *Fire in Beirut: Israel's War in Lebanon with the PLO.* New York: Stein and Day, 1984.

Becker, Jillian. *The PLO: The Rise and Fall of the Palestine Liberation Organization.* New York: St. Martin's Press, 1984.

Bellow, Saul. *To Jerusalem and Back: A Personal Account.* New York: Viking Press, 1976.

Benvenisti, Meron (mit Danny Rubinstein). *The West Bank Handbook: A Political Lexicon.* Jerusalem: Jerusalem Post, 1986.

Blitzer, Wolf. *Territory of Lies: The Exclusive Story of Jonathan Jay Pollard.* New York: Harper and Row, 1989.

Brzezinski, Zbigniew. *Power and Principle: Memoirs of a National Security Adviser 1977–1981.* New York: Farrar, Straus, and Giroux, 1983.

Cattan, Henry. *Palestine: The Road to Peace.* London: Longman Group, 1971.

Cobban, Helena. *The Palestine Liberation Organization: People, Power, and Politics.* Cambridge: Cambridge University Press, 1984.

Dawisha, Adeed. *The Arab Radicals.* New York: Council on Foreign Relations, 1986.

Dayan, Moshe. *Breakthrough: A Personal Account of the Egypt-Israel Peace Negotiations.* New York: Alfred A. Knopf, 1981.

–. *Story of My Life.* London: Sphere Books, 1976.

Dimbleby, Jonathan. *The Palestinians.* New York: Quartet Books, 1980.

Edwards, David L. *A Key to the Old Testament.* London: William Collins Sons and Co., 1976.

Elon, Amos. *Jerusalem: City of Mirrors.* Boston: Little, Brown, and Co., 1989.

Fallaci, Oriana. *Interview with History.* Boston: Houghton Mifflin Co., 1976.

Frangi, Abdallah. *The PLO and Palestine.* London: Zed Books, 1983.

Friedman, Thomas L. *From Beirut to Jerusalem.* New York: Farrar, Straus, and Giroux, 1989.

Front Page Israel: Major Events as Reflected in the Front Pages of The Jerusalem Post. Jerusalem: Jerusalem Post, 1986.

Gilbert, Martin. *The Arab-Israeli Conflict: Its History in Maps.* London: Weidenfield and Nicholson, 1974.

–. *Exile and Return: The Struggle for a Jewish Homeland.* New York: J. P. Lippincott and Co., 1978.

Haig, Alexander M. *Caveat: Realism, Reagan, and Foreign Policy.* New York: Macmillan Publishing Co., 1984.

Halabi, Rafik. *The West Bank Story: An Israeli Arab's View of Both Sides of a Tangled Conflict.* New York: Harcourt Brace Jovanovich, 1982.
Halsell, Grace. *Journey to Jerusalem: A Journalist's Account of Christian, Jewish, and Muslim families in the Strife-torn Holy Land.* New York: Macmillan Publishing Co., 1981.
Hart, Alan. *Arafat: Terrorist or Peacemaker.* London: Sidgwick and Jackson, 1984.
Hillel, Shlomo. *Operation Babylon: The Story of the Rescue of the Jews of Iraq.* New York: Doubleday, 1987.
JCSS Study Group. *The West Bank and Gaza: Israel's Options for Peace.* Jaffee Center for Strategic Studies, Tel Aviv University, 1989.
Johnson, Paul. *A History of the Jews.* New York: Harper and Row, 1987.
Khalidi, Rashid. *Under Siege: P.L.O. Decisionmaking During the 1982 War.* New York: Columbia University Press, 1986.
Kiernan, Thomas. *Arafat: The Man and the Myth.* New York: W. W. Norton and Co., 1976.
Kissinger, Henry. *White House Years.* Boston: Little, Brown, and Co., 1979.
–. *Years of Upheaval.* Boston: Little, Brown, and Co., 1982.
Kollek, Teddy, und Pearlman, Moshe. *Jerusalem, Sacred City of Mankind: A History of Forty Centuries.* Jerusalem: Steimatzky's Agency Ltd., 1972.
Laffin, John. *The P.L.O. Connections: How Has the Wealthiest, Most Bloodthirsty Terrorist Organization in the World Become Accepted – Even Respectable.* London. Corgi Books, 1982.
Laquer, Walter. *Terrorism.* Boston: Little, Brown, and Co., 1977.
Lawrence, T. E. *The Seven Pillars of Wisdom.* New York: Penguin Books, 1962.
Livingstone, Neil, und Halevy, David. *Inside the PLO: Covert Units, Secret Funds, and the War Against Israel and the United States.* New York: William Morrow and Co., 1989.
Lunt, James. *Hussein of Jordan: Searching for a Just and Lasting Peace.* New York: William Morrow and Co., 1989.
Lustick, Ian S. *Jewish Fundamentalism in Israel: For the Land and the Lord.* New York: Council on Foreign Relations, 1988.
Ma'oz, Moshe. *Asad, the Sphinx of Damascus: A Political Biography.* New York: Grove Weidenfeld, 1988.
Mattar, Philip. *The Mufti of Jerusalem: Al-Hajj Amin al-Husayni and the Palestinian National Movement.* New York: Columbia University Press, 1988.
Meir, Golda. *My Life.* New York: G. P. Putnam's Sons, 1975.
Mishal, Shaul. *The PLO Under Arafat: Between Gun and Olive Branch.* New Haven: Yale University Press, 1986.
Muslih, Muhammed. *The Origins of Palestinian Nationalism.* New York: Columbia University Press, 1988.
Mussalam, Sami. *The Palestine Liberation Organization: Its Function and Structure.* Brattleboro, Vermont: Amana Books, 1988.
»The New Terrorism«, *Israel Defense Forces Journal,* Band 3, Nr. 1 (Herbst 1985), S. 39–42.
Peretz, Don. *The West Bank: History, Politics, Society, and Economy,* Boulder: Westview Press, 1986.
Perlmutter, Amos. *Israel, The Partitioned State: A Political History Since 1900.* New York: Charles Scribner's Sons, 1985.
Pintak, Larry. *Beirut Outtakes: A TV Correspondent's Portrait of America's Encounter with Terror.* Lexington, Mass.: Lexington Books, 1988.
Political Report of the Sixth General Conference of the Popular Front for the Liberation of Palestine – General Command (April 29–Mai 8, 1986).
Posner, Steve. *Israel Undercover: Secret Warfare and Hidden Diplomacy in the Middle East.* Syracuse, N.Y.: Syracuse University Press, 1987.
Raban, Jonathan. *Arabia: A Journey Through the Labyrinth.* New York: Simon and Schuster, 1979.

Roy, Susan. *The Gaza Strip: A Demographic, Economic, Social, and Legal Survey.* Jerusalem: The West Bank Data Base Project, 1986.
Sadat, Anwar. *In Search of Identity: An Autobiography,* New York: Harper and Row, 1978.
Said, Edward. *The Question of Palestine.* New York: Times Books, 1980.
–, und Hitchens, Christopher, Hrsg., *Blaming the Victims: Spurious Scholarship and the Palestinian Question.* London: Verso, 1988.
Saleh, Abdul Jawad. *Israel's Policy of De-Institutionalization: A Case Study of Palestinian Local Government.* London: Jerusalem Center for Development Studies, 1987.
Schiff, Ze'ev, und Rothstein, Raphael. *Fedayeen: Guerillas Against Israel.* New York: David McKay Co., 1972.
Seale, Patrick. *Asad of Syria: The Struggle for the Middle East.* Berkeley, Cal.: University of California Press, 1988.
Segal, Haggai. *Dear Brothers: The West Bank Jewish Underground.* Beit-Shamai Publications, 1988.
Shaheen, Jack. *The TV Arab.* Bowling Green, Ohio. Bowling Green State University Popular Press, Ohio, 1984.
Shamir, Shimon, Hrsg., *The Jews of Egypt: A Mediterranean Society in Modern Times.* Boulder: Westview Press, 1987.
Shimoni, Yaacov. *Political Dictionary of the Arab World.* Jerusalem: Jerusalem Publishing House, 1987.
Shipler, David K. *Arab and Jew: Wounded Spirits in a Promised Land.* New York: Times Books, 1986.
Shlaim, Avi. *Collusion Across the Jordan: King Abdullah, the Zionist Movement, and the Partition of Palestine.* Oxford: Clarendon Press, 1988.
Trager, James. *The People's Chronology: A Year-by-Year Record of Human Events from Prehistory to the Present.* New York: Holt, Rhinehart and Winston, 1979.
Vance, Cyrus. *Hard Choices: Critical Years in America's Foreign Policy.* New York: Simon and Schuster, 1983.
Wallach, John, und Wallach, Janet. *Still Small Voices.* New York: Harcourt Brace Jovanovich, 1989.
Washington Institute's Presidential Study Group. *Building for Peace: An American Strategy for the Middle East.* Washington Institute for Near East Policy, 1988.
Zamir, Meir. *The Formation of Modern Lebanon.* Ithaca, N.Y.: Cornell University Press, 1985.
Zua'iter, Akram. *The Palestine Question.* Damascus: Palestine Arab Refugees Institution, 1958.

Register

Peter Scholl-Latour

im Heyne-Taschenbuch

»Peter Scholl-Latour gehört mit zu den kenntnisreichsten, seriösesten Journalisten deutscher Sprache ...«
SÜDDEUTSCHE ZEITUNG

Allah ist mit den Standhaften
Begegnungen mit der islamischen Revolution
19/210

Das Schwert des Islam
Revolution im Namen Allahs
19/226 (geb. 40/116)

Die sieben Gesichter Chinas
19/69

Der Ritt auf dem Drachen
Indochina von der französischen Kolonialzeit bis heute
19/98

Wilhelm Heyne Verlag
München